The Lives of the Great Composers

伟大作曲家的生活 上

【增订本】

［美］哈罗尔德·C. 勋伯格 / 著
冷杉 / 译

生活·讀書·新知 三联书店

图书在版编目（CIP）数据

伟大作曲家的生活 /（美）哈罗尔德 · 勋伯格著；冷杉译. —修订本. —北京：生活 · 读书 · 新知三联书店，2020.9
（音乐生活）
ISBN 978 – 7 – 108 – 06887 – 3

Ⅰ. ①伟…　Ⅱ. ①哈…　②冷…　Ⅲ. ①作曲家 – 生平事迹 – 世界
Ⅳ. ① K815.76

中国版本图书馆 CIP 数据核字（2020）第 107808 号

Contents

目录

第三版前言

在1996年的下半年，也就是在新千年到来之前不久，我正在书写这些文字。我正在为《伟大作曲家的生活》的第三版书写这些文字，这本书初版于1970年，后经修订后在1981年再版。

到目前为止，《伟大作曲家的生活》一书一直强调的是“伟大”这个词。那些伟大的作曲家总是以这种或那种方式改变着音乐史的进程，他们的音乐已经深入了即使不是全人类，至少也是西方人的心灵，乃至潜意识。（千万别信那些政客的空谈，什么“音乐是一种国际语言”之类——音乐不是的。）那些伟大的作曲家还几乎总是在其生前就被同代人承认为“伟大”。有时候，一些这样的作曲家缺乏后劲儿，死后就开始被人淡忘，比如说胡梅尔、施波尔、梅耶贝尔。而另一些时候，他们中的一些人却要在死后很久才被人奉为偶像，比如马勒。但是，那些伟大的作曲家却几乎总是从一开始就被公认为天才，他们不仅前劲儿十足，后劲儿也了得。这一过程颇有些达尔文主义的味道。看来，作曲家伟大不伟大，也要用“适者生存”来解释呢。

此外，那些伟大的作曲家在各自的时代还是开先河者，是领袖。之所以这么说，是因为他们开了风气之先，开创了某种影响全世界后世作曲家的新型音乐。譬如柏辽兹、李斯特和瓦格纳就是“未来音乐”的大将军；门德尔松和勃拉姆斯则是保守阵营的元帅。他们各自的音乐却都一直经久不衰，历久弥新。但这种可能性也不是没有：过去几十年里的某些新潮音乐的开创者的影响将被证明是昙花一现，这些人将被视为他们各自时代的施波尔和梅耶贝尔。这，从长远来看，要由未来的公众和演奏家、演唱家们来决定。说到底，唯一也是最终的“判决”，就是得到全世界人民的普遍接受和热爱。举例说吧，皮埃尔·布列兹就很可能成为数十年来国际先锋音乐领域中最强大的领袖。另一位领袖是约翰·凯奇，他代表了一种全新的音乐哲学。可时至今日，他们的影响却已经减弱、式微了。然而这意味着他们的音乐将会死去吗？从现在起 50 年后，我们就知道答案了。如果到那时，他们的作品仍在曲目单上牢牢占有一席之地，则今日之坚信他们的音乐不会有未来的人们，就将被证明是错的了。

那么好吧，现在是 1996 年。当今音乐界，有得到公认的领袖崭露头角吗？有没有相当于 18 世纪的莫扎特和海顿、19 世纪的贝多芬和那些浪漫乐派的大作曲家，以及 20 世纪的斯特拉文斯基、巴托克、勋伯格、凯奇和布列兹这样的音乐新领军人物问世呢？

老实说，很难想起有谁。就比方说极简音乐吧。在过去 15 年里，极简主义一直是音乐生活中的一个现象，全世界的作曲家都扑向它，就好像 40 年前，大家都一窝蜂似的扑向序列主义音乐的大旗那样。在那时候，谁会预见到，这种充斥着理性逻辑、不协和音、复杂得吓人的序列主义和后序列主义音乐，竟然会被人抛弃，而让位给，或回归到一种如古典乐派的三和音那样简约的婴儿音乐上去呢？

序列音乐从来就没有流行过。当序列主义运动最终偃旗息鼓时，可以说它最大的贡献就是在作曲家们及其听众之间楔入了一个楔子，使得所谓现代音乐对全世界的音乐会听众而言，成了一股有害的臭气。而另一方面，极简主义音乐却不构成任何费脑子或伤脑筋的问题。它似乎只要求听众有耐心和毅力。在过去10年里，极简主义的音乐创作占据了全球音乐创作总量的很大一部分。其中如亨里克·格雷斯基的第三交响曲还登上了畅销排行榜；菲利普·格拉斯和约翰·亚当斯的歌剧也吸引了一大批热情的追随者。

然而，即便是格雷斯基或菲利普·格拉斯——这两位最成功的极简主义音乐的作曲家——的崇拜者们，在把他俩同柏辽兹或斯特拉文斯基画等号之前，也得考虑再三。

今天，各地的作曲家都在寻找一种风格，但是像贝多芬、柏辽兹、瓦格纳、斯特拉文斯基、布列兹或科普兰（他做了很长时间的美国乐派的领袖）这样开风气之先的音乐领袖却一直没有出现。如此一来，我们若是想让《伟大作曲家的生活》尽量贴近当代的话，其唯一的方法，就是别过于顾忌其中的“伟大”一词。有可能有些伟大的当代作曲家就在我们身边，尚未被像我这样迟钝的音乐书籍的作者发现。难道阿尔弗雷德·施尼特克是一个吗？莫非索菲亚·古拜杜丽娜也是一个？他们可是拥有各自的大批崇拜者的。还有艾略特·卡特吗？艾伦·塔法·茨威利希吗？彼得·马克斯威尔·戴维斯吗？占卜未来的水晶球失灵了。你所能做的一切，只是对过去 15 年一直在发生的情况做一番描述，也许再加上点不靠谱的猜测。

我为有知识、有文化、热爱音乐的广大音乐爱好者写下这本书。我尝试把它写得脉络连贯、条理清晰，以使从蒙特威尔第至今的音乐史的连续性得以凸显。事实上，音乐创作是一个不断演变的接续过程，没有任何一个天才（无论他有多么伟大）是没有传承的。在本世纪伊始，德国指挥家卡尔·穆克曾对这个问题做过阐述。当时，有人力促他排演某位作曲家的某部作品，说此人极有个性，极为超前，乃至他的那种音乐史无前例。

“噢？是吗？”穆克说，“这就怪了。那么我是从哪儿来的呢？每个人都有一个父亲和一个母亲，难道不是吗？”

此外，我一直尝试把这些伟大的作曲家写得富于人性，尝试着让读者了解他们的所感所想。这种写法在本书第一版的时候被人认为是一种落伍的、不时兴的写法。至今这种看法仍然没有改变。许多音乐学者都坚称，是作品——而不是作曲家——才是要紧的。换言之，是音乐本身，而不是写它的那个人，才是关键所在。这些音乐学者认为，把一首音乐作品当成音乐本身来看待，它才能得到最好的解释；故而，唯一正确有效的“解释”只能通过对曲式、和声、结构等的分析才能获得；除此而外的其他一切不过是些故作多情、多愁善感的曲目介绍文字而已，对音乐本身没有实际意义。

我不同意这种观点。我坚决认为，音乐作品能够通过对作曲家之人生、性格的描述和剖析而得到解释；事实上，也*必须*通过对作曲家个人的挖掘而使其作品得到阐释。这是因为，音乐是人写的，一个人的音乐是他自身的一部分，是他心灵的写照，灵魂的反映，是他对居身其中的世界做出的反应。如果我们不了解罗伯特·舒曼对诸如让·保尔这样的作家的作品的过分迷恋，不了解他所杜撰的那帮虚幻的同路人（以“大卫社盟员”著称），不了解他对自己精神错乱的心理恐惧的话，我们又何以理解他的音乐呢？当我们端详伦勃朗、塞尚、毕加索的画作时，我们是通过他们的眼睛来看这个世界及其他事物的。听音乐也是同样道理：当我们聆听贝多芬、勃拉姆斯、斯特拉文斯基的作品时，我们也是通过他们的耳朵和心灵来感受这个世界的。我们在倾听他们的音乐的同时，实际上也在同他们伟大的心灵发生接触，所以我们也必须尝试与他们的心灵建立某种共鸣或沟通。这种共鸣或沟通越大、越深，我们就越有可能接近于理解作曲家创作该曲的意图或初衷，也就能更深刻地理解这首作品。无怪乎法国钢琴家阿尔弗雷德·科尔托一再教诲他的学生，在研究一首作品的同时，也要阅读该乐曲作曲家的书信、传记、自传、文章等一切与其相关的文字；然后学生必须要把这首乐曲同其作曲家的一生与创作联系起来加以诠释。这，才是我同意的观点。

因此，本书才极大地关注伟大作曲家们的生平方面。它对作品的技术分析很少，专业术语技术辞藻也尽量让其较少出现，虽然有时无法完全避免，尤其是在探讨 20 世纪的十二音体系音乐和序列音乐的时候。过多的曲式结构技法分析容易让非专业读者丈二和尚摸不着头脑，还是把这些东西留给那些专业人士读吧。有些书宣称是写给业余读者的，但里面却充满复杂的乐谱示例，这样的书总让我感到好笑。有些这样的谱例——从总谱里摘出一段什么的——恐怕连霍洛维茨本人也会觉得很难弹奏吧。对于这种书，那些能弹奏其中谱例的专业读者不需要，那些不识谱、读不出一行高音谱号的C大调乐谱的读者（这样的读者占大多数）又无法利用。

我还一直在尽量避免写节目单式的介绍文字，像什么“现在音乐行进到d小调的属音，响起了一支激昂高亢的旋律……”等等。早在1893年，萧伯纳就对这种乏味的无稽之谈下过定论：

> 像这种充满着美索不达米亚式的警句的“d小调的属音”之类的分析文字，是多么地甘美多汁啊！女士们先生们，我现在就用这同一种科学的方式，向你们权威地分析一通哈姆雷特那段著名的论生与死的独白：“莎士比亚省却了他惯用的开场白，以不定式开宗明义地宣告了主题。经过一个简短的连接过渡句，这个主题以同样的心情很快重复了一遍。而那个过渡句虽然简短，却不影响我们识别其中的二择一性和消极被动性；重复的意义和重要性主要就体现在这两性上。之后我们到达了一个冒号；接着是一个率直而积极的句子，其中的强调（或重音）决定性地落在那个关系代词上，它把我们引领到第一个句号。”[1]

[1] 关于萧伯纳的音乐评论与散文，读者可以阅读生活·读书·新知三联书店2005年出版的拙译《萧翁谈乐：萧伯纳音乐散文评论选》一书。——译者（本书注释均为译注，后不另注。）

看一眼本书的目录，你就会发现大多数伟大的作曲家都占据一整章的篇幅；这些篇章主要是奉献给他们自己的。而另一些伟大的作曲家，由于只有把他们与一位或更多位他们的同时代作曲家做比较，才能更好地理解他们的贡献，所以就只好让他们与这些同时代作曲家分享一章了。最后，还有一类篇章是贡献给某一整个时期，或某一特定的时间和地点的，它们提供了总的背景材料，对那些传记性的章节的连续性做出补充或串接。

我是从蒙特威尔第讲起的。这并不是说在他之前没有伟大的作曲家，而是因为他的音乐在当下常演的曲目单里占据着最早的位置。本书的第一版是从巴赫开讲的，那是因为，在 20 世纪 60 年代后期我写这本书时，蒙特威尔第还是个作品相对很少公演和录音的作曲家。孰料在后来的 10 年里，蒙特威尔第被重新开发了，被开发到了其歌剧目前在西方所有的歌剧院里都有上演的地步。谁知道呢？也许我在写下一版时，帕莱斯特里那、拉索、约斯奎因、杜菲、马肖等作曲家已经获得了现代听众的青睐，那样的话，本书就会有一两章奉献给他们了。

有关音乐的书籍总会遇到文法上的问题。我一向是按照美国的常规专业术语用法规则来处理拼法和术语问题的。有些英国作者总是指责我的写作风格“过于美国化”了。他们想没想过我是美索不达米亚风格的作家呢？[1]举例说，美式用法把十二音体系音乐说成 twelve-tone，而不是英式的 twelve-note。其原因我已经

[1] Mesopotamian，意为“幼发拉底河和底格里斯河两河流域之间的”古王国风格的，这个古王国在现今的伊拉克。

在有关勋伯格的那一章里解释过了。再举两个例子：美国用法说 *Harold in Italy*；还前后不一致地说“*Symphonie fantastique*”。我还从没听说过前一部作品被人称作 *Harold en Italie*，就像很少有人听说过后一部作品被称作柏辽兹的“Fantastic”交响曲那样。通常来讲，柏辽兹的《幻想交响曲》就被称为 *Fantastique*，比如：“昨天晚上，阿巴多指挥了 *Fantastique*。”

俄罗斯人名和其他外国人名的拼写带来了同样的问题。我使用字母“v”来给普罗科菲耶夫（Prokofiev）、巴拉基列夫（Balakirev）等人的名字结尾。这在美国是被普遍接受的拼法。可是，我拼写拉赫玛尼诺夫却用了双 f（Rachmaninoff），这是因为，他本人签名就是这样拼写的。这就像是勋伯格坚持把自己的姓氏拼写成 Schoenberg 而不是 Schönberg 一样。（不妨把这一点告诉德国人，他们现在仍坚持后一个拼法。此外，他们仍把亨德尔拼成 Händel，而不是亨德尔本人使用的那个英语化了的拼法 Handel。）如果本书里存在前后不一致的情况，那我只能抱歉不已了。

书中有些材料最初是作为“星期天乐评”的文章，刊登在《纽约时报》我每周一期的星期天专栏里的。还有几篇刊登在《时代》周刊上面。所有这些文章都经过了我的修改和补充。我要感谢《时代》周刊允许我使用那些材料。书中关于查尔斯·艾夫斯的那一章的相当大一部分，最初登载在 1958 年 12 月号的《绅士》（*Esquire*）杂志上。这次经过《绅士》杂志出版公司的允许，把它拿来重印。已故的埃里克·沙尔仁慈地向我提供了数张罕见的、取自他那丰富收藏的作曲家照片。罗丝玛丽·安德森也在我搜集其他照片时帮了我极大的忙。已故的罗伯特·E. 法尔罗是本书 1970 年由诺顿公司出版时的我的责编，他把我最初的手稿非常仔细、彻底地审阅了一遍，这在我这个相当见多识广的人看来无人能比。本书在不止一个方面可以说是我们俩合写的。法尔罗先生的继任者是克莱尔·布鲁克，正是她建议我将 1970 年版做彻底的修订和更新，利用第一版出版以来音乐学的新发现和新成果，并且加上蒙特威尔第的一章，以及“二战”结束以来音乐最新发展的一章。她也逐字逐句认真审阅了本书，不时提出修改意见。她的渊博知识使我受益匪浅。我还要感谢她对我写作《伟大作曲家的生活》一书的宗旨的认同和鼓励。我还要感激我的妻子海伦，她急匆匆地出入图书馆，手握笔记本，为我查书、查资料。我还要向迈克尔·奥克斯致谢，他在布鲁克夫人退休后接替了她的工作，并对本次修订提出了许多建议。理查德·弗里德堪称音乐文化及文献的活的百科全书，他仁慈而主动地提出通读本书的校样，任何错误都逃不过他的火眼金睛，无论我怎么感谢他都不为过。

• 1 •

歌剧的先驱

——克劳迪奥·蒙特威尔第

CLAUDIO MONTEVERDI

作品在我们这个时代仍然全球走红的最早的古典作曲家，非克劳迪奥·蒙特威尔第莫属。他的许多伟大的前辈和同时代人，都在他们那个时代——甚至现代——很有名，但毕竟他们的音乐在当今的音乐会上，确实只扮演很小的角色。诸如阿德里安·维拉尔特（Adrian Willaert，约1490—1562）、约翰内斯·奥克冈（Johannes Ockeghem，约1420—1497）、雅克·阿卡戴尔（Jacques Arcadelt）、奥兰多·迪·拉索（Orlando di Lasso，1532—1594）、威廉·拜厄德（William Byrd，1543—1623）、托马斯·塔利斯（Thomas Tallis）、杨·斯威林克（Jan Sweelinck）、帕莱斯特里那、海因里希·许茨、让－巴普蒂斯特·吕利等人，他们都是先驱，是开拓者，是重量级人物。这样的人物还能举出许多。诚然，在唱片的海洋里，您偶然能觅得他们的音乐的踪迹；在教堂和合唱音乐会上，您也能时而听到他们的作品；他们在音乐逻辑学研究中被人没完没了地探讨，并且在任何一部音乐史中都占据很大篇幅。他们甚至拥有狂热的崇拜者。但是，总的来讲，在世界各地的音乐会上，是听不到他们的音乐的。很少有音乐家对巴赫之前的时期及其繁杂的演奏教条有很多了解，这就妨碍了他们作品的现代演出。另外，听众也觉得他们的音乐太古老，缺乏鲜明的个性，太枯燥无味。这当然不是个好现象，但毕竟是客观现实。

然而，蒙特威尔第是个例外。此君 1567 年 5 月 15 日出生在（意大利的）克雷莫纳，1643 年 11 月 29 日在威尼斯辞世。在 20 世纪 50 年代还没人能预见到蒙特威尔第在今天会那么受欢迎。他在去世前就已经名扬四海了。在他死后过了几代人之后，风水之轮转到了另一边，他被人长年地遗忘了。到了 19 世纪上半叶，随着卡尔·冯·温特菲尔德对乔万尼·加布里埃利（Giovanni Gabrieli）的大量研究成果在德国的出版，才在一潭死水中掀起了一些波澜，人们又开始关注起蒙特威尔第来。然而直至 1881 年，他的伟大歌剧《奥菲欧与尤丽狄茜》（*Orfeo*）的第一个现代版本才得以印刷出版。可是即便如此也没有多大起色，蒙特威尔第的歌剧只获得了零星的演出，这儿演演，那儿演演，包括纽约大都会歌剧院在 1912 年排演的那场多有删改的现代版的《奥菲欧与尤丽狄茜》。恢复蒙特威尔第的应有地位，还有待于在我们这个时代完成。

嗣后，突然间，蒙特威尔第的歌剧就开始在整个西方舞台上走红了。凡是在有合唱团或牧歌演唱队的地方，蒙特威尔第的声乐曲都得到了演唱。他不知何故契合了现代精神；而且几乎是出于实际需要，今天的人们把他的音乐演唱（奏）得与三百多年前在曼图亚或威尼斯时大相径庭：音高改变了，许多蒙特威尔第时代的古乐器弃用了。人们对于蒙特威尔第时代的演出传统了解并不多。尽管如此，他的音乐听起来还是那么热情洋溢，充满着智慧和人情味。他的音乐很大胆，背后有十分出色的作曲技巧支撑。蒙特威尔第的歌剧在许多方面远比瓦格纳和普契尼的舞台作品更加接近现代的歌剧理念。以我们现代人先进的视角来看，蒙特威尔第的前辈的音乐几乎不能说是有个性的，然而蒙特威尔第的音乐就个性十足。他发出强大、充满个性、富于表现力的声音，用清晰直白的音乐语汇叙说着人生。

关于蒙特威尔第生平的那些外在、浅表的方面，人们已经掌握得很多了，包括他在哪儿工作过，甚至包括他的工资是多少。人们不太了解的是他这个人本身，尽管他是个多产的写信者（庆幸庆幸！），且至今仍有 121 封他的书信留存下来，其中有些还是长篇大论，把个暴躁尖刻、寸土必争的“维权者”的形象活脱脱地展现出来。倘若我们对他在英国的同时代人——威廉·莎士比亚的了解也能像我们对蒙特威尔第的了解那么多的话，那该多好啊！

蒙特威尔第在克雷莫纳度过了他生命的头 24 年，直至 1591 年为止。那里是小提琴制作的圣城，安德雷亚·阿玛蒂（1520—1578）在此苦心孤诣地钻研小提琴的制作技术，最终导致了斯特拉迪瓦里和瓜内利家族制作的小提琴极品的诞生。蒙特威尔第的父亲是位医生。蒙特威尔第是家里的长子，他有四个弟弟妹妹。有人说，他上过克雷莫纳大学，但此说空口无凭，不足为信。但他确实当过马可·安东尼奥·英格涅利的学生，后者司职克雷莫纳大教堂的音乐事务。在蒙特威尔第发表的头三部作品（分别是

⚜ 克劳迪奥·蒙特威尔第

伟大作曲家中第一位其音乐仍能感动和震撼现代听众的作曲家。

1582 年的《圣咏集》[*Sacrae cantiunculae*]、1583 年的《心灵牧歌》[*Madrigali spirituali*]和 1584 年的三声部《小坎佐纳》[*Canzonette a tre voci*]）中，他自豪地宣称自己是“英格涅利的弟子”。他的头两卷世俗牧歌集也分别于 1587 年和 1590 年在克雷莫纳出版。很显然，小伙子十分勤奋刻苦，而且极有才气（如他的音乐所示）。年仅 20 岁，随着他的第一卷牧歌的出版，他就已经是一名大师了。

在蒙特威尔第的早期发展所受到的影响中，荷兰乐派（也称“尼德兰乐派”）的影响是显而易见的。在 16 世纪下半叶，全欧洲的作曲家都在效仿荷兰乐派的风格，它几乎成为圣乐和大型作品创作的官方模式。当时有名的荷兰作曲家都四处游历，并把他们的理念传播到各地。纪尧姆·杜菲（Guillaume Dufay，1400—

1474）在罗马、佛罗伦萨和都灵居住过多年。出生在佛兰德斯的约翰内斯·奥克冈活跃在法国宫廷和西班牙。若斯坎·德普雷兹（Josquin Desprez，约1440—1521）影响了米兰、佛罗伦萨和罗马的音乐家。出生在布拉邦特的海因里希·伊萨克（约1450—1517）在佛罗伦萨、罗马和维也纳工作过。阿德里安·维拉尔特的一大部分职业生涯是在威尼斯度过的。他的学生齐普里亚诺·德·罗尔（Cipriano de Rore，1516—1565）继他担任了圣马可大教堂的音乐主持。奥兰多·迪·拉索先是在意大利生活了很多年，然后移居慕尼黑度过了他生命的最后38年。以"克莱门斯爸爸"著称的雅各布斯·克莱门斯（Jacobus Clemens，约1510—1556）也在佛罗伦萨住过一段日子。

因此，荷兰乐派的那种讲究对位法的教会风格音乐的大诠释者们可以说是无处不在。即使有些地方没有他们本人，也总有他们的弟子或信徒。这些人也能写，并着实写了不少轻音乐和世俗音乐，但是最吸引后来作曲家的，还是他们那炉火纯青的对位技巧。这就像是20世纪五六十年代的完全按编排组合起来的序列音乐，把各国先锋派音乐家吸引到自己旗帜下的情形一样。普遍认为，荷兰乐派的这种复调音乐，随着帕莱斯特里那（1525—1594）、拉索、拜厄德和西班牙的托马斯·路易斯·德·维多利亚（约1549—1611）等作曲家的出现，而发展到了巅峰。本来，蒙特威尔第也会受到荷兰乐派的强烈熏陶——他的老师英格涅利就师从过齐普里亚诺·德·罗尔。孰料，蒙特威尔第从小就对荷兰人的那种严格死板、絮絮叨叨的复调音乐很不耐烦。他完全有能力写好任何一种风格的音乐（只要他愿意），可他偏偏对世俗音乐比对宗教音乐更感兴趣，而且毕生如此。早在1584年，他写的小坎佐纳（牧歌小曲）就打破了传统的窠臼而显得别出心裁。意大利人拥有一大堆通俗音乐的体裁，有假面舞会、芭蕾、田园曲、民谣等五花八门的歌唱和舞蹈形式。它们才是让蒙特威尔第心驰神往的。他倒是从来没有完全放弃过弥撒曲和经文歌的创作，但是通俗体裁似乎对他更有意义。

牧歌（madrigal）似乎是最让蒙特威尔第感兴趣的音乐体裁。它经过卢卡·马伦齐奥（1553—1599）和卡尔罗·杰苏阿尔多（1560—1613）的改良，成为一种富于歌唱性的、流畅的、常常是充满戏剧性的音乐体裁。一般来讲，牧歌是一曲经由两个或两个以上声部（极少超过六个声部）唱出的短诗，常常——也不尽然——有乐器伴奏。牧歌可以演唱得十分声情并茂或者矫揉造作，音乐伴奏也对诗文（歌词）起到描述作用。牧歌作曲家们饶有兴趣地为歌词配乐，比如用半音下行表示“死亡”，用升降起伏的花腔表示“飞翔”，用送气的叹息表示“痛苦”，等等。意大利的牧歌传到英国后，那里的作曲家如威尔柏（Wilbye）、威尔克斯（Weelkes），以及伟大的伊丽莎白时代的其他一些作曲家，也都着迷于用这种音乐技巧对诗文进行描绘。

晚期牧歌的织体变得极端半音化，杰苏阿尔多和蒙特威尔第更是让牧歌经常充满不协和音。意大利其他歌曲或舞曲形式的一些元素也在牧歌里扮演着角色，比如朱斯蒂尼亚情歌（giustiniana）、维拉涅拉（villanella，16世纪意大利的世俗歌曲或乐曲）、拿波里民歌、芭蕾舞等。牧歌不仅兼容了各类歌唱形式，还预示了歌剧的到来，有些学者就著述过牧歌技巧对蒙特威尔第歌剧中的宣叙调的影响。蒙特威尔第一生都在创作牧歌。他去世后，这种体裁就渐渐式微，并且几乎永久消失了。

同这一时期的所有作曲家一样，蒙特威尔第也在学徒期结束之后去教堂或宫廷谋职。在此之前他已经证明了自己：不仅是小提琴高手，还已经出版了四部作品；还游历过一些地方，见过一些世面，因此不再是乡巴佬了。1590 年，他找到了第一份工作，在曼图亚的冈扎加（Gonzaga）宫廷里担任歌手和小提琴手。

这座宫廷的主人是文森佐公爵，他像大多数文艺复兴时期的大贵族那样，腰缠万贯，骄横跋扈，耽于享乐，能言善辩，喜好炫耀卖弄。他是个典型的文艺复兴时期的显赫贵族，比大多数其他贵族更有权有势。通过跨国联姻，冈扎加家族同哈布斯堡、埃斯特、托斯卡纳、法尔内塞和美第奇家族等豪门显贵都有了联系。文森佐公爵有其慷慨大方的一面，而且对艺术与音乐都很有兴趣。连大名鼎鼎的彼得·保罗·鲁本斯都在这个宫廷里当过八年宫廷画师。当然，公爵也有自己的戏班子和教堂。这个戏班子很有名，曾跟随公爵去过凡尔赛至少两次。

起初，蒙特威尔第在吉安·贾科莫·加斯托尔迪手下工作，后者在 1582 年被任命为文森佐宫廷的乐长。蒙特威尔第还很可能向贾谢斯·德·维尔特学过很多东西，后者是著名的荷兰牧歌作曲家，曾任曼图亚宫廷的乐长。其他活跃在文森佐宫廷里的优秀音乐家还有贝内代托·帕拉维奇诺、洛多维科·格罗西·达·维亚达那，以及萨拉莫内·罗西（“那个犹太人”）。这是一个密切协作、忙来忙去的音乐家团队。宫廷和教堂对音乐的需求量持续走高。

蒙特威尔第加盟进来了。他在1592年又出版了一卷牧歌集。1595年至1596年间，他跟随公爵参加了土耳其战役。1599年他跟随公爵去了佛兰德斯。同年，他娶了宫廷的一名女歌手克劳迪娅·德·卡塔内丝为妻，她给他生了三个孩子，然后在1607年就早早去世了。蒙特威尔第再也没有续弦。他的弟弟朱利奥·塞萨尔也是个音乐家，在曼图亚的宫廷里司职作曲；他有时候充当他那著名的兄长的代言人。正是他，在1607年出版的《音乐玩笑》（*Scherzi musicali*）的前言里，为克劳迪奥·蒙特威尔第的一些音乐理论和思考做了解释。

蒙特威尔第有点迫不及待地等待着升迁。1601年11月20日，在帕拉维奇诺去世之后，他给公爵写了一封信，向他指出，自己（蒙特威尔第）先后目睹了亚历山德罗·斯特里吉奥、德·维尔特、弗朗切斯科·罗维戈以及现在帕拉维奇诺的过世。蒙特威尔第几乎是直截了当地向公爵要官，要宫廷乐长这个官。他如愿以偿，但是薪水很低，工作繁重，而且对他要求很高，这些使手头拮据的他经常发愁。他甚至忙得无暇作曲。1592年他出了一本《牧歌集》，此后整整11年他都没有出书，直到1603年他才出了下一本书——《牧歌集》第四卷。1605年出了第五卷，受到了学院保守派人士乔万尼·马利亚·阿图西的抨击。然而，正是这第五卷《牧歌集》使得蒙特威尔第名扬四海。它先后在德国、丹麦、比利时出版。1607年，他的三声部《音乐玩笑》也出版了。随后，在同一年，蒙特威尔第的歌剧处女作《奥菲欧与尤丽狄茜》问世了。

在那时，歌剧还是一个全新的艺术门类，其起源可以回溯到几十年前的佛罗伦萨。当时在那里，一帮戏剧脚本作家和音乐家

（其中有些还是业余的）共同创造了一种新型的艺术体裁，旨在恢复抒情戏剧舞台上的纯净质朴的希腊古风。其理论在1581年已由文森佐·伽利略（大科学家伽利略之父）在其著作《古代与现代音乐之间的对话》中多少阐述过了。老伽利略在这本书中，尝试追溯从古希腊至今的音乐源流，他的目的是要实现戏剧与音乐的一种新结合，以再创他们那些人心目中的古风古韵。老伽利略认为，许多现代音乐不乏优秀之处，但是它们“丝毫不体现古代音乐之成就”；现代音乐“即使真能悦耳，也只是除了悦耳便乏善可陈”；现代作曲家“最后才考虑表现唱词所蕴含的激情，而这正是唱词所要求的……他们（对古代）的无知和欠缺考虑是当今的音乐不能在听众中激起任何高尚的情操和崇高的道德情怀的主要原因之一，而古代音乐就做到了这一点”。[1]老伽利略呼吁作曲家们创作包罗万象、考虑周全的音乐，要表现“说话人的性格，他的年龄，他的性别，他所谈论的对象，他想方设法要造成的效果”。最后，老伽利略强调，作曲家必须用贴切的音韵和声调适时表现“声音的数量和质量，以及契合于剧情和角色的节奏”。

老伽利略和他那班人被称为“佛罗伦萨的卡梅拉塔社团”，他们主张回归古希腊人的做法。他们反对复调音乐，他们想要简单的旋律、简单的伴奏、自然的角色塑造、自然的唱词对白。将近两百年之后，格鲁克也尝试了类似的歌剧改革。在这个“佛罗伦萨的卡梅拉塔社团”里，有负责提供脚本的诗人奥塔维奥·里努契尼，有作曲家艾米利奥·德·卡瓦列里、贾科波·佩里和吉乌

[1] 真知灼见啊！放到今天正合适。

里奥·卡奇尼。他们的理论随着佩里创作的《达芙妮》(*Dafne*)在1597年的问世而具体成形。普遍认为它是有史以来的第一部歌剧,只是它的音乐已经失传了。数年后,佩里和卡奇尼合作写了《尤丽狄茜》(*Euridice*,1601)。在这部歌剧的前言里,佩里写道:"我相信,古代希腊人和罗马人——根据许多人的说法,他们演悲剧是从头唱到尾的——使用了一种优于普通念白而又劣于歌唱旋律的音乐,因而居于这两者中间。"且不管它是否真的是"希腊的"(因为至今也没人对古代音乐有很多了解),但无疑《尤丽狄茜》标志着与过去传统的重大决裂。

《尤丽狄茜》不是复调音乐,而是单音音乐(单旋律,monodic)。独唱声部如唱圣咏般单调地吟唱,合唱队如在古希腊悲剧里那样单调地齐唱。遵循老伽利略的严格主张,《尤丽狄茜》的音乐的确做到了简单纯朴。它现存的总谱显示出,歌唱者的旋律线游走于数字低音(figured bass)之上。这种数字低音对于后来的巴洛克音乐非常重要,它是某种形式的音乐速记,里面有数字被置于低音音符之下,表示恰当的和声。一个键盘演奏手必须学会迅速而准确地解读数字低音(一如他解读印刷的音符那样),同时把数字译解成恰当的和弦。他还得用装饰音和即兴演奏来丰富光秃秃的和声,而这需要大量的技巧。关于数字低音在蒙特威尔第的时代是如何实现的,至今仍有许多未解之谜。

无疑,《尤丽狄茜》具有十分重大的历史意义,即使它的音乐颇为程式化和做作也罢。此时,历史仍有待于蒙特威尔第的《奥菲欧与尤丽狄茜》在1607年的问世,来走完使歌剧成为鲜活而主要的音乐体裁的关键一步。蒙特威尔第比他同时代所有的作曲家都更早悟出了如何把戏剧配上音乐之道。他迷恋于解决这其中的一道道难题，毕其一生创作了 19 部戏剧和半戏剧的音乐作品，其中只有六部流传至今，而这里面只有三部是歌剧。

蒙特威尔第创作《奥菲欧与尤丽狄茜》的时候，“歌剧”这个术语还没有使用起来。他把《奥菲欧与尤丽狄茜》称为“一个音乐故事”。他把牧歌元素和“佛罗伦萨的卡梅拉塔社团”的单音音乐的一些理念引进了《奥菲欧与尤丽狄茜》。它的音乐在歌剧开场时号角齐鸣，也引发了文艺复兴时期的那种豪华排场之风。蒙特威尔第的乐队比“佛罗伦萨的卡梅拉塔社团”所能想象的考究得多，共有 36 名演奏家。《奥菲欧与尤丽狄茜》的结构匀称，布局严谨，让学者们绞尽脑汁来研究它的形式关联。然而它远不止是形式的单纯。佛罗伦萨人原先吟唱式的宣叙调现在被咏叙调和咏叹调所充实，他们原先沉稳的吟诵风格现在变成了戏剧风格和激动风格（agitated style）。于是，历史上第一次出现了戏剧与音乐的完全结合。剧词的自然流泻在《奥菲欧与尤丽狄茜》里依旧顺畅，绝不会突兀或别扭；而它的音乐较之《尤丽狄茜》却丰富了许多，显得多彩多姿，有欢快的牧歌和幕间的舞蹈插曲。当信使宣布了尤丽狄茜的死讯后，音乐出现了一串质朴、肃静的半音下行音，纯净如乔托的绘画，悲伤如肝肠寸断，具有相当的心理穿透力。现代人听《奥菲欧与尤丽狄茜》，会感到全剧贯穿着古韵古风，因为中世纪的调式处处犹存，构成蒙特威尔第音阶与和声体系的基础。这些古老的调式到了蒙特威尔第的时代仍没有消失，足有一打儿仍在应用。蒙特威尔第去世后不久，和声的蓬勃兴起摧毁了这些调式，使之只剩下后来大调和小调的对应或等同物。

《奥菲欧与尤丽狄茜》里还出现了要求很强技巧的唱段。比如像“万能神灵”（Possente spirito）这样的咏叹调，内有基于一个元音的复杂升沉，很考究的上行和下行，加上乐队围绕独唱人声编织巧妙的音网，这就要求演唱者具备强大的声乐技巧。《奥菲欧与尤丽狄茜》在许多方面现代得惊人，不仅在蒙特威尔第的时代看是如此，拿到今天看也是如此。说它现代，是指剧中的一切皆以借助音乐推动剧词和情感的发展为目的，而绝无纠结于次要或无关的琐碎细节之处。《奥菲欧与尤丽狄茜》的戏剧情节绝佳，其音乐则紧贴剧情烘托情感。在这一点上，它在风格和技巧方面更接近贝尔格的《沃采克》，而远非瓦格纳的《特里斯坦与伊索尔德》。蒙特威尔第和贝尔格以各自简练的方式，简化而不是复杂化着歌剧，创作了音乐至少与戏剧平级的舞台作品。虽然比起蒙特威尔第的最后一部歌剧《波佩阿的加冕》（*L'incoronazione di Poppea*），《奥菲欧与尤丽狄茜》显得单薄甚至“次要”很多，但像它这样超前的作品，哪怕只有它的十分之一超前，在当时也找不出第二部来。

第二年，蒙特威尔第又创作了两部重要的作品，一部是为文森佐公爵的儿子与玛格丽塔·迪·萨沃亚在1608年结婚而作的歌剧《阿里阿德涅》（*Arianna*），另一部是芭蕾音乐《忘恩负义者舞会》（*Ballo delle ingrate*）。只有《阿里阿德涅》中的著名“悲歌”流传下来，这是因为蒙特威尔第把它再创作为一首牧歌。据说这首“悲歌”曾把观众感动得落泪。

此时蒙特威尔第达到了他创作力的巅峰。但他并不快乐。他觉得自己工作过度，过劳，但没有得到足够的奖赏。他不得不快马加鞭地大量创作。他在晚年谈到过1608年的那次庆典，说除了创作那部歌剧之外，他还被要求在很短时间内将1500行诗文谱成曲，这差点要了他的命。“我知道有人能写得很快，但快与好常常不可兼得。”他说。

蒙特威尔第的不快乐导致他采取了重大的一步。在写了《奥菲欧与尤丽狄茜》和《阿里阿德涅》以及为那1500行诗文配乐之后不久，他与曼图亚宫廷的关系急剧恶化，很快他便携家带口回到了克雷莫纳老家。他的妻子已于一年前去世，他现在同他父亲住在一起。宫廷里的工作压力终于超过了他的忍耐限度。他其实是个工作很慢的人，长于慢工出细活儿，作为艺术家，他无法像在工厂里那样没完没了流水线般地生产音乐。早在1604年，他就不断向公爵抱怨：“与过去不同，我现在缺乏勤奋工作的精力了。近期的过度工作使我至今仍觉得疲倦和虚弱。看在天主的份儿上，我恳请殿下您再也不要一次给我那么多的工作做，也再也不要限制我在那么短的时间内做完。否则，我会意想不到地折寿，乃至无法为殿下您服务得更久，也不能照顾我可怜的孩子们了。”肯定地讲，像蒙特威尔第这样技艺高超的作曲家是有能力按定做的要求当场完成作曲任务的，可问题是他的创作态度十分严肃，不愿敷衍了事，拿不能代表自己最高水平的次品应付差事。他说过：“如果我非得在很短时间内写大量东西，那将不啻于自我贬损、自砸牌子，非但写不出契合文本的音乐，反而成了作曲机器。”

其他事情也让他烦恼。他的工资低得可怜。当时的人普遍认为，音乐家努力工作是理所当然之事，工作再出色也受到忽视，这使得自我与个性都已充分发展的蒙特威尔第感到很受伤。在写给曼图亚宫廷枢密顾问安尼巴尔·切波的辞职信里，蒙特威尔第把这作为一条理由提了出来："我从来没有得到过殿下的恩宠，这表现为得不到任何公开的承认。阁下您很清楚，即使是奴仆，也很看重主人宠护的表示。来自王公贵族的奖掖和宠护其实对他们很重要呢，尤其是当着陌生人的面。"

公爵命令造了反的作曲家返回曼图亚，可是蒙特威尔第再也不要让人随意支配了。他在 1608 年 12 月 8 日致切波的辞职信里，表明了自己的独立精神和真正的不满所在：

> 今天，11 月的最后一天，我收到了阁下您的一封信。我从信中获悉，殿下命令我准备好随时返回曼图亚，以便再次用一堆要求苛刻的任务把我累得半死；至少他是这样命令的。我答复说，假如我再不从剧院繁重而苛求的工作中脱身并彻底休息的话，我的寿命就会减少。我在过去长期超负荷工作的后果是，我已患了头痛病，身上还起了严重的、难受至极的皮疹。无论是烧灼疗法、洗涤疗法，还是放血疗法或其他疗法，我都一一试过，但都不能彻底治愈。帕德罗纳先生把我头痛的原因归咎于用脑过度，把我严重的皮疹归咎于曼图亚让我水土不服的空气。他甚至担心，这种空气将是我不久之后的死因。实话告诉您，阁下，过去的 19 年我在曼图亚的运气不好，我感觉人们对我的态度是敌视而不是友好。即使是承蒙公爵的厚爱，让我陪他出行匈牙利，也是出于对我不利的考虑，因为旅行的开支远高出我贫困的家庭的承受能力，使我们的生活至今仍深受它的影响……好不容易熬到时来运转，殿下似乎要恩宠我了，可这一切很快又灰飞烟灭：当我

> 深信殿下已恩准我从市政当局领取100曼图亚币的年金后，殿下却又再次撤回了他的成命。然后，在我结婚之后，我的年金不再是100斯库多（16—19世纪意大利通行的金币或银币），而是只有70斯库多了；至今仍是如此。不仅如此，我还被剥夺了我所需要的种种便利，本该几个月前就支付我的钱也不见了踪影。

蒙特威尔第在信中继续陈述了他的其他不满，最后结尾道："现在，阁下您应该十分清楚了，我在曼图亚过得有多么悲惨。"尽管如此，他还是奉召返回了，从此把注意力转向了宗教作品的创作。他还去罗马游历了一圈。他是在搜寻更好的工作机会吗？1612年，他终于卸下了沉重的包袱：文森佐公爵死了，蒙特威尔第辞去了曼图亚宫廷的职务；也有学者认为，他是被开除职务的。他并没有趾高气扬地离开，而是辛酸地说："经过25年之后，我只带着不超过25斯库多离开了。"他的弟弟随他一起离开了宫廷。他返回了克雷莫纳，嗣后去了一趟米兰。1613年，他得到了一份梦寐以求的职位：威尼斯圣马可教堂的音乐长，薪水是300达克特（旧时在欧洲许多国家通用的金币或银币）。此外他还得到了"正式的制服和相应的权力"，以及一套"舒适体面的"住宅。三年后，他的工资涨到了400达克特。生平头一回，蒙特威尔第有了金钱和地位。在威尼斯，他也享有了几乎完全的自由。按照当时的标准，威尼斯相当自由，甚至民主。蒙特威尔第只需遵守一条规则：不得参与政治。

他刚走马上任时的威尼斯也许是当时世界上最生机勃勃、最灯红酒绿的城市。它的人口那时大约是十一万。它是个财富和权力都很集中的城市。它也是个国际化的都市，全欧洲的贵族都来此纵情享乐、挥霍无度、声色犬马、酗酒放荡。威尼斯一年到头都举办各种晚会和娱乐活动，狂欢节、舞会、宴会、戏剧演出比比皆是。威尼斯是大画家丁托莱托、维罗内斯和提香生活和工作过的地方。它的音乐传统也非同小可。威尼斯地处欧洲的十字路口，兼收并蓄了东正教礼拜式圣咏的应答轮唱、意大利南方的民间音乐、法国宫廷优雅的世俗音乐、荷兰音乐风格中的简朴对位，以及梵蒂冈的教堂音乐。许多外国音乐家常驻在这里。维拉尔特和齐普里亚诺·德·罗尔曾经担任过圣马可教堂的音乐长。来自欧洲的其他许多重要的音乐家也都在威尼斯安过家。威尼斯本身也有其意大利乐派的作曲家群体。其中很重要的有两位：安德雷亚·加布利埃里（1533—1585）及其外甥乔万尼·加布利埃里（约1553—1612）。后者的音乐尤其值得关注。他为圣马可教堂写了许多作品，利用教堂的资源营造特殊的音响效果。圣马可教堂的每一侧都有一个唱诗班的楼厢、一架管风琴以及很大的空间来容纳乐队、独唱（奏）家和合唱队，这就为启应轮唱形式的对唱创造了必要条件，加布利埃里正好也就充分挖掘了其中的各种可能性。在他作于1597年的《圣乐交响曲》（*Sacrae Symphoniae*）里面，有一首《弱与强奏鸣曲》（*Sanata pian'e forte*），就是让一组乐器（有一支短号和三支长号）同第二组乐器（包括一把古中提琴和另外三支长号）掐架打斗，形成对比。每一组形同一个合唱队，彼此间捉对，或合奏或轮奏，分分合合，此起彼伏，争奇斗艳。可以想象，圣马可教堂当年在这种自豪、崇高的乐曲声中震颤共鸣、余音绕梁的情景。在加布利埃里的另一部作品《在教堂》（*In ecclesiis*）里，有两支合唱队，许多独唱（奏）家，一架管风琴，铜管乐，以及弦乐，因为他对宏大壮丽的音响很感兴趣。当你聆听加布利埃里的音乐时，你会感到意大利晚期文艺复兴的那种荣耀与辉煌就在你眼前，栩栩如生。加布利埃里是个音乐革新家，仅他创作的器乐"奏鸣曲"就直指未来。

歌剧作曲家在威尼斯也为数众多。在1637年卡西亚诺剧院开业后，威尼斯迅速成为欧洲的歌剧中心，吸引了诸如弗朗切斯科·卡瓦利（1602—1676）、马可安东尼奥·切斯蒂（1623—1669）、乔万尼·弗莱奇、安东尼奥·萨托利奥、乔万尼·莱格伦齐这样的音乐大师纷至沓来。卡瓦利是蒙特威尔第的学生之一，也是仅次于蒙特威尔第的歌剧开拓者之一。一时间，威尼斯对于歌剧的需求激增，到17世纪末，看歌剧已成为公众主要的娱乐方式。那时威尼斯有16座剧院，共上演了358部歌剧。其中许多是大型、考究、昂贵的制作，吸引了欧洲各地的人士赶来观赏，并叹为观止。有个叫约翰·埃弗林的英国日记作家在1645年访问威尼斯时，记述了看歌剧的事情："这里的喜剧和话剧伴随着宣叙（朗诵）风格的音乐上演，其音乐家都是最出色的，无论是声乐还是器乐皆如此。场景设计描绘得多彩多姿，很有立体感。道具制作得很是奇妙，有能在天上飞的，有能在地上跑的。音乐充满美妙的调性变移。总的来看，这是人类智慧所能设计的最壮丽和最华贵的娱乐方式之一。我看的剧名是《海格力斯在利迪亚》[1]，观剧

[1] *Hercules in Lydia*，海格力斯是希腊、罗马神话中的大力神，主神宙斯的儿子。

过程中布景变换了 13 次。"(《海格力斯在利迪亚》是乔万尼・罗维塔创作的一部歌剧。)

蒙特威尔第热爱威尼斯，既爱这座城市本身，也爱它给予他的那些荣誉。在致他在曼图亚宫廷的好友亚历山德罗・斯特里吉奥的信里，蒙特威尔第写道："在这里，没有一个贵族是不尊敬和赞誉我的。无论我到哪里演出我的音乐，世俗的也好，神圣的也罢，人们都会倾城出动赶来观看——我说这话绝无夸张。"蒙特威尔第并没有同曼图亚宫廷断绝关系，后者仍对他的音乐有兴趣，并委托他创作了数部重要的作品，其中有芭蕾舞剧《蒂尔西与柯罗丽》(*Tirsi e Clori*，1616)。斯特里吉奥遵照上面的命令，劝说蒙特威尔第返回曼图亚宫廷。蒙特威尔第明确地告诉他，自己不会考虑回去的问题。他说，在威尼斯，

> 人们尊重我到了这种程度，即只接受教堂音乐长(也就是蒙特威尔第自己)有关某个歌手的汇报，而不接受管风琴师或副音乐长的汇报，除非他们受音乐长的委托。这里所有的绅士都尊重和赞誉我，当我举行教堂或室内演奏会时，全城的人都赶来聆听。阁下，我这么说绝不是夸张。如此一来，我在这里服务心情就十分舒畅。加之教堂的所有人员都是临时受雇，只有音乐长除外。音乐长有权任命和解雇歌手，有权批准或拒绝请假。假如他今天不想去教堂的话，谁也不能说什么。除非去世，否则他的位置是牢固的。他的工资如果过了时间还不去领的话，就会有人给他送到家里来。

接着，蒙特威尔第把他的甜蜜现状与他的曼图亚任期的酸楚回忆做了对比，写道："那时我不得不每天都去找财务主管，讨要应该属于我的工钱。有天主作证，当我向财务主管乞求本该属于我的工资时，我一辈子都没感到过那么耻辱和丢份。"

不，蒙特威尔第是不会离开威尼斯的。

在圣马可教堂，蒙特威尔第掌管着大约三十名歌手和二十名器乐演奏者。上面要求他作曲和授课，并负责教堂的全部音乐事务。同巴赫一样，他也是个繁忙的教堂作曲家。1618 年，他给斯特里吉奥写了一封信，为自己未能按期完成一部答应好的作品而向他道歉，理由是在复活节期间实在太忙了。然后，眼瞅着圣十字架节也快要到了，他又写信道歉，"因为我必须为一整天的节日准备一首弥撒和数首经文歌"。所有的史料都表明，蒙特威尔第对写作宗教音乐不是太感兴趣，并常抱怨它占去了他写自己最想写的音乐的时间。他写道："我在教会供职使我几乎无暇创作戏剧音乐。"还说"我在圣马可教堂的供职太分我的心"，即几乎占用了他的全部时间。好在蒙特威尔第还是个精力充沛的行政管理者和出色的音乐组织者。他重组了圣马可教堂的礼拜仪式音乐及其表演方式，使之提升到一个新的水平。他的教会音乐作品分成两大部分出版了，一是《道德与精神之林》（*Selva morale e spirituale*，1640），一是《四声部弥撒曲与赞美诗》（*Messa a quattro e salmi*，死后出版，1651）。

尽管教堂事务缠身，他还是挤出时间创作世俗音乐。他的几卷牧歌集先后在 1614 年、1619 年和 1638 年出版。在 1638 年出版的《牧歌集》的前言里，蒙特威尔第阐述了他的音乐理念。在

1624年出版的作品《唐克雷迪与克洛琳达之争》(*Combattimento di Tancredi e Clorinda*)的前面也有一篇长长的序言，大多数学者称这部作品为“一部戏剧性的康塔塔”。在这篇序言里，蒙特威尔第详尽阐述了他所谓的“激动风格”。他宣称是自己发明了这种创作手法，“在过去的所有作曲家的作品中，我找不出一个‘激动风格’的例子，尽管温柔和适度风格的例子有许多。不过，柏拉图在他的《理想国》的第三卷里描述过这种风格”。蒙特威尔第决心“着手复兴这种音乐”。他在自己运用于《唐克雷迪与克洛琳达之争》中的某些节奏音型里面发现了个中秘密。他写道:“它的音乐受到了极大的掌声欢迎和热烈的称赞。在我再次开始成功地模仿了狂怒之后，我继续通过更多的研究来进一步深入探究这种风格，并为教堂和宫廷创作了这种风格的作品，以观后效。结果我发现这种风格受到作曲家们的格外欣赏，他们不仅口头上对它大加赞赏，而且纷纷效仿我，使我深感愉快和荣幸。”蒙特威尔第的“激动风格”的一个特征便是引入诸如弦乐器的“震音”和“拨奏”这样的效果，以分别象征激情与战争。

蒙特威尔第的牧歌因其多变的技巧和丰富的情绪表达，本身就堪称一个完整的音乐天地。随着经验的增长，他的胆子也越来越大，敢于让规则来适应自己了。于是他越来越自由地在牧歌这个相对较短的体裁里肆意驰骋。其中有些辛辣的和声放在任何时代都会让人感到吃惊。许多学者都用“富于表现力的不协和”来形容它们。蒙特威尔第的牧歌既能充满戏剧性，也能旋律美得出奇，如《蓝宝石》(*Zeffiro torno*)。它们洋溢着诗情画意，歌词与音乐珠联璧合、相得益彰。传统的对位在这里的地位一落千丈，许多陈规旧俗被冷落一旁。无怪乎像阿图西（Artusi）这样的守旧分子对它们深感不安了。阿图西从这些牧歌里听出的只有不协和音，他怎么也不能理解蒙特威尔第为了表现情感这一目的，而故意追求和声冲突的做法。用丹尼斯·史蒂文斯的话来讲就是，蒙特威尔第的牧歌“将音乐的织体和技巧悉数全收，在他的前辈和同时代人里几乎无出其右者”。

歌剧创作继续占用蒙特威尔第的大量时间。只可惜他的许多歌剧的音乐都失传了，比如《佯疯的里科丽》（*La finta pazza Licori*）、《阿米达》、《阿多尼斯》、《劫持普洛斯庇娜》（*La Proserpina rapita*）和《狄丽亚与尤利西斯》（*La Delia e l'Ulisse*）等。幸好我们通过蒙特威尔第与他的歌剧脚本作者的通信，了解了一些这方面的情况。*La finta pazza Licori* 的意思是“装疯卖傻的里科丽”，创作于1627年，被公认为音乐史上的第一部喜歌剧。它的脚本作者是裘利奥·斯特罗奇（Giulio Strozzi），蒙特威尔第同他打交道很费劲，就像后来的威尔第同其脚本作者打交道那样。

蒙特威尔第与威尔第，在对诗性与剧情在歌剧中的地位与作用方面，持有相似的观点。两人都反对过于文绉绉的雅语。两人都对角色性格的挖掘与合理发展感兴趣。两人都致力于音乐与角色的契合，反对多余与无关的音乐，认为角色的本质比无关的音乐来得重要。蒙特威尔第在与斯特罗奇探讨里科丽这个角色时写道：“在表现这样一个装疯卖傻的人的时候，必须只考虑她的现在，而不是她的过去或将来。因此，必须将其基于单个的词语之上，而不是置于整个的语句之中。当她谈到战争时，她就是在说战争；当她谈到死亡时，她就是在说死亡；如此等等。”如何才能使自己的剧本让蒙特威尔第感到满意，这方面斯特罗奇遇到了很大困难。作曲家在写给朋友的一封信里谈到与斯特罗奇串剧本的情形，说“我一定要向他提建议，要他用更加丰富、新颖和多变的场景来充实它”。

如果哪个剧本不能让蒙特威尔第感动，他就会拒绝为它谱曲。在致斯特里吉奥的信函里，他谈到了一个让他很疑虑的剧本：“我发现这个故事一点也不能让我感动，甚至很难读懂，因而我觉得，它无法启迪我很自然地为它写出一个感人的高潮。”他的脚本作者们全都鼓足勇气竭力满足他的要求。他毕竟不是一般的作曲家，而是闻名遐迩的大作曲家克劳迪奥·蒙特威尔第，是人们所称的“oracolo della musica”（音乐之神）。他要求他的脚本作者们写出有血有肉、个性鲜明的人物角色，文笔还要简洁质朴。他骂起他们来毫不客气，不怕伤害他们的感情。因此，蒙特威尔第两部歌剧的脚本作者贾科莫·巴多瓦罗（Giacomo Badoaro）才这样写道：“我尽量避免一切不着边际的念头和想法，并且更加留意蒙特威尔第所要求的细腻情感。为了满足他的要求，我还改动并且删除了我最初采用过的许多素材。”这两部歌剧，一是失传的《埃内亚与拉维妮娅的婚姻》（*Le nozze d'Enea con Lavinia*），一是至今尚存的《尤利西斯还乡》（*Il ritorno d'Ulisse in patria*）。

虽然工作繁忙，蒙特威尔第还是抽空做了点旅行。他的身体不错，活了一大把年纪，只是一辈子都受到头痛和眼疾的困扰。在一次旅行中，他遭到了抢劫。在写给斯特里吉奥的信中，他生动描述了遭抢劫的经过。从路边的田野里突然冒出了一伙强盗。其中两个手持滑膛枪，第三个攥着匕首并抓住了蒙特威尔第的马缰绳。他们命令蒙特威尔第跪在地上，然后他们自己开始抢劫。他们叫他脱衣服，但他说他身上没钱，他们就没再坚持。匪徒还命令他的女仆也脱衣服，“但她坚持不肯，一边使劲祷告、恳求和流泪，终于成功地使他们没有动她”。一名抢匪还想抢走蒙特威尔第的大衣，可是它太长；他又抓住蒙特威尔第儿子的大衣，可它又太短。“随后他又瞅见了这孩子的一件套装，便把刚才的过程重来一遍”。蒙特威尔第怀疑那个陪同他的曼图亚侍从有问题，可他又找不出那人勾结抢匪的证据。从这件事里，我们可以推断出蒙特威尔第的身材很高。除此之外，我们对他这个人就知之不多了。从一名巴黎音乐家写的一封信里，我们了解了一点细节：蒙特威尔第只在上午和晚上工作，下午休息；他十分健谈；他有时很难相处。

关于蒙特威尔第的两个儿子，是这样的：老大弗朗西斯科成为一名（天主教）加尔默罗会修士。他天生一副好嗓子，进入圣马可教堂唱经，于 1623 年被任命为那里的终身歌手。老二马西米里亚诺成为一名医生。1627 年他因为偷读一本禁书，而在宗教裁判所遇到了麻烦，被捕入狱。蒙特威尔第发疯似的奔走了好几个月，才为儿子洗清了罪名。

蒙特威尔第年事渐高，但他继续写出愈加鲜活、深刻的音乐。他不但仍旧在威尼斯工作，而且被免除了同他任职过的曼图亚宫廷的纠葛。1630 年的曼图亚城在王位继承战争中被打垮了，随着该城一部分的毁灭，蒙特威尔第的许多手稿也跟着灰飞烟灭，包括许多歌剧的总谱。1632 年，蒙特威尔第完成了第二卷《音乐玩笑》，1638 年完成了《战争与爱情牧歌集》。1637 年他年逾古稀，但他最好的作品仍有待问世，包括1640年创作的《道德与精神之林》和最后两部歌剧：《尤利西斯还乡》和《波佩阿的加冕》。后者创作于1642年，是一位75岁老人的扛鼎之作，后人常把它与威尔第的《奥赛罗》和《法尔斯塔夫》相提并论。

关于《尤利西斯还乡》的身世，尚有存疑之处。长期以来，人们都认为它早已遗失，但在1881年，在维也纳国立图书馆里发现了一部手稿。它的封面缺失，手稿在一名抄写员手里，内容与尚存的巴多瓦罗脚本显著不同。不过，大多数专家还是毫不迟疑地把它归于蒙特威尔第之手。《波佩阿的加冕》的归属则是毫无疑问。它才气四溢，在蒙特威尔第的时代不可能有别的作曲家写得出来。它是蒙特威尔第的艺术的巅峰。多年前，面对阿图西们的攻讦，蒙特威尔第撰文反驳道，和声必须由剧词规定，而不是相反。蒙特威尔第致力于富有语言表现力的音乐，一种如歌的诗意语言。在《波佩阿的加冕》中，他前所未有地臻于这种境界。

《波佩阿的加冕》是一种新型歌剧，内有从头重复的咏叹调，美声唱法的旋律线，栩栩如生的角色塑造，还有些许的幽默。剧中有激情、渴望、任性、恋情和诗情画意。而且它一步跨越了300年，直接迈进了20世纪的歌剧理念，其核心就是一切服从于简洁精练的音乐戏剧。直至莫扎特的《费加罗的婚姻》问世为止，还没有哪部歌剧像《波佩阿的加冕》那样，把人的境遇如此生动地用音乐加以刻画（也许珀塞尔的《狄多与埃涅阿斯》是个例外）。蒙特威尔第取得了音乐与戏剧之间的完全平等。他并不把歌剧看成是一组互不相干的配乐故事拼缀而成的、炫耀歌唱者技巧的娱乐形式，也不视之为作曲家展示谱写优美曲调能力的平台。蒙特威尔第堪称他那个时代的先锋派作曲大师，他所矢志不渝的是开创一些能够精确表达剧中人物情感的音乐体裁。

作为 17 世纪上半叶的精神产品，蒙特威尔第的歌剧像莎士比亚的戏剧那样，也产生了许多问题，譬如说存在着编纂的问题、版本的问题。实际上，现已不存在一部出自蒙特威尔第亲笔所写的歌剧手稿。今天的编辑们都得依据抄写员的手稿或它们的第一版来工作。蒙特威尔第的时代的管弦乐队有不少现代人久已弃用的古乐器，现在不得不把它们移译成现代概念，产生所谓的“实用版”“现代版”等。目前有不少《奥菲欧与尤丽狄茜》《波佩阿的加冕》和《尤利西斯还乡》的现代版本，每一个都掀起学术风暴，引得专家们争论不休。光是确定蒙特威尔第写在乐谱中的指令的含义，以及他的乐队的真实形态如何，就存在着很多争议。如何破解他的数字低音也不是一件容易的事。表演上也有实际困难，尤其是在歌唱演员方面。从人类的第一部歌剧开始，装饰音就一直是一种生活方式。从 1600 年佩里写的《尤丽狄茜》的前言里,我们就能了解这一点。佩里热烈赞颂了一名女歌唱演员 :“那位出色的女士，维多利亚·阿奇蕾夫人，堪称是我们时代的欧忒耳珀。”[1] 对此,阿奇蕾夫人心领神会,立誓“不枉为佩里的夸奖，也无愧于自己的艺术，于是使出浑身解数，添加许多或婉转或尖厉的装饰音……以她爱卖弄技巧的天性，她时常即兴发明一些这类小花活儿……不仅如此，她还做些搔首弄姿、卖弄风情之类的动作，实在不堪记录下来 ；即使记录下来，也会让人莫名其妙”。

[1] 希腊缪斯女神之一，主管音乐和抒情诗。

那时的歌手被允许留有的发挥余地之大，在今天是闻所未闻的。

数年之后，原先佛罗伦萨的卡梅拉塔社团的成员之一，裘利奥·卡西尼，撰文论述了上述那种“高贵的演唱方式”。以这种方式演唱的人，“并不把嗓子局限于约定的节拍，而是常常根据唱词的意境，缩短或延长音符的时值，由此形成一种自由伸曲、不拘小节的高雅唱法”。这是更早的对“rubato”的绝妙定义。Rubato的意思是“偷来的时间”,在音乐上引申为“自由改变速度或节奏”,过去通常被认为是浪漫乐派的发明。问题是，今天的音乐家和歌唱家在演绎蒙特威尔第及其弟子卡瓦利的歌剧时，都严格按照谱面标示、不增不减的原则奏唱，这反倒完全不是那个味儿了，反而曲解了蒙特威尔第音乐的精髓。顺便一提，在20世纪70年代末期，曾掀起过一阵复兴卡瓦利歌剧的浪潮。

蒙特威尔第在其生命的最后一年，向教会请了假，他想在去世之前去克雷莫纳和曼图亚故地重游。他的还乡之旅事实上是凯旋般的，迎接他的是盛大的仪式和各种荣誉。他玩了整整半年，回到威尼斯后不久，他就驾鹤西去了，享年77岁。两座教堂同时为“神圣的克劳迪奥”举行了丧礼。他多年的出版商亚历山德罗·文森蒂花了将近十年的时间搜集整理蒙特威尔第的遗作，并终于在1651年出版了它们。这使人想起了海明格和康戴尔搜集整理莎士比亚的作品，并终于在1623年出版了他的全集。

这样一位伟大、重要、著名的作曲家怎么会在死后不久就被人遗忘了呢？一个答案浮现了：音乐如风水般轮流转。蒙特威尔第跨越文艺复兴和巴洛克两个历史时期，然而巴洛克盛期却把以这个伟大的威尼斯人为顶峰的老意大利乐派冲刷得无影无踪。另外，我们还不要忘记，在蒙特威尔第那个时代，极少有歌剧得到印刷出版，因为太昂贵。那时候，传播思想的技术手段还太少。那时的人远不像现代人这么有历史观。蒙特威尔第不是唯一的牺牲品：那个时代谁都休想靠音乐被人记住。蒙特威尔第只好等待三百多年后被人重新发现。好在今天几乎无人质疑他在音乐史上的地位。大家都承认，他是其音乐仍然有魅力、使现代听众感动和惊诧的伟大古典作曲家中的第一人。

• 2 •

巴洛克时代的理想化身

——约翰·塞巴斯蒂安·巴赫

JOHANN SEBASTIAN BACH

据传，在莱比锡，约翰·塞巴斯蒂安·巴赫的遗体埋葬在圣约翰教堂的大门附近，距离南墙约莫六步的地方。1894 年，圣约翰教堂筹备改建，这样就会毁了传统的巴赫墓址。对此，一帮学者在一位名叫威廉·希斯的解剖学家的率领下，开始寻找巴赫坟墓的确切位置。他们可以依据一条信息开展工作：在 1750 年巴赫逝世那年，只有 12 个人是装在橡木棺材里下葬的，其中一个便是巴赫。

在教堂南墙附近挖出了三具棺材。其中两具是松木的。一具是橡木的，里面有一副状况完好的男性骷髅。所有可能做的测试都做了，雕塑家卡尔·塞夫纳还制作了一副覆盖头骨的面具。它与人们已知的巴赫肖像非常吻合。希斯博士在他的报告（发表于 1895 年）中汇总分析了所有的证据，并与参与了这项工作的其他科学家一道，得出这个结论：这具骷髅肯定是巴赫的。嗣后，这具遗骨被移葬到圣约翰教堂的圣坛底下的一个墓穴里。

如果这具遗骨确实是巴赫的，并且没有合理的理由去怀疑它的话，那么作曲家巴赫便是一个身高约 5.75 英尺的男人，脑袋略显硕大，体格强壮，肌肉结实，一切生理特征都与我们现在所熟悉的那几幅巴赫生前画的画像相符。巴赫肖像研究者都哀叹这样一个事实：巴赫的画像证据过于稀少；其中有几位还坚信，据此根本无法判断巴赫实际上长什么样。不过，无论我们拥有哪幅巴赫画像，它们都有一个共同点，即按照那时的习俗，巴赫头戴假发套。（有些学者怀疑这是为了遮住秃头。）此外还有一些共同点，如突出的大鼻子，肉乎乎的面颊，凸起的下巴，紧抿的嘴唇，很冷峻、很男性的一张脸，一张会奋起捍卫自己权益的男人的脸。这是一张不妥协的脸，表情并非偏执狂的那种，而是坚定走自己路的人的那种表情。

这一切全都符合所有已知的有关巴赫其人的描述。巴赫很固执，他脾气暴躁，他的难以相处是出了名的。他的学生，很可能也包括他的孩子们，大概都害怕这个严厉的人物。巴赫是个虔诚的路德派教徒，积极从事宗教活动，书房里摆了大量教会书籍。他似乎很着迷于生与死的问题，在这个哲学命题方面，他比同时代人操心得多；而在那个时代，天堂与地狱并不是抽象的概念，是可怖的现实。同样，亨德尔也是个笃信宗教的人，但他却很清楚自己将会上天堂。如此看来，海顿大概也是这样了。这两个人都觉得自己是上帝的朋友。可是巴赫不是这样，他是过于惧怕或敬畏上帝了。他有一次说过，音乐的目的和终极目标“应该仅仅是歌颂上帝的光荣，以及愉悦心灵”。他的性能力很强，这点有他一大家子人为证：他足足生过 20 个孩子，其中只有 9 个活过了他本人。他的家庭规模之大远远超过了其他伟大的作曲家。即便按巴赫那个时代的标准来看——那时大家庭并不鲜见，巴赫家也是人丁兴旺。另有阿恩施塔特市政当局在1706年交给他的责备函为证："由此我们进一步责问他，他有什么权力在最近让那个陌生女孩儿受邀进入教堂的管风琴楼厢，并让她在那里奏乐？"英国维多利亚时代的巴赫传记作家们都接收到这样一个暗示并陷入一片惊愕，即他们心目中的圣人、伟大的《b小调弥撒曲》的作者巴赫，竟然对陌生的小姑娘感兴趣！后来确认了，那个陌生的姑娘原来是他的表妹玛莉亚·芭芭拉。翌年巴赫娶了她为妻。不过，关于这一点，并没有任何证据支持。

巴赫是个自治市的自由民，家境殷厚，结过两次婚，并且节俭得像个农民。他从来都是衣食无忧。在当时巴赫音乐家族所有的成员中，他是最富裕、最受尊敬的一个，可他仍摆脱不了斤斤计较的习惯。关于这方面，他同他表哥约翰·埃利亚斯的某些通信相当有趣。实际上，它们在巴赫毫不幽默的一生中是唯一有趣的东西。巴赫微笑过没有？说不定没有。他的音乐肯定比其他伟大作曲家的音乐的幽默成分都少，连瓦格纳都写过一部《纽伦堡的名歌手》呢。巴赫的幽默音乐在他的音乐总产量里只占微乎其微的比例——一首《咖啡康塔塔》，一首《为送别亲爱的哥哥而作的随想曲》，以及其他一两首曲子。在写给约翰·埃利亚斯的信中，巴赫谈到了这个表哥送给他的一瓶葡萄酒，其中一些在运送途中洒了，这让巴赫心疼得不得了，"在上帝赐给我的这瓶高贵的礼物中，恨不得最后一滴也要洒掉了"。这恐怕是巴赫难得的一点幽默了。接着他马上声明，他没有资格"恰当地回礼"。接着，在信的底下，有一句又及："虽然我尊敬的表哥善意地提出要送给我更多的酒，可是考虑到我这里过度的开销，我必须谢绝他的好意。这是因为，光邮车的邮资就高达 16 格罗申[1]，邮递员邮递费 2 个格罗申，海关检查费 2 个格罗申，内地贸易税 5 格罗申 3 芬尼，常规税 3 个格罗申。我尊敬的表哥，您自己就能算出来，每夸脱酒就让我掏腰包差不多 5 个格罗申，这对于一件礼物来说，确实是太贵了。"

巴赫于 1685 年 3 月 21 日出生在萨克森的埃森纳赫。他是约翰·安布罗修斯·巴赫的 8 个孩子中最小的一个。约翰·安布罗修斯·巴赫是克里斯托弗·巴赫的儿子，而克里斯托弗·巴赫又是约翰内斯·巴赫的儿子，就这样上溯到维特·巴赫，其出生年月不详，但死于 1619 年。像巴赫音乐家族的其他成员一样，约翰·塞巴斯蒂安·巴赫也对家族取得的音乐成就深感自豪，并且他自己也写过一部名为《巴赫音乐家族的起源》的家谱，一直上溯到维特·巴赫，"他是个匈牙利的白种人面包师，在 16 世纪由于信仰路德教而被迫逃离匈牙利"。在这部家谱中，巴赫生动地描述了自己的祖先维特老人，说他"从弹奏一架小席特琴中获得最大的乐趣。他甚至带着它走进磨坊，边磨粮食边弹琴。（这两者的混合声音一定不得了！然而只有这样，他才有机会把节奏刻印在脑子里。）事实上，正是维特·巴赫开始在其后代身上播种了爱好音乐的种子"。巴赫一直相信自己是匈牙利血统，但是大多数学者现在都认为维特·巴赫是在德国出生的，然后迁居匈牙利，后来又回到了德国。

[1] 德国旧时小银币，值现在大约 10 芬尼。

在维特·巴赫那个时代，还有汉斯·巴赫和卡斯珀·巴赫这两个巴赫。维特是约翰内斯和利普斯的父亲。从约翰内斯家里出生了约翰娜、克里斯托弗和海因里希。从利普斯家里产生了巴赫家族的迈宁根家系。这个家系勤劳而硕果累累，两个多世纪不与外人通婚，一个接一个地培养出优秀的音乐家。在德国许多地方都有从事音乐的巴赫家族成员，这些地方有：阿恩施塔特、埃森纳赫、奥尔德鲁夫、汉堡、吕纳堡、柏林、施韦因富特、哈勒、德累斯顿、哥达、魏玛、耶拿、米尔豪森、明登、莱比锡……成员之间关系紧密，形成了一个氏族性质的家庭集团。集团成员喜欢互相走动，一起奏乐，交换、传播小道消息，设法把本家族成员安插在重要的音乐职位上……每当在德国任何地方出现了音乐职务的空缺，消息都会迅速传遍巴赫音乐大家族的每个神经末梢，引起骚动和反响，然后十之八九，巴赫家族会让自己的族人接替空缺。

约翰·塞巴斯蒂安·巴赫的父亲约翰·安布罗修斯，是埃森纳赫的一位德高望重的教堂管风琴师。塞巴斯蒂安 10 岁那年，他去世了。（巴赫的母亲已于前一年去世。）塞巴斯蒂安和哥哥雅各布由他们的哥哥约翰·克里斯托弗收养，后者是奥尔德鲁夫的管风琴师。关于塞巴斯蒂安在那里度过的五年，没有留下多少记载。他应该是个很有天赋的孩子。在 14 岁时，他在当地的学校就成了一个我们所说的“高年级生”；而在那时，高年级生的平均年龄是将近 18 岁。他也是个很好的管风琴手和键盘乐器手。所谓“键盘乐器”，是泛指各种键盘弦乐器，如拨弦古钢琴、击弦古钢琴、小型拨弦古钢琴等。此外，他还是个歌手和出色的小提琴手，而且应该已经开始作曲了。当然，我们在此探讨的不是别的天才小音乐家，而是约翰·塞巴斯蒂安·巴赫，这位音乐史上也许是最伟大的天才儿童。关于他的童年，我们有太多想进一步了解的东西。比如说，他的非凡天赋是何时第一次展露的？他是否很小就有对绝对音高的分辨力？（他应该是有的。）毕竟事关巴赫家族，遗传因素必须考虑在内。有些问题我们尚不清楚，比如，小巴赫的父亲和哥哥究竟给了他什么样的音乐训练，对音乐，这个小男孩儿有什么样的生理和心理反应，他头脑中的音乐细胞是如何发展的，等等。

幸好我们了解他生平的主要事件。我们知道，他在 15 岁那年上了吕纳堡的圣米歇尔教会学校。后来他还去过汉堡，那时他已经是个引起议论的年轻人了。他的一生是一连串的在宫廷或教堂里供职：阿恩施塔特、米尔豪斯以及安哈尔特－科滕的公爵府；在最后任职的地方，他一干就是 27 年，担任莱比锡圣托马斯教会学校的音乐教师和圣托马斯教堂的管风琴师兼唱诗班指导。我们还知道，他在生前就深受尊敬，虽然当时的人们更看重他的管风琴演技和修理技术，而不是他的作曲成就。把巴洛克文艺运动推向顶峰的巴赫，生活在激进的音乐新观念逐渐取代旧音乐传统的时代，后者在很大程度上是以复调音乐为基础的。的确，巴赫在生前发现自己被人认为是个老派的作曲家，是个老学究，其音乐应该被抛在一边，让位给那些更轻快、单旋律、风格优雅的音乐。正是这种精致典雅、颇为肤浅的音乐，让巴赫的儿子约翰·克里斯蒂安在伦敦红透了半边天。

巴赫很可能并不太介意这种现状。反正他是生活在浪漫主义时代之前，那种为艺术而艺术、为永恒而作曲的浪漫主义理念和他没有干系。他是历史上最务实、最平和坦然的作曲家之一。同当时所有的作曲家一样，他也自视为一个勤勤恳恳的专业人士，每天作曲不外乎是有求必应罢了——今天为周日的礼拜式写首康塔塔，明天为儿童写本练习曲集，后天为某件乐器的独奏写首管风琴曲……如此而已。他当然也发表过几首自己颇感得意的作品，但总的来讲，他是完全不指望自己的绝大多数作品在他死后仍流传下去的。在他当上莱比锡的教堂音乐管事之后，他就把他所有前任的作品捆成一卷束之高阁（尽管他似乎是先把它们仔细通读，然后才弃之不用），就像他也很清楚，他的继任者也会把他写的任何手稿弃之不用一样。那时的教堂音乐管事全都这样干：奉献他自己写的音乐，而不是另一个人的。

巴赫当然很清楚自己的价值。他肯定从一开始就清楚这点。如果说有什么事情能使他发狂，那就是对待音乐马马虎虎，或者说敷衍了事地履行自己的音乐职责。他一向都是高标准严要求的，而他的标准——怎么说呢，是巴赫式的。他的一生都不乏坚决按照自己的准则对待音乐的故事。早在1705年，他还在阿恩施塔特的时候，他就曾和一个叫盖耶斯巴赫的学生因为争论音乐问题而拳脚相向，巴赫气得拔出匕首朝盖耶斯巴赫捅去，但眨眼之间，这位未来写出《马太受难曲》的大作曲家就倒在了地上直打滚，一边还不断尝试着还击对方。还有一次考试，巴赫一脸不屑地称一个同事为Zipfelfagottist（吹大管的鸡巴），只因为这个大管（巴松管）手吹出了像母山羊的叫声一样的怪声。为此巴赫受到了指责，因为他“已经背上了与学生相处不好的坏名声”。

可是巴赫是不知悔改的。他似乎清楚自己的潜力了得，因而决定走自己的路。任何人和事都干扰不了他自己对音乐的想法和理解，也休想削弱他全身心投入他的音乐，并学习他人、改善自己、尽可能吸收所能吸收的一切的强大动力，或者说是自我强制！假如有人想干预他，那他可就算是瞎了眼，门儿都没有！1706年，他就因为擅离职守受到了谴责（原来他是步行去吕贝克听布克斯特胡德演奏管风琴去了）。他还因为在做礼拜时用管风琴弹出怪怪的和声而受到指责。还有一次，他目中无人地弹了很长时间，因而受到了责备，于是“他一下子跳到另一个极端，又弹得时间过短”。他还因为态度冷漠、性格孤傲、是个“不合群的人”，而受到非议，因为“既然他很坦然地受聘于教堂并且大模大样地接受那里的俸禄，他就必须主动与其他学生合作，来演奏指定的音乐”。

1717年在魏玛时，他曾经蹲过监狱，因为他“非常固执地硬要人家把他解雇不可”。事情是这样的：巴赫想要“跳槽”去科滕。在莱比锡，他经常为薪水和额外津贴这样的事向当局发牢骚，很快就把市政部门闹得不胜其烦，遂指控他玩忽职守。巴赫的职责多不胜数，1723年他向莱比锡申请工作时，就书面保证过他要做好如下工作：

（1）我要为男孩子们树立一个诚实谦逊、不事声张、默默奉献的好榜样，勤劳服务于学校，认真训导好孩子们。

（2）我要尽自己最大能力把本市两座主要教堂的音乐工作搞好。

（3）十分尊重尊贵、英明的市政厅，服从其领导，无论在何处都尽力捍卫和发扬其崇高名誉和声望。同理，如果当局成员想要孩子们参加音乐仪式，我当立即向其提供高水平的演出班子。若无当局的知情，以及市长大人和尊贵的学校领导的同意，我绝不会允许孩子们出城去参加葬礼或婚礼。

（4）一定服从尊贵的学校督导和各位校长的每一项指示，也服从以尊贵、英明的市政厅之名义颁布的同样指示。

（5）不允许任何没有音乐基础或不适合在这里接受指导的孩子进入这所学校学习。也不让任何没有获得尊贵的督导和校长的知情与同意的孩子入学。

（6）只有这样，才不会给教堂添加不必要的开销。我也要忠诚地训导孩子们，不仅在声乐方面，而且在器乐方面，皆如此。

（7）为了保持教堂的良好秩序，我会安排不过于冗长的音乐演奏，也将使之保持高水平，即不是只给听众留下歌剧式的肤浅印象，而是启迪、激发他们的宗教虔诚。

（8）为新教堂提供优良的学者。

（9）善意而小心地对待孩子们，但是如果他们不想服从的话，就适度地惩罚他们，或向上司汇报他们的情况。

（10）忠实执行学校规章制度，做好一切我该做的事情。

（11）假如我不能胜任这些工作，就安排其他能人来顶替我做，而无须由尊贵英明的市政会或学校当局再开支。

（12）没有尊敬的市长批准，不私自出城。

（13）按照习俗，尽量同孩子们步行去葬礼。

（14）没有尊贵、博学的市政会的同意，不接受或企图接受在大学的职务。

除此而外，巴赫还负责该城所有四所教堂的音乐创作及其演出。他必须为每周一次的礼拜写一首康塔塔（宗教大合唱），并排练、指挥它的演出。他也必须为耶稣受难日提供受难曲。这些是任何司职教堂音乐主持职位的人的正常工作的一部分。此外还有一些业余活动，比如为婚丧嫁娶提供赞美诗，为市政会提供节庆曲等。从这些分外任务中他获取收入，但经常抱怨其中的不公。有一次他很严肃地指出："当葬礼比正常年份多的时候，费用也相应地上涨；可是当健康之风劲吹时，费用也相应地下降。比如说去年吧，我来自葬礼的收入就比正常情况下少了多达 100 多塔勒。"

在莱比锡，巴赫既没找到当局的合作与理想的收入，也没找到他期盼的人们对他的欣赏。而且很快他就一如既往，又和当地官员闹起别扭来。市评议员施台格尔被他气得直摇头，说这教堂管事不仅不管事，"而且甚至还不想为自己的行为辩解"。此话很可能反映了市政会对巴赫的私下怀疑，因为他那时是在没有合市政会胃口的人选的情况下来莱比锡任职的。当时，评议员普拉茨是这样说的："既然最好的人选得不到，只好矮子里拔将军，从平庸的人里找一个了。"就凭着这句话，普拉茨评议员就能稳获历史上的一个脚注，因为他所谓的"最好的人选"，指的是大名鼎鼎的格奥尔格·菲利普·泰勒曼（1681—1767），一个多产得惊人的作曲家，去世时归在他名下的作品足有三千多首。泰勒曼是位优秀的演奏家和了不起的作曲家，在当时的德国非常有名，比不那么入时的巴赫名气大得多。（凑巧的是，泰勒曼和巴赫的关系非常好，这位汉堡的作曲家还是巴赫的儿子卡尔·菲利普·伊曼纽埃尔的教父呢。）后来，在1736年，发生了巴赫同约翰·奥古斯特·厄内斯蒂的“大战”。后者是圣托马斯学校的校长。此事震动了那所教会学校，使市政会气得发疯，也让巴赫倔强执拗的性格和好争斗的本性展露无遗。事情的经过是这样的：厄内斯蒂选中了一个名叫约翰·戈特利布·克劳泽的人担任圣托马斯学校的学监。此人是个平庸的音乐家，巴赫对这项任命怒不可遏。他向市政会提出了抗议。厄内斯蒂则向他反击。一时间两人对骂，你来我往，好不热闹，很快闹得沸沸扬扬。巴赫才不会让步呢。他把争执闹上了教会法庭。在得不到满意的结果后，他就发誓要把状告到弗雷德里克·奥古斯塔斯那里去，后者是“最仁慈的陛下，强大的亲王和勋爵，波兰国王，立陶宛、罗伊斯、普鲁士、马佐夫舍、萨莫吉提亚、克约维亚（基辅）、沃里尼亚、波德拉谢、利夫兰、斯摩棱斯克、西维利亚和切尔尼戈夫维亚的大公，萨克森、于利希、克莱沃、贝格、恩格恩和威斯特伐利亚的公爵，神圣罗马帝国的大元帅和选帝侯，图林根的伯爵（领主爵），迈森的侯爵，上、下劳西茨的侯爵，马格德堡的世袭领主，亨讷贝格的亲王和伯爵，马克、拉芬斯堡和巴尔比的伯爵，拉芬施泰因的君主，我最仁慈的国王、选帝侯和主人”。没人知道这件事最终的结果是什么，据猜测最后的赢家还是巴赫。

关键是，巴赫不是那种任人牵着鼻子走的人。这一点也反映在他的音乐创作中。置身在凡夫俗子中间的他，对满目皆是的平庸很不耐烦。巴赫是个全面、完整的音乐家，无与伦比的演奏家，是个视野开阔、涵盖当时已知的整个音乐天地的作曲家。可是这

⚜ 由埃利亚斯・戈特利普・豪斯曼所画的约翰・塞巴斯蒂安・巴赫肖像

这张脸是一个随时准备站起来捍卫自己权益的男人的脸。

个巨人在莱比锡，却不得不同一帮平庸的学生和一群水平远低于他的要求和期望的演职人员待在一起。1730 年，他制定了对教堂音乐班子的最低要求。他向市政会汇报说，每个唱诗班至少应该有 12 名歌手，当然有 16 名就更好了。至于乐队，起码应该有 18 名乐手，有 20 名最好。可是，巴赫抱怨说，我又有什么呢？充其量只有 8 名——4 名城镇管乐手，3 名职业小提琴手，外加 1 名学徒，而且，“谦恭使我完全不好意思讲出他们的真实水平和音乐素养”。巴赫终于按捺不住了：这样差的条件实在不堪忍受，尤其是大多数的学生都毫无天分可言。正是这种境况，造成了莱比锡音乐演出水平的下降，巴赫如是说。最后，他对学生们的质量做了总结：17 名“可用”，20 名“尚不能用”，17 名“不合适”。这 54 名男孩组成了莱比锡四所教堂的合唱班底，其中可怜的圣彼得教堂在这四所中垫底，“也就是说，那些孩子不懂音乐，只能将就凑合着在唱诗班里唱唱”。

（请注意上面提到的“城镇管乐手”。这些先生可能是些全面发展的音乐家。在 1745 年，巴赫考核了其中的一位，是个名叫卡尔·弗里德里希·普法夫的优秀音乐家。巴赫写道：“人们发现，此君演奏得相当出色，赢得了在场所有人的喝彩；而且他是所有乐器样样行，习惯上由好几名乐手分别使用的乐器——小提琴、双簧管、横笛、小号、圆号，还有其他铜管乐器——他一个人全包了。人们发现他很适合音乐助理这个职位，而这也正是他寻求的。”）

这就是巴赫当时不得不忍受的工作条件。他只能偶然地在一些特殊场合为自己赢得一点改善。比如为了《马太受难曲》的演出，他居然凑齐了超过 40 名的参加者。很显然，巴赫喜欢大型的演出阵容，这在今天那些打着“本真”旗号的人看来是会感到困惑的；其实，从巴赫在 1730 年写的便函就可看出，那些人现在只用很少的演员演出像巴赫的《b 小调弥撒曲》和那两首大型受难曲那样的作品，这种做法是错误的。当然，巴赫作品的织体一定要保持其原汁原味，巴赫音乐也必须演奏得十分清晰，但这并不意味着排除宏大的音响。

巴赫充分利用现有的条件，他很可能会演奏管弦乐队的大多数乐器，而且还充分履行了他类似于一个现代指挥所履行的那些职责。他通常是一边演奏小提琴或古钢琴，一边指挥乐队。在音乐指挥史的初期，这方面的学术论述是很少的。一般观点是，直到 19 世纪，才出现了实际打拍子的乐队领导或指挥。然而，有大量证据表明，从巴赫的时代起，一个负责演唱（奏）团体的人就肯定已经开始打拍子了。所以也难怪，当巴赫考核上面提到的那个可怜的克劳泽时，他就专门指出了此人不会正确地打拍子：“在两种主要的节拍上，即偶数的 4/4 拍和奇数的 4/3 拍，他都不能准确地打出拍子。”

根据所有的目击材料记载，坐在乐队首席位置的巴赫是个举足轻重的人物。他的视奏能力超群。“他的听力奇好，连最大型演奏（唱）团体中的最微小的错误也能听得出来。”他在指挥的同时，一边哼唱，一边演奏他自己的声部，一边稳住大家的节奏，一边提示各个声部的承接启合，“冲这位点点头，朝那位跺跺脚，用手指着第三位警告……对这位声嘶力竭地高喊，冲那位沉着嗓子低吼，朝第三位则用中音警示——在所有参与者制造的震耳的鼓乐声中，就瞅他一个人在那儿显摆了。而且，尽管他自己还要演奏最难的声部，他却同时还能听出别人在任何时间、场合出的错。此外，他还把大家拢在一起，时时处处警示大家，修补所有的失衡之处，浑身上下都透着节奏”。这就是约翰·马蒂亚斯·盖斯纳这位前任校长（讨厌的厄内斯蒂的前任）对巴赫工作时的描述。他的儿子卡尔·菲利普·伊曼纽埃尔则注意到，巴赫对于调音特别细心和讲究。无论是对教堂里的乐队，还是对自己家里的乐器，他都对其音准给予了极大的关注。“别人给他的乐器调的音根本不能让他满意。他干什么事都要自己亲自动手……即使是在最大型的音乐班子里，他也能听出最细微的错音。”有趣的是，虽然现代意义上的“指挥”的概念在那时还没有形成，但是我们已经可以看到，巴赫除了没有这个头衔之外，已然是个十足的现代指挥家了，而且以他的急脾气来看，很可能还是个令人生畏的指挥家呢。

巴赫究竟是怎样指挥的呢？我们不得而知。他的速度是怎样的呢？他的节奏观念是什么？他的表现手法有哪些？如今，大量有关巴赫表演实践的重要史料都已佚失了，很多事情我们只能靠猜测了，比如音高标准、那时的乐器、装饰音、平衡关系，乃至节奏和速度。就拿音高标准来说吧，学者们确定，巴赫时代的音高通常是比我们今天的音高低了整整一个音。但是我们今天仍在使用的一些巴赫时代的管风琴，它们的音高却更高。巴赫究竟是如何为他的乐器调音的呢？我们不知道。此外还有装饰音的问题。关于巴赫音乐中的装饰音这个话题，已经出版了不少书，权威们对此争论很多，莫衷一是。这毫不奇怪，因为在巴赫还在世的时候，专家学者就对此争论不休。除此而外，似乎还有许多巴赫时代的音乐习俗传统并没有被论述过。譬如，那时流行自由改变音符的时值并保持之，比谱面注明的更长或更短。对于这些疑难，认真的音乐家即使经过大量的专业研究，至多也只能做个有根有据的猜测。

虽然演奏方法没有一成不变的，每一代都和每一代不同，但是巴赫的音乐却始终保持绿树常青。实际上它是历久弥新、历久弥坚。这是因为，现在人们愈加能从历史的角度来审视它了，把它与巴赫时代的其他伟大作曲家——亨德尔、维瓦尔第、库普兰、亚历山德罗·斯卡拉蒂和多梅尼科·斯卡拉蒂——的音乐来做比较。无论怎么比，巴赫都胜出一筹，“一览众山小”。他的视野更广阔，意境更深邃、高远，他的技艺无与伦比，他的和声感无论在力量、表现力还是在新颖独到方面都很惊人，别出心裁，让人耳目一新。虽然他并不被认为是个伟大的旋律家，但他仍能够编织出一些奇美无比的曲调，比如《e 小调三重奏鸣曲》的慢乐章，它是那样宁静、宏大、崇高地展开，曼妙的乐句如潮起潮落般流泻奔涌。

巴赫是一位巴洛克时期的作曲家。音乐史上，巴洛克时期从大约 1600 年一直延续到 1750 年。巴洛克音乐由音乐史上一些很伟大的人物实施，具有突出的风格主义的那些特点，如神秘玄虚，华丽铺张，构造复杂，装饰纷繁，多用讽喻和扭曲，对超自然或宏大壮观现象进行探索和利用，等等，把这些东西一炉同冶。文艺复兴时期和后来的古典时期主张秩序、宁静和清晰，巴洛克时期和后来的浪漫时期则主张运动、不安和怀疑。巴洛克时期见证了四部和声与数字低音的兴起，用数字来标明和指示和声的方法开始应用。数字低音的另一个名称叫“通奏低音”，它对巴赫而言简直就等于是从上天传下来的一套系统。他的一个学生引述他的话说，通奏低音“是音乐之最完美的基础，用双手以这样一种方式来演奏：左手弹出写下来的音符，同时右手增添协和音与不协和音，以期制造悦耳动听的和声，来赞美上帝的荣耀，并在可允许的范围内愉悦神灵。通奏低音，乃至一切音乐的目的，及存在的最终理由，不是别的，而是歌颂全能的上帝，以及陶冶和重塑心灵”。

巴洛克时期还见证了古老的教堂调式的消失，以及大、小调音阶及其关联调性体系的巩固加强。这一体系一直沿用至今。此外，在巴洛克时期，近代节奏观也发展起来，出现了小节线，将音乐分断成抑扬顿挫的循环单位，其间有强弱起伏。直接导致各种近代奏鸣曲、交响曲、协奏曲、序曲、变奏曲等音乐体裁的原始形态，也在这一时期兴起。但是，巴洛克时期也有它自己的自由曲式，如托卡塔、幻想曲、前奏曲、利切卡尔（ricercar，一种古代的练习曲）等。

巴洛克时期还见证了有文化修养的中产阶级的崛起。音乐开始从宫廷和教堂走进市民家庭，许多中产阶级市民开始对音乐娱乐活动有了需求，这便是今天的公开音乐会的前身。音乐家们开始提供这样的娱乐，有时候还能做成大规模的商业活动，从中获得可观的经济收入，比如亨德尔的情形便是这样。此外还成立了一些音乐学校，甚至连咖啡馆、酒吧间也搞点音乐节目来满足其顾客。巴赫也参加过这样的活动，在莱比锡的“齐默尔曼咖啡馆”指挥过多年的音乐演出，每星期五晚上从 8 点到 10 点都泡在那里。

1736年一张海报谈到过此事：来泡吧的“多是些本地的学生，其中总有些很好的乐手，他们有些人甚至能在这里弹成著名的演奏高手，出人头地”。

巴洛克时期的音乐在巴赫这里达到了完满。巴赫不仅是过去音乐的集大成者，还在很大程度上预见了未来音乐的走向。他在自己的音乐领域里博学多才这不用说了，他还在所有音乐领域里都出类拔萃。他肯定是他那个时代最有文化修养的音乐家之一，对当时欧洲发生的一切都有深入的了解。他目的单纯地渴望了解和吸收当时现成的所有音乐，古代的也好，现当代的也罢，都是他关注的对象。但他并非一个对音乐史有兴趣的学者，比方说，没有任何证据表明他花费很多精力去挖掘中世纪的音乐；他对此很可能没有兴趣。他感兴趣的是作曲技法，这是他爱得发狂，甚至有些神经质的东西。巴赫似乎对技法有种贪得无厌的职业好奇心：那时的作曲家究竟是怎么作曲的，他们怎么就把音符攒到了一起，他们乐思的质量究竟如何，诸如此类。这是否因为他有意无意地想拿自己与其他作曲家做比较呢？只要有机会，他就到处去听新音乐的演奏。无法到场亲耳聆听的，他就搞来乐谱痴迷地读。巴赫当然可以易如反掌地阅读总谱，就像会计看账本或者通勤者读晚报那样，只是小菜一碟。年轻时，他就经常从岗位上开小差，跑去听管风琴大师的演奏，如文森特·吕贝克、布克斯特胡德等人。他一生最大的遗憾之一，就是没有听过闻名遐迩的亨德尔的演奏。巴赫既了解帕莱斯特里那、弗雷斯科巴尔迪、雷格伦齐等人的老音乐，也熟悉维瓦尔第、泰勒曼、阿尔比诺尼等人的新音乐。他对意大利音乐的兴趣浓厚，几乎与他同龄的维瓦尔第（1678—1741）的作品应该给他留下了特别深刻的印象。巴赫不但手抄和改编维瓦尔第的作品，还把维瓦尔第的协奏曲曲式拿来为自己所用，创作类似体裁的作品。他还谙熟多梅尼科·斯卡拉蒂的奏鸣曲和亚历山德罗·斯卡拉蒂的合唱作品。巴赫通识并且吸收的还不仅仅是意大利音乐，他还熟知从吕利到昂格勒贝尔和库普兰的法国音乐。据信巴赫同著名的弗朗索瓦·库普兰（1668—1733）通过多年的信，只可惜这些信札都佚失了。库普兰和巴赫一样，都是出身于音乐世家，都享誉全欧洲。库普兰那神奇的古钢琴音乐至今仍时常上演，他的某些管风琴作品和王室音乐至今还能听到。巴赫为自己和第二任妻子安娜·玛格达琳娜抄录了这个法国人的一些音乐。在德国作曲家当中，巴赫比较佩服亨德尔、弗罗贝尔格、克尔（Kerll）、富克斯、许茨、泰勒（Theile）、帕赫尔贝尔（Pachelbel）和菲舍尔的音乐。没有证据表明他熟悉他那个时代的英国音乐，这也许只是因为那时很不容易搞到英国出版的乐谱或其手稿。总之，巴赫从小就有不可遏止的对音乐的求知欲望，他的音乐胃口大得难以满足。

很可能在很大程度上，巴赫是自学成才的。像巴赫、莫扎特、舒伯特这个级别的天才是不需要别人教的。他们的心智就像吸墨纸那样，遇到音乐之墨立刻就会吸得满满的，给一点音乐阳光立马就灿烂。他们只需要给出正确的方向，给一点点推动，就一发不可收拾。巴赫就是这样的人。从一开始他就把各路音乐照单全收、据为己有。所有当时已知的音乐体裁（除了歌剧）都让他玩烂了。巴赫的音乐花样无穷，其中最次的部分——巴赫也写枯燥乏味的音乐，虽然他从不写坏的音乐——显露出匆忙急就和不耐烦的痕迹。有时他显然是为了应时应景而在应付差事。但是他的作品平均质量很高，其中最好的部分登上了音乐艺术的巅峰。巴赫可以套用那时现成的作曲规则来创作，既省事，又能使之听起来很新颖独特——为什么？因为这些规则就是他自己的。巴赫的《十二平均律钢琴曲集》中的48首前奏曲和赋格，彼此之间的差别之大，恰如肖邦的练习曲那样。巴赫的《赋格的艺术》被公认为是西方的伟大智慧（或智力特技）的结晶之一，是一部巨作，一个未完成的对位变奏曲系列，同样是千变万化，想象力丰富。

没人知道巴赫是如何打算让人来演奏《赋格的艺术》的：它是一部管风琴作品呢，还是一部管弦乐作品？还是介于两者之间的什么乐曲？它的乐器指向没有标明，虽然大多数学者都认为它是为一件键盘乐器而作的。德国学者弗里德里希·布鲁默甚至提示，巴赫本人才不管像《赋格的艺术》这样的作品是否会得到演奏，或能否演奏得了这样的事呢。布鲁默写道："在这些作品里，巴赫只想延续一种完美对位技巧的传统。这种传统是他经由贝拉尔迪、斯韦林克、斯卡奇、泰勒、威克迈斯特和G. B. 维塔利的传承，而从帕莱斯特里那时代的罗马乐派那里继承过来的。这是一种……'深奥而秘传'的活动，是对一种纯粹抽象的理论及理性思维进行的一种忘我而无趣的转送或传承。"也许如此，可是有过哪个作曲家写了抽象音乐，却又不管有没有人演奏它这样的事吗？恐怕没有过。不管怎么说吧，《赋格的艺术》把纯粹的对位写到了极致。现在，稍微讲讲这部作品的复杂性吧：它以四首赋格开始，其中两首呈现主题，另两首以反方向倒着呈现这个主题（即从后到前）。接着出现反赋格（counterfuges），其中最初的主题颠倒过来并与这个主题结合。此外还有双重和三重赋格，数首卡农曲，三双对照赋格(mirror fugues)。按照卡尔 · 盖灵格的形容就是 :“巴赫首先让所有的声部都以其最初的形态出现，然后再像照镜子似的,让它们全都倒着返回来。为了使这‘镜中映像’看似非常逼真，就把第一首赋格的高音区变成了第二首赋格的低音区，女低音演变成男高音，男高音演变成女低音，低音区同高音区也互换角色，结果造成第 12 首之二显得像是第 12 首之一站在它头上似的。”

两百多年来，音乐家们一直对巴赫在其《赋格的艺术》中表现出的高超技艺和精致的独创性感到震惊和不可思议——他不仅对全部已知的对位技巧加以集成总结，而且还融入了他自己的伟大天才的全部内涵，从而创作出一部旷世杰作，其壮丽和诗意独一无二。《赋格的艺术》是巴赫的最后一部主要作品，但始终没有完成。巴赫在写一部大型的三重赋格的时候，决定把他自己的名字的字母作为一个对位加进去（ B= 降 B 调，H= 德文命名法中的 B 本位音)。就在他的名字出现时,他的乐谱手稿也就此打住了。一些音乐家，如托维、黎曼等，曾给他续写完这部作品，但是这些续写都没有在音乐会上演奏过，也不应该演奏它们。因为当你听到这个 B-A-C-H（巴赫）主题响起而后又戛然而止时，你情绪上的那种激动是很难得的；正如你听到那个代表他名字的对题响起时你会神经战栗一样，它是一种会让你感到震撼的揪心体验。

复调音乐只是巴赫的拿手好戏之一。他还能写一堆堆的舞曲乐章，冠以组曲、帕蒂塔等标题。他还写宗教味儿浓厚的康塔塔；还写充满运动员一般活力的火热音乐，如《勃兰登堡协奏曲》; 还写鸿篇巨制的音乐，如《 b 小调弥撒曲》和《马太受难曲》; 还为管风琴写彻头彻尾的炫技作品，特点是设计宏大，音响洪亮，气势如虹，手指和脚的表演百无禁忌。（这些管风琴作品应该拿到巴洛克式的管风琴上演奏，切莫用浪漫式的管风琴来糟蹋它们。）此外，巴赫还创作独奏小提琴和大提琴曲；还写了一长串的拨弦古钢琴（大键琴）变奏曲，叫作《哥德堡变奏曲》，其半音阶的张力之强——听听那第25首变奏吧！——直到肖邦和瓦格纳出现之前都还几乎没有敌手呢。

巴赫的音乐高于他的同代人的地方，首先就表现在和声强度上。巴赫的音乐头脑什么都是，除了不平庸。他的作品总能给人带来惊讶，出乎人的意料，时有离经叛道，时有唯巴赫才能想得出来的地方。同样的素材，唯有他能处理得与众不同。譬如，维瓦尔第的大协奏曲总是走主音—属音—下属音和声的路子，而且任何对调性的挖掘探索都是在保险有据的范围内进行的。然而在巴赫的音乐里，一种全新的音乐语言诞生了。几乎所有的伟大作曲家都有一个重要的标志，那就是高超的和声感，这是区别于他们的胆小怕事、因循守旧的同行的主要一点。在巴赫时代的大多数作曲家都循规蹈矩的同时，巴赫却在制造着规矩。还是个毛头小伙儿时，他就起劲地挖掘着音乐的和声潜力。后来人们责备他的也正是这一点。他的听众听不惯他那么大胆。在阿恩施塔特，21岁的巴赫被人指责“在这首众赞歌里搞了许多怪怪的变奏，还在里头掺和了不少古怪的音调，听众因此被搞糊涂了，如堕入五里雾”。随着他的年龄的增长，他的和声探险也变得越来越大胆。

巴赫是先把先人的形式继承下来，然后将其不断地加以扩充、凝练和改进。他经常以其他作曲家的作品为基础，创作出自己的管风琴、小提琴和古钢琴协奏曲，比如维瓦尔第，并在这一过程中注入自己的天才和灵性。他的独奏弦乐器作品以其新颖复杂和难度大等特点而一直没被其他人的作品超越。你会纳闷儿，巴赫自己到底是一个怎样的小提琴家？很显然，只有小提琴大师才能构思出如此精妙的装饰音型。你还会奇怪，那时候世上究竟有多少小提琴家能够准确地演奏如此复杂苛求的乐谱。在这些独奏的弦乐作品中，最有名的是那首大型的恰空舞曲，来自为独奏小提琴而作的《d小调帕蒂塔》。还有，《C大调奏鸣曲》中的赋格同样具有强大而壮美的构思。那些为独奏大提琴而写的组曲中的赋格乐章也是极其复杂而难奏。巴赫作为当时杰出的演奏家之一，显然也会不时享受一下练习技巧的乐趣。在他的音乐中时有喜悦的技巧炫耀，《D大调勃兰登堡协奏曲》中的古钢琴华彩乐段便是一例。他的许多管风琴作品也是手指的克星和双脚的陷阱。您可以想象一下，巴赫在完成了为管风琴而作的《D大调前奏曲与赋格》之后兴奋得大叫："瞧！我把它干掉了！"

巴赫还是那些一劳永逸地创建了平均律调音体系的人之一，这一体系至今还在运用。作曲家们在此之前已经在朝那个方向努力了，但是它仍留待巴赫来展示其可行性或可操作性，以及它最终的不可避免性。在巴赫时代到来之前，普遍使用的是中庸全音律调律法，这就意味着有不同型号的半音。问题出在如何在八度的范围之内排列这些音调，好让音阶的调与调之间都有持续的和声比率。使用中庸全音律调律法，音阶在任何特定调式中的比率虽然可以排列出来，但是，比如说，适合C大调的比率对于f小调就不适合了。德国音乐理论家和音乐作家弗里德里希·威尔海姆·马尔普克（巴赫的同时代人）这样来比喻它："为了造一个美的音阶，先得做三个丑的音阶；此乃弃三保一。"用英国音乐学家珀西·A. 斯科尔斯的话说就是，老的调律法"在任何一种键盘乐器上完美地调出一个以上的调性是不可能的。也就是说，当你把C键正确地调好后，只要你用另一个调性开始弹，马上一些音符就会跑调。用中庸全音律调律法，只有一个调式是完美的；然后折中一下，某些调式也能凑合做得将近完美，还能听得过去；但其余的也就实在不敢恭维了"。斯科尔斯在这里提到的"折中"，是指提高或降低音阶里的个别音高，好让几个调可以相互适应包容。但是，正如斯科尔斯指出的那样，由于某些调过于偏离中庸全音律的模式，以至于怎么也都不可用了。在早期的音乐里，像B大调和升c小调这样的普通调性都极少见到——但是巴赫的音乐除外。巴赫接受了安德雷亚斯·威尔克迈斯特在1691年所著《音乐的平均律》中的提示，将一个八度音阶划分成12个大致均等的音调。在这种折中里，没有一个调是完美的，所有的调里都有稍微的不完美，但是它们小得可以让耳朵听了忽略不计。这种调律体系可以让自由转调变得可操作，任何调都可以转成任何别的调而不至于听了太刺耳；而且12个调性中的任何一个都可以充当主音。为此巴赫还专门创作了《十二平均律钢琴曲集》，作为这种调音法的具体操作示范。两卷《十二平均律钢琴曲集》包括48首前奏曲和赋格，每两首就用遍所有的大调和小调调式。

近年来，关于巴赫使用音乐象征手法的文章连篇累牍。阿尔伯特·史怀哲是最先提出这个观点的人士之一。他认为，巴赫不仅从本质上讲是个音乐画家，而且他还常常把象征恐惧、悲伤、希望、厌倦等特定情绪的动机糅进他的音乐。史怀哲坚称，除非把这些动机的意思搞懂，否则不可能诠释好巴赫的作品。史怀哲关于这方面的大部分观点在今天都被人一笑置之了，仅有一小撮巴赫研究家还在津津乐道地猜谜和把玩巴赫音乐里的宗教，甚至数字上的象征意义。自从荷兰作曲家群的那个时代起，似乎一直就风行用数字来代替字母表里的字母。由此，用卡尔·盖灵格在1966年写的《巴赫传》里的话说，就是“比方说，14是象征‘巴赫’的一个数字（B=2，A=1，C=3，H=8）。把14颠倒过来就是41，这代表‘J. S. 巴赫’的意思；由于J是第九个字母，S是第十八个字母，9加18再加14就等于41。在巴赫的最后一首赞美诗（也叫‘众赞歌’）的改编里,这种象征手法得到了突出的运用”。

而我却很倾向于这么说：假如它真是巴赫的方法的话，那他就不是巴赫了。幸亏巴赫的音乐可以不要这些人为的提示就能被人欣赏，虽然对某些人来说，这样的提示挺刺激的。搜尽人间音乐，没有谁的音乐能像巴赫的音乐那样正确，那样不可避免，那样充满智慧，那样逻辑缜密、结构严谨、丝丝入扣。巴赫的音乐还与宗教——具体讲是路德教派——捆绑在一起。巴赫真诚地相信，音乐是上帝的体现。他总是用“JJ”（Jesu Juva——“耶稣，救我”）这两个字母来开始他的圣乐的总谱，并以SDG（Soli Deo Gloria——“荣耀只属于上帝”）结束。一两位学者做过不能令人信服的尝试，企图证明巴赫不是真正的宗教音乐作曲家。我很难赞同这个结论。事实上，巴赫创作了大量的教会音乐，但其中很多已经失传了。在巴赫的赞美诗和康塔塔里，在他的弥撒曲和受难曲中，宗教情感是那样强烈，乃至于你很难完全理解它们，除非你的宗教根基或背景还有情感与巴赫的十分接近。在欣赏任何门类艺术的活动中，欣赏者能否对创作者的心态认同，或产生共鸣，这是很关键的。这种认同或共鸣越接近或越强烈，欣赏的程度就越高、越深。我们中间的任何人都能从巴赫的《b小调弥撒曲》或“基督躺在死亡的枷锁上”中获得巴赫想要传达的讯息；然而，音乐中的那些同精神层面和实际的宗教仪式有关的细微精妙之处，却是只有那些与巴赫时代的教会和宗教生活有认同和共鸣的人才能完全领会到的。这些话也不一定只囿于巴赫的教会音乐。肯定地说，像《赋格的艺术》这样的作品，对于一个正在攻读对位法、因而看得懂巴赫解决难题的诀窍的人来说，其意义远比一个连乐谱也不识的音乐听众要大得多；其中的别出心裁、巧夺天工不是“重过”巴赫时代生活的人所能看得出来的。但无论如何，巴赫的世俗音乐还是比较容易欣赏的。它是抽象的，跟着巴赫的思路走，让我们分享他的心路历程，是音乐奉献给人类的一份理性与情感的大餐。

在20世纪，巴赫音乐构成的最大难题之一体现在演奏实践方面。很显然，不可能重建与巴赫时代一模一样的演奏。太多的因素都已经改变了。每个时代都有其自身的演奏风格。浪漫主义者们像他们做一切事情时那样，对巴赫也采取了非常自由的态度，即按照自己的形象和想象来诠释他的音乐。浪漫派的演奏时尚延续到了我们这个时代，自由自在无所顾忌。直到最近这些年，才有人做出严肃的努力来纠正。多亏音乐学方面的大量研究成果，使得今天的音乐家们对于巴赫演奏风格中的要点有了比过去的人多得多的了解。可是这还不够。作为对浪漫派演奏实践的纠正，一代年轻的音乐家为了达到“本真”的目的，便以机械的僵硬来演奏、演唱和指挥巴赫的作品，使用没有争议的版本和演奏仿古乐器的较小乐队。可是问题马上就来了：经过他们这么一“本真”，奏出的音乐干巴巴的，没有了巴赫音乐的人味儿、优雅、品格、线条……如果说我们对巴赫还有点了解的话，那就是，他是个热情洋溢的人和一个激情四射的演奏家。毫无疑问，当他演奏和指挥他自己的作品时，他比现代演奏（巴赫作品的）实践所能允许的范围要自由、奔放、洒脱得多。巴赫自己曾经对一个叫约翰·哥特希尔夫·齐格勒的学生说过，一个管风琴家不应该只按照字面弹音符，他还应该表现作品的情感、内涵、情绪。这着实具有讽刺意味：没想到最终的结果是，那些受到嘲笑的浪漫主义者，尽管他们缺乏现代高超的研究手段，却出于本能或直觉，而比今天的那些板起面孔、死抠字面、拘泥于谱面的音乐家更接近巴赫音乐风格的本真。

巴赫逝世以后，虽然他本人和他的少数总谱没有被人遗忘，但是他的大多数乐谱还是被束之高阁了。过去总说可能是因为信仰问题（而且总是令人作呕地重复这种说法），而导致他长期被忽略，直到门德尔松在1829年复兴了他的《马太受难曲》为止。其实这根本就不对。别的不说，就光说他的儿子们吧，实际上他们还是做了一些工作来宣传推广他的音乐的。（他们对待父亲的态度相当矛盾；他们对待父亲后妻的态度也是如此，让安娜·玛格达琳娜经常挨饿，最后把她埋葬在贫民公墓里。）约翰·克里斯蒂安有一次可能这样提到自己的父亲——“那个老假发套[1]”。然

[1] perruque，法文，也有“老顽固”之意。

而也正是这个约翰·克里斯蒂安，把巴赫的音乐介绍给了当时的许多演奏家。卡尔·菲利普·伊曼纽埃尔似乎一直对巴赫音乐的老派感到别扭，并且卖掉了《赋格的艺术》的图版，但他却向巴赫的第一位传记作者约翰·尼克劳斯·福克尔提供了非常珍贵的第一手材料。

确实,巴赫所有的儿子都继承了父亲的事业,发扬了他的光荣。他们都没有辜负巴赫的期望,从事了音乐的职业,所谓“子承父业，耀祖光宗”。自豪的父亲在谈到自己的儿子们时说：“他们都是天生的音乐家。”只可惜几个儿子早逝了，一个儿子有精神残疾。不过，还有四个儿子在音乐上成了大器。

威尔海姆·弗里德曼（1710—1784）先去了哈勒，然后开始了流浪生活，最后定居在柏林。他脾气古怪偏执，据说还是个酒鬼。他才气极高，像他父亲那样高傲，但他过着不完整有缺陷的生活。卡尔·菲利普·伊曼纽埃尔（1714—1788）在腓特烈大帝的宫廷里供职 28 年。作为键盘演奏家、作曲家和教师，他功成名就，甚至超过了他的父亲。1768 年，他接替了泰勒曼在汉堡宫廷的职位。作为一名作曲家，卡尔·菲利普·伊曼纽埃尔代表了当时风行欧洲的音乐新时尚——“优雅乐风”（style galant）——一种非对位、文雅优美的音乐风格。该风格由曼海姆乐派的诸位作曲家发展形成,并导致了海顿和莫扎特风格的出现。这个 C. P. E. 巴赫有一个逗人的现象：不会拉小提琴,因为他是个左撇子。以“比克堡的巴赫”著称的约翰·克里斯托弗·巴赫（1732—1795）从 18 岁起一直到死，都在这个城市里供职，恪尽职守地发扬着父亲的音乐传统。最后还有一个“伦敦的巴赫”，即约翰·克里斯蒂安·巴赫（1735—1782），他是这个家族里罕有的漂泊成员之一：先去了意大利，在那儿他自称“乔万尼·巴赫”，并改信天主教（他父亲不会喜欢他这么干的）；然后在1762年，他去了英国，在那儿他又成了“约翰·巴赫”。作为社交家和艺术家，他都大获成功。他创作歌剧，举行钢琴独奏会，指挥乐队，教学生；当小莫扎特访问伦敦时，他是小家伙儿的导师。后来他破产了，负债累累地离开了人世。他也是“style galant”（优雅乐风）的代表人物。

巴赫的这四个儿子，其中两个闻名欧洲，这有助于让人们对他们父亲的记忆保持鲜活。巴赫的许多学生，譬如约翰·弗里德里希·阿格里克拉、约翰·菲利普·吉恩伯格、约翰·戈特里布·哥德堡（巴赫为他写了那些著名的《哥德堡变奏曲》）等人，后来成了著名的音乐家。他们都是巴赫的拥护者，有助于让巴赫不被人遗忘。当我们讨论巴赫死后的声望问题时，我们应该记住几点。那时候，公开音乐会的机制还处在婴儿期。那时音乐会要举行时，就随便找个什么厅举行（贵族的沙龙、舞厅、歌剧院等，因为那时还几乎没有现代意义上的音乐厅），一般由想要介绍自己音乐的作曲家来亲自努力地张罗此事。由音乐会演奏家演奏他人作品的概念还是将来的事。直到浪漫主义时期到来为止，音乐在很大程度上还是一种现实的或时代的艺术，它主要关怀的还是正在进行时，而不是过去时。那时的人很少有兴趣关心过去的音乐。无论如何，要想听到或者研究过去的音乐，在那时都是极其困难的事情。过去的总谱很难找到，演出它们更是几乎不可能。

然而，毕竟巴赫的音乐魅力了得，让许多职业音乐家心里还都惦记着它，念念不忘。甚至还有传闻说，巴赫的音乐保留在莱

⚜ 莱比锡圣托马斯教堂

巴赫在这里从 1723 年工作到他生命结束。

比锡的演出曲目表中是破天荒之事。约翰·弗里德里希·多勒斯是巴赫的学生，也是巴赫在圣托马斯教堂所任之音乐长一职的继任者（1756—1789）。他继续在宗教仪式上演奏巴赫的音乐。多勒斯还让莫扎特接触了一些巴赫的总谱，莫扎特被它们迷住了；他研究它们，改编了其中一些，自己的音乐也深受巴赫式对位的影响。维也纳的戈特弗里德·凡·斯威滕男爵是一场类似于崇拜巴赫运动的倡导者。他把巴赫的总谱拿给莫扎特和海顿看，还举办过巴赫作品的演奏会。海顿很熟悉巴赫的《十二平均律钢琴曲集》和《b 小调弥撒曲》，两部作品的总谱他都有。贝多芬根本就是在巴赫的《十二平均律钢琴曲集》里泡大的。英国管风琴家和作曲家塞缪尔·韦斯利（1766—1837）早在门德尔松之前就复演了巴赫的《马太受难曲》，并一直在研究、演奏和宣传巴赫的音乐。而促使韦斯利走近巴赫的是一群热爱巴赫的业余和职业音乐家。作曲家兼钢琴家约翰·巴普蒂斯特·克拉默（1771—1858）早在1800年以前就一直公开演奏巴赫的作品。其他一些钢琴家，如亚历山大·博埃里、约瑟夫·里帕夫斯基和约翰·菲尔德，也紧随其后。任何人，只要他不嫌麻烦翻阅18世纪末和19世纪初的欧洲音乐期刊和书籍，就都能找出无数个提到“那个著名的巴赫”的地方。可见巴赫非但没有被人遗忘，反而还一直很牛气呢。他虽然可能没有亨德尔或约翰·阿道夫·哈瑟（1699—1783，当时走红的作曲家，所作歌剧现在全被遗忘）在当时那么声名显赫，但毕竟是超级“大腕儿”，说他“完全被忽略”的神话可以休矣。

随着巴赫的儿子们的谢世，这股洪大的家族音乐之流终于枯竭了。从约翰·塞巴斯蒂安·巴赫嫡传的最后一个男性的巴赫是威尔海姆·弗里德里希·恩斯特（1759—1845），他是那个“比克堡的巴赫”的孙子。当然，巴赫宗族仍然后继有人。迈宁根和奥尔德鲁夫分支的巴赫后代至今仍然活得好好的呢，而且迟至1937年还成立了一个“图灵根巴赫家族联合会”。不过，20世纪的巴赫们没有一个是职业音乐家。

· 3 ·

作曲家与剧团经理

——乔治·弗里德里克·亨德尔

GEORGE FRIDERIC HANDEL

巴赫是乡下人，是一个从没离开过德国的德国人。而与他同处一个时代的乔治·弗里德里克·亨德尔（在英国他的名字是这样拼写的，他的大半生也是在英国度过的）则是一个见多识广的人，一个世界公民，一个独立的人，是同时兼任音乐商的早期伟大作曲家之一。这就是乔治·弗里德里克·亨德尔：一个壮硕的大块头，精力充沛；一个移居、归化英国，讲话带着浓重德国口音的英国臣民；既是一个烈性子暴脾气的人，又是一个和蔼可亲甚至是慷慨大方的慈善家；一个在音乐事业上发了财又破了产的人；一个收藏了许多艺术珍品的收藏家，其中包括一些伦勃朗的油画；是他那个时代最伟大的管风琴与古钢琴演奏家之一；一个信仰单纯质朴、人生观也同样单纯质朴的人。

亨德尔在 1710 年初次来到伦敦，就在这个城市激起了强烈的反响。这在他那个时代可不是一件容易的事。那是一个怎样的时代啊！亨德尔时代的伦敦充斥着才子、文人、乖戾怪癖者、花花公子、性变态者、诗人、散文家、评论家、政客、朝臣……使之成为欧洲最大的知识中心之一。它同时也是个流言蜚语盛行的封闭社会。约翰·盖伊[1]会写信把小道消息告诉亚历山大·蒲柏[2]，蒲柏再把它传给阿巴思诺特医生，医生再传给乔纳森·斯威夫特[3]……就这样传一圈儿。另外，约瑟夫·阿狄森与理查德·斯蒂尔正分别以各自的杂志《闲谈者》和《旁观者》来取悦伦敦人。艾萨克·牛顿爵士那时已经推翻了众多的数学老概念，并且提出了许多新概念，足够好几代科学家忙的了；而他自己却陷入了有关宗教的冥思苦索之中。那些才子、机灵鬼儿们正跑遍伦敦的各个角落，恶意传播相互间的绯闻丑事。这座城市根本没有秘密可言，尤其是在宫廷里。每当赫维勋爵陷入对他来说是家常便饭的丑闻当中，每当昆斯伯里的女公爵府中的某个侍女与王室的某个成员打情骂俏，每当有人看到S大臣从B女爵的闺房里偷偷溜出来……伦敦各处就顿时流言四起，大街小巷里到处跑舌头。这些才子可是宣称他们从不乱传闲话，“从不！”，他们舔着嘴唇说。这就如斯威夫特有一次写信给查尔斯·沃根爵士时说的那样：“您瞧，蒲柏、盖伊和我尽我们所能让老百姓知情并快乐，我们自信打遍伦敦无敌手，除了流氓无赖和傻瓜。”

亨德尔，这个来自（德国）萨克森的魁梧的异乡人，趾高气扬地闯进了伦敦社会。盛气凌人与处事率直的性格，使他初来乍到就树立了敌人。首先就是阿狄森和斯蒂尔。阿狄森的立场并不

[1] John Gay（1685—1732），英国作家，尤以其戏剧《乞丐的歌剧》（1728）而闻名。

[2] Alexander Pope（1688—1744），英国作家，其最著名的作品是讽刺性仿英雄体史诗《夺发记》（1712）及《群愚史诗》（1728）。

[3] Jonathan Swift（1667—1745），爱尔兰出生的英国作家，著有讽刺小说《格列佛游记》等。

公正，存有私心。在亨德尔来到伦敦前不久，阿狄森刚写了一部歌剧脚本，由一个名叫托马斯·克莱顿的名不见经传的人谱了曲。这部歌剧名为《罗莎蒙德》，极少有舞台剧像这部这样失败的。雄心勃勃的阿狄森本来是希望创建一种说英语的英国歌剧学派的，眼下也仍在酝酿筹划之中。谁料想这个外国佬亨德尔一在伦敦亮相就取得了巨大成功，而且用的还是意大利语的脚本，这就立刻打翻了阿狄森的醋坛子，遂对亨德尔发起了重炮攻击。即使在今天看来，《旁观者》上论及意大利歌剧的文章，也都属于英式文风中最恶毒也最滑稽的那种攻击文体。

亨德尔开了风气之先，多年来他一部接一部地创作意大利歌剧，在这方面无人能出其右，那些敢于抗衡他的作曲家很快就败下阵来。亨德尔让意大利歌剧风行一时、甚嚣尘上。当然，此举也让他赚了大把大把的钱。意大利歌剧的冲击简直势不可当，盖伊在致斯威夫特的信中，用厌恶的语气写道："没人胆敢说'我会唱'，除了阉人歌手和意大利女人。现在每个人都成长为鉴赏歌唱的行家里手，就像在你那个时代人人都是诗歌鉴赏家一样。现在的老百姓连个调调都分不清，却每天都在为亨德尔、博农奇尼和阿蒂利奥的不同风格而争论不休……在伦敦和威斯敏斯特，在所有文质彬彬的交谈中，人们每每都公认森内西诺（Senesino）是有史以来最伟大的歌手。"森内西诺本名为弗朗西斯科·贝尔纳蒂，是当时活跃在伦敦的重要阉人歌手之一。关于阉人歌手，后面还要详述。

公众和上流社会都喜欢上了亨德尔的歌剧，但是报界却对他进行了可怕的攻击。不过，总的来讲，大多数有教养的英国人乃至欧洲人都认为亨德尔是有史以来最伟大的音乐家。即使是在亨德尔所处的那个时代，他也从来没有缺少过好评。“那个来自汉诺威的亨德尔是个天才巨子，他恐怕是自俄耳甫斯以来最具有音乐技巧的人”，这是珀西瓦尔子爵在他 1731 年 8 月 31 日的日记开头写的一句话。（珀西瓦尔像生活在那个时代的许多人一样，自由而随意地拼写字词，往往依照发音来拼写字词。亨德尔定居英格兰以后，他的姓氏拼写中原有的变音符号去掉了，但是发音仍保持原来德语的发音。此后人们就这样拼写他的姓氏了——Handel，而不是原来德文的 Händel 了。）《曼侬·列斯科》的作者安东宁·普雷沃斯特在其《拥护还是反对他》（1733）一文中，对亨德尔这样评价道：“从来没有人（像亨德尔这样）以如此的高产完美地集各种音乐艺术体裁于一身。无论从事何种艺术，都从没有人以如此的高产达到如此的完美。”珀西瓦尔和普雷沃斯特的上述评价是很具有代表性的。历史上，很少有作曲家像亨德尔这样，在自己生活的年代就受到如此的赞颂，更少有形成文字记述的。

除了弗朗茨·舒伯特之外，在历史上著名的作曲家当中，还没有谁像亨德尔那样，让我们欠缺关于他的个人信息。我们拥有大量“关于”亨德尔的材料,这是任何人在浏览奥托·埃里希·多伊奇的大部头《亨德尔：纪实传记》时都能看到的。但是，没有一位作曲家像他那样，对个人信息如此保密。亨德尔的年表上时有中断和空白，尤其是他在意大利度过的那些年。我们能够知道他赚了多少钱，我们也能了解他一生创作的音乐受到了什么样的欢迎，可是我们对他的思想却几乎一无所知。亨德尔留给我们的为数不多的信件的内容都是正式而拘谨的，里面从不提及他的私人生活。在公众的眼里，他仅仅是个作曲家和演奏家，一个剧团经理，一个生活在多彩年代里的多彩人物中的一员，而这肯定不完全是偶然的，是有其道理的；仅此而已。几乎可以肯定的是，亨德尔在刻意隐藏某些秘密，他为了保护自己的隐私，而故意把自己的公开生活与私生活分开来。

有关亨德尔的主要同期原始资料，来自于牧师约翰·梅因瓦林为其写的那部传记。它于亨德尔去世的翌年出版（1760），是有史以来首部关于音乐家的传记。如此独一无二也是亨德尔声望的最好证明（巴赫的首部传记出版于1802年，那时巴赫已经辞世52年了）。但是梅因瓦林甚至从没见过亨德尔，他的大部分信息来源于亨德尔的秘书约翰·克里斯托弗·史密斯（原名叫约翰·克里斯多夫·施密特），所以书中充斥着不准确之处。在查尔斯·伯尼所著《音乐通史》（1776—1789）中，我们可以找到大量亨德尔的资料，其中有这位作曲家的生平梗概及大量五花八门的信息。伯尼至少还认识亨德尔，他所描述的亨德尔的体貌特征更易于让人相信和接受。据他说，亨德尔身材魁梧、臃肿，行动笨拙。（另一位论述音乐的英国作家约翰·霍金斯爵士说亨德尔粗壮的双腿是罗圈儿腿。）“一眼看上去，他是一个绷着脸、坏脾气的人，但是当他真的笑起来时，他就像是冲破了乌云的太阳似的那么灿烂……他的举止和谈吐冲动、粗鲁而专横，但是全无恶意和歹毒。”这看起来算是较为公正的评价。这位伟大的作曲家有时会陷入可怕的暴怒状态，但是从不会怀有恶意，并且对所有人都以诚相待。伯尼说亨德尔具有“一种天生的机智与幽默倾向”；说英语尽管操着浓重的德语口音，他却依旧十分健谈。“倘若他是个像斯威夫特那样的英语语言大师的话，他必定会妙语连珠、出口成章，不逊于后者。”当时很有名的作曲家约翰·马特松（Johann Mattheson），年轻时在汉堡与亨德尔关系十分密切，证实了亨德尔很有挖苦意味的幽默感。亨德尔会“表现得好像无法数到五……他能以冷面的样子让最严肃的人发笑，而他自己一点也不笑”。他始终保持着冷静判断轻重缓急的能力，分寸拿捏得也不错，甚至能拿自己晚年遭受的苦难开玩笑自嘲。在他失明后的那些日子里—— 1752 年他失明了，但这没有影响他作曲和演奏管风琴——他的医生塞缪尔·夏普建议让约翰·斯坦利参加一场亨德尔音乐会的演奏。斯坦利是一位著名的盲人管风琴演奏家。听了斯坦利的演奏后，亨德尔据说爆发出一阵大笑：“夏普先生，难道您从没读过《圣经》吗？难道您不记得：如果让瞎子给瞎子带路，他俩会一同掉进水沟里吗？”

亨德尔经常旅行，与当时的许多大人物交往，见多识广，因此他应该是个成熟、周到的人。众所周知，他是个油画鉴赏家。他曾就读于哈勒大学，这就意味着他应该接受过良好的人文教育。但是由于他对自己的事讳莫如深，人们不得不对他受教育的程度做出种种猜测，也不得不对他生活的各个方面，乃至他的性生活进行揣测。亨德尔终生未娶，并且无论同任何女人交往，他都严守秘密。曾有过关于他早年与数名意大利女歌手关系暧昧的传言。在梅因瓦林所著亨德尔传的一册复制本中有一小段潦草的旁注：“G. F. 亨德尔……不屑于接受任何人的建议，除了他所爱的女人。但是他的每段恋情持续的时间都相当短，而恋人往往总是他自己职业圈子里的女人。”据信这段文字出自英王乔治三世之手。

从亨德尔的日常活动来判断，他也一定是一个赌徒，就像所有的剧团经理那样。他的坏脾气是出了名的，对与他作对的歌手尤甚。关于这方面，最著名的事件发生在女高音弗朗西丝卡·库佐妮身上。她拒绝依照谱面演唱一首咏叹调——歌剧《奥托内》（*Ottone*）中的《错误的想象》。亨德尔因此大发雷霆，他一把揪住库佐妮的脖领，气得仿佛要把她从窗口扔出去，同时大声咆哮：“夫人，我知道你是一个真正的女魔，但是我要让你看到我是撒旦，是魔王！”

还有什么关于亨德尔的信息呢？他信教，但并不狂热。他曾经对霍金斯谈过给圣经福音书谱曲带给他的喜悦之情。他的饭量大得惊人，是个超级吃货。约瑟夫·古皮为其画的那幅著名的漫画中，亨德尔长着一张猪脸，坐在一个酒桶上，周围堆满了食物。（亨德尔好像因为这幅画跟古皮断了交。）他惬意地活跃于最上流社会，如鱼得水。他不属于那种为艺术而艺术的音乐家（在亨德尔生活的时代，这种人似乎还没出现），你三言两语就能说服他去娱乐别人，写些应时应景的音乐。有一则关于舞会的逸闻趣事，时间是1734年4月12日晚，亨德尔参加了这场舞会。里奇勋爵夫妇、沙夫茨伯里勋爵、汉默勋爵夫妇和珀西瓦尔一家均在座。亨德尔演奏古钢琴为一群业余歌手伴奏，他从7点一直演奏到11点，从中获得了极大的乐趣。

1685年2月23日，亨德尔降生在哈勒。巴赫也于同年诞生。关于他的童年，我们几乎一无所知。不过我们知道，亨德尔到10岁时，管风琴已经演奏得相当出色，以至于引起了魏森费尔斯的约翰·阿道夫公爵的注意，于是把小亨德尔送到哈勒的路德教教堂的管风琴师弗里德里希·查豪那里，学习管风琴。亨德尔是否还拜过除查豪之外的其他老师，我们就不得而知了。到 1702 年，亨德尔已经成为加尔文教堂的管风琴师。但是他并不满足于此。他天生并不只囿于在教堂弹管风琴。从一开始他就迷上了戏剧和剧院。1703 年，他去了汉堡——全欧洲最繁忙、最著名的歌剧中心之一。正是在那里,他与德国青年作曲家约翰·马特松（1681—1764）结为朋友，并开始潜心作曲。但也正是在那里，他差点丢掉了性命。马特松和亨德尔一样强势、有主见且执拗，因此这两个年轻人之间发生了一场争吵。马特松的歌剧《克娄巴特拉》当时正在汉堡公演，他本人还担任剧中的一个主角。大概是为了显示他的多才多艺，马特松又下到乐池里，亨德尔正在那里演奏古钢琴，马特松试图取代他的位置。亨德尔并不是那种可以被轻易推开的人（就像许多小年轻被推到一边那样）。他俩发生了口角。继而这两个头脑发热的年轻人各自拔出了佩剑并逼向对方。马特松刺向亨德尔，剑刺到对手外套上的一枚金属纽扣，断掉了，无论从哪个方向看都距离要害只有半英寸……后来两人和好了，马特松甚至还在亨德尔于 1705 年写的歌剧处女作《阿尔米拉》中担任男高音领唱。

翌年，也就是 1706 年，亨德尔前去罗马。接下来的四年他是在意大利度过的。在那里，他被人称呼为“那个萨克森人”。像他到过的每一个地方一样，他也给那里的人留下了很深的印象。关于他在意大利逗留的四年的活动，我们知之甚少，仅有一些轶事趣闻流传下来。他曾与多梅尼科·斯卡拉蒂进行过一场古钢琴和管风琴的对决。斯卡拉蒂与他同年，也是1685年出生，是许多著名的键盘奏鸣曲（或称“练习曲”）的曲作者。斯卡拉蒂写过超过550首短小精悍的乐曲佳作，直至今日它们仍然是主要的键盘乐器常备曲目。亨德尔—斯卡拉蒂的对决在红衣主教奥托伯尼的宅子里进行。古钢琴比赛，他俩旗鼓相当；管风琴比赛，亨德尔轻松取胜。梅因瓦林写道：“斯卡拉蒂亲自宣布对手胜出，并坦言直到他听了亨德尔演奏管风琴这种乐器，他才了解了它的威力。”随着决斗的消失，音乐生活中却出现了竞争；在一场演出中出现的两个主要乐手会在暗中较劲。莫扎特和克莱门蒂在奥地利皇帝面前打了个平手。贝多芬则铲除任何如格林内克神父那样挡了他道的人。李斯特和塔尔伯格在巴黎贝尔乔约索公主的沙龙里一决雌雄。假如较劲同决斗一起消失的话，音乐生活就会缺了些什么。

另一则轶事牵扯到伟大的小提琴家兼作曲家阿尔坎杰罗·科莱利（Arcangelo Corelli）。亨德尔的一首作品正在上演，科莱利在表现其暴风雨般的风格和高把位上面遇到了麻烦。（科莱利写的乐曲没有一首是高于第三把位的。）亨德尔无例外地又冲动起来，一把从这位欧洲最伟大的演奏家手中夺过小提琴，给他示范这个经过句应该如何演奏。科莱利是个脾气温和、宽宏大量的人，并没有觉得受到什么冒犯，他只是说：“我亲爱的萨克森人，这是法国风格的乐曲，我对它一无所知。”关键是亨德尔赢得了所有与他接触的音乐家的尊敬，所以他有时要要大牌、发发脾气，人家也觉得理所当然。他是什么人都见，什么东西都学，并且深受热情洋溢的意大利旋律的感染。多梅尼科·斯卡拉蒂的父亲亚历山德罗·斯卡拉蒂（1660—1725）的音乐，尤其给亨德尔留下了特别深刻的印象。

1710 年，亨德尔从意大利前往汉诺威，成为汉诺威选帝侯的宫廷乐师。那一年的晚些时候，他请假前往英国。在那里，意大利歌剧正成为音乐演奏会上最时髦的娱乐项目。被阉割的男歌手们以其华美雄劲的歌喉震撼着在场的每个人。亨德尔为英国人创作了一部歌剧《里纳尔多》，在 1711 年公演时取得了巨大成功。他又返回了汉诺威。我们不难猜测当时他头脑里做着怎样的权衡：一方是一个昏昏欲睡的小宫廷，毫无机会可言；另一方是大都市伦敦，充满成名和富有的机会。孰优孰劣不言而喻。于是，在 1712 年，亨德尔获准返回英国，限制条件是在适当的时候返回汉诺威。具体到这一次，所谓“适当的时候”成了永远。到达英格兰之初，亨德尔创作了一部歌剧《忠诚的牧师》。不久之后，为了庆祝乌得勒支《和平条约》的签订，他创作了一部宏大的官方乐曲《乌得勒支感恩赞》。他还为安妮女王写了一首生日庆祝曲。女王赐予他每年 200 英镑的年金。两年过去了，在汉诺威宫廷看来，亨德尔无疑是逾假不归。他或许曾考虑过返回汉诺威，或许从来就没考虑过。然而事件的发展完全出乎他的意料：1714 年安妮女王去世，他的老雇主、汉诺威选帝侯继安妮女王之后成为英格兰国王，称乔治一世。此事一定让亨德尔担心过不知什么厄运将降临到自己头上，在忧虑中度过了一段心神不宁的日子。

好在什么事也没有发生，不久他便复归乔治一世的庇护，重获他的赏识，赐予他双倍的年金。这是一段令人愉快的传闻，虽然现在看起来不足为信，说亨德尔重新赢得王室信赖是因为他写了《水上音乐》。一如传言所说的那样，英王十分喜爱这部乐曲，在1717年的一次王室游船巡游泰晤士河时演奏了它。随即英王与亨德尔重归于好。事实上确有这次巡游，并且据报道，亨德尔的一套组曲的确在此次喜庆活动中上演了。据1717年7月19日的《每日新闻》报道，乔治一世太喜欢这部乐曲了，“以至于在往返途中至少三次演奏这部乐曲”。不过，这段有趣传奇的美中不足之处在于，亨德尔与王室的重修旧好好像是发生在1717年以前。

在伦敦，亨德尔与新国王的关系得以确立，他现在可以把心放回肚子里了。他便开始了一长串歌剧的创作。他在关注歌剧的经济效益和演出结果上花的时间，与他用于歌剧创作上的时间一样多。他和英国的贵族阶层建立了永久的联系，与伯灵顿勋爵和钱多斯公爵的关系尤为亲密。有一阵子，亨德尔住在伯灵顿勋爵在皮卡迪利大街的大宅邸中，对此约翰·盖伊做了详细的记述。英国的才子们对任何创造性人物享有的庇护总是抱有极大的兴趣。伯灵顿的府邸是一座艺术与文学中心，盖伊在他的《琐事》中回忆道：

伯灵顿美丽的宫殿依旧；
美人在内，金玉其外……
亨德尔在宫内击弦奏乐，醉人的旋律
激荡着心灵，震颤着每一根血管。
……一个性格暴躁的人，却又
脾气温和，宽宏大量。

亨德尔一头扎进了伦敦的社交生活，他不仅享有乔治一世赐

⚜ 乔治·弗里德里克·亨德尔的著名肖像，由托马斯·哈德逊画于 1749 年

……一个性格暴躁的人，却又脾气温和，宽宏大量。

予的400英镑年金，还享有威尔士公主额外资助的200英镑。他负责由贵族提供资金的歌剧团，还到欧洲各地寻觅歌手。与此同时，一连串歌剧如溪流般流淌出他的笔端：《忠诚的牧师》（1712）、《泰西奥》（1712）、《茜拉》（1713）、《拉达米斯托》（1720）、《弗洛里丹特》（1721）、《奥托内》（1723）、《裘利尤斯·恺撒》（1724）、《铁木尔》（1724）、《赛尔斯》（1738）等。他以惊人的速度写出这些歌剧。意大利的歌剧脚本作者贾科莫·罗西，对亨德尔在1711年飞速写出《里纳尔多》的音乐感到十分讶异，写道："亨德尔先生，我们这个世纪的俄耳甫斯，在作曲的时候几乎不给我时间来作词。令我惊掉下巴的是，这位不可思议的天才仅用了两周时间，就以最高的完美度为整部歌剧谱上了曲。"其实罗西有所不知，亨德尔在为《里纳尔多》谱曲时，用了先前他为另一部歌剧所写的部分音乐。尽管如此，亨德尔仍不失为一位神速的工作者。亨德尔在临终前创作了超过四十部歌剧。所有这些都是意大利语的歌剧，是我们今天称之为巴洛克风格的歌剧。

亨德尔的巴洛克风格歌剧就像后来的奏鸣曲式以及美国西部电影等艺术形式那样，严格遵循着一定的规则、惯例。其剧本几乎总是取材于古典或是神话题材，剧中的人名——如布拉达曼特、欧朗特、梅丽萨、莫佳娜、阿尔辛娜——与其人物一样，都是虚构的。巴洛克风格歌剧的剧本作者在人物塑造上很少有新的尝试。亨德尔为这些剧本创作的音乐却时而欢快，时而威武雄壮，时而哀婉悲怆，结果造成音乐比人物（角色）本身更能表现人物（角色）的情绪。巴洛克风格的歌剧几乎没有情节，因而被称为"戏装音乐会"。亨德尔的大多数歌剧也不例外，从戏剧角度讲，它们近乎处于完全静止的状态。

这种歌剧的基本要素是从头重复的咏叹调。在演唱这种咏叹调时，歌手唱完整个音乐素材之后返回第一部分。返回时，要求歌手炫耀其全部声乐技巧，尽情卖弄花腔，对旋律进行润色、修饰、装潢。亨德尔的歌剧主要是由一连串从头重复的咏叹调组成，其间穿插少量的二重唱，偶然插入较大规模的齐唱，几乎没有合唱和管弦乐间奏。评价巴洛克风格歌剧的另一个角度也应引起注意，那就是看观众的行为。亨德尔生活的时代，上演歌剧时，剧场内完全不像现在那样安静，观众规规矩矩。那时的人们观看歌剧，主要是为了追捧他们喜爱的歌手。所以演出过程中，他们常常会玩纸牌，聊天，到处走动，吃橘子和坚果，随地吐痰，给他们不喜欢的歌手喝倒彩。歌手们自己也会在饰演角色过程中停下来，向坐在包厢里的朋友打招呼，或在自己不演唱时在台上聊天。舞台上没有人正儿八经地演戏。

对于这种歌剧来说，演唱的引人入胜是必不可少的。亨德尔拥有这样的歌手。随着阉人歌手的消失，声乐艺术走上了下坡路。一个伟大的阉人歌手是所有时代的声乐奇迹——一架歌唱机器，简直成了一种乐器。甚至早在亨德尔时代之前，阉人歌手就是人们争相崇拜的对象。他们是被宠溺、骄纵坏了的人物，拥有巨大的财富和自负，乃至更多的怪癖、更大的任性。他们是音乐史上第一批取得明星地位的表演者。

阉人歌手这一名称意指被阉割的男性歌手。他们在古代就为人所知，在 12 世纪因服务于教皇而再次出现。当时女性歌手被排除在教会之外，阉人歌手就取代了她们的位置。1599 年，西斯廷教堂正式承认了阉人歌手的地位。这种手术在青春期到来之前施行，他们经过几年严格的训练之后被送进教堂服务。他们具有女性的歌喉和男性的肺，他们的歌唱是如此成功，以至于开始出现在教堂以外的百姓面前。他们是歌剧历史上首批受女戏迷喜爱的“男”演员，其“始祖”为巴尔达萨尔·费里（1610—1680）。这些阉人歌手拥有令人难以置信的演唱技巧，其中有些人的音域接近四个八度，可以以丰满圆润的嗓音演唱高至高音 C 以上的 A 甚至 B 调音阶，且这种状态可以维持很久。卡法雷利 70 岁时嗓音听起来依然年轻。奥西尼 73 岁高龄时仍以其优美的歌喉在布拉格掀起一阵狂潮；10 年之后，他仍在玛利亚·特蕾莎（Maria Theresa）面前演唱。班尼尔里活到 102 岁，在 97 岁高寿时仍在演唱。这些阉人歌手通常体型怪异：壮硕、肥胖，胸部过于丰满而四肢瘦小。他们的性生活似乎极少被提及，其中有些人是同性恋，另一些人与女性有染，少数人甚至还结了婚。这些富有魅力、形体笨拙的阉人被寻找新刺激的无聊妇人们追逐着。到 18 世纪，仍有许多阉人歌手存在，尽管他们也知道，无论怎样，他们都不会有孩子。

阉人歌手有着中性的、有点像女性的嗓音。从所有的报道来看，他们唱歌的嗓音都异常地甜美。他们的演唱技巧之一，就是保持一个音的能力特强，特别能唱保持音，每每让观众震惊。他们中的一些人，可以保持一个音超过一分钟以上，而在那个时代，人们有兴趣去歌剧院的部分原因，就是去看阉人歌手与小号手或长笛手的“对决”，或较劲，一边看一边欢呼喝彩。对决者保持同一个单个儿的音调，脸都憋成了猪肝色或铁青，但最终阉

✤ 同时代人给伟大的阉人歌手法里内利画的漫画

人歌手总是赢。有一则关于法里内利年轻时的趣事：有一次，一个双簧管手和这位阉人歌唱家一起保持同一音高的音，前者已经比排练时保持的时间长了好多，可是法里内利一直唱，而吹奏者最终用尽了气力，停了下来；法里内利则用同一口气持续唱下去。观众都听呆了，坐在那里等着鼓掌。最后，法里内利即兴加了一个高难度的华彩段之后，才停下来换气。

阉人歌手演唱的鼎盛时期大约从 1720 年至 1790 年，其间有决定性影响的歌手包括尼科洛·格里马尔迪（又称尼科里尼）、弗朗西斯科·贝尔纳迪（森内西诺）、盖伊塔诺·迈奥拉诺（加法莱利），以及其中最伟大的卡尔罗·布罗奇（法里内利）。这些人活跃在大约 100 年的时段里——从 1673 年尼科里尼出生，到 1783

年加法莱利去世。最后一位演唱歌剧的阉人歌手是乔万尼·巴蒂斯塔·维卢蒂，迈耶贝尔在《十字军战士在埃及》(1824)里专门为他写了一个角色。据信，随着亚历山德罗·莫雷奇（1858—1922）的辞世，就不再有阉人歌手了。莫雷奇是西斯廷教堂唱诗班的成员，事实上，他在20世纪的头十年里灌录了几张唱片。这些唱片里的声音听起来让人直起鸡皮疙瘩，嗓音不男不女，类似女低音的音色，同时带有某种怪异、忧伤、倾诉的成分。

从声乐上来讲，阉人歌手代表了控制性和柔韧性。粗略看一下亨德尔的任何歌剧总谱，都不难发现一些连续跑动32个音符的花腔经过句，好像要永远持续下去，不给歌手任何喘息的机会似的。这些经过句的音调并不特别高，因为在亨德尔那个时代，观众并不怎么关注音调的高低问题。(像帕瓦罗蒂那样的持续唱)男高音的高音C是一个浪漫主义时代的发明。事实上，由男高音来担当歌剧的主角，这件事本身在很大程度上就是浪漫时代的一个发明。在巴洛克时代的歌剧中,男高音是演唱次要角色的。事实上，绝大多数阉人歌手可以唱到高音C。如果长笛演奏家兼作曲家约翰·匡茨（1697—1773）的说法可信的话，法里内利能够以饱满的嗓音唱至高音C音阶中的F音。但是阉人歌手通常不追求这种效果。他们引以为傲的是自己超凡的控制呼吸的能力，以及轻松过渡到任何一种复杂的装饰音，而其间没有任何停顿或声音发紧的迹象的能力。

亨德尔时代的女歌手也具有这种能力，其中最著名的要数弗朗西丝卡·库佐妮和福斯蒂娜·波尔多妮。她俩都在伦敦上演的亨德尔歌剧中演唱过，并且通常是同台演出。库佐妮个头很矮，肥胖，相貌丑陋，脾气暴躁，一点儿也不像个女演员，这就像是阉人歌手通常身形高大，肥胖，行动笨拙（缺少第二性征使他们没有长胡子，却常常长了女性般的胸脯），一点也不像男演员那样。波尔多妮则恰好相反，她十分迷人，是那个时代卓有成就的演员。很自然地，这两个女人相互憎恨，这一状况在1727年6月6日上演博农奇尼的《阿斯蒂亚娜提》时达到了顶点。两个女人在观众中各有一帮支持者（波尔多妮是伯灵顿家族集团喜爱的演员，库佐妮的崇拜者则是彭布罗克女爵社交圈里的一部分人），受到各自粉丝团的激励，两个女人张牙舞爪地冲向对方，一场包括尖叫和撕扯头发的激烈战争随即爆发。各家报纸大肆报道此事，甚至还出版了一本小册子，极为详尽地记述了“发生在福斯蒂娜女士和库佐妮女士之间的这场很恐怖、很血腥的打斗，非常全面而真实”。该小册子还建议两位女士进行公开对决。亨德尔恰巧是这场“流芳百世”的晚场演出的舞台监督。他怒骂库佐妮是女魔，福斯蒂娜是“被魔王宠坏的孩子”，都是贱妇。

亨德尔那个时代的观众乐于接受阉人歌手和巴洛克风格歌剧的那些惯常做法。后来的观众就不那么乐意接受了。现今的歌手没有一个能像亨德尔时代的歌手那样着手处理作品的声乐部分；也不会再出现能与美妙的音乐相抗衡的脚本。现在，高度程式化的制作变得很有必要。有些学者建议，阉人歌手的角色可以移交给男中音或男低音去饰演。不管怎么样，当今时代的声乐行当不得不被简化，因而亨德尔式的歌剧存在的大部分理由也就不复存在了。固然，现如今仍有复活亨德尔歌剧的情形，比如把《裘利尤斯·恺撒》《阿尔辛娜》等重新搬上舞台，并仍能给观众带来愉悦和享受，但这些现代制作只能称得上是对亨德尔原创的改写。

令人惊讶的是，相当大一部分亨德尔歌剧的音乐都不是亨德尔的原创。亨德尔那个时代的听众对他挪用其他作曲家的作品习以为常。这一点一直是写亨德尔传记时难以处理的问题，传记作者们或是搜肠刮肚地试图解释这件事情，或是为此致歉。直率地讲，亨德尔是一个剽窃者，这在他所处的那个时代是众所周知的。在他创作生涯的早期，他挪用了诸如凯泽尔、格劳恩、乌里奥等作曲家的音乐，冒充是自己的音乐。从 1737 年起（这一年他开始生病），亨德尔越来越多地利用别人的音乐。同时代的人对他的这种做法秉持宽宏大量的态度。普雷沃斯特神父在 1733 年曾写道："尽管有些评论家指责他从吕利那里，尤其是从我们法国的康塔塔中借用了许多美妙的音乐，他们说他在这方面很在行，用意大利风格做了掩饰。但是这种罪行无疑是可以宽恕的。"一个较为宽容的解释是，亨德尔太忙了，他忙于面对一所歌剧院的管理事务，面对他的歌手们的抵触情绪，面对创作新歌剧的任务，还要面对为宫廷的特殊场合作曲的需求……他没有时间同时做每件事，所以只好拿来别人的素材，在这过程中大体上加以改进提高，然后将其充作自己的东西。亨德尔剽窃他人作品的清单一定长得令人震惊。（巴赫也改写别人的音乐,但是那些作品都适于改写或改编，也没有证据表明巴赫处心积虑想方设法利用非自己的素材。格鲁克则是个自我剽窃者，他剽窃自己的音乐，而不是他人的音乐。）

到了 18 世纪 20 年代晚期，伦敦民众对于意大利歌剧的狂热痴迷迅速降温，剩下的余温也因《乞丐的歌剧》的成功而几乎被彻底消灭。《乞丐的歌剧》是一部用英语演唱的民谣风格的歌剧，全剧充满了对当时沃波尔政府的冷嘲热讽，由约翰·盖伊作词，由约翰·克里斯托弗·佩普施（1667—1752）编曲。《乞丐的歌剧》比亨德尔的任何歌剧都更有长久的生命力，自1728年首演以来，一直在保留曲目单上占有一席之地，是一部货真价实的二流杰作。它的成功也要归功于亨德尔的意大利歌剧公司的破产。但是亨德尔本人却在公司营运中赚了大钱，致使他能够从他的个人基金中抽出一万英镑，投入他在国王剧院的下一次歌剧事业的冒险——这次冒险一直持续到1737年。它也许会维持得更久，如若不是在林肯酒店商业区新建的一家歌剧公司与之竞争的话。那时的伦敦还没有大到足以支撑两家歌剧院的地步，所以这一次竞争亨德尔一败涂地，损失了一大笔钱。

看来意大利歌剧要完蛋了，亨德尔审时度势赶紧转型，转向了英语演唱的宗教清唱剧。他发现清唱剧有大批现成的受众。他于1738年创作了《扫罗》，1739年创作了《以色列人在埃及》，1741年创作了《弥赛亚》。亨德尔总共创作了将近二十部清唱剧，最终以1752年创作的《耶弗他》结束了这一宏大的系列。若不是到1751年他开始完全失明，他无疑会创作更多的清唱剧。近年来人们对亨德尔的清唱剧兴趣见长，但其中大多数仍鲜为人知。

亨德尔为什么转向清唱剧呢？旧时的传记作者们倾向于认为，经过了1737年的一次中风和一次精神疾病后，亨德尔变得十分虔信宗教。其实真相可能更偏世俗：他是个更偏自由职业的专业作曲家，也是个商人作曲家，如果意大利歌剧不灵了，他自然会转写别的体裁。发现公众一窝蜂拥向他的清唱剧，他就“供货”清唱剧。就这么简单。某些研究亨德尔的学者，特别是著名的保罗·亨利·朗坚持认为：亨德尔的清唱剧根本就不是献身宗教的产物，而是圣经题材的戏剧作品，是完全与教会分离的产物。不管怎样，亨德尔发现，创作清唱剧是一桩最赚钱的买卖。他毕竟是伦敦最著名的人物之一，也是一个极受欢迎的演奏家。因此他就依仗这种身份，在他的每部清唱剧上演时，他都以一个管风琴独奏者的身份出现，表演一两首协奏曲作为额外的诱惑。另外他的失明激起了人们的同情，也帮了他的忙。在《参孙》上演时，男高音约翰·彼尔德站在失明的作曲家身旁唱道：

> 日全食——没有太阳，没有月亮。
> 在正午本该有的烈焰中，万物黑暗。

此时在观众席中一定能听到一片哽咽的唏嘘声。

在所有的清唱剧中，《弥赛亚》无疑是最受欢迎的，远在其他之上。它很可能是有史以来最流行的合唱乐曲之一。这部清唱剧是亨德尔在1741年创作的，有关其创作的故事也成了这部作品本身传奇的一部分：什么亨德尔如何从倨傲自负的查尔斯·詹宁斯手中接过唱词啦；什么亨德尔如何把自己反锁在伦敦的公寓中，24天后便拿出了全曲啦；什么他如何被上帝之手引导、被神灵之光笼罩啦；手稿如何在他创作的狂热中被幸福的泪水浸湿啦；他如何废寝忘食为按时在都柏林上演而赶制乐谱啦；等等。唉，可惜学者们认为这些都是杜撰出来的，《弥赛亚》直到第二年4月才得到其全球首演的机会这一事实，也更加印证了学者们的看法。

那么亨德尔当时在都柏林正在干什么呢？他接受了勋爵阁下

的邀请，举行了一系列募捐音乐会，包括为当地一家慈善机构创作一部新的清唱剧。从都柏林传出消息，说伟大的亨德尔已经完成了《弥赛亚》，而公众传播的“磨盘”也已经开始转动——当时这种传播的渠道相当多，亨德尔也深知如何利用它们。所有的报纸都刊登了公告，公开排练从 4 月 8 日开始，证实了公众的传言。《弥赛亚》的确是一部杰作。都柏林《新闻通讯》的记者说，亨德尔的这部新作“即使在最好的鉴赏家眼里，都远超过在这个王国以及在其他任何一个王国上演的同类作品中的任何一个”。都柏林的《日报》比《新闻通讯》更胜一筹，称《弥赛亚》“经由最伟大的鉴赏家认定，是人所听过的音乐作品中最出色的一部”。无怪乎每个人都渴望在 4 月 13 日剧作实际首演时到场。主办者知道公众对座位的需求远远超出了剧院的实际情况，于是女士们被强烈要求“当天不要戴撑裙箍”，而“男士们被要求不要佩剑”。

伦敦发现《弥赛亚》正像宣传的那样伟大。据说，国王乔治在观看其中的《哈利路亚大合唱》时如此激动，以至于站了起来。很自然地，全场观众也都跟着国王站了起来。这就形成了惯例，而且一直保留到今天。但凡《哈利路亚大合唱》演出,全场便都起立。大量的诗作赞美这部清唱剧，文人们详尽地探讨它的每一部分,《弥赛亚》以其作为音乐史上最受欢迎的乐曲之一而流芳百世。

《弥赛亚》的都柏林首演，其乐队和合唱队的真实模样我们不得而知。我们只知道西博夫人是当时的领唱。后代人都把她视为一位伟大的女低音，主要因为是亨德尔选中了她来演唱这部伟大的作品。而实际上，亨德尔这把年纪的人根本不会认为她是一个歌唱家。苏珊娜・玛莉亚・西博是当时伦敦人最喜欢的女演员。

她出生于1715年，是一个名叫安恩的家具商的女儿，是家中两个孩子中的老二。她哥哥托马斯后来成为一位著名的作曲家，正是他发现妹妹具有低沉而甜美的嗓音。她随即出现在哥哥创作或制作的作品的歌剧舞台上。后来她加入了特鲁里街[1]的一家演剧公司,在那里邂逅了西奥菲勒斯·西博（桂冠诗人科雷·西博之子），并与之结婚。不久后她便放弃歌唱，转而投入表演。她在演艺界的成就十分了得，成为备受伦敦人推崇的演员。但随后出了一场龌龊的丑闻，她丈夫的卑劣面目暴露无遗（事实上，他是个皮条客），她也因此从此隐退到都柏林。恰逢亨德尔需要一个独唱演员唱《弥赛亚》，而她刚好就在附近，于是乎西博夫人就在音乐及戏剧史上获得了一席之地。

大多数亨德尔的歌剧——实际上是他几乎所有的作品，除了合唱作品之外——在他死后不久就被人忽略了。这种情况一直持续了将近二百年，并由此引发了若干麻烦的问题。在他所处的那个时代，亨德尔被认为是有史以来最伟大的音乐家之一，后代人也看不出有什么理由去改变这一看法。他在英国始终保持着很高的声誉，他强大的影响力对英国音乐产生了压倒性的效应。实际上，后来直到爱德华·埃尔加的横空出世，英国才又有了一名享誉国际的著名作曲家。由于亨德尔的原因，之后的英国作曲家们不得不精心创作尽可能考究的合唱作品来证明他们自己。实际上，整个英国曾经一度处于狂热迷恋清唱剧的状态，这种狂热一直持续到19世纪末，促使萧伯纳这样评论道："英国公众从安魂曲（清

[1]伦敦西区的街名，曾以剧院集中著称。

唱剧）中得到了令人战栗、浑身起鸡皮疙瘩的感官享受。”合唱音乐被视作英国人民的公共财产。亨德尔去世后刚一年，一位名叫威廉·曼恩的作家便写道：遍布英格兰的乡村音乐团体“把欣赏（亨德尔）清唱剧的狂潮从首都传遍到这个王国的每一个市镇，大有不把《圣歌》《证言》《赞美诗》引进他们本地的英国教堂就誓不罢休的劲头……”。大批中产阶级受众乌泱泱地拥入英国的音乐圈，一年一度的亨德尔音乐节几乎变成了宗教盛事。无论亨德尔是否有意把他的清唱剧当作宗教作品，反正民众是这样看待它们的。1813 年 4 月号的《切斯特及北威尔士杂志》这样写道："的确，亨德尔的音乐以其纪念我们神圣的上帝和救世主的那种宗教狂喜，极好地符合并填补了人们的心灵需求。作为人，我们应当钦佩它；作为基督徒，我们应当感受它。”在一百五十多年的漫长岁月里，英国的音乐被亨德尔的巨手掌控着，只有门德尔松带来了一些其他类型的音乐的冲击。没有一个英国的作曲家强大到足以摆脱这种控制。

但是在 20 世纪开始之后，亨德尔的声誉即便是在英国也下降了。公开演奏亨德尔音乐的情形已经很少见了。他的歌剧在他活着的时候就已经被人忽略了。在整个 19 世纪和 20 世纪的前半叶，只有一部亨德尔的作品在英国以外也受到极大欢迎，它自然是《弥赛亚》，尽管《参孙》和《犹大·马加比》可能也偶有上演。很少有管弦乐队演奏他的大协奏曲，当今也是如此。他的最受欢迎的管弦乐作品《水上音乐》[1]，也惯常以汉密尔顿·哈蒂的删节版

[1] 还有《烟火音乐》。

✤《魅惑的畜生》，约瑟夫·古皮作于1754年的亨德尔漫画

因为这个，亨德尔在他的遗嘱里痛骂了古皮。

与听众见面。（当今，指挥家们深知听众的口味，人们听到的《水上音乐》，基本上就是原汁原味的了。）小提琴家们，如果他们还屑于演奏一点亨德尔音乐的话，会去演奏经过纳谢兹（Nachez）改编后浪漫味道十足的亨德尔A大调或D大调奏鸣曲。亨德尔的管风琴协奏曲其实还是蛮壮丽的，可是它们却几乎从没被引进过音乐厅。亨德尔的大多数歌剧一直不为人所知，埋在故纸堆里。在“二战”前的德国，曾有过一次复兴亨德尔歌剧的尝试，但是并没有扎下根，不了了之。迟至1970年，亨德尔还可能仅仅称得上是一位“一部曲主义”的作曲家（自然是《弥赛亚》喽）[1]。然而在那以后，局面不仅仅是有所改观，简直更像是刮了一场风暴。无论是出于何种原因——普及古乐器知识运动，还原乐曲本真运动（“原汁原味”），灌制CD唱片的拾漏补缺热，还是别的什么热——亨德尔被重新发现了。人们意识到他的音乐是强大、热血、激情澎湃的音乐，于是突然一窝蜂似的把亨德尔灌制进CD唱片。到1995年为止，已经灌录了他的18部清唱剧和22部歌剧。至于一直流行的《弥赛亚》，则有超过三十个版本。现在，世界各地的歌剧院都在上演他的作品。

透过亨德尔的音乐，刮来了一股清新、非同凡响的活力、广度与创新之风。亨德尔的音乐也透着一种特有的英国气质，其中些许源自亨利·珀塞尔。亨德尔的音乐在许多方面比巴赫的音乐更易于接近，更有亲和力。比如，更容易理解，陈述得更直接，不那么复杂，更具有强大的旋律性，更加精壮雄浑。他不具有巴

[1] 这就如也有那种“一本书主义”的作家那样。

赫的和声独创性以及对对位的驾驭精通——可是除了巴赫谁又具有呢？但是亨德尔的对位仍然是坚定、可靠的。亨德尔的传记作者们老是操心他的对位法，老是不适宜地把它与巴赫的对位进行对比。这种对比是毫无意义的，因为这两位作曲家追求的是不同的东西。巴赫是对位地进行思考，他的音乐思维的基础就是对位，这就像呼吸一样地本能、自然和不可避免。亨德尔则只是利用一种更为自由、比较不那么教科书式的对位法作为工具，来取得某些特定的效果。

这种对亨德尔音乐的重新发掘和复兴着实令人惊异，但假若把它放到他在世的那个年代，他的同时代人是不会感到吃惊的。因为他们知道他的价值，亨德尔自己也知道自己的价值，甚至主动要求自己死后被葬在威斯敏斯特教堂。他死于1759年4月14日，享年74岁。当时英国真是举国同哀啊。亨德尔成了无数精心制作的讣告的主角，其中刊登在4月17日的《公共广告报》上的一则很典型，以一首包含亨德尔名字的藏头诗结尾：

他走了，“和声之灵”消遁！
盘旋他头上鸣唱的天使离去。
音乐绝无见过如他伟岸的奇才，
绝无，自从盘古开天地！
每当探究他的巨作，我们顿变渺小，
此前的每位和声大师都微如虫蚍。

• 4 •

歌剧的革新者

——克里斯托弗·威利巴尔德·格鲁克

CHRISTOPH WILLIBALD GLUCK

克里斯托弗·威利巴尔德·格鲁克名垂史册的最大原因，在于他发起了歌剧的第一次伟大的改革。的确，他作为改革者的名气大于他作为作曲家的名气。他写了大约五十部歌剧，其中只有一部——《奥菲欧与尤丽狄茜》——稳居剧目单常演不衰。而《阿尔切斯特》和那两部关于伊菲姬尼的歌剧只不过是偶然上演一次而已。格鲁克几乎完全是为了舞台而创作，所以他没写过什么像样的器乐作品。他早期的歌剧基本上已经不再演出了。他是个大器晚成的人，直到48岁才写出了《奥菲欧与尤丽狄茜》。在那之前,他一直无怨无悔地写着许多因循守旧的作品。没有迹象表明他对自己先前的创作不满，也没有先兆预示他将在《奥菲欧与尤丽狄茜》中搞出一些如此惊世骇俗的创新。

倘若他没有遇到一位很能激发他灵感的脚本作者的话，他应该是断不会写出像《奥菲欧与尤丽狄茜》那样高水平音乐的歌剧的，更遑论（不要说）什么改革歌剧了。拉涅利·德·卡尔扎比吉（Ranieri de Calzabigi，1714—1795）之于格鲁克，就像洛伦佐·达·蓬特之于莫扎特那样。而且这两位诗人有许多共同点，都是探险家、旅行家、阴谋家、政治家，以及不择手段的经营者。两人还都是谙熟戏剧音乐的剧作家。两人都适时地出现在维也纳。卡尔扎比吉在1761年来到这里，把《奥菲欧与尤丽狄茜》的剧本连同他对它的一些改革想法都交给了格鲁克。格鲁克十分热情地称赞了这位合作者："如果说我的音乐取得了一些成功的话，我想我也要归功于他，因为正是他使我能够充分挖掘、调动我的艺术资源……一位（歌剧）作曲家无论才气有多高，但如若没有诗人（脚本作家）激发他的创作激情，那他就只能写出平庸的音乐。任何艺术作品，如若没有这种激情，就只能是苍白蔫萎的勉强之作。"

在1762年首演《奥菲欧与尤丽狄茜》之前，格鲁克就已经取得了一定的成功，但他那时仅被视为一名很好的职业音乐家，而非他后来将证明自己是的"那个（中年）神童"。他于1714年7月2日出生在巴伐利亚以东的上帕拉廷（Upper Palatinate）的伊拉斯巴赫。他的父亲是个为不同的大贵族供职的林务官，所以一家人总是搬来搬去的。格鲁克的童年我们知之甚少。他似乎受过良好的教育，能演奏小提琴、大提琴和古钢琴。有证据表明他上过布拉格大学。22岁时他去了维也纳，然后去了米兰。在米兰他师从著名音乐家乔万尼·巴蒂斯塔·萨马尔蒂尼（1701—1775）。格鲁克在意大利待了八年，就是在那儿，在1741年，他创作了他的第一部歌剧《阿尔塔塞瑟》（*Artaserse*）。这部歌剧于同年12月在米兰上演，获得了成功。接着，他又写了一系列歌剧，现如今已被人彻底遗忘了。

同亨德尔一样，格鲁克也是个世界公民。他漂到巴黎待了一阵子，嗣后于1745年漂到伦敦。在伦敦，他为那里的意大利剧院写了两部歌剧，*La caduta de' giganti* 和《阿尔塔梅内》（*Artamene*）。这两部歌剧都是米德尔赛克斯勋爵委托他写的，说明格鲁克肯定是已经小有名气。也是在伦敦，他与亨德尔交上了朋友，据说后者曾经揶揄道，他的厨师都比格鲁克更了解对位。所谓亨德尔的厨师，是指古斯塔夫斯·瓦尔茨，是个训练有素的男低音歌唱家，所以这么说也许还有些道理。不过，以格鲁克所受的音乐训练来看，处理起纷繁复杂的赋格来，他应该还是得心应手的。问题是，他从来就没有对对位产生过多少兴趣，这同说他处理不好对位还是有本质区别的。由于格鲁克不喜欢对位性的思维，而多采取主调音乐的方式写作，某些业内人士就抱有成见地说，他的技法是低级的。于是唐纳德·托维爵士就一边说格鲁克灵感不断，一边又硬说"他日常使用的技法过去是、也将一直是低级的"。如果拿它与巴赫或亨德尔的对位技法的无限资源来做对比，它确实是这样的；可是这与格鲁克正在尝试做的事情无关。格鲁克也许听过，也许没听过亨德尔的上面那句揶揄。事实上两人的关系一直不错，格鲁克晚年时还在卧室里挂着一幅亨德尔的肖像。他时常指着它说："这幅肖像画的是音乐艺术中最有灵感的一位大师。每当我早上醒来睁开眼睛时，我都怀着敬畏仰视着他，并且承认他确实如此。"

格鲁克下一站游历到了汉堡，他在那儿指导一个巡演到此的意大利歌剧团。该歌剧团到访过不少城市，包括莱比锡和德累斯顿。1749年，他回到了维也纳，翌年娶了一位富商的千金。从此他无须再为生计担忧，这在他同时代的作曲家当中是独一无二的。

经济上的保障无疑助长了他的独立性——有些人称之为傲慢——和固执。如果你无须考虑后果，你完全可以叫任何人见鬼去。此时的格鲁克不仅稳稳当当地作着曲，还以指挥乐队出了名。1752年，他被任命为维也纳皇家宫廷乐长。1754年，他当上了希尔德伯格豪森亲王乐队的乐队长。1756年，他接受了教皇本笃十四世授予的骑士爵位。从此他坚持人家称呼他为“冯·格鲁克骑士”；在法国，则叫“舍瓦利耶·格鲁克”（骑士格鲁克）。那些年他又写了一系列如今已经完全不演了的歌剧，比如《埃齐奥》（*Ezio*）、《伊西比勒》（*Issipile*）、《齐内西》（*Le cinesi*）、《舞蹈》（*La danza*）、《安提戈涅》（*Antigono*）等。

既可以说是与卡尔扎比吉的相识促发了他的改革，也可以说是改革势在必行。在当时，歌剧创作已成为一种模式，一成不变，铁板一块，一头是梅塔斯塔西奥的脚本，另一头是歌唱家们的滑稽表演；由前者攒聚而成的东西再由后者分解拆开。彼埃特罗·梅塔斯塔西奥（1698—1782）是个作家，他以27部歌剧脚本在音乐圈里闻名，其中大多数都是他在担任维也纳的帝国宫廷诗人期间写成的；此职他从1730年起开始担任，直至去世为止。这27部剧本被18世纪的作曲家们谱曲超过了一千次！其中有些剧本如此受人青睐，乃至它们竟然被多达70位不同的作曲家谱过曲！怪不得那时去看一部新歌剧的观众总有似曾相识的感觉。这些梅塔斯塔西奥写的脚本都以神话故事和古代历史为基础，都有众多角色，都是精心打造而成。托维形容它们结构精巧，逻辑性强，“有着非常合理的音乐设计，以此为出发点，每种局面都随着对白和剧情的进展，而自然并平稳地获得，其目的在于，当每次情感危机或可能的休止点出现时，都能有一个戏剧性的场面作为其标志，其间的情感能用咏叹调的方式表达，即把数行深刻感人的诗句谱上音乐，使歌词虽经反复吟唱仍能取得良好的音乐效果，这就是他的音乐设计的合理之处”。

也许是这样吧。不过，梅塔斯塔西奥的歌剧，以及那时所有的意大利歌剧，都只是由一段段的独唱和二重唱串接起来而已。它们俨如歌唱家嘴里的玩物，被他们动辄在几个元音上即兴吼出些颤音。那时的歌手就跟老太爷似的，对作曲家颐指气使、吆三喝四，指东不能打西，而且任意修改音乐，使之适合他们自己的任性和演唱风格。每当他们走近脚灯时，一切剧情立马都得停止，听他们唱出一些花里胡哨的东西，令观众目瞪口呆。可怜的作曲家们只能偶然发出一点微弱的争辩之声，以及要求改革的呼声。早在 1720 年，意大利作曲家贝内代托·马尔赛罗就在一篇题为 *Il teatro alla moda* 的散文里讽刺过意大利歌剧。其中一段描述了作曲家和歌唱家之间的关系：“作曲家在与歌手，尤其是在与阉人歌手合作时，一向只能手里托着帽子，毕恭毕敬地站在歌手的左后边，呈待命状……他必须依照歌唱高手的天才程度，加快或减慢咏叹调的速度，并替歌手遮掩所有露怯的地方。这反映出作曲家自己的声望、信誉和利益都已被歌手捏在了手里。因此，如果需要的话，作曲家只好随着歌手更改咏叹调、宣叙调、升号、降号、本位音等。”

是该改革了，是时候了。其实，巴洛克歌剧除了一些本身固有的荒唐之处外，还有其他一些因素。当时，巴洛克时期正在被一种新古典主义所取代，其特点是趋向质朴简单而不是花里胡哨的装饰性。18 世纪 60 年代的音乐家们已经彻底摆脱了纷繁复杂的巴洛克花饰，并正在改用洒脱流畅的风格来创作，即 style galant，一种缺乏对位的简单而旋律性强的风格。当时人们的思维受到卢梭的影响，他在其著作《新爱洛漪丝》（1760）和《爱弥儿》（1762）中阐述了一种在自然界与自然状态下的人的理想境界，受到人们的青睐和向往。约翰·约阿希姆·温克尔曼也在其著名的《希腊艺术史》（1764）中向欧洲重新介绍了希腊的古典理想。他的结论是，美，就是让细节服从于整体（大局）；真正的艺术是由和谐与匀称优雅的比例构成。这些见解极大地影响了启蒙时代的人们的美学思维。受到卡尔扎比吉的歌剧脚本激发灵感的格鲁克为歌剧所做的事情，正好反映了温克尔曼的艺术理想和卢梭的人的理想。格鲁克显然读过卢梭的著作，他总在谈论让自己的音乐回归自然，回归质朴；而自然不仅仅是客观的树木、天空等，还有在自然状态下被人实际感受到了的人的情感。格鲁克抛弃了巴洛克歌剧的那些花里胡哨的装饰和嗓子炫技，回归了古典理想的那种清纯、匀称、简朴乃至严肃、严峻。不过，他对自己的主张并没有完全一以贯之。在创作了《奥菲欧与尤丽狄茜》之后的 25 年里，他又写了 13 部歌剧，其中 6 部是“改革”了的歌剧，剩下的仍是较早的梅塔斯塔西奥风格的歌剧。尽管如此，格鲁克还是在有生之年改变了歌剧的轨迹，他的观念通向瓦格纳，甚至更远。

他的改革，第一步是请歌唱家们回到他们的位置上去，即让他们本分起来。他的措施有二，一是他坚持要求歌唱家自始至终扮演好自己的角色，二是修改或者废除带有 da capo（从头重复）的咏叹调。歌手们不再有权在重复第一遍时随心所欲乃至疯狂地即兴发挥，他们必须严格按照乐谱演唱。而这位脾气暴躁的专横的格鲁克，这位当时最严格、挑剔的乐队指挥，也是事必躬亲，总是亲自指挥自己的歌剧，以确保自己写的东西演出时不走样。在格鲁克写的那些改革歌剧里，咏叹调比在巴洛克风格歌剧里要短得多。相应地，宣叙调的数量增加。宣叙调是一种近似宣讲的音乐"演讲"，朗诵性质，对应于歌唱出来的咏叹调。宣叙调用来延续剧情和角色的活动，沟通歌剧的各个声部，为其牵线搭桥。格鲁克几乎摒弃了老式的无伴奏宣叙——这种宣叙调的伴奏被削减到只在大键琴（拨弦古钢琴）上弹一两个和弦的地步。同时，他启用了表现力丰富得多的有伴奏宣叙调，其特点是宣叙调配有颇为考究的器乐伴奏。他还设立了作为剧情一部分的歌剧序曲，并致力于人物的情感写实和性格塑造，还尝试达至完整的戏剧性统一。

以上这些在当时的歌剧思维里均属标新立异。诚然，蒙特威尔第也曾鼓吹，并实现过许多格鲁克正在尝试做的事情，但问题是蒙特威尔第早已被人遗忘了。1773 年，格鲁克在致《法兰西信使报》的一封信里详细阐明了他的目的："模仿自然应是得到公认的目标，所有艺术家都必须向它看齐。我尝试要达到的也正是这一目标。我一直尽可能地把我的音乐写得简单而自然，我努力让它取得最大限度的表现力，并寻求突出与之对应的唱词内容。正是出于这个考虑，我才不使用那些被意大利人用滥了的花活儿，什么颤音、花腔、华彩之类。"1777 年，格鲁克又在《巴黎日报》上重申了自己的观点："我主张，我的音乐中的人声、器乐、一切声音乃至所有休止，都应该只有一个目的，就是表现内容。音乐与剧词的结合应该严丝合缝、紧密无间，达到让脚本仿佛与音乐如影随形的程度，反之亦然。”

《奥菲欧与尤丽狄茜》比格鲁克的其他任何歌剧都更体现了这些理想。它的几根情节线索清晰明了（有些撰稿人抱怨说，它们甚至构不成最低限度的剧情）。它的剧词简洁而精致，品位高尚。它的音乐没有丝毫多余，连和声也不拖泥带水，干干净净的没有赘物。但格鲁克从来不是一个很有创见的和声家，连搞点转调变调什么的也缩手缩脚，更遑论标新立异了。

《奥菲欧与尤丽狄茜》的 1762 年原创版是用意大利文写成的，其中的奥菲欧是个特高的男高音（male alto）。整部总谱中，只有这点是因循守旧的。音乐学家们一致指出，这样剧烈的风格改变，在整个歌剧史上还没有过第二例。起初，维也纳的公众还很不适应《奥菲欧与尤丽狄茜》，觉得它太过新奇，但没过多久它就赢得了热情的拥护者。格鲁克的下一部改革歌剧是 1767 年创作的《阿尔切斯特》，也是意大利文的。格鲁克在它的前言里充分阐释了自己的主张。它是最著名的音乐文件之一，值得全文抄录如下：

> 在我承担了为《阿尔切斯特》谱曲的任务后，我决心让它免于所有那些被滥用的花哨玩意儿——它们要么出自歌唱家错误的虚荣，要么源于作曲家过分的顺从。这些滥用的东西长期以来已经丑化了意大利歌剧的形象，把它最光辉壮丽的盛景糟蹋成荒诞不经和乏味不堪的场面。我一直致力于把音乐局限在其真正有用的功用上面，即通过富于表现力的手

段和不偏离剧情的方法，让它服务于剧词。我不要用多余而没用的装饰去打断剧情的发展，或将其淹没、搅浑。我认为，做到这一点的方法同画一幅好画是一样的。为了画好一幅构图正确、形象逼真的画，你得做到用色准确，光影对比适中，突出画中主题，画活人物而又不改变其轮廓。因此，我可不想为了等待一段乏味的间奏，而在对白最精彩之处打断表演；也不想在一个词唱到一半的时候，仅仅为了能让某个歌手表现够其华丽嗓音的元音，就将这个词滞留在那儿；亦不想在一段经过句中，为了让歌手炫耀其漂亮嗓音和高超唱技，而将该句拖长；亦不想为了照顾歌手，就干等着乐队给他时间换气唱华彩。我不认为我应该让一首其歌词也许十分重要和精彩的咏叹调的第二部分匆匆而过，而只是为了固定重复四次它的第一部分，然后再为了方便歌手炫耀歌喉而在意犹未尽的地方草草结束这首咏叹调。要知道，这些歌手只是为了显摆他们能变着法儿唱一个唱段就任意地篡改它。总而言之，我一直寻求废除所有上述那些弊端。为了废止它们，一些有良知和理性的人已经大声呼吁了一段时间，但无效。

我觉得，（歌剧的）序曲应该把即将展现的剧情的要旨通知或提示给观众，并大致勾勒出它的主题。合奏的诸乐器应该根据剧词的内容和强度相应地渐次引入。还不要忘了营造咏叹调和宣叙调在对白中的强烈对比。只有这样，剧情的表现力和高潮的积蓄才不会被无端地打断，或受到放肆的干扰。

此外，我还主张，我最大的工夫应该花在去寻找一种优美的简洁上。我正在避免以牺牲明晰、简洁为代价的难度展示。

而且我也不想去搞那些与剧情内容无关的标新立异。为了达到预想的效果，我愿意制定几条经过我深思熟虑的规则。以上就是我的原则。幸运的是，我的音乐设计得到了剧本的精彩扶助。它的杰出作者为它设计了一种新型的剧情，以健康的描述、完美的角色塑造和简洁冷静的道德说教取代了矫情的语言、过分的激情、故弄玄虚的局面和无休止变化的场景。这部歌剧的成功证明了我的主张的正确，它在这个非常开明的城市获得的普遍嘉许雄辩地证明，只有简洁、求真和自然才是一切艺术表现形式中美的要素……

卡尔扎比吉与格鲁克的第三次合作产生了歌剧《帕里德与埃莱娜》（*Paride ed Elena*，1770）。之后，格鲁克把注意力转向巴黎，那儿的人们已经对他的歌剧产生了极大好奇。他的歌剧新作——由弗朗索瓦·迪·儒莱写的脚本《伊菲姬尼在陶里德》，于1774年在巴黎歌剧院制作上演了。格鲁克在巴黎得到了玛丽·安托瓦内特这样的大人物的支持。当年在维也纳，她是他的学声乐的学生之一，而他也会不假思索地提起她的大名。有一次，在《伊菲姬尼在陶里德》的排练现场，格鲁克不满地大声说道：“我这就去找王后陛下，告诉她我的这部歌剧排不下去了。接着我就坐上马车直接回维也纳！”一如他过去那样，这次他也赢了。《伊菲姬尼在陶里德》排演后几个月，法文版的《奥菲欧与尤丽狄茜》也上演了，其中由一个男高音取代了那个阉人歌手（原创的意大利文版本用一个次女高音或女中音来代替特高男高音）。此外，这个法文版加了一些新的唱段，包括《受护佑的精灵之舞》。它就是

⚜ 克里斯托弗·威利巴尔德·格鲁克画像，让·帕普蒂斯特·格罗兹绘画

在人生的后期，他出人意料地改革了歌剧。

如今通常演出的那个版本。格鲁克也把《阿尔切斯特》制作了法文版。

他在巴黎的岁月因为有了与尼科洛·皮钦尼的竞争而变得生气勃勃。皮钦尼（Piccinni，1728—1800）是个技艺高超的意大利作曲家，于1776年来到巴黎。他马上就吸引了众多追随者，这些人觉得他的传统花哨歌剧比格鲁克清冽素峻的希腊古风歌剧听着舒服多了。围绕着这两人的歌剧，巴黎很快形成了对立的两大阵营。巴黎人在18世纪50年代初曾经饶有兴趣地观赏过“喜歌剧之战”，现在他们又有好戏可看了。上次那场论战也同歌剧有关。那时，一些人主张，让-巴普蒂斯特·吕利（1632—1687）的老式法国歌剧才是法国歌剧的必由之路；另一些人则坚称，只有意大利歌剧才能拯救法国歌剧。卢梭拥护后者的主张，说法语不如意大利语那样有音乐感，因此法国歌剧只能是荒唐的东西。此次，巴黎人抱着同样认真的态度加入了这次的格鲁克—皮钦尼之争。据说普通人初次见面时都会这样打招呼：“先生，您支持格鲁克还是皮钦尼？”本杰明·富兰克林当时正在巴黎担任刚诞生的美利坚合众国的驻法特使，他听到两派的争论很是惊奇，由此写道：

> （巴黎人）正在为两个外国音乐家孰优孰劣而激烈辩论……他们好像全然不顾时光宝贵，而不惜把很多时间花在这上面，好像只有一个月的活头儿似的。一个多么快乐的民族！我想，他们肯定是生活在一个开明、公正和温和的政府的管理之下，大家都没有什么可公开抱怨的，也没有什么可争论的话题，就只好拿外国音乐的完美还是不完美开涮。

虽然打得不可开交，但格鲁克和皮钦尼的个人关系还是保持得蛮好的，只是在这件事快要平息时，两人彼此间说话有点尖酸刻薄。舆论认为还是格鲁克占了上风，尤其是《阿尔米德》在1777年和《伊菲姬尼在陶里德》在1779年上演之后，更是如此。有些老练世故的观察家想通过一些恭维话来和稀泥，比如，格鲁克在悲剧上拔得头筹，皮钦尼在喜剧上技高一等之类的。格鲁克的最后一部主要作品是在1779年排演的《埃科与那喀索斯》。1781年格鲁克中风了，他生命的最后几年是在维也纳度过的，仍然管事，但不再作曲了。

格鲁克是个严厉、专横的人，动辄大发脾气，还很会推销自己。巴黎有个宫廷画家叫约翰·克里斯托弗·冯·曼利希，在他写的回忆录里有对格鲁克的生动描写。曼利希先是对他有点失望："格鲁克戴着圆发套，穿着长大衣。任何人初次见到他，都绝不会把他看成是个非凡之人和创造性的天才。"曼利希写道，格鲁克中等身材偏高一点（按那时的标准估算，他大概有5.5英尺高），"肌肉发达，健壮而不肥胖。圆脑袋，面色红润，宽脸膛，有麻子。小眼睛埋得很深"。（查尔斯·伯尼博士对此同意，说格鲁克"身材和相貌都很糟糕"。）曼利希还对格鲁克"容易激动"的性格以及他破坏性的坦率甚至粗鲁评论了一番。"他直呼人家的名字，因此一天有20次会得罪习惯于阿谀奉承的巴黎人的敏感的耳朵。"法国人认为他是个很不礼貌的人。曼利希接着写道："他是个很爱吃喝的人。他从不否认自己爱占便宜、喜爱钱财，而且很以自我为中心，尤其是在餐桌前，他习惯了当众宣称自己有权第一个品尝美味佳肴。"

不仅巴黎人认为他粗鲁，而且作为乐队指挥，他还是那时的托斯卡尼尼。他是个暴躁的严格调教者，乐师们在他面前都胆战心惊。有时他们索性拒不在他的乐队里演奏。他追求完美，经常让乐师们把一段乐句重复演奏二三十遍后才满意。在维也纳，格鲁克与他的乐师之间的对立达到如此激烈的程度，以至于不止一次，皇帝都亲自干预此事。有传闻说，每当格鲁克准备排演自己的一部歌剧时，他都不得不贿赂他的乐师，加倍给他们薪酬。格鲁克肯定是耳朵了得，听到在他那个时代盛行的邋遢演奏，他会气得发疯。他说过，如果说他写一部歌剧收入 20 里弗的话，那他得收入 20000 里弗才能排练好它。曼利希出席过《伊菲姬尼在陶里德》的排练，他描述了当时的情景：

> 他像个疯子似的走来走去。一会儿小提琴声部出错了，一会儿木管乐曲又没能奏出他想要的效果。指挥时，他会突然中断，唱出自己想要的效果。又指挥了一会儿后，他又打断了他们，声嘶力竭地大叫："这是他妈的什么破声音！"接着，我仿佛在脑海里看见小提琴和别的乐器都朝他的脑袋飞了过去……

虽然极不情愿这样做，但格鲁克还是坚持亲自排练自己的歌剧。他很清楚把这事托付给别人做的后果。正如他在《帕里德与埃莱娜》的题献词里向德·勃拉冈斯公爵指出的那样："你越是努力追求真实与完美，你就越是需要精确与严格。"格鲁克正确地指出，只有作曲家亲自排练自己的曲子，才能做到这一点。"我

的咏叹调 *Che faro senza Euridice* 动不动就让布拉蒂尼改成一首轻快的萨尔塔列罗舞曲——事实上，只要表情稍微改变一点，它就走样了……因此，曲作者很有必要亲临这样的音乐排演现场，其必要性就像太阳必须在自然界造物的现场那样。作曲家就是音乐作品的生命与灵魂，没有他的在场，一切就会乱套和走样。”

对自己的歌手们，格鲁克同样毫不客气，常常对他们大喊大叫，说他们没有品位和音乐。确实，对于他手下的任何人来说，颐指气使、独立孤傲、不讲方法的格鲁克都是一道难过的坎儿。他好像总是说错话，但事后他又总被证明是正确的。从社会现象学的角度来看，格鲁克属于生不逢时，远远超前于他所处的时代。但这并没有使他的朋友们感到与他相处较容易一点。有一次，他应邀去凡尔赛拜访法国国王。在返回巴黎的路上，他在一位公爵的府邸就餐。“您对国王的招待不满意吗？”这位公爵想了解情况。格鲁克大发牢骚说，我还以为我会受到怎样的恭维呢，“如果我在巴黎再写一部歌剧的话，我更愿意把它题献给总税务官，因为他会给我钱，而不是几句恭维话”。宾客们听到此话顿时愕然，公爵赶紧换了个话题。格鲁克的性格里颇有几分贝多芬的味道，好像随时要社会顺从他的意愿似的。因此，在同巴黎歌剧院打交道时，他从来不是请求而是要求某些条件。“在我到达巴黎后，你必须给我至少两个月的时间来培训我的演职人员。我必须拥有全权来决定排练的次数。不能有替角或者预备演员；如果歌手中有一个因故不来了，那就上另一部歌剧。以上是我的条件，如果满足不了，我就把《阿尔米德》留着自己欣赏。”在欧洲，别的作曲家谁也不敢如此颐指气使。即使在格鲁克的时代，人们也普遍意识到了他对歌剧进行了重大的改革。伯尼博士在1772年拜访了格鲁克之后写道："格鲁克骑士正在简化、凝练音乐……他在竭尽所能，要保持自己的音乐纯洁而简明（贞洁而清纯）。"他还写道："我认为他的革新是以前或现在的任何作曲家都比不了的，尤其是在戏剧性描绘和剧院效果上更是如此。"伯尼对格鲁克其人也印象深刻，对自己向格鲁克告别的情形做了迷人的描写："后来我再访格鲁克骑士，向他道别。我赶到他住所时已经差不多上午11点了，可他像一个真正的大天才那样，仍躺在床上懒得起。"其他作曲家嫉妒格鲁克的成功，也有些畏惧他。他是个危险的窝里斗行家。列奥波德·莫扎特特别叮嘱儿子莫扎特别惹着格鲁克，离他远点。莫扎特1778年访问巴黎的时候，他们狭路相逢。后来，沃尔夫冈·莫扎特与格鲁克在维也纳又见过一次面，莫扎特称他为"一位伟人"。下面一个数据说明了在官方的心目中，两人的地位孰轻孰重：格鲁克在维也纳任皇宫帝国作曲家时的薪俸是2000弗罗林。等莫扎特接替格鲁克任此职时，他只拿800弗罗林的薄薪了。莫扎特的父亲一向疑心很重，瞅着谁都像跟自己过不去似的，他认定这是格鲁克嫉妒莫扎特，格鲁克一定是个打压他儿子的小集团的头儿。格鲁克对莫扎特的影响只是表面的，它主要体现在莫扎特的悲歌剧《伊多梅纽斯》（*Idomeneo*）里面。此外，时不时地，莫扎特的某支曲调会让人想起格鲁克，比如《D大调长笛四重奏》慢乐章的那支旋律。格鲁克音乐的精神更多体现在斯庞蒂尼、凯鲁比尼的作品中，以及柏辽兹的古典主义歌剧《特洛伊人》里面。德彪西注意到了格鲁克在柏辽兹的这部歌剧中的影响，就写道："它使人想起了格鲁克，他确实狂爱格鲁克。"柏辽兹真的很崇拜格鲁克，当学生时就曾一连几小时抄录和背诵格鲁克的歌剧。他说过："我们奥林匹斯山上的朱庇特主神就是格鲁克。"在巴黎歌剧院，柏辽兹简直成了格鲁克作品的看家狗，每当指挥家们碰一部格鲁克的歌剧，他就大喊大叫、指手画脚一番，说这也不行那也不是。在柏辽兹之后，格鲁克的直接影响在欧洲音乐中几乎已经看不见了。浪漫乐派的缤纷色彩与格鲁克的黑白古典主义并不情投意合。现代学者们倾向于把格鲁克当成一个时代的终结，而不是另一个时代的开始。

• 5 •

古典主义的典范

——约瑟夫·海顿

JOSEPH HAYDN

约瑟夫·海顿作为其最有名的音乐人物的那个时代是这样的一个时代：它自豪于自身的文明、理性、逻辑、矜持，及其温文尔雅和文质彬彬。它是贵族精神发扬光大的一个黄金时代，也是哲学家们深信理性可以指导人的机理及其社会行为的一个时代。喋血与革命在那个世纪末才到来，其结果是让世人对社会和艺术家的作用有了全新的认识。然而在此之前的 18 世纪，年轻的知识分子和艺术家们还没有裹着精神的宽外袍游走思想的天地，他们并未启动自己擅长思考的天赋，也不自认为“天将降大任于斯人也”，进而对不同的观点，他们的苦闷、遭遇，他们的理想抱负和向往等，想得太多并激烈争论。这些事还有待于 19 世纪的年轻浪漫主义者们去做。18 世纪的下半叶是一个寻求万事协调和谐、所有比例合理搭配的时期。其在音乐上的体现，就是这一时期并不注重赋格或者巴洛克时期的那种庞大、繁杂的音乐形式。此时的人们需要的是旋律优美的音乐，是主调音乐，是娱乐性强的音乐，是不用太费脑子去听的轻松音乐。

约瑟夫·海顿于是应运而生,成为这一时期的“标配”作曲家。他是这一时期德高望重、备受推崇、最接近公众欣赏趣味的作曲家。他是古典主义作曲家中的典范，在其漫长的一生中（1732—1809），他的成长伴随着许多音乐新理念的出现，并且在这些理念的形成过程中，他的贡献多于任何其他作曲家。他以他的方式成为启蒙运动中的典范人物。他虔心宗教却不迷信盲从，大胆却不鲁莽，智慧过人却不以此咄咄逼人，喜欢尝试探索却不像莫扎特那样搞得近乎于革命。（莫扎特是一位远比海顿受压抑、更具危险性且更富于反叛精神的音乐家。）在海顿身上，理性与情感的比例恰到好处，一切都是那么从容稳重，温情而健康。

海顿没有吸引人的外表，可以说其貌不扬。他五短身材，肤色黝黑，脸上满是出天花后留下的疤痕，两腿短得与身体不成比例。他的鼻子因为长了息肉而变形，即所谓“酒糟鼻”，他似乎也对此很在意。虽然他声名显赫,但从没委托过人给自己画像。不过，与他结识一定是件很愉快的事情。他十分亲切和蔼，从不与人为敌，实际上一辈子都没树敌。他性情平和，勤奋慷慨，很有幽默感，处理起与女人的事情颇具绅士风度。除了眼睛有些毛病，晚年患风湿病外，他身体一直很好。他也许没受过良好的教育，读书不多，但他很务实，富有实践经验，具备丰富的常识。他心理健康，四平八稳，理性而诚实，诚实到当莫扎特声名鹊起时，他说：“朋友们经常奉承我的才华，可是他（莫扎特）远胜于我。”海顿很讲究穿着。波希米亚音乐家约翰·温策尔·托马切克描述了这位老大师在暮年接待客人时的情景：“海顿坐在扶手椅中，穿着漂漂亮亮。他头上套着两边卷起的假发套，白色的领花上配着金色的纽扣；上身穿一件镶边的白色重丝刺绣背心；外套是制作精良、袖口绣花的咖啡色燕尾服；下身穿黑色绸裤和白色长筒袜；脚上穿着镶嵌大银扣的鞋子；一副雪白的小山羊皮手套放在他身边的小桌子上。"

海顿生活在一个盛行庇护人的时代。打从他开始为埃斯特哈齐家族服务时起，他就从不对这种穿仆人服装、依附于主子的生活有所质疑。他也确实和埃斯特哈齐家族在一起生活了很多年。他很本分，甘居仆人地位，但这丝毫没影响他强烈的独立意识。贵族的一切并没怎么打动他，他不市侩，不是善于钻营之人，不会刻意找机会接触大人物。这并非因为他自感卑微，而只是因为他没此兴趣；他更愿意脚踏实地做自己擅长的事情。"我和一些皇帝、国王还有贵族们打过交道，并从他们那里听过许多奉承的话，但我不想靠和这样的人拉关系过日子，我更愿意和与我同一阶层的人相处。"海顿如是说。他对政治完全不感兴趣，最看重的是音乐家和音乐爱好者，并喜欢独处，安安静静做自己的工作。在专业领域里，海顿对自己的才华自信满满，优越感很强，所以行使起自己的权威来毫不犹豫。有一次，他的主人之一，尼古拉斯二世亲王，想要干涉乐队的排练，便遭到了他的当面反对，"殿下，这是我的事情"。据说尼古拉斯二世亲王气得转身大步而去，但事后并没有给他这位遐迩闻名的宫廷乐长小鞋穿。他要是真这么干的话，海顿说不定会一走了之的。多少腰缠万贯的王公贵族都想让伟大的海顿为自己供职呢。同样，海顿也用不着唯其出版商的马首是瞻。1782 年，海顿与阿塔利亚出版社发生了纠纷。最后看到事情没能圆满解决，他就寄去了一张简短的字条："到此为止吧，要么把乐谱还给我，要么给我钱。”不过，海顿可绝非是心胸狭窄的小人。他品德高尚，为人可靠，从不担心竞争。不仅对莫扎特赞不绝口，而且早在1793年就对年轻的贝多芬有了充分的认识（他曾短期地教过贝多芬），乃至于向科隆选帝侯做出了巨大的保证：“贝多芬不久将上位成为欧洲最伟大的作曲家之一……”

简言之，海顿是个很会自我调节的人，这一点也反映在他的音乐中。很难想出还有谁的音乐像他的音乐那样，如此彻底地摆脱了神经质。（在这方面，或许唯一能与之相比的是德沃夏克的音乐。）海顿的音乐总是健全的，四平八稳的，健康的。它也许缺乏莫扎特音乐的热情，但有海量证据表明，就算海顿从没达到过莫扎特的最高成就，他的音乐总体上依然持续与莫扎特的音乐处在同一水平上，甚或更高。大约从1780年开始一直到他去世，几乎没有一部海顿的交响曲、四重奏、弥撒曲、清唱剧……不能被理直气壮地称为杰作。他的多产令人叹为观止。

但是，如果像莫扎特那样早夭的话（36岁），海顿就——几乎可以说——不会被今天的人们所认识和了解了。海顿的成长、发展是缓慢而平直的，没有大起大落。他幼年时极有音乐天赋，但还不算是神童，他也从不像莫扎特、舒伯特或门德尔松那样急匆匆、火烧火燎般地作曲。他曾写道：“我从来就不是一个快手，我作曲时总是那么小心翼翼、细心尽力。”海顿的音乐生涯是一个温煮慢炖的过程，一步一个脚印，不急不恼，步步为营。海顿投身作曲之时，新音乐，即华丽风格的音乐，刚刚兴起，于是海顿把各种所学兼容并蓄，投身其中。由此可见，他的“交响曲之父”的光荣称号并非凭空而来。基于同样的判断，还可以称他为“弦乐四重奏之父”或“奏鸣曲式之父”。

弗朗茨·约瑟夫·海顿（他从来不用“弗朗茨”这个名字）于1732年3月31日出生在罗豪，一个正好坐落在奥地利和匈牙利边界上的小镇。海顿的父亲马蒂亚斯·海顿是一位制轮匠人。小海顿的成长与普通农民没有什么区别，但他从小就表现出非同寻常的音乐天赋。关于幼年的海顿，流传着一些有趣的故事，比如他在5岁时用一根棍儿摆在左臂上拉动，假装演奏小提琴。海顿的父母想让儿子将来当神职人员，因此，在一个表亲的热切劝说下，不满6岁的海顿被送到附近的海因堡学习读写和宗教教义。由于音乐天赋出众，他还学习了木管乐器和弦乐器的演奏。海顿本人在一份自传初稿中写道：“我们万能的天父赐予了我丰富的音乐才能，使我能在年仅6岁时就像大人一样站在教堂唱诗班里演唱弥撒曲，而且还能演奏一点古钢琴和小提琴。”但是生活并非总是一帆风顺。海顿的童年过得很不好。“挨的打比吃的饭多。”他后来回忆说。大部分的时间他都得靠自学，“我从来没遇到过合适的老师。我总是一上来就实际操作，先是唱歌和演奏乐器，后来是作曲。我听的比我学的多，我听了当时所能听到的最好的音乐，各种体裁的都有……因此我的音乐知识和能力逐渐地一点点丰富和发展起来”。

海顿是在维也纳听到了“最好的音乐”。他在8岁时入选了圣斯蒂芬大教堂的唱诗班，成为里头最优秀的学生之一。1749年，他因为变声期嗓音破掉而被唱诗班辞掉了。传说他遭辞退还与一起学生间的恶作剧有关——都说他剪掉了一个同学的辫子。海顿那年17岁，他的全部财产就是三件旧衬衫加上一件破外衣。海顿

约瑟夫·海顿铅制半身胸像，安东·格拉西创作

海顿认为这尊雕像最像他本人。

离开唱诗班之后，他的弟弟米歇尔（1737—1806）成为唱诗班新的明星，其前途更被看好，被认为更有出息。除了作曲，米歇尔·海顿似乎比哥哥约瑟夫·海顿更有音乐天赋。他也的确事业有成，接替了莫扎特的职位，当上了萨尔茨堡大主教府的乐队队长。米歇尔创作了数十首交响曲和大量教堂音乐，但没有一首保留在音乐厅的演出曲目单上。

在离开圣斯蒂芬大教堂后的几年里，海顿一直饥寒交迫。他的古钢琴和小提琴演奏水平还够不上专业。他承认自己“不擅长乐器演奏，但熟悉各种乐器的性能和能产生的效果。我的古钢琴弹得还可以，唱歌也不坏，还可以用小提琴演奏协奏曲”。然而能做到这些的音乐家还有很多。足有八年的时间，海顿都只能“勉强维持生存”。他过着一种波希米亚人（穷艺术家）式的生活，在各种社交活动上演奏音乐，还教课，改编乐曲。而且，“由于我非常喜爱作曲，我经常作曲直到深夜”。他还研究 C. P. E. 巴赫的音乐，并跟当时很有名的作曲家尼古拉·波尔波拉（1686—1767）学了一些作曲课。他有了起色，逐渐打开了局面。他的钢琴和小提琴演奏水平提高了，渐渐有了名气。1758 年，他被任命为费迪南德·马克西米连·冯·莫尔钦伯爵的乐队长兼作曲家。两年后，他犯下了一生中唯一的大错：娶了玛莉亚·安娜·爱罗伊西亚·阿波罗尼亚·凯勒为妻。

玛莉亚是一位理发师的女儿，海顿爱上的其实是她的姊妹中的一个。这与莫扎特的经历相仿，莫扎特爱上了阿洛伊西娅·韦伯，却因感情受挫而娶了她的妹妹康斯坦丝。当时急欲找个妻子的海顿很可能是被凯勒一家说服劝诱,而娶了玛莉亚。玛莉亚·安娜比海顿大三岁，相貌丑陋，脾气暴躁，嫉妒心强，像泼妇般凶悍。她既不爱好音乐又不擅长持家，从来不知勤俭度日。难怪海顿很快就清醒过来，称她为“那只该死的母老虎”，并且转向别人寻求放松。海顿后来对他的第一位传记作者格奥尔格·奥古斯特·格里辛格解释自己的婚外恋时说：“我老婆不能生孩子，所以我就不太能抵挡得住别的女人的吸引了。”

1761 年，海顿迈出了他一生中最重要的一步，走进埃斯特哈齐家族做了宫廷副乐长。埃斯特哈齐家族是匈牙利最显赫、富有的家族，保罗·安东·埃斯特哈齐亲王是这一家族的头领，并且酷爱美术与音乐。他在埃森施塔特的城堡有 200 个房间用来招待客人，还有多个花园和剧院。海顿搬了进去，为自己感到庆幸。

海顿的雇用合同十分有趣，它的条款告诉我们，一个为大贵族服务的音乐家应该做到哪些要求：

第一条，多年来，埃森施塔特的宫廷乐长格雷高里乌斯·韦尔纳一直在这座亲王府内忠实地效力，但由于年事已高，现已无力继续工作、履行职责。考虑到格雷高里乌斯·韦尔纳多年的服务，他将依旧担任宫廷乐长一职。前面提到的约瑟夫·海顿将担任副宫廷乐长，在唱诗班音乐这一块儿仍旧听命于格雷高里乌斯·韦尔纳。但在其他方面，但凡与音乐有关的创作和演奏事项，将立刻交由副宫廷乐长负全责。

第二条，约瑟夫·海顿将被视为本府的一名官员。因此，尊贵的殿下以仁慈之心相信，约瑟夫·海顿作为一名忠实的亲王府官员，将谨言慎行，温和而非粗暴地对待手下的乐师们。他将保持谦逊平和、宁静清醒和诚实，在为殿下大人演奏音乐时尤应如此。无论何时，宫廷副乐长约瑟夫·海顿都应该与其下属一样保持整洁干净，身着工作装，并保证所有下属听命于他，忠实履行职责，穿白色长筒袜、白衬衫，还要一律敷粉并梳马尾辫。因此：

第三条，所有乐师都要听命于副宫廷乐长，而后者更要以身作则，以便用自己的优良品质给下属垂范。在用餐、饮酒时，或在与乐师们的来往中，副宫廷乐长要避免做出任何不恰当的随意行为，以免由于自身的原因而失去别人对他的尊重……

第四条，副宫廷乐长要服从尊贵的殿下的命令，按其要求创作音乐。所作乐曲不得传送给任何他人,亦不得抄录备份,其作品应属于尊贵的殿下的财产。在尊贵的殿下不知道或没有得到殿下允许的情况下,他不得为任何其他人作曲。

第五条,约瑟夫·海顿必须每天露面……上午和下午他要待在前室中,等待被告知尊贵的殿下是否有需要音乐的决定。一俟接到命令,他要立刻将其通知其他音乐家。不仅他本人要及时到位,还要确保其他人及时就位。如果有人迟到甚至缺席,他要记下此人的名字。

第六条,如果乐师们令人遗憾地发生了争吵或抱怨,副宫廷乐长要根据情况妥善解决问题,好让殿下大人不被这等琐事烦扰。但如若发生了更严重的情况,使得约瑟夫·海顿无法自己调停、解决,他就必须把情况如实向尊贵的殿下汇报。

第七条,副宫廷乐长必须检查和看护所有乐器……

第八条,约瑟夫·海顿有责任对女性歌手给予指导,使身处埃森施塔特的她们不忘记她们在维也纳的所学……既然副宫廷乐长有演奏多种乐器的经验,为乐器多面手,他当然可以演奏他所熟悉的任何乐器。

第九条,副宫廷乐长将就此收到一份其下属乐师的行为规范条例守则,从而了解如何让他们在这些条例的规范下工作。

第十条,由于认为没必要把所有应履行的服务都写在纸上,故尊贵的殿下以仁慈之心希望,约瑟夫·海顿不仅要自觉履行上述所有服务,还要履行将来可能会收到的殿下之其他命令,并把各项音乐活动始终安排得井井有条……

> 第十一条，殿下每年支付给副宫廷乐长400盾的薪金，由总出纳按季支付。除此之外，
>
> 第十二条，约瑟夫·海顿将在官员餐桌用餐，或获得每天半个盾的餐费。最后，
>
> 第十三条，本协议缔结于1761年5月1日，副宫廷乐长至少服务三年。如果约瑟夫·海顿希望在三年服务期满后继续从事这份光荣的工作，他就必须提前六个月向殿下禀告他的意愿……同样，
>
> 第十四条，殿下不仅保证约瑟夫·海顿在合同期内的工作顺利，而且——如果他的工作完全令人满意的话——他还有希望获得宫廷乐长的职位。但是如果出现相反的情况，则尊贵的殿下可以随时解雇他。

然而，海顿只为保罗亲王服务了一年。1762年保罗亲王去世了，家业由尼柯劳斯亲王继承，史称“高贵的尼柯劳斯”。尼柯劳斯继位伊始就为自己修建了一座新城堡，将其命名为“埃斯特哈查”，即埃斯特哈齐城堡。它于1766年竣工，耗资巨大，是除凡尔赛宫外欧洲最伟大的宫殿。它包含一个木偶剧场和一个能容纳400名观众的歌剧剧场。这座歌剧院中的皇家包厢用红色大理石的罗马柱作支撑，饰以镀金的花饰，显得金碧辉煌。当时有一篇报道介绍了这座建筑及其周边环境的奢华，接着提到每天都有德国喜剧和意大利歌剧在这里轮番上演。“亲王本人总是大驾光临，通常是在六点钟。观众在这里尽情享受声色之美。快乐首先来自于音乐，整个乐队各声部配合默契、浑然一体：音乐中既有最感

⚜ 宏伟壮丽的埃斯特哈齐城堡

海顿在这里工作了许多年。

人的温柔，又有足以穿透灵魂的激情——这一切都要归功于伟大的音乐家海顿先生，他是亲王殿下的宫廷乐长，其乐队就是由他指导的。”玛利亚·特蕾莎皇后对此也印象深刻，说：“如果我想享受一出好的歌剧，我就去埃斯特哈齐城堡。”

韦尔纳于 1766 年去世，海顿当上了宫廷乐长。干这份工作十分忙碌。他得指导乐队，作曲，当图书馆员，做一切和音乐有关的管理工作，招聘和解雇有关人员，抄写乐谱，仲裁纠纷，等等。他把所有这些事情处理得井井有条，沉着冷静，铁面无私，不偏不倚。如果下属出了差错，他常会直接去找亲王为其求情。他因此受到下属的爱戴，他们亲切地称呼他为“海顿爸爸”。

尼柯劳斯和海顿相处得非常融洽。这位亲王像他的前任一样酷爱音乐，能演奏次低音维奥尔琴。这种乐器与低音维奥尔琴颇为相似，现在已经没人使用了。海顿要按照要求创作大量作品，供尼柯劳斯亲王本人演奏之用。为此他写了将近二百首乐曲，几乎全部是为次低音维奥尔琴（亲王最爱演奏的乐器）、中提琴和大提琴而写的。他深知自己太走运了，“亲王始终对我的工作感到满意。这不仅给了我持续的鼓励，还给了我试验的机会——作为一个乐队的指挥，我可以观察了解各个声部、怎样的配器能够增强或削弱音乐的表现力，从而有资格对乐曲进行改进，替换其中的不当之处，增补或删除，按照自己的意愿做大胆的修改。我处在与世隔绝的状态下，没有人打扰或折磨我，我因此而不得不变得具有独创性”。

在埃斯特哈齐城堡，海顿管理着一支人数在 20 人到 23 人的乐队。这样的规模在那时算是很大的了。那时的欧洲只有很少几支乐队的人数更多一点。当时世上最好的乐队在曼海姆，据称拥有大约五十名乐师。曼海姆诸多的作曲家形成了一个乐派，叫“曼海姆乐派”，其著名代表人物是约翰·施塔米茨（1717—1757）和克里斯蒂安·坎纳比希（1731—1798）。这两人都是与海顿同一时期的作曲家，都很活跃，很可能对海顿产生过影响。施塔米茨和坎纳比希先后指导过曼海姆乐队，它被称为“由将军组成的一支军队”，其游丝般的精确性、雄壮的力量和精湛高超的技艺前无古人、闻所未闻，就连心高气傲的莫扎特都为之倾倒。作曲家兼音乐评论家克里斯蒂安·舒巴特曾这样迷三倒四地（入迷地）描述过曼海姆乐队的奏乐：“听啊，强音响起来啦，如滚滚雷鸣；

音流逐渐加强，仿佛雨越下越大；音流又渐渐弱了下去，就像清澈的小溪，泛着水花流向远方；最终的轻柔之音分明是和煦的春风。”这就是著名的“曼海姆渐强”，从极弱逐渐上升为极强，再回落到原点。

海顿指导的乐队还没有达到那样高的水准，但在他的打造下，埃斯特哈齐乐队成为欧洲最好的乐队之一。海顿是该乐队的指挥，他也这样称呼自己。我们必须认识到，“指挥”一词在那时的含义与今天人们所理解的含义不完全相同。那时的指挥不是拿着指挥棒打节拍的，不像今天的指挥大师那样。海顿应该是通过古钢琴或是作为小提琴首席来指挥乐队的。在海顿那个时代，一般乐队中有两个指挥，一个通过键盘乐器来指挥，另一个通过小提琴声部来指挥。弹古钢琴的那位指挥一是掌控、保持音乐的节奏，一是纠正跑调的歌手或乐手。拉小提琴的那位指挥则负责乐队整体上的协调统一，以及营造各种细微差异。具体到海顿的情形，他会营造出许多细微的差异，并坚持要乐手或歌手做好这些细微的差异，层级精细分明。在一封讲解如何奏好他的音乐的信中，海顿明确过上述要求。这样的信不止一封。不管有没有全权，海顿都希望他能完全掌控他指挥的任何乐队。事实上，他会像现代指挥家那样，领导他的乐队，驾驭每一个乐手，设定速度、节奏，保持乐队整体的协调配合。只有他，才可能完全做到这点，让这种指挥方式在乐队扎下根。

海顿要为每周两场的音乐会提供曲子，每周二和周四下午 2 点到 4 点。他还负责歌剧的演出，还为埃斯特哈齐剧院创作了许多歌剧。（奇怪的是，海顿的歌剧没有一部在现今的舞台上立住脚，偶有几部复兴一下供人们猎奇；录音下来的倒有不少。）但在那时，仅1786年一年，埃斯特哈齐剧院就上演了17部海顿的歌剧，其中八部为首演，共演了125场。海顿研究专家H. C. 罗宾斯·兰登估计过，从1780年到1790年的十年间，海顿指挥演出了1026场意大利风格的歌剧，这还不算木偶歌剧和配乐戏剧。海顿的辛勤劳作获得了回报，他享有丰厚的薪金，并有一名女仆、一名车夫和一辆马车供他支配。他住的地方是欧洲最显赫的城堡之一，他还对自己精挑细选的一群音乐家拥有绝对的指挥和支配权。工作之余，海顿还可以有自己的爱好，打猎、钓鱼，直到寿终前还会讲述自己当年一石三鸟的壮举。

1781年与25岁的莫扎特的会面，对海顿其后的发展是一次巨大的鞭策。这两位天才彼此欣赏，惺惺相惜。莫扎特不仅把自己杰出的一套共六首弦乐四重奏（第14—19号）题献给了海顿，还在言行上对海顿加以维护。有一次，活跃在维也纳的钢琴家列奥波德·科策鲁赫讥笑海顿一首四重奏里的一个经过句，说“我可不会把它写成这个样子”，莫扎特立刻打断他说：“我也不会。知道为什么吗？因为你我都没有如此精彩的乐思。”海顿对莫扎特也爱护有加，投桃报李。当有人当着海顿的面妄议莫扎特的歌剧《唐璜》时，海顿说：“我也没办法调停这场争论，但我知道一点：莫扎特是当今世上最伟大的作曲家。”从莫扎特身上，海顿获得了关于曲式结构、关于调性关系，尤其是关于音乐表现的各种潜在可能性的新理念。有一点可以肯定，自从接触了莫扎特的音乐后，海顿的音乐变得比以前更宽广壮阔、更深刻，也更有表现力了。两人的学习是互相的。莫扎特从海顿身上也学到了大量音乐机理、织体、构造方面的东西。

莫扎特在与海顿会面时，海顿已然是欧洲最闻名的作曲家之一了。早在1776年，海顿的音乐就受到了狂热的追捧。当时的一篇评论写道："约瑟夫·海顿先生是我们民族的宠儿，他的温和性格体现在他的每一支乐曲中。海顿的音乐美妙、有序、清澈，透出高贵和纯洁的简朴……"法国、意大利、俄罗斯、西班牙……所有国家都欣赏他的音乐。人们出版、抄录、盗印他的作品。各大音乐之都的邀请函纷至沓来，敬请伟大的海顿亲临。海顿却不为所动，坚守在埃斯特哈齐城堡。然而，尼柯劳斯亲王在1790年逝世了，他的继承人安东亲王对音乐没有太大的兴趣，他解散了乐队，只留下了几名音乐家，其中当然有海顿，但已基本无事可做。这下他倒是自由了，可以去任何想去的地方了。于是海顿迁居维也纳。1790年下半年，他应邀去了英国。约翰·彼得·萨洛蒙是一位定居伦敦的小提琴家兼剧院经理，他亲往维也纳迎接这位欧洲最有名的作曲家。海顿全部要做的事就是拍拍屁股走人去英国，在那儿给公众作曲，在各种场合抛头露面，最后钱包鼓鼓地回到维也纳。这就是萨洛蒙向海顿做出的承诺。后来的事实也确是如此。海顿于1791年1月1日抵达英国，在那儿逗留了一年半。

那时伦敦的音乐活动之多堪称欧洲之最。海顿的到来让伦敦人兴奋不已。亨德尔的老朋友查尔斯·伯尼博士以庄重的两行诗体写下了一首长诗，赞颂这位英国人的新偶像，题为《海顿光临英伦之诗》，其中一节充满夸赞之辞：

海顿！音乐艺术的大君王！

您的作品之丰，车载斗量。
您的音乐广袤无边、包罗万象——
山峰，沃野，平原，海洋……
当今有哪个音乐家未经您的指导
而学会演奏和思考？
您的技艺难道没滋润他们的头脑？
您的教诲难道没让他们心灵手巧？

各家报纸都对海顿做了大量报道。1791 年 1 月 6 日的《公众广告人报》不仅谈到了海顿，还列出了即将在伦敦举行的一连串音乐活动，标题为“冬季音乐周每天的活动安排”。这份列表给人留下了深刻印象：

即便两部歌剧不会连日演出，我们的读者也许仍会有兴趣了解音乐周的活动安排：

星期日：每周日在不同房间，有贵族们的签名活动。

星期一：专业音乐会，在汉诺威广场大厅举行，毕林顿夫人将光临。

星期二：歌剧。

星期三：由国王陛下赞助的古代音乐会，在托滕汉姆街的表演大厅举行。

星期四：如果演出歌剧联演，就上演《诸神》，这是音乐加舞蹈的联演。如果不演歌剧联演，就举行玛拉夫人和帕奇耶罗蒂先生联袂的音乐会。另外每隔一周的星期四，都将在自由共济会员大厅举行由古乐学会组织的音乐会。

星期五：一场音乐会，海顿指挥，在汉诺威广场大厅，大卫先生将参加演出。

星期六：歌剧。

海顿被引荐给伦敦各界人士。“我的到来，”他给维也纳的一个朋友写信道，“引起了整座城市的轰动，所有报纸连续三天报道我的消息。所有人都想了解我。大家都想认识我。到目前为止，我已经在外面吃了六顿饭——我不得不答应他们。如果我愿意的话，我可以天天有饭局。但是我必须首先考虑工作，其次我还要考虑健康。”海顿此时的工作是创作一组六首交响曲，这六首交响曲后来又成为他最后 12 首交响曲的前半部分（第 93—104 号），总称为《伦敦（诸）交响曲》。（把事情搞复杂的是，其中的 D 大调作品第 104 号以“伦敦交响曲”而闻名于世。）海顿在伦敦的首场音乐会在 1791 年 3 月 11 日举行。他用钢琴指挥了一支 40 人的乐队。这是他指挥过的最大规模的一支乐队，它着实把海顿震撼到了。音乐会取得了巨大成功，《伦敦晨报》的反应很有代表性。“也许从没有过这样丰富的音乐盛餐。”该报评论家写道，接着就把海顿与莎士比亚相提并论。这位评论家还说出了让很多人很有共鸣的话：“我们很高兴看到有那么多人出席了头一晚的音乐会，我们无法抑制急切的心情，盼着当今的音乐泰斗被我们的热情所感染，而愿意留在英国。”

海顿在英国度过了一段快乐的时光。关于当时的海顿，人们熟知的事情有两件，一是他荣获牛津大学名誉博士的头衔，二是他与一位著名钢琴家的遗孀丽贝卡·施洛特夫人有了一段浪漫恋情。有关海顿对英国音乐和英国社会生活的印象，人们可以在他的日记中找到，这就是他认真记下的所谓《伦敦笔记》。

这是一本让人读起来津津有味的日记，从中读者可以了解到很多海顿的想法、心迹。日记自始至终展现了一个极富魅力的人物形象。海顿好奇心极强，而且很喜欢统计数字。“据估计，英国的国债超过两亿英镑。最近有人计算了一下，假如组织一支运输队运送等额的银币，所需的车厢连接起来能从伦敦排到约克，也就是说，有 200 英里长。但前提是，每节车厢运送的银币不超过 600 英镑。”海顿如是写。还有呢：“伦敦这个城市每年消耗 80 万辆大车的煤。每辆车装 13 个口袋，每个口袋装两种不同的干量。大部分煤来自于纽卡斯尔。经常有 200 艘满载的运煤船同时到港。一车煤的价格是 2.5 英镑。”还有一些海顿写的评论，如：“21 日，贾尔迪尼的音乐会在拉内拉格花园举行。他演奏的动作像头猪。”1792 年 6 月 14 日，海顿前往阿斯科特观看赛马，并对现场做了全面描述。观察家海顿充满了好奇，对赛况报道得十分精彩，对他度过的那个下午有详尽的叙述，读起来令人着迷。这碰巧也是有关赛马的最早的记叙之一：

> 骑手们各就各位后，铃声第二次摇响。刚摇了一下，他们就飞驰而出。第一位在两英里长的赛道上跑完全程并回到出发点（主席台）的骑手，将获得头奖。第一场比赛中有三位骑手，他们得连续跑完两圈，中间不能停下。他们用五分钟完成了比赛。（这是不可能的，海顿的计时太快了。）除非

> 亲眼所见，没人会相信的。第二场比赛有七名骑手，赛程中他们跑成了一条线。刚跑成一条线，立刻又有人落在了后面，但落后的距离从没超过十步。当你认为其中的某位已经很接近终点，观众此刻也对他下了很大赌注时，另一位骑手却从旁一跃而过，超出，并以令人无法置信的冲力冲过终点，取得最后的胜利。骑手们身着极其轻便的丝质赛服，颜色各不相同，易于分辨。他们不穿靴子，每人戴一顶小帽，个个像赛狗和他们身下的赛马一样精瘦。每个选手赛前都得称体重，然后根据马的力气确定人的体重标准。如果骑手体重不达标，他就得穿上厚些的衣服，或者在身上挂铅块儿……此外，还搭起一座大马厩，好让英国的观众往里投注下赌。国王则有自己的专用马厩。第一天我就看了五场比赛，尽管下着大雨，现场还是有 2000 辆满载观众的车子，人数是步行而来的普通人的三倍。除了赛马还有其他活动，木偶剧啦，惊悚表演啦，小商贩摆摊儿啦……这些都与赛马同时进行；许多人还支起帐篷，吃吃喝喝，各种点心、葡萄酒、啤酒应有尽有。

海顿并没谈到自己是否下对了赌注，不过他是玩得起几次赌注的。正如萨洛蒙一开始保证的那样，海顿的伦敦之行获利丰厚，以至于他还想故地重游，那儿的一切都那么吸引他。于是 1794 年初，海顿再次来到伦敦，并一直待到 1795 年 8 月 15 日。第二次逗留伦敦后，海顿返回维也纳，并在埃斯特哈齐家族中找到了新的庇护人。此时安东亲王已经去世，新继位的尼柯劳斯二世打算恢复乐队，主要用于宗教仪式。海顿同意接下这项工作，并创作了一系列伟大的弥撒曲。尽管如此，他还是有很多业余时间。

海顿就是在这些年里创作了奥地利的国歌。（英国国歌）《上帝保佑吾王》的尊严和简洁给海顿留下了深刻印象。他确定奥地利也应该有一首像这样的国歌。此事在朝廷进行了商议，然后帝国首相委托诗人列奥波德·哈什卡创作一首爱国主义的歌词。于是《上帝保佑弗朗茨皇帝》问世了，海顿为这首歌词谱了曲。1797 年 2 月 12 日，维也纳和奥地利各省的所有剧院都演唱了这首颂歌。同年晚些时候，海顿在他的《C 大调四重奏》（作品 76 号之三）里面用这个主题写了一组变奏，它很自然立刻就被昵称为《皇帝四重奏》。1802 年，海顿被解除了所有官职，退休了。他在维也纳过着平静无扰的生活，是奥地利最著名的人物之一。他的妻子已于 1800 年去世。海顿在晚年疾病缠身，从无抱怨，此前从没得过大病的他此时出不了门了。风湿病让他的双腿浮肿得很厉害，让他行走很困难。这位欧洲音乐的伟大老人此时喜欢坐在家中，并接待客人。1809 年 5 月 31 日，海顿与世长辞。他最后的音乐活动是在去世前的一两天被人抬到钢琴前，弹奏了三遍《奥地利国歌》。据说他弥留之际的话是“孩子们，别难过，我很好”。在海顿的葬礼上，人们演奏了莫扎特的《安魂曲》，海顿在九泉之下听了会很高兴的。如同贝多芬之前的许多作曲家那样，海顿也在 19 世纪失去了光彩。浪漫主义的音乐家们至少还对莫扎特有兴趣，他们从没嫌弃过《唐璜》。但海顿的作品，除了《四季》《创世纪》和个别交响曲外，在 19 世纪已经没什么人演奏了。这种情况一直延续到第一次世界大战之后的复兴古典音乐时期才有所改变。在第二次世界大战之后，古典时期和巴洛克时期的音乐尤其得到了蓬勃的复兴，这才重新确立了海顿的地位。在那之前，海顿在很大程度上只是课本中的一个受到尊敬的人物，但体现在音乐会节目单上的海顿作品少之又少——他的一百多首交响曲中只有不超过六首单上有名；在室内音乐会曲目单上只有几首海顿弦乐四重奏赫然在目；在钢琴独奏会，只能听到两首海顿作品：《f小调变奏曲》和庞大的《降E调奏鸣曲》。而在那之后，人们突然意识到，海顿是个多么重要的开创者和革新者啊！他的音乐是多么曼妙清新、赏心悦耳啊，充满着创意和妙不可言的机智、诙谐。

在海顿稳步产出的音乐作品中，自18世纪80年代初成形以后，就基本没什么改变了，这是令人诧异的。也就是说，海顿作品，无论其各个单首作品之间的差异、区别有多大，但它们都走着大致同样的套路：纯粹、完善的技巧，乐观主义的情绪，轮廓清晰的布局，雄壮的旋律，和声织体异常丰厚，整体构成就是纯粹的欢乐。这才是最纯净的古典主义呢：洛可可式的花里胡哨装饰统统滚蛋，音流干净、干练、纯粹，音乐本身才是重要的。从情感、情绪方面讲，海顿的音乐绝不“心乱如麻”，也不复杂多面。海顿音乐并不缺少感情乃至激情，但它总体给人的印象是乐观向上的，罕有大起大落，不走极端。这些特点在他的交响曲、室内乐、弥撒曲以及两部伟大的清唱剧《四季》和《创世纪》中都有真切的体现。后两者还富含后来的“描绘音乐”(也叫“绘画音乐”，painting music)的某些元素，展现了其最具魅力的本质。

从作曲技术方面来讲，海顿最大的贡献是巩固了奏鸣曲这种体裁。他早年满足于创作曲调优美但几乎没有发展部的音乐作品，就像是为各种乐器写的咏叹调似的。但是随着他的发展，随着他对 C. P. E. 巴赫的作品、对曼海姆乐派和早期维也纳乐派越来越了解，他的视野也越来越开阔，技巧也越来越丰富、纯熟，最终制订出了奏鸣曲式的准则，这在当时的欧洲无人能出其右。奏鸣曲式，究其本质，就是对比和发展。细说就是，一首奏鸣曲的第一乐章分成三个部分：呈示部、发展部、再现部。呈示部展现本乐章赖以生存的基本素材。呈示部里有一个强大的主题（第一主题，也叫主部主题）和一个更为抒情的对比性主题（第二主题，也叫副部主题）。有时候，尤其是在浪漫主义时期，这两个主题分别被称为男性元素和女性元素。在发展部，这两个主题中的一个或两个都受到作曲家的揉捏或把玩。发展部的质量高低，完全取决于作曲家的智力、想象力和技术水平的高低。也就是说，发展部写得好坏与否，是对作曲家上述能力的考验。在这两个主题被充分发展后，再现部基本按初始模样再现它们的原形，并到达高潮和结束。如此这般，一个圆画满了，全曲前后呼应了。在许多古典交响曲中，第一乐章始于一个缓慢的引子，结束于一个活泼有力的尾声；徐缓、抒情的第二乐章跟随其后；然后是舞曲般的第三乐章（有时删除）；最后是终曲乐章。末乐章常常是回旋曲式，在这种曲式中，数个插部主题围着一个主要主题转悠，以 ABACA 的顺序进行。也有回旋曲式结合奏鸣曲式的终曲乐章。

以上这些没有一个是海顿发明的，但全欧洲没有一个作曲家像海顿那样把它们提炼精化了，从而确立了准则。从 18 世纪六七十年代直到去世，海顿连续写出具有非凡创新性、魅力和活力的作品，虽然直到 1780 年以后，他的作品才闪耀出完全成熟的光彩。海顿是音乐史上最多产的作曲家之一，他的标准作品目录上列有交响曲104首，弦乐四重奏83首，钢琴奏鸣曲60首，多种乐器的协奏曲许多首，大量零散的室内乐作品，众多合唱作品，歌剧23部，大量歌曲，清唱剧4部，弥撒曲多部。最近，音乐学家们又把这些数字做了上调。没有哪种音乐体裁没被辛勤笔耕的海顿使用过。在欧洲，所有人都知道他是音乐巨匠。在某些专业音乐圈里，曾有过贬低海顿音乐的倾向，有人认为他的音乐过于轻快甜蜜。海顿从不像莫扎特和贝多芬那样挑战体制，挑战既定规则，故而有一种倾向，认为他的音乐应时应景，不过如此尔尔。海顿的小步舞曲乐章有一种乡野农夫般的勃勃生气，深深影响了贝多芬的谐谑曲乐章，却经常被蔑视为“一般”或“粗俗”。海顿的谱曲潇洒、自信到如此像是天然浑成的地步，乃至于他的某些超群之处反倒让人浑然不觉了，比如那种大胆的调式结构。在18世纪70年代，海顿也经受了当时“狂飙突进运动”的洗礼——这是欧洲的一段所有具有创造性的文艺家都尝试表达更具个性化的复杂情感的时期。“狂飙突进运动”对浪漫主义之前的欧洲人文的发展是一次很大的驱策与推动，在德国和奥地利被称为情感主义（Empfindsamkeit）。“狂飙突进”时期的海顿作曲时采用了一些非同寻常的调式，如f小调、e小调、升f小调、B大调，它们全是“浪漫主义的”调式。他在调式的选择上甚至比莫扎特还要大胆，而莫扎特的大胆体现在某个调的调内。海顿的后期作品更是具有了浪漫主义的某些元素，预见了浪漫主义音乐。然而最重要的是，海顿以一种直接明了、心平气和而非神经质的心态对待生活与艺术。海顿曾经写道：“既然上帝给了我一颗快乐的心，他就会允许我快乐地为他服务。”这句话总结了海顿的一切。

· *6* ·

来自萨尔茨堡的神童

——沃尔夫冈·阿马德乌斯·莫扎特

WOLFGANG AMADEUS MOZART

沃尔夫冈·阿马德乌斯·莫扎特是他那个时代最伟大的音乐家。作为一名作曲家，他在音乐的所有体裁方面都霸气十足，无论歌剧、交响曲、协奏曲、室内乐、声乐、钢琴曲、合唱曲等，他都做到了极致。他是当时欧洲最优秀的钢琴家、管风琴家和指挥家。假如他再多下点功夫，他也能成为最优秀的小提琴家。实际上，只要事关音乐，他没有一样不比别人强。他能在笔下写着一首复杂乐曲的同时，脑中构思着另一首乐曲。他能先行在脑中构思出一部完整的弦乐四重奏，然后写出各声部，最后写出总谱。他能把任何摆在他面前的乐谱完美地视奏下来。他能在首次听过一首长作品之后，立刻把它复写出来，几乎分毫不差。莫扎特在 1756 年 1 月 27 日出生，在 1791 年 12 月 5 日去世，去世时差两个月满 36 岁。然而，在这样短暂的一生中，莫扎特给世界留下了辉煌的音乐遗产，这份遗产直至今日仍像在 18 世纪晚期那样熠熠生辉。

在音乐史上，莫扎特是被开发到最大程度的神童之一，为此他也付出了代价。罕有神童在长大后能过上正常日子的。他们幼年时，为了培养他们某一方面的才能，而牺牲了他们所有其他方面的生活，他们的大部分时间都和开发他们的大人在一起度过，他们的普通（常规）教育被忽略，他们在其专长方面受到过度的赞扬。这样“偏科”的童年的不正常的生活，导致他们成年后生活也不正常了。莫扎特的悲剧在于他的成长过于依赖父亲，造成他自己不能独立应对社会与日常生活的方方面面。这种局面在莫扎特在世时就得到了普遍认同。莫扎特的第一位传记作者弗里德里希·施利希特格罗尔在 1793 年写道：“恰恰是因为这位奇才在音乐艺术方面那么早熟，作为公允的观察者我必须得说，在几乎所有其他方面他才显得那么幼稚，始终保持孩子的状态。他从没学会控制自己。在理家、理财、归置、节制、礼貌、分寸及明智地选择娱乐方面，他一概没有规划，麻木不仁。他永远需要有人指导。”五年后的 1798 年，弗朗茨·涅梅切克在另一本传记中写道：“此人作为一名艺术家是那么出类拔萃，可在生活的其他方面就谈不上优秀了。”写下这些评语的人可都不是俗人，他们没有对莫扎特非凡的生活发出世俗的讪笑，他们和许多人一样，深知莫扎特最大的敌人是他自己。

莫扎特真的是一位非同凡响的音乐家，这点在当时都没人持有异议。3 岁时，他就开始在钢琴上选键弹出曲调。他的耳朵异常敏感，听到大一些的声音都会生病。他耳朵不仅敏感，而且听音极准。4 岁的时候，他就告诉他的演奏小提琴的长者们，说他们的小提琴跑调了四分之一个音。也是在 4 岁时，他就能在大约半小时之后学会弹一首乐曲。5 岁的时候，他就能把键盘乐器弹得滚瓜烂熟了。6 岁的时候，他就开始作曲，同年他父亲列奥波德就带着他和他姐姐玛莉亚·安娜（娜奈尔）踏上了巡演之路。娜奈尔比沃尔夫冈大五岁，虽然天赋比不过弟弟，但也是一个神童。列奥波德是一位优秀的音乐家、小提琴家，是萨尔茨堡亲王兼大主教宫廷的副宫廷乐长，还写过一篇论小提琴演奏的著名论文。老莫扎特的一生并不是很成功，因此他决心看到他的天才儿子获得所能得到的最高职位，借此也为莫扎特家带来财富。列奥波德希望自己老有所靠，他晚年时不断提醒儿子他的这个目标。

因此，从 6 岁起，小沃尔夫冈就很规律地走上了音乐练习之路。他被带到欧洲的各个宫廷、各个高深的音乐学院以及各个演奏场所里展示技艺。成年后，他做了更多的音乐会巡演，结果在他一生的 36 年里，有 14 年的时间是离家在外度过的。从某个角度讲，这些光阴当然没有虚度。莫扎特接触到了当时每一位重要的音乐家，聆听了各种各样的音乐，并用他那神奇的大脑把它们全都吸收和保存下来。他的名字频繁出现在各地的报纸上，作为一个演奏神童，他的精湛技巧让欧洲人惊叹不已。音乐界和科学界的人士还写了许多高深的文章，研究探讨这个神奇的男孩儿。当未满 7 岁的莫扎特在巴黎演奏时，弗里德里希·麦肖尔·冯·格里姆男爵在《文学通讯》上撰文写道，他听得几乎走火入魔了。小莫扎特完成了父亲为他设计的一些技巧性表演，比如把古钢琴的键盘蒙上一块布来演奏（这不是很难做到的事情，但用来忽悠广大小资还是能让他们大惊小怪的）。还有当场识谱视奏，即兴作曲，为首次听到的旋律配上和声，展示准确的听音本领，等等。格里姆写道："如果我继续常去听他演奏的话，我很难保证自己不被

⚜ 莫扎特一家在 1781 年（左起：娜奈尔、沃尔夫冈和列奥波德）

这个孩子冲昏头脑。他让我认识到，看到神童而能保持头脑清醒不发疯，这是多么困难的事情。想到圣保罗在看到奇异的神示景象后惊慌失措、乱了方寸，我现在对此再也不感到奇怪了。”当时，整个欧洲都回荡着对这位神童的赞誉之声。

这样一位天才音乐家，本应毫无困难就获得赚钱的职位的，但是莫扎特的求职却从没顺遂过。尽管他一生都在寻找，希望在宫廷里找到一官半职，薪水丰厚生活有保障，但从没如愿过。他成年后性格变得很复杂，树敌的本领也变得空前不绝后。他处世不老练圆滑，说话易冲动、口无遮拦，对其他音乐家有什么想法就照直说出来（在这方面他还老是狗嘴吐不出象牙——没一句好话）。他恃才傲物、目空一切，在音乐界没有几个真朋友。他以言行轻浮、做事情绪化、为人固执而闻名。现在我们回顾这一切时会对他生发理解和同情。他可是莫扎特，他比同时代的任何其他音乐家都高明；他丝毫不错地指出了他周围的人的平庸（包括那些大人物；他尊敬的只有海顿）；他在音乐方面下的判断从无差错。但是这些长处并没有使他活得轻松一些。另外，莫扎特并非一表人才，不英俊也不潇洒，个头很矮，脸色发黄，满脸雀斑。他的身体单薄，所以头显得很大。他是近视眼，一对儿蓝眼睛向外突出，像鱼眼泡儿。他头发浓密，长个大鼻子，一双胖手。（大多数伟大钢琴家的手都比较肥厚，手掌较宽，拇指与食指间撑开的叉很大。人们浪漫地误以为伟大钢琴家的手都是修长、纤细而美丽的，但在实际生活中这样的情况很少见。）

许多年来，莫扎特一直在努力摆脱父亲的控制。梅纳德·所罗门在其所著的《莫扎特传》中探索了这对父子的关系，但是其中完全的奥秘还有待了解莫扎特音乐及其时代的优秀心理分析学家来破解。列奥波德·莫扎特并不是一个复杂的人，他不乏智慧，但缺乏想象力，而且很执拗，特轴。此外他为人刻板，学究气，有条理，谨小慎微，而且颇为贪得无厌。他自己就是个优秀的音乐家，自然立刻就意识到儿子是个音乐天才。然而让他难过的是，他发现渐渐长大的沃尔夫冈在生活自理方面却远不能让他满意——至少以他对生活自理的理解而言。以前多年一直依赖父亲依赖惯了的沃尔夫冈，一旦这个依赖撤了，似乎立刻就垮了下来。这里面或许有一种潜意识的怨恨。也许沃尔夫冈想要表现出自己是个大活人，但又不知道如何表现。也许枷锁一旦去掉，不可避免地他就撒起欢儿来。甭管是什么原因吧，反正沃尔夫冈在情感方面恰好是他父亲的反面——人来疯，待人随和，喜欢交际，言行无拘无束，容易轻信，心软。

列奥波德不断用理智的建议轰炸儿子：你要注重钱财；你不要轻信陌生人；千万别在晚上出门散步；凡事计划在先；交友要交良友，别交损友；说话举止要庄重，别轻佻。然而，正如列奥波德很像（莎剧中的）波洛纽斯那样，沃尔夫冈则很像哈姆雷特，也很像麦考伯（Micawber）。当机遇降临时，他从来都是优柔寡断，更遑论果断抓住了。不过，他也似乎不操心这个。反正到了明天，一切又都会安然无恙。在沃尔夫冈眼里，总是还有明天的。“一点点地，我的处境定会逐渐改善。”他在写给父亲的信里总是这么说。但是那桶金子永远保持挂在云端，可望而不可即。对父亲列奥波德来说，儿子沃尔夫冈可真不是省油的灯啊！他挥霍金钱，浪费才华，交友不慎，看人总是看走眼。这些都令列奥波德捶胸顿足。他一次次给儿子写信，对儿子喜欢、轻信所有人的倾向提出警告，“所有人都不是好东西！你年龄越大、交往的人越多，你就越会认识到这个不幸的事实”。他还哀求沃尔夫冈，不要一听到别人奉承几句就飘飘然找不着北。

可是沃尔夫冈依旧我行我素。他很可能还是惧怕父亲的，所以他的回信总是含糊其词，总是安慰父亲一切很快都会好起来的。是呀，他是乱花钱，他是乱交友，可是他有前途呀，而且是伟大的前途。列奥波德告诫儿子，“人家说的奉承话，对你的夸赞，对你高呼‘真棒啊’之类，既不能当饭吃，也不能付房租，也不能买邮费。所以你一旦发现无钱可挣，应该立马掉头就走”。但这些话说了也是白说。为此列奥波德经常发脾气，尤其是读到沃尔夫冈那些满篇哲理却又含糊其词的回信时更是火冒三丈。“你别再扯那些奇谈怪论和不靠谱的话了！”当爸的不想听儿子谈人生哲理。他只想了解儿子是否找到了好工作，那些辛苦钱都花到了哪里。他还担心儿子与人交往时的轻佻浪荡和懒散会让他成为众人嘲笑的对象。尤其是，列奥波德警告儿子，你要和那些音乐家保持距离。他们都是社会上的下九流，和他们过于亲近不划算。连像格鲁克、皮钦尼、格雷特里这样重要的作曲家也不例外。对他们要有礼貌，但仅此而已。“你尽管完全自然地与上流人士交往，但对待其他人，你要表现出英国人那样的绅士风度。你不能对所有人都敞开心扉。”面对父亲的来信，可怜的沃尔夫冈很可能觉得要疯掉了。列奥波德不断唠叨，本意当然是为了儿子好。“我说这些话的目的，是要把你塑造成一个体面的人。芸芸众生里面，没有谁像你这样获得上帝如此的厚爱。你肩负着多么重大的责任啊！这样一个伟大的天才若是失败了，那将是何等的耻辱啊！”

可结果是，父亲几乎要把儿子赶出家门了。列奥波德做不到改变或将就自己的那一套价值观；而沃尔夫冈以其一个音乐天才的那种个性（这种个性希冀对一切都进行某种变革），也做不到如父亲急切希望的那样，当一个勤勉、克制、节俭的小资市民。列奥波德代表了一种黄金公约数，也就是中庸之道。而旷世奇才沃尔夫冈·阿马德乌斯·莫扎特，一个怀揣着《唐璜》和《c小调钢琴协奏曲》中的梦幻的人，岂能恪守谨小慎微的中庸之道呢？所以说，列奥波德是既了解儿子又不了解儿子。他只知儿子之表而不理解儿子之里。列奥波德只盯住儿子性格中的缺陷，而无法对儿子那远超出自己理解能力的天才念想做出回应。他完全没有意识到儿子是多么紧张而敏感，他急需鼓励、同情和支持，而不是没完没了的说教。当然，沃尔夫冈身上确实有他爸不断提到的那些性格缺陷，但很多性格缺陷的根源都在他爸那儿，因为正是后者强加给了儿子一个不自然的童年。正因此，这父子俩多年来互相折磨，彼此爱恨交织，是为经典的爱中有恨关系。

假如儿子待在老家萨尔茨堡做个宫廷音乐家的话，列奥波德应该是会很满意的。因为那意味着安稳和保障。孰料沃尔夫冈和父亲的想法正好相反，他憎恶萨尔茨堡的地方观念和与之有关的一切东西。他知道自己的才华了得，知道在这样的小地方（一个省城），自己的才华会被扼杀掉。沃尔夫冈不反对庇护制度。几乎每个作曲家都有一个雇主，或是教堂，或是宫廷，或是富有的庇护人。但是，他希望遇到一位具有想象力、智慧和资源的庇护人，能让他可劲儿地造，充分挖掘他头脑里不断奔涌的乐思。在缺少这类庇护人的情况下，他就尝试靠自己的努力独立实现自己的艺术目标。他是历史上最早突破庇护人制度的音乐家之一。超越庇护体制，这是需要决心和勇气的。莫扎特在艺术上大获成功，但在去世时却身无分文。读遍他的信札，透过满篇的胡话荒唐话，一位胸怀大志、充满创造力的艺术家形象跃然而出。不管世事如何，有钱没钱，他都一定要实现自己的理想。无论发生什么，他都矢志不渝。他能写——也确实写过——定制或委托作品，应时应景的作品，他也能写轻音乐，但他绝不能写廉价的音乐。莫扎特绝不让自己沦为娼妓，他绝不出卖自己。

他的信札读起来令人惊讶而着迷。所有内容都坦坦荡荡、毫无遮掩。由于经常出门在外，莫扎特一家人不断地靠通信联系彼此。开始时当然是列奥波德给家里写信。随着沃尔夫冈渐渐长大，他也拿起了笔写信。他的信写得十分活泼、随意，他的生活和思想都在信中反映出来，他的心态，那些纠结、心结、聪慧、敏锐的观察，也都在信中反映出来。有些信札遍布神经质和虚张声势。那些最后写的信读起来很伤感，因为可怜的他纯粹就是在求爷爷告奶奶地借钱。莫扎特是个非常聪慧的人，他早期的信里洋溢着孩子般的天真与柔情："替我亲吻妈妈的手一亿次。"他写给姐姐的信则是热情奔放、情绪高涨："你如果见到冯·希登霍芬先生的话，"——莫扎特家的一个朋友——"请告诉他我一直在唱'Tralaliera，Tralaliera'。还有，我现在不需要往汤里加糖啦，而且我现在也不在萨尔茨堡啦。"莫扎特写这封信时是 14 岁，对巡回演出已经很有经验了。由于旅行从没停止过，他写给萨尔茨堡家中的信也就寄自各个地方：维也纳、慕尼黑、科布伦茨、法兰克福、布鲁塞尔、巴黎、伦敦、里昂、米兰、博洛尼亚、那不勒斯、威尼斯、因斯布鲁克、曼海姆。他不停地创作、演奏音乐，聆听音乐，与各地的音乐家切磋技艺。只有 13 岁的小小年纪，他在音乐方面就已经完全成熟了，那时的他就已经是一名完全的职业音乐家了。这一点从他对 1770 年在曼图亚举行的一场演出的分析中就能看出来："主唱女歌手唱得不错，但声音过于轻柔；如果你不看她的表演动作而只听她的歌唱的话，你会觉得她根本没有在唱，因为她的嘴张不开，一切都像哼哼出来似的……第二女歌手看上去像个掷弹兵，嗓子也很有力量，而且我必须说，唱得也不坏……主唱男歌手很有乐感，唱得很优美，尽管他的嗓音不是很均匀。"他曾从博洛尼亚给家里写去一封信，一个音符一个音符地写出了一段由女高音卢克雷齐娅·阿古亚丽演唱的华彩乐段，并说，她以丰满圆润的嗓音唱到了高音 C 以上的一个 C。

1777 年，沃尔夫冈和母亲做了一次长途旅行，目的是找到一份好工作。这是他头一次没有父亲参加的旅行，也因此第一次尝到了独立自主的滋味。旅途中，他不断提出各种很不切实际的建议，恨不得把父亲的影子从脑子里彻底清除干净。从他寄自慕尼黑、曼海姆和巴黎的信中，你可以感受到小莫扎特在逞能。随着他的计划一个个失败，这种逞能愈加厉害。在曼海姆，他与韦伯一家做了朋友，而这一家人却不招列奥波德的待见。他嫌他们没钱，嫌他们过着波希米亚人的流浪生活，还参与不正当交易并且官司缠身。这家的父亲，弗里多林，在宫廷剧院担任男低音、提词员和乐谱抄录员。这家里还有母亲、一个儿子和四个女儿。阿洛伊西娅·韦伯在莫扎特初见她时芳龄十八，歌喉甜美，是很有前途的歌剧演员。很快莫扎特就爱上了她。这回，就连温和慈祥的妈妈也表示反对了。“沃尔夫冈认识新朋友后，恨不得立刻就把心窝子全掏给他们。”由于要和母亲继续旅行去巴黎，莫扎特和韦伯一家的热烈友谊暂时终止了。莫扎特的母亲于 1778 年在巴黎去世，莫扎特不得不用委婉的方式把这一消息告诉父亲。老人没有被瞒过。他一读到儿子的信，信中说妈妈病得十分厉害，他就直觉到她已撒手人寰了。

莫扎特没有理由继续待在巴黎了，又与韦伯一家在慕尼黑相处了很长一段时间后，他在 1779 年回到萨尔茨堡。阿洛伊西娅已经成为当地歌剧院的歌剧女皇，韦伯一家的总体状况正在好转。

莫扎特最终蔫头耷脑地回到家里，小伙子心情沮丧到了极点——他被阿洛伊西娅抛弃了。她有更大的“鱼”要网。在萨尔茨堡，没有什么事情能让莫扎特开心。早在巴黎的时候，他就以一种独立宣言的方式警告过父亲："一个平庸之辈无论是否出门游历，都注定会依旧平庸；而一个才华出众的人（不谦虚地说，我不能否认我是这样一个人）如果总是待在一个地方，就会逐渐退化。如果大主教信任我，我会很快把他的乐队整得举世闻名，这一点毋庸置疑……不过有件事我必须先说好：在萨尔茨堡，我不应该像以前那样只演奏小提琴。我不会只当一个小提琴手，我还要边弹钢琴边指挥，还要给歌唱家弹伴奏。”

在萨尔茨堡，莫扎特当了一名宫廷管风琴师，不管事也不管人。他变得郁闷起来，总是耷拉着脸，而且说话刻薄，执拗，不肯屈就别人。“我当然要对大主教搪塞、敷衍，我很享受这么干呢！”以这种心态做事肯定是不会招大主教喜欢的。在此期间，莫扎特尽管觉得无聊和沮丧，但还是一部部地写出音乐作品。他的第一批伟大作品就是出自这一时期，虽然他还年轻，但它们已经很成熟。此时他的音乐已经十分流畅，构架上初显大师风范，不足之处是不那么震撼。这一时期他创作的名曲有《加冕弥撒曲》及其他几首杰出的宗教乐曲，还有可爱的《降 E 调双钢琴协奏曲》和同样可爱的《降 E 调钢琴协奏曲》（作品 271），以及为小提琴、中提琴和乐队而写的、壮丽的《交响协奏曲》。莫扎特一跃成为伟大的作曲家。他甚至接到委托写一部大型歌剧，于是就有了《伊多梅纽斯》（*Idomeneo*）于 1781 年在慕尼黑的首演。这是一部严肃歌剧（正歌剧），沿袭了格鲁克和梅塔斯塔西奥的路子，虽然相当地僵硬而正式，但也包含一些精彩的音乐，比如一首声乐四重唱，其深度和想象力不输于他写的任何其他作品。不过，《伊多梅纽斯》从来都不是莫扎特最受欢迎的歌剧之一。19 世纪，以及 20 世纪的大部分时间里，它都没被列入歌剧节目单。但是近年来，不少歌剧院又把它重拾起来了。

《伊多梅纽斯》诞生的那年也是莫扎特和大主教破裂的那年。大主教的秘书卡尔・阿尔科伯爵在莫扎特身后给的一脚加速了他的离去。来到一个安全的地方后，莫扎特发誓要报复：“我要写信向他保证，我会朝他的屁股踢上一脚，再朝他的脸打几拳。他可以放心地期待我揍他。我受了侮辱一定要报复的。”当然，他没有写这封信。可怜的莫扎特天生不是当英雄的料。

被大主教解雇后，莫扎特在维也纳定居下来。他身无分文，并恳求父亲别再写那些令他不悦的说教信增加他的烦恼。韦伯一家也在维也纳居住，于是莫扎特搬来和他们住在一起。在 1781 年 12 月 15 日，莫扎特给他父亲写了一封长信。在讲了一大通男大当婚的道理后，他告诉父亲自己正在谈恋爱：“那么现在问题来了，谁是我的恋爱对象呢？肯定不是韦伯家的小姐吗？是，还真是韦伯家的人。但不是约瑟法，不是索菲，而是康斯坦丝，中间的那个姑娘……她长得不难看，但绝对算不上美人。她全部的美丽来自于一双黑亮的小眼睛和动人的身材。她并不很聪明，但有足够健全的常识让她能履行妻子和母亲的职责……”列奥波德最担心的事还是发生了，他当时一定是勃然大怒并充满挫折感：他的儿子竟然要娶一个家世不清而且身无分文的女孩儿当媳妇！他们在 1782 年 8 月结婚了。事实证明，康斯坦丝是个轻浮风骚的女人，不擅持家，丝毫不能辅佐莫扎特。可是莫扎特偏偏爱她，两人的婚姻生活似乎也过得挺愉快。但是列奥波德很不愉快。所以 1781 年以后，莫扎特和他父亲的关系就直线下降。

有一段时间，前景似乎颇为看好。莫扎特收了一些学生和作曲委托。他的歌剧《后宫诱逃》于 1782 年在国家剧院制作并演出，获得了决定性的成功。嗣后，他的杰作一部接一部问世，各种音乐体裁都有。1786 年，他幸遇帝国剧院的词作者、诗人洛伦佐·达·蓬特，三部伟大的歌剧由此诞生——《费加罗的婚姻》（1786）、《唐璜》（1787）和《女人心》（1790）。头两部歌剧在布拉格演出立刻获得了成功，也使莫扎特受到了公众空前的欢呼喝彩。他是多么兴奋和激动啊！ 1782 年 12 月 2 日，他被任命为约瑟夫二世皇帝的御前作曲家，薪水 800 盾（格鲁克的薪水是 2000 盾）。粗略算一下（对两个世纪前的货币进行换算是很不可靠的，只能大致推测），那时的 800 盾大约相当于 1996 年的 3500 美元。莫扎特接受了这一头衔，但对此感到厌恶。“这份薪水，对我做的工作来说太多，对我能做的事情来说又太少。”没有人对莫扎特的收入做过具体研究。当时的莫扎特仅仅作为成功的歌剧作曲家和广受赞誉的钢琴大师，本就该财源滚滚、收入丰厚的。都知道他不少挣，但具体挣多少又没人知道。即便他果真赚了很多钱，这些钱也被他和康斯坦丝挥霍掉了。他一个劲儿地搬家，9 年的时间搬了 11 次家。他还加入了共济会。在生命的最后几年里，莫扎特入不敷出，就不断地向他的朋友兼共济会伙伴、富商米歇尔·普赫贝尔格借债。后者一般都会借钱给他，尽管肯定心里明白这是有借无还。1788 年，莫扎特“以适当的利率”向普赫贝尔格借债

2000盾，供一或两年使用；“如果这个数你感到为难的话，那就请你在明天之前至少借给我几百盾好了，因为我在兰德大街的房东像催命鬼似的对我纠缠不休，为了避免此类不愉快的事情，我不得不当场付钱给他，这弄得我非常狼狈”。后来，莫扎特借钱的请求变得近乎歇斯底里。在生命的最后那年，莫扎特创作了《魔笛》。这部歌剧首演于1791年9月30日，引起巨大轰动，并可想而知应该给他带来一大笔收入。可惜过度劳累和肾病导致莫扎特英年早逝。他的葬礼十分简单潦草，但他不是如传闻所言葬在贫民的墓地，而是葬在了圣马克斯墓地里的一座无标识的普通墓穴中。至今没人知道莫扎特的尸骨到底埋在了何处。

欣赏莫扎特的音乐可以说是既易又难。说它容易，是因为他的音乐很优雅，旋律绵延不绝，结构清晰完善。说它难，是因为他的音乐深刻、微妙而富于情感。如果我们说，一个6岁就开始作曲并且仅活了36年的作曲家起步晚、展开迟，那是很让人奇怪并且很不能令人信服的。但事实就是如此。莫扎特的早期作品虽然很雅致，但是很少有具有鲜明个性、集中性和丰富性的作品，这些都是在1781年——也就是他与萨尔茨堡宫廷最终决裂的那一年（这是个分水岭）——之后才进入他的音乐的。此前的极少数例外有那首小巧的g小调交响曲（K. 183，具有狂飙突进式的戏剧性）、A大调交响曲（K. 201）以及C大调交响曲（K. 338）。（莫扎特作品后面的那个K指的是由路德维希·科赫尔做的莫扎特作品编序，他在1862年对莫扎特的音乐按照年代顺序做了一个完整的作品目录。）但是1781年才标志着莫扎特成熟期创作的开始，事实上，此后的每一部作品都堪称杰作。

在维也纳，莫扎特开始独立自主、自食其力了。这样一来，他就仿佛心头的一块大石头去掉了一般，感到从没有过的轻松和自由。他开始谱写更有深度、更加自信、更显才华和更具力量的音乐作品。但是，他的音乐并不是所有人都欣赏的。有些人觉得他的音乐过于华丽和繁杂，很难跟得上。甚至连一些职业音乐家，比如杰出的小提琴家兼作曲家、对莫扎特总体推崇的卡尔·迪特斯·冯·迪特斯多夫（1739—1799），都感到了忧虑。他的常规思维受到了撼动，甚至冲击，他写道："我还从没遇到过哪位作曲家像莫扎特那样拥有那么丰富得惊人的乐思宝藏。我简直要希望他别那么放开手脚去运用这一宝藏。他让听众喘不过气来，感到美不胜收。一段美妙的乐思出现了，听众还没来得及抓住，另一段更迷人的乐思就接踵而至，顷刻把第一段就驱散了。就这样整首乐曲优美的旋律纷至沓来，到头来听众不可能留住其中的任何一支。"（我们处在 20 世纪末期，有大量录音、收音机广播和以莫扎特作品为主题的音乐会可听，故而容易忘记在 18 世纪 80 年代，即便是一名职业音乐家也说不准，他听到的第一次演奏是否也可能是最后一次演奏。莫扎特那时没有多少音乐会。一听到新作品，人们不得不立刻把它记住，因为它可能都不会印刷出版。直到贝多芬和浪漫主义音乐的时代，作曲家才有一定的把握确信，他们的主要作品都能得到出版。）迪特斯多夫并不是唯一感到忧虑的人，还有其他人也认为莫扎特的音乐"加了过多的佐料"，"味儿太浓了，乃至失调"，他的歌剧，音乐过于丰富了。正如约瑟夫二世皇帝说的那样："过美了，我们的耳朵享用不起；音符那么一大堆，眼都看花了，我亲爱的莫扎特。"

✤ 未完成的莫扎特画像，朗格创作于 1782 年

只要涉及音乐，他就样样都比别人强。

莫扎特的早期音乐发展不仅受到了他父亲的制约，也受到了诸如约翰·肖伯特、C. P. E. 巴赫和 J. C. 巴赫等作曲家的影响。莫扎特年轻时创作出大量所谓“华丽风格”的音乐，其特点是优雅，轮廓线条清晰，旋律性强，没有多大震撼力。第一位对莫扎特真正有重大意义的作曲家是海顿。莫扎特非常仔细地研究了海顿的那六首弦乐四重奏 Op.33，并以它们为范例创作了他自己的六首四重奏系列（非常出色，创作于 1782 年到 1785 年）。莫扎特充满感激地将其题献给他的前辈大师海顿。“我从海顿那里学会了创作四重奏。”他说。当海顿在维也纳莫扎特的家中听到这些曲子时，他做出了完全无私的回应。“在上帝面前，并作为一个诚实的人，”他冲着列奥波德·莫扎特惊呼，“我要告诉你，你儿子是

我所知道的最伟大的作曲家，而且名副其实。”

随后，J. S. 巴赫和亨德尔的影响也到了，尤其是前者。从巴赫的铁杆儿崇拜者戈特弗里德·凡·斯威滕男爵那里，莫扎特接触到了巴赫的音乐。作为奥地利驻普鲁士大使，男爵有机会聆听巴赫的音乐，并把许多巴赫乐谱的抄本带回了维也纳。同时他还是亨德尔音乐的狂热爱好者。1781 年，莫扎特与凡·斯威滕结交做了朋友。一年后莫扎特写信给父亲说：“我每星期天中午 12 点钟到达凡·斯威滕男爵府上，我在那儿只听到他们演奏亨德尔和巴赫的音乐。”男爵把一些乐谱借给莫扎特。“康斯坦丝听到赋格曲时一下子就给彻底迷住了。她现在什么都不听，只听赋格曲……所以，她现在经常听我即兴弹赋格，还老问我是否把这些即兴弹的记录下来了。当我说没有记下时，她就严厉责备我为什么不记下几首？她说赋格曲是天下最艺术最优美的音乐体裁。”自打接触了巴赫的作品，莫扎特的音乐中就出现了复调的织体。莫扎特的复调不同于巴赫的复调，但莫扎特受到巴赫的启发而引入了各种对位技法，并且运用得十分娴熟而自信、笃定。莫扎特复调运用的顶峰见之于他的《朱庇特交响曲》的末乐章，此处对比性的主题一个个捉对儿并列，形同排比句，先受到约束，然后沿着最终的“河道”一泻千里，成为音乐中最荣耀、最激动人心、最横扫千钧的经过乐段之一。莫扎特也受到了亨德尔的很大影响，乃至于为亨德尔的《弥赛亚》配上了 18 世纪晚期风格的管弦乐配器。经莫扎特配器的《弥赛亚》至今仍偶有演出，让观众猎奇。

莫扎特和歌剧结下的奇缘本身就够写上一本书。莫扎特一生都钟爱歌剧。年仅 13 岁他就开始创作歌剧，处女作是《装痴作傻》。

此后便一发不可收拾，歌剧不断问世：《巴斯蒂安与巴斯蒂安娜》《米特里达特》,还有其他六七部,直到 1781 年写出《伊多梅纽斯》。这些歌剧除了大型的《伊多梅纽斯》之外，没有一部荣登 20 世纪的剧院节目单，虽然偶尔会把它们“复兴”一下。目前，在全球各大歌剧院的节目单上赫然有名的莫扎特歌剧有：《后宫诱逃》《费加罗的婚姻》《唐璜》《女人心》和《魔笛》。这些都是喜剧,包括《唐璜》，莫扎特将其称为幽默戏剧。在莫扎特之前，很多人写过喜歌剧，但都没什么意义。莫扎特是史上第一位让喜歌剧超越单纯娱乐功能的作曲家。他能做到这点是因为他热爱世人，他自己就随凡入世,他自己就拥有快乐、容易激动,而且他不压抑自己的性格。此外，还因为他想尝试用自己的音乐阐释人的心情、剧情、场景及人物性格。他堪称史上第一位现代歌剧心理学家。

莫扎特实现了音乐的霸主地位。在给他父亲写的一封信里，他说：“在一部歌剧中，歌词就该是音乐的孝顺女儿。”但这并不是说他不重视歌剧脚本。他花了大量时间寻找好的歌剧脚本。他想创作歌剧的愿望胜于一切。1778 年他给父亲写道：“请你别忘了我是多么想写歌剧。我羡慕任何正在写歌剧的人。当我看到或听到一首咏叹调时，我真的会难受而泣。”1781 年他开始创作《后宫诱逃》，这期间他的书信清楚反映了他的创作理念。信中他讨论了奥斯敏的咏叹调，并向父亲解释说，随着这个剧中人物的火气越来越大，“(就在这首咏叹调行将结束时) 出现了那个‘极快的快板’，节拍和调性全然不同了，这样一个设计必然会很出效果。因为当一个人勃然大怒时，就会跨越秩序、节制和礼貌、分寸的界限，而变得狂乱和彻底忘我，所以音乐也要相应地变得混乱和忘我。但是即便是激情，粗暴也好，激烈也罢，都绝不能表现过头而引起听众的厌恶、反感。所以说音乐，即便是在最可怕的情境下，也一定不要冒犯听众的耳朵，而是要取悦听众；换言之，就是一定要让它始终是*音乐*，而绝不能让它变得不是音乐。因此，我没有从 F 调（该咏叹调采用的调式）跳入一个相距遥远的调，而是移到一个与之有关联的调；但又不移到距离最近的相关调 d 小调，而是移入稍有些距离的 a 小调”。

接着，莫扎特谈论了贝尔蒙特的咏叹调“噢，我多么心焦”：“你想知道我是怎么表现它的吗——甚至表现出他的心头悸动的吗？我用两把小提琴奏出不同的八度。这是一支所有听过的人都十分喜爱的咏叹调，也是我最喜欢的。我写它时特意考虑到（约翰·瓦伦丁·）亚当贝格尔的嗓音，要让它适合他唱。你能感觉到角色在颤抖，感觉到他的胸膛在起伏，你似看到他的激动的心脏开始扩张——这里我用一个‘渐强’来表现。你还会听到窃窃私语和叹息——这里我用加弱音器的第一小提琴组以及一支长笛的合奏来表现。”在另一封信里，莫扎特反复思考了歌剧的总的现状：“意大利喜歌剧的脚本普遍粗劣，但为什么它们在哪儿都受欢迎呢？甚至在巴黎也这样，我在那儿亲眼见证了它们的成功，这到底是为什么呢？原因就在于在这些歌剧里，音乐拥有至高无上的地位，听众沉浸在美妙的音乐中，就宽恕了脚本的粗劣。是啊，当一部歌剧的剧情经过精心设计，歌词只为服从音乐而写，而不是为了某个蹩足的韵脚硬凑出来……这样的歌剧岂有不成功之理？最好的事情莫过于，一位了解舞台并能给戏剧提供健康提示的作曲家，遇到一位有才华的词作家，那就真正是凤求凰啦……”

莫扎特写这封信时（1781 年）还不知道自己的艺术知音在哪里，但不久之后他就邂逅了自己的真凤凰——洛伦佐·达·蓬特。此人 1749 年出生时名叫伊曼努埃尔·科内格里亚诺。他是一位犹太人意大利神父，后因为一桩丑闻逃离了意大利，在维也纳定居下来。达·蓬特喜欢冒险，而且诡计多端，他在 1783 年成为维也纳意大利宫廷歌剧院的词作家。（达·蓬特 1838 年在纽约去世，生前是纽约市哥伦比亚学院的头一位意大利语教授。他写过一本自传，其中几乎没有提到莫扎特。）达·蓬特与莫扎特因为对博马舍的戏剧《费加罗的婚姻》进行歌剧改编而走到了一起。尽管这部歌剧有一个爆炸性的主题——一个贵族败在了两个聪明机智的平民手上——但它还是被允许搬上了舞台，这着实令人吃惊。许多敏感的观察者，比如奥博吉尔希男爵夫人就意识到，初始的戏剧《费加罗的婚姻》就包含着革命的种子。她看着贵族大老爷们和大贵妇们被这部博马舍喜剧逗得哈哈大笑，就断言道："有一天他们会为此而哭的，那时就来不及了。"莫扎特是否偷偷地把自己看作费加罗了？这不是没有可能。

《费加罗的婚姻》开启了一个歌剧新天地的大门。剧中人物都是鲜活接地气的，全剧都洋溢着才气。莫扎特的音乐把剧中形形色色的人物全部大起底，有可爱的、虚荣的、任性的、自私的、野心勃勃的、宽大为怀的、拈花惹草的。简言之，全部人性都被莫扎特那富于超凡创造性和同情心的音乐展现得活灵活现。《费加罗的婚姻》里没有一个有瑕疵的音符，没有一处虚假的场景。《女人心》虽然音乐水准与《费加罗的婚姻》不相上下，但达·蓬特写的脚本说白了就是搞笑，虽然是寓含深意的搞笑，但毕竟其脚本人工编排斧凿的痕迹太重。《女人心》惹人喜爱，唯独缺少了《费加罗的婚姻》中的人性光辉。同理，《魔笛》中莫扎特音乐的精华让许多人领略到了，但伊曼纽埃尔·席卡内德的《魔笛》脚本却充斥着共济会的象征，读起来冷冰冰的，其幼稚和拙劣就像露天表演，让歌剧舞台蒙羞。(《魔笛》的总体布局是当时维也纳公众很喜欢的那种富丽堂皇的喜剧类型。) 关于这部歌剧，人们提出了各种各样的观点。1866 年，一个名叫莫里茨·亚历山大·齐勒的人坚称，《魔笛》是以暗讽的方式回击正在迫害共济会成员的列奥波德二世。按照这一解释，萨拉斯特罗代表着奥地利自由共济会的领袖伊格纳茨·冯·伯恩；夜后是玛利亚·特蕾莎皇后，共济会的死敌；塔米诺代表着列奥波德的前任约瑟夫二世，他一直对共济会很友好；等等。另外还有其他一些观点。但无论人们从这部歌剧中解读出了什么，它的脚本都是愚蠢和不连贯的。尽管如此，维也纳的公众还是喜欢上了它。《魔笛》是莫扎特在维也纳取得的最大的成功，其程度远超过他在这个城市演出过的任何其他作品。

莫扎特的歌剧中，对 19 世纪的浪漫主义音乐具有最大意义的作品是《唐璜》。它也是莫扎特的歌剧中最浪漫的一部，同时也是其中最严肃、最强大和最具有来世意味的一部（浪漫主义者们尤其喜爱其中的墓地一场，以及大统领的最后现身一景）。许多人认为《唐璜》是有史以来最伟大的歌剧。它的序曲为全剧奠定了基调。随着几个减七和弦和一个 d 小调音阶的铺陈，莫扎特营造了一个焦虑、紧张、苦恼和恐怖将至的氛围。在歌剧接近尾声的时候，这个音阶再度出现，让人感到毛发倒竖、毛骨悚然。这是用最简洁之手法制造出最震撼之效果的经典一例。难怪浪漫主义者们对此喜形于色。《唐璜》具有一个道德寓意，这也正是多愁善感的浪漫主义者们所喜欢的，哪怕他们中的许多人并没领会到这层寓意也罢。唐璜虽然是个玩世不恭、愤世嫉俗、颓丧堕落且声名狼藉的人，但他愿意为捍卫自己的原则而死，这让他成为一个真正的英雄，而且是现代英雄那种。“你忏悔吧！”大统领的幽灵叫道。“不！”唐璜说道。“忏悔吧！”“绝不！”于是地狱之门四敞大开。后来的卡门也是一位类似的女英雄。她明知唐·何塞会杀掉她，但比起向一个让她蔑视的男人屈服，死算得了什么？像唐璜一样，她也愿为捍卫自己的原则而死。

莫扎特的天才之光当然不会只闪现在歌剧中，而是在所有音乐体裁中都熠熠生辉。钢琴协奏曲这种音乐体裁经过莫扎特的发展，成为一种富于交响性的具有很强广度和深度的曲式。继他的作品 K.271 降 E 大调协奏曲之后，他的协奏曲无一不具备了其特有的雄辩力、完整性和丰富精湛的技巧：其中有些是欢快阳光的，比如降 B 大调（K.595），或是 A 大调（K.488），虽然后者有一个哀婉的慢乐章；有些是阴郁而浪漫的，譬如那首 d 小调；有些则是古雅而高贵的，如那首 c 小调。

莫扎特的成熟期作品排列出来就像是一个光荣榜，首首读起来让人感到那么亲切和景仰：单簧管五重奏、《降 E 大调嬉游曲》、未完成的《c 小调弥撒曲》和未完成的《安魂曲》，那两首钢琴四重奏，最后的那十首弦乐四重奏，那五首伟大的弦乐五重奏，《为 13 支木管乐器写的小夜曲》，最后六部交响曲，单簧管协奏曲，《c 小调柔板与赋格》。这些作品构成一个巨大的音乐体巍然耸立，其中的形态、结构、表现力、技巧和品位全都给提升到前所未有的高度。

莫扎特不断地谈论和笔述“品位”。对于那些沉迷于廉价、浮夸音效的音乐家，他只有蔑视。他用很难听的话语评说钢琴家穆齐奥·克莱门蒂，称他为半瓶醋，因为克莱门蒂善于用他的技巧——双三度音、八度音和眼花缭乱的炫技——感染听众。（莫扎特不喜欢克莱门蒂的另一个原因可能是，他意识到后者的演奏水平与他至少不相上下，很可能比他还好。）莫扎特提倡音乐演奏的均衡性，或比例感、分寸感，但这并不意味着表现的贫瘠和禁忌，不意味着他不敢独创和囿于教条的约束。实际上莫扎特是个很务实的作曲家，他像威尔第和李斯特那样对追求音乐效果很感兴趣。他把创作钢琴协奏曲用作表达自己思想感情的载体，其中有些就是用来炫技的，旨在让公众——以及和他竞争的其他钢琴家——被其吸引，博得他们的倾听和眼球。他谈及他的降B大调（K.450）和D大调（K.451）协奏曲时说，在他看来，这两部作品“就是为了让演奏者浑身冒汗的”。同样，作为歌剧作曲家，莫扎特会毫不犹豫地为某个特定的嗓音“量体裁衣”写咏叹调，或者为适应某位歌唱者而做音乐上必要的简化，就像他在《伊多梅纽斯》中为安东·拉夫做的那样。当时拉夫不喜欢歌剧中的某些乐段，于是莫扎特忙不迭地赶紧满足他的要求。然而，莫扎特音乐的鹤立鸡群之处恰恰在于它的均衡性、分寸感以及适度——即“品位”，如果您愿意用这个词的话。这个，加上永不枯竭的旋律涌流，结合着极其大胆的和声，此乃莫扎特的品位是也。一种充分发展的和声感，一种转调的本能，是这位伟大作曲家确凿无疑的标志。

只有平庸之辈才守在自家门口，缺乏想象力并且在移调上不敢越过雷池一步。正是这种和声丰富性的匮乏使得大量18世纪的音乐在今天听来那么乏味，其原因就在于那时的和声是一种没完没了的主-属式和声（tonic-dominant harmony）。脱颖而出的巴赫富于和声的想象力，莫扎特紧随其后。莫扎特经常出乎意料地背离“教科书”，正是这种不循规蹈矩使得他的音乐恒久迷人、绿树常青。比如他的降E大调小提琴奏鸣曲（K.481），仅第一乐章就用到了降A大调、f小调、降D大调、升c小调、A大调和升g小调。他的一些晚期的钢琴作品，比如《b小调柔板》，实际上已经具有了一种预示肖邦风格的和声织体，其调性结构是那么变化多端。

莫扎特的作品生前出版的并不多，一共只有144首，其中一大部分是轻音乐。他去世时留下了巨大数量的手稿。他的遗孀在他生前没给过他什么帮助，这时却突然成为一名超一流的商人，她以昂贵的价格出售版权，却死死地握住手稿本身绝不撒手。由于《魔笛》取得的巨大成功，社会上在莫扎特去世时掀起了一场莫扎特热，他的作品趁热获得了许多场演出，虽然有些演出他未必会喜欢。比如说《魔笛》1801年在巴黎上演时，剧名变了，变成了《伊西丝神之谜》；另外台词也变了，和声也变了，还把莫扎特其他歌剧的片段，甚至海顿交响曲的片段也塞进了总谱。不过这种事情在那个时代是司空见惯的。忠实于印刷版总谱的观念直到20世纪才实行起来，那时距离莫扎特去世有很长一段时间。在19世纪，莫扎特常常遭遇误解，他被称为音乐的拉斐尔；他被看作是一位典雅精致的洛可可风格的作曲家（而不是古典乐派的作曲家），只是碰巧写出了《唐璜》而已……如此一来，莫扎特音乐中的人文精神、人性的力量在很大程度上被忽视了，而正是这种人道主义才使他的音乐至今熠熠生辉。

莫扎特的音乐在浪漫主义时期也演奏得不多。即使演奏，也会在其中加上太多浪漫主义的夸张和印记——膨胀的力度，超连奏的走句（super-legato phrasings），原有的均衡在密集的弦乐覆盖下被遮蔽得黯然失色。第一次世界大战以后，人们才做出认真的努力，力图还原莫扎特音乐在莫扎特时代被演奏的本来面目。这场战斗还没有取得胜利，因为今天的乐队仍倾向于打破莫扎特音乐的均衡性，摧毁莫扎特精细的乐器间的搭配调整。这与乐队规模的大小没有关系。莫扎特和其他任何作曲家一样，在听到自己的音乐被大型乐队演奏时都会激动得起鸡皮疙瘩，但他只希望乐队指挥通过增加低音乐器平衡小提琴的办法来做补偿。1781年，他听了自己的一首交响曲被一支超大型乐队演奏，就兴奋得给父亲写信说到此事："这首交响曲演奏得极好，取得了巨大的成功。小提琴足足有40把，木管乐器全部加倍，中提琴有10把，大提琴有8把，巴松管有6支。"现在问题在于，20世纪的指挥家们仍倾向于丢掉莫扎特耳中的那种音响、均衡和调整。这就如同现今的音色华丽的音乐会大三角钢琴，虽有其轰鸣的低音声部和无限的力量，却奏不好莫扎特钢琴音乐的那种独特的魅力，因为他的钢琴曲是为力度适中的轻型瓦尔特牌钢琴创作的。

风水轮流转，时光之轮转到今天，又转回到莫扎特的原创乐谱甚至音高上去了。（莫扎特的调音音叉比今天的标准音A低大约半个音，后者是440赫兹。）多亏了古乐器的全球性普及运动，使得人们在现今经常使用那时的乐器，从而让今天的人们有可能对莫扎特的音乐在莫扎特时代的发声有更好的概念和更直观的体悟。可是，莫扎特本人究竟是如何演奏或指挥作品的呢？这就无从得知了。今天的音乐家们徒有追求“本真”的最良好愿望，却一直倾向于用 20 世纪晚期的忠实印刷乐谱观和规则节奏观来演奏古典音乐。实际上我们怀疑，现今的演奏速度可能比莫扎特本人演奏的要慢。另外，今天的音乐家们似乎忽略了莫扎特自己对自己的苛评，这种自我责难（或自我否定）见诸他的许多描述他自己演奏实践的信件中，正是这种不断的自我否定构成了他的演奏风格。比如说，莫扎特在一封长信中专门描述了自己的 rubato（在总时值和基本速度不变的前提下，局部自由改变速度或节奏的做法）。而如今，在演奏莫扎特键盘音乐的那些所谓莫扎特专家中，又有多少人运用莫扎特自己的那种 rubato 呢？还是根本就没人用莫氏 rubato？有这样的专家吗？一个也想不起来。

另一个问题是莫扎特的即兴创作。莫扎特的钢琴协奏曲总谱的钢琴部分有时不过是具骨架而已，比起他在舞台上实际做的要骨感得多。也就是说，要靠他在台上演奏时进行即兴的创作发挥填充，使之丰腴和圆满。这方面的一个典型例子是他的《“加冕”协奏曲》的慢乐章，它是以某种速记的方式写就的，只在高音区和低音区有些单个的音符。莫扎特很可能是一边演奏它，一边填充进和声并对光秃秃的旋律进行修饰润色加工的。同当时所有的演奏家一样，莫扎特也要时常地即兴创作华彩乐段，并且边演奏边对旋律线进行装饰。所以说，抱着这样的态度走进莫扎特的音乐是错误的——印刷出版的谱子是终极的上帝，不可撼动。正相反，莫扎特的音乐总谱常常——也应该——只是诠释他音乐的开端。如果说，最近对于18世纪的演奏实践所做的研究只证明了一件事的话，那就是，我们的前辈诠释音乐的自由度比20世纪的大多数音乐家准备承认的要大得多。

无论如何，莫扎特的音乐在今天不但得以复兴，而且牢牢站稳了脚跟，且还大大摆脱了前人在美学上对其的错误认知。这个来自萨尔茨堡的小个子男人真是个奇迹。他的音乐比巴赫的更加多彩多姿，比贝多芬的更加高贵典雅。他堪称是我们所知的这个世上最完美、最全面、最训练有素而又最浑然天成的音乐家，没有之一。

· 7 ·

来自波恩的革命者

——路德维希·凡·贝多芬

LUDWIG VAN BEETHOVEN

贝多芬与他之前的所有其他音乐家的差别，除了天才和无与伦比的力量之外，就在于贝多芬把自己看作是一个艺术家，并且捍卫他作为一个艺术家的权利。莫扎特在贵族世界的外围徘徊，不安地敲打着门，但是从没被真正地接纳过；而贝多芬，他比莫扎特小 15 岁，却一脚踢开门，气势汹汹地闯进贵族圈，并且心安理得地坐在里面。他是一个艺术家，一个与上帝一样的创造者，在他内心深处，他认为自己比国王和贵族更优越。贝多芬关于社会的观念，是斩钉截铁地革命性的；他关于音乐的观念，则是十分浪漫的。“我心里装的东西必须一吐为快，所以我把它写下来了。”他告诉他的学生卡尔·车尔尼。莫扎特应该绝对不会说出这样的话，海顿也不会，巴赫也不会。“艺术家”这个词从来没有在莫扎特的书信中出现过。莫扎特和他之前的作曲家在技艺方面是炉火纯青的，他们做音乐就像是提供商品，艺术的观念或者为后世而创作的观念从不曾进入过他们的头脑。但是，在贝多芬的信札和评语中，就充满了像“艺术”“艺术家”和“艺术性”这样的词。他自知自己是一种特殊的人，是另类。他也清楚自己是为了永恒而创作。他还拥有可怜的莫扎特所缺乏的东西——让所有前来与他接触的人都感到敬畏的强大的个性。“我从没见过精神这么凝聚、集中而强烈的艺术家，”歌德写道，“此外还有那么强的活力和伟大之心。我特别能理解让他适应这个世界及其方式有多么地困难。”其实歌德几乎没有理解贝多芬。对贝多芬而言，不存在让他适应这个世界及其方式的问题，而是倒过来的。这就如同后来的瓦格纳那样，只存在让这个世界（更不要说这个社会了）适应他及其方式的问题，而不是相反。拥有这样一种强大的个性，再配上同样强大的天才，贝多芬就能够以他自己的独立意志支配他命运中的几乎一切，除了他悲剧性的耳朵失聪。

虽然有性格上的缺陷和糟糕的行为举止，但他还是做成了上述大事。他长得一点也不英俊，但在年轻时还是因为肤色黝黑而被称为“那个西班牙人”。他很矮，约莫 5 英尺 4 英寸，敦实的身子骨，硕大的脑袋，一头乱糟糟的浓密头发，突出的牙床，一个小的圆鼻头。他有随地吐唾沫的习惯，无论身在何处，他想吐就吐。他笨手笨脚的，接触到的任何东西都有可能被他弄翻或者打坏。他的协调性很差，故而他绝不可能学会跳舞，还经常在刮胡子的时候把脸刮破。他闷闷不乐而且多疑，像一条厌恶人类的眼镜蛇那样易怒，认为每个人都憋着骗他。他没有丝毫优雅的社交举止，健忘，倾向于动不动就暴跳如雷。他与他的出版商打交道从来都不讲常理。他是一个单身汉，住在一个脏乱差得不可名状的环境里，这主要是因为没有一个仆人能忍受他的大发雷霆。1809 年，德·特雷蒙男爵来拜访他，以下就是这位被吓呆了的要人对贝多芬住处的描述：

> 你尽量想象一下那种最黑暗、最混乱的地方吧，贝多芬的住处就是这样子的：天花板上布满了潮湿的大块污渍，屋里摆着一架破旧的大三角钢琴，上面杂乱堆放着的各类印刷的和手写的乐谱落满了灰尘。在钢琴下面（我没有夸张）摆着一个还没有倒掉的夜壶；在它的旁边支着一张胡桃木的小桌子，它已习惯了秘书经常把它倒过来盖在夜壶上面。还有无数支沾满墨水渍的钢笔；与那些知名旅店的钢笔相比，后者就漂亮多了。然后是更多的乐谱。椅子大多是藤条椅，上面堆满了盛着昨晚剩菜的盘子和破旧的衣服等杂物。

德·特雷蒙男爵的描述只是许多这类的描述之一。贝多芬的一切都是杂乱无章的，只有一件对他至关重要的事情——他的音乐——是个例外。

他的天才几乎从一开始就得到了认可。贝多芬于 1770 年 12 月 16 日出生在波恩的乡下，由父亲把他抚养大。他父亲是个放浪形骸的宫廷音乐家。作为一个神童，小路德维希被迫服从了严格的摄生法，吃得很简单，这就像经常发生在神童史上的情形那样，影响了他后来的生活。理查德和伊迪丝·施泰尔巴夫妇合写了一部研究贝多芬的精神病学方面的专著，认为他“早年对他父亲的专制和不公的严格所做的反抗，为他日后的反抗一切权威奠定了基础，这种反抗在贝多芬身上显得格外强烈，只能用极不寻常来形容”。他父亲希望他能够再现神童莫扎特的音乐奇迹，但是用照葫芦画瓢的办法行不通。这男孩无疑具有足够的天分，当他只有12岁的时候，他的一个老师克里斯蒂安·戈特洛布·内弗就说，如果他像他开始那样继续下去的话，“他将无疑是第二个莫扎特”。然而，尽管小路德维希是一个高超的钢琴手、小提琴手和管风琴手，但他却还远不止这些：从一开始他就显露出是个创造者，是富有想法和原创性的自生天才之一。

正是这种原创性使得他与众不同。他简直就是一种自然界的力量，如风，如潮，似电闪雷鸣，像火山海啸，任什么都限制不了他。他只跟从当时杰出的作曲家上过很少的课，包括海顿，可能还有莫扎特，但是贝多芬对这两位伟人都不满意，也就没有从这些课中学到什么。有没有它们无所谓。贝多芬不是那种容易教的学生，他对自己的天分太有信心了。一旦他下定决心干某件事，他就知道自己肯定对。他总是用怀疑的眼光看待那些和声的“规则”。有一次，他的一个朋友向他指出，他的音乐里有一串平行五度音，这在古典和声中是不可饶恕的“罪行”。这让贝多芬感到了约束，他想知道是谁禁止了平行五度音。一个权威名单被他开列出来了，有富克斯、阿尔布雷希茨贝格等。贝多芬挥了挥手让他们滚蛋了。但他说：“*我*承认他们。”他还有个笔记本，里面有一个和声练习被他做了17次——为了证明其中一个“规则”是错误的。反驳规则让他开心。证伪条条框框使他心满意足。贝多芬还在本上加上了两个德文字 Du Esel——你这头驴——用来指那个制定了这条规则的权威。

他首先以一个钢琴家的身份出了名。1791年，一个名叫卡尔·路德维希·容克的评论家听了贝多芬的演奏后，做了些很有见地的评论："他对待那种乐器（指钢琴）的风格与我们通常听到的有着天壤之别。这使人们产生了一个想法，就是他已经达到了卓越的高度。在此基础上，他目前又站在了他自己开拓的一条路径的起点上。"当贝多芬在1792年定居维也纳时，他的演奏风格简直产生了轰动效应。之前维也纳人已经听惯了莫扎特或胡梅尔的那种平滑流畅的钢琴演奏风格。现在来了个年轻的贝多芬，他高举双手，猛击琴键，敲断琴弦，力求在键盘上取得至今从没被开发过的管弦乐队般的宏大音响。为了追求更大的力量，他乞求钢琴制造商给他造一架比软绵绵的维也纳钢琴更结实有力的钢琴，别让它听起来再像架竖琴似的。贝多芬是他那个时代最有力度的钢琴家，也许还是有史以来最伟大的即兴演奏家。在他那个时代的维也纳，有一群蛮有能力的钢琴家，要么常驻，要么常来，其中有胡梅尔、格利内克、约瑟夫·沃弗尔、丹尼尔·施泰贝尔特、伊格纳茨·莫舍莱斯……所有这些人，贝多芬都曾和他们在暗中较过劲。没有一个人能比得过他，哪怕是令人钦佩的沃弗尔也罢（他那古典的演奏风格在保守人士中有一大批拥护者）。在很多方面，贝多芬堪称是现代钢琴演奏大师中的第一人。在他之前的钢琴家个个温文尔雅、轻声细语，把听众当成小姑娘来哄，而贝多芬却在听众的座位底下安了颗炸弹。

尽管有粗俗的举止和不良的个人习惯，贝多芬还是差不多被上流社会接纳了。对他而言幸运的是，他遇到的是一个自由、开明、热爱音乐的贵族阶层。许多贵族供养着私人乐队，而且几乎都有自己的音乐沙龙。一些大人物，比如罗伯科维茨亲王、施瓦岑贝尔格亲王和奥尔斯佩尔格亲王，还有海因里希·冯·豪格维茨伯爵和巴特亚尼伯爵，实际上带着他们的乐队到处出游。格拉萨尔科维奇亲王还有一支小型军乐队。贝多芬在这些贵族圈子里游刃有余，没有丝毫局促惶恐。“和贵族相处其实很容易，前提是你有什么绝活儿让他们印象深刻。”贝多芬说。海顿和莫扎特都被要求去和仆人们一起用餐。贝多芬不是这样：如果不让他坐在主人旁边就餐，他会感到莫大的耻辱。

贝多芬不止踏进了上流社会，甚至还和其中的贤媛淑女有了风流韵事，尽管他和女人这个话题一向带有神秘色彩。他的一个同时代人坚信，他对女人的征服连古希腊的小爱神阿多尼斯也会自叹弗如。而且他似乎毕生都在爱情里进进出出。然而，没有一个真正有分量的证据表明，他的恋情总能登上肉体占有的顶峰。有意思的是，他通常把注意力放在难以企及的女人身上，即那些有贵族头衔并且社会身份地位远远高于他自己的已幸福结婚的贵妇身上。梅纳德·所罗门在其写的《贝多芬传》里暗示，贝多芬这么做是为了能够“替代性地或间接地参与和她们的关系”。贝多芬同朱丽耶塔·朱齐阿尔迪、朱莉·冯·魏灵、贝蒂娜·布伦塔诺、阿玛丽·塞巴尔特等人的恋情，则几乎可以被视为与调情无异。施泰尔巴夫妇在其传记里断然说，贝多芬恨女人。还说，虽然他经常说他想结婚，但他下意识里还是想逃避结婚的念头。这就是他被那些无论如何也不会嫁给他的女人所吸引的根本原因所在。虽然如此，贝多芬还是给这个或那个女士写了一些热情如火的情书，包括给那个神秘的“不朽的爱人”写的那封著名的信，无论她可能是谁：“我的天使，我的一切，我的我自己，我的我……你能改变一下你不完全属于我、我也不完全属于你这个事实吗？……哦，无论我在哪儿，你也就在哪儿……像你爱我那样我也爱你，我爱你更多……我们的爱难道不像天堂吗？难道不像苍穹那样稳固吗？……”虽然一代又一代的学者一直在揣摩贝多芬的“不朽的爱人”到底是谁，但是查明的概率同查明莎士比亚十四行诗中的那个“黑女郎”的概率一样低，尽管如此，他们还是对贝多芬和莎士比亚一生中的那些影子般的女人津津乐道，乐此不疲。贝多芬对待他的“不朽的爱人”似乎是很认真的，在他的一生中，这次他好像真的是第一次疯狂地爱上了。乔治·马雷克在其贝多芬传记中，找到了证据来证明这个“不朽的爱人”是谁：她名叫多萝茜娅·冯·埃尔特曼，是一个奥地利军官的妻子，还是一个有天分的钢琴家。然而在所罗门写的传记中，所罗门借用了与马雷克挖掘并研究过的完全一样的资料，却得出了不一样的结论：“不朽的爱人”是安东妮·布伦塔诺。捎带说说，贝多芬还挺假正经的，甚至因其剧情而反对莫扎特的歌剧《唐璜》，说它很不道德。

某些早期的音乐史论说，贝多芬是在没有贵族庇护的情况下靠自己闯出来的，这么说过于简单化了。他或许真有能力自力更生，但实际情况是，早在 1801 年，李西诺夫斯基亲王就给他出过资。后来，当贝多芬在威斯特法利亚宫廷获得一个职位后，鲁道夫大公、罗伯科维茨亲王和金斯基亲王聚在一起凑了 4000 金币，为的是让他留在维也纳。这是 1808 年的事。由于流通的货币在 1811 年贬值，这笔年金泡了汤。接着，金斯基亲王在一起事故中丧生，罗伯科维茨亲王也破了产。尽管如此，这两位贵族和金斯基房地产还是弥补了空缺，使得贝多芬从 1815 年起直到去世为止，每年都收到3400弗罗林的年金。他心安理得地接受这些钱，并不感到羞耻。相反，事实上他还去了法院，证明他应该拥有金斯基房地产的部分份额。贝多芬不是请求，而是要求得到钱财。他认为这是他理应得到的。

贝多芬在维也纳的头几年，一切都很顺利。世界匍匐在他的脚下。他是成功的，受人尊敬的，令人钦佩的。作为一个钢琴家，他所向披靡、无往不胜，他的作品也开始给公众留下难忘的印象。他的学生名单里有一些维也纳最著名的名字。在财政收入上他也做得很好。“我的作品给我带来了丰厚的收入，”1801年，他写信给他来自波恩的老朋友弗兰茨·魏格勒说，“我可以说，人家委托我干的活儿超过了我能完成的极限，也就是说我的活儿多得干不完。此外，我的每部作品我都有六七个甚至更多的出版商可找，就看我爱找谁了。人们不再跟我商量来商量去了，而是变成了我开价，他们就付钱。”

然而可怕的事情开始出现了，贝多芬的听力开始衰退。

“我的耳朵日夜不停地嗡嗡作响，”他写信给魏格勒，“我可以说我正过着一种很不幸的生活，因为我不可能跟人说‘我聋了’。……为了让你了解我这奇怪的耳聋的程度，我必须告诉你，在剧院里，为了能够听清楚演奏，我必须距离管弦乐队非常近才行。如果我站得稍远一点，我就听不清乐器或者歌唱家的高音符了。如果我站得再远一点，我就完全听不见了。我常常能听到人们低沉的交谈声，但是听不清词语。一旦有人大声呼喊，我就会觉得忍受不了。”贝多芬想尽一切办法制止自己的听觉衰退。他甚至乐于尝试电疗法，或者请江湖医生治疗。

很自然,他经历了一段心灵重大创伤的历程。那个著名的“海利根施塔特遗嘱”就是贝多芬于1802年在那个村庄写就并寄给他的几个兄弟的，并要求他们只能在他死后才拆开看。这份遗书是贝多芬发自内心深处的呐喊：“唉，你们这些心里想或者说出来我是个坏心眼儿、顽固不化和厌恶人类的怪物的人啊，你们是多么深地误解了我啊！你们哪里知道，我之所以看起来像你们所说的那个样子，是有其难以启齿的原因的啊……唉，我怎么可能承认，我的一个本应比别人更完善的感官有了缺陷呢？这个感官于我（一个音乐家）来说本该是完美的啊！这个感官，我曾经最高限度地享受过它的完美，而这种完美在从事我这一行的人里面是很少有人正在享受或曾经享受过的……”这样的悲叹连连出现在他那时的书信里。

然而，他拒绝向他的疾患低头，尽管它逐年恶化下去。至1817年，他几乎完全耳聋了，虽然在间歇性好转时，他可以不用号角状助听器就可听到一些音乐或讲话。引起他耳聋的原因至今没有确定，有可能是一次斑疹伤寒所致，也有可能如某些耳科医生认为的那样，是由后天或者先天的梅毒引起的。贝多芬同耳聋的搏斗是很壮烈的，如一篇英雄史诗。他继续演奏钢琴不辍，并坚持指挥他自己作品的演出，即使他那狂野的手势，加上他很差的听力，完全把乐队搅得七零八落也罢。乐师们很快学会了不去瞅他，而是把注意力放在首席小提琴身上。然而，贝多芬到底是贝多芬，他居然能用视觉代替听觉。约瑟夫·伯姆是当时一个弦乐四重奏组的首席，他向我们描述了贝多芬工作时的样子，读来令人伤心。1825年，伯姆在贝多芬在场的情况下排练他的《降E

调四重奏》(作品 127 号)。“在贝多芬的亲眼监督下，我们很认真努力地反复研究和排练了这首作品。我说贝多芬‘亲眼’是有专门用意的，因为这个不开心的人已经如此耳聋，到了已经听不见他自己的作品中那犹如天堂般优美乐音的程度了。尽管如此，当着他的面排练仍然不是件轻松的事。他的目光紧盯着琴弓的运行，居然仍能判断出速度或节奏上的最细微的不完善之处，并且立刻予以纠正。”

不是音乐家的人绝对难以想象一个耳聋的作曲家是如何能行使其职能的。但是对于那些高水平的音乐家来说，耳聋只关乎外界的声音对其的影响，而不涉及其内心之声的抒发。对这样的音乐家来说，耳聋削减乃至消弭了外界杂音的纷扰，反倒可以令其更多地专注于倾听自己的内心之声。贝多芬完美地拥有绝对音高，即高强的音高辨识力，能听出任一音符或音符组合并立刻报出它们的音名。或者换言之，他能在没有钢琴或音叉等人工辅助的情况下，正确地唱出任何音符。这种能力并非特别罕见。任何好的音乐家，甚至有些有才华的非专业人士，都有这个本事，能拿起一本乐谱就读，边读边脑子里仿佛听到相应的音乐随谱而行。一个好的作曲家是不需要一架钢琴就能工作的。的确，贝多芬就曾对他的一个英国学生齐普利亚尼·波特说过，为了抵制想要参考或求助一件乐器帮忙这样的诱惑，请你不要在一个有钢琴的房间里作曲。对许多非音乐家的人士来说，这种能力简直就是一种不可思议的魔法；但在专业人士看来，这是理所当然之事。由此，贝多芬以其难以置信的音乐心智，就像巴赫或莫扎特那样，仅仅依从他的内耳所听到的内心之声，就能毫无困难地作曲。

贝多芬在情绪低落到极点的时候，正在谱写《英雄交响曲》。这阕交响曲在 1805 年首次公演。《英雄交响曲》是音乐史上的转折点之一。在这之前，贝多芬还只是一名植根在 18 世纪的作曲家，但那时他的音乐显然已经比海顿和莫扎特的音乐要来得更曲折复杂一些了。他那六首弦乐四重奏（作品 18 号）已经蕴含着一种向往，它暗示——但也只是暗示着——一个音乐新天地即将到来。他的头两阕交响曲把古典交响曲这种体裁推进到了前所未有的深度和广度，在实际篇幅上和音量观念上——长多了，洪亮多了——都是如此。他的早期钢琴奏鸣曲，尤其是《悲怆》、《月光》（不是贝多芬起的名）和 d 小调，都在音响的宏大、表达的浪漫、形式的标新立异以及炫技的新颖独到诸方面，比莫扎特和海顿的任何钢琴作品都走得更远，或更胜一筹。总的来说，《英雄交响曲》之前的贝多芬音乐语言还是他的伟大前辈的音乐语言。然后《英雄交响曲》横空出世了，音乐从此洗心革面了：在猛然痉挛的一阵之后，她进入了 19 世纪。

《英雄交响曲》的创作背景众所周知。贝多芬在 1803 年开始创作它，打算把总谱作为礼物献给拿破仑·波拿巴。可是当拿破仑宣布自己成为皇帝后，据传一向笃信民主共和思想的贝多芬愤怒地撕掉了写有题献词的乐谱扉页。到 1804 年 5 月，总谱完成了，并于 1805 年 4 月 7 日在维也纳剧院首次公演。历史没有叙述这次演出的质量如何。但是这部作品的巨型总谱一定给乐师们添加了空前的难度，很可能使他们的演奏既粗糙又走调。人们还会纳闷儿，当时的听众在那历史性的时刻听这音乐时，脑子里想到的是什么？很可能他们感到自己遇见了一个交响音乐的怪物，一支比先前写的任何音乐都更长并且更难演奏的交响曲。（它其实是为一支未来的管弦乐队创作的。）这是一首和声复杂的交响曲；一首力大磅礴的交响曲；一首充满强烈不协和音的交响曲；一首带有巨大感染力的葬礼进行曲的狂飙突进式交响曲。

当时敏感的听众立刻意识到，他们正面对着一部丰碑似的巨作。评论家们很是忐忑不安。他们觉出了《英雄交响曲》的伟力，但是几乎没人能把握它那严密的逻辑和组织结构。"这部冗长的作品，"著名的《大众音乐报》评论家写道，"演奏起来极其困难。它实际上是一部被极大扩充了的、大胆而狂野的狂想曲。它丝毫不匮乏令人战栗的优美乐段，我们必须承认这位强有力的天才作曲家在这方面很擅长。但是他经常在无法无天中迷失自我……本评论家是贝多芬先生最诚挚的仰慕者，但即便如我也必须承认，我在这部作品中发现了许多刺耳和怪异的东西，这大大妨碍了人们对它整体的理解，而且使其连贯性也几乎丧失殆尽。"维也纳的音乐界对《英雄交响曲》的看法截然相反，一些人把它视为贝多芬的杰作，另一些人说它是仅仅为了标新立异而搞怪的不成功之例。在这些音乐圈子里，人们普遍觉得贝多芬不该继续这样走下去，而是应该迷途知返，回过头来写像那首受欢迎的七重奏和那头两首交响曲那样的音乐。这后一类的人数超过了《英雄交响曲》的仰慕者。在首次公演时，听众的反响并没有贝多芬想象的那么强烈，这让他很不高兴，但是他拒绝改写一个音符。"如果是*我*写的一首交响曲长达一个小时，那它就该让听众发现太短"。据说他就是这样说的。他唯一的让步是提议在音乐会开始后不久就演奏《英雄交响曲》，即在听众变得疲倦之前演奏它。《英雄交响曲》

大约有五十分钟长，如果所有反复记号都被执行的话就会更长。而莫扎特或海顿的交响曲几乎没有超过半个小时的。

接下来的七八年里，他创作了一连串的杰作：1805年创作的歌剧《菲岱里奥》的最初版（直到1814年它的修订版出来后，演出才获得成功），那三首“拉祖莫夫斯基”弦乐四重奏，那首小提琴协奏曲，《G大调第四钢琴协奏曲》和《降E大调第五钢琴协奏曲》，第四到第八交响曲，那些最有名的钢琴奏鸣曲中的数首（包括《华伦斯坦》和《热情》）。但在1811年前后，贝多芬的“产能”下降了，因为发生了几件事。随着他的耳聋恶化，他越来越多地退隐到他的内心世界中去了。这是一段酝酿积蓄的时期，从中将最终诞生《庄严弥撒》和最后那些弦乐四重奏及钢琴奏鸣曲——那些巨人般的、神秘的天造之物。贝多芬深知自己处在酝酿构思阶段，虽然他的笔暂时闲着。“这一向是我的一个习惯，”他告诉魏格勒，“即如果我让缪斯女神睡眠，那也只是为了让她醒来后更加活跃。”当然，还因为他的健康状况不好。他被肝病和肠胃病困扰着。但是还有一个最主要的原因，一个占据了他大量时间并因此肯定让世界缺少了一些传世佳作的原因，这就是他与他的外甥卡尔的关系。

当贝多芬的哥哥加斯帕尔在1815年去世后，遗嘱指定由加斯帕尔的妻子约翰娜及他的弟弟路德维希共同担当这个9岁男孩的监护人。贝多芬对约翰娜的评价一直很低。为了让卡尔脱离她的监护，他向法院求助，急切得像个疯子，指责她有性格缺陷和缺德。他想方设法使她的监护权无效，但是她抵抗并在1819年成功了。贝多芬去了高级法院，终于在1820年胜诉。卡尔似乎曾是一个聪明的、善于接受的小男孩，但他不可能找到比溺爱他的路德维希叔叔更坏的监护人了。路德维希的本意很好，但他总是时而放任自流，时而过分严格。卡尔简直要被逼疯了，他学会了见机行事，并且奉承、哄骗他叔叔，但是什么也不干。这个男孩交到了不可靠的损友，试过突然离去、不辞而别，可是失败了。最终，在 1826 年，他尝试自杀。一颗子弹没打中，另一颗子弹只擦伤了他的头皮。在他痊愈时，他说他想让贝多芬离开他。“要是他能不唠叨我该有多好啊！”他向警察控告贝多芬折磨他。贝多芬非常烦恼，朋友们都说他那几个星期老了二十岁。最终，卡尔这个受到了诽谤并且不被人理解的人物，参军了。他在 1832 年退役，结了婚，继承了约翰叔叔（贝多芬的另一个兄弟）的房产，并在 1858 年去世。

由于贝多芬没完没了地就卡尔的问题打官司，以及他坚决要通过诉讼挫败他嫂子的病态的决心，故而从 1815 年到 1820 年这段时期，他几乎没有什么作品问世。这六年里他只写了六部有规模的作品，包括最后两首大提琴奏鸣曲、声乐套曲《致远方的爱人》、《A 大调钢琴奏鸣曲》（作品 101 号）、《降 B 大调钢琴奏鸣曲》（作品 106 号）和《E 大调钢琴奏鸣曲》（作品 109 号）。其中的《降 B 大调钢琴奏鸣曲》即是著名的“锤子键奏鸣曲”（Hammerklavier），是历史上最长、最宏大、最难奏的奏鸣曲，其末乐章由一个几乎不可能演奏的赋格曲组成。假如他不是耳聋，他能写出这个在技术上如此要命的乐章吗？从 1818 年起，贝多芬开始专注于《庄严弥撒》和第九交响曲的创作，并在 1823 年完成前者，翌年完成第九交响曲。第九交响曲在 1824 年 5 月 7 日首演——只排练了

✤ 一幅版画中的贝多芬，由 T. 弗拉德根据莱特罗内的油画创作。创作于 1814 年

从一开始他就是个创造者，是那些旷世天才中的一员，满脑子都是奇思异想和独创。

两次！它首次肯定是演砸了。合唱团在唱他们的声部时遇到了麻烦，所以恳求作曲家把高音符降低；独唱女低音卡洛琳·乌恩格尔也要求修改音符，但是贝多芬拒绝了。在那次音乐会上，那些唱不到高音符的歌手只好把它们省去了事。尽管如此，谐谑曲乐章还是引起了轰动，乌恩格尔让贝多芬转过身去，好让他能看见他所听不到的掌声和喝彩。就像《英雄交响曲》是 19 世纪音乐的转折点那样，第九交响曲是贝多芬最先启迪随后而来的浪漫主义者们的丰富想象力的作品。贝多芬对音乐的最后的伟大贡献是五首晚期的弦乐四重奏和一首为弦乐四重奏组创作的赋格曲（“大赋格曲”），此曲最初被考虑为《降 B 大调四重奏》（作品 130 号）

的末乐章。

维也纳成了贝多芬的天下，他在那里比任何人都出名，被普遍认为是世界上最伟大的作曲家，甚至比当时最牛的作曲家兼钢琴家约翰·尼波穆克·胡梅尔还伟大。他也被维也纳人赞誉为最伟大的怪人之一。他的名望当然是世界性的，来拜访他的人遍及欧洲大陆和英国。他来者不拒，统统接待。他是酒馆和咖啡馆的常客，在那些地方，他会像罗马教皇一样就一切话题滔滔不绝地讲个不停。自学成才的贝多芬算不上是个知识分子，除了音乐，他的心理过程算不上与众不同。这一点体现在他的书信里。这些狂怒的书信大多数都是关于同出版商打交道的；或者是些邀请朋友去吃饭的便笺——什么都有，除了我们最想知道的：比如他的音乐观啦，他对同时代人的看法啦，他对人生的见地啦。莫扎特的信札是启示性的，生动展现了他那敏感睿智的心灵和他那可爱但脆弱的性格。而贝多芬的大多数信件（有例外）却是几乎完全对自己闭口不谈。

在同疾病长年搏斗之后，贝多芬在1827年3月26日与世长辞。如果当时的叙述可信的话，现场是这样的：天空出现了一道闪电和一声巨雷，临终的贝多芬支撑起自己的身子，傲然地向着天穹挥动拳头。这个故事听起来颇像十分浪漫的杜撰，乃至于不可信。但是人们希望是这样的。贝多芬毕其一生都藐视一切，何不在斗争结束之时连自然力乃至上帝本人也藐视呢？据报道，有大约两万人参加了他的葬礼。

这是为了纪念音乐史上最强大的音乐哲人之一的丰功伟绩。事实上许多人会说贝多芬是最强大的音乐家，没有之一。贝多芬常被视为古典时期和浪漫时期之间的一座桥梁，但这只是一个标签，而且不是很确切。事实上，在贝多芬的音乐里，浪漫主义的成分惊人地少，远少于威伯和舒伯特的作品，而这后两者也活跃在贝多芬的那个时代（威伯死于1826年，舒伯特死于1828年）。较之于当时一些次要的作曲家的作品，如路德维希·施波尔和扬·拉迪斯拉夫·杜塞克，贝多芬的作品就更称不上浪漫了。当然在贝多芬的音乐里，可以举出一些浪漫主义的例外，如《E大调钢琴奏鸣曲》（作品109号）里的慢乐章，就具有几乎像肖邦音乐风格的旋律，蛮有浪漫气息的。然而，贝多芬其实是故意不说浪漫主义者的语言。他是以古典传统起步的作曲家，最后以一个超越时间和空间的作曲家的身份而告结束。他使用的是一种他自己锻造出来的音乐语言，这是一种经过压缩的、深藏而神秘的、富于爆炸性的音乐语言，以他独创的形式、以他自己的设计酣畅淋漓地表达出来。

贝多芬是一个很慢的工作者。莫扎特用几天或几周就能完成的作品，贝多芬要用数月或者数年才能完成。莫扎特在1788年的夏天，用不到六个星期就创作了他最伟大的三部交响曲。而贝多芬至少用了三年时间，经过加工润色和重写之后，才觉得他的第一号作品——三首一组的钢琴三重奏——可以拿去发表了。他在脑子里酝酿乐思要用很长时间，然后把它们写在纸上也要做很大努力。他的草稿簿披露了他的改进过程，是逐个音符地修改乐句，一直到最后我们认出它是贝多芬的风格为止。第五交响曲（命运）的慢乐章主题一定是经过了至少十几次的修改才给它最终定型。成熟也没有让他松懈。随着贝多芬音乐视野的开阔增长，他同音乐素材的较劲也愈演愈烈。

贝多芬的音乐创作可以划分为三个时期。起初，他的创作基本上都是在当时通行的范围之内进行的。但是他的头二十来首作品，首首都在考验着那些陈规旧俗，他把那些旧的曲式延伸、扩充，并且开始暗示那不久即来的爆发性力量。即使在这第一时期，他那粗野的幽默和高度的表现力也已经初露端倪；它们是将来成熟期的贝多芬音乐的显著特点。第一交响曲中飞驰的小步舞曲为他后来的交响曲中那些强劲的谐谑曲乐章指明了道路。《D大调钢琴奏鸣曲》（作品第10号之三）中的那个热烈而优美的慢乐章堪称是一首微缩的音诗。此时的贝多芬已经是一位音乐诗人，在这一类体裁的创作上已经凸显个性，也就是个人情感的直接介入，旋律已经接近浪漫主义的那种曼妙与诗意，这在以前的音乐里是从没有过的。贝多芬的《悲怆奏鸣曲》的第一乐章与莫扎特同样伟大且强有力的《c小调幻想曲》（K. 475）之间的区别，就在于它是18世纪和19世纪之间的区别，就在于它是贵族观念占优势的社会与个人主义占优势的社会之间的区别。在贝多芬的音乐里，体现着与法国大革命和工业革命应运而生的自由、平等、博爱的启蒙思想正在重新塑造着人和艺术的命运。贝多芬的音乐比莫扎特的音乐具有更多得多的个性和个人品质，它更多地涉及人的内心和个人欲望的自我表达。莫扎特把自己保留在古典的克制上，而贝多芬却袒露他的灵魂给所有人看。

在《英雄交响曲》这个转折点之后，贝多芬创作的第二个时期接踵而来。此时的贝多芬自信满满，他俨然已是个驾驭体裁（曲式）的大师，带着丰饶多产的心灵和自定规则的个性上路了。在他的笔下，奏鸣曲这种曲式经历了深刻的变形期。贝多芬沿袭了海顿和莫扎特的奏鸣曲式，他的大多数伟大的作品——交响曲、协奏曲、四重奏、钢琴和小提琴奏鸣曲、三重奏及其他室内乐作品——都是以奏鸣曲的形式展现出来的；但是，他是以他自己的奏鸣曲式，而不是教科书上的奏鸣曲式来展现的。他那个时代的一些二流的作曲家使用奏鸣曲式，就像建筑工人用标准建筑设计图纸盖房子那样，毫无创意，其结果不外乎是：主题 A，主题 B，一个常规且机械的发展部（恪守现有规则，不用非常规的和声），一个再现部。然而贝多芬不同，他扭曲、变形常规的奏鸣曲式，使之适应他自己的需要和他自己的素材。他的创智和创意从没衰竭过。在第五“命运”交响曲中，他能把一整座音乐建筑构建在四个音符上，那四声锤击更多像个动机而不是个主题。他也能在《热情奏鸣曲》中打破一切古典的陈规旧俗，另设机杼，在整个键盘上全面爆发火山。他虽然缺乏莫扎特那样的超精致的和声感，但他能够、也确实给音乐带来了一些新气象，譬如一种激流勇进的节奏；一种激动人心、回肠荡气的韵律；一种对所有音乐构建的拓宽；一种把素材拧出万般变化、穷尽其材物尽其用的发展；一种经常打破节拍的抑扬顿挫，好似发神经，从而把音乐的行进抛入不安与难以预料的节奏模式；最后还有一种全然的独立。贝多芬的音乐不温文尔雅。（不具贵族气，但却星空般地崇高。）他所展现的气质前无古人后无来者，即强烈的戏剧性、矛盾冲突性和坚定斗争性。这是一种用纯音乐的语言来表达的矛盾冲突性。贝多芬只从音响大厦、从音乐建筑的角度来思考音乐。他嘲笑过标题音乐。在创作《田园交响曲》的时候，他考虑过标题性这个问题，并写了如下观点 ："一切用器乐进行的描绘如果太过了便都失去了意义……任何一个对乡村生活有所概念的人都能在没有多少标题的情况下自己听出作曲家的意图……另外，没有标题，整首乐曲才会让人觉得是抒情多于描绘。"[1]因此，无论贝多芬的任何总谱暗示着怎样的情感心境，他都用纯粹音乐的逻辑把它们捏合在一起，即以该作曲家自己对音乐的发展、对主题的对比与衔接，以及对节奏的理解，来将其构筑成厦。贝多芬的音乐，可能是一阵纯粹狂喜的尖叫，就像 C 大调四重奏的末乐章，或第七交响曲的大部分那样 ；也可能是乖僻怪戾神秘兮兮的怪物，就像古怪的升 F 大调钢琴奏鸣曲那样 ；它也可能是风驰电掣般的炫技与强壮肌肉的结合，就像《皇帝协奏曲》那样 ；也可能通篇都是引人入胜的抒情诗，就像 G 大调钢琴协奏曲那样。然而，无论它是什么，它都是被一位伟大的音乐技师兼音乐思想家的冷酷逻辑所统辖的音乐。

之后，那个"休闲"的时期到来了，跟随其后的是那些所谓的末期作品，有最后的五首弦乐四重奏，有那些末期的钢琴奏鸣曲，还有《迪亚贝利变奏曲》《庄严弥撒》和第九交响曲。现在听众来到了一个精神升华了的音乐高度上。任何类似它的阶段都不曾出现过，将来也不会再有像它那样的阶段了。它是一个饱经沧桑、看透一切的人写的音乐，是一个被迫躲进自己的那个因无声而遭罪的内心世界的人写的音乐。此时的贝多芬作曲已不再是为了取悦任何别人，而只是为了证明他的艺术求索，为了证明他

[1] 抒情多于描绘，正是贝多芬创作《田园交响曲》的初衷。

的智力存在。面对这种音乐，人们不禁很想以某种形而上学的解读来听透它。这种音乐不漂亮，甚至不迷人。它只是崇高的，绝顶的。到了他生涯的这个阶段，贝多芬似乎不仅仅注重音调，也同样注重其背后的理念和象征性了。主题可以很简洁，甚至突兀，或者如降 B 大调弦乐四重奏中的抒情段那样，有一次长长的感情宣泄却没有终结，甚至沉默和寂静也成了这部作品的一部分。突然，颤音的出现制造了咄咄逼人的气氛，威胁笼罩了一切。贝多芬最后一个时期的音乐充满着这种长长的不祥的邪性的颤音，它们对他而言一定具有某种超出音乐的意义。这个时期他的曲式已经不是由学院的教授或者时代说了算的东西了，而是完全由音乐本身来决定。比如 c 小调钢琴奏鸣曲（作品 111 号）只有两个乐章，第二乐章由一连串的变奏组成，最后结束在一串持续、压抑而神秘的颤音里。升 c 小调四重奏却有七个被明确定义了的乐章，不间断地一气奏完。第九交响曲则有一个使用合唱团和独唱者的末乐章。所有这些都说明他的音乐转向了内心世界，是内向音乐，精神音乐，灵魂音乐，是极具主观性和脱尘宏伟性的音乐。

时至今日，贝多芬的最后几首弦乐四重奏仍引起争议。那些不想或不能走进贝多芬精神世界的人觉得它们是苍白的、阴冷的、不可理解的。这尤其体现在那三首伟大的三位一体弦乐四重奏里，分别是作品 130 号降 B 大调，作品 131 号升 c 小调，作品 132 号 a 小调。从某种意义上讲，这三首弦乐四重奏可以被看作是一首超级的四重奏，它们有共同的主题，分享同样的语言与感觉，织体上和和声上都相互内在关联。这些四重奏的每一首都很长（反之，他的最后三首钢琴奏鸣曲却相对较短），且每一首都让人捉摸不定，难以描述。它们既是神秘莫测的音乐，更反映了隐秘难言的心态。它们的有机发展，以及《大赋格曲》中的阵阵痉挛，还有 a 小调四重奏中使用两种不同调式的慢乐章中的那种难以言喻的铺陈，还有升 c 小调四重奏中的那段赋格式的引子，以及降 B 大调四重奏中的那个抒情段——所有这些，以及远不止这些，都把音乐升华到了一个仿佛超越了音乐本身的境界。

贝多芬音乐的超越性或升华性这个概念，可能在贝多芬在世时就已经被人们感知到了，而且还显然被后来的浪漫主义时期的音乐家所采纳。1859 年，一名叫阿道夫·伯恩哈特·马克斯的学者写了一本关于贝多芬的书，介绍了 Idealmusik（理想音乐）这个概念。该学者认为，贝多芬的音乐涉及伦理道德的程度不下于涉及纯音调的程度。[1] 在贝多芬那里，音乐是一种启迪或揭示；音乐是柏拉图层面上的一种理想主义的力量；音乐是神灵昭示或神性的一种体现。浪漫主义者们急切地拥抱了这个观念。但是最后的五首四重奏对浪漫主义者来说还不意味着太多，它们还有待 20 世纪的人们来认识和挖掘。然而对浪漫主义者来说，第九交响曲是灯塔，它代表着浪漫主义者们所认为的所有贝多芬的精髓，包括藐视形式，注重内涵；对人类大同的吁求；巨人般的爆发；一种超验的心路历程，一种精神体验。第九交响曲是最深刻地影响了柏辽兹和瓦格纳的贝多芬作品。正是第九交响曲一直让勃拉姆斯、布鲁克纳和马勒觉得是难以企及、实现不了的理想。对这些浪漫主义作曲家而言，以及对今天的许多人而言，第九交

[1] 即认为贝多芬的音乐本质上是一种宣教性的音乐。

响曲已不仅仅是音乐了。它还成了一种精神。德彪西不无道理地说，这部伟大的总谱已成为一个“全球性的普遍噩梦”；它过于沉重地压在了那个世纪的音乐身上。只有在最近一代人里面，才有人敢于站出来批评它的末乐章，但即便是这些评论家，对其他三个乐章除了充满敬畏也都说不出什么微词。确实，第一乐章的尾声，以其柔滑的半音阶低音和它上面的可怕呻吟，始终给听众带来战栗瘫软、如痴如醉的赏乐体验。听，世界就是这个样子终结的。它是纯粹的音乐，却又明确代表了斗争；它让我们很难做到听着如此划时代的痛苦呐喊而又从中不解读出什么东西。可问题是，面对这样的音乐，我们所有人都会倾向于变成感伤主义者（sentimentalists），从而误读其中传达的讯息。

也许，对任何贝多芬的音乐做真正意义上的跨音乐解释，都可能与大多数听众所相信的相距甚远。它也许只代表并反映着一个旷世奇才的音乐智者的强大意志与傲世精神。此公因不堪忍受耳聋及精神折磨的痛苦而被迫完全退隐到他自己的世界中去，他自己寂静的内心世界，结果造成了彻底的唯我主义或以自我为中心，远离了他晚年标志性的崇高理想。贝多芬对于普天下人人皆兄弟的世界大同和一个完美的社会有朦胧的认识，可是当这些抽象的概念触及他自身时，他又拿它们束手无策，什么也做不了。“我对你的伦理道德体系什么也不想知道，”他曾给一个朋友写信这样说道，“力量才是使一个人从同类中脱颖而出的道德，而它就是属于我的。”这是一句令人恐惧的话：一次危险的、不祥的、预言般的宣告。好在这个人被他的音乐所救赎和补偿，更何况它还是古往今来被一单个作曲家构筑起来的最巍峨的音乐巨厦。

• 8 •

音乐的诗人

——弗朗茨·舒伯特

FRANZ SCHUBERT

弗朗茨·舒伯特31岁就与世长辞了，他的一生都生活在贝多芬的影子里。对于维也纳人来说，甚至对于整个欧洲来说，贝多芬都是一个伟人；只有几个作曲家——胡梅尔、施波尔，也许还有威伯——值得被在同一口气里提到。舒伯特甚至不是他们中的一个。并不是他被视为一个无足轻重的人，他在他自己的国家里有相当大的名气，而是因为他被认为主要是一个歌曲作曲家。但他的名气主要是本地的。他从来没有远离过维也纳，除了有两次到邻近的匈牙利做短期旅行。在匈牙利，他教约翰·卡尔·埃斯特哈齐伯爵的孩子们学习音乐，但他相当害羞，不爱见人。他是历史上第一个既不是乐队指挥也不是公众乐器演奏家的伟大作曲家。他无法通过公开演奏炫耀技巧或诠释作品来推动自己的音乐传播，并由此获得名望。他从来不向生活索要很多。他像个流浪汉，似乎只满足于一页接着一页地创作音乐，且不管它们能否得到演出。他的使命就是创造音乐，这是他命中注定唯一要做的事情。“这个国家应该留住我，”他告诉他的朋友约瑟夫·修滕布伦纳，“我来到这个世界的目的没有别的，就是作曲。”

关于舒伯特，尽管人们已经论述了很多，但他仍然是个相当模糊甚至神秘的人物。他生平的方方面面已经让人们知之甚多了，但是关于他的所说、所想、所感，留下来的记载却是惊人地少。他几乎没留下什么书信，他于1816年开始写、但没坚持写下去的日记大多写的是可爱的青春期的沉思默想，泛泛而不具体。什么“人就像是一个球，被机遇和激情所要弄”；什么“能找到一个真正的人做朋友真幸福；能在妻子身上找到真正朋友的人更幸福”。他写的一切都很迷人，但都没有什么具体的东西，没有告诉我们多少关于其作者的信息。在他逝世四十多年后，世界一觉醒来，才发现舒伯特是个富于创造性的音乐巨人，于是人们忙不迭地做出各种努力，向所有知晓他的人搜集一切关于他的回忆。一时间大量素材云集，但都得经过十分仔细的筛选。很自然，在那个年代，任何一个曾和舒伯特交往过的人都想分享回忆他的荣耀。然而，关于舒伯特的短暂一生——1797年1月31日到1828年11月19日——的实际材料却是少之又少，只够用来写一个肤浅的小传而已。这就是为什么大多数舒伯特的传记都聚焦在他的音乐上而不是他身上的原因所在。关于他的性格，就很难——也许根本就不可能——讲清楚。

当然，他一生的主要线索还是有文件可证明的。他是14个孩子中的第12个，其中只有五个活了下来。他的父亲是他自己的学校的校长，学校就开在他的家里，他不出家门就行使了职责。而舒伯特也出生在这里。1808年，小弗朗茨成了“帝国皇家神学院”

的宫廷小教堂唱诗班的童声“女”高音，并在那里接受了综合教育。作为神学院的一个学生，他穿着官方的制服：老式的三角帽，白色的领巾，有下摆圆角的深色外衣，一个金色的小肩章挂在他的左肩上，两排闪亮的纽扣，一件老式的马甲长到肚子下面，还有短的带扣马裤和不带扣的鞋子。弗朗茨是一个聪明的小男孩，他所有的功课成绩都很好，并在音乐方面很快确立了他的优势。他是一个出色的钢琴手和小提琴手，并且已经开始大量作曲了。这时他才 11 岁。神学院里主要的音乐老师是一个名叫温策尔·卢奇卡的人，他很快发现自己已经没有什么干货可以教给这个男孩了。据说他这样评价小舒伯特：“这个学生是从上帝那儿学来的音乐！”另一个老师叫米歇尔·霍尔策，后来也写道：“无论我想教给他什么新的东西，他都已经知道它了。因此我没有给他实际的教诲，而只是和他交谈，并暗中诧异于他的多知，心里惊讶地瞅着他。”也是在 1808 年，舒伯特引起了一次很大的轰动，吸引了宫廷音乐主管安东尼奥·萨列里的目光，并成为这个重要人物的作曲学生。（萨列里是当时最著名的作曲家之一，也是莫扎特的克星。萨列里拥有各类关系并且神通广大，但他出于对莫扎特的嫉妒而不给他提供方便。莫扎特反抗他，但几乎没用。莫扎特死后，有可怕的流言说是萨列里下毒药毒死了他。这个荒谬的说法是没有证据的，但它还是在可怜的萨列里心中留下了阴影。在他临终时，他还一直抗议说他是清白的，没有毒死莫扎特。）在神学院里，舒伯特交了许多朋友，其中一个是约瑟夫·冯·施鲍恩，他毕生都是舒伯特的密友。从舒伯特在帝国皇家神学院的那一点材料来看，舒伯特是个温柔、单纯的小男孩，拥有非凡的音乐才华。

在家的时候，他常和他的兄弟们及他的热爱音乐的父亲在一起演奏室内乐，并且在父亲犯他常犯的错误的时候，羞怯地纠正父亲的错误。

1813年，处在变声期的舒伯特嗓音破了，但他因为获得了奖学金而得以继续留在学校里。然而到了那年的下半年，他却退学了，并开始接受未来当校长的培训。但是他厌恶这方面的学习和这一工作，虽然从1814年到1818年，他当了他父亲学校的助理。在他当教师的这几年，他有规律地作曲，一首接一首地创作歌曲，还写交响曲、室内乐和弥撒曲，并且尝试跻身于维也纳的歌剧院。然而在歌剧方面，时代却和他对着干。当他创作德国歌剧的时候，维也纳却正处在对意大利的罗西尼歌剧的狂热追捧中。在1816年的岁末，罗西尼的歌剧《快乐的骗局》（*L'inganno felice*）在维也纳引起了一阵轰动，嗣后一连串的罗西尼歌剧接踵而来。舒伯特从不会让自己的个人喜好介入到他对别人音乐的客观评价中去，所以他仍称罗西尼为“一个非凡的天才”。不仅如此，连罗西尼的一些东西也钻进了他自己的音乐。假设舒伯特也找到了一个优秀的歌剧脚本作者合作的话，他没准儿也能在歌剧方面有一番作为呢。舒伯特的歌剧充满了可爱的乐思，但是也极少有作曲家像舒伯特那样，不得不持续把一些无聊的剧本写成歌剧。

在19世纪的头20年里，音乐从宫廷和贵族沙龙里走了出来，进入了市场。它突然变成了中产阶级的新宠。出现了跳华尔兹舞的热潮，它也影响到了严肃音乐。舒伯特像莫扎特那样，也在一定程度上像贝多芬那样，写了一大堆舞曲。直到那个世纪的第二个10年为止，小步舞曲、连德勒舞曲，以及对面舞曲（contradance），都曾是流行的舞蹈形式。接下来的便是华尔兹舞。它在1814年到1815年的“维也纳和会”期间成为时尚，并从那时起，维也纳就成了“华尔兹城”。在19世纪20年代，在狂欢节星期天之前的那个星期四，这个城市一晚上就提供多达1600场舞会。新兴资产阶级和贵族都跳华尔兹舞。资产阶级也非常支持这种对意大利歌剧的痴迷以及德国戏剧。维也纳这座不大的城市却有四座剧院满足人们的需求，分别是演话剧的布尔格剧院，演歌剧和芭蕾舞的卡恩特纳托尔剧院，用于戏剧、音乐会和歌剧的维也纳剧院，以及用于演戏剧和歌剧的列奥波德施塔特剧院。另外还有一些较小的礼堂，如约瑟夫施塔特剧院、雷杜腾大厅、霍夫堡宫廷舞厅、维也纳大学大礼堂等。许多贵族成员都拥有他们自己的管弦乐队和音乐沙龙。尤其是，许多有文化艺术修养的中产阶级人士也开始参与音乐活动，同作曲家们交往，使音乐成为他们生活中很重要的一部分。

舒伯特一生都“混迹”在这些热爱音乐、文学、美术又有知识的中产阶级圈子当中。不像贝多芬那样，他几乎不和贵族混在一起。他只有置身在资产阶级和维也纳的艺术家当中才觉得舒服自在。1818年他离开教书职业之后，踏进了这个“波希米亚人”（流浪汉似的艺术家）的圈子，并且为圈内的成员创作音乐。这是一个音乐家、美术家和文人墨客的圈子，他们当中的大多数人都是他的密友。他们当中有诗人约翰·迈尔霍弗尔和弗朗茨·格里尔帕泽，有画家及插图家莫里茨·冯·施温特，有作曲家兼指挥家弗朗茨·拉赫纳，有歌唱家约翰·沃格尔，有业余艺术家弗朗茨·冯·朔伯尔，等等。“这是俺们圈儿里的人。”舒伯特这样提到他们。

他过着波希米亚人（流浪汉）的生活，很少有钱，混在朋友们中间，花很多时间在咖啡馆里。1818 年以后，他完全靠自己了，虽然在此之前两年他就已经干上了个体职业。他的日记里有一篇是在 1816 年 6 月 17 日写的："今天我是第一次为了钱而作曲。也就是说，为瓦特罗教授的命名日写了一首康塔塔，唱词是德莱克斯勒写的。酬金是两个弗罗林。"大约折合 50 美元。这笔钱很可能很快就花光了。舒伯特总是缺少现金，甚至连租借一架钢琴的钱都不够，更不要说买一架了。不过这无所谓，因为他用不着用钢琴来作曲。他说过用钢琴作曲会打乱他的思路。如果他需要钢琴，他可以去一个朋友家弹。在舒伯特最亲密的朋友当中有施温特和爱德华·冯·鲍恩费尔德。他们仨构成了一个小小的共产主义社会，在这里不存在私有财产。帽子，鞋子，衣服，钱……一切都是共有的。谁眼下手头有钱，就由谁埋单。对舒伯特来说，钱不算什么，所以当他出售他的作品或与出版商做交易时，他并不斤斤计较。时间对他来说也不算什么，所以当朋友们急着等他露面时，他总是姗姗来迟。施温特在 1825 年写的一封信里，指责他没出席一次聚会，它也为舒伯特性格的复杂提供了线索："你知道有多少友爱正在等着你吗？你应该来……这些年来，我竭力帮助你克服你的多疑以及你的害怕不被人爱戴和理解的心理。而现在当我看到，我的这些努力有多么失败的时候，我甚至都不敢再从你那儿获得任何快乐了。"舒伯特可能像许多腼腆害羞的人那样，习惯于谨小慎微，爱对细微小事胡思乱想，并对人们对自己的反应极端敏感。

然而，他身上也有某些东西让他的朋友们对他非常忠诚。女人们也都想把他当儿子照顾。他是男人中那种洋娃娃型的：矮小的身材（约5.125英尺），因矮胖被戏称为"水桶"，卷卷的棕色头发，短粗的圆鼻头，一张圆乎乎的脸，一个有褶子的下巴。他的视力很差，总是戴着眼镜。一般而言，他是一个好脾气的人，所以很容易被人哄骗到钢琴前去演奏，并在聚会上即兴弹奏华尔兹舞曲。不过有的时候，他就闷闷不乐并且易怒，特别是在生病期间。据信他在埃斯特哈齐的府上供职时被一个女仆传染上了性病，并且经历了一个很糟糕的时期，其间他的头发暂时性地全部掉光，并且几乎完全从社交中隐退。在贝多芬1823年的交谈簿上，有一条他外甥卡尔手写的注解："他们大大地赞扬了舒伯特，但是据说他藏而不露。"舒伯特的朋友列奥波德·冯·索恩莱特纳说，舒伯特"从来没有公开并且彻底地大笑过。他只是装出来一两声单调而不明朗的干笑"。舒伯特的生活方式是完全没有规律的。从上午大约9点（除非他喝醉未醒），一直到下午2点，他都在创作。然后他就来到市镇上逛游。若没有被邀请去吃饭，或者去参加聚会，他就会光顾咖啡馆。"船锚咖啡馆"和"博格纳咖啡馆"是他的最爱。在那儿，他会待到半夜，抽烟，喝咖啡和红酒，读报纸；或者和他圈子里的人泡在一起，接待仰慕者。总的来讲，他是一个沉默寡言的人。他和女人们有风流韵事，但是他守口如瓶，连朋友们也不知道详情。他从来没有结过婚。虽然他从不酗酒，但他有时候会喝得超过他的限量。无疑，关于他的生活，还有我们所不知晓的方面。他的另一个朋友约瑟夫·肯纳留下了一些负面的线索："任何一个了解舒伯特的人都知道他有着相互矛盾的双重性格，其中的贪图享乐的一面非常强大，把他高尚的灵魂拖入到道德沉沦的深渊……”这么说可能仅仅是反映了虔信宗教的维多利亚时代的道德观，但多少也能说明一定的问题。音乐学家梅纳德·所罗门也有过类似的暗示。在20世纪90年代初，他在期刊《19世纪音乐》上发表过一篇长文，声称有文件证明舒伯特是同性恋，从而掀起一场音乐学研究上的风暴。在一些学术期刊上出现了极其愤怒的抗议声，所罗门的观点被许多专家所驳斥。但是谁知道呢？反正人们都在暗暗研究着舒伯特的私生活。

舒伯特尝试找出版商发表作品的努力没有什么结果。1817年，他给出版商布莱科普夫 & 哈特尔寄去了他最伟大的歌曲之一——《魔王》。但后者对它完全没有兴趣，就把它退回了他们所知的唯一一个弗朗茨·舒伯特，一个生活在德累斯顿的同名作曲家。德累斯顿的那位舒伯特感到被羞辱了，就给这个出版商写了一封语气强硬的短信。是哪个混蛋竟敢拿我的名字开玩笑？德累斯顿的舒伯特说，他会留下这首歌曲。“我将把它扣下来，如果可能的话，我倒要了解一下是谁给你们寄了这种垃圾……”与此同时，施鲍恩给歌德寄了一组舒伯特根据歌德的诗创作的歌曲，希望这位大文豪能感兴趣。可是歌德连信也没回。不过，这还算不上是太大的挫折。一点点地，舒伯特的名字被人所知了。像安娜·米尔德，尤其是如约翰·沃格尔这样的歌唱家开始公开演唱他的声乐作品。此外，舒伯特的朋友圈虽小，但却挺有影响力的，它也在为他们的英雄做宣传。沃格尔在舒伯特的生命中举足轻重。当作曲家在1817年春季第一次见到沃格尔时，这位著名的男中音歌唱家已经是比他年长快30岁的人了，并且行将结束他那辉煌的歌剧演唱生涯。他看了一些舒伯特的歌曲,虽然哼哼唧唧、支支吾吾,但还是被它们所吸引,并且很快就成了舒伯特的第一位伟大的诠释者。沃格尔是个粗壮、严厉、庄重的人物,他和小巧的舒伯特沿着维也纳的街道行走一定是一道对比鲜明的风景。有一张描绘这两人的有趣的漫画,据信是由弗朗茨·冯·朔伯尔画的。像沃格尔这样重要的一个歌唱家专长于演唱舒伯特的歌曲,这件事本身就对这个年轻的作曲家具有重要的意义。评论家们开始关注舒伯特了,且这些关注一般都还是称赞他的。1822 年,发表在《维也纳艺术杂志》上的一篇很理解他的长文断然称他是个天才。翌年,同一份杂志以“这位深受欢迎的大师”来指称舒伯特。虽然舒伯特从没获得过他应得的名望,但他也并非是完全工作在默默无闻中。

“舒伯特朋友圈聚会”在当时的维也纳众所周知。它们都是些由舒伯特的朋友举办的晚会,晚会上只表演舒伯特的音乐。舒伯特坐在钢琴前演奏,还有歌曲演唱、室内乐演奏、钢琴四手联弹和独奏。正是这个舒伯特的朋友圈最先见到他得不到出版的第一批歌曲。由于没有出版商愿意印刷他的音乐,舒伯特的仰慕者们就聚在一起凑钱出版。弗朗茨·冯·哈特曼是这个圈子里的一个成员,他在日记里写了许多次这样的聚会。其中写于 1826 年 12 月 15 日的那篇是很典型的:

> 我去了施鲍恩家,那里有个很大很大的舒伯特朋友圈聚会。在门口,我先被弗里茨粗鲁地接待,后被哈斯无礼地对待。这是一次大型的聚会。参加者有:阿尔奈特夫妇,威特切克

夫妇，库茨洛克夫妇，蓬培夫妇；国家总理府见习生威特切克的岳母；瓦特罗特医生的遗孀“流浪者”贝蒂；画家库佩尔魏泽和他的妻子；格里尔帕泽，朔伯尔，施温特，迈尔霍弗尔和他的房东胡伯尔，大高个儿胡伯尔，德菲尔，鲍恩费尔德，盖伊（他和舒伯特出色地表演了四手联弹）；还有沃格尔，他演唱了差不多三十首优秀的歌曲。施莱克塔男爵和其他几个宫廷实习生及秘书也在场……音乐表演结束后，我们大摆宴席，大跳舞蹈。但是我根本就没有心情。我只和贝蒂跳了两支舞曲，并和威特切克、库茨洛克和蓬培的夫人们各跳了一次。在夜里 12 点半，我们与施鲍恩夫妇和恩德尔夫妇亲切告别，并把贝蒂送回家，之后我们就去了“船锚咖啡馆”，在那儿我们又见到了朔伯尔、施温特、舒伯特、德菲尔和鲍恩费尔德。很愉快。作乐。然后回家。凌晨才上床。

随着舒伯特的知名度上升，一些出版商主动找到他。但在他一生中，他的重要作品极少有出版。他的交响曲没有一首在他生前出版。他的 15 首弦乐四重奏中只有一首、21 首钢琴奏鸣曲中只有三首、7 部弥撒曲中只有一部、六百多首歌曲中只有 187 首在他生前出版。10 部歌剧一部也没有出版。从中，根据舒伯特研究权威奥托·埃里希·多伊奇的估计，舒伯特净挣了大约 12500 美元，但时间跨度是 12 年！虽然如此，但是用多伊奇的话说：“舒伯特绝不会饿死的。”在舒伯特一生的最后几年里，有迹象表明境况会改善。1828 年，肖特出版公司寄给他一封信——“致弗朗茨·舒伯特，维也纳著名的作曲家”，向他索要作品。普罗布斯特公司也向他摇晃橄榄枝。这样的好苗头本该结出好果子的，特别是来自肖特公司的，因为它正在寻找一个能取代贝多芬的作曲家呢。

在舒伯特生命的最后那年，倘若肖特公司寻求同舒伯特谈判签约的话，那么从长远来看，这个公司将会赚大笔大笔的钱。那是个多么非凡的一年啊！正是在这一年，舒伯特创作了《降 E 大调弥撒曲》、C 大调弦乐五重奏、最后三首钢琴奏鸣曲和一些杰出的艺术歌曲。也是在这一年，他举行了他一生中唯一的一场公开音乐会。这再次是他的朋友们奔走的结果，他们聚在一起筹措并租了一个大厅。音乐会在 1828 年 3 月 26 日举行，但评论界没有一点反应。当时帕格尼尼恰巧在市里，并将于 3 月 29 日举行他的首场音乐会，之后又开了 13 场音乐会。帕格尼尼的这些音乐会占据了报纸的所有空间。在这罹患重病的生命的最后一年，舒伯特仿佛还不够忙似的，他还在与音乐理论家西蒙·赛希特安排上对位法课程的事情。此前舒伯特一直在研读亨德尔的乐谱，并决定学习严谨的对位法。“现在我第一次看到了我的短处。”这是一个让后来的舒伯特研究者和仰慕者惊愕的决定，虽然并没有人对莫扎特后来沉溺于巴赫的对位法大惊小怪。然而，舒伯特的课是上不成了。11 月初，他开始卧床不起，并因为伤寒死于当月 19 日（并非如某些传记作者所说死于斑疹伤寒）。他什么也没有留下——他没有书、钱、家具和房产。他留下来的全部都是作品手稿，这些手稿遍布维也纳。舒伯特被埋葬在贝多芬的墓旁。他的朋友们十分悲痛。施温特写信给朔伯尔说：“舒伯特死了，随着他的去世，咱们也失去了以往最明亮、最美丽的一颗星。”格里尔帕泽为舒伯特的墓碑撰写了碑文："在此，音乐艺术不仅埋葬了一笔丰富的宝藏，而且埋葬了美好得多的希望。"

在短短31年的一生中，舒伯特创作了大量的音乐作品。他是个飞速创作的作曲家，快得令人难以置信。虽然近年来有学者对他创作神速的某些传说产生了怀疑，但是我们没有理由怀疑他同时代人的叙述；他们的看法一致。当舒伯特工作的时候，他是在狂热地工作。朔伯尔写道："如果你白天去看他，他会说：'喂，你好吗？——很好！'然后继续工作，于是你只好离开。"吓呆了的朋友们讲述了一个又一个关于他飞速作曲的故事，即使不总是很详细，但至少本质上是真实的。索恩莱特纳报告说："应弗洛里希小姐的请求，弗朗茨·格里尔帕泽专门写下了优美的情诗《情歌》。她把这首诗交给了舒伯特，请他把它谱成一首小夜曲，送给她的妹妹约瑟芬（是个次女高音）和妇女合唱团。舒伯特接过诗，走进窗户旁边的一个隔间，从头到尾把诗认真读了几遍，然后微笑着说：'我已经胸有成竹了。它已经有了，而且将是一首蛮不错的曲子。'"施鲍恩则讲述了《魔王》的创作过程：一次，他和迈尔霍弗尔去看望舒伯特，发现他正在读《魔王》这首诗，"他捧着书走了几个来回，突然坐下来，一首杰出的叙事歌曲旋即在谱纸上完成了，快得就像是你写字那样。我们带着它跑向神学院，因为在舒伯特的住处没有钢琴；然后在当天晚上，就在神学院，《魔王》演唱了，受到热烈的欢呼喝彩"。多年来人们都相信，舒伯特甚至不打草稿就直接创作像交响曲这样的大型作品。后来现代的研究结果有了其他的说法。但是毫无疑问，舒伯特就像莫扎特那样，是音乐史上最快速的作曲家之一，一位能在脑子里构思整部作

⚜ 一幅水彩画的细部，由列奥波德·库佩尔魏泽创作于1821年

舒伯特朋友圈的一次聚会，其中作曲家坐在左下角的键盘前，正在观看一局描写正被逐出天堂的字谜游戏。

品并且立刻就能写下来的作曲家。

舒伯特的音乐具有高度的原创性。它似横空出世，并没承袭哪位前辈作曲家。当时，没有哪个作曲家能完全逃离贝多芬、莫扎特和海顿的影响；但是舒伯特不然，他的风格一旦成形，立马干净利索地脱离当时任何一个作曲家的影响。不错，舒伯特是崇拜贝多芬，但他是从一个安全的距离崇拜他的，所谓敬而远之。如果说这两个人见面还不止一次，可是历史并没有记录下来。贝多芬消息很灵通，他知道有个舒伯特，还读过舒伯特的一些歌曲，印象深刻。根据申德勒的说法，贝多芬说舒伯特很有天分。此说法不一定要当真，因为申德勒常常是他自己的无边想象的受害者。但是我们从卡尔与贝多芬的交谈簿里了解到，贝多芬是很清楚舒伯特及其音乐的。很显然，舒伯特只有一次鼓足勇气去拜访了贝多芬，那时贝多芬已处在临终之际。关于这次拜访的内容无从得知。但有一点明确的是，舒伯特的音乐里很少有贝多芬音乐的影子，就像他俩实际的个人接触很少一样。在舒伯特最早期的音乐里，有他拿莫扎特和海顿的曲式和织体做实验的痕迹；但在这之后，舒伯特就义无反顾地沿着他自己的道路前进了。

在他的专长，即歌曲创作方面，他很少有前人可以借鉴。在他之前，只有几个作曲家给德国的歌曲文化增添过光彩，这其中有：约翰·弗里德里希·赖夏特，卡尔·弗里德里希·采尔特和约翰·鲁道夫·促穆施蒂格。年轻时，舒伯特直接模仿过几首促穆施蒂格的歌曲。海顿、莫扎特和贝多芬都给世界留下了一些可爱的歌曲。舒伯特虽然也许不是第一个专事歌曲创作的作曲家（比如在他之前，还有英国伊丽莎白时代的约翰·道兰德），但他却是第一个写了大量艺术歌曲的伟大作曲家，且这些艺术歌曲还成了永久保留曲目的一部分，成为永恒的经典。

从一开始，某种原始驱动力就把舒伯特推进了艺术歌曲的领域，德文是 Lied。当他创作《纺车旁的小格蕾特》[1] 的时候，他只有 17 岁。这首歌曲是人类写过的最完美的歌曲之一。那是在 1814 年。紧接着在下一年，他就写了 145 首歌曲。他的歌词涵盖了当时德国文学的整个诗歌领域。他发现歌德的诗尤其脍炙人口。在他写的六百多首歌曲中，有大约七十首是给歌德的诗谱的曲。此外，他还给席勒、海涅、克洛普施托克的诗歌谱曲；给他的友人迈尔霍弗尔和朔伯尔写的诗谱曲；给路德维希·戈特弗里德·科瑟加尔滕和威尔海姆·缪勒写的诗谱曲。总共有 91 个诗人的抒情诗被他谱成了歌曲。舒伯特歌曲的基本形式是分节歌曲或者通节（通谱）歌曲。所谓分节歌曲，是指同一支旋律被运用在所有的诗节中。（也有分节歌曲的变体。）一首通节歌曲，则以单一的戏剧或抒情连贯性从头至尾紧扣着诗。通常，一首通节歌曲暗示民谣或叙事曲的体裁。由此，有一个名叫卡尔·略韦（Karl Loewe，1796—1869，比舒伯特早一年出生）的作曲家专攻叙事民谣，并且创作了一些这种体裁的杰作，包括一首《魔王》。舒伯特自己的那首人尽皆知的同名歌曲也是一首叙事曲，它既有描写性又有抒情性，同略韦的一样优秀，但震撼力比后者的深刻得多。舒伯特对运用歌曲这种体裁从来不教条，他经常会把分节歌曲和通节歌曲一炉同冶。

[1] 也译作《纺车旁的格蕾琴》（甘泪卿）、《纺车旁的玛格丽特》等。

“他让诗歌唱，让音乐宣讲。”格里尔帕泽说。舒伯特的歌曲具有无穷的变化——或长或短，有抒情有戏剧，时简单时复杂，有分节有通节。其中有一些是叙事曲。总的来说，他的叙事曲是叙述加戏剧性质的，而他的艺术歌曲则是抒情性质的。他的有些歌曲是朗诵式的，几近歌剧的宣叙调；而其他的则更像精致的珠宝，欢乐地闪烁着以示其存在。艺术歌曲的精髓同抒情诗的精髓是一样的，都是为了在有限的空间内高度舒张情感。舒伯特自己就诗意盎然，然后通过他的音乐的魔力生动地展现歌词的意境，从而使得歌曲的两个要素——语言与音乐——都得到了充分的彰显。

一般来说，舒伯特是最伟大的音乐旋律家之一。任何一个歌曲作家都不能做到像他那样，没完没了地工作下去而又旋律之泉永不枯竭。舒伯特比所有其他作曲家都更能轻而易举地拿捏、把玩大量令人难忘的旋律动机：《水上吟》《你是安宁》《听！听！云雀！》《爱的消息》《性急》《艺神之子》《圣母颂》……一首接一首徐徐婉出。舒曼 1829 年在一封写给弗里德里希·威克的信中，说了一句令人难忘的话来形容舒伯特的旋律：“它是经过浓缩的抒情性痴狂。”与这旋律之泉珠联璧合的，是舒伯特对移调的极好感觉。优美的旋律必须要和声化，而舒伯特的和声也是极其出色。他会以最自由的方式从一个调式移到另一个调式，每每击中那不可避免的和弦，正好用来衬托或强调某个字词或句子；并且用丰富而出乎意料的移调来衔接一首歌曲之内的调性变化，以发自内心、直抒胸臆的冲击力来打动听众。舒伯特是个出乎听众意料的大师。可以肯定地说，没有哪段伟大的音乐是没有出乎意料的成分的：它的起承如此新奇、大出所料，却又那样不可避免、非此不可。一个伟大的作曲家的头脑是从不按常规运作的。

在舒伯特的艺术歌曲中，有两组声乐套曲：《美丽的磨坊女》和《冬之旅》。许多人相信，创作于1827年（他去世的前一年）的《冬之旅》是世界歌曲文献中最伟大的一套系列歌曲：它悲伤、哀怨，愁肠百结难以释怀，忧郁渐深渐浓，到最后一首时（“手摇风琴师”）臻于令人心碎的绝望。这首歌曲讲的是一个手摇风琴师在冬天沿街弹琴卖艺的故事。没人给他钱，没人听他的音乐，没人留意他。狂吠的狗追逐他，但他继续保持微笑，不表现出失望。歌曲的末尾这样写道：“神秘的老人，我能和你一起走吗？你将为我的歌儿摇动你这手摇风琴的曲柄吗？”此处表达了一种极其凄切悲伤的心情，低音区以不加掩饰的五度音铺衬，上面掠过一支像是格言警句的旋律。这是一首让听众听得脊柱发凉、感到绝望的歌曲，而且它很难不让人这么认为：由威尔海姆·缪勒写的歌词对舒伯特来讲具有自传性质的意义。

舒伯特创作所有体裁的音乐，只有一种除外——协奏曲。他没写过一首协奏曲。这并不奇怪，因为在那时，以及在那之前，协奏曲都是由将亲自演奏它们的作曲家创作的。而舒伯特呢，虽然是个很不错的钢琴家，但却不是炫技演奏大师。而协奏曲都是要有相当强的炫技部分的。舒伯特的许多作品至今仍是没人听过的。他的歌剧也是至今几乎无人知晓。专家说，这些歌剧的脚本太差劲，以至于不能搬上舞台。这一情况在舒伯特生前就有人看到了。《谈话报》的评论员在1820年写的一篇有关舒伯特的《魔竖琴》的文章就指出，《魔竖琴》的情节很荒唐：“舒伯特的美妙绝伦的音乐没有找到一个更有价值的（歌剧）题材，这是多么遗憾的事啊！”除了歌剧之外，舒伯特的任何一种体裁的作品都分别有数部乃至数十部代表作成为今天的永久保留曲目。

曾经有一种倾向，把舒伯特贬低为只是一个匠人而已。自从他对奏鸣曲式的主张脱离了古典的理想、他的发展部不可否认地有了迷失方向的倾向并变得流行之后，这种观点就开始甚嚣尘上；而且他的作品构筑缺乏像贝多芬那样的组织严密性和力量，这也给了持这种观点的人以口实。这些人认为舒伯特对“奏鸣曲式”一无所知。

的确，当舒伯特从事奏鸣曲式的创作时，他是被拉向两个方向的。在他那个时代的维也纳，他处在一个由贝多芬以及人们对莫扎特的记忆占统治地位的时期，其特点是所有的作曲家都创作奏鸣曲、协奏曲和交响曲。而舒伯特的浪漫抒情本能在削足适履地去适应奏鸣曲式的过程中确实遇到了一些麻烦。但是他觉得只能被迫顺从。时代的要求压得他喘不过气来。尽管他是历史上最有原创性的作曲家之一，但他还不是那种对打破曲式的传统惯例感到光荣的人。因此，他早期的许多交响曲、奏鸣曲和四重奏都还顺从地遵循神秘的传统奏鸣曲之规。后来，就像在《未完成交响曲》和伟大的 C 大调交响曲中那样，他能够做到把内容与他自己的形式统一起来了，于是便诞生了一种他自己的奏鸣曲式，以其特有的方式同贝多芬的奏鸣曲式一样完美。

舒伯特的交响曲的编号有些混乱。正确的顺序是：第一号 D 大调（1813）；第二号降 B 大调（1815）；第三号 D 大调（1815）；第四号 c 小调（1816）；第五号降 B 大调（1816）；第六号 C 大调

（1818）；第七号 E 大调（1821；草拟了，但没有完成）；第八号 b 小调（“未完成”，1822）；第九号 C 大调（“伟大的”，1828）。还有一首神秘的舒伯特交响曲，没有真正的证据表明其存在，被称为“格穆恩登 – 加施泰因交响曲”。之所以这么命名，是因为舒伯特在一个暑期在这两个城镇完成它的。它的手稿从没出现过。过去有一种说法，认为舒伯特为钢琴四手联弹写的《大二重奏》就是“格穆恩登 – 加施泰因交响曲”的一个缩影，但是今天很少有人认同这个观点了（但是本作者认同）。另一种理论让某些音乐学者很当真，他们认为“格穆恩登 – 加施泰因交响曲”其实是 C 大调“伟大的”交响曲的第一个版本，创作于 1825 年。

⚜ 舒伯特与他威风凛凛的友人、男中音歌唱家约翰·米歇尔·沃格尔走在一起

这幅漫画由舒伯特的好友弗朗茨·冯·朔伯尔作于 1825 年左右。

头三首交响曲是"学徒期"的作品，但是欢快优美的第二交响曲已经初具了舒伯特交响曲的气质。第四号c小调（舒伯特本人把它命名为"悲剧的"交响曲）是个被低估了的作品。它被假设为舒伯特向贝多芬风格致敬的一首交响曲，学者们曾一度对它不以为然。事实上，它的音乐几乎没有什么贝多芬的东西在里面。该交响曲具有简约、哀歌体的特质，尤其是在最后那个乐章，极其优美——舒伯特风格的优美，而不是贝多芬风格的。令人惊异的是，舒伯特持续付出努力来避免他的同时代巨人贝多芬的影响。反倒是海顿对他的影响要大得多，他的雅致轻快的第五交响曲就是海顿遗风的一次回光返照。第六交响曲多处发散着奇美的光彩，以及罗西尼式的"生之快乐"，虽然不是彻底的成功，而且衔接也不太好，但它仍然是舒伯特独有的。

《未完成交响曲》深受全世界人民的喜爱，但它是一个躯干，一个胴体。尝试解释它的文字写了何止千千万万。如果说这部作品的真相至今还是扑朔迷离的话，那它就将永远不会被找到了。舒伯特在1822年把它的总谱交给了安塞尔姆·修滕布伦纳，它是被题献给格拉茨音乐协会的。该协会刚刚推选舒伯特为一名荣誉会员。估计修滕布伦纳应该是把它交给了其他会员。但实际上他交没交，没人知道。舒伯特是不是交给了他不止这两个乐章，也没人知道。反正总谱被修滕布伦纳一直占有到1865年为止；还是当时的乐队指挥约翰·赫贝克通过"贿赂"才让他交出了总谱——赫贝克允诺他将在维也纳指挥演出他修滕布伦纳的一部作品。为什么只有两个乐章呢？一种观点认为，舒伯特打算过一阵子再把另两个乐章送来。另一种观点认为，舒伯特觉得自己不可能再改善、发展现有的两个乐章了，音乐本身已经完整，因此结束了这部交响曲的创作。这后一种观点不太可能成立，因为舒伯特还从来没有这样子搞过创作；而且现存的手稿也确实有拟定第三乐章的草稿。此外，还有一种观点暗示，是修滕布伦纳弄丢了最后两个乐章，而这一观点才最能站得住脚。

是罗伯特·舒曼发掘出了舒伯特的第九交响曲，即“伟大的”C大调交响曲。之前舒曼已经知道了它的存在，就在1839年的元旦那天拜访了舒伯特的兄弟费迪南德，后者向他出示了大批手稿。费迪南德允许舒曼带着C大调交响曲的总谱离开。1839年3月29日，门德尔松在莱比锡指挥了这部作品的全球首演。有证据表明，这部作品1828年在维也纳曾被试演过（在舒伯特的监督下），但因为太难演奏而被束之高阁。在写给克拉拉·威克的一封信里，舒曼欣喜若狂地说：“根本不可能跟您描述好它。它里面的所有的乐器都是人的声音。它是极具天赋的杰作，它的配器连贝多芬也要逊色三分。它的规模，它的如天堂般的长度，就像是一部四卷本的长篇小说，比贝多芬的第九交响曲还要长。”（舒曼在这里有点言过其实了。舒伯特的第九交响曲大约是50分钟长，而贝多芬的第九交响曲是一个小时多一点。）然后，舒曼以他典型的理解力和大度之心观看了该曲的莱比锡首演，说：“这阕交响曲在我们中间产生了如此巨大的影响，是自贝多芬之后就再也没有产生过的……或许，在这部作品在德国被人完全理解之前，还会过去许多年；但是，它没有被轻视或被遗忘的危险。这部作品的核心就是——永恒的青春。”像以往那样，舒曼这次又说对了。C大调交响曲以其宏大的规模和激越的豪情，堪与贝多芬的第九交响曲比肩。舒伯特在他生命的最后一年，极大地张扬、释放了自己。他的第九交响曲充满了思想和灵感，规模恢宏，如一股洪流开始朝着一个新的方向奔涌而去。在临终之时，据说舒伯特还喊道“我的头脑里有新的思潮在奔涌”。倘若他继续活下去的话，不定还能写出多少巨作呢！

C大调交响曲所释放的巨大能量在舒伯特的最后两首弥撒曲——降A调（1822年）和降E调（1828年）——里也能见到，虽然程度小了一级。降A调弥撒曲的“荣耀经”具有横扫千钧的伟力，而“天主颂”借助舒伯特无穷的转调达到了更高的高度：这段音乐里的快速模进席卷了一连串互不相关的调性——a小调、降B大调、C调、D调、E调。太典型了！降E调弥撒曲则是舒伯特最盛大、最令人印象深刻的宗教音乐作品。他在总谱里标明了三倍的“极强”，这在他的力度标记里是很罕见的。就这样，降E调弥撒曲成了C大调交响曲的声乐对等物。其中的赋格曲部分带有舒伯特自己的那种自然性和逻辑性，其变化多端的调式关系也开始耽于浪漫主义。舒伯特对管弦乐队的使用也是充满了自信和自由，这是他在生命的最后几年视野不断扩大的典型结果。评论家们说，只有真正信奉宗教的人才能写出这两首弥撒，虽然此说有纯粹情感主义之嫌。很显然，舒伯特不是一个去教堂的人；如果说他心中有任何宗教情怀，他也会把它当成一个大秘密藏而不露的——除了在音乐中。

无论在何地，谁听舒伯特的音乐，都会发现里面有可被深爱的东西。他的音乐总是具有浓浓的甚至是强烈的旋律性。他的曲调里常常流露出一种只能被描述为“舒伯特式”的忧郁，让你眼睛湿润，让你肝肠寸断。在舒伯特的创作里，也有一些钢琴独奏的直率、质朴而可爱的华尔兹舞曲；也有那两首钢琴三重奏，其中的降 B 调那首更受欢迎。降 B 大调三重奏的慢乐章里包含一个舒伯特魔术般转调的神奇范例：本来音乐正沿着降 A 调这个调式走得好好的，可突然就像变魔术似的，音乐就来到了遥远的 E 大调上。它用了舒伯特正好四分之一个小节（measure）到达那里，其效果恰如九重天豁然洞开似的（也让你脑洞大开）。舒伯特所有的作品都有这样的神来之笔。他最后的三首弦乐四重奏（a 小调、d 小调和 G 大调）就充满着它们。伟大的 f 小调钢琴二重奏幻想曲也是如此。《“鳟鱼”五重奏》也是如此。那首可爱且精神饱满的《弦乐与木管乐器八重奏》也是如此。《C 大调弦乐五重奏》是舒伯特最后的作品之一，占有一个特殊的位置。它的头两个乐章充满像《未完成交响曲》那样的宁静的忧郁（没有别的辞藻能更贴切地形容它了），它那柔韧、无瑕的布局沉浸在最高境界的诗意里。

只是在最近这些年里，舒伯特的钢琴奏鸣曲才成为很受欢迎的音乐会曲目。一般来讲，浪漫派的钢琴家们过去都避免演奏它们；如果非要演奏舒伯特不可，他们就选杰出的《流浪者幻想曲》或《音乐的瞬间》来弹。就钢琴家们自身而言，弹舒伯特的音乐费力不讨好，没有任何明显的炫技技巧，却很难弹好，很难将其组织好。再者，舒伯特的音乐对听众提出的要求跟对演奏者提出的要求差不多，即它擅长在音乐性而非技巧性方面。一直到 20 世纪 30 年代，钢琴家们才跟从阿图尔·施纳贝尔的榜样，开始规律性地演奏起舒伯特的奏鸣曲来。现如今，舒伯特的奏鸣曲已经成了主打戏。反倒是反浪漫主义的时代使它们变得流行起来。在舒伯特的钢琴作品中——的确也是在他所有的器乐作品中——钢琴都仅仅是个媒介，而不是为钢琴而钢琴。这里，钢琴家们关心的是音乐，而不是技巧上的花活儿（尽管为了表现好音乐，殷实、扎实的技巧也是必需的，尤其是对他那三首庞大的“遗腹子”奏鸣曲而言）。

大约在舒伯特死后 40 年，世界才意识到这是个超天才。接近那个世纪（19 世纪）的后半叶，他的音乐才开始获得出版，并广泛流传起来。舒伯特的音乐影响了勃拉姆斯、德沃夏克、布鲁克纳和马勒的思维。如今，舒伯特的地位已经永久地确立了。虽然他对早期浪漫主义乐派施加的影响很小，但他还是以主观探索音乐的方式[1]预言了浪漫主义的到来。舒伯特不是浪漫主义音乐的第一人，因为卡尔·玛利亚·冯·威伯是一个更加浪漫主义得多的作曲家，并且给后一代人施加了更多得多的影响。然而，如果说舒伯特并非浪漫乐派第一人的话，那他起码也是占据了另一个甚至更重要的地位：他是音乐之抒情诗人中的第一人。

[1] 相对而言，巴赫是以客观的方式探索音乐。

· 9 ·

自由与一种新的音乐语言

——威伯和早期的浪漫主义者

WEBER AND THE EARLY ROMANTICS

在贝多芬死于1827年和舒伯特死于1828年的那个时代，那些由法国大革命和工业革命所启动了的力量已经改变了欧洲的面貌。那里的一切都在经历变革。铁路网开始用闻所未闻的速度运输人和货物。一个新的市民阶层，即工业资产阶级，开始积聚起巨大的财富。自然科学和医学在大踏步地前进。诗人们摆脱了传统的对句、亚历山大格式、六韵步诗行的束缚，正在创作一种极端个人化和抒情性的新型诗歌。对人生、宗教、经济和政治的新思考和新态度正在产生。在艺术领域，每个人都在谈论浪漫主义。现代生活正在成形。

音乐当然也在反映这个新时代。以前贝多芬就曾要求音乐家们去做前所未有的事情。现在，新型的作曲家们把他的思想发展得甚至更远。在法国，埃克托尔·柏辽兹梦想着由467名演奏者组成的管弦乐队，外加一个360人的合唱团。现代工艺改良了不可靠的18世纪的木管乐器，增加了按键和活瓣。铜管乐器也有史以来第一次能够持续地吹准调子了。随着管弦乐队的扩大，以及音乐变得越来越复杂，便逐渐需要有人来掌控它了，比如需要有一个人来承担演奏贝多芬一首交响曲的全部的诠释职责。过去，一首维瓦尔第的大协奏曲基本上可以自行被演奏下去，只需由首席小提琴演奏者和古钢琴演奏者辅助一下即可。可是，这一招对贝多芬及其后续者的复杂的交响曲就行不通了。1820 年前后，技艺精湛的指挥家出现了，他们能用目光震慑住管弦乐队众演奏者的个人自我，并把他们“焊接”成一个统一的整体。路德维希·施波尔（1784—1859）、卡尔·玛利亚·冯·威伯（1786—1826）和加斯帕雷·斯庞提尼（1774—1851）就处在最早的乐队指挥的队列之中。与之平起平坐的还有弗朗索瓦－安图瓦·阿贝奈克（1781—1849），此君在 1828 年创立了巴黎音乐学院管弦乐队，并且用一把小提琴弓——而不是指挥棒——来指挥它。

技术工艺在改进管弦乐队乐器的同时，也在改良着钢琴。莫扎特时代维也纳的纤细钢琴，以及让贝多芬喜不自胜的布罗德伍德牌粗壮钢琴，让位给一种带铁框的庞大钢琴。钢琴演奏高手们一窝蜂似的赶来在它身上一试身手。他们想在钢琴上做尼柯罗·帕格尼尼在小提琴上做的事情。帕格尼尼是个优雅潇洒但不太重要的作曲家，他在音乐史上有着非比寻常的崇高地位，因为他开启了所有器乐独奏家的炫技传统，以及浪漫乐派的器乐创作。他是超级炫技演奏大师的第一人，也许还是古往今来最伟大的小提琴家。这个半是天才、半是庸人的帕格尼尼（1782—1840）从 1805 年起，无论走到哪儿，都会引起难以言状的轰动。这个细长、黝黑、瘦弱的意大利人好像魔鬼附身，能用他的瓜内利牌名小提琴做出不可思议的事情。音乐家们云集在他的音乐会上，试图去揣摩、去领会他究竟是如何取得这般神奇效果的。大众也蜂拥而至，那些比较迷信的听众坚信他与魔鬼结了盟。帕格尼尼听任这种说法流传，不加干涉。他像一个伟大的马戏团演员，一个大魔术师，开音乐会就像是独魔狂舞，除了身披火衣出场之外无所不为。他这哪里是在开音乐会？简直就是在恣意狂欢！他的恶作剧之一，就是在演奏一首曲子的中间故意弄断一根琴弦，然后用剩下的三根琴弦接着来演完它。或者他会掏出一把剪刀，剪断四根琴弦中的三根，然后只在剩下的 G 弦上创造奇迹。他大大扩展了小提琴的技巧，带来新的弓法、指法、和弦、双音等一连串花哨得难以置信的炫技动作。当时所有的职业器乐演奏家，只要是他那个路子的，就没有一个不试着学他的样去征服听众的。李斯特和舒曼都写了他的著名的 24 首随想曲的变奏曲，以期达到像帕格尼尼那样的技巧超凡的最高境界（如李斯特的“超技”练习曲）。后来的勃拉姆斯、拉赫玛尼诺夫及其他一些作曲家，也都用帕格尼尼的 24 首随想曲来作为他们创作钢琴扩展作品的基础。

帕格尼尼是所谓“英雄般的炫技大师”的超级典范，尽管在他之前当然也有过许多著名的炫技大师。任何时候都有技艺超群、出类拔萃的乐器演奏家或歌唱家，这样的人能够靠名利双收吃香喝辣。18 世纪的意大利有一些技艺非凡的小提琴演奏家，其中之一的朱塞佩·塔蒂尼（1692—1770）通过写了一曲技巧超难的《魔鬼的颤音》，在某种程度上预示了帕格尼尼的横空出世。那些伟大的阉人歌手也曾经是午后演出的受崇拜偶像。到 18 世纪末，出现了一群钢琴演奏高手，以约翰·巴普蒂斯特·克拉默、伊格纳茨·莫舍列斯、扬·拉迪斯拉夫·杜塞克和约翰·菲尔德为首。

尼柯罗·帕格尼尼，约1837年

令所有浪漫派器乐演奏家心驰神往的纯炫技理想人物。

这些人在古典乐派和正在来临的浪漫乐派之间搭起了桥梁。然而在历史上，还没有哪个乐器演奏家像帕格尼尼那样，引起过纯粹个人崇拜的狂潮；也不曾有任何别人像他那样，把如此精心设计、精雕细刻的华丽技巧写进自己的作品。帕格尼尼的传统传承到了李斯特的手里，这两位强大的乐器演奏家使19世纪成了一个个人炫技的演奏大行其道的时代。此时的公众也要求有技巧的炫耀，不仅要有李斯特那样的英雄般炫技，也要有亨利·赫尔茨那样的似搔心挠肺、跳键盘芭蕾般的炫技；后者是个迷倒听众数十年的通俗音乐钢琴家。李斯特在诸多方面都是个开路先锋，他是历史上第一个开完全独自的个人演奏会的钢琴家；而在此之前，独奏会要有其他演奏家协助，在大师休息的时候演奏点儿别的曲子。

为了照顾到需求，音乐厅在欧洲各地建立起来了。音乐社团纷纷成立，永久性的管弦乐队也组成了。在歌剧院里，罗西尼、贝利尼和多尼采蒂开始在世纪之交写一些强调纯人声的音乐：美声唱法。其实，这种唱法在此之前就已经存在了，然而“bel canto”（美声唱法）这一术语却专指上述三位作曲家的歌剧。用传统的美声唱法演唱，强调的是弹性、柔韧性、灵活性，线条的纯净，花腔唱段中技巧的驾轻就熟，以及对元音发声的细心塑造。随着19世纪的行进，美声唱法的重心转移到了一种更加戏剧性的演唱类型之上，这使得罗西尼和其他传统的美声唱法的爱好者们十分不满。在他们看来，梅耶贝尔、威尔第和瓦格纳已经谋杀了纯粹的声乐。一些大歌唱家，比如乔万尼·鲁比尼、路易吉·拉布拉什、玛利亚·玛丽布兰、威廉敏娜·施罗德－黛夫林特、保利娜·维亚尔多－加西亚、吉尔伯特－路易斯·杜普雷，以及恩里科·坦贝尔利克，成为同钢琴家和小提琴家一样深受欢迎的崇拜对象。杜普雷是第一个持续饱满地演唱高音C的男高音。罗西尼带着一脸的厌恶，形容那个音符听起来“像是一只正在被割喉的肉用阉公鸡的嘎嘎叫”。

在19世纪的上半叶，照旧，伟大的乐器演奏家同时也是伟大的作曲家。威伯、门德尔松、肖邦和李斯特是当时四位最伟大的钢琴家。柏辽兹、门德尔松、威伯和瓦格纳则是当时四位最伟大的指挥家。然而到了19世纪中叶，音乐史上出现了某些新气象——演奏者自己并不一定是作曲家了。像汉斯·冯·彪罗和卡尔·陶希格这样的钢琴家只改编别人写的音乐，他们自己并不正儿八经搞作曲。他们是纯粹的演奏家。

今天，“炫技”成了一个不好的词，它有了浅薄、俗气、过度的含义，以及演奏家为了自己的卑下目的而剥削、利用作曲家的意味。但是19世纪的人不这样看炫技。虽然至今没人写过有关音乐炫技及其明确含义方面的史书，但有一点似乎是清楚的：19世纪的那些伟大的演奏者（几乎个个是炫技大师）对作曲家们的思维产生过显著的影响。音乐在印刷过的纸上只是一串串死气沉沉的符号；它必须得实际发声，而且只有通过演奏（唱）者的手指、嗓音和脑子才能发声，形成音乐。在18世纪及以前，器乐音乐的作曲者和演奏者几乎总是相同的人。到了19世纪，随着专职演奏家的出现，一个作曲家的音乐开始通过另一个乃至另一些不同的头脑的“棱柱”而被折射出来。而这样也就带来了一些问题。总是有些演奏大师想把优美的音乐淹没在廉价的炫技效果之中。不过总的来说，19世纪的作曲家们极其希望能与演奏家们联合起来，以期获得珠联璧合之效。虽然前者时时对后者牢骚满腹，但总的来说，作曲家是越来越允许演奏家“更改”自己的音乐了，其宽容度之大是许多现代音乐家没有料到的。那些浪漫乐派的作曲家就更不用说了——他们最明白，满纸的音符不过是一种不精确的媒介而已。

早期的浪漫主义作曲家尤其宽容。随着浪漫主义的勃发，人的自我也开始张扬。它追求强烈的个人表达、自我表现，以及为艺术而艺术的理想。贝多芬可能是头一个以此为前提而创作的作曲家。让–雅克·卢梭以其自然人的信条和个人价值的观念激活了他自己的那个时代。卢梭说，人的感觉能比理性更可靠地服务于我们。他还呼吁，大胆地表达你自己和你的感觉吧。浪漫主义者们特别把卢梭当真，他们完全按他说的做了。伟大的德国作家约翰·保罗·弗里德里希·里希特（以“让·保罗”的笔名为世人所知），早在 1804 年就已在其著作《美学基础》中为浪漫主义定下了基调。他说，浪漫主义的决定性因素是膨胀和扩张，是开拓无限宽广的领域；“浪漫主义是没有界限的美——是美丽的无限”。还说：“如果说诗是预言，那么浪漫主义就是正在意识到一个比眼下的世俗空间更宽广高远的未来。”

关于浪漫主义的论述已经卷帙浩繁。虽然这个题目本身就常常云遮雾罩，但它的主线还是足够清晰的，即内容比古典的形式更重要；让文学同其他姊妹艺术结盟；扩展表现和表达的疆域；对超自然领域的兴趣和关注；不断试验新的形式、新的色彩、新的织体。仅仅在 10 年之内，大约从 1830 年到 1840 年，音乐的整个和声语汇就改变了。这种改变似乎没有缘由，但是突然间作曲家们就使用上了七度、九度甚至十一度的和弦，以及变化和弦，还有半音和声，以对应古典主义的全音阶和声。

浪漫主义的作曲家痴迷于搞不寻常的调性组合，不落俗套的和弦，以及不协和音，这些东西在当时那些较为传统的人听来是很不舒服的。肖邦毫不犹豫地就使用了小调九度和弦，让那些老一代的音乐家大为惊骇。伊格纳茨·莫舍列斯（1794—1870）是一个优秀的作曲家，还是当时欧洲最好的钢琴家之一，也是有史以来最贵族气和最老派的音乐家之一。当他第一次遭遇肖邦的音乐时，他简直不知道拿它如何是好——“当遇到某些生硬、不艺术和对我来说难以想象的转调时，我的大脑——并通过它波及我的手指——全部僵掉了。”弹奏开始磕磕绊绊，乱了章法。像莫舍列斯这样的音乐家从小受的是传统的音乐教育，它强调的是发声的纯净清晰，适合人声的演唱，并且省省地使用踏板。所以他们不能理解浪漫主义的音乐，这是因为他们不能理解它的美学和音响学的前提。纯粹的声音，为声音而声音，这对浪漫主义作曲家来说是非常重要的。此外，他们还在作曲技巧上推陈出新，用以表现上述新的理念。直到莫舍列斯有一天真的亲耳听到了肖邦本人的演奏后，他才意识到了自己的错误，坦率地承认了它，并且爽快地接纳了肖邦的奏法。肖邦的这种新型的演奏技巧，表现在细腻而层次丰富地使用踏板，借此来给他那种连奏提供支持，从而大大柔化了那些不协和音的棱角。

浪漫主义音乐由此有了它自己的声音，一种丰富多样、感性十足、绚丽多彩的声音，而且它很可能是那个时期最重要的单一音乐形态。当然，还有许多其他方面把浪漫主义同先前的时期区别开来。浪漫主义音乐在极大程度上是一种非抽象（即具象）的音乐。浪漫乐派作曲家很可能按照详尽的标题来创作乐曲，就像柏辽兹和李斯特经常做的那样。更为常见的是，有个总的标题，但并不具体。在浪漫主义音乐的理想化或空想时期，音乐同文学密切结盟，大多数作曲家都有较宽泛的综合文化修养，这时的人们最喜爱的游戏之一，就是把含蓄的标题解读成相应的音乐。那时，没有哪部音乐作品是可以幸免于这种解读的。当时最细腻的音乐头脑和心灵，能把最难以置信的事物写成音乐总谱。任何东西都能被他们幻化、解读成音乐。人们觉得，音乐能表现任何特定的心境和感觉。舒曼就总是把事物解读成音乐，而且越是较大型的作品，他就越是把较多的文学因素解读进去。“一部作品越是特殊，它就越是把很特别的画面展开在听众面前，它的永恒的成分也就越多。这样的特质在贝多芬和弗朗茨·舒伯特身上尤其明显。”瓦格纳也总是把事物想象成音乐，而且这种想象常常是怪异和预兆性的。大多数的演奏艺术家也是如此。汉斯·冯·彪罗在一次想入非非的谵妄状态中，竟然在肖邦的《E大调前奏曲》中看见作曲家用一把锤子敲打着自己的头部：“第16和第32个音符在精准的时间里弹出，这表明了锤子的一次双击。”瓦格纳则把贝多芬的交响曲想象成男女间的一次对话，最后以势不可当的爱的力量结束：“再一次，心弦在颤动，纯粹人性的泪水在涌流。然而，从这瞬间的悲伤里，仍然迸发出爱之力量的喜悦呼喊——这种力不久前刚把自己引向了爱，并在爱的帮助下，整个人现在都焕发着神的灵性，并向我们高歌着这种神性。”像这样的痴妄、浪漫的想象及其语言普遍地贯穿了整个19世纪，直到后来理性时代的客观世界观的出现才扭转了这一局面。阿图罗·托斯卡尼尼后来也对《英雄交响曲》有过评价，他轻蔑地否定了浪漫主义者们对它的见解，说：“一些人说它是拿破仑，一些人说它是希特勒，还有人说它是墨索里尼。呸！对我来说，它不过就是‘活泼的快板’而已。”今天，几乎每个人都会赞同托斯卡尼尼的看法。

托斯卡尼尼的这番话是在20世纪20年代说的，它所代表的一种态度越来越占了上风，以至于到了20世纪中叶，浪漫主义的原则几乎完全被人遗忘了，就像莫扎特的古典主义的演奏实践原则在19世纪40年代被人遗忘一样。这个话题很值得提及，因为浪漫主义与20世纪晚期的关系是很复杂的一种关系。当今，保留曲目中很大一部分都是浪漫主义或者晚期浪漫主义的作品。之所以这样，表面上看是因为音乐家们大抵理解并信仰这种音乐，而对于处理古典主义和巴洛克时期音乐的保留曲目，他们就相对比较缺乏熏陶和训练。可事实上，情况正好相反，由于一代音乐学者集中而深入地研究了从中世纪到莫扎特的音乐，使得今天的年轻音乐家们反倒对浪漫主义之前的音乐——而不是对占保留曲目大部分的从 1830 年到 1900 年的音乐——有了更多的了解。

这虽然具有讽刺意味，可却是实际情况。今天，每一个受过良好教育的音乐家都知道不少莫扎特时代的演奏惯例或规则，但距今更近的李斯特的演奏传统却几乎完全消失了。关于浪漫乐派的演奏惯例和实践几乎没有过什么论述，这是因为大多数的音乐学研究都集中在了早期音乐的课题上（主要是关于其档案学方面的课题）。20 世纪中期的音乐家们都是在反浪漫主义的时代下成长起来的，其特点是浪漫主义的传统普遍受到怀疑。当今的许多年轻音乐家甚至不知道如何去领会、体悟一首浪漫主义作品的标识。比如像舒曼这样的作曲家，会下很大的精力去标明各种内在的声音关系，会细心地标注各个乐句，会注明各个音符的特点，以使之明显地突出；还会把连奏乐句的记号标注在低音或高音线上，等等。舒曼这么做可不是闹着玩的，这里面有和声与复调上的含义。可是现在几乎没有哪个音乐家在演奏舒曼的《狂欢节》或《童年情景》时会在意这些标记，就像他不能奏出转换音级的低音音符一样，而这却恰巧是浪漫乐派钢琴家们普遍实行的一项传统，也是让浪漫主义作曲家们期待的东西。此外，浪漫主义音乐家期待在第一主题和第二主题之间有一个减速；他们希望形成对比的声部确实做到错落有致；他们希望有大量的自由改变速度、节奏及音符时值（rubato），以及在力度上走极端；他们希望音乐的速度持续地起伏波动。最重要的是，他们不反对谨慎地“篡改”原作，原作在他们眼里除了神圣不可侵犯之外什么都是。虽然那时所能找到的较好的音乐家绝不会胡作非为地篡改原作，但是他们每一个人都会为了取得最佳效果，或者为了让姿态潇洒什么的，而毫不犹豫地更改或添加一节。他们这么做，是因为他们真的相信自己的改动体现了作品的精髓，即所谓“传神”或“神似”。一句话，浪漫派音乐家是带着空前的自由走进别人的音乐的，而这种自由在一百年后被完全禁止。

由于浪漫主义者对音乐的态度是那样地自由和文学化，也由于这种自由在 19 世纪表现为产生了那么多的声乐和器乐的炫技大师，所以，一切浪漫主义音乐之前的音乐在 19 世纪，尤其是在浪漫主义兴起的初期受到歪曲，也就不足为奇了。早期的浪漫主义者有着以他们对自身形象的想象为依据看待万事万物的倾向。他们不关心做学问搞研究，也不管什么学术纪律和治学原则、规矩这些东西。当门德尔松在 1829 年复兴巴赫的《马太受难曲》时，它被缩短了，修改了，重新配了器，一些部分甚至被重写了。莫扎特也是一个遭篡改的受害者，贝多芬也是。浪漫主义者们极端崇拜贝多芬，但他们是以自己对他的想象来崇拜他的。他们认为贝多芬是所有革命者中最伟大的一位，所以把一张道德理想的标签贴在他的音乐上。但即使这样，也不妨碍他们更改他的乐谱，以使之“现代化”。另外，瓦格纳给格鲁克重新配器，李斯特也“改进”了舒伯特的钢琴曲；他们还都真诚地以为这是尊敬老一辈的表现。这正如瓦格纳所说，在经他修改过的贝多芬乐谱中，“我还从不曾怀着这么大的虔诚，来绝对忠实地按照他的指示修订他的乐谱呢”。像瓦格纳这样一个敏感的音乐大脑，是承担不起摧残贝多芬交响曲这样严重的责任的。这就如同在19世纪的后半叶，马勒不敢随便拿舒曼的交响曲修改一样。但是，瓦格纳和马勒都确实曾试过“改进”他们的音乐。这两个人指挥的贝多芬作品，若让今天的观众听起来，应该是令人发指的。

许多东西都跟随着浪漫主义者进入了音乐。情感主义（感伤主义）出现了。民族主义也变得牢不可破，首先是肖邦带着他的玛祖卡舞曲和波罗乃兹舞曲上场，接着是李斯特带着他的匈牙利狂想曲登台，然后是波希米亚（捷克）和俄罗斯的民族乐派代表人物出场。歌剧也变革了，那种教科书公式般的美声歌剧让位给了梅耶贝尔的宏大歌剧、威尔第火热的情节歌剧以及瓦格纳的音乐戏剧（乐剧）。随之而来的是一种充满戏剧性的新型歌唱与表演风格。所有这些都在25年之内发生。首先是第一拨儿浪漫主义者的出现，他们彼此的年龄间隔不超过5岁：门德尔松生于1809年，肖邦和舒曼生于1810年，李斯特1811年，瓦格纳和威尔第1813年。不过，音乐就如同生命那样，不会一生下来就羽翼丰满。每件事情都有自己的前因，浪漫主义时期也不例外，有其重要和有趣的先行者。

其重要先驱之一是E. T. A. 霍夫曼（恩斯特·西奥多·阿马德乌斯·霍夫曼，1776—1822）。此人对德国浪漫主义者来说是个传奇人物，尤其是对舒曼。霍夫曼简直就是一切——诗人、画家、小说家、剧院经理、歌唱家、作曲家、乐队指挥、评论家、政府官员，而且他好像在上述每个方面都做得很好，甚至杰出。他是那些总对先锋派或新潮流感兴趣的人之一，类似于他那个时代的科克托（Cocteau）。早在音乐上的浪漫主义者们登上历史舞台之前，他就已经在论述浪漫主义了。他坚决主张："音乐只有在浪漫主义的王国里才是回到了家里。"他称音乐为"所有艺术门类中最为浪漫的艺术——事实上，你几乎可以说它是唯一真正浪漫的一门艺术……"。他说这话是在1813年，写在他有关贝多芬的器乐音乐的一篇散文里。"（贝多芬的）每一次激情，"霍夫曼接着写道，"还有爱，恨，愤怒，绝望，等等，都如这部歌剧[1]把它们展现给我们看的那样，被发着紫色幽光的浪漫主义音乐包裹着。"在霍夫曼的写作中，有大量关于"声音王国里的遥远精灵""未知的王国""无限的精神世界""怪诞且深不可测""天体的永恒舞蹈""无尽的渴望""狂喜之歌""内心的存在"……的描述。浪漫主义者们很喜欢这一类东西。霍夫曼关于音乐的文章写得很是意气轩昂，高亢激昂，又多愁善感，并且以现代眼光来看，像是痴人说梦。但他在那时却是激进思潮的旗手和捍卫者，所有浪漫主义者都被他的理念（应该说是"感念"）热烈地引导。霍夫曼鼓吹同传统决裂，主张前瞻一种理想主义的、个性化的音乐。他在1815年创作了《乌亭》（*Undine*），这是一部歌剧，其超自然的主题同威伯的《自由射手》（也作《魔弹射手》）有题材上的关联。威伯称赞它是"一个更新的时代赠予我们的一部更为精神化的作品"。

浪漫主义的另一个前辈是穆齐奥·克莱门蒂（1752—1832），他是一位钢琴家兼作曲家，他奠基了现代钢琴演奏技巧，将其固

[1] 指贝多芬的唯一一部歌剧《菲岱里奥》。

定下来并加以发展。他擅长演奏炫耀技巧的作品，尤其喜欢三度音和八度音（thirds, octaves），这些在当时都是新鲜玩意儿。那时的钢琴演奏者们都宁愿跟从他的脚步，而不是莫扎特的古典风格；固然，莫扎特是个伟大得多的艺术家，但不是一个令人感到很刺激的演奏家。约翰·菲尔德（1782—1837）是克莱门蒂的学生，也是当时一个很重要的钢琴家，他代表的是初期的浪漫精神。他的一系列优雅的夜曲被肖邦直接加以模仿。另一个迷人的过渡期人物是约翰·尼波穆克·胡梅尔（1778—1837），他的根是在18世纪（他是莫扎特的学生），但他创作的一些音乐却非常接近浪漫主义。在维也纳，他被视为贝多芬唯一真正的竞争对手。自19世纪上半叶，胡梅尔甚至被理所当然地认定为不朽的伟人之一。他的《钢琴、弦乐及木管乐七重奏》引进了一套比舒伯特的和声要现代和复杂得多的和声语汇，以及一种直接通向肖邦的钢琴创作风格。胡梅尔创作了几首钢琴协奏曲，其中的a小调那首尤其出色；肖邦著名的《e小调钢琴协奏曲》还欠着胡梅尔的这首协奏曲一大笔债呢。胡梅尔的音乐很少留在20世纪的保留曲目里，但他是一个很有创意的作曲家，他的作品值得复兴。

路德维希（路易）· 施波尔（1784—1859）的音乐也值得一听。他在现今只靠一首小提琴协奏曲活在人们的心中，这就是他的《第八小提琴协奏曲》（被标榜为“一幅如歌的抒情音画”）。但是他在他那个时代就用半音阶的织体做实验，所以他的音乐在当时被视为极端大胆。施波尔的一生表现出很有趣的两面。一方面，他是他那个时代最伟大的古典派小提琴家，属于莫扎特的那种风格，并且他不与浪漫主义作曲家有什么交往（尽管在他生涯的后期，当他担任卡塞尔的宫廷乐队指挥时，曾赞助过瓦格纳的事业）。但在另一方面，他自己创作的音乐有很多却是很新潮，而不是老派的。而且他的歌剧之一，《十字军战士》（1845），甚至还预示了瓦格纳的乐剧（通过“贯通音乐”的方法，“把作品写成好似音乐的戏剧，没有音乐织体上多余的重复与修饰，而剧情却愈演愈烈”）。在此之前，他还创作了另一部歌剧《耶松达》（*Jessonda*，1823），受到了与威伯的歌剧《自由射手》几乎同样程度的热烈欢迎。此外，他还以浮士德的传奇为题材创作了一部通俗歌剧。施波尔是那时最受尊敬、爱戴的作曲家之一。

历史常常只凭其最伟大的人物来判断一个时期。但是在任何一个单个时期，大多数人都会因为面对那些本时期最伟大的人物而感到不自在：他们宁愿拥向那些不那么伟大但却能满足他们实实在在需要的人物。比如，在 19 世纪 30 年代，广大的音乐爱好者都会说贝多芬、莫扎特和胡梅尔是三个最伟大的作曲家；但是，与此同时，广大的音乐爱好者却会对诸如乔治·昂斯洛（1784—1853）、费迪南德·黎斯（1784—1838）、亨利·赫尔茨（1803—1888）、弗朗茨·勋滕（1793—1878）和弗里德里希·卡尔克布伦纳（1785—1849）这样二、三流作曲家的音乐更觉得舒服，更觉得亲近。这些人的作品才是最经常得到演奏的，他们是那个时代的商品化人物。他们生产出来的音乐提供给任何人听都没问题。他们成批生产出情趣盎然的序曲、集成曲和简化曲，还向欧洲的年轻女士们提供合适的音乐摆在她们的钢琴上供消遣。他们写战役音乐、多愁善感的小曲，还写供长笛、竖琴和钢琴演奏的改编曲，作为新兴资产阶级音乐房里的摆设，并让音乐出版商们总是有东西可出。

卡尔克布伦纳可以被当作一个典型的例子。他是一位优雅而完美的钢琴家，他的极高声望只被他自己极良好的自我评价所超越。当年轻的肖邦刚到巴黎的时候，他要找的就是卡尔克布伦纳。当时肖邦欣喜地大叫，这才是钢琴演奏呀！卡尔克布伦纳的音乐极其受欢迎，而且他还高产。他的出版商普罗伯斯特不能在舒伯特身上花费太多时间了，因为他的出版社要忙于出版卡尔克布伦纳的作品全集了。诗人海因里希·海涅也是一个才华横溢并且嘴皮尖刻的评论家，他留下了对卡尔克布伦纳的一场音乐会的有趣记述："他的嘴唇上依旧凝固着那种不朽的微笑，就像我们最近刚在一具埃及法老木乃伊的嘴唇上注意到的那样；该木乃伊正在本地的博物馆里展出。"克拉拉·舒曼留下了一段更绝妙的对卡尔克布伦纳的描述："他甜甜地微笑着，对他自己以及他的作品都十二分地满意。他的表情看上去好像总是在说：'哦，上帝，我和全人类都得感谢您，因为您创造了我这样的一个大脑。'"关键是，卡尔克布伦纳既有名又富有，让所有人都非得注意到他不可。像卡尔克布伦纳这样的作曲家（演艺家）在我们周围总是有的，他们在死后就被下一代人所遗忘，但他们在同代人里极其受欢迎。正是这种作曲家的作品构成了他们那个时代的保留曲目的绝大部分，而不是碰巧活跃在同时的那四五个天才。

对早期的浪漫主义者来说，那个伟大的人物——如果不算上贝多芬的话——就是卡尔·玛利亚·冯·威伯了。作为第一个真正的浪漫主义作曲家，我们可以举他这个很好的例子。他基本上符合浪漫主义的定义。他也是一个重要的钢琴家，一个四处巡回演出的演奏大师。他的音乐超前于他的时代。他写关于神话传说题材的歌剧。他也涉足文学。他患有那个时代的时髦病——结核病。如今，威伯的作品在保留曲目中很少见了，除了歌剧《自由射手》，另三部歌剧的序曲，间或还有几首为钢琴和管弦乐队写的协奏曲和音乐会小曲，或者奏鸣曲中的一首。另外还有《邀舞》，但是它的原创形式——一首钢琴独奏曲——几乎听不到了。因此，我们很难具体想象威伯对即将来临的浪漫主义风暴的巨大影响，即他对门德尔松、柏辽兹、李斯特、马施纳，尤其是对瓦格纳的影响。海因里希·马施纳（Heinrich Marschner，1795—1861）是个风靡一时的歌剧作曲家，他的歌剧中现在仍有两三部在德国上演。看他的《吸血鬼》的观众会联想到威伯的《自由射手》；19世纪三四十年代的观众会被他歌剧中的魑魅魍魉吓得毛骨悚然。

威伯对瓦格纳的全面影响还有待于在后面论述，但是任何人都能听出在威伯的《尤丽安特》序曲中有一些古怪的和声，并从中听出它们对瓦格纳的四联乐剧《尼伯龙根的指环》的预示。在1813年，威伯甚至一度打算就汤豪舍的传奇写一部歌剧。此愿望若是实现的话，就会比瓦格纳早写30年。威伯在其他方面也走在了瓦格纳前面，或预示了瓦格纳。作为乐队指挥，他是最早要求对歌剧制作的全过程实行全面监控的人之一，他是最早设置分段分别分类排练的人之一，他是最早实行指挥掌控一切的人之一。瓦格纳采用了他的不少主张。威伯也像瓦格纳后来做的那样，早就宣布了歌剧方面的泛日耳曼理念。正如他在1817年解释的那样，他寻求“一种非常全面、丰满、艺术门类齐全的新型艺术品，内含所有的艺术元素，它们相互融合，浑然一体，在磨合的过程中销蚀自我，但却有助于形成一个全新的艺术天地”。这和瓦格纳的Gesamtkunstwerk的理念简直一模一样，不同的是他比瓦格纳早了整整40年。

在浪漫主义者们眼中，威伯就是那个呼风唤雨、施放风暴的人。如果说有哪部单个作品堪称引发了音乐的浪漫主义时代的到来，那它就是《自由射手》。其中的“狼谷”那一场，氤氲缥缈，神秘莫测，鬼影幢幢；其如诗似画，其斑斓色彩，其威力，其想象，所有这些都以极大的力量震撼了欧洲，并且招致了新音乐运动的到来。

威伯出生在1786年11月18日，卒于1826年6月5日，享年40岁。他先于贝多芬一年、先于舒伯特两年与世长辞。他在1821年创作了歌剧《自由射手》，它不像人类先前写下的任何一部歌剧。之后，他又创作了歌剧《奥伯龙》和《尤丽安特》，但都因其脚本过于怪异，在现今都不大上演了。这两部歌剧也是以超自然和异域的传奇作为题材的。在浪漫主义者们看来，它们都打开了一个新天地。1840年前后，英国评论家亨利·福瑟吉尔·乔利写了一篇评价威伯的文章，可被视为对威伯音乐的典型反馈。（应该强调的是，乔利是个保守分子，只要舒曼和瓦格纳的名字一被提起，他马上就会起骂人之心。）乔利写道，威伯的音乐“是对古代灵怪的一种直觉和本能的反应，那时森林里到处都有嗫嚅的凶兆，有由嗜血幽灵预告的战斗厮杀；在西方世界里，这些幽灵挥舞着手臂和旗帜，似群魔乱舞。其中的浪漫想象不乏迷信的成分，其斑斓的色彩要么像梦幻国里的珍珠帐篷，要么似光怪陆离的饰品店的漂亮橱窗，上面饰写着‘内有许多稀奇古怪的机关设计'……"。乔利肯定是把自己想象成一个修辞学家了。然而他的反应却是真实的。威伯完全符合浪漫主义者的要求。他的钢琴曲同他的歌剧一样,在当时都很流行。当威尔海姆·冯·伦茨——那个干劲十足的年轻人,他专门收集签名和钢琴教师,然后写他们的传记——在19世纪20年代把威伯的《邀舞》和《降A大调奏鸣曲》拿给李斯特过目时,这位大钢琴家佩服得大叫不止。李斯特和其他浪漫主义者都经常演奏威伯的作品。

威伯是个瘦小、病恹恹、患结核病的男人,先天就有腿疾,终其短暂的一生都是一瘸一拐地走路。他很可能是死于劳累过度,但是在其40年的一生中对音乐做出了很大贡献。他的才华是多方面的。他是当时的大钢琴家之一,他的钢琴音乐的格局也远远超出了贝多芬和舒伯特所能设想的样子。他的钢琴作品主要是炫技性质的,带着少许技巧上的怪癖。身材矮小的威伯却长着一双硕大的手,他写的一些钢琴曲的演奏跨度是正常人的手所不及的。作为一名极有公众观念的巡演钢琴家,威伯可能有媚俗或哗众取宠之嫌,他的钢琴作品也有很大一部分是华而不实的。但是,当把他的一切都综合起来看的话,他的音乐还是有壮丽美妙之处的,比如他的《音乐会小品》,比如他的钢琴协奏曲。时至今日,他的四首钢琴奏鸣曲,他的变奏曲,以及像《辉煌波拉卡》这样的炫技曲差不多已经不被演奏了,但是它们在整个19世纪却曾是那么流行。

威伯的有名之处还不仅在于他是个钢琴家和作曲家,他还是当时最重要的指挥家。他给一帮追随他的乐队指挥开启了一扇权力的大门,使指挥家们不久就在全球范围内掌握了音乐的实权。

⚜ 卡尔·玛利亚·冯·威伯，由 C. A. 施韦尔特格布尔特创作的一幅平版画

他的《自由射手》堪称开启了德国浪漫主义歌剧的纪元。

威伯早在 1804 年仅 18 岁的时候，就当上了布莱斯劳歌剧院的首席指挥，但他却因为年轻和思想新颖而遭受到巨大的阻力。乐队的首席小提琴手是个名叫约瑟夫·施纳贝尔的身居高位之人，他宁可拂袖而去，也不愿忍受被一个“毛孩子”指挥的耻辱。威伯在 1806 年离开了布莱斯劳，并在担任过一些小职务和开过一些音乐会之后，于 1812 年当上了布拉格歌剧院的音乐指导。从那儿他又去了德累斯顿；在 1817 年下半年，又在那儿应萨克森国王的特聘，创建一所德国歌剧院，以之与正在风靡的意大利歌剧抗衡。罗西尼的歌剧此前已经横扫了德国；1820 年，厉害的斯庞蒂尼又以创作和指挥了一些通俗歌剧，如《贞洁的修女》(柏辽兹酷爱它)，以及《费尔南德·克尔特兹》等而在柏林树立了他的权威。幸好威伯还是个出色的组织家，他把德累斯顿歌剧院彻底涤荡了一遍，并按他自己的形象重组了它，乃至请人把意大利文和法文的歌剧脚本翻译成德文。他让自己成了威严的主宰。数年之后，瓦格纳也来到德累斯顿指挥音乐，他采纳了威伯的许多理念。威伯在德累斯顿是个严厉的乐队调教者，容不得一点马虎。他细读所有的总谱，订正一切错误。他在分声部排练的要求之严被传为佳话。他负责歌剧制作的所有方面，从布景、道具、服装，到演职员挑选，到排练指挥，事必躬亲。等到他指挥正式的演出时，那确实就是完整的成品了。

然后，到了 1821 年，《自由射手》横空出世。它使威伯成了德国浪漫主义歌剧的创始人。在它之前，几乎没有什么正宗的德国歌剧，至少在保留曲目中很少。莫扎特的四部伟大的歌剧中有三部是意大利语的，而德语的《魔笛》同贝多芬的《菲岱里奥》一样，并不算是开创了歌剧的一个新学派。舒伯特的歌剧则是常年尘封，默默无闻，至今仍然如此。唯有《自由射手》直接引发了马施纳、施波尔、洛尔青（Lortzing）乃至瓦格纳的那些极受欢迎的德国歌剧，虽然它们在今天大多数都被遗忘了。

威伯具有浪漫主义者的那种典型的起伏不定的特质。他多才多艺，什么都想尝试。他粗通平板印刷画，是最早的吉他演奏大师之一，而且歌儿还唱得不错，可惜在 1806 年因为错喝了一杯硝酸而永远毁了嗓子。一时间他的生活陷入了绝望，沉溺于性爱和酗酒放荡。后来他转向文学创作，从 1809 年到 1818 年写了不少书评、诗歌、一部未完成的长篇小说以及大量的报刊文章，包括大量音乐评论。作为评论家，韦伯享有说服力强、不做妥协的美誉；他甚至对贝多芬说了一些贬低的话。他做什么事都是那么猛烈和

✤ 威伯指挥《自由射手》的演出，1826 年在英国科文特花园剧院

投入，做评论也不例外。他还是一个叫作“和声协会”的俱乐部的创始人之一，其宗旨是宣讲浪漫主义的原则。该俱乐部的所有成员都应该既会作曲又会写作，它的座右铭是“靠音乐家自己来提升音乐评论的水平”。每个成员都有一个笔名，威伯的笔名是“梅洛斯”。他还以“西蒙·克纳斯特”和“B. f. z. Z.”的笔名署名文章，后者的意思是“坚持通向成功”（或者“执着方能达到目标”）——这是他自己的座右铭。一些年之后，舒曼也是在差不多的前提下开始写乐评文章的，包括使用一些笔名。舒曼把他的团体称为“大卫社”。威伯的散文都还没有译成英文。他是一个迷人的人物，这个具有贵族气质、聪明而内心强大的人是一个真正的天才，他最大的悲剧在于他早生了 30 年。

· *10* ·

浪漫主义的张扬与古典主义的约束

——埃克托尔·柏辽兹

HECTOR BERLIOZ

埃克托尔·柏辽兹是音乐史上第一个并非因为是奇才或是神童而出类拔萃的重要作曲家。这一点很有助于阐明他的强项和他的弱点。音乐神童从婴儿时期起就对音乐有本能或直觉，并对它发展出某种听觉和手指上的反应，所以一般还不到 10 岁，他们就已经纯熟掌握了全部演奏技巧。他们在摇篮里就吸收了大量的钢琴或音乐文化，（比如说）从身体上来讲也已经大量接触过键盘，从而变成了可靠的演奏高手，能有如呼吸一般很容易地奏出他们想要的一切效果。随着他们的成长，他们能走到远至他们的想象力所允许的限度，但是他们总是发展成为形式上的演奏大师。他们细心地处理着音乐的素材，自动地长大成才，机械如水到渠成。其中一些人到头来仅仅是匠人而已；另一些人则成为音乐的改革创新者；一些人持续地成长；另一些人则如昙花一现般地消失了。但是在他们的作品中，终归还是有专业的精神和味道的。

可是柏辽兹不然！柏辽兹甚至从没正经学习过演奏任何有用

的乐器！他能做的一切，就是在吉他上拨弄几下和弦，或在长笛或六孔木箫上清吹几个音符。关于柏辽兹在法国伊泽尔省的圣安德烈度过的童年，人们并不了解很多，只知道他在 1803 年 12 月 11 日在那里出生。很显然他受到的音乐教育是肤浅的。他的父亲是一个有着自由主义倾向的内科医生，负责这个男孩儿受到很好的教育；但是涉及音乐领域，无论是柏辽兹医生，还是这一地区的任何人，都帮不了小埃克托尔多少忙。家里有一支很旧的六孔木箫，柏辽兹医生给渴求吹它的儿子示范指法。后来他给儿子弄来一支长笛，并给他安排了课程。小埃克托尔也学习了单簧管的指法。基本上就是这样。小柏辽兹有学习音乐的强烈愿望，而且他还有一些写满了初步创作的笔记本。从一开始他就想成为一名作曲家，而且还尽自己所能自学了作曲。他的父亲是不可能鼓励这些尝试的：埃克托尔必须当一名医生！

因此，柏辽兹并不是一个从一开始就对音乐的实际操作很在行的人。其结果便是，他使用的曲式往往与众不同，而且靠他的直觉自行发展。有时候他想出的乐思杰出得出人意料，有时候它们却又近乎败笔。当他努力打磨他的音乐素材时，他常给人十分费劲的感觉。或者说，他的作品中也许缺少要点，有点像是“眉毛胡子一把抓”。不过，确实有一样东西在帮他的大忙，这就是他的天才。如果说他的技艺缺乏 ABC 的基础，那他则靠自己极强的想象力和天分就能把这一弱点转化为优势——凭借他与所有其他作曲家都不同的别出心裁。

他意识到了这一点。虽然他认识到钢琴对于一个作曲家来说是多么重要且有用的工具，“但是，每当我想到钢琴生产出的数量惊人的陈腐平庸之作，且其作者若只将其诉诸纸笔它们就永远见不到天日的时候，我就很庆幸自己有幸福的机会促使我自由并且安静地作曲。不用钢琴使我得以摆脱对自由想象非常有害的十指专政，并得以摆脱钢琴那叮叮咚咚的平凡音响对作曲家或多或少施加的迷惑。许多业余爱好者因我不会钢琴而可怜我，我却并不觉得这有什么不妥”。不管怎么说吧，就算他连一种乐器也不会演奏，他却能在交响乐团的一百种乐器上恣意驰骋。

就这样，他成长为法国的第一个浪漫主义作曲家，以及后来被欧洲人称为“未来音乐”的第一个真正意义上的阐释者。正是柏辽兹，通过创造现代的管弦乐队，展现了一种全新的音调伟力、音调资源和音调色彩。正是柏辽兹，第一个用音乐书写了自己的自传，给音乐心理学开启了一个全新的天地。正是柏辽兹，在他自传式的《幻想交响曲》的详细标题中，昂然走向了如此折磨着19世纪下半叶作曲家神经的交响诗。正是柏辽兹，打破了古典的和声法则，探索了当时无人敢入的和声模进的禁地，开创了一种全新的旋律体系。柏辽兹作为19世纪的创新力量之一横空出世，让许多作曲家都研究他，并深受他音乐的影响，例如李斯特和瓦格纳，那些新型的俄罗斯作曲家，还有马勒和理夏德·施特劳斯，以及新一代的法国作曲家。他没有直接的追随者，因为他的理念太不正统了，让他的同时代人无法接受。但是后来的作曲家们吸收了他的思想，他的影响也伸展到了先锋派音乐的方方面面。

李斯特意识到了这一点。他在寄给柏辽兹一册瓦格纳的歌剧《汤豪舍》的序曲时，在上面写道：“你将在里面重新找到你自己。”瓦格纳的《特里斯坦与伊索尔德》在某种程度上也是柏辽兹的《罗密欧与朱丽叶》的延伸：后者的一些段落达到了像《特里斯坦与伊索尔德》那样的烈度，以及不间断的旋律流淌。瓦格纳曾寄给柏辽兹一本他的大作《特里斯坦与伊索尔德》的总谱，上面就写着这样的题词："送给《罗密欧与朱丽叶》的亲爱而伟大的作曲者。充满感激的《特里斯坦与伊索尔德》的作曲者敬赠。"古诺是柏辽兹之后的法国乐派的新领袖，他是另一个受到《罗密欧与朱丽叶》影响的作曲家。他在1839年聆听了它，并称它为"一部怪怪的、感情炽烈的、痉挛性的音乐作品，为我展现了一条如此新颖、色彩斑斓的地平线"。

柏辽兹不只是真正的法国浪漫主义音乐的第一人，他还是无论放在哪里都不为过的全职浪漫主义音乐家中的第一人，比肖邦和舒曼都早了好几年。他是一个激情澎湃的人，一个天生的革命者，第一个觉悟到了的、有意识的先锋派。威伯不会把自己视为先锋派，舒伯特也不会。但柏辽兹却是激进分子中的第一人，是音乐狂人里的第一人。他狂放不羁，非常情绪化，机智、雄辩而诗情画意，对于自己的浪漫主义深有体会或心得。他爱"浪漫主义"这个概念本身：自我表现的强烈欲望，以及与古典理想中的那种秩序和抑制正好相反的怪异和放浪。正是浪漫主义激活了他的音乐想象，并且使他那部令人惊异的自传充满了狂乱；那是一部用激情展示、用华丽写就的《柏辽兹回忆录》。在这部书中，想象有时候超越了事实，有些确实是纯粹的虚构。但是从他文学创作的整体来看——柏辽兹毕生写下了数量巨大的自传和评论文字，他是一个很有才华的文体家，不仅给世界音乐，还给世界文学增添了光彩。他的散文及他的一生都呈现出他是一个有着鲜活想象力的人，一个热爱生活与斗争

⚜ 埃克托尔·柏辽兹在他事业的巅峰期

标新立异第一人。

的人。他的自我揭示程度之深在音乐家自传文献中是独一无二的。(莫扎特的书信当然不是为了发表而写的。)同柏辽兹的回忆录相比，瓦格纳的自传是一部枯燥乏味的个人生平汇编，一部分是事实，一部分是形而上学的东西，完全不具备柏辽兹那种鲜活开明（开化)、冷嘲热讽的风格。

柏辽兹是个与众不同的人。关于他的一切都是非同寻常的。他几乎孤身一人打破了欧洲的音乐建构。经他这么一折腾，音乐再也不同以往了。而且，但凡他想要做的，他就自顾自地去做，把陈规旧俗和做事的陈旧方法毫无耐心地抛在一边。只有天才才能克服、抵消掉基本知识的缺乏。而且正是由于他基本知识的匮乏，才把他引上了他选择走的道路。

他的天才是他在巴黎时表露无遗的。他的父亲把他送到那里去学医。可是柏辽兹是多么讨厌学医啊！第一次上解剖课的时候，他逃跑了。在他的《回忆录》中，他觉得这件事非常滑稽：

> 当我走进那间恐怖的人体停尸房的时候，我看见了随处乱丢的断臂残肢，还看见了惨白的面孔和裂开的头颅。我们站在血腥的污水里，周围的空气散发着恶臭。一群群麻雀争夺着碎屑，成群的老鼠躲在角落里啃咬着血淋淋的脊椎骨。我很快感到毛骨悚然，从窗户跳了出去，飞快跑回家中，仿佛死神和它所有可怕的帮手都在我身后紧追不舍。我花了一整天才从这第一次受惊吓的印象中恢复过来，从此断然拒绝听到任何有关解剖学、解剖、医学的词汇，并且下定决心，哪怕去死，也不要去做强迫给我的职业了。

……后来我同意回到医院，并再一次面对这恐怖的场面。真奇怪！当初使我恐惧万分的东西现在我看起来却只是觉得有点厌恶罢了。我变得像是一个经验丰富的老手了，在面对令人恶心的场面时只有冷酷麻木了。一切都完蛋了：我甚至开始觉得，在一具不幸的尸体的胸口裂开处翻找肺脏挺有意思的——把肺脏掏出来喂养那些住在这个迷人地方的带翅膀的居民。

"干得漂亮！"罗贝尔喊道，大笑着，"你变仁慈了！会喂小鸟啦！"

"我的仁慈延伸到整个自然界。"我一边回答，一边把一块人的肩胛骨扔给一只正用饥饿的目光盯着我的大老鼠。

没过多久，医学就占据了仅次于音乐的地位。但是柏辽兹花在巴黎歌剧院和巴黎音乐学院图书馆里的时间，仍旧比他花在仁爱医院附属医学校里的时间要多得多。最终，他设法战胜了父亲的阻挠，以及同等重要的，他母亲的反对，而走上了职业音乐的道路。（他母亲是一个虔心宗教的女人，曾真诚地相信，任何正在变成职业音乐家的人都会自动踏上通往地狱的道路。）柏辽兹被巴黎音乐学院录取了（不顾其院长路易吉·凯鲁比尼的反对），并且在尝试了五次后，于1830年赢得了"罗马大奖"。

甚至在做学生的时候，他就给人留下了难忘的印象。柏辽兹让他的同时代人看了大为震惊。"他既不相信上帝也不相信巴赫。"身兼钢琴家、作曲家和指挥家的费迪南德·希勒愤愤地说。希勒给我们留下了他对柏辽兹的出色描绘："他高高的额头危悬于深深凹陷的双眼之上；巨大而弯曲的鹰钩鼻子扣在脸上；鼻子下面裂开一张薄薄的、像精巧裁剪了的嘴唇；相当短的下颌向前突出；一大团淡褐色的头发乱蓬蓬地耷拉着，绽放在他异想天开的脑袋上，这个发型连理发师都不知道该拿它如何是好——任何见过这颗脑袋的人都将对它难以忘怀。”柏辽兹是个惹人注意的人，他总是有意无意地吸引别人的目光。在巴黎歌剧院，他是包厢的核心，总是被跟着来的同学簇拥着。在演出过程中，他会愤怒地站起来大喊，让所有人都知道某个乏味的东西正在继续演下去。剧作家厄内斯特・勒古维一天晚上正在观赏威伯的歌剧《自由射手》的一场演出，突然包厢里出现了一阵骚动。勒古维这样描述了当时的情景：

> 我邻座的一个人从他的座位上站了起来，朝着乐队如炸雷般大喊：“你们在那儿不需要两支长笛，你们这帮畜生！你们需要的是两支短笛！两支短笛，听见了吗？唉，这帮白痴！”说完这些，他又坐下了，愤愤地骂骂咧咧。在他引起的一片骚乱中，我扭脸看见一个年轻人因为激动而浑身颤抖，他双拳紧握，眼睛冒着怒火。瞧他那一头蓬乱的头发——这是什么头型啊，看上去像是一把巨大的头发雨伞，像是一顶盖在老鹰嘴上的、可移动的遮阳伞。

也有一些人看着柏辽兹很不顺眼。门德尔松是个相当谨小慎微和保守的人，他就对自己同柏辽兹的第一次相遇没有好印象。那次是在罗马。他认为柏辽兹做作，装腔作势。“他的那种纯粹外在的热情，那种在女人面前装出来的虚情假意，那种自诩的刻意夸大的天才，都让我很受不了。”可就连门德尔松也不得不承认柏辽兹很有点意思。舒曼对柏辽兹更赏识一些：“柏辽兹并不尝试去取悦别人或是故作文雅。他敢恨敢爱，爱憎分明：恨时恨不得扯掉对方的头发，爱时爱到要碾碎对方的程度。”

柏辽兹远不是一个只会咋咋呼呼的人。他可是真的拥有大视野和大手笔。在某些领域，甚至连 20 世纪的人们都还远没有接近他的水平。就拿他的管弦乐队的规模来说吧。在 19 世纪 30 年代，管弦乐队几乎没有超过 60 个演奏者的。柏辽兹这位有史以来最伟大的管弦乐革新者，心中自有一个理想的管弦乐团，只有这支乐团才适合演奏他的音乐。早在 1825 年，他就组建了一个 150 人的管弦乐团，但即使这样还是和他梦想中的管弦乐队有很大差距。他梦想成真的那个管弦乐团有 467 人（还要加上 360 人的大合唱团）；除了有 242 名弦乐手外，还有 30 架竖琴、30 架钢琴、12 只铙钹、16 支法国号，外加各种各样的异国打击乐器。他的朋友们都认为他这样很不切合实际，他的对手们认为他这样是疯了。但是柏辽兹泰然自若。“只有抱有下流偏见的人，”他说，“才说大型交响乐队是噪音。如果这种乐队平衡很好，训练有素，并且得到很好的指挥，再加上演奏真正的音乐，那它就非但不是噪音，还不能是强有力的合鸣。”

从一开始，他的大型管弦乐团的理念就震惊了欧洲。不知何故，这个相对而言没经过什么训练的作曲家，这个不能演奏任何说得过去的乐器的前医学院学生，居然有耳朵去构思在当时还根本不敢想的音调新组合！他的《幻想交响曲》，无论从贝多芬那里传承了什么，都有其自身独特的色彩观和音响观。它那缤纷的色彩和宏大的音响迫使所有未来的作曲家都要修正他们对管弦乐音响和交响乐队潜能的传统认识。《幻想交响曲》是柏辽兹的第一部主要作品，他在 1830 年从音乐学院毕业之前就完成了它的创作。

肯定地说，没有一个早期的浪漫主义者是沿着柏辽兹那样的思路去思考问题的，即无论是古板拘谨的门德尔松也好，还是主要以钢琴语言考虑问题的肖邦和舒曼也罢，抑或是作为钢琴家、直到 19 世纪 50 年代中期才写出像样的管弦乐曲的李斯特也罢，全都不是站在管弦乐的角度去创作的。柏辽兹在他的那个时代非常超前，他对瓦格纳和理夏德·施特劳斯的影响远远多于他的同时代人对他们的影响。甚至在今天，《幻想交响曲》的最后两个乐章——分别描述了大踏步走向绞刑架和一个幻觉中的妖魔的夜宴——仍给人留下骇人听闻的震撼。

这首五个乐章的交响曲是青春、激情、狂热的音乐，它的创作灵感来自于德·昆西（De Quincey）的《一个鸦片吸食者的自白》。在《幻想交响曲》中，温文尔雅的古典式情怀被丢在一边；柏辽兹的丰富想象力沿着文学和音乐这两条线双箭齐发；而且它极易被激发，且一发就不可收拾。换上任何别的作曲家，这种饱含在柏辽兹音乐中的描述性效果恐怕都会显得浅薄而做作。可是这些效果在柏辽兹那里就不会失之肤浅，因为他是那样地富于创新，且它恰好就是他的本真。柏辽兹开始用其音乐高傲地表达*他*自己：*他*的爱憎，*他*的世界观，*他*的体验。甚至连舒曼，这位在作曲家中最个人化、最个性化的一位，都不曾尝试过如柏辽兹在《幻想交响曲》中所做的那样，自传性地描绘一个有血有肉、栩栩如生的青年艺术家的形象。

现在，标题音乐这个新生事物终于闪亮登场了。尽管已有不少先例，但《幻想交响曲》是标题音乐的第一部伟大作品（即一部讲述故事的音乐作品）。甚至连巴赫也写过一首作品来描述他与一个亲爱的兄弟告别的情景。那么我们如何欣赏标题音乐呢？我们非得时刻想着音乐中的故事吗？我们可以忽略故事而只把作品当作纯粹音乐来欣赏吗？美学家们争论这个问题已经长达一个半世纪了。碰巧对于《幻想交响曲》而言，柏辽兹把他以前用于其他目的而写的一些音乐——它们与《幻想交响曲》的标题毫无干系——放进了这部作品。也凑巧，在许多方面从其标题跑了题的《幻想交响曲》事实上也接近一部正宗的交响曲，即有一个奏鸣曲式的快板，一个柔板，一个谐谑曲，一个终曲。所以说，谁能讲得清什么是标题音乐呢？回答这个问题不容易。所有人都以他们自己的方式、按照他们自己的理解来听音乐。那些不怎么老辣的听众经常需要一些提示来听音乐，并且趋向于非要在各类音乐中“看”到画面才算罢休。专业人士听音乐与他们不同：前者把注意力集中在曲式、线条、形状、织体等上面，常常完全忽视任何音乐类型中的任何标题。（阿诺尔德·勋伯格就承认说，他听了那么多年，并且热爱舒伯特的歌曲——歌曲在本质上也是一种标题音乐，但却丝毫不知道它们的歌词内容。）在任何情形下，音乐都不可能精确描述任何事物。任何首次听《幻想交响曲》——或者李斯特的《前奏曲》，或者理夏德·施特劳斯的《蒂尔恶作剧》，或者德彪西的《大海》——的人，在事先不知道其被“强加”的文学内容的情况下，都将会发现，想要猜出它们的标题是不可能的事。至多，音乐只能表现心情和情感。如果有谁听不出《幻想交响曲》的第二乐章是一首华尔兹舞曲，或其末乐章是一个狂乱、咆哮、极度不安、像是招魂的乐章的话，那他或她也就真算是愚钝得可以了。不过至多也就只能这样，不可能更细了。标题可以对作曲家在创作时脑子里想的是什么有所提示，但是音乐的成败与否纯粹是音乐上的事情。甚至连歌剧也是如此，尽管音乐以外的联想在歌剧中肯定要起很大一部分作用。没有一部歌剧是因为剧本伟大而一直占据保留曲目单的。它经久不衰是因为它的音乐伟大。

柏辽兹需要一些音乐以外的刺激促使他奋起动笔。他在《幻想交响曲》中表达了他自己的一些幻想，激发他这些幻想的，是他迷上了一个爱尔兰的女演员哈丽耶特·史密逊。但是仅仅说他爱上了她，无异于说海洋里有水。在柏辽兹这一方，还不只是爱；那简直是一种差点就把他逼疯的自然界伟力。他向他的朋友们哭诉。他癫狂、呐喊。他消失在巴黎周围的乡村，有一次闹得连李斯特、门德尔松和肖邦都出门去到处找他，认定他可能是要去自杀。柏辽兹描述了他的“痛苦”，他的“无终止和无法扑灭的爱情烈焰”。他的身体痛苦得颤抖。“哪怕她能有片刻看出我这爱恋中蕴藏的所有诗意和无穷性，她都会一下子扑进我的怀抱，虽然她有可能在我的炽热抱吻中窒息而死。”

史密逊小姐没有回报他那伟大的爱，而且理由很充足。她不认识柏辽兹，他们没有见过面；她所知道的有关他的一切只包含在他写给她的那些言辞火热的信中。它们把她吓坏了。她认定他是疯了，所以不会去见他。他去剧院观看她的演出。当他看见她依偎在她剧中恋人的怀抱里时，他痛苦得尖声大叫，然后冲出剧院。《幻想交响曲》就是在这个背景下写出来的。他听到了流言蜚语，说她正在和另一个男人谈恋爱。那好啊，他会让她有好瞧的。他把她写进了《幻想交响曲》的最后一个乐章，让她在阴曹地府里面当一名娼妇。后来，他了解到这个传言是假的，就不再提她是艺妓了，但仍让她出席了“魔鬼的夜宴”。在他之前也有过标题音乐，但是一点也不像这首。《幻想交响曲》在1830年首次公演，一脸茫然的听众穿过它的五个喧闹而剧变的乐章，困惑地跟随埃克托尔和哈丽耶特进行了一次奇异之旅。自然，当时很少有人听得明白里面到底讲的是什么。《幻想交响曲》里面有一个技术上的奇思妙想给人留下深刻的印象。交响曲中的男主人公是个年轻的音乐家，爱上了作为女主人公的*她*。他把他心爱的她同一个乐思联系起来，整天除了这个乐思不想别的。于是乎，她的主题贯穿了整首交响曲，以“固定乐思”的形态展现于世，并最终催生了瓦格纳的“主导动机”。《幻想交响曲》有它自己的缺点。有一些写过头的地方，有一些故作姿态的矫情的地方，个别旋律的素材缺少灵气，一些过渡或转换失之笨拙。但是这些瑕疵在该作品的伟力、创新以及绚烂的配器和如火的浪漫气质面前，全都算不上什么。

这种欠缺与天才的混合瑕瑜互见于几乎所有的柏辽兹作品。神来之笔中不时掺杂着乏味和冗长难收的过渡。甚至以柏辽兹自己的松散标准来看，他的作品其外形有时也是不令人满意的。但是有些作曲家就是有这个本事，能够逃脱形式缺陷带来的惩罚。舒伯特和舒曼就能，因为他们拥有非凡的旋律天赋，所选素材的固有质量也高。柏辽兹也能，因为他具有超敏感的想象力和无与伦比的对色彩的感受力。他肯定不是最训练有素的作曲家，也不是可以信手拈来的曲调制造者，但是他能时不时写出灵感闪现的旋律，比如《罗密欧与朱丽叶》中的爱情音乐，比如《夏夜》组歌中的第一首歌曲。在穷追了六年之后，柏辽兹最终娶了他的哈丽耶特，但在这期间不是没有一些有趣的插曲的。比如说有段玛丽·莫克插曲。在《幻想交响曲》首演引起一阵骚动之后，柏辽兹去了罗马，暂时忘记了他的哈丽耶特。他的“新欢”是一个很有天资的女钢琴家玛丽·莫克。在意大利，他了解到玛丽已经嫁给了钢琴制造商普雷耶尔。在柏辽兹的自传中，他对这段插曲的描述有点滑稽：“我被自己的激情之火焚焦，因为愤怒而涕泗横流。但是我当场就决定了我该怎么办。我很清楚我的职责。我必须马上出发去巴黎，杀死两个有罪的女人（玛丽和她的母亲）”，“和一个无辜的男人。然后，当然了，我就义不容辞地自杀”。他预订了一辆马车，然后先抽空给一部未完成的管弦乐作品配器，在“找乐儿”之前先干点正事儿。他搞来一套女装和饰物，以便把自己伪装成一位贵妇的女仆；再弄来两把手枪，一瓶鸦片酒，还有一瓶士的宁。他满载着这些“屠杀”工具，杀气腾腾地直扑尼斯，没想到到了那儿后自己已经火气全消。在尼斯他度过了他一生中最快乐的三个星期。柏辽兹以极好的心情诙谐地调侃了上述这件事。他取笑了自己，也希望读者加入这取笑。真是太有趣了。在 1832 年他回到巴黎，并在翌年和哈丽耶特结了婚。岂料她是个泼妇，而且很快就成了酒鬼。他们就像一对儿冤家那样打架。在龃龉的间歇，柏辽兹一头扎进欧洲的音乐生活，并且很快成为先锋派的领军人物。他只对未来感兴趣。“要是你们排演巴赫的一首作品的话，我很可能会一见到他的赋格曲就逃之夭夭。”许多浪漫主义作曲家要么不喜欢古典乐派的音乐，要么只是嘴上说它好听。柏辽兹在表达他对早期作曲家的不喜欢方面是最坦率的一个。他看不上海顿的音乐，他否定莫扎特的大部分作品。他一生中最大的音乐灵感，就像所有的浪漫主义音乐家那样，来自于贝多芬。在贝多芬之前，很少有音乐是为了柏辽兹而存在的，除了格鲁克和斯庞蒂尼的歌剧。然而，荒谬的是，在文学上，他却对过去的文学家十分钟爱：荷马，维吉尔，但丁，莎士比亚，尤其是莎士比亚。“除了上帝，莎士比亚创造得最多。”在聚会上，他会向朋友们一连几个小时高谈阔论《哈姆雷特》，令他们不胜其烦。“到了 45 岁或 50 岁还不知道《哈姆雷特》——这就像是一个人一生都生活在矿井里一样！”柏辽兹可以说是个前后矛盾的人。正如近来学者们指出的那样，他一方面大声疾呼反对传统，一方面在他的音乐里却有大量的传统。随着他年龄的增长，他音乐里的古典传统变得愈加浓厚，乃至《特洛伊人》中的许多段落像格鲁克的音乐那样清新、纯真。柏辽兹的古典风格当然不是 18 世纪的那种，而更多是这样一种古典风格：青春那难以遏制的本能冲动得到适度、清晰、条理、得体等古典元素的调节、缓和与抑制。柏辽兹是法国人，具有法国人暗含的那种逻辑和精神心理结构。在柏辽兹常常是桀骜不驯的音乐洋面之下，涌动的是受到古典主义控制的暗流。尽管如此，他仍是一名彻头彻尾的革命者，随时准备好把传统的甚至是神圣的观念扔进垃圾箱。19 世纪的人们清楚这一点。“他追求不可能达到的目标，准备不惜任何代价也要拥有它。”圣－桑说。西奥菲尔·戈蒂埃在他的《浪漫主义史》（1854）一书中，把柏辽兹、雨果和德拉克洛瓦视为三位伟大的法国浪漫主义者。在戈蒂埃看来，柏辽兹代表了“浪漫主义的音乐理想”。他在把柏辽兹和雨果做比较时，指出 :“他们的第一个念头……始终是把他们自身从陈旧的古典节律中解放出来，即摆脱它那无休止的喋喋不休、强迫症似的高潮以及预先设定好的终止。正如维克多 · 雨果置换了诗句的主要停顿（caesuras），使用了跨行连续（enjambment）等手法改变了诗歌的单调和千篇一律那样，埃克托尔 · 柏辽兹也改变了音乐的韵律节奏，以之造成耳朵的错觉，打乱耳朵对于对称发生的期待，并且只在他认为合适的地方标注乐句的‘标点符号’、抑扬顿挫……这两个人都对古典艺术的线条的过于光秃和过于简单抱有同样的藐视。”柏辽兹代表了一种反德国式的浪漫主义类型 : 不那么厚重，不那么多愁善感，更加贵族气一些。随着他年龄的增长，他身上的古典主义那一面开始愈加凸显 ; 他开始躲避像《幻想交响曲》那样的过于张扬、外露的奇思狂想，并且说 :“一个人必须尝试冷静地去做那些最炽热的事情。”

他的那些独一无二的总谱开始稳步地一一问世 :《哈罗尔德在意大利》（1834 年，此时拜伦已经逝去，那些浪漫主义者们也跟随其后）;《安魂曲》（1837）;《罗密欧与朱丽叶》（1839）;《浮士德的责罚》（1846）;《感恩赞》（1849）; 清唱剧《基督的童年》（1854）; 歌剧《本韦努托 · 切利尼》（1858）、《特洛伊人》（1858）和《贝阿特丽丝与贝内迪克特》（1862）。这些还只是他主要的作品 ; 此外还有许多合唱作品、歌曲及其他作品。他的音乐常常是按照他自己设计的体裁写的，像是综合体裁。比如《浮士德的责罚》，它是什么体裁呢？是清唱剧吗？还是歌剧？都不像。柏辽兹称它为“一部音乐会歌剧”。《罗密欧与朱丽叶》是什么呢？是合唱作品吗？柏辽兹称它为“一部戏剧交响曲”。无所谓啦，反正每一部作品都要加以单独判定就是啦，拿任何先入为主的现成体裁来套都不成。以《浮士德的责罚》为例，虽然听众很清楚里面有些段落蹩脚，宣叙调没完没了地烦人，但对其中的《拉科奇进行曲》还是深感过瘾，对《通向地狱之行》听得鸡皮疙瘩掉落一地。听啊，在木管乐器的微鸣之中，长号在咆哮，巴松管在劲吹，这是多大的震撼啊！还有，与之相反的是亲切温馨的《基督的童年》，以其静谧温婉的乐音和无限的柔情深深打动着听众的心。抑或是《安魂曲》的伟力，以其副部的铜管乐合奏，其妖娆性感的乐音，听得人心醉神迷。柏辽兹是头一位为声响而使用声响的作曲家，他是为了乐音而乐音；他是纯声音的美学家，发明了一种纯粹对乐音的审美。[1]对这种音乐，任何一套常规的音乐价值体系都不太套用得上，因为常规的音乐价值体系不适用于它。柏辽兹音乐的结构太无拘无束了，旋律太不对称了（传统的成双成对性和问答性很少），和声语言太个人化了。他的音乐里有一种特殊的精气神，对有些听众来说是那么意味深长，而对另一些听众来说却是相当地负面和消极。随着年龄的增长，柏辽兹身上的古典主义那根筋也渐渐复苏，其表现与其说是外在的，毋宁说更是内在的：它更多体现在线条而不是音响的质量上。正如杰拉尔德·亚伯拉罕在其《音乐百年》中说的那样：“音乐史上极少记载有比这更惹眼的悖论：当浪漫主义运动在 19 世纪征服整个音乐世界的

[1] 如果说巴赫的作品是纯音乐，那柏辽兹的作品就是纯乐音。

时候，那个继续创作宁静优美的音乐、洋溢着古典精神并达到了古典理想的唯一重要的作曲家，竟和那个在四分之一个世纪前被视为浪漫主义者中最浪漫的人是同一个人。”

而这些年来柏辽兹也处在不断的麻烦中：在家里他的妻子让他烦恼（他没过多久就找了一个情妇，一个叫玛丽·雷齐奥的二流歌唱家，并最终在 1854 年哈丽耶特去世后娶了她）；他的同行也找他的麻烦；法国公众也给他添堵——他们对他的音乐迷惑不解。他的确有一群追随者。伟大的作曲家总是有追随者。根本没有完全被误解的天才这回事。不过，柏辽兹的拥护者是一个很小的群体，而且其中绝大多数是搞专业音乐的人，绝不像那位巴黎歌剧院的宠儿贾科莫·梅耶贝尔那样，能够招来一大堆崇拜者。柏辽兹不得不为争夺每一寸的地盘而战。他不惜负债，竭力让世界理解他的音乐语言和风格。帕格尼尼有一次用一件价值 20000 法郎的礼物保释他出狱（以 1995 年的美国货币计算，约合 45000 美元）。帕格尼尼说，柏辽兹是唯一能让贝多芬起死回生的人。

当时老派的音乐家们都抵制柏辽兹的创新，或者干脆不理睬它们。他和阿贝内克的关系是很有代表性的。弗朗索瓦·阿贝内克是个很不错的老顽童，他在 1828 年创办了“巴黎音乐学院系列音乐会”。但他是一个守旧的人，柏辽兹几乎谈不上尊敬他。1836 年，柏辽兹获得了他一生中仅有的几次官方委托之一。内政部长委托他创作一部《安魂曲》，并计划在一年一次的纪念 1830 年革命的死难者的仪式上演出。乐曲的首次公演在第二年（1837 年）举行，由阿贝内克指挥。柏辽兹很不高兴：阿贝内克是他万不得已的最后选择。正如他解释的那样，阿贝内克已经有好几年没跟他说过话了。“他对我的态度很粗鲁，并且不可理喻。”但是柏辽兹也没有什么办法，因为首次公演是在政府的支持资助下举行的，而且阿贝内克还是国家所有重要的音乐庆典活动的总负责。首演的日子到来了，柏辽兹在他的自传里描述了当时的经过：

在一大片场地上，我的（庞大的）演出班子被分成了几组。这很有必要，因为我在《喇叭喧鸣》（*Tuba mirum*）里使用了四支铜管乐队，它们必须得安排在表演者主体的对面，即在四个角落里各有一支。在它们进入演奏的那个点上，也就是在《喇叭喧鸣》一开始时（它没有停顿地紧随《末日经》出现），音乐变得宽阔起来，速度慢了一倍。起初，全部四组在新速度处同时奏响；然后，再拉开距离、续接彼此地遥相呼应和问答。它们渐次进入，叠加起来，每一个都比前一个高三度。因此，十分清楚地打出这个较慢速度的四下拍子——当它到来时——是极其重要的；否则，这场精心准备、动用了前无古人后无来者的巨大资源组合的“大灾难”（是用音乐再现《圣经》中的“末日审判”），就只会成为一场畸形的乱哄哄的闹剧而已。而这一段我是想让它成为音乐的一个里程碑的。

带着习惯性的不放心，我一直待在阿贝内克的身后。我背对着他站着，监督着定音鼓组（他看不到这一组），眼见着他们加入总体风暴的时刻的到来。我的《安魂曲》大概有一千个小节。就在我正谈及的这一小节——即那个速度变宽缓、铜管乐器展示其恢宏嘹亮的高奏的小节——事实上，这是个绝对不可缺少指挥引导的小节——到来时，阿贝内克却偏偏放下了指挥棒，并且若无其事地掏出鼻烟盒，捻了一撮鼻烟来吸。我可是一直在盯着他看呢。见此情景，我一个急转身，跳到他前面，伸出我的胳膊，比画出那四下关键的拍子，踏上新的速度。乐队转而跟着我走了，一切有条不紊地进行下去了。我指挥着这部乐曲直到结束。我一直梦想的那种效果终于达到了。在合唱团唱到最后几个词的时候，阿贝内克看出《喇叭喧鸣》被我挽救了，他说："天哪，好险！我浑身冒冷汗。要是没有你的话，我们就乱套了。"

"这我知道。"我回答他，直盯着他的眼睛。我没再说别的。他是故意这么干的吗？有没有可能，这个与某个恨我的人勾结，还与凯鲁比尼的朋友们勾结的人，他们串通起来拆我的台呢？他们是不是阴谋策划了这出如此卑鄙的、背信弃义的把戏呢？我宁愿不这么想。可我还是不能不起疑。如果我冤枉他了，那就请天主宽恕我吧。

厄内斯特·纽曼在他那个版本的柏辽兹回忆录里，怀疑这样的事件是否真的发生过。但是纽曼怀疑错了。钢琴家、指挥家查尔斯·哈勒（Charles Halle）在其回忆录里也专门提到了阿贝内克的这次"失误"。柏辽兹至死都一直相信阿贝内克试图搞垮他。为了能有稳定的收入，柏辽兹搞起了音乐评论。1853年他成为《辩论报》的评论员，在这个职位上干了10年。他还给其他的出版物投稿。柏辽兹是他那个时代（或许是所有时代）最伟大的音乐评论家，但他却很讨厌评论这个行当；并且讨厌写作，虽然他的文笔非常流畅自然，文风清丽隽永。他在谈到自己写作时的心理障碍这个话题时话可多了，他的回忆录里充斥着他对自己交上厄运（从事写作）的大声抱怨。他说他可以连续花 8 个小时在他的音乐上，但他为了开始写一篇散文却不得不在心里斗争很长时间。他这样描述了许多作家都有的进入写作状态时的心态：

> 刚写了四五行，我就站了起来，在房间里踱来踱去，朝窗外看外面的大街，然后拿起一本书……我的大脑好像随时要爆炸。我的血管在燃烧。有时候，我一直保持肘部支撑在桌面上、双手抱头的姿势。有时候，我像一个站岗的士兵，来回踏步走在零下 25 度的严寒中……
>
> 当我再次转过身时，我的目光落在了写在那张可憎的纸片上的那个可憎的题目上。这张纸仍是一片空白，执拗地等着我在上面填满词语。这使我感到绝望得要命。一把吉他靠着桌子站立着。我飞起一脚把它拦腰踢破……在我的壁炉上摆着两把手枪，用它们圆睁的眼睛（枪口）瞪着我。我也瞪了它们很长时间。我甚至用拳头一下又一下地敲打我的脑袋。最后，我像一个不能完成作业的男学生那样，撕扯我的头发，气得“呜呜”直哭。

没有多少音乐评论家像柏辽兹那样深谙其道；像他那样文笔鲜活的评论家就更少了。丰富的知识结合漂亮的文笔，造就他的文章独一无二。他的文笔意识很强，生怕自己的文章写出来单调乏味、枯燥无趣。为此他说过：“我要努力让我贫血的句子多点血色，让它们多点跌宕转折。”他以热情、公正的态度和诙谐幽默的口吻评说着时下的音乐风云。不幸的是，他的大多数音乐评论还都没有被翻译过，人们不得不从《辩论报》或《音乐报》上面把它们一点点地挖掘出来。他的有些文章已经被收集在一卷本的《管弦乐队之夜》中，这是一个囊括了他的最有趣的杂文的集子。其中一篇充满了斑斓多姿的想象，显然是深受 E. T. A. 霍夫曼的文字的影响。它讲述的是巴黎音乐学院的一次钢琴比赛。30 个钢琴家集合起来比赛指定曲目：门德尔松的《g 小调钢琴协奏曲》。在被演奏了 30 次这首作品之后，这架高贵的埃拉尔牌钢琴竟然开始自己演奏起这首协奏曲来！没人能使它停下来。于是他们派人去请制造商——埃拉尔本人。后者亲自急匆匆地赶来。此时钢琴已变得狂怒，根本不听命令了。埃拉尔用圣水喷洒在钢琴上，也不起作用。人们拆走了键盘，但它继续自动演奏。把它扔在院子里，埃拉尔命令人用斧子把它一条条剁开，可是每一根琴键仍在周围跳舞。最后他们只好把它扔进火里烧掉了事。“没有任何别的办法让它松手。毕竟，让一架钢琴同一天在同一个大厅里听 30 次同一首协奏曲而又不染上自动弹它的习惯，这怎么可能呢？这下门德尔松先生肯定不会抱怨自己的音乐没人演奏了。可是，请您想想这样过滥的坏处吧！”柏辽兹总结道。

他还花了大量时间和感情在他的歌剧创作上，先后创作了《本韦努托·切利尼》（1838）、《特洛伊人》（1858）和《贝阿特丽丝与贝内迪克特》（1862）。其中《特洛伊人》的规模大得多，也是这三个中最雄心勃勃的一个。它是柏辽兹后期把古典与浪漫元素结合起来的典范之作。他心目中的文学三雄是莎士比亚、拜伦和维吉尔。孩提时，柏辽兹就整天沉浸在维吉尔的诗歌中。“我这一生都泡在这种半神半人之中；我太熟悉他们了，以至于我觉得他们也肯定熟悉我。”1855年，他着手创作一部关于埃涅阿斯的歌剧，并在短期内完成了歌剧的脚本。“维吉尔是一个多么伟大的作曲家啊！他是一个多么了不起的旋律与和声专家啊！”柏辽兹深深地被维吉尔的《埃涅阿斯》卷1、卷2和卷4所吸引。他也从他心爱的莎士比亚的作品中撷取了一点东西塞进了这部歌剧（《威尼斯商人》中的洛伦佐与杰茜卡的爱情场景）：“在像这样的一个美丽的夜晚……”

可是，谁会下血本去制作这样一个歌剧的庞然大物呢？它分成两大部分，进行大约四个半小时。它要求奢华的布景、服装、道具。它的第一部分“夺取特洛伊”围绕着一个人物卡桑德拉展开，但是这个人根本没有在第二部分（“特洛伊人在迦太基”）里出现。在1858年，柏辽兹已经很有名了，但他发现没人对他的这部歌剧感兴趣。他试图说服法兰西皇帝过问此事，但没有成功。他还自费出版了歌剧的钢琴总谱，但这也没有引起人们对《特洛伊人》多大的兴趣。

最终，在1863年，抒情剧院的经理列昂·卡瓦洛决定冒一次险。但他只下了部分赌注：只将这部歌剧的第二部分搬上舞台。这部歌剧随后演了22场，让柏辽兹实际上从中赚了足够的钱，使他可以不干音乐评论的工作了。这件事让他兴奋至极，但是由卡瓦洛制作的《特洛伊人》的这个糟糕的版本却是柏辽兹在其一生中听到的最后一部歌剧。一直到1891年，它的第一部分“夺取特洛伊”才在巴黎上演。而直到20世纪60年代，完整的《特洛伊人》才如柏辽兹生前所希望的那个样子得到上演：所有先前的演出都被大幅度地删减了。

柏辽兹本人也曾对第二部分在抒情剧院惨遭“截肢”大为不满。他气得暴跳如雷。他发现它的表演“荒诞不经”。在首演之夜，舞台班子把“皇家狩猎与暴风雨”一场演砸了不说，还花了长达55分钟才把布景换掉。第二天再演时，索性把这场整个都去掉了。嗣后，卡瓦洛要求越来越多的删减，还要求修改剧本。难怪《特洛伊人》那个时候没有给人留下太多的印象！柏辽兹在首场演出落幕之后，振作起来准备迎接观众敌视的起哄。但是什么反应也没有，“只有一声孤零零的压抑的嘘声，在演完后我返场时响起。仅此而已了。这位先生还挺能‘善始善终’的，在接下来的那几个星期里，必定带着一个同事回来‘捧场’，很精确地在（《特洛伊人》的）第三、第五、第七和第十场演出的同一个时刻发出嘘声”。

《特洛伊人》中的浪漫主义受到格鲁克或斯庞蒂尼的古典主义的中和。就此，柏辽兹说过：“我相信，假如格鲁克还能回来的话，他会说：‘这是我的儿子。’”柏辽兹还说过，他通过《特洛伊人》“创造了一部伟大的作品，比先前的任何作品都更伟大和崇高”。确实，它的大量音乐都是那样壮美；但是要想进入剧情的天地，恐怕您还要花很多时间来熟悉这部歌剧。乍听之下，它的有些段落，尤其是在第一部分里，可能显得宣叙调或朗诵部分（念白）过多。然而，你听得越多，柏辽兹的良苦构思就越加清晰地显现出来。音乐中有许多微妙的衔接之处，承前启后，把整部总谱拼缀成一个极富表现力的统一体。就连那段有关拉奥孔之死的冗长的复调合奏也具有出奇的震撼力：它是柏辽兹最出彩的大悲乐华章之一。

《特洛伊人》第二部分的大部都是纯粹的销魂旋律。那段近乎（瓦格纳）特里斯坦式的二重唱“陶醉之夜”著名得当之无愧。同样高水准的还有那段安娜–迪多二重唱，它的开头是“一个年轻帝国的皇后”。当剧中的女人们唱着三度音的时候，柏辽兹实际上是在唤醒过去的美声歌剧，但是更上了一层楼。贯穿整个这一部分，非凡的乐思一个挨一个地接踵而来。无数巧妙的起承转合潜藏其中，把整场戏——不断呼唤埃涅阿斯奔赴意大利——衔接得严丝合缝。不妨这么说，正是由合唱团高歌的“Italie”（意大利）结束了这部歌剧的第一部分；而正是这贯穿第二部分的维吉尔式的呼唤“Italie”才最终引发了大结局。

到柏辽兹着手创作《特洛伊人》的时候（1858 年），他对素材及自己资源的驾驭能力已经臻于完美的境地。他的这部有关埃涅阿斯的歌剧将是奉献给维吉尔的一部古典主义的献礼。不幸的是，柏辽兹觉得他必须得在巴黎歌剧院规定的期限之内完成这部作品。他太想让当时的巴黎大歌剧院上演《特洛伊人》了，所以他把那段芭蕾舞音乐也包括在其中，而这恰巧是总谱中最薄弱的部分，远配不上歌剧的其他部分。出于同样的考虑，他还把一些梅耶贝尔式的华丽铺陈塞进了剧中。在“夺取特洛伊”这部分的第二幕的开头有一首进行曲，就很容易让人想起当时最流行的歌剧作曲家梅耶贝尔的音乐风格。不过，除此之外，在《特洛伊人》的其他地方，便处处吹拂着格鲁克时代的雅韵古风了。柏辽兹天性中的火热的浪漫气质在这里受到了坚决的遏制。剧中的迪多就像伊索尔德那样，也有一段“爱之死”，但是迪多的“爱之死”是宁静的、私密的、挽歌似的，不像瓦格纳的女主人公那样火热、张扬、欲火万丈。把这两对恋人拿来比较一番是很有意思的：瓦格纳的特里斯坦与伊索尔德，柏辽兹的迪多与埃涅阿斯。（碰巧，瓦格纳是在柏辽兹完成《特洛伊人》仅一年后完成他的歌剧《特里斯坦与伊索尔德》的。）特里斯坦与伊索尔德是象征性人物，本身就是一个更大的象征主义的组成部分。迪多与埃涅阿斯则只是一对儿男女恋人，沐浴在地中海的阳光下。《特里斯坦与伊索尔德》完全是关乎夜晚的；迪多与埃涅阿斯则是光天化日的造物。瓦格纳是更伟大的作曲家，但柏辽兹有一颗更敏感细腻的心。他在《特洛伊人》的第二部分中创作的音乐，尤其是爱情音乐，比起瓦格纳音乐的任何最出神入化的时刻，都毫不逊色。

在生命的后期，柏辽兹用了大量的时间来指挥乐队。他之所以走上指挥台，是因为似乎没有人能够或愿意指挥他的音乐。自从他的一个朋友、指挥家纳尔西斯·吉拉尔在1834年指挥《哈罗尔德在意大利》的首演演砸了之后，柏辽兹就下定决心今后自己亲自来。作为一个乐思喷涌的作曲家，一个有着强大个性的音乐家，一个对理想状态下的音乐有着丰富想象的浪漫主义者，柏辽兹比当时所有的人都更能从管弦乐队中学到东西。瓦格纳在1839年听过柏辽兹指挥乐队，印象非常深刻。瓦格纳可不是一个随便吹吹拍拍、净说恭维话的主儿，但他也说出了如下感言："我只管竖起耳朵，仔细聆听他弄出来的那些我从没梦想过的音响和音色，并心想我也一定要努力去实现它们。"在指挥台上，柏辽兹是个轻快多变、活跃夸张的指挥家，是舞蹈指挥法的鼻祖之一。然而，无论他多么手舞足蹈，他的拍子却永远打得明确清晰，他的诠释也应该是流畅、逻辑性强、比例适当的。作为指挥家，他与瓦格纳正好相反。瓦格纳主张以自我为中心，速度摇摆起伏不定，表现自我与表现作曲家的意图并重。柏辽兹对这种主张不以为然，有一次还评论说瓦格纳的指挥过于自由而随意，“就像在钢丝绳上跳舞，过于随便地改变速度了”。瓦格纳则反击说，柏辽兹指挥的所有作品都失之浅薄，除了他自己的作品。（德国音乐家总是倾向于说法国音乐家肤浅，至今如此。）奇怪的是，对 20 世纪的听众来说，柏辽兹的指挥风格远比瓦格纳的更对胃口。

柏辽兹和瓦格纳是先锋（超前）音乐作曲家中的两巨头。他们的音乐生涯只有一点相交：瓦格纳在 19 世纪 60 年代趋于成熟，而那时柏辽兹已经搁笔了。柏辽兹从没听过瓦格纳的一部大作，他唯一听过的瓦格纳的成熟作品只有《特里斯坦与伊索尔德》的前奏曲。柏辽兹当时就听得半懂不懂，也不喜欢它。回顾这首作品时，他称它为“某种半音阶的呻吟，充斥着不协和音的和弦，其中的那些取代了实音符的冗长的倚音更加重了它的刺耳难听”。尽管如此，这两位作曲家都是很先锋的，柏辽兹尤其应该对他这位伟大的同时代人的新音乐语言抱有同情才是。此前他自己也一直是到处碰壁，到死都没有在巴黎取得哪怕是一点点的立足之地。

这两位是1855年在伦敦相识的。当时两人都去那儿指挥乐队。瓦格纳留下了他那天晚上活动的一个记录，而没有意识到它是多么滑稽。瓦格纳一向是个打开了就关不上的话匣子，对所有话题都是滔滔不绝，他那教皇似的话语中处处显现出康德、席勒、叔本华的美学与形而上学的影子。在那个特殊的伦敦之夜，瓦格纳又开始慷慨激昂地大放厥词：“一如既往，生活中的印象使我们沦为奴隶，直到我们通过组成内心灵魂形态的方式把这些印象甩掉为止。这些形态丝毫不是由印象组成的，而只是被它们从沉睡中唤醒而已。也就是说，艺术形象不是印象的结果，而是正相反，是摆脱了印象的结果。”瓦格纳坐而论道，柏辽兹严肃地细听。后来，瓦格纳回忆道，柏辽兹边听边露出“一丝高高在上、仁慈而智慧的微笑”，并说道：“我们称之为消化。”瓦格纳可是一点幽默感也没有，他没听出柏辽兹话中的诙谐。但就是这样，柏辽兹巧妙地讽刺了一下瓦格纳的自我膨胀和自以为是的理论推理。

这两个人是无论如何也搞不到一块儿了。柏辽兹十分怀古思幽，同时又很现实、温文尔雅和机智，其程度不下于瓦格纳的自私、自我中心和哲学上实则混乱的自以为是。对于先锋作曲家中这两位最有名的领军人物，人们很难不把他们树立起来唱对台戏。李斯特及其同伙加入了瓦格纳并追随他，从而解决了这个困局，他们在“未来的音乐”这面大旗下结成一派。柏辽兹大概永远也不会加入这帮人的。首先，他是先锋音乐的第一人，是老大，岂能丢了这个面子？再者，他的风格早在瓦格纳的《特里斯坦与伊索尔德》之前就已经完全形成、羽翼丰满了。此外，他没准儿还嫉恨由瓦格纳来执未来音乐的牛耳呢。柏辽兹是个孤独者，他独往独来，没有学生，没留下门徒弟子，反倒是瓦格纳把年轻一代的大多数都收到了自己门下。不过，瓦格纳在 1860 年写给李斯特的一封信里，还是充分认识到了柏辽兹的崇高和孤傲地位。在瓦格纳看来，只有三个作曲家是值得他注意的：李斯特、柏辽兹和他自己。正如瓦格纳自己说的：“在现阶段，只有我们三个能打成平手，即你、他和我。”有趣的是，瓦格纳略去了威尔第的名字，否则他就准确多了。1860 年的时候，舒曼、门德尔松和肖邦都已去世，而那些后浪漫派的伟大作曲家还有待时日才能打下他们的印记。

柏辽兹发现自己活得太久了。他疾病缠身，情绪低落，在生命的最后六年住在一小套被他命名为“卡利班洞穴”的公寓里等死。（卡利班是莎剧《暴风雨》中的那个凶残丑陋的奴仆。）偶尔他还会公开露一下面，比如去维也纳出席他的《浮士德的责罚》和《哈罗尔德在意大利》的公演。然而音乐风水轮流转，时过境迁、风光不再，这位伟大的浪漫主义者最终也过时了。李斯特、梅耶贝尔、奥柏、古诺、托玛这些人成了巴黎人的新宠。柏辽兹尝试靠吸食鸦片来减轻身体和精神上的痛苦。1869 年 3 月 8 日，他与世长辞。在抬棺者中有托玛和古诺。凯鲁比尼、格鲁克、莫扎特的音乐和柏辽兹的《安魂曲》的片段响彻他的葬礼现场。如果说柏辽兹生前不受欢迎的话，至少他的去世还是引起了不小的关注的。根据报纸的报道，通向蒙马特尔公墓的道路两旁挤满了人。送葬队伍经过时，国民卫队的军乐队高奏葬礼进行曲。全欧洲的音乐评论权威都撰文评价柏辽兹的一生和创作。有些人指责他对音乐的发展产生了邪恶的影响。但是《吟游诗人报》的评论家奥斯卡·高梅当却写了赞赏性的和敏锐的评论。其中一段是关于柏辽兹的音乐在初听之下意味着什么的：

> 许多年前，我第一次听到《罗密欧与朱丽叶》，那是个庞大的乐队和有着无数人的合唱队，由作曲家亲自指挥。我当时的感觉是深深的——同时又是疑惑的——震撼，使我肃然起敬，但引不起我的热情。我看到眼前赫然出现了一位伟大的艺术家；我确实感觉到了；我的理性告诉我，我正在倾听

> 充满诗意的壮丽音乐。然而，我那当时还稚嫩的耳朵得费很大的劲，才能跟上它那别出心裁和大胆的发展。此外，那波澜起伏的旋律，时而贞洁，时而淫荡，时而梦幻，时而阴郁，时而灿烂，热情如火……总是打上天才的印记，充满着新鲜的东西。但是这一切只是轻轻掠过我的心头，而不能深入进去。在这首别出心裁的作品面前，我虽然眼花缭乱，但始终保持冷漠，就像得克萨斯州或秘鲁火山周围的居民，在毫无准备的情况下，被突然从边远地区带到正在搞盛大节庆的巴黎那样，既茫然不知所措，又麻木不仁。

即使在今天，初次接触柏辽兹音乐的人仍有高梅当在1869年所准确描述过的那种感觉。虽然柏辽兹的音乐在他死后从没完全从曲目单上消失过，但他的作品眼下只有不多的几首仍在被演奏，其中大型的只有《幻想交响曲》一首。他也有一批拥戴者，比如指挥家菲利克斯·魏因加特纳。但是总的来说他是个被边缘化的人物，直到"二战"后人们重新发现他为止。尤其是在英国，复兴柏辽兹搞得非常红火，甚至连他的歌剧也被重新搬上舞台，大受欢迎。柏辽兹复兴在美国没这么厉害，尽管自1950年以来他的音乐基本上都被演奏过了，大大超过了以往。也许柏辽兹将永远只受到少数强势精英人物的尊崇。他不可能对每一个人都说话。但是他的所有作品里都有亮点或神来之笔。每逢这时候，柏辽兹看上去便十分清晰，他的鹰钩鼻子傲然挺向天空，以其独特的辉煌音色和理想化的自我表达灿烂夺目，把浪漫主义的理念表现得淋漓尽致。

• 11 •

弗洛莱斯坦与尤瑟比乌斯

——罗伯特·舒曼

ROBERT SCHUMANN

伴随着罗伯特·舒曼，浪漫主义音乐达到了鼎盛时期。浪漫主义的方方面面都在舒曼身上反映出来。他是内省的，唯心的，理想化的，在精神上与当时文学的方方面面都有密切的神交。他是一个革新者，一个评论家，一个宣扬创新的宣传家，更是一个伟大的作曲家。起初，他的音乐几乎彻底去除了传统的形式，但后来他却创作了更加正统一些的交响曲和四重奏。他是第一个彻底反古典的作曲家，先前已存在的曲式对他几乎已没有任何意义，尽管他谙熟它们，完全了解它们（他是一个高级的音乐理论家，见多识广的程度不下于当时任何活着的音乐家）。当他那个时代的作曲家都在创作奏鸣曲、交响曲和变奏曲的时候，舒曼却正在创作着《间奏曲》、《阿拉伯风格曲》、《大卫同盟舞曲》、《克莱斯勒偶记》（*Kreisleriana*）、《狂欢节》、《童年情景》等稀罕和有特指的音乐作品。它们都是把一时心血来潮的奇思怪想之作捆扎在一起而成的，是舒曼的精神日记和随想音乐。一位评论家曾经因为他没有创作正统的奏鸣曲而责难他。对此舒曼的反应很是激烈，代表了典型的浪漫主义者的态度：“就好像所有心理图像都必须套用一两种形式才能形成似的！就好像任何一个意象若不给它定做一个外套就无法存在似的！就好像凡是心理画面都定能塞进一个外框似的！就好像每件艺术品若没有自己的形式就没有自己的含义似的！”这个陈述非常重要，也很现代：有史以来在音乐中，第一次有人表达了内容和乐思决定形式，而不是相反的观点。与任何作曲家相比（甚至包括肖邦，其作品形态在很大程度上也是反古典主义的），舒曼都可说是建立了一整套新的近乎表现主义的美学体系。他的音乐要反映心态，表现意识。从这个观念出发，一个简短的陈述也能和一篇很长的演讲一样有效，也许还更有效。舒曼和肖邦一道（两个互不相干各自独立工作的人）表明，形式并不是为了学院派院士们而存在，而是为了有创造力的独立心灵而存在；纯粹的乐思能决定、左右其自身的表现形式；一个虽小但却完美的体裁，只要能捕获并挖掘透某个乐思，就能成为其自身的审美评判标准。情绪，色彩，暗示，借喻……这些对舒曼来说非常重要，远比写“正确的”赋格曲、回旋曲、奏鸣曲重要得多。他的音乐永远富有变幻莫测、不可预料的突发奇想，五花八门的结构和情绪，万花筒般的织体，纯粹的个性反映，以及强烈的主观性。很自然地，欧洲的每一个学究和学院派人士都会果断地把舒曼当成一个替罪羊。在他们看来，他的作品是音乐的终结，是世风日下时代退化的一个标志。他的音乐看似怪诞，不定型，无法无天，像空穴来风。他的音乐同诗歌、绘画、个人影射和浪漫主义美学联系紧密。对舒曼来说，这些是一个整体。“审美的体验，”他曾经写道，“在任何艺术门类中都是一样的，只是外形不同罢了。”很少有主要的作曲家在他们自己的时代像舒曼那样如此不受喜爱，其中更少有人其作品在生前很少得到演奏。就说瓦格纳吧，虽然他在很多方面都被人讨厌，但是他的作品却得到了大量的演出，他的作品也在整个欧洲引起热烈讨论。因为瓦格纳知道如何提升、张扬自己。而温文尔雅的舒曼从不会这么做。他是一个安静的人，中等身材，长着一张敏感的脸，还有两片总是噘着的嘴唇，仿佛他正在对着自己吹口哨。他不像瓦格纳和柏辽兹那样好斗，几乎从来不真正还击；当他真要反击的时候，他会像一个评论家应该做的那样反击，但也是为了新音乐，而非为了他自己。他心胸宽阔，慷慨助人，热爱音乐且十分专注。他给所有的青年才俊以帮助。与此同时，他那辛辣的和声，强烈得非同寻常的不协和音和切分节奏，以及他那关于自由但又实用性强的体裁的新观念，所有这些都被保守分子说成是一个疯子的发明。在亨利·福瑟吉尔·乔利（伦敦《雅典娜神殿》的评论家）看来，舒曼的音乐代表了这样一种艺术，它“通篇都是几乎没有什么价值的想法，并且通过狰狞怪诞或单调乏味的任性来掩盖内在创造力的贫乏”。乔利从舒曼的音乐中嗅出了他心目中的文明的终结；“堕落！”他咆哮道。幸亏舒曼有不少朋友和弟子，他的仰慕者们也很乐于传播他的音乐。他还有一个堪称世界最杰出的钢琴家之一的妻子。他的音乐一点点地取得了进展，尽管直到他去世以后，他才被视为不朽的人物之一。如果说曾经有一位作曲家注定要遭受音乐带来的厄运，那这个人就是罗伯特·舒曼。从音乐降临他的襁褓，俘获了他，滋养哺育了他，到最终毁灭了他，这里面颇有点古希腊悲剧的意味。从一开始，他的情绪就是过度紧张的，反常的。他的心灵就像是一台灵敏的地震仪，音乐在上面记录了强烈的大起大落。但那些不那么敏感的人甚至都不会注意到这些震动。舒曼自己曾经记述道，小时候，他有一次在半夜偷偷溜到钢琴那儿，一边弹着一连串和弦，一边哭得死去活来。让·保罗的文学作品使他那样受感动，用他自己的话说，阅读这样炽烈文字的强烈快感差点让他疯掉了。当他得知舒伯特去世的消息后，他哭了整整一夜。任何一个敏感至微心细如丝到如此地步的人都很容易失控，舒曼最终也失控了。在 1851 年前后，即在他逝世前五年，他开始出现幻觉。他仿佛听到了来自天堂的和声。一天夜里，他梦幻到舒伯特和门德尔松的灵魂给他带来了一段主旋律，他从床上跳下来，把它写在纸上。就像威廉·布莱克那样，他也有幻觉。但与布莱克不同的是，他不能同他的幻觉相安无事，所以他的精神最终崩溃了。然而，他在自己 46 年的生命里取得了很大的成就。他那介于人与神之间的灵魂给他昭示了一种新的音乐，而直到那时为止，都还没有别的作曲家开始涉足这种音乐。别的作曲家，其音乐都能被轻易溯源到巴赫、海顿、亨德尔、莫扎特和贝多芬的音乐那里：它们都是那些巨人的音乐的派生物或衍生物。比如柏辽兹就欠着贝多芬一大笔债。甚至连肖邦这样的一位年轻天才，其音乐也受到比他早一些的作曲家的影响，如菲尔德、威伯、胡梅尔。可是舒曼却从一开始就完全形成了他自己特有的风格，很难从他的音乐中找到先辈的影子。基本上，舒曼是一个自学成才的作曲家。很明显，他的家族里没有搞音乐的前辈。他于 1810 年 6 月 8 日出生在萨克森的一个叫茨维考的小镇上。他的父亲奥古斯特是一个书商；像罗伯特一样，他也是一个相当害羞和与世无争的人。除了卖书之外，他还出版过德文版的司各特和拜伦全集。然而他最爱做的，还是坐在他的书房里，一袋接一袋地抽烟斗，写作浪漫小说。在舒曼家里有一种不好的紧张气氛。奥古斯特患有所谓的精神病，并在他生命的最后几年里完全不正常了。他的女儿艾米莉亚是个身心俱残的人,后来自杀了。许多年后，罗伯特·舒曼也试图自杀。甚至在年轻时，罗伯特就开始害怕他自己也要发疯,这种念头一生都在折磨着他。罗伯特 16 岁的时候，父亲奥古斯特就去世了。由于父亲的店里有大量的书籍，还由于天生聪明和对知识的渴求，小罗伯特一直都在读书也就不奇怪了。他尤其喜欢读浪漫主义的文学作品，譬如路德维希·蒂克、让·保罗、诺瓦利斯（格奥尔格·弗里德里希·菲利普·冯·哈登贝尔格的笔名）、E. T. A. 霍夫曼、克列门斯·布伦塔诺等。小罗伯特在文学的环境中长大，没有一个作曲家像他那样尝试着把声音与文学如此紧密地融合起来。他最喜欢的作家是让·保罗——这位伟大的浪漫主义者和空想家也经常对音乐发表评论；年轻的舒曼曾如饥似渴地读过他的音乐评论。“声音，”让·保罗写道，“能像黎明那样发光，太阳也能以声音的形式升起。声音寻求在音乐中冉冉升起，而色彩就是它的光线。”或者，让·保罗会写道，只有音乐“才能打开通向永恒和无限的最后的大门”。对舒曼而言，浪漫主义文学，尤其是让·保罗的作品，简直就是在左右着他生命的进程本身。“如果每个人都读让·保罗的话，”他 18 岁那年写信给一个朋友说，“我们就会变得更好，但同时也会更不快乐。有时候他几乎遮蔽了我的目光，迷惑了我的头脑，但是他作品中那宁静的彩虹和人性天生的力量会给我带来幸福的眼泪，使我的心灵经历神奇而严酷的炼狱，从而得到净化，并变得温柔。”他从文学作品的主人公那里获得灵感，尝试着创作诗歌和小说。他也尝试作曲。确实，他从 7 岁起就一直在作曲了。他很容易就学会了弹钢琴，尤其对即兴演奏很有天赋。但是他的正规音乐教育几乎为零，他不得不靠自学掌握这一切。在茨维考有不少音乐和文学活动，舒曼在这些活动中都唱主角。但是在音乐和文学的专业领域，他只能被看作是业余爱好者。在他父亲去世之时，他仍然对是搞音乐还是搞文学拿不定主意。他的母亲却另有打算。她看不出罗伯特在这两个领域中会有什么出息，就把他送到莱比锡去学习法律。但是对像罗伯特这样多愁善感的年轻人来说，去莱比锡学法律真是选错了地方——因为这个城市里有太多的音乐。他能去布商公会大厦（格万特豪斯）听音乐会，或去圣托马斯教堂（巴赫的老教堂）参加音乐圣事，或者去看“欧忒耳珀合唱社”的演出。他会很早起床，猛干一阵，一天练习八九个小时的钢琴，同时抽数不清的雪茄。在夜晚，他会召集朋友们聚会，为他们演奏。或者，他会朗读歌德、莎士比亚、拜伦，当然还有让・保罗的作品，凭着记忆一页接一页地朗诵他们的名篇。他是一个浪漫得出奇的人，常常摆出拜伦式的英雄姿态，爱上了某个女人又不爱了，涉足各个艺术门类，整夜大谈音乐、人生、审美，直至天明。在莱比锡，他没有学到多少法律；在海德堡也没学到多少——他在那儿待了一年。他的一个密友在那里，还有一个法学教授也在那里，叫朱斯塔斯・蒂博，是个资深的音乐爱好者，写过一本关于音乐美学的书。所有这一切看上去都很不错，只是从音乐上来讲不是很专业。直到 18 岁时，舒曼才第一次接受到正规的音乐教育。1830 年，当他回到莱比锡的时候，他邂逅了一位名叫弗里德里希·威克的钢琴教师。威克的教育理论的最好证明就是他的千金——当时九岁的女儿克拉拉。她是个令人生畏的神童，后来成长为历史上最杰出的艺术家之一。威克对罗伯特·舒曼的潜力非常赏识。他写信给舒曼的母亲，保证罗伯特“将会在三年之内成为最伟大的钢琴家之一。他将会带着比莫舍列斯还多的热情和才干来演奏，并且比胡梅尔还大气磅礴”。舒曼的母亲对于时局的转变并不高兴，可是对此她也无能为力。舒曼搬进了威克家中，刻苦练习，开始创作，并师从莱比锡歌剧院的乐队指挥海因里希·多恩上作曲课。只可惜，舒曼的专业钢琴家生涯还没有开始就已经永远结束了。为了尽快达到手指独立这个目的，冲动的舒曼想走个捷径，就发明了一个新奇的装置，结果永久地毁掉了他的一根手指。他对这次事故并没有显得过于伤心。他大概早已知道了他的前途系于作曲上面。1831 年，他的第一部发表的作品问世了，名叫《阿贝格主题变奏曲》。很典型地，他用一个女孩儿的名字的字母构筑了这部作品的主旋律。不久之后，他的第二部作品也问世了，叫《蝴蝶》，是他用音乐再现了让·保罗的《血气方刚》(又名《年少气盛》)中的舞会场景。这首作品在 1832 年发表，舒曼由此看到，整个世界都向他敞开了：

> 在那些不眠之夜，我意识到一项重大的使命像远方的一座山峰似的赫然在我眼前升起。当我创作《蝴蝶》的时候，我开始觉得我已经取得了某种独立。现在我的蝴蝶已经飞入了浩瀚广袤而壮丽的春的宇宙之中；而春天本身也已经降临

⚜ 罗伯特·舒曼，由约瑟夫·克里胡贝尔创作于1839年的一幅平版画

一位命中注定殒没于音乐中的作曲家。

在我的门口，正瞅着我呢——它是一个长着天国般蓝眼睛的小孩儿。

他的脑袋里装满了新音乐，他开始把它们写在纸上。他还开始为《大众音乐报》和《彗星》杂志撰文，评论音乐会和新音乐。他为《大众音乐报》写的最早那批评论之一出现在1831年，它把肖邦带入了德国读者的视线，让他开始受到他们的关注。事情经过是这样的：舒曼偶然发现了（肖邦的）《把手给我变奏曲》（作品第二号），眼睛一亮，随即写了一篇热情洋溢的评论，其中包含那句名言："脱帽吧，先生们！这是一个天才！"这篇评论是舒曼用最好的让·保罗式的语言写成的，是一篇对肖邦的新音乐及其主张所做的极富同情心、很有预见性和令人惊叹的概括总结。1833 年，舒曼决定创办自己的音乐杂志。第一期《新音乐杂志》在 1834 年问世了，此时他也爱上了威克的女儿克拉拉。

他俩在 1837 年订了婚（私定终身）。老威克很不高兴。不仅如此，他还百般阻挠他们的结合。历史已经给他打上了一个典型的铁石心肠、自私自利、野心勃勃的父亲的烙印。不过，他的长处也是很突出的：他把女儿克拉拉培养成了一名杰出的女钢琴家。现在可好，正当他准备好收获大笔金钱的时候，作为"摇钱树"的女儿却把自己交给了一个一文不名的穷作曲家，一个茫然的理想主义者，一个激进的音乐家（其理念正在被人称为是疯狂），一个不务实和乱了套的男人。老威克四下寻找，找到很多材料来证明自己言之有据。什么没有人很在乎舒曼的音乐啦，什么肖邦在巴黎取笑他的音乐啦……即使是德国的音乐巨人、很喜欢舒曼其人的门德尔松，也不知说什么好来赞扬他的音乐。（后来，当舒曼开始创作交响曲之后，门德尔松才把它们介绍给公众。）伟大的李斯特倒是尝试公演过一些舒曼的音乐，但是失败了。如果连李斯特这位日场音乐会的最伟大的偶像都做不到让人们接受舒曼的音乐，那还有谁能做到呢？不过，正如老威克的打算很容易被人识破一样，他阻挠两人结婚的策略也是很拙劣的。他散布谣言说，舒曼是一个酗酒症患者，很不可靠，也没能力照顾妻子。他使用了各种手段试图拆散这对情侣，诋毁他，散布谣言，愤怒得几近疯狂，忽而焦虑，忽而沮丧。他常对克拉拉说舒曼很懒惰等等坏话，并要她把这些话转告给他。舒曼给她回信说："你父亲认为我是黏液质的人，可我的《狂欢节》是冷漠迟钝的吗？！我的《升

f小调奏鸣曲》是不动感情吗?!黏液质的人能和你这样一个姑娘相爱吗?!你能否冷静地听我说所有这些吗?他还说，我在最近六个星期里没有为《新音乐杂志》写任何东西。首先，这不是事实；其次，就算这是真的，他怎么知道我是不是正在写其他什么作品?……到目前为止,《新音乐杂志》已经刊登了大约八十篇我自己的文章，还不算我做的其余的编辑工作。此外，我在这两年之内完成了10部主要作品，它们着实让我花了一番心血。除此之外，我每天还花几个小时刻苦练习巴赫和贝多芬的作品，还有我自己的作品。另外，我还认真进行大量的通信联络工作，这都是细致和复杂的活儿。我是一个28岁的年轻人，头脑十分活跃，我还是一个艺术家……你的意思难道是说，我这所有的勤奋和率真，我所做的这一切，在你父亲的眼里都算不了什么吗?”最终，这对情侣在没有老威克同意并祝福的情况下，在法庭获得了结婚许可。他们在1840年结了婚。这是一段田园诗般的浪漫姻缘，是两颗非凡的美丽心灵的结合。她在他的生命中是稳定的力量,是“定海针”；他则是她生命中神圣的灯塔，是“指南针”。不过他俩也不得不做出一些调适、磨合。在家里，他的创作最重要，这就意味着她只好有很长一段时间不能正常练琴；她对此很担心。练琴对于专业的演奏家来说是必需的；如果一天正常的六七个小时的练琴缺失的话，那不啻是一种精神上的很大的折磨。但是克拉拉·威克（现在叫克拉拉·舒曼）现在也只好在她的“大师”工作时放弃练琴。而且罗伯特在情绪低落时还很难相处。在这样的时候，他会成为普鲁士类型的丈夫。有一次，他陪着克拉拉去俄罗斯作音乐会旅行。大钢琴家阿道夫·亨赛尔特陪同他们游览圣

⚜ 克拉拉·威克·舒曼

"一个女人千万不要梦想作曲。"

彼得堡。他们来到一座高塔前，从上面就能把这座城市的景色尽收眼底。可是罗伯特拒绝上去。"不了，爬上去我会头晕的。"他是极端地恐高，无论住在什么地方都是一层楼。于是亨赛尔特夫人邀请克拉拉攀登。"不！"罗伯特大叫，"我不去的地方，克拉拉也不能去！"亨赛尔特夫人后来讲述了这件事，说克拉拉立马就温顺地道歉，并且马上就坐在罗伯特身旁，一脸惊恐的表情。他也许仍对另一件事耿耿于怀：克拉拉在圣彼得堡举行的一场音乐会上，当他被介绍给某位贵族的时候，不知情的对方出于好奇而问他："您也懂音乐吗？"想必这句话刺痛了他。

克拉拉不只是一个钢琴家，她还作曲。在她 15 岁的时候，她已经完成了她的第七号作品《a 小调钢琴协奏曲》。嗣后她继续创作，直到 19 世纪 50 年代初期为止。这首协奏曲没有伟大的创意，受肖邦和门德尔松的影响很深，但与此同时它很流畅、雅致，而且非常迷人。作为作曲家，她从来就没有过很多原创性。像她的《d 小调谐谑曲》（作品第 10 号）之类的作品，专业性没得说，就是内容比较空洞无物。但在结婚之后，她整天听着罗伯特痛苦不堪地创作，自己慢慢地也成了罗伯特 · 舒曼音乐的模仿者。比如说她的《g 小调钢琴三重奏》和《四首即兴曲》，就说是她丈夫创作的也有人信。但这些都无损于克拉拉 · 舒曼的音乐作品的纯真、可爱、迷人，旋律的优美流畅，句法的规整匀称。克拉拉只是缺乏惊世骇俗的创造力。她对自己的作品有一种自卑情结。1839 年，她在日记中写道："我曾经以为我有创作才能，可现在我已经放弃了这个念头。一个女人千万不要梦想作曲——没有一个女人能作曲的，为什么我偏要作曲呢？虽然我父亲过去的确引导我涉足过这个领域，但作曲对女人而言可能真的是狂妄之举。"1846 年，她在创作了罗伯特 · 舒曼风格的《g 小调钢琴三重奏》之后，并不为此感到高兴："今天晚上我演奏了罗伯特的钢琴四重奏和我的三重奏，我越是演奏后者，就越是觉得它乏味。"后来她又说："今天我收到了我的三重奏的印刷样本，但是我对它不是特别关心。较之罗伯特的《d 小调三重奏》，它听起来过于柔弱和多愁善感。"在克拉拉 · 舒曼的那个时代，没有几个女作曲家。人们寻思，她在巴黎开音乐会的时候，是否遇见过露易丝 · 法郎克（Louise Farrenc，1804—1875）？此人极有天赋，是极少数被允许在巴黎音乐学院学习作曲的女性之一。她创作了不少交响曲和大量的室内乐。在 1848 年，她成为巴黎音乐学院的第一位女钢琴教授（也是19世纪唯一的一位)。她也是19世纪演奏实践方面的研究专家，在这个领域，她是一位开拓性的学者。在另一方面，克拉拉对罗伯特·舒曼有负面的影响。在音乐上，她受到的是“正统的”学院教育，在正规训练中长大，习惯于相信“最好的”作曲家都创作交响曲和歌剧。一如她爱着罗伯特和他的音乐那样，她也感觉到他还没有完全实现自己和充分发挥自己，除非他进入竞技场去和贝多芬等交响乐巨匠竞争。她也许在潜意识里希望舒曼能变得“上路”、“体面”、进大雅之堂，而只有写交响曲和歌剧才能受到尊敬。所以，她把他推进了那些在情感、智力和技术上都不适合他的领域。在他们结婚前，她在日记里写道：“如果他能为管弦乐队创作，那就再好不过了。他的想象力只用在钢琴上无法得到充分的发挥。……他的作品在情感上都是管弦乐性质的……我最大的愿望就是，他能为管弦乐队创作——那才是他的领域。但愿我能引领他进去！”可是克拉拉大错特错了。她还对他的其他许多音乐上的不当之举视而不见甚至纵容包庇。当有人建议她的罗伯特最好少搞指挥的时候，她对建议人大发脾气。那是在杜塞尔多夫，他去那儿当音乐指导，很快就把当地的管弦乐队和合唱团搞得一团糟。克拉拉为他辩护，护他的短儿，尽管到那时她肯定已经意识到了是他的问题。她的本意是好的，但是她对他一生的干涉和影响并不总是好的。即便有精神残缺，并且在他生命的最后15年里越来越严重，舒曼还是创作了大量的作品。作曲早已成为他日常生活的一部分了。他在莱比锡音乐学院里授课，他作为他自己音乐的指挥到处露面，还把自己的家变成了欧洲进步音乐的活动中心之一，并且作为《新音乐杂志》的一名合格的编辑，尽职尽责。这份杂志继续走着个性化和浪漫主义的路线；它就是舒曼自己的影子。他和他的朋友们决定办这份杂志的时候，办刊宗旨就是提供一个论坛，赞扬好的音乐，抨击坏的音乐。在 19 世纪 30 年代早期，大量劣质的商品化垃圾音乐大行其道，但是像亨利·赫尔茨和弗朗茨·勋滕这样的通俗流行作曲家只能给历史做注脚；这些人起劲地为欧洲各个沙龙提供着撩拨人感官的杂烩曲。正如舒曼在 1834 年解释办这本杂志的宗旨时所说的那样，现在是“罗西尼统治了歌剧舞台，钢琴领域除了亨利·赫尔茨和弗朗茨·勋滕之外什么也听不到，而距离贝多芬、舒伯特和威伯活在我们中间的年代过去了才不几年，世道就变成了这副样子！然后有一天，一个伟大的思想突然觉醒了：‘让我们不要再懒洋洋地旁观吧，而是助一臂之力使社会进步吧！让我们再一次让艺术之诗在人类中受到敬仰吧！’”。在他自己的这份出版物中，舒曼为浪漫主义的理想插上了恣意驰骋、纵情想象的翅膀。他虚构了一个社团，名为“大卫社”（或“大卫同盟”），并给其探讨音乐和写评论文章的每个成员起了笔名。舒曼自己有两个笔名——弗洛莱斯坦（反映他天性中张扬的一面）和尤瑟比乌斯（反映他天性中沉思的一面）。其他还有“拉罗大师”“齐亚拉”“乔纳森”等等笔名。所有这些笔名都有其真人存在：齐亚拉是克拉拉，拉罗大师是弗里德里希·威克，乔纳森是路德维希·舒恩克。大卫社的所有成员联合在一起，同庸俗之人（the Philistines，“市侩”“庸人”之意）作战，即那些缺乏想象力的中产阶级人士或者迂腐的学究，或者那些沉溺在稳妥“安全”及俗艳的流行音乐中的卖弄技巧者。作为一名评论家，舒曼知识渊博，认真尽责，思想开放。他虽然不具备柏辽兹的光焰、闪电和机智，但却是一位慷慨大度得前所未有的评论家。只要他发现哪个作曲家有天才的迹象，他就会无保留地称赞之。舒曼曾被指责赞扬过一些在今天被视为二流的作曲家。但是，像尼尔斯·加德（Niels Gade，1817—1890）、威廉·斯特恩戴尔·本内特（William Sterndale Bennett，1815—1875），以及其他一些经他提携的作曲家，只有在现在回顾起来才能算是二流的。他们在他们自己的那个时代还是获得过很大声望的，他们在那时是有才华且严肃认真的音乐家，是精英。事实上，加德真的是一位很优秀的作曲家，他的音乐值得一听，例如他的《f小调弦乐四重奏》，堪称是一首杰作。对于音乐中的虚假做作和自命不凡，舒曼则是毫不留情地加以抨击。他不畏惧与一些当时的大红人过招，比如罗西尼和梅耶贝尔。无论如何，检验一位评论家是否伟大，不是看他盛赞了多少才子，而是看有多少天才未能被他发现。根据这一点来看，舒曼的记录近乎完美。他的首批评论之一是推出了肖邦，他的最后一篇评论则是举荐了勃拉姆斯。他对柏辽兹的评价有所保留，但是他对《幻想交响曲》的长篇而详尽的评论则是一个公正适度、通情达理的典范。他崇拜门德尔松，尊敬李斯特，虽然他对克拉拉说过，李斯特的世界不是他的世界。有些人认为他不理解瓦格纳，但这是错误的。实际上，他指出过《汤豪舍》中的不足之处，而《汤豪舍》也确实有弱点。然而，他也确实没听过瓦格纳的任何成熟期的作品，所以不应该因为某事不在他的掌控之中而责难他。至于舒曼写的关于前辈作曲家的文章，他那充满鉴赏力和热情的文章有助于澄清贝多芬的晚期音乐的谜团，也激发了人们对实际上已被遗忘的舒伯特重新产生了兴趣。他写的许多关于巴赫的文章，对于复兴巴赫的音乐起了至关重要的作用。总而言之，这是一位有着丰富知识和完美鉴赏力的音乐作家，正在做着一个评论家应该做的事情——对公众传达他的热情和理念，并教化他们。“一份报纸仅仅反映现实还远远不够，”他写道，“评论家必须走在他的时代的前面，并且手持武器准备好为未来而战。”这就是舒曼作为评论家所恪守的信条。他就像坚持自己所有的原则那样坚守这一信条。他还让弗洛莱斯坦如是说：“我不喜欢那些其生活和其作品不和谐一致的人。”舒曼的晚年是凄惨的，他的疾病必定给克拉拉留下了永久的创伤。克拉拉比他多活了 40 年，死于 1896 年。随着头脑日益变得紊乱，舒曼缩回到了他自己的世界里。他的耳朵里老是听到一个连续不断的 A 调音，这妨碍了他的说话和思考。他本来就比较沉默寡言，现在说话就更少了，常常是拜访者从他嘴里套不出一个字。瓦格纳曾经拜访过他，并依照自己的习惯用滔滔不绝的谈吐淹没了舒曼。但是，就连感觉特别迟钝的瓦格纳，就连只想听自己的想法而不愿听其他任何人的想法的瓦格纳，这回也惊呆了。“这人真让人受不了！”他愤愤地说起舒曼，“你不能总让别人唱独角戏吧。”最后，舒曼的家庭陷入了困境。这是一个大家庭（舒曼夫妇生了八个孩子，活下来了五个），本来就已经很拮据了。舒曼丧失了工作能力，他开始产生幻觉。1852 年初，他一连七天都在神神道道地诉说天使正在给他口述音乐，同时老虎和土狼模样的魔鬼也在以地狱威胁他。2 月 27 日，他从一座桥上跳入了莱茵河，想自杀了事。他被救了上来。依照他自己的意愿，他被送进了一家精神病院里。克拉拉只得离开他，继续为养家糊口到处开音乐会。在他弥留之际，她被从一场音乐会上叫了回来。克拉拉和家中的朋友们记述下了舒曼一生最后几天的惨状；一直同舒曼一家住在一起的约翰内斯·勃拉姆斯也做了这样的描述。至少在1856年7月29日舒曼去世时，他的音乐已经开始在国际上享有盛誉，这也算是对他亡灵的告慰吧。他的《a小调钢琴协奏曲》很受欢迎，其他作品也开始成为保留曲目。虽然作为一名音乐评论家，舒曼能很好地理解并向公众阐明其他作曲家的观点，但却几乎没有人能理解他的理念。毕竟他传达的讯息太非同常规、太个性化了。他倒是也意识到了这一点，但他只能依据他的天才灵感指定的方式创作。他是伟大的旋律家之一，本可以轻而易举就写出美妙而畅销的曲调，可这位从不媚俗的理想主义者却连想也没想过要这样做。他在写给克拉拉的一封信中表达了这样的心迹："我承认，假如我所创作的音乐，由你来演奏时，能使公众欢快地跳舞的话，我也会感到十分快乐的。但是……"但是，从年轻时开始，他就展开了对抗世俗的战斗，所以现在他也不能背叛自己的理想信念。除了形式上的不合常规之外，还有一个因素使得他的音乐无法被人完全理解（今天也是这样），这就是它的个性化内容。它几乎是自传性质的。舒曼说："世上发生的一切对我都有影响——政治、文学、人类的行为等。我会以自己独特的思维考虑这些东西，然后我会渴望用音乐来表达我对它们的感受。我的作品之所以有时候难以理解，就是因为它们同我这些似乎与音乐不相关的兴趣有联系的缘故。另外，我的音乐里还有一些非正统的东西，这是因为，无论发生什么都会对我有影响，并且迫使我用音乐将其表现出来。"这是货真价实的浪漫主义者的宣言，舒曼在书写它时只不过是在表达浪漫主义者的一条信念而已。早期德国浪漫主义运动的倡导者之一的诺瓦利斯也曾表达过同样的想法：“个人的灵魂与世界的灵魂应该是同一个。”德国自然哲学家亨里克·施泰芬斯也说过：“外部世界只是我们人类内心世界的一个方面。”舒曼只不过是反映了那个时代的知识界潮流的一面镜子。只是他不光反映了它，还运用了它。例如，几乎每个人都喜欢舒曼的《狂欢节》，钢琴家们也喜欢弹奏它。然而，人们只能在二流的水准上欣赏它，心里想着它所包含的大量音乐之外的象征性内容。其实这与标题音乐没有任何关系。它只是阐述了正发生在作曲家头脑中的事情。如果你没有意识到这首作品是一个画廊，其中描画了舒曼本性中的两面（弗洛莱斯坦和尤瑟比乌斯）的话，你也就无法完全理解《狂欢节》了。其实呢，它里面出现了克拉拉、肖邦、威克、帕格尼尼、门德尔松等人的形象。另外，整首作品还以四个音调为基础—— ASCH（在德语中，降 E 调等于 S，B 自然音等于 H）。Asch 还是舒曼的一位女性朋友生活过的城市，它还包含了作曲家姓氏中的四个字母。《狂欢节》最后的进行曲表现了舒曼决心用音乐率领他那支正义的音乐家队伍冲入梅耶贝尔、赫尔茨和勋滕等人的“敌营”，并且粉碎他们。在《狂欢节》里还有其他一些象征，但它们只是笼而统之了。舒曼的许多作品都是用这种方式构思的，他在当时做的许多暗指随着时光流逝也失去了原意，我们只能根据对舒曼的风格和象征主义的了解进行猜测。他自已也经常不清楚他的音乐意味着什么。他的有些作品可以说是在迷乱的状态下写成的。他先把它们稀里哗啦写出来，然后再审视归置，最后给它们赋予标题。这是他典型的创作模式，几乎他所有的作品都是在创作完之后才加上题目的。他的标题仅仅是提供一个心境上或者情绪上的线索，而不能当成一个故事的导读指南。他告诉克拉拉："在我最近写的那些歌曲里，我经常听到许多连我也解释不清的东西。几乎我所创作的所有东西都在不自觉地运用卡农，事后才察觉出这是我的模仿，我还常常事后发现反向行进的节奏等等现象，这可真是太神奇了！"舒曼丰富而复杂的和声里确实有一种强大的复调结构，但这个事实至今还没被人普遍意识到，尤以现今演奏他作品的年轻钢琴家们为甚。舒曼仔细标明的那些附属（次要）的内在之声（所谓弦外之音）在很大程度上被现代钢琴家们忽视了。有一位音乐家意识到了看似简单的舒曼作品中的那种厚重的密度和复杂的复调性，此人就是阿尔班·贝尔格。1920年，贝尔格遭到了保守的作曲家兼评论家汉斯·普菲茨纳的抨击，说他的作品"缺乏旋律"。普菲茨纳质问：为什么贝尔格、勋伯格和威伯恩不能写出像舒曼的《梦幻曲》那样优美、简单、旋律性强的作品呢？对此，贝尔格在维也纳的一家音乐杂志上发表了一篇分析《梦幻曲》的和声结构的文章，回击了普菲茨纳。文章指出，舒曼的这首作品远不是那么简单，它不仅在和声上精妙得令人诧异，而且还是一部"严格意义上的四声部作品"；它还如此丰富地运用复调，使得它"很适合弦乐四重奏或者木管乐器合奏，甚至由四个声部合唱"。同肖邦一样，舒曼也是以钢琴音乐作曲家的身份起步的，他的头23部作品都是钢琴独奏曲。在这些作品中有三首奏鸣曲和那首三乐章的《C大调幻想曲》，它也能被大概其地称为一首奏鸣曲。其余的大多是小曲小品，在一个总标题下集束在一起。有时候，一个起统一作用的结构性乐思贯穿整部作品，比如《交响练习曲集》或《狂欢节》，但是更多情况下作曲家无意使之成为一个整体。舒曼的钢琴音乐同李斯特、塔尔贝格和亨赛尔特的钢琴音乐几乎没有什么关系，后者从钢琴音乐的角度讲更加优雅、华丽、光芒四射。后者的钢琴音乐都是炫技性质的，他们都是考虑到音乐厅和观众感受的。舒曼则不然，他的钢琴音乐在难度上可以同他们的媲美，但是它通常不是炫技性质的。当然也有例外，比如他那首幻想曲的第二乐章；但即使在那里，技巧的炫耀也是由内容决定的。这首幻想曲是舒曼为独奏钢琴写的最出色和最大型的作品，它与肖邦的《降 b 小调奏鸣曲》和李斯特的《b 小调奏鸣曲》一起，组成了被全部浪漫主义钢琴音乐奉为圭臬的钢琴三位一体。在舒曼的钢琴音乐里，没有为炫技而炫技的乐段，没有那个时期典型的浮华八度音和俗艳的手指功夫。对于那种以炫技本身为目的的做法，舒曼只有一脸的不屑："就好像除了取悦观众之外，没有更高的境界似的！"舒曼的音乐看似矜持内敛，实则正好相反。他的钢琴作品依次是丰饶的、诗意的、内省的、宏伟的和亲密温馨的。舒曼独特的音乐魅力难以描述，里面的个人气质和癖好突出，如那些切分音，那些变化的七和弦，那种厚重的织体。它是一种飞扬的音乐，富于浪漫主义的理想，俨然是一个音乐上的让·保罗。在钢琴音乐中，舒曼从来没有疏离过这位浪漫主义的文学大师。在让·保罗看来，音乐表现了人类为达到无限和永恒而付出的努力。"生命可以在我们身后枯萎凋谢，我们神圣的过去可以灰飞烟灭，但有一样东西是不朽的，那就是音乐。"让·保罗写道。对此舒曼很有同感。音乐是一门神秘的艺术，是在诗乃至生命都终止之后响起来的艺术。的确,生命本身都没有了,音乐还会继续。为了在他的音乐中表达出这些,舒曼接近了神秘主义,在堪称狂喜或痴迷的状态下作曲,眼前总是飘浮着幻景。这听起来很是伤感,但它对舒曼来说不是伤感,而是使他走下去的动力。

后来舒曼从钢琴转向歌曲,在1840年创作了一系列优秀的声乐套曲和单独的歌曲,其中有那两组《声乐套曲》(*Liederkreis*)、《桃金娘》(*Myrthen*)、《女人的爱情与生活》,尤其是根据海涅的诗歌写成的歌曲《诗人之恋》。《诗人之恋》中的16首歌曲与舒伯特的《冬之旅》在声乐套曲的领域中地位相当。舒曼在舒伯特终止的地方开始,拓宽了艺术歌曲的概念,使钢琴变成歌曲的更加微妙的伴奏伙伴,并加上了钢琴的前奏和终曲部分。舒曼与艺术歌曲互为彼此,是天造地设的一对儿,因为他的天才在本质上是抒情诗性的,他的乐思在品位、想象力和精致方面都是独一无二的。所以很自然地,舒曼在小型体裁方面得心应手。他一生总共创作了超过250首歌曲,包括一系列引人入胜的二重唱。当舒曼开始探索一种新体裁时,他就把其他一切都丢在一旁。所以,在整完钢琴曲和歌曲之后,他于1841年开始创作交响音乐。克拉拉最大的心愿总算实现了。舒曼只用了四天时间就草拟出他的第一交响曲,降B调,他本人称之为《春天》。三个月后,在3月份,总谱完成了,门德尔松在莱比锡指挥了它的世界首演。在4月,舒曼完成了另一个总谱,他称之为一首序曲;下个月又给它补充了两个乐章,起初给它命名为一部组曲,后来又将它称为一首"小交响曲"。现在这首作品被称为"序曲、谐谑曲和终曲",它只缺一个慢乐章就能成为一首完整的交响曲。它是一首优美的作品,可不知何故一直被指挥家们所忽略。在5月，舒曼又创作了一首单乐章的钢琴和管弦乐队的幻想曲。克拉拉把它弹了之后，舒曼就把它搁置了四年，其间断断续续地创作它。这部作品最终成为他的最受欢迎的作品——a小调钢琴协奏曲。在完成了那首幻想曲之后，舒曼马上接着着手创作一部d小调交响曲。9月份完成，演出，然后又被束之高阁，10年后作为第四交响曲出现。不久舒曼又开始创作另一阕交响曲，这次是c小调，但它也被放在一边，没什么结果了。我们所熟悉的第二交响曲于1846年出版，第三交响曲（《莱茵》）于1850年出版。1841年，舒曼似乎全身心都投入了管弦乐创作。翌年，他转向室内乐，六个月内写出了他所有重要的室内乐作品——三首弦乐四重奏，降E调钢琴四重奏，特别是那首神采飞扬的降E调钢琴五重奏。舒曼的四首交响曲在保留曲目单中都占据重要地位，尽管它们自打创作出来后就一直受到诟病，被评论家指责有结构和配器上的瑕疵。无可争辩的是，舒曼在管弦乐创作方面比较薄弱；他的音乐思维更倾向于钢琴而不是管弦乐，乐队指挥们总是发现给他的总谱润色很有必要。现在这些总谱都已被很慎重地做了修改，而这在上世纪末与本世纪之交还是难以做到的：想当年，马勒这样的大指挥家决定帮助舒曼时，他竟然是把舒曼的音乐重新配器一遍！学者们也公认，舒曼很不高兴在奏鸣曲式的拘谨框架之内作曲。这造成了他的过渡段斧凿过多、很是吃力，发展部非常笨拙。虽然如此，舒曼的交响曲中充满了新颖独到的乐思，包括主题连接的构思也很巧妙。它在实际上是单乐章的d小调第四交响曲中被运用到登峰造极的程度。在这首交响曲中，四个乐章没有停顿地一气呵成，其间运用的主题变形预示了李斯特的《b小调奏鸣曲》。使舒曼的交响曲得以存活至今的是其特有的光彩，是其高质量的乐思。他的每首交响曲都有独到之处，风格各异：第一《春天》交响曲神采飞扬，热情洋溢，生机勃勃；第二交响曲充满色彩鲜明的浪漫气质（其悲伤的慢乐章是有史以来最优美的乐章之一）；第三《莱茵》交响曲意气风发，恢宏而自豪，舒曼为它创作了五个乐章，就像柏辽兹的《幻想交响曲》那样；第四交响曲的创新颇多，它也是四首中最为抒情的。学究们可能会担心总谱中有某些不精确之处；某些愚蠢的作者可能会贬低舒曼的交响曲，把它们放在秤的一端，而秤的另一端是贝多芬的交响曲。但是，对于那些满足于按其本色全盘接受舒曼交响曲的听众来说，它们置身于19世纪最富灵气（最受灵感启发）的杰作之列。舒曼在所有的音乐体裁中都取得了成功，只有一个除外：歌剧。他在《盖诺菲娃》（*Genoveva*）上花费了大量心血，但它不但在当时没什么名气，日后也极少获得演出。他还创作了大量的合唱音乐，包括《天堂与仙子》《迷娘安魂曲》和《玫瑰色的朝圣之旅》，但是全都没什么下文。的确，舒曼有数量惊人的音乐再也没有被演奏过。他不是一个能适合任何人口味的作曲家。作为一个顶级的浪漫主义者，伟大的作曲家中最个人化、最少客观性的一员，他传递的音乐讯息与1918年以后统治西方世界的审美观背道而驰。在许多1920年至1940年这一时期的知识分子眼里，舒曼是早期浪漫主义时期的一座令人困惑的古迹。他被认为是多愁善感的、自我放纵的、自我沉迷的，只比沙龙舞厅作曲家们高一筹，充其量是个对情感不加管束的甜美歌手。因此，他的音乐的整个精髓都被忽略了，即他的短小作品中形式与内容的完美结合；他那种势不可当的先为性和创造性；他那甚至在奢华的段落中也显现出来的基本淳朴。“纯洁”通常不是和舒曼联系起来使用的一个词，但是他的一切真的是很纯洁的——他的一生，他的爱情，他的奉献，他的正直，他的心灵，他的音乐。

· 12 ·

钢琴的巅峰

——弗雷德里克·肖邦

FRÉDÉRIC CHOPIN

大多数的浪漫派作曲家都对浪漫主义怀有先入之见。他们都是宣传家、鼓动者；他们演奏或指挥演奏彼此的音乐；他们撰写关于新风格和新理论的评论和文章；他们尽其所能地相互帮助；而且作为教师，他们中间有些人把他们的理想和向往传授给下一代。可是弗雷德里克·肖邦不是这样。虽然他是浪漫主义运动的重要成员，但他却没有上述特点。确实，他不喜欢浪漫主义。他认为李斯特的音乐低下甚至猥琐，他根本不喜欢舒曼的音乐，对柏辽兹或门德尔松的作品不屑一谈——尽管他是所有这些伟人的朋友。他带着崇敬和厌恶的混合心情接近贝多芬；这位天庭雷公过于巨大和狂放了，肖邦在贝多芬面前觉得不自在。就算他真的听过舒伯特的任何音乐，反正他是从来没有提起过它。唯一对他有意义的两位大师是巴赫和莫扎特。他对他们只有称赞。他也非常喜欢贝里尼的歌剧。

他没有读过多少书，他对浪漫主义美术也没有什么感觉。德拉克洛瓦是他最好的朋友之一，可是肖邦却一边看着一幅德拉克洛瓦的绘画，一边顾左右而言他，只要不伤害德拉克洛瓦的感情即可。他教授钢琴是在私下进行的，主要局限在上流社会，这样他才能体面地维持自己的生计。体面、文雅的学生们走进肖邦的琴房，把他们的20或30法郎放在壁炉上，与此同时他却眼睛望着窗外。他是个绅士，而绅士是不屑于用下作的商业交易来弄脏他们的手的。他喜欢游走于贵族圈子之中，并且特别关心诸如风格啦、品位啦、格调啦、衣着啦等东西。他可以同时是机敏的，恶意的，狐疑的，脾气暴躁的，温文尔雅的。肖邦身上有些猫的习性。

他是历史上最伟大的钢琴家之一，一生中却很少开公开音乐会。他主要是个宁愿在客厅（沙龙）的私密小范围内演奏的钢琴家。他个头矮小，消瘦，金黄色的头发，灰蓝色的眼睛（有些人说是褐色），突出的大鼻子，体格纤弱。他的身体单薄，他的演奏绝不会发出很大声响，一曲接近终了的时候会弱得像是耳语。他年轻时就听人说过，他永远不应该在大庭广众之下演奏。他在巴黎的最后一次公开露面是在1835年4月26日，那年他26岁。在他的余生里——他死于1849年——他只举行过另外三场独奏音乐会，而这些都还是半私人性质的，在钢琴制造商普雷耶尔的沙龙里，面对着一小群经过精心挑选的听众，绝不会超过三百人。他的确在音乐晚会上做过大量演奏，而这些都是多么阵容豪华的晚会呀！肖邦和李斯特演奏四手联弹，肖邦演奏低音声部，李斯特不可以淹没他；也许门德尔松当翻谱员，同时等着轮到自己演奏。围着钢琴的可能是柏辽兹、梅耶贝尔、欧仁·苏、德拉克洛瓦、海涅、乔治·桑，同时阿莱·谢弗尔坐在背景处画现场素描。

肖邦优雅地融入了19世纪三四十年代的巴黎社会。那是个疯狂、邪恶、悲伤、快乐的社会。虽然他没有很多亲密的朋友，他却谁都认识，大家也都喜欢和尊敬他。他们知道他是个天才。而那时候的巴黎特别擅长识别天才。巴黎当时是世界的知识和艺术之都。雨果、巴尔扎克、乔治·桑、维尼（Vigny）、拉马丹、海涅、戈蒂埃、缪塞等文学巨匠都生活在那里。德拉克洛瓦和安格尔正处在他们事业的巅峰。李斯特、梅耶贝尔、罗西尼、柏辽兹和凯鲁比尼在巴黎安家。门德尔松则经常出入巴黎。巴黎当时有三个很好的管弦乐团，还有全欧洲最伟大的歌剧院。玛里布兰、帕斯塔、拉布拉什、鲁比尼和努里经常在歌剧院唱主角儿，他们提供了一种花里胡哨的炫技唱法，估计让人听得直起鸡皮疙瘩。巴黎还是欧洲钢琴演奏的大本营，那里常驻着卡尔克布伦纳、塔尔贝格、赫尔茨、海勒尔、利托尔夫等演奏大家。在政治上，当时的巴黎还比较稳定。1830年7月的“光荣三日”把路易－菲利普推上了王位。由于这次起义是一次群众运动，所以对大众的口味做出了让步。资产阶级受到拥戴，掌握了权力。而那些社会的下层人士的境况基本没有得到什么改善。此外民族主义抬头，生产力的发展部分地造成了文学艺术的突然复兴。19世纪30年代的巴黎正在经历着某种文艺复兴，此前的伦敦在伊丽莎白一世统治的晚期也曾经历过这种复兴。

肖邦在1831年到达巴黎。他的余生都是在那里度过的。当他来到巴黎时，他被视为一个来自华沙的外省人。他的出生地是波兰首都附近的泽拉佐瓦－沃拉。他的出生日期尚不清楚。教区的登记簿说是1810年2月22日，但是肖邦的母亲坚称是3月1日，所以她就在那一天庆祝她这伟大儿子的生日。有些学者挖掘出一个证据，暗示说 1809 年才是肖邦出生的那一年。这件事到现在还没有弄清楚。肖邦的父亲是来自法国的移民，祖籍是法国人；他的母亲是波兰人。弗雷德里克是四个孩子中的老二，也是唯一的儿子。他的音乐天才很早就显露出来。他 6 岁就能弹得一手好钢琴。阿达尔贝特·茨维尼，他的老师，是个有文化修养的音乐家，他给他的这个天才学生灌输了大量的巴赫音乐。（巴赫在 1816 年的华沙！可是人们却说巴赫在死之后就被忘却了！）在 8 岁时，肖邦见到了他的第一部作品印刷出版，是一首波罗乃兹舞曲。从 1826 年到 1828 年，他师从约瑟夫·埃尔斯纳学习作曲，后者很睿智地意识到肖邦与众不同，需要加以特殊关照。作为一名学院派人士，埃尔斯纳热切地希望肖邦能创作交响曲、奏鸣曲，也许还能创作波兰民族歌剧。但他从不强迫肖邦的风格，并竭尽所能让这个年轻人自然地发展。这也许是埃尔斯纳最后的贡献，后代应该为此而感谢他。这是因为，肖邦在某种程度上是个音乐的奇异儿，甚至比大多数神童都更超常；他不仅作为钢琴家是个天才，而且在作曲的创造力方面也是个天才，是那个世纪最惊人的独树一帜者之一。

那么，他是从哪儿获得他的灵感的呢？华沙虽然稍微远离欧洲的各大都会中心，可是一些重要的艺术家也来此造访。肖邦有机会聆听一些大师的演奏，比如胡梅尔、帕格尼尼，还有女高音亨丽耶塔·桑塔格等。肖邦某些作品的创作来源可以追溯到莫舍列斯、胡梅尔和车尔尼的作品中去。但这些并不能解释肖邦音乐思维中的革命性因素——他的那种全新的钢琴演奏方法；他那大胆却又精致的和声感；他的那些对钢琴发声和音色所做的试验，这些试验一劳永逸地把钢琴这种乐器从传统中解放出来，释放了这种乐器的所有能力，挖掘了它的一切潜力。这一切只能说明，在年轻的肖邦身上有一种音乐上的骚动或发酵在进行中，而他发现自己若将它持续下去的话，除了改变传统规则别无他法。至于在他的新思维方法中，有多少是有意识的，多少是无意识的，就只能靠大家猜测了。他是一个钢琴天才，生来就具有某些手指、耳朵和心灵上的条件反射，而这些是那些不那么幸运的音乐家永远达不到、获取不了的。很显然，他比大多数作曲家都更早达到了完全成熟，一切似乎都很容易地就具备了。他的父亲给他写道："你知道吗，钢琴演奏的机械部分只占据你很少一点时间，而你的心灵比你的手指头可是要忙活得多。如果说别人都整天整天地双手在键盘上忙活的话，你却是罕有花一个小时来演奏别人的音乐。"因此，作为一个音乐家，肖邦是幸运者中的一个。怎么讲呢？他是一个天生的技巧家，生就一种较轻巧的演奏风格，而且还是一个很早就确定只为他心爱的乐器（钢琴）作曲的作曲家。于是他的创作碰巧就主要局限在较小型的体裁上面了。但即便如此，他的创作还是助推了音乐面貌的改变。他的大多数同时代人也都看出了他的革命性，舒曼在论肖邦的音乐时就说："他的音乐是藏在花丛中的大炮。"

在华沙，人们意识到肖邦是个与众不同的人，虽然谁也猜测不到他的奇异程度有多深。最初的迹象出现在肖邦离开波兰去维也纳的时候，此行的目的是要展示他自己既是一个钢琴家，也是一个作曲家。那是在 1829 年。他在维也纳举行了好几场音乐会，他的音乐和他的演奏方法之新颖独特让行家们大为吃惊。同当时的所有演奏高手一样，肖邦的注意力也集中在他自己的创作上面。在他的家书中，他适度但不满地讲述了他所受到的接待，不过他说："记者们已经把我记在心上了。"当他就一些波兰曲调即兴演奏的时候，"我在现场的耳目们宣称，人们坐在他们的座位上手舞足蹈"。在维也纳人的反应当中，有一句话被反复提到：他们不停地问，肖邦怎么可能在*华沙*学到了那么多的东西？

回到波兰后，他有了一段初恋，平稳地作曲，去歌剧院，受到宴请和宠爱，然后决定去巴黎打天下。在 1830 年 11 月 2 日，他离开了波兰，随身只带着一点点钱，同时带着对自己能力的绝对自信。他又一次在维也纳演奏了，还四处结交朋友，拜访音乐家，并且听钢琴家们相互叫板。当时的钢琴新国王是希吉斯蒙德·塔尔贝格，自然也掺和在其中。肖邦用钢笔给后人留下了一段对塔尔贝格的诋毁性的描述："大名鼎鼎的塔尔贝格潇洒地演奏着，但他不是我的人。他比我年轻，很受女人的欢迎，演奏一些杂烩（全是来自《玛萨尼埃罗》的主题），用踏板而不是用手来制造'轻'的效果，弹十度就像我弹八度那样容易，穿着钉着菱形饰扣的衬衫。"肖邦本来是可以在维也纳开创事业的，但他的目标是巴黎。他在 1831 年下半年来到了巴黎，立刻被他周围的那些伟人吓坏了。他随即就卷入了音乐史上最令人销魂的时期之一。

肖邦当时 21 岁，是个完全成熟的、身怀钢琴绝技的天才，他听着弗里德里希·卡尔克布伦纳的演奏，马上被迷倒了。卡尔克布伦纳无疑是个神奇的钢琴家，但他属于老派的古典主义。这些前浪漫主义的钢琴家，如卡尔克布伦纳、莫舍列斯、胡梅尔和克莱门蒂，在键盘上熟练地弹着那些中规中矩的音符，很少或者不使用踏板。他们使用高位的手指触键（“高抬指”），用手和手腕来弹奏，而不是用胳膊肘和胳膊。他们对钢琴的色彩资源没什么概念（到 1830 年时，钢琴的音响和操作已经很接近当今的那种音乐会大三角钢琴）。作为一个整体，古典派钢琴家不同情浪漫主义音乐。卡尔克布伦纳很可能是这帮人中技艺最精湛的一个。他是当时最受欢迎的钢琴家之一，自负傲慢得要命。不知何故，肖邦狂热迷恋上了他的演奏方法。他赶紧去拜卡尔克布伦纳为师，而那位巨匠也一脸庄重地听了他这位年轻同行的演奏。之后他告诉肖邦，你有天分，你会成为一名优秀的艺术家，如果你在卡尔克布伦纳的工作室学习三年的话。肖邦马上把这个消息通知了家人。他的父亲和埃尔斯纳都吓坏了，发疯一般地从波兰寄来信劝阻。幸亏肖邦很快清醒过来，并在 1832 年上半年单独举行了他的巴黎首演。李斯特和门德尔松都到场了，这场独奏会在巴黎被传为美谈。之后，再也没有关于卡尔克布伦纳的胡言乱语了。

肖邦开始出入于最上流的圈子。通过他那些有爵位的波兰朋友，他结识了罗特希尔德夫妇，光是这两人就是一张护照了。他的学生几乎立刻就多得让他应付不了了——这个某某公主，那个某某伯爵小姐……从这时起，他的生活模式就固定下来了，直到他邂逅乔治·桑为止。肖邦很少旅游。1834 年，他去了一趟亚琛，并在那儿恢复了同门德尔松的友谊。翌年，他去德累斯顿旅游并且会见了舒曼，后者十分崇拜他。1836 年在莱比锡，他和舒曼还有另一次会见。慷慨仗义的舒曼帮了肖邦很大的忙，他写的关于肖邦的《把手给我变奏曲》的评论把肖邦介绍给了德国人。舒曼还在《新音乐杂志》上热情评论了他所听到的每一首肖邦的作品。[1831年，当肖邦读到舒曼写的那篇评论那首变奏曲的著名文章时，他非常愉快，或者装作十分开心。他觉得很逗乐——“在广板乐章的第五小节处，舒曼宣布，唐璜用降D大调亲吻了蔡尔琳娜。昨天普拉特(卢德维克·普拉特伯爵,肖邦在巴黎的一个朋友)还问我呢,她的降D大调在什么地方？这样逗的地方不一而足！”]不过，肖邦在大多数时间里还是待在巴黎，作曲，交际，结识重要的朋友。1833年，他志得意满地给家里写了一封信：“我已经打通了进入最上流社会的道路，我在那些大使们、大臣们和亲王们中间有了自己的地位。我也不知道这个奇迹是怎么发生的，因为我也没有做多少努力呀。不过时至今日，这种事情对我来说也是不可或缺的了：这些上流圈子被认为是品位的源头……今天我要教授五节课。你能想象得到，我正在赚大笔的钱——但是我的拉篷式马车和白丝绸手套让我花了比这还多的钱，而没有这些东西我就会显得没有品位了……”肖邦有资格一堂课索要高达30法郎的授课费，这在那时是一大笔钱。他生活在奢侈之中。他还像所有精力充沛、无牵无挂的男人那样谈了一连串的恋爱。在结核病使他变得虚弱之前，他的性习惯非常正常。他既不女人气，也不纯洁，尽管他把自己的恋爱活动保密，并且可能还假装正经。

在肖邦经由李斯特引荐认识了乔治·桑之后，他的生活改变了。那时他26岁，而她32岁，已经是一位著名的小说家，并以其独立性和藐视传统礼仪习俗而声名狼藉。她的真实姓名叫奥罗尔·杜德旺，但是她为她的长篇小说《印典安娜》(1831)和《雷利雅》(1833)采用了“乔治·桑”这个笔名。这两本书都引起了广泛的关注，因为它们都抨击了传统道德，特别是传统婚姻。乔治·桑是个身材矮胖的女人，非常聪明机敏，经常在公众场合露面。有一阵子，她甚至穿男人的服装，抽雪茄，恋人换了一个又一个。这个女人曾经是儒勒·桑多、普罗斯珀·梅里美、阿尔弗雷德·德·缪塞、米歇尔·德·布尔热、彼埃特罗·帕盖罗，尤其是弗朗茨·李斯特等名人的情妇。她在这方面经验十足。她和她的丈夫加西米尔·杜德旺生了两个孩子，莫里斯和索朗日。他们在 1836 年分居。如果肖邦的一个朋友的一封信可信的话,那么，乔治·桑起初是厌恶肖邦的。两人的恋情缓慢地发展着，但是到了 1838 年时，他们已经同居了，并在马约卡共同度过了 1838 年至 1839 年的那个冬天。

这趟旅行原本打算是田园诗般的休闲，没想到却变成了一场噩梦。天气很糟糕，阴雨连绵下个不停，他们住的那所房子永远阴冷潮湿，肖邦虚弱的肺部犯病了。他差点死在那里。乔治·桑后来承认这趟旅行是场灾难。她只好照料他，让他恢复健康。当她把他带到马赛时，他已经半死不活了。肖邦给一个朋友写了一张字迹歪歪扭扭的便条："岛上三个最有名的医生都来看了我。第一个嗅着我吐的痰，第二个叩着我吐痰的那个部位，第三个让我发声并听着我吐痰的声音。第一个说我已经死了，第二个说我正在死去，第三个说我就要死了。"在马约卡，肖邦不顾糟糕的身体，仍然创作了一些重要的作品。他就是在那儿完成了他的 24 首前奏曲，其中之一的《雨滴》被认为是用音乐描述了雨水无情地滴落在这对情人居住的房子上的情景。但事实上，这个标题是后来有人杜撰的，而且谁也不知道它指的是哪一首前奏曲。这段故事很可能不是真的。有些人硬说它是降 D 调的第 15 首（含有那个升 c 小调的段落中的那些重复音符）；另一些人则坚称，《雨滴》实际上是那首 b 小调前奏曲，连同它那个规则的、哀伤的左手音型。

肖邦和乔治·桑的情人关系一直延续到 1847 年为止。在他们私通的这些年里，他们从来没有分开过。在巴黎，他们住在毗邻的房子里。在夏天，他们去乔治·桑在诺昂的房子度假，在那儿待大约四个月。正是在诺昂期间，肖邦创作了他最伟大的音乐作品。乔治·桑悉心呵护他，像母亲般照料他。有一阵子，两人的关系好像是柏拉图式的。乔治·桑显得心满意足，没有证据表明，在她同肖邦的长年的恋爱中，她有任何其他的恋人。两人的分手很凄凉。乔治·桑那两个被宠坏了的、缺乏教养的孩子是起因。莫里斯和肖邦相处得不好；他最喜欢的人是索朗日。1847 年，索朗日嫁给了一个叫奥古斯特·克雷辛格的名声可疑的雕塑家；在此之前，她先同一个让肖邦和乔治·桑都喜欢的年轻人解除了婚约。在这个家庭内部，有激烈的争吵和相互指责，有谎言欺骗和对背信弃义的指控。事实上，索朗日指责过她母亲曾经同莫里斯的一个朋友有过绯闻。乔治·桑不想同索朗日及其丈夫有任何往来，而肖邦却站在索朗日一边。在这次争吵平息之后，乔治·桑和肖邦的关系永久地疏远了。在这整个过程中，乔治·桑表现出很大的尊严，她的表现也比肖邦成熟稳重，而肖邦显得很愿意相信索朗日灌进他耳朵里的谎言。在两个人决裂之后，他们又偶然相遇过一次。肖邦正要离开一次晚会时，乔治·桑进来了。在门前他们说了几句话。肖邦给索朗日写信道："她问我怎么样，我说我很好，然后我就让门卫给我开门。我抬了抬我的帽子，然后

⚜ 弗雷德里克·肖邦在他生命的最后一年

“藏在鲜花丛中的大炮。”

就步行回到了我在奥尔良广场的住所。”他俩就以这两句普通的寒暄永远结束了关系。

同乔治·桑分手后，肖邦只活了一年。他已经处在生命的晚期，咯血很厉害。1848 年，在一位苏格兰女性朋友和学生简·斯特灵的催促下，肖邦访问了英国。斯特灵很富有，并且很可能爱着肖邦。他考虑自己没有什么可损失的，便接受了她的邀请。在巴黎爆发了 1848 年革命，肖邦的学生们四下逃散，使他失掉了稳定的收入来源，所以他只好拖着病体去访问英格兰和苏格兰。此时他形同尸骸，虚弱不堪，睡觉时必须由男仆抱到卧室并且替他脱衣。在英国，他为上流社会演奏，遵从上层人士及其礼仪习俗，心里却根本瞧不起他们。他在写往巴黎的几封信中，描述了某个气得发疯的人。他形容了一位苏格兰贵妇为他举行的一场晚会：“在我演奏完之后，其他几位苏格兰女士唱了一些歌曲。之后她们拿上来一架手风琴，我的晚会女主人带着极其庄重严肃的神情，开始用它演奏出最吓人的曲调。你还能指望她们什么呢？我觉得这里的每一个人都疯了……那些知道我作品的人请求我：‘给我们演奏你的《第二声叹息》（G 大调夜曲）……我喜欢你的钟声。’而且，她们的每一句评论都以这两个词结尾：‘leik Water（像流水一般）。’意思是说，我的音乐像流水一般。所有听过我演奏的英国女人都说：‘leik Water！！’她们弹琴时都看着自己的双手，并且十分陶醉地弹着错音。真是一群怪人！愿上帝垂怜她们。”

回到巴黎后，摆脱了斯特灵小姐令人窒息的控制，肖邦几乎完全不干工作了，等待死亡的降临。他的心情十分抑郁。“我还没有开始演奏，我也不能作曲了。天晓得我还靠什么养料才能活得更久一些。”他得到了斯特灵小姐和她妹妹的帮助，姐妹俩在获悉了肖邦的绝望境况后，匿名给他寄去了 25000 法郎的资助。肖邦的姐姐路易莎从华沙赶来，在他最后一次生病期间照顾他。乔治·桑给路易莎写了一封信，表示她愿意尽早来看望弗雷德里克。路易莎没有回信。在肖邦于 1849 年 10 月 17 日上午去世时，守在他身边的不是乔治·桑，而是索朗日·克雷辛格，此外还有路易莎，以及家里的一个朋友马赛琳娜·查托里斯卡公主。后来有许多关于肖邦弥留之际的传闻，都是些十分浪漫的故事，讲述这个或那个女伯爵在肖邦临死时唱着悲伤的歌。肖邦对于他自己和他的工作并不假装谦虚。早在 1831 年他就写过这样的话："我有一个也许过于大胆但却很崇高的心愿和志向，那就是为我自己创造一个新世界。”他做的正是这样的工作。作为一个钢琴家，他开创了一种风格，独霸了 19 世纪的整个后半叶，直到德彪西和普罗科菲耶夫出现，局面才有了根本的改观。这种新风格与它之前的所有风格都断然决裂。有史以来第一次，钢琴成为一种*完全的*乐器：一种歌唱的乐器，一种色彩无限多样性的乐器，一种充满诗意和微妙变化的乐器，一种英雄般的乐器，一种非常私密亲切的乐器。舒曼的音乐虽然也很奇妙和新颖，但较之肖邦的钢琴音乐还是太厚重。肖邦的钢琴音乐在他自己独特的演奏方式之下很自然地流泻出来，而且作为一个钢琴家他大大先于舒曼，以一种完全现代的和合乎语言表达习惯的方式探索了这种乐器。不管怎么说，舒曼的钢琴音乐在舒曼的有生之年产生的影响很小，而肖邦关于踏板的踩法、指法、节奏和色彩的新观念却马上就被每一个年轻的钢琴家和钢琴音乐的作曲家所采用。

但是当时许多专业音乐家还是搞不懂他。困惑不解的不只是莫舍列斯一个人。即便像门德尔松这样一位优秀的音乐家最初也搞不懂他。门德尔松在莫舍列斯那里一直接受的是古典风格演奏法的训练，包括双手距离键盘很近，很少用踏板，尽量不用自由改变速度或节奏。所以，门德尔松必须先得适应肖邦的演奏法才能演奏他的作品。然而门德尔松也像所有人一样被肖邦征服了。他写道："在肖邦的钢琴演奏里有一种全新的东西，与此同时，他的琴技又是那样炉火纯青，称他为完美的演奏大师并不为过……他就像帕格尼尼在小提琴上那样，在钢琴上弹奏出全新的效果，并取得了被前人视为天方夜谭的成就。"甚至连伟大的李斯特也虚下心来向肖邦学习。在这两人之间有一种不自在的友谊。两人经常见面，但在骨子里也许是互相敌视。肖邦羡慕李斯特的力量，他的外向、张扬、雄浑，他那使广大听众痴迷的伟力。他写信给施台芬·海勒说："李斯特正在演奏我的练习曲集，把我迷醉得几乎丧失了理智。我很想把他的方法偷来演奏我自己写的练习曲。"但是李斯特身上有某种低俗和做作的成分让肖邦反感。肖邦偶尔也会流露出对李斯特的藐视，比如他写信对儒勒·冯塔纳说："总有一天他会当上国会议员，甚至阿比西尼亚或者刚果的国王。但是他作品中的那些主题却将会被埋没在一大堆废报纸中。"反过来，李斯特却真诚地佩服肖邦的钢琴演奏技艺，并且采纳了许多他的见解。肖邦向他展示了，钢琴可以远不只是一种炫技乐器，即使是在炫技作品中也是如此。更重要的是，肖邦的音乐表明了，即便是最令人头晕目眩的、龙飞凤舞般的炫技段落，也可以是有音乐上的内涵的。肖邦在其成熟作品中，无论是细腻如丝，还是壮丽如虹，都从来不只是炫技而已。他发明了功能性装饰这个概念。李斯特在遇到肖邦之前，基本上是个“砸键盘者”。在领略了肖邦的演奏和作品之后，他试图改变他的演奏，使之成为一种比较富于诗意的风格。也就是说他向肖邦学到了东西，改变了自己原先的演奏方式。但是李斯特在肖邦面前是不是感到有点不自在呢？这位优雅的波兰人是一位贵族，而李斯特却有点向上爬的社会暴发户的味道，谈不上是贵族沙龙里的原住民。李斯特的穿着过于花哨，谈话过于粗门大嗓，牛皮吹得有点过大，喝起酒来不像个绅士那样有节制。很显然他的品位不高。偶尔他俩之间也会发生摩擦。李斯特总想“改进”别人的作品，有一次在演奏肖邦的一首夜曲时，添上了各种各样的装潢。根据约瑟夫·诺瓦科夫斯基对肖邦的研究，这里还有一则轶事：肖邦当时就冲着李斯特大叫起来，告诉他，要么严格按照乐谱演奏，要么就根本不要弹了。尽管如此，这两位当时最伟大的钢琴家还是继续交往，迟至1848年，肖邦仍把李斯特称为“我的朋友李斯特”。

关于肖邦的钢琴演奏风格（也可以延伸到他的音乐风格），有两点十分重要：他的关于伸缩处理的观念，以及他的古典倾向。关于前者，远至莫扎特和C. P. E. 巴赫时代的演奏家们就激烈地争论过这个问题。所谓“原速的变化”，是指在不改变基本时值的前提下，可以微妙地改变其间的速度或节奏，即不是一板一眼刻板地演奏，而是适当地缩短或延长以造成错位，这样能使得乐句变化丰富，妙趣横生。所有敏感的音乐家都使用伸缩处理，它等同于绘画素描中大师所使用的“线条变奏”。肖邦骨子里继承了丰富的波兰舞曲节奏，所以特别喜欢使用“伸缩处理”，以至于不习惯它的听众都被吓坏了。本身就是个杰出钢琴家的梅耶贝尔坚信，肖邦在弹他自己的玛祖卡舞曲时，弹出来的是2/4拍而不是3/4拍。夏尔·阿雷也是一位优秀的钢琴家，他注意到，肖邦弹奏钢琴的一个显著特点是，“他完全自由地处理节奏，但又处理得那样自然，以至于多年来我根本没有察觉到它”。阿雷也坚称，肖邦在弹他自己的某些玛祖卡时，弹的是两拍而不是三拍。

肖邦虽然有很浪漫的“伸缩处理”以及极其浪漫的音乐，但是在他身上也有很强烈的古典情怀。他总是把一个节拍器摆在他的钢琴上，坚持要他的学生按照严格的时间来弹。他还要他们弹大量的巴赫和莫扎特，每当他们做自由处理时还大发脾气。他自己的演奏很纯净，所以也要求他的学生要弹得纯净——此外还要非常有弹性、柔韧，外加歌唱性的线条。约瑟夫·费尔彻给他父母写信道：“昨天我们听了亨利·赫尔茨的演奏，他对音乐的处理很优雅、亲切和妩媚，但是不灵巧、不微妙。他和肖邦存在着很大的差距，后者的手指能歌唱，让你泪水盈眶，使每一个敏感的人感动得颤抖。他的纤细修长的双手跨度很大，十分轻盈自如地在键盘上跃动舞蹈。他的手指是如此灵活，让我完全相信关于他的一个有趣的说法：有人见过他把自己的脚钩在脖子上！此外，由于他非常有柔韧性，他能用大拇指弹黑键，或者只用两个手指弹整个系列的音符，把较长的手指跨过较短的手指，‘钻山洞’‘架桥梁’，从一个音符溜到另一个音符……”这些都是遭到古典派教师斥责的做法。黑键是不能用大拇指来弹的。费尔彻接着描述了肖邦的“伸缩处理”：“他对他的学生们说：‘让你的左手当你的指挥，并且严格地保持正确的时间。’以此为基础，于是乎他的右手，尽管看上去时而犹犹豫豫，时而迫不及待，却仍然恪守着这条伟大的规则，即绝不会削弱左手（节拍器般）的节奏。”（在半个多世纪以前，莫扎特也说过几乎同样的话。）碰巧，约瑟夫·费尔彻也是一位钢琴家，来自匈牙利，和他弟弟卡尔一道前来拜肖邦为师。卡尔极具天赋，是肖邦教过的超出其他学生许多的最好的学生。李斯特听过他的演奏并且说，当这小伙子开始公开演奏时，他李斯特就要退场了。可惜，不幸的是，卡尔在15岁就去世了。

作为作曲家，肖邦历经了所有的时尚、风格的变迁而存活下来，在今天仍一如既往地大受欢迎。他创作的几乎所有作品都经常在保留曲目单上出现。有多少别的作曲家能做到这一点呢？肖邦很早就创立了自己的风格，早在他离开波兰去巴黎之前便是如此。到了他的晚年，他的音乐更具有了深度，但是在演奏技巧、和声理念和旋律方面，却几乎没有什么改变。在他创作了练习曲集（作品第10号）之后（其中许多条是在他到达巴黎之前就已经完成了的），他的作品风格就再没有过什么本质的改变。他也早在波兰就形成了他的玛祖卡舞曲和夜曲的基本风格。这些夜曲都是从约翰·费尔德的作品获得灵感的。肖邦采纳了费尔德夜曲的形式，然后把它精制成更为高贵典雅的东西，使其具有更有趣的琶音化低音，旋律很像意大利美声歌剧中的那些气息悠长的抒情短歌（cantilenas）。如果说肖邦喜欢一样东西，那就是优美的歌唱，而他的许多旋律动机都来自于当时那些伟大的声乐文体家。

肖邦音乐风格的另一个方面是波兰的民族主义，其代表就是那些玛祖卡舞曲和波罗乃兹舞曲。在那时的欧洲人看来，这些舞曲形式都是奇怪的、带有异域风情的。肖邦是那些伟大的民族主义作曲家中的第一人。伟大的民族主义作曲家都不照搬民间曲调。他们用不着这么做。民间传统只是他们背景的一部分，是他们民族潜意识的一部分。它以怀念故乡的形式显现，即便没有使用实际的民间曲调也罢，如同在许多民族主义作曲家的作品中那样。肖邦在这些玛祖卡舞曲和波罗乃兹舞曲中，模仿了那些伴随他长大的民间旋律。在他的另一些作品中，他更像是一个世界主义者，虽然时不时地，比如在《b 小调谐谑曲》的中段里，一两支民间曲调也有显现。

肖邦还是一位“绝对音乐”的作曲家。他只给他的作品起抽象的标题。在这点上，他同其他浪漫主义作曲家都不一样。甚至连最古典主义的浪漫主义者门德尔松都给自己的某些作品起了描述性的标题，比如《无词歌》等。肖邦从不这么做。至于他的《黑键》练习曲、《冬风》练习曲、《小犹太人》玛祖卡、《雨滴》前奏曲、《军队》波罗乃兹等，所有这些都是由出版商提供的浪漫的杜撰。事实上，在肖邦的所有作品里，都没有任何标题性的提示，尽管有人宣称他那四首叙事曲是受到波兰爱国者、诗人阿达姆·密茨凯维奇的诗歌的启发而作的。即便这是事实，肖邦也是对此只字不提。所以这个密茨凯维奇的背景也可能是另一个浪漫的杜撰。肖邦给自己的绝大多数作品起的唯一的名字都是概括性的音乐体裁，譬如华尔兹、玛祖卡、练习曲、波罗乃兹、夜曲、谐谑曲、前奏曲、幻想曲、即兴曲、叙事曲、变奏曲、奏鸣曲、协奏曲等。当然，他写的波兰歌曲除外。

肖邦早年写的音乐是优雅的，华美的，富于创意的，光芒四射的，明显带有炫耀技巧的倾向。像他之前的所有作曲家那样，肖邦创作音乐也是为了拿去公演，因此很自然地，他要使之适合自己钢琴演奏的规范。他青年时代的作品有两首钢琴协奏曲，有为钢琴和乐队而作的《把手给我变奏曲》，还有那些早期的练习曲，以及为钢琴和乐队而作的《克拉科维亚克》（很少被人演奏，但这是一首萦绕于怀、挥之不去的作品）。这些作品在当时都以丰富、扩展钢琴技巧而著称。反观在德国独立工作的舒曼，他也创作钢琴音乐，但是*音乐*是其中的主旨。而肖邦在同一时期创作的钢琴音乐则更注重音乐与钢琴之间的平衡。单纯就键盘而言，肖邦的音乐比舒曼的要更符合钢琴语言。肖邦的作品弹起来很上手，而舒曼的作品弹起来就常常很别扭。肖邦的作品弹出来常令听众屏息而听，如星光闪烁或火花四溅，先树立复杂的音型，再将其击碎，或将其撒播至整个键盘，造成“大珠小珠落玉盘”的璀璨效果。

就单纯的炫耀技巧而言，当时也有其他一些钢琴家、作曲家可以与肖邦匹敌，其中就有莫舍列斯和卡尔克布伦纳，还有年轻的李斯特。但是，让肖邦的音乐马上就独树一帜、不同凡响的是，他前所未有地将丰富的和声资源与充满魅力的旋律结合于钢琴身上。很少有作曲家具有肖邦那样的细腻的听觉，那样的转调天赋，那样的将纯粹的炫技与旋律的高贵和诗意结合起来的品位。一开始我们就能见到他的这些品质，因为它们早早形成后就不再改变。只不过随着他年龄的增长，他的曲式更加紧凑了，没那么多零碎儿了，每个音符都有意义了。作品可以很难，但同时音乐更加凝练，技法置于完全的掌控之中。肖邦的音乐有不协和音，包括刺耳的二度音和九度音，让古典派钢琴家们弹起来感到不可容忍，新一代钢琴家也只有经过一番学习才能掌握它们，通过熟练地使用踏板才能使之出彩和化解。这些半音阶的大胆的和声对19世纪的音乐思维产生了根本的影响。肖邦的和声影响了瓦格纳乃至更晚一些的作曲家。他的《船歌》实际上以其自由漂浮的踏板效果和近乎印象主义的和声预示了德彪西的音乐。这位纤瘦、羸弱的波兰作曲家对未来音乐产生了重大的影响。

虽然纤细羸弱，但这不意味着肖邦的音乐缺乏力量。那些谐谑曲和叙事曲，那首f小调幻想曲，那最后几首波罗乃兹舞曲（尤其是那首升f小调史诗般的波罗乃兹，这是一首比他流行的降A调波罗乃兹还激动人心的大手笔作品），以及最后的那两首奏鸣曲（他总共创作了三首，但是其中的c小调奏鸣曲是一首学徒期作品，已经从保留曲目里消失了），全都包含有恢宏的气势。这些作品的形式完全契合其内容，都是由内容决定其体裁的杰作。除了奏鸣曲之外，他从不试图将体裁强加在题材之上。他的音乐听上去常常是那么抒情和自然，实际上却是大量心血的结晶。他并不急于把乐思写在纸上，不像莫扎特和舒伯特经常做的那样。肖邦是个慢节奏的工作者，除非到他完全满意了，否则不会急于把作品拿去发表的；其结果就是他的作品像精雕细刻的珠宝般晶莹剔透、完美无瑕，并且尽可能合乎逻辑。他初始的灵感来得很快，但是把灵感锤炼成贴切的体裁却要下大功夫。他的许多作品都来源于即兴演奏，费尔彻曾经描述过肖邦创作的情形：“有一天（是在1842年3月），我聆听了肖邦在乔治·桑家中即兴弹奏。听着肖邦以这种方式作曲真是太神奇了。他的灵感来得是那样迅速而彻底，以至于他弹得毫不犹豫，就好像它只能如此似的。但是，当他面临把它写下来时，当他面临把初始灵感按其全部细节重新捕捉出来时，他就得花费数天的紧张工作，并且经历近乎绝望的、精神崩溃的境况。他改来改去，不停地把同样的乐句颠来倒去地玩味、拿捏、推敲，像个疯子似的在房间里踱来踱去。”甚至一首作品已经出版了，肖邦也不满意，一有机会就做许多修改；而且在他的许多作品中，还有法文版和德文版的差异，其中有些还很重大。

他的音乐可以说是一首一以贯之的大作品。无论是微型的，例如不超过20秒钟的升c小调前奏曲（作品第28号），还是大型的，例如《b小调奏鸣曲》，都是极富个性的音乐，具有很优雅的、经常是很忧郁的旋律，以及十分丰富的和声织体，在其半音阶的运用方面接近弗朗克（Cesar Franck）的风格。但它又不是那种因为过量而倒胃口的半音阶音乐。肖邦的思路是那样清晰、精确，以至于他不允许用色彩去统治外形。他的音乐主要是一种高度清晰、凝练的音乐，其中有些只挖掘一个单独的乐思。肖邦的单乐思作品主要有练习曲、前奏曲、玛祖卡舞曲和夜曲，虽然在较长的玛祖卡和夜曲中有一些副主题。那些较大型的作品——谐谑曲、叙事曲、那首《f小调幻想曲》等——则是肖邦自己对奏鸣曲式中出现的问题的解决。他对古典的奏鸣曲式没有多大兴趣。在他那首《b小调奏鸣曲》中，他尽职尽责地履行了呈示部、发展部和再现部这一过程，算是凑合着遵循了传统。使得奏鸣曲式得以生存下来并变得如此流行的主要原因，就在于其乐思（音乐动机）的丰富多样性，以及第一乐章过后的那种延伸性和自由度。肖邦较早期的降b小调奏鸣曲（带葬礼进行曲的那首），彻底远离了古典奏鸣曲的概念，远离得就连舒曼这样的铁杆儿肖邦崇拜者都感到绝望。这哪里是一首奏鸣曲呀，他写道，肖邦只不过是为他的四个乐章集合了“四个他最狂野的孩子”。具有讽刺意味的是，该曲的第一乐章却恰巧是肖邦用奏鸣曲式所做的最成功的试验。它很简练，条理清晰，前后一贯，一气呵成。在这个乐章过后，肖邦便和奏鸣曲分道扬镳了。最令人困惑的是它的终曲，这是一曲轻声的低吟，以快速的齐奏音阶过渡句（unison scale passages）神秘地嗫嚅着，时间不超过一分半钟。该曲本可以写成肖邦的前奏曲之一的，据我们所知肖邦的本意也是如此。他的降e小调前奏曲（作品第14号）无论在情绪上、布局上还是在技巧上，都是这首降b小调奏鸣曲的末乐章的姊妹篇。这两首作品大约是在同时创作的。降b小调奏鸣曲写于1839年，而这些前奏曲写于1836年至1839年之间。

肖邦在晚年开始把复调的织体引进他的音乐。在这位最浪漫的作曲家身上始终流动着一股古典主义的血液。说他古典，是指他的体裁的结构非常严谨，还指他的做工非常精致，亦指他的成熟期的作品避免了空洞无物的经过句。此时他的作品，无论可能有多么有效，多么灿烂照人，甚至洋洋大观（比如在升F大调即兴曲的末乐章，或是在升c小调谐谑曲的那些渐次递进的音型中），每个音符都被赋予了一层表现的或是色彩的含义，远远超越了仅仅的炫技。它绝不会低下卑琐，它绝不会为效果而效果。在肖邦的音乐中，还有其他一些因素暗示了古典主义，尤其是暗示了他敬爱的巴赫。他的那个24首前奏曲的系列沿袭了巴赫的《平均律钢琴曲集》的主旨，以五度循环方式覆盖了所有的大小调。（胡梅尔也做过同样的事情，也是在一系列的小型前奏曲中，创作时间比肖邦的至少早了15年。）难道肖邦所作的第一首前奏曲（C大调）是在暗中恭维巴赫的那首C大调前奏曲吗？（巴赫的这首C大调前奏曲恰好也是他的那个伟大的前奏曲系列中的第一首。）假如把肖邦的这首用很慢的速度来弹的话，就会发现，它与巴赫的那首之间有着惊人的联系。而且那些练习曲中，肖邦也是以与巴赫相关联的一套调性设计开始的，只是从没有贯彻下去罢了。后来，如同在《f小调叙事曲》或是在《升c小调玛祖卡舞曲》（作品第63号之三）的结尾处那样，也出现了一些肖邦对巴赫的卡农曲进行模仿的乐段。这种复调的音乐出现在许多肖邦的晚期作品中。对肖邦而言，赋格是音乐逻辑的最高境界和终极目标；他曾对德拉克洛瓦谈起过这个问题（后者在日记中忠实记录下了肖邦的评语）："深入地了解赋格，就等于是认识了音乐中的一切理性和连贯性的本质。"肖邦的古典主义这一面并不是为许多人所知的，虽然他只创作了一首已知的赋格曲，并且是一首学徒期的作品，且没有列入现在的保留曲目单。

奇怪的是，肖邦一旦成名了，就几乎没有人批评他的音乐了。大家一致公认这是一位大师的音乐。就连路德维希·莱尔施塔布（柏林的评论家）和詹姆斯·威廉·戴维森（伦敦的评论家）这样的怀疑者最终都为肖邦的音乐所折服。如同李斯特在1841年所写的那样，"始终没有人攻击这位细腻纤雅、贵族气派的名流。关于他，完全没有批评之声，就仿佛批评家们都忘了批评似的"。李斯特只是讲出了事实而已。当时的那些见识广博的人士，如李斯特、门德尔松、舒曼、柏辽兹等人，当然都明白肖邦肯定是不朽的，都清楚他在一个自我设定的格局之内就是完美本身。在19

世纪要想当一个伟大的钢琴家，就要当一个演奏肖邦音乐的钢琴家。甚至在第一次世界大战后的反浪漫主义时代，这句话也是真理。这句话在今天有所松动了，因为浪漫派的演奏实践在当下几乎已成为一门正在消亡的艺术。然而即使在今天，肖邦音乐出现在钢琴独奏会上的频率也丝毫不逊于其他任何作曲家，并且远远多于其他浪漫派作曲家的音乐。其他作曲家的音乐都有大起大落，而肖邦的音乐走得比较平稳。钢琴文化若没有肖邦完全无法想象。无论品位如何变化，风格如何改变，肖邦都好像不受影响。

· 13 ·

炫技大师、江湖郎中和预言家

——弗朗茨·李斯特

FRANZ LISZT

如果说，肖邦是钢琴家中的钢琴家，那么弗朗茨·李斯特就是公众的钢琴家——这个爱表现、炫耀的人，这个钢琴英雄，让他的听众看得、听得目瞪口呆、魂不守舍。他得到了上帝所有的宠爱——英俊的外表，个人的魅力，强大的力量，超强的技巧，前所未有的洪亮音响，以及投机取巧的本领（起码在他的早年是这样）。而这些却以最“愤世嫉俗”的方式迎合了大众。他的头上罩着圣徒的光环。在李斯特之前，钢琴家们都把双手尽量靠近键盘，用手腕和手指而不是用胳膊和肩膀来弹奏。但自李斯特起就不是这样了。他一劳永逸地创建了洋洋大观的英雄钢琴演奏法，这样的钢琴家会气宇轩昂地傲慢登台，趾高气扬地唬着听众，高抬双手咋咋呼呼，向钢琴发动猛攻。即使是那些对他的一切都厌恶透顶的音乐家，那些“纯洁的”音乐家，面对此景也只能是印象深刻。连门德尔松这个对应于李斯特北极的南极，也不得不承认李斯特是无与伦比的，他能以“一种几乎无人能及的高超技巧、彻底的手指独立和旷世的乐感来演奏。总之，我从没听到过哪个演奏者的音乐理解力能像他那样透彻地反映到指尖上”。与他同时代的钢琴家，比如夏尔·阿雷，在听了李斯特的演奏后就感到没有希望了：他们不可能同这个显耀与圣光环的结合体竞争。克拉拉·舒曼本人就是个非同一般的技巧大师，但她也完全被李斯特吓到了，因为“我们含辛茹苦鼓捣几天弄不出来的东西，李斯特却一看乐谱就弹出来了”。

李斯特就是以一个钢琴家的身份首次在欧洲一炮打响的。嗣后他成了一切——作曲家，乐队指挥，评论家，文学家，花花公子，神父，教师，象征符号，偶像……最后成了“那位音乐的泰斗”。李斯特出生于 1811 年 10 月 22 日，与其他早期的浪漫主义音乐家出生在大约同一时期，但比他们都活得长得多。门德尔松死于 1847 年，肖邦死于 1849 年，舒曼死于 1856 年，柏辽兹死于 1869 年。而李斯特死于 1886 年 7 月 31 日，是那些早期的浪漫主义大师的亲密朋友圈中最后一个去世的音乐英雄。他曾经见过贝多芬本人，并且（据信）实际上被那位不朽者的嘴唇亲吻过。弗朗茨·李斯特是一位性格复杂多面的伟人。他有天才，但他还是一个有名的江湖术士、混世“魔王”。他被拉进了教会，但在成了神父后还继续搞他的风流韵事，其出轨行为在全欧洲都被传得沸沸扬扬。他拥有杰出的音乐头脑，是有史以来最强大的音乐大脑之一。然而在他的独奏会上，他旧习不改地篡改其他作曲家的音乐，通过添枝加叶制造花里胡哨的效果，甚至让贝多芬的音乐都掉了价。他可以很亲切和蔼，慷慨大度，但也会瞬间翻脸，变得傲慢、任性、乖戾。他很自负，需要有人经常阿谀奉承他。然而在比如瓦格纳这样的天才面前，他却能真心放下架子而变得谦恭起来。是的，他能千人千面，结果是没有几个人能看到他的全面。也许连他自己也不能。对于许多人来说，他是音乐的文艺复兴之人。他的仰慕者只看到他的优点。而对其他许多人来说他却是华而不实、应时应景的绣花枕头。“一个多才多艺的小爬虫。”乐队指挥赫尔曼·列维这样轻蔑地说过他。同样，他的敌人也只看到他坏的一面。

从奇想转移到事实需要写大量的篇幅，也需要一堆精神分析专家才能讲得清李斯特的动机。但是大体的轮廓已经很清晰了。李斯特出生于匈牙利的雷丁，7 岁时就能弹得一手好钢琴了，8 岁就开始作曲了，9 岁时就开演奏会了，10 岁时就在维也纳师从车尔尼和萨列里了。他那时的所有旅行都由他父亲陪伴。他父亲亚当·李斯特是供职于埃斯特哈齐家族的一名管家，是一个熟练的业余音乐爱好者，他完全了解儿子的巨大才能。一群匈牙利的贵族也看出了小李斯特绝非等闲之辈，就资助了他的音乐学习。欧洲的音乐界随之也完全认可了他们对这位年轻天才的高度评价。这个小男孩儿无论出现在哪里都让听众大吃一惊。在维也纳师从车尔尼之后刚过了短短几年，他就俨然已经是音乐演奏舞台上的老手，不仅在巴黎和伦敦都已首次登台，而且还环游了欧洲。16 岁那年，他遭到了质疑并感到了极度的精神疲惫，于是开始考虑放弃这一切并加入教会。整个一生他都在谈论入教的事：这是浪漫主义者们全都津津乐道的话题。当然他主要还是光说不练。后来李斯特在晚年总算当上了教士，但即便如此，他也没忘记享受世俗之乐，很可能从来就没有真的把宗教当回事儿。他的宗教虔诚只是作秀而已。

直到19岁时，他才或多或少地定居下来。1827年，在他父亲去世之后，他把巴黎当作自己的总部，开始弥补他在教育上的缺陷。像大多数神童那样，他只接受过粗略的一般教育；而一旦他决心要追上去，他就有大量的学习和阅读要去做。李斯特最终及格了，成了一个有教养的人，这是他的勤奋获得的成果，他完全靠自己完成了这一切。“我的大脑和我的手指像着了魔似的玩儿命工作，”他于1832年写道，“我的周围全是荷马，《圣经》，柏拉图，洛克，拉马丁，夏多布里昂，贝多芬，巴赫，胡梅尔，莫扎特，威伯……我研究他们，疯狂地鼓捣他们，食之如饕餮大餐。”他进出于知识分子的圈子之中，以其天才和英俊的外貌备受他们欢迎。他还周旋于巴黎的适婚年轻女子当中。他还听了三位对他的发展起了决定性影响的音乐家的音乐会。

首先是柏辽兹。在柏辽兹那儿，李斯特发现了色彩的含义，也发现了大手笔的意义。柏辽兹的那一套很对李斯特的胃口。柏辽兹把他领进了梦幻类型的浪漫主义，即内心无比激动翻腾，充满无限的渴望向往，绝对的主观性，以及对纪念碑式的宏大壮美的热爱。李斯特尝试在钢琴上做柏辽兹在管弦乐队上做的事情，甚至还把柏辽兹的几首主要的管弦乐作品改编成钢琴独奏曲，其中就有《幻想交响曲》。[1]他竟然还在音乐会上公演了它。他的绝活儿之一，就是用钢琴跟着管弦乐队来演奏他的钢琴版的《幻想交响曲》中的“赴刑进行曲”，即第四乐章，并且达到了一种（阿雷写道）“甚至超过了整个管弦乐队的效果，从而掀起了一股难

[1] 李斯特也把贝多芬的交响曲改编成了钢琴独奏曲。

以形容的狂热”。李斯特是第一个把钢琴管弦乐队化的人，他在钢琴上达到了最疯狂的力度极限，最大程度的色彩绚烂，用整个键盘堆砌一浪浪的洪亮音响。而这一切，他都要归功于柏辽兹的影响。第二个影响来自于帕格尼尼。这个影响完全是乐器上的，而非美学或哲学上的。1831 年，李斯特第一次听到帕格尼尼的演奏，他仔细聆听着，并且被震撼了。他当即决定把帕格尼尼的效果移植到钢琴上。这一探索有两个目的：取得超人的技巧，以及获得卓越的表演。首先他做的事情之一，就是把帕格尼尼的六首独奏小提琴的随想曲改写成钢琴独奏曲，并让它们难上加难。当时除了李斯特之外，恐怕没人能演奏这些曲子了；即使在今天，也很少有人能弹奏它们。李斯特的《帕格尼尼练习曲》也是和帕格尼尼的小提琴原创同样令人叹为观止的钢琴对应物。当时只有李斯特能用钢琴把它们演奏得令听众如痴如醉，就如同帕格尼尼本人用小提琴演奏使听众痴狂那样。

最后一个影响：李斯特听了肖邦的演奏。肖邦让他意识到，钢琴演奏除了华丽雄壮之外，诗意也很重要；钢琴除了能狂刮英雄风暴之外，也能轻吹色彩微妙变化之风。另外他也认识到，装饰音对音乐的背景布局颇具功能性，而不仅仅是浮华和庸俗的赘生物。

因此，当李斯特再度开始欧洲环游时，他已作为一名完美艺术家的形象露面了。此时的他所向披靡，无往不胜。他的独奏会取得了一连串的成功。女人们尤其欢迎他的音乐会，就像她们后来被帕德莱夫斯基的音乐会迷倒一样。事实上真有这样疯狂的场面发生：那些易感的女士们要么晕倒在地，要么争抢李斯特随意扔在舞台上的手套。海因里希·海涅尝试形容这种马戏团般的表演，说这是“磁场和电流；人们拥挤在一个闷热的礼堂里，里面点燃着无数支蜡烛，弥漫着百十来号涂脂抹粉的女人的香汗味儿。充满戏剧性的癫狂症。使人忍俊不禁的歇斯底里。还有其他难以启齿的场面”。李斯特很清楚他会给听众造成什么样的轰动。这一切都是经过周密安排的。包括他的曲目在内,里面并没有多少“油水”或“干货”。他在自己的琴房里什么都弹；他很可能把当时所有的作品都弹过并且记下来了。但在他的大型公众音乐会上，他主要演奏那些不会出差错的、容易吸引人的作品。一般来说，这些音乐都是他自己写的。他会走上舞台，让身上悬挂的链状饰物发出细碎的“叮当”响声。他的长发披垂在肩膀上。他会扫视一遍满场听众，然后慢慢摘掉手套，把它们扔到地板上。直到1839年为止，他都遵循一套制定好的开音乐会的模式，这意味着他得和其他音乐家或管弦乐队分享一场音乐会的时段，而他只能是曲目中的一部分。之后他便开独奏会了。一场典型的李斯特独奏会上演奏的曲目有：经他改编的罗西尼的《威廉·退尔序曲》，他根据莫扎特的歌剧《唐璜》创作的幻想曲，他改编成钢琴曲的舒伯特的《魔王》以及贝多芬的《阿黛莱德》，还有他的《半音阶宏大加洛普舞曲》。有一次他在圣彼得堡开独奏会，演奏的就是上述曲目。

鉴于此，李斯特，这个伟大的自我中心主义者，在1839年发明了如今众所周知的独奏会这种表演形式，就再自然不过了。他为什么要和其他人分享一场音乐会的曲目单呢？他要独占它。最初，他把自己一个人开的音乐会称为“soliloquies”，并向贝尔乔约索公主这样描述它们："……这些很累人的*音乐独奏会*（我也不知道应该给我发明的这个玩意儿起个什么名字好），我努力用它们来满足那些罗马人；我也完全有能力让它们进入巴黎，为此我变得那么厚颜无耻。想一想吧，战事已经使人厌倦，而且也拼凑不出一台有水准的节目了，因此我只好冒险开一串只有我一个人表演的音乐会，并模仿路易十四的风格向公众骄傲地宣布：这场音乐会只有我一个人表演。"后来，soliloquies 开始被人称为"独奏会"（recitals），且这一术语在英格兰引起了极大的兴趣——"他是什么意思？一个人怎能在钢琴上'背诵'呢？"[1]

如果说李斯特很早就成为一名成熟的钢琴家，并且很可能是有史以来最伟大的钢琴家的话，那么他发展成为一名伟大的作曲家就是相对很迟的事情了。他早期创作的音乐不再有什么意思了，大多数都是内容空洞的炫技材料。他 14 岁时创造过一部歌剧《唐·桑乔》（*Don Sancho*），它也被人遗忘了。从 1829 年到 1834 年，他忙于改编各种各样的原作——柏辽兹的管弦乐作品，贝多芬的交响曲，或者改写歌剧。直到 1835 年，他才开始写出一系列后来成为保留曲目的作品。1835 年之后的四年是他创作出许多杰作的四年，这其中包括《超技练习曲》、《帕格尼尼练习曲》、《旅行岁月》的头两卷、许多舒伯特歌曲的改编曲，以及改编成钢琴曲的一系列巴赫的管风琴作品。1840 年以后，他的多首《匈牙利狂想曲》问世了，还有一些歌剧的大型改编曲，以及许多值得注意的歌曲；这些歌曲本该在今天多多演唱，但是却没有。1854 年，

[1] 英语 recite 有"背诵"的意思。

他的《b 小调钢琴奏鸣曲》问世了，它是浪漫主义运动中最重要的构思之一。在这部 30 分钟的作品里，李斯特运用了主题变形的手法，让主要主题屈从于各种各样的处理和改变，并让它成为这一整首单乐章作品的酵素。这首《b 小调钢琴奏鸣曲》是浪漫主义音乐修辞中的精华之作，有些人觉得它听着不舒服，称它是虚情假意的矫情，内容浅薄。另一些人则称它是对钢琴技艺和浪漫主义精神的最意义重大的贡献，是李斯特所构思的最浪漫之作。现今的大多数音乐家赞同后者的评估。这首《b 小调钢琴奏鸣曲》，还有 1857 年创作的单乐章的《降 E 大调钢琴协奏曲》（另一个主题变形的典范），自从问世后就一直是保留曲目，至今它俩仍然引起听众的痴狂。

1847 年，李斯特不再当一个“职业的”钢琴家了，他不再为了赚钱而到处旅行开音乐会了。在这之前，他的生活一直是处在狂热的音乐和感情喷发的风暴之中的，还包括一桩让整个欧洲都直摇头的风流韵事（不赞成中也许还暗含嫉妒）。李斯特在 1834 年邂逅了达古尔特伯爵夫人，并在翌年她就抛弃了丈夫并同李斯特一起私奔到瑞士。两人私生了三个孩子，两个夭折，1837 年出生的柯西玛后来嫁给了李斯特的第一个伟大的学生,汉斯・冯・彪罗。再后来，她居然因为瓦格纳而把丈夫彪罗遗弃了。她也是一个叛逆传统的人，并如她父亲一样活得很长，殒于 1930 年，享年 93 岁。

达古尔特伯爵夫人很有文学抱负。由于她的敦促，也很可能在她的协助下（经过她的编辑和改写），李斯特也开始写评论和散文了。他和伯爵夫人定居在日内瓦，他在那里教书，并以那里为大本营，起程四处游历。1842 年，他被魏玛宫廷任命为“大公府非凡音乐主管”,但直到 1848 年,他才在那里正式管事。与此同时，他与伯爵夫人的关系冷却下来，1844 年两人分手了。达古尔特伯爵夫人回到了巴黎，并以“丹尼尔·斯特恩”为笔名，写了一部名叫《内丽达》的小说，李斯特在书中成了一个颇为可怜的人物。

作为演奏大师，李斯特的最后一次旅行演出是去俄罗斯。在（乌克兰的）基辅，他邂逅了卡洛琳·塞恩－维特根施坦公主。他当时 36 岁，她 28 岁，是一个波兰地主的女儿，在 17 岁的时候嫁给了尼古拉·塞恩－维特根施坦亲王。但几年后他们分居了，她单独生活在基辅的房产里。外表上她魅力欠佳，是一个宗教狂热者，但意志强硬并且相当男性化。但她毕竟是个公主，只要和她结婚，就会拥有巨大的财富，因此李斯特把她当成另一个征服的对象。他做到了。但从此她不让他走了。1849 年，李斯特和卡洛琳在魏玛同居，震惊了那里的宫廷，丑闻传得沸沸扬扬。卡洛琳试过了离婚，却失败了。她自己是个作家，一个华而不实的次等作家，并且很可能以李斯特的署名写了大量的文字。多亏了卡洛琳，以及她给他出的关于文学风格方面的点子，才使李斯特写出了那本肖邦传。它本来可以是一本关于肖邦其人及其钢琴音乐的第一手材料，写成后却降格成一连串含糊其词、华而不实的文字堆砌，肖邦在其中反倒成了个小角色。历史有充足的理由不喜欢这个女人。她的后半生在罗马度过，继续追求她伟大的文学目标，这是一部题为《教会外在软弱的内部原因》的系列书。它出版了 24 卷，其中大多数都是每卷超过一千页。在她的房间里有一台印刷机，有 14 尊李斯特的半身塑像，还有几百根专门为她定做的烈性雪茄。有报道说，烟草浸泡在铁锉屑溶液里会使它更烈性。

在魏玛，李斯特投身于工作中，很快就把这个小城市变成了进步音乐运动的总部。他在这里推介了瓦格纳、柏辽兹、舒曼的音乐，还荐举了一些未来乐派的作曲家如约阿希姆·拉夫、彼得·科内利乌斯和威尔第的音乐。全欧洲的钢琴家都蜂拥来到魏玛拜李斯特为师。其中最杰出的当属卡尔·陶泽希[1]，他死于1871年，年仅30岁。从所有的报道中我们都得知，陶泽希是一个能演奏李斯特全部技巧的超级钢琴家，只是他缺乏李斯特的烈焰。也正是在魏玛，李斯特开始指挥乐队。作为一个指挥家，李斯特的重要性还没有得到广泛认可。然而正是他，把他自己演奏钢琴的许多特点也带上了指挥台。他所代表的是那类自由狂放的指挥风格。他不把自己捆在"脚手架"上中规中矩地指挥，就像许多指挥家现今仍旧做的那样，而是寻求柔软有弹性的节律、戏剧性和色彩感。他那极不正统的打拍子只勾勒出乐句的起伏升降，而不是重重落在每小节的第一拍上。"我们是向导而不是技工。"他会这样说。瓦格纳是另一个更喜欢短句而不是重音的指挥家；像李斯特一样，他也在处理速度上极为自由。当李斯特或瓦格纳指挥的时候，没有一次速度是一成不变的，而是在一个大框架之内速度自由变换，伸缩莫测。这里很难确定一个年表，很难测算出瓦格纳在指挥方面受到了李斯特多少影响，或是瓦格纳在多大程度上影响了李斯特。这两个人持续地互相依赖。但是首先出现的是作为钢琴家的李斯特，他把自由诠释作品的理念从演奏钢琴

[1] 也译作卡尔·陶西格。

引进了指挥乐队。李斯特在许多事情上影响瓦格纳的可能性大于瓦格纳对李斯特的影响。

李斯特之所以辞去他在魏玛的职位，是由于他在 1858 年指挥科内利乌斯的歌剧《巴格达的理发师》的首演时受到观众喝倒彩。至少他给出的理由是这样的。此时李斯特在魏玛已经不再快乐了。他的第一个雇主卡尔·弗里德里希大公曾给过他绝对的权力，还有充足的预算。但是卡尔·弗里德里希在 1853 年去世，他的接班人卡尔·亚历山大大公对音乐几乎没有什么兴趣。他也很不乐意为管弦乐队和歌剧院投入大量的费用。李斯特的境况也并没有因为得到大公的情妇的垂青而有所改善。当上述科内利乌斯的歌剧受到讥笑的时候，李斯特清楚，这示威既是反对科内利乌斯的，也是冲着他李斯特来的。虽然李斯特放弃了他作为音乐指导的官职，但是他仍然和魏玛保持着密切的联系。在他的余生中，他像例行公事一般往返于罗马、布达佩斯和魏玛之间，当然也出现在欧洲其他地方，为某某伟大的事业效力。他总是被学生和年轻女子们追随和崇拜。1865 年，他在四个小教堂里任教职，从此披上了一件法衣，被人尊称为“李斯特神父”。有人形容他是“身穿教袍的梅菲斯托（魔鬼）”。他稳步地作着曲；直至他生命的最后一年还在教书；此时的他已经作为贵族在贵族圈里活动了。

从他的音乐生涯伊始，他就坚持人家把他视为同贵族完全平等。在他很年轻的时候，他就在那些著名的沙龙里演奏，并且注意到“那些一流的大师，比如莫舍列斯、鲁比尼、拉封、帕斯塔、马利布兰等人，都必须走仆人的通道进入沙龙”。他李斯特可绝对不会这么做。如果他不能和其他宾客完全平等（无论他们是何许人也），他就不演奏。在他的一生中，每当他在演奏时，如果贵族和国王的举止粗鲁，他都会蔑视甚至羞辱他们。这就是李斯特，唯一一个使皇族都不得不屈从于他的意愿的人。随着李斯特年龄的增长，他事实上俨然像个皇族那样举止，还要求额外补贴。而一旦人们给了他尊重和奉承——遗憾的是，李斯特是个势利小人——他就马上变得和蔼、大方起来；因此没有哪个才子佳人跟他过不去的，大家跟他打交道后都乐滋滋地满意而归。来自全欧洲，甚至还有美国的年轻作曲家们都把自己的作品带来请他过目指教。他以一贯的彬彬有礼来审视他们的作品，鼓励过诸如格里格、斯美塔那、鲍罗丁、里姆斯基－科萨科夫、巴拉基列夫、麦克道维尔，甚至（有一阵子）勃拉姆斯这样名字响当当的作曲家。勃拉姆斯曾于 1853 年来魏玛拜访过李斯特，但两人交好的时间并不长。勃拉姆斯代表的是“纯粹的”古典主义，主张继承发扬交响曲和奏鸣曲的古典形态，是浪漫主义音乐中的古典主义者。李斯特和他的那伙人则主张形式自由和恣意的浪漫激情，提倡一种由非音乐的因素（如文学、诗歌、绘画等）引发的音乐。1860 年，勃拉姆斯、约阿希姆和其他几个人签署了一个宣言，反对由魏玛乐派所代表的所谓“未来的音乐”。勃拉姆斯将成为这支反对派中的领袖，以及“传统信仰的维护者”。但是历史并没有站在他的一边，他和他的追随者，比如马克斯·雷格尔，都对 20 世纪的音乐没产生过什么影响。反倒是李斯特和瓦格纳把音乐直接引到了理夏德·施特劳斯、马勒和年轻的阿诺尔德·勋伯格的天地，并最终进入了十二音体系及其各个分支的时代。

作为一位钢琴教师，李斯特的影响也广泛而深远。他培养了整整两代人的追随者，他们中的所有人都在全世界传播老师的风格和教诲。继彪罗和陶泽希之后，又诞生了诸如索菲·门特尔、尤金·达尔伯特、莫里茨·罗森塔尔、阿尔弗雷德·莱森瑙尔、亚历山大·席洛蒂、阿图尔·弗里德海姆、弗雷德里克·拉蒙、拉法耶尔·约瑟菲、埃米尔·冯·绍尔、伯恩哈特·施塔芬哈根这样的钢琴巨匠——他们都是李斯特的学生，其中大多数人也都是传承发扬李斯特传统的钢琴教师。此外，准确地说，李斯特培养过的学生还有其他数百人，他们都是现已式微了的浪漫主义钢琴演奏学派的代表人物。

在第一魏玛共和国时期（1848—1858），李斯特正处于他创作的巅峰。由于掌管着一支管弦乐队，他开始了一个作曲的新阶段。起初，他让自己圈子里的一些有才干的年轻作曲家——如奥古斯特·康拉迪、约阿希姆·拉夫等人——替他给他的钢琴总谱配上管弦乐。直到 1854 年，他才有足够的信心自己给自己的钢琴谱配器。从这一时期开始，李斯特接连创作了 12 首交响诗；这是他发明的一种新的音乐体裁。它们都是标题音乐的范例，都是单乐章的，都是受到某种外部因素的刺激被激发了灵感而创作的，比如一首诗，一出戏剧，一幅油画什么的。通常，交响诗的标题以及印在总谱上的文学摘要提供了线索，如《前奏曲》《奥菲欧与尤丽狄茜》《哈姆雷特》《玛捷帕》等。音乐专门图解某段文字标题，尽管这段音乐的结构之严谨可能不下于古典的奏鸣曲。在李斯特开了交响诗的先河之后，创作交响诗立马成了风靡全欧洲的时尚。李斯特的另一个贡献就是所谓的主题变形的观念。在像《b 小调奏鸣曲》这样的大型单乐章的作品中，或是在《降 E

大调钢琴协奏曲》中，一个主题被赋予了多重职责，既可以把它改变成第二主题出现，也可以过后把它变成另一种形式，以作为终曲的主题。但是万变不离其宗，贯穿始终都能听出它是那同一个主要主题。李斯特在玩这种主题变戏法方面是行家里手，特别有花活儿，而且频繁出招儿，成了他选用体裁的新章法，它使他的音乐以独辟蹊径的新路径达成一统，而又不会跌回到传统的曲式中去。李斯特与古典风格毫无干系，从不曾有过。而即使是肖邦，在他所创作的三首奏鸣曲和大提琴奏鸣曲中，也只好向古典的奏鸣曲式低头。李斯特绝不会这样干的。他总是攒出自己的音乐形式。

他把一些歌剧改写成大型钢琴独奏曲的做法也是自出机杼。有些作曲家，比如赫尔茨和勋滕，也靠满足人们对改编歌剧为乐曲的需求而活得不错。他们会先写一个花里胡哨的引子或序奏——很难懂，但又不至于难得让那些身为委托人的年轻女士听不懂；然后引进作品的主题，接着是一连串标准得毫无新意的变奏，最后以一个充满音阶和琶音的尾声结束。与这些人相比，李斯特用钢琴对歌剧的改写和浪漫发挥就像是一道闪电与一簇烛光的关系，不可同日而语。他把所有主题一股脑儿地抛入某种对位法的杂烩中去；改变了和声；他把他钢琴天才的所有技术资源开发到了极限。其结果便是：这样对歌剧的钢琴改写成了最高级别的炫耀技巧，原作（甭管它讲的是什么）一律成了英雄式的，甚至是爆炸性的音阶堆砌。像这样的音乐在 20 世纪并不受到欢迎，不过近来它又有了东山再起的迹象。毕竟，这类音乐（把歌剧、交响曲等大型作品改编成同样大型的钢琴曲）中包含了伟大的创造性，

✤ 1865年，李斯特在第一届布达佩斯音乐节上指挥

"……他的教袍几乎藏不住一颗仍然年轻的心的跳动……"

而且它栩栩如生地展现了那个炫技高于一切、炫技本身就是一个目的的时代。

魏玛时期的李斯特还创作了像《浮士德交响曲》《但丁交响曲》，为钢琴和乐队写的《死之舞》这样的雄心勃勃的作品，以及数量庞大的管风琴和宗教音乐；还有许多为钢琴独奏而作的大型作品，包括根据巴赫的康塔塔《哭泣，叹息，颤抖，悲伤》中的一段主题而写的一组热烈、迷人的变奏曲。所有这些作品都如同李斯特本人那样难以形容，因为它们既是崇高的，又是多愁矫情的，是诗意和卑俗效果的结合。不过，他成熟时期的音乐都有一个特点，就是具有一种最为新颖、大胆甚至是很走极端的和声类型。在所有这些表面效果的后面，在这种强调形式甚于内容的风格背后，他有着非同寻常得惊人的音乐头脑。李斯特的半音使用甚至可能比肖邦的还要偏激，并且直接影响了瓦格纳。李斯特有一首歌曲，叫作《我想到那里去》，就完全包含了著名的“特里斯坦和弦”，只做了一点改变（第一个和弦是 D 调而不是升 D 调）。它创作于 1845 年，是早在瓦格纳开始酝酿《特里斯坦与伊索尔德》之前就写出来的。这里面有一个故事，也许是虚构出来的，说的是李斯特和瓦格纳坐在一个包厢里，听乐队奏开了《特里斯坦前奏曲》。“那是你的和弦，神父。”瓦格纳说道。对此李斯特不快地回答道：“至少，现在人们要在你的作品里听到它了。”瓦格纳向李斯特承认自己欠下了他的债，他于 1859 年写道：“自从我接触了李斯特的作品之后，我对和声的处理就变得非常不同于我以往的风格了。”另外，李斯特勇猛敲击的演奏风格和频繁使用不协和音的做法被世界各地的年轻音乐家所效仿。在李斯特和肖邦之间，诞生了一种新的音乐语言。肖邦是先驱，他是这个领域的第一人。李斯特的和声在一定程度上要归功于肖邦，但是它比那位波兰作曲家那精致微妙的和声要外向得多。同时，它与肖邦的和声一样，都很个性化，都很独特，都很意味深长。

此外，李斯特的音乐是锐气（冲劲）和炫技的音乐，是精心计算过效果的音乐，是姿态高傲的音乐，是克服了巨大技巧困难后胜利凯旋的音乐。它是一种运动的音乐，是旨在使人惊愕的音乐。在他生命的后期，他的音乐将有一些意义重大的改变。但是，如若像有些人说的那样，把李斯特的音乐描述成只有纯粹的效果而实质几乎全无的话，那就遗漏了重点。和声这么大胆的音乐不可能是完全肤浅的。李斯特的许多摄人心魄的美妙旋律也不可能被忽略。他是个卓越的旋律作家，纵然他的曲调有点太长，有点故作姿态，有点过于坚决而无法吸引人们更多的注意。他的音乐确实真有魅力，但要听懂乃至欣赏它的难点之一在于：他的音乐太依赖现场演奏水平的高低了。这一点尤其体现在他的钢琴音乐上。演奏者水平高，他的音乐就魅力全出；反之便味同嚼蜡。第一次世界大战后，李斯特的那种浪漫主义的钢琴演奏传统开始消失了。今天，很少有人能像李斯特那样成功地把浪漫想象同魔鬼般的凶狠结合起来演奏钢琴。今天的钢琴家若按字面的意思（谱面）诠释李斯特的音乐的话，会感到茫然不知所措——他的音乐听起来怎么像是一串串空洞而活泼的音阶和琶音呢？反之，假如钢琴家用过多的自由度来弹，则他的音乐听起来又会很下作和自我放纵。演奏李斯特的钢琴音乐，需要钢琴家不受限制地发挥演奏技巧，大胆地弹奏，既要奏出洪亮、宏大的音响，又要奏出丰

⚜ 弗朗茨·李斯特，约1870年

他虽然不无江湖庸医的成分，但仍然有一股播撒种子开未来的伟力。

富细腻的层次，还要有表演癖和外向的性格，并有能力故作高贵的姿态，还要有稳定和富于弹性的节奏。那些缩手缩脚怕弹错音的钢琴家永远当不成令人信服的李斯特作品的演奏家。今天的人们把握李斯特的钢琴作品，不仅其音乐布局和技巧很难，更难的是把自己融入李斯特的心态和天地中去。

处于生命晚期的李斯特开始了一些稀奇古怪的试验。在像《死神恰尔达什舞曲》和《灰色的云》这样的钢琴曲中，他几乎放弃了炫技的风格。和声变成刺耳的不协和音，赤裸裸而开放。印象主义甚至表现主义的端倪露了出来。近些年来，出现了相当多的对李斯特这些晚期作品的研究。他的这些晚期作品中有德彪西、巴托克和其他现代作曲家的思想来源。这些作品仍然不被人们所知，因为几乎没有钢琴家公开演奏过它们。其中许多只是草稿，并非完全创作出来的作品。但是它们如鬼使神差一般预示了音乐的未来，老年李斯特不经意间草绘了音乐的明天，暗示出未知的音乐世界，虽然只不过是自娱而已——他已不在乎它们能否得到演奏，甚或能否出版。然而，随着李斯特的音乐在 20 世纪 80 年代的复兴，钢琴家们突然开始把注意力转移到这些箴言般的晚期作品上来了，现在它们成了保留曲目中一部分得到演奏。

老年李斯特本身就成了一所公共机构。他经常被年轻的钢琴家、作曲家以及新闻记者、献媚者、仰慕者们所包围。偶尔他也会在公开场合露面，而且仍有能力让他的女听众晕倒。老龄，满头白发，以及满脸的痦子都没有使这个老风流有所收敛。这个伟人仍旧对女人保持着很大的兴趣，乃至闹出又一桩丑闻：他的一个学生奥尔加·亚妮娜（“那位哥萨克女伯爵”）企图先开枪射杀他，然后再自杀。他的一生都是在人们的议论中度过的。关于这个男人的一切，都能引起这个爱传播流言蜚语的世界的兴趣。这位钢琴家之王的双手尤其受到了关注。人们为他的双手制作了许多石膏模子，他的学生们则写散文诗歌赞颂它们。流行的说法是，他有一双奇大的手，但这不是事实。他的手只能轻松地横跨一个十度。颅相学家们渴望检查李斯特头上的肿块，看手相的人也渴望详查李斯特的手掌，其中一个叫安妮·汉普顿·布鲁斯特的美国女士就真的这么做了。她在 1878 年 3 月 22 日给费城的《晚报》寄去了一份报告，其中有一部分值得作为珍闻被摘录如下：

从这位杰出艺术家的手和手指上，戴斯巴罗尔的理论得到了令人信服的验证！这是一只混合型的手，就是说，它的五个手指各不相同，有的是圆形的，有的是正方形的，有的是平坦的，有的是压舌板形的。这是一只真正的艺术家的手，因为它象征着形式和理念。他的手掌布满了射线，这表示他过的是一种一直不安定的、变故多发的生活，充满了激情和感性。但是，长在他的阿波罗指（the Apollo finger）和墨丘利指（the Mercury finger）上的那些代表理性和物质的节瘤，以及长在他那神奇的修长拇指上的那个代表逻辑和意志的疙瘩（它延伸到超过了食指的中间关节），表明了这个非凡的男人驾驭本能和天性的能力有多么强。根据手相学的说法，这种自我控制的能力反映在手掌线上；而他的手掌线是有一点磨损的。多年严肃而艰苦的工作，以及对崇高和贵族化音乐的研究，已经磨去了他那暴风雨般的青年时代的印记，并把老年的他放置在天国的境界里，享受着那里的宁静与和平。他的生命线是我所见过的最强大的生命线；无数的线条从木星座出发。这些手指真的是非同一般……两只手的小指力量都大得吓人，指关节仿佛用铁制成。阿波罗指的指关节非常发达。土星指的指关节像一个折叶。一条线从阿波罗指的根部起始，穿过所有指节；它的标记突出，意味着巨大的名望。

但是也有另一些人发现李斯特的故作姿态和他作为一个神父的诈唬忽悠让人受不了。《骑士报》在1877年描述了他恶魔的那一面："他，被玛格丽塔之死所触动，陷入沉思，考虑慢慢皈依宗教。"《骑士报》接着写道：李斯特装出一副老态龙钟的穷酸相，"其实他并不真信上帝。他只是故作谦卑，他的教袍几乎管不住他那颗依旧风流的年轻之心……诸位应该看看他在 Pas de loup（狼步）系列音乐会上的表演：他低垂着双眼，身着皇室般的装束，如谦谦君子般登场，俨然一个伟大的名字已经在握了"。《骑士报》接着描述了李斯特的生活方式，他的饮食习惯，还有他偏爱抽的很有害的罗马小雪茄，他整天喝的黑咖啡，他早餐常吃的牡蛎……"最后我要说，"文章作者得出结论，"李斯特的脸遍布着一些痣，人们客气地称之为天才的标志。以前他有四颗痣，现在的数量连加倍都不止了。人们说，这是他的宗教信仰从脸皮里冒出来了。"

是的，人们可以取笑李斯特，他的任何癖好都让人们开足了玩笑。可是当他去世时，真正的悲伤还是席卷了全世界。不仅是因为同早期浪漫主义时代联系的最后一个伟大的环节没有了。作为一个钢琴教师和作曲家，作为一个钢琴家和日间演出的偶像，李斯特始终是一个启发灵感和鼓舞人心的人。他是个超级的浪漫主义者。他制定了他的一套规则。这个罕见的奇才样样在行。他的朋友和敌人说他是什么他就是什么；他是他们所说的一切。从一方面来看，他是个天才；从另一方面来看，他又是个装腔作势的人。问题是，谁都不能忽视他，每个人对他都有自己的判断。李斯特从横空出世的那一刻起，他就不可被忽视了。

对于今天的许多人来说，李斯特的音乐仍然是低俗的和二流的。但对于其他人来说，他的音乐却永远是醉人的。这一点太像李斯特本人了——总有创造性，总是充满了想法，经常在性格上有缺陷，还是个假贵族。它永远是千姿百态的音乐，从那首甜美的钢琴小品《在泉边》里的温馨亲密，到交响巨作《浮士德交响曲》中的恶魔般的凶暴，无奇不有。在李斯特的音乐里，总有肉欲与邪恶的一面同天使与纯真的另一面相映成趣。但他魔鬼似的作品总是比他的宗教作品更有趣。（这就像人们经常指出的那样，罪恶比美德更有意味。）李斯特的音乐既可像《半音阶宏大加洛普舞曲》那样空洞无物，也可像《b 小调奏鸣曲》那样梦幻、缥缈；既能像《萨尔瓦多·罗萨的抒情小调》那样简单，也能像《唐璜幻想曲》那样复杂；既能像《沉思》那样缄默，又能像《埃斯特庄园水的嬉戏》那样灿烂。他的音乐可以是民族主义的，就像那些经常受到嘲笑的《匈牙利狂想曲》那样（有人曾经指出，假若李斯特把它们命名为《吉普赛狂想曲》的话，肯定不会有人反对的）；也可以是巴赫式的，就像《哭泣，叹息变奏曲》那样；也可以是神圣的，就像清唱剧《基督》那样。

最重要的是，李斯特给音乐带来了曲式和和声方面的一些新观念。贝拉·巴托克在一篇关于李斯特的散文中，指出了他的音乐中的一些明显的缺陷。但是，巴托克说，这些都不重要，“我们必须带着新的思维找出这些作品的精髓。李斯特是第一个表达这些新思维的人，并且大胆地把音乐领向未来。这些因素把作为作曲家的李斯特提升到了伟大这一档次”。在李斯特的这些贡献中，巴托克举例说：

> ……那些大胆的和声转折，无数的转调分支，就像用调色板却不调色那样，把两个相距遥远的调式并置却毫无过渡。（若涉及其他许多方面的话，则还需要使用太多的专业术语。）

但这些都还只是枝节。更重要的是，李斯特拥有一种绝对新型的想象力，一种新型的创新观，它们充分显现在他的主要作品中，比如那首钢琴奏鸣曲和《浮士德交响曲》的首、末乐章。由此，这些作品跻身19世纪伟大的音乐创造之列。在形式上，虽然他没有完全打破传统，但他仍然创造了太多的新东西。因此，人们在他身上，在例如他的《降E大调钢琴协奏曲》之中，发现了循环奏鸣曲式的第一次完美的实现，那些普通的主题得到了变奏原则的处理……他没有抛弃他那个十分夸张的浪漫主义世纪，这是非常可以理解的。正是在那个世纪产生了他自己的那种十分夸张的激情，那种辞藻学上的感伤，并且无疑也解释了他为什么要对公众做出让步，甚至在他最杰出的作品里也要媚俗。然而，无论何人，若是只挑他的毛病——现在仍有一些音乐爱好者只管挑剔他的毛病，都可以说是没有透过他浮夸的表象看到他的精华。

巴托克是第一批向李斯特致敬的人中的一个，视他为撒播种子开未来的作曲家，他的确是。虽然在19世纪，勃拉姆斯和瓦格纳作为富有创造性的作曲家都盖过了李斯特，而且在20世纪的第二个25年里他也几乎完全被忽视，但是，作为预言家的李斯特对音乐的前景所做的揭示，却比他同时代的任何其他作曲家都多。他在音乐史上的辉煌地位的完整故事，仍有待接着讲下去呢。

• 14 •

有产者天才

——费利克斯·门德尔松

FELIX MENDELSSOHN

在早期浪漫主义作曲家当中，门德尔松是所有回归古典主义的人当中最自然而然的一位。他是传统的倡导者，是“纯粹的”音乐家。柏辽兹、舒曼、肖邦、李斯特等人全都是天才，但是作为一名音乐家，门德尔松有着无与伦比的天赋，只有莫扎特才生来具有同样的天赋。确实，门德尔松比莫扎特发展得还快，因为他在 16 岁就创作了那首杰出的《降 E 调八重奏》，17 岁就创作了举世闻名的《仲夏夜之梦序曲》。在这一点上，即在很小的年龄便写出了名作，门德尔松把莫扎特或是音乐史上的任何人都远远地比了下去。门德尔松并不只是音乐专家。同莫扎特等人一样，他也无所不能。他是当时最杰出的钢琴家之一，还是当时最伟大的指挥家，是在李斯特和瓦格纳之前的在指挥台上十分活跃的人物。他也许还是最伟大的管风琴家。假如他愿意的话，他也完全能成为最伟大的小提琴家之一。他的听觉是完美的，他的记忆力是全能的。除此之外，他还是个人文主义者：博览群书，文化修养深厚，爱好诗歌和哲学。正如人们多次指出的那样，凡是他关注的事情，没有不大获成功的。

可惜他没有活到他的创造天才最初所期许他的那个境地。某种保守主义，某种情感上的压抑或障碍，阻碍了他达到那样的巅峰。随着他年龄的增长，他那一贯技艺娴熟的音乐变得越来越像是一连串正确无误而温良恭俭让的优美舞姿。这些都要归因于他的家庭背景。他出生在一个显赫、富有、保守的犹太人银行家家庭，从小他接受的教育就是要正确无误，要循规蹈矩，要避免得罪人。一个年轻人，无论多么有热情，多么有天才，若是骨子里没有保守主义的基因，加上一个敏感和族长似的父亲的管教，是断然不会在巨大的财富中"正确地"长大成才的。门德尔松成长为一个谨慎小心的人，对所有威胁现存秩序的事物都怀疑地嗤之以鼻。他对他的姐姐讲："对任何新鲜事物，除非它在世界上已经取得了某些进展并且获得了一定的名声，否则都不要对它妄加评论，因为直到那之前，它都只是个不同品位的问题。"谨慎，再谨慎，慎之又慎，这就是他的信条。另外，在强烈反犹排犹的柏林，像他家这种犹太人身份的巨富也使得门德尔松下意识地十分谨慎小心，轻易不得罪人，并且渴望被人接受。也许，他的血缘也促使他成为一个公认的德国民族主义者，这种民族主义后来在瓦格纳身上结出了丰硕的果实。门德尔松是一个德国人，并且以此为荣。他是一位坚信德国在音乐和其他艺术上都高人一等的爱国者。如果可能的话，德国犹太人总是努力想比德国人更德国人，而门德尔松也肯定自视为更是一个德国人而不是一个犹太人。据说他只有一次提到自己的祖先。不管怎么说，他的父母，亚伯拉罕和蕾亚，都不是正统教徒，并给他们的孩子们起了"门德尔松 – 巴托尔迪”这个教名。（蕾亚的兄弟在成为基督教徒的时候起了“巴托尔迪”这个名字。）

门德尔松一家被结合进了柏林的上流社会。他们被“接纳”了，他们的家庭成了音乐与知识、思想的一个中心（然而是中规中矩的音乐与知识、思想）。费利克斯·门德尔松的家庭背景不利于革命思想理念的产生，于是他就成长为一个富有的德国资产阶级的典范，并且很优生：是个英俊潇洒、活跃乐观的小伙子，身材矫健，富于弹性，贵族气质十足；前额高而宽阔，头发油黑卷曲，面部表情丰富细腻。他的教养很好，有点爱慕虚荣。他在生命的晚期颇为自负，厌恶铺张奢华，享受安静的家庭生活。他有一个尽职尽责的妻子，他也十分关爱孩子们，并且工作勤奋，与当时其他富有的资产阶级人士没什么两样，只有一点区别：他碰巧是个天才。

伟大的哲学家摩西·门德尔松有一个多么非凡的孙子啊！这个孙子于 1809 年 2 月 3 日在汉堡出生，但在三年后全家就迁居柏林。费利克斯正是在那儿、在几乎是很严厉的文化氛围中长大。说它很严厉，是因为他父母都想看到他们的孩子因为拥有家里提供的极好条件而学富五车、成就斐然。母亲蕾亚本人就是个业余音乐家和画家，一个英国、法国和意大利文学的学习者，而且还能够阅读原文的《荷马史诗》。父亲亚伯拉罕热爱音乐，并且总的来讲是个很有文化修养的人。他和蕾亚不仅直接监督着几个孩子的教育，而且还要孩子们严肃对待文学艺术的学习。这就意味着孩子们每天必须花很多时间学习，所以娱乐的时间就很少了。费利克斯每天清晨 5 点就得起床，准备学习音乐、历史、希腊文、拉

⚜ 范妮·门德尔松·亨塞尔，由她丈夫威尔海姆在1829年所画

“有锐气，自信，乐感很好，而且楚楚动人。”

丁文、自然科学、当代文学和绘画。（门德尔松毕生都保持了早起的习惯。）他讲究养生之道，像他很有才华的姐姐范妮那样。范妮比费利克斯大四岁。范妮出生后，母亲看着这个婴儿的双手欣喜地惊呼：“好一双弹巴赫赋格曲的手！”这就是门德尔松的家庭。范妮和费利克斯就好比是另一对儿莫扎特和娜奈尔，因为范妮也是位优秀的钢琴家，就像莫扎特的姐姐娜奈尔那样。不同的是莫扎特后来疏远了他的姐姐，而门德尔松毕生都同范妮十分亲密。

事实上，范妮确实具有弹巴赫赋格曲的手指。她几乎同她杰出的弟弟一样才华横溢。她在13岁时就把巴赫的《十二平均律钢琴曲集》完整地背了下来。她和费利克斯从小就在一起弹钢琴二重奏和钢琴四手联弹。而且像她的弟弟一样，她也作曲——歌曲，钢琴曲，一首钢琴三重奏，还有其他作品，但大多数都没发表过。根据新《格罗夫音乐与音乐家大词典》的说法，范妮·门德尔松·亨塞尔（她丈夫是著名画家威尔海姆·亨塞尔）的创作风格很像她的弟弟。但是，大卫·蒙哥马利在他为塔尔–格罗特尤森公司出版的范妮创作的《三首四手联弹曲》的CD说明书里不同意这种说法。大卫·蒙哥马利写道，在某些方面，范妮比费利克斯更勇于创新。“有些时候，她写的旋律流露出同她弟弟类似的痕迹，但是她的和声感和结构感完全是她个人的。只是由于她不想更多发表（也许还缺乏机遇），似乎妨碍了她才华的充分施展，使她失去了与当时欧洲的任何大作曲家比肩的机遇。”为了找到《三首四手联弹曲》的总谱，塔尔–格罗特尤森出版公司的人不得不查遍柏林国家图书馆的档案，范妮写的音乐作品的手稿就静静地躺在那里。她的《三首四手联弹曲》其实是很可爱的，听上去生气勃勃，自信满满，旋律优美精致，魅力夺人。

9岁的时候，门德尔松已经开始公开演奏钢琴了。当时的一位钢琴大师伊格纳茨·莫舍列斯对他的风格进行了最后的润色。与莫扎特的情形不同，小门德尔松的天才没有受到贪婪的挖掘和利用，他小时候的公开出场并不多。反倒是门德尔松的父母考虑要不要让他当职业音乐家的问题，为此家里人开了很多次会商量此事。可是事情很快就变得一目了然：像这样了不得的天赋非得到鼓励和发展不可。小门德尔松不仅天生是个弹琴高手，而且天生就会作曲，到 1825 年他 16 岁时，他已经写了四部歌剧，不少协奏曲、交响曲、宗教大合唱和钢琴曲，其中许多现今仍然是手稿。他的父母给他雇了一支乐队来试奏他的新作。怪不得他能成为一个无可挑剔的管弦乐配器大师，原来他有条件从小就给自己的乐队写作品，并且自己来指挥它们的演奏。在星期天上午，门德尔松家里都举行音乐演奏会，出席者都是欧洲知识界和社交界的精英、名流。孩子们全都是参加者：费利克斯指挥或弹钢琴，范妮也弹钢琴，丽贝卡（1811 年出生）演唱，保罗（1813 年出生）拉大提琴。时不时地，他们会把门德尔松小时候写的某首作品翻出来演奏，它们以其形态笃定、充满活力和非常专业而给来宾留下深刻印象。这个男孩儿俨然已是欧洲杰出的作曲家之一了。

当他在 1825 年写了《降 E 调八重奏》后，事实表明他已是伟大的作曲家之一了。这首八重奏在许多方面都代表了典型的作曲家门德尔松。它坚持奏鸣曲式的既定原则，绝不尝试破旧立新。在这个 16 岁男孩儿写的总谱中，毫无迹象表明他要挣脱老套、尝试革新。然而，那个宽广的开头主题的出现和发展是多么逻辑缜密、成竹在胸啊！这个主题没有那种让柏辽兹、肖邦和舒曼加以发挥的不规则节律。门德尔松的心思没有放在标新立异上，于是他的八重奏的呈示主题便预示着音乐将平和顺畅地流淌，他成熟期的那些典雅的主题将很自然地呼之欲出。这首八重奏的主题设计已经显露出他后来作品中的那种精致、优雅和流畅。在其第三乐章的谐谑曲中，门德尔松才给音乐带来了些许新气象。它那优美、流畅、轻快平稳的律动在过去和现在都是个奇迹。那些老音乐作家一致称这段音乐为“门德尔松的童话仙境里仙子跃动的音乐”。它里面的确有灵动仙舞的意韵。这种音乐在翌年达到巅峰：门德尔松创作了《仲夏夜之梦序曲》！是年他才 17 岁，之前他还从没写过这么完美的作品。奥伯龙、塔蒂尼娅、那对情侣、波托姆……一一在这仙境中徜徉、流连。《仲夏夜之梦序曲》一直长演不衰，它肯定是常青的，它是内容与技巧完美结合的范例，包括管弦乐配器在内。门德尔松在作曲与配器之间达到了完美平衡，代表着它的黄金比例。他恰到好处地使用了他必须用的材料，不多不少，精确到位。而且，什么材料一经他使用，就必然用得那么有品位、技巧和想象力。

门德尔松在柏林的早年生活，随着他准备和公演巴赫的《马太受难曲》，而达到了高潮。它分别在 1829 年的 3 月 11 日和 3 月 21 日演出了两场。自巴赫过世以来，这部作品还一直没有上演过，尽管经门德尔松这么一演，估计巴赫也许会快要认不出自己这部作品的总谱了。门德尔松使用了一个 400 人的大型合唱团和一个经过极大扩充的管弦乐团。他也做了一些删减和修改，以使该作品让柏林的听众听得美滋滋的。他还不客气地在他觉得有必要的地方加进了自己的配器。20 岁的门德尔松同那时的其他作曲家和指挥家一样，都是对古代音乐删改没商量。这次重新上演《马太受难曲》对复兴巴赫的音乐起了重大作用。门德尔松毕生都没有远离巴赫，他可能把巴赫当时已知的所有乐谱都熟记在心。所有优秀的音乐家都有过人的记忆力，但门德尔松的记忆力尤其高超。还是个孩子时，他就背下了贝多芬全部九首交响曲的总谱，并能凭记忆用钢琴把它们弹下来。他很可能具有听一遍曲子就过耳不忘的本领。夏尔·阿雷一时激动之下不无夸张地说，他坚信门德

✤12 岁时的费利克斯·门德尔松，由威尔海姆·亨塞尔画的一幅素描

已然是个完美的音乐家了。

尔松知道人类所写的每一小节音乐，并能马上凭记忆弹奏出来。

像所有教养好的富家子弟那样，门德尔松也得周游列国，开阔眼界增长见识，于是在 1829 年他出发了。这趟旅行持续了三年，他去了意大利、法国、英国，结识了很多人并被所有人喜爱。他写了许多长长的、用词考究的书信，还经常在里头用铅笔画些插图。人们对作为画家的门德尔松一直过奖了。实际上他的素描全都线条过紧、过细心，没有性格，只是在拘泥地复制他的所见。当他试着画人物时，他的素描功底的缺陷便暴露出来了，但是至少这些人物素描还有某种魅力，是他的那些精心仿画的风景画所不具备的。

1831 年，他在巴黎见到了李斯特、肖邦、柏辽兹和卡尔克布伦纳，见识了浪漫主义音乐的第一次萌动，并不是很喜欢它。他认为肖邦是这帮新潮人物里的佼佼者，但他还是花了些时间来克服他对肖邦的激进和声与弹琴新法的最初的不信任。门德尔松对舒曼本人也十分尊敬，但同样对他的音乐不以为然：它令他不舒服，保守的门德尔松不喜欢别人让他不舒服。“他太爱那些死人了。”柏辽兹嘲笑他。门德尔松代表的是毕德迈耶尔时代的风尚：舒适温馨，像家一样的浓情蜜意，资产者情调十足，功能性强。不过，即便门德尔松打心底对浪漫乐派持怀疑的态度，但这并不妨碍他在1835年在莱比锡成为音乐指导之后，指挥演出浪漫乐派的音乐。另外有趣的是，门德尔松之后的一代又一代人瞧不起他的音乐，认为它太过甜腻，太过浅薄，“像奶油蛋糕”。然而那些早期的浪漫乐派代表人物却对他的看法迥异。比如在舒曼眼里，门德尔松就是完美的化身。他写道：“我认为门德尔松是我们这个时代的头号音乐家，我将向他脱帽致敬，奉他为大师。”十分前卫的柏辽兹非常敬重作为作曲家的门德尔松，李斯特也是如此。他们尊重他，部分也许是出于对他作为钢琴演奏大师取得的骄人成就表示艳羡。音乐家们对高超的演奏技艺绝不会无动于衷的，而门德尔松比周围所有人的技艺——技艺不是技巧——都高超。除此之外，还有大量证据表明，门德尔松的音乐本身也对他的浪漫乐派同时代人造成了决定性的冲击。公众也十分欢迎他的音乐，对它百听不厌。确实，不要说其他浪漫派作曲家了，就连肖邦这样的大腕儿，也没有像门德尔松这样在生前如此普遍地受到公众的追捧，被所有人都奉为大师。

门德尔松的标准是极高的，并在1833年有了机会去实现它们：那年他成了杜塞尔多夫的音乐指导。就任后他马上着手实现复古，把一些16世纪和17世纪的作曲家，如拉絮斯、帕莱斯特里那、列奥等人的作品列入演出计划，还在当地歌剧院指导了莫扎特的《唐璜》的复演。然而，对于杜塞尔多夫这个懒洋洋的省城来说，门德尔松是个过于大的音乐家了。于是在1835年，他又应邀接管了莱比锡的格万特豪斯管弦乐团。那可是巴赫的城市啊！门德尔松很渴望去那里供职。在很短的时间内，他就把莱比锡变成了德国的音乐之都。他还根本变革了当地的管弦乐演奏，把乐队从40人扩充到50人，聘请费迪南德·大卫担任首席，并为每个乐队成员争取到养老金，让他们能无后顾之忧地安心工作。门德尔松还是最早使用指挥棒的指挥家之一，从而使他的乐队成了精准的演奏整体。作为指挥家的他手势简洁，速度偏快，坚持精准的节奏和顺畅的合奏。门德尔松也许是第一个现代人心目中的那种现代指挥家。他很有精神，高度紧张，很霸道，要求乐师们绝对服从，据说乐队一不如他意，他就大发脾气。

他还重新确立了演出曲目。在他接管格万特豪斯系列音乐会之前，得到最多演出的作曲家都是些现在已被遗忘的人，如安东·艾贝尔、伊格纳茨·冯·塞弗利特、卡尔·莱西格、亚历山大·费斯卡、西吉斯蒙德·诺依考姆、费迪南德·黎斯，还有其他一些知名人士。门德尔松把它全改了。他把莫扎特和贝多芬设为曲目单里的顶梁柱，把海顿、巴赫和亨德尔设为里面的主打戏。在他介绍给莱比锡听众的新生代作曲家里面，有施波尔、凯鲁比尼、莫舍列斯、加德、罗西尼、李斯特、肖邦、舒曼、舒伯特。他摒弃了当时通行的杂烩式音乐会曲目，开始组织十分类似于今天形式的那种音乐会曲目，即先以一首序曲开始，然后是一首大型作品，然后是一首协奏曲或者另一部大型作品，最后以一支较短的曲子结束音乐会。他不会用嬉游曲之类的作品插在一部交响曲的各乐章之间——这是当时的常态，把一首贝多芬的交响曲先演奏两个乐章，然后停下来，插进来一段竖琴曲、大提琴曲或者歌曲什么的取悦听众，之后再接着演这首交响曲的其余乐章。很显然，音乐会的组织者觉得所有听众都忍受不了连续听一首贝多芬交响曲的精神和脑力紧张，故而想出这么一招。

在莱比锡，门德尔松一面努力工作，一面抽空把婚姻大事解决了。他的妻子叫赛茜尔·让热诺，是法国新教教会归正会的一名教士的女儿。他的婚姻幸福美满，夫妻俩生了四个孩子，可是赛茜尔却几乎不被人所知。门德尔松夫妇不把他们的家庭生活对外张扬，所以他妻子一直躲在幕后。她肯定是个聪慧勤快的女人，并在莱比锡给门德尔松的姐姐范妮留下了很好的印象（两个女人最终在莱比锡见面了）。范妮给柏林的家里的信中这样写道：

> 我总算见到了我的弟媳妇，感到心头的一块石头落了地——不可否认，从没见过她使我一直感到很不舒服和不安。她很亲切和善，像孩子一般，活泼，聪明，脾气很好。我觉得费利克斯非常幸运，因为她虽然爱他爱得难以言喻，但又不宠惯他。当他任性时，她很镇定而巧妙地待他，不失原则而又让他没脾气；这样过一段时间后，他耍脾气的毛病十之八九都会让她给治了。她的存在就像和煦的春风；她是那样地阳光和自然。

除了掌管莱比锡的系列音乐会之外，门德尔松还在 1841 年接管了柏林艺术学院的系列音乐会。作为客席指挥，他在欧洲各地亮相，尤其在伦敦大受欢迎，成了维多利亚女王和艾伯特亲王的座上宾。女王喜欢听舒适典雅的音乐，这让她的门德尔松先生正好可以投其所好。门德尔松的书信里随处可见他提到在温莎堡举行的各种音乐会和演奏会什么的。王室成员特别喜欢听门德尔松演奏钢琴。而钢琴家门德尔松所代表的清纯典雅的演奏风格，与李斯特学派的浪漫捶击和肖邦风格的细腻多彩都形成了鲜明的对比。他的演奏同他的音乐如出一辙——清晰，雅致，精确，很有条理，很少使用踏板。很可能，他的演奏听起来像是卡尔克布伦纳在用脑子和智慧演奏。门德尔松还在 1842 年下半年创建了莱比锡音乐学院，从而登上了他的指挥和演奏——更不要说他的作曲——生涯的巅峰。翌年 4 月 3 日，这所音乐学院开张了，他和罗伯特·舒曼教授作曲和钢琴。教员班子里有个叫费迪南德·大卫的，他负责小提琴教学的部分。门德尔松在创作著名的《e 小调小提琴协奏曲》的时候，常找大卫商量解决技术难题。

于是，在 19 世纪 40 年代中期，人们见到门德尔松活跃得不得了，他集作曲家、指挥家、钢琴家、教师、管理者、丈夫、父亲、旅行者于一身。他还保持写大量的信件，并且促成了一些音乐节的创立——科隆的、杜塞尔多夫的、施威林的、伯明翰的……1845 年，他请求辞掉了在柏林担任的职务，以便有更多时间在伦敦活动。他夜以继日地打理各种活动，不断地在各地跑来跑去，不知疲倦地工作，脾气也变得越来越暴躁、易怒。他的家人开始担心他的健康，他的身心都已极度疲劳，可他还是一心要工作。

直到1847年初，他还在莱比锡指挥演出了他的《圣保罗》。然后就去了伦敦，在那儿他指挥演出了四场他的《以利亚》，嗣后又在伯明翰和曼彻斯特执棒公演了《以利亚》。他在英国还有其他工作，包括以钢琴家的身份演出。当这一切都结束后，他看上去十分疲惫和病态。据报道，那时他说过这样的话：再在伦敦待一个星期，我的命就没了。他是离开了伦敦，可是接着就去了法兰克福，指挥在那儿的演出。就是在法兰克福，在1847年5月，他得知了他心爱的姐姐范妮突然去世的噩耗。她先是在柏林中风，然后在5月14日死去。门德尔松闻讯后自己也中风了，从此再也没有康复。他不得不终止工作，永远地终止，并和家人去瑞士治疗。在瑞士，他试图依靠画水彩画和写弦乐四重奏等乐曲来放松神经，愈合精神创伤。9月，他返回莱比锡，感觉自己好多了。可是又一次中风造成他半身不遂。1847年11月4日，他与世长辞，年仅38岁。

在活跃在19世纪三四十年代的那些伟大的作曲家当中，门德尔松的浪漫主义是最持重有度的那种。让浪漫主义者们如此珍重的那种浪漫向往和那种漫无边际的梦幻想象，他门德尔松可是一点也没有。他有一次写道："人们经常抱怨说，音乐太模棱两可、难以捉摸，自己以为听懂的东西其实蛮不是那么回事儿；而语言却是人人都能听明白的。可在我看来，情形正好相反……我所喜爱的音乐传达给我的思想不会过于模糊，以至于不能用语言表达出来；而是正好相反，明确得不能再明确了。"这是典型的讲究音乐逻辑的人的评论，而门德尔松的大多数作品都是很讲究逻辑、分寸和对称的。他本能地躲避任何形式的过度或过分，无论在音乐、

⚜ 费利克斯·门德尔松死后的面部模型

均衡、匀称、有分寸高于一切。

在美术还是在生活中，都是如此。无怪乎柏辽兹那走极端的乐音令他反感："（它是）令人感到恐怖的混沌，是毫不协调的杂乱……在处理完他的一部总谱之后，你应该打肥皂洗洗手。"门德尔松在其早期的一些作品中确实试验过某些前卫的和声，但很快他就像被吓着了似的罢了手。他的音乐几乎没有舒曼、肖邦和李斯特音乐中的那种丰富多彩的织体，缺乏他们那种多变的和弦、不正统的调性关系以及不规则的韵律组合。门德尔松的音乐基本上属于自然音性。他和那些浪漫派的作曲家们说的不是同一种音乐语言。

正是这种缺乏和声上的标新立异，才使得门德尔松的音乐那么流行。那些比较老派保守的听众，已经被其他浪漫派作曲家的疯狂的不协和音搅得够心神不宁了；自打有了门德尔松的音乐，他们现在总算可以仰靠在软椅里，放松神经闭目养神了。门德尔松的音乐同当时走红的胡梅尔、凯鲁比尼乃至某些舞厅作曲家的音乐有着密切的联系。门德尔松比他们高明的地方就在于，他的音乐具有一种特殊的门德尔松式的优美和雅致，以及洗练、明晰的结构。后辈人也许会觉得这种门德尔松式的完美很乏味，缺乏刺激，会觉得他的旋律甜腻腻的，像奶油蛋糕，他的节奏过于规则，可以预见。门德尔松音乐中的异峰突起之处比任何其他伟大的作曲家的音乐都少，可是19世纪上半叶的人们却把门德尔松视为近乎神圣。尤其是在英国，他的影响强大到贯穿整个19世纪，统治了整个英国乐派。他第一次到达伦敦时便爱上了英国，而他的热爱也得到了回报。乔治·格罗夫爵士几乎把门德尔松当成英国国民来称呼了："长期以来，他已经被当成半个英国人来看待了。他的英语说得很好。他能自如地用我们的语言来写信和通用的便条。他去各个郡旅游。他的第一部重要的作品根据的是莎士比亚的戏剧（《仲夏夜之梦》）……他的《苏格兰交响曲》和《赫布里底序曲》表明英国的景色是多么强烈而深刻地影响了他。”

到了 20 世纪，门德尔松的地位一落千丈。尽管如此，他的音乐从来没有不在演出曲目单里的时候。尽管评论界可以对他褒贬不一，他的作品照演不误。但是毕竟浪漫主义不时兴了，舒曼、李斯特甚至肖邦都被挤到一边去了。那些前卫的评论家几乎众口一词地确定，门德尔松的音乐太没开创性，甚至缺乏品位。美国评论家保罗·罗森菲尔德根本就藐视像《以利亚》和《圣保罗》这样的作品，撰文说门德尔松是个犹太势利眼，想靠写些宗教作品充当钻进基督教社会的敲门砖。罗森菲尔德的观点得到那些前卫评论家的普遍认可。然而，公众并不买这些诽谤者的账。门德尔松的《小提琴协奏曲》《意大利交响曲》《苏格兰交响曲》《仲夏夜之梦序曲》和《赫布里底序曲》（也叫《芬加尔岩洞》）等作品现在一如既往地流行。而凡是有室内乐组的地方，说不准就会演奏一把他的《d 小调三重奏》和《c 小调三重奏》，以及他的几首弦乐四重奏。他的《庄严变奏曲》和《g 小调钢琴协奏曲》也从来没有离开过钢琴家之手。

从 1920 年到 1940 年，相当多的音乐家和评论家都对门德尔松的评价很低，从表面上看这是很奇怪的现象。其实这个不难理解：随着斯特拉文斯基和巴托克的反浪漫主义成长起来的一代听众，已经不太听得惯李斯特们的疯狂、夸张、炫耀，和舒曼们的无病呻吟。可是门德尔松的音乐线条简练，结构匀称，旋律优美，而且基本上避开了浪漫主义的夸张和矫情，故而门德尔松与浪漫主义何干之有？他本该受到20世纪反浪漫主义者们的热烈欢迎和全盘接受的。也许是门德尔松在音乐上缺乏探索创新，使他的音乐不招人待见了一阵子。

不管怎么说，20世纪的后半叶还是在忙着重新挖掘门德尔松的音乐。连一度受到嘲笑的《无词歌》现在也开始被尊称为极有性格的白璧微瑕之应景之作。钢琴家们也再次对那三首《练习曲》、那六首前奏曲与赋格以及像《升f小调幻想曲》（作品第28号）这样的炫技之作刮目相看。近年来，人们把目光移向门德尔松12岁时在柏林创作的音乐，听众惊奇地发现它是那样有活力、甘甜，在技术上驾轻就熟——包括那些弦乐交响曲，那些双钢琴协奏曲，那些室内乐作品。他的歌曲也开始回来了。甚至连他的清唱剧现在也不再被人视为代表维多利亚时代宗教虔诚的、道德说教式的乏味之作了。现在，人们开始以求实的视角来看待门德尔松了。他远不只是一位技艺精湛的文雅作曲家。他的音乐有品位、格调，有风格，细腻雅致，也很有个性。他在种类繁多的每种音乐体裁里——交响曲、协奏曲、钢琴曲、室内乐、艺术歌曲、音乐会序曲、清唱剧——都至少写有一部完美无瑕的杰作。除了歌剧。他的影响能在法国乐派的音乐中找到，尤其是古诺和福雷；能在年轻的理夏德·施特劳斯的作品中找到；能在柴科夫斯基的早期作品里找到。今天，仍有人对在大量门德尔松音乐中满溢的情感的真挚性抱有怀疑。但目前，在序列音乐和后序列音乐已经走完了它们的历程，而新浪漫主义正在卷土重来的情势下，门德尔松的音乐就像李斯特的音乐那样，也正在受到人们的重新评估。门德尔松开始再次被公认为是一位其音乐纯洁、甘美、匀称、优雅的大师。

· 15 ·

人声，人声，更多的人声

——罗西尼，唐尼采蒂，贝里尼

ROSSINI, DONIZETTI, BELLINI

从乔瓦奇诺·罗西尼创作首部歌剧的1810年，到盖伊塔诺·唐尼采蒂去世的1848年，有三位作曲家主导着意大利的歌剧——更确切地说，是意大利美声唱法的歌剧创作。之所以称作美声唱法的歌剧，是相对于诸如凯鲁比尼、斯庞蒂尼这一类作曲家创作的意大利语严肃歌剧。这三位作曲家就是罗西尼、唐尼采蒂和文森佐·贝里尼。

在这三位的这种歌剧中，歌唱家和演唱是最重要的。这种歌剧在极大程度上是直接为娱乐表演而创作的。威伯的歌剧可能一直关注的是德国民众，而贝多芬的歌剧《菲岱里奥》则旨在弘扬精神价值。他们都同美声唱法作曲家无关，后者多愁善感、自我炫耀展示的艺术不能引发观众深入思考，“听着不累，不费脑子”，其结果便是他们的歌剧极受大众欢迎。“意大利人的音乐，”柏辽兹哀叹道，“除了感官享受之外就没别的了。他们对精神的崇高表达所怀有的敬意，几乎不超过对厨艺怀有的敬意。他们希望乐谱就像一盘通心粉那样，听了马上就能够消化，而不用他们思考，甚至不用他们特别注意。”后来，梅耶贝尔的壮观歌剧、威尔第的心理歌剧以及瓦格纳的乐剧，都把美声唱法的歌剧挤出了舞台。不过仍有少数这样的歌剧继续在国际范围内演出，它们是罗西尼的《塞维利亚的理发师》、唐尼采蒂的《拉美莫尔的露琪亚》《唐帕斯夸莱》和《爱的甘醇》，以及贝里尼的《诺尔玛》。在意大利，偶尔也许还能听到其他半打儿作品。鉴于罗西尼创作了39部歌剧，唐尼采蒂写了大约七十部，贝里尼写了11部，所以它们只不过是其中的少数代表。

第二次世界大战之后，在整个欧美范围内突发了一股美声唱法歌剧的复兴潮。这在很大程度上归功于两位歌唱家——玛利亚·卡拉斯和琼·萨瑟兰。此前美声歌剧已被遗忘了一百年或更久，现在又被从高阁中请了出来，音乐爱好者们也对这些“古董”发生兴趣并渴望研究它们。但是这些歌剧中只有极少数被证明具有高出单纯文物的价值；人们也不可能对歌剧在过去听上去究竟是怎样的有一个明确的概念。美声唱法的歌剧要求有花腔男高音、女低音、男中音和花腔女高音（有一种误解，认为花腔只适合女高音演唱）。然而时过境迁、传统不再，尽管卡拉斯和萨瑟兰尽力试图将美声唱法歌剧复兴，可是寻遍世界各地也找不到合适的男高音和男中音，能够演唱像19世纪上半叶的男高音鲁比尼和男低音拉布拉什那样的角色。

大量的美声唱法歌剧都是程式化的歌剧，草草炮制而成，主要是基于谣唱曲和卡巴莱塔歌曲的设计。其中的谣唱曲缓慢而抒情，旨在炫耀歌手展现线条轮廓的能力，即用优美、富于色彩和细腻层次的音色保持一个长乐句的能力。谣唱曲后面紧跟着的快速声部叫作卡巴莱塔，歌手的炫技部分在其中得到充分展示。美声（bel canto）也就是“歌声美妙”的意思，它在很大程度上反映了18世纪体现在演唱即兴发挥中的理想品位。这一理想要求歌手具备完美无瑕的演唱技巧，也要求歌手对修饰音、装饰音和华彩唱段的处理有品位。纯洁的音色、完美的音调与华丽的技巧的结合构成了美声唱法的基石。这种演唱大量承袭了阉人歌手的演唱方法。巴尔达萨尔·费里是17世纪一位著名的阉人炫技歌唱家，他能插入连续两个八度的颤音，忽上忽下，一气呵成。这样的经过句他能不间断地持续唱50秒钟。法里内利也能一口气演唱长达50秒钟的乐句。罗西尼听过一些伟大的阉人歌手的演唱，知道他们能够唱出什么花活儿。他也知道伟大的歌手不仅仅是自我炫耀。那些有品位的演唱者有能力以其演唱的纯净、美妙甚至激情融化听众的心。

这种理想化的完美演唱——炉火纯青的技巧加上高尚的品位——并不常见。歌剧演唱家可能是所有音乐家当中最会滥用其特权的一群人。在罗西尼生活的早年，他们为所欲为，想怎么改谱子就怎么改。他们被娇惯纵容，人们认为他们比作曲家重要得多。作曲家得具有塔列朗[1]的智慧才能满足他们。如果两位歌剧女大腕儿同台演出一部歌剧，就可能引发强烈的敌对和妒忌，恼怒和憎恨。每一位都会计算自己唱段的小节数，以防自己被对方欺骗。然后她会转守为攻，进一步更改音乐，使其适合自己演唱而给对方出难题。因而在罗西尼生活的时代，歌手们对白纸黑字

[1] Talleyrand，拿破仑时代的法国外交强人。

的印刷乐谱秉持一种非常轻慢的态度，胡攒乱改那是家常便饭，致使困惑的作曲家们经常很难辨识出自己写的乐曲。罗西尼一向同这些毫无鉴赏力的歌手做着斗争。他甚至写出那些装饰音中的许多，然后强烈要求歌手严格按照乐谱演唱。然而，即便罗西尼这样做了，也不能指望一个当红的女高音准确地演唱他写出的每一个音符。在歇笔多年后的一天，罗西尼为年轻的阿德丽娜·帕蒂伴奏《塞维利亚的理发师》中的“我听到了一缕歌声”唱段。她把这段咏叹调唱得面目全非，添加了许多装饰。在称赞了她华美的歌喉之后，罗西尼冷冷地问她作曲家是谁。几天以后，罗西尼对圣－桑说，他并不反对自己的作品被改动和渲染，“既然创作出来，就是可以改编的。但是把我创作的乐曲改得一个音符也不剩，甚至连宣叙调也是如此——好嘛，这就未免太过分了”。

在 19 世纪前 30 年的意大利，作曲家会来到一家歌剧院，用大约三周的时间创作一部歌剧，并负责指挥它的头三场演出。然后马不停蹄地前往下一个城镇。意大利的歌剧无一例外的是经由这一途径创作出来的。这是一种商业行为，周转得越快越好。这些歌剧作品很少得到出版。一般是这样的：比如说，罗西尼得知下一个城镇还没有听过他的上一部歌剧，就会心安理得地从中选取几个片段，冒充是自己的新歌剧。罗西尼最著名的歌剧《塞维利亚的理发师》创作于 1816 年，就用了他在 1810 年创作的《结婚证书》里的多首咏叹调和合唱曲，此外还挪用了他的其他四部歌剧的素材，就连现今那么有名的《塞维利亚的理发师》序曲也是从他以前的三部作品中“抄袭”过来的。故而作曲家花了不到 13 天就完成了《塞维利亚的理发师》也就不足为奇了。“我一直了解罗西尼是个懒人。”当提到这个窍门儿时，唐尼采蒂开玩笑地说。唐尼采蒂当然知道自己在说什么，因为他自己创作《爱的甘醇》时，也只不过用了八天时间。费利克斯·门德尔松当时客居意大利，见此情景，也不免称奇，他觉得这种意大利式的歌剧创作方法很可笑。“唐尼采蒂，”他在家书中写道，“在10天之内就能完成一部歌剧。固然它可能引起观众的嘘声，那也不打紧，他照样能拿到报酬，之后他就能过上一段快乐的日子了。要是它最终会危及他的声誉，他就得十分努力地工作一阵子了，而这可不是他乐于见到的。所以有时候，他会花上长达三周的时间创作一部歌剧，付出相当大的努力整出几首博得公众欢心的咏叹调。嗣后他就有了再次欢乐逍遥的资本，也可以再写一阵子垃圾歌剧了。”门德尔松堪称勤勉的德国工蚁，而唐尼采蒂不啻为投机取巧的意大利蚂蚱。

美声唱法歌剧的作曲家们之所以能以这样的速度大批量生产歌剧，是因为他们实质上是在创作程式化的歌剧，所有剧作的构造几乎千篇一律。开幕的大合唱之后，跟着一支又一支仔细量身定做的咏叹调和合唱曲，它们配给合理，排列整齐，就像军中一队立正站好的士兵，紧绷绷硬邦邦的，每个人每件事都各就各位按部就班。两幕中的每一幕都以一曲惊天动地的大合唱结束，其中主唱歌手们跨步向前至舞台脚灯处演唱，目光直逼台下的观众。在写给某位作曲家的信中，罗西尼坦言了自己的创作方法，坦率得吓人：

要一直等到首演之夜的那天傍晚。没有什么比急需更能激发灵感的了，无论是抄写员在场等着你创作，还是剧团经理急得直扯头发。在我搞创作歌剧的那些年，所有意大利的剧团经理都刚满30岁就谢了顶……我在《贼鹊》首演的当天还在剧院里写它的序曲，我被导演在剧院里关了禁闭，由舞台监督监视着，并把我现写的总谱原稿经由一扇窗户一页接一页地扔给等在下面的抄写员誊写，我写好一页他扔下去一页。若是我写的接不上趟的话，他们简直会受命把我的身体从窗口扔下去似的。我的《塞维利亚的理发师》写得更好。我没有为它创作序曲，而是挑选了一段我原本打算用在一部名叫《伊丽莎白》的半严肃歌剧中的音乐，以它作《塞维利亚的理发师》的序曲。嘿，没想到观众对它还完全满意。（得亏罗西尼没有进一步说，除了《伊丽莎白》之外，他还把《塞维利亚的理发师》的序曲用在了他的《奥勒利安》和《离奇的误会》上面。）

贝里尼的性格可不像罗西尼和唐尼采蒂那样快乐和随遇而安，他对待艺术更严肃一些，对程式化有所突破，但也只是稍有为之。而他的两位随遇而安的同时代人才不费心去更改各自行之有效的既定程式呢。实际上，罗西尼和唐尼采蒂的每部歌剧，以及贝里尼的个别歌剧，都是漫不经心、自我剽窃、玩世不恭之作。这也是他们的大多数作品没有流传下来的原因。谁曾经听过或者想听唐尼采蒂的《光明与六翼天使》《困窘的家庭教师》《帕里西娜》《托尔夸多·塔索》《英格兰的罗莎蒙德》或者《贝利萨里奥》，罗西尼的《英国女王伊丽莎白》《托尔瓦多与朵丽丝卡》和《勃良第女郎阿黛莱德》,贝里尼的《比安卡与杰尔南多》或《扎伊拉》呢?

罗西尼比贝里尼和唐尼采蒂都长命，也是三个人里最重要的。他具有天才、智慧和活力，以及永不会枯竭的旋律天赋。“给我一张洗衣店清单，我也能把它谱成乐曲。”他吹牛道。罗西尼于1792年2月29日出生于亚得里亚海的港口城市佩扎罗，他晚年时被人称为“佩扎罗的天鹅”。像许多伟大的作曲家那样，罗西尼还在孩提时代就显露出多才多艺的资质。他会演奏钢琴、小提琴和中提琴，在变声期以前还唱过歌剧。还在青少年时期，他就已经作过很多曲了。1807年，他进入博洛尼亚的音乐学院学习。就是在那儿，他邂逅了西班牙女高音伊莎贝拉·科尔布兰，她后来成了他的妻子及其音乐的伟大诠释者。他被搬上舞台的第一部歌剧是独幕喜歌剧《结婚证书》，于1810年在威尼斯上演。其音乐的泼辣、活力和难以抑制的幽默，以及剧作本身的罗西尼特色，使之一出现就令人为之一振，觉得它非同凡响。次年，罗西尼的第一部重磅歌剧《快乐的骗局》也在威尼斯上演。随后还有一连串的歌剧上演:《软梯》《布鲁斯奇诺先生》《唐克雷迪》《意大利少女在阿尔及尔》《赛米拉米德》《土耳其人在意大利》《灰姑娘》，以及《奥里伯爵》。21岁时，罗西尼已经成为世界名人。他的歌剧一经上演，就立即进入了国际保留曲目单。

主要是优美的旋律使罗西尼闻名遐迩，对此瓦格纳深有感触。“罗西尼,”瓦格纳悲哀地写道，“抛弃厚重总谱上的那些经院学究的陈货废料不说，还转而去聆听老百姓没有乐谱的日常歌唱。从中他听取了什么呢？听取了那些超越所有的歌剧技巧把戏而自愿留存于耳的东西：那些萦绕于耳的、未加修饰的、让人喜闻乐听的、绝对旋律化的、赤裸裸的*旋律*。也就是说，别无他物，只有旋律，旋律。”瓦格纳半恼怒半讽刺地断言，由于罗西尼的出现，“歌剧的真实生活史结束了”，因为一切戏剧化的东西都被（罗西尼）扫除，表演者只把炫耀精湛的唱功视为唯一的要务。瓦格纳决心改变这一局面。

《塞维利亚的理发师》，这部最伟大的喜歌剧，使得罗西尼的音乐席卷欧洲所有的歌剧院。罗西尼创作这一题材的歌剧是需要拿出很大勇气的，因为乔万尼·帕伊谢洛，一位广受欢迎的重要作曲家，曾在 1782 年创作过一部《塞维利亚的理发师》，深为人们喜爱、赞赏并且流传极广。即使在今天，帕伊谢洛的这部歌剧仍然是一个珍品，虽然魅力减弱，但其规规矩矩的和声与曼妙的旋律依旧。罗西尼的这部歌剧用了几乎相同的剧本，迅速取代了帕伊谢洛作品的地位。然而，1816 年 2 月 20 日，罗西尼的《塞维利亚的理发师》在罗马的首演却砸锅了。很显然，演唱十分拙劣，而且发生了一些可怕的意外，转移了观众的注意力：一个歌手绊倒了，不得不流着鼻血坚持演唱；不知从哪儿跑来了一只猫，旁若无人地在舞台上游荡。第二幕开始好转。该歌剧很快就奠定了其古往今来第一喜歌剧的地位。初次公演后仅过了九年，这部歌剧就在纽约的公园剧院的“曼努埃尔·加西亚”第一演出季上演，虽然其删节版早在 1819 年就在这座城市演出过。加西亚是最早饰演阿尔玛维瓦这一角色的歌唱家。

今天的人们主要把罗西尼当作一个喜歌剧作曲家来纪念。其实他的正歌剧和悲歌剧在当时是备受尊崇的。他的《奥赛罗》《科

⚜ 乔瓦奇诺·罗西尼在 1860 年

他吹牛说，他能把一份洗衣店的清单谱成音乐。

林斯之围》《莫伊斯》《威廉·退尔》……都赢得了人们极大的赞誉。1822 年，在维也纳的卡恩特内托剧院举行了一次“罗西尼音乐节”，全城掀起了一阵罗西尼热。贝多芬本人对《塞维利亚的理发师》的评价也很高，他鼓励罗西尼为世界创作出更多这类作品。舒伯特则把著名的“罗西尼渐强”和其他一些他的技巧运用到自己的某些作品中去。罗西尼的歌剧经常在巴黎的意大利剧院和巴黎歌剧院上演。1824 年，伦敦举行了“罗西尼演出季”，罗西尼前往伦敦（就像他曾前往维也纳那样）指挥演出，他的出现极大地增加了票房收入。整个欧洲都为罗西尼着迷。这个多变的意大利人的一切都进展顺利。他同科尔布兰结了婚，此前已经和她一起生活了好多年。后来他与奥兰皮·佩里希尔交往甚密，科尔布兰死后,他与佩里希尔完婚。无论他走到哪里,都会受到羡慕、赞誉和钦佩。他变得肥胖起来，逐渐罹患了一些值得注意的小毛病。他还是全欧最著名的美食家之一，“罗西尼牛排”就是他给人类留下的一个遗产。1829 年，他的《威廉·退尔》在巴黎歌剧院上演时，他博得了近乎于歇斯底里的赞誉。

可就在这个节骨眼儿上，罗西尼却停止了创作歌剧，尽管此后他又活了 39 年，却没再写过一个音符发表。

他的隐退成了一个谜，成了人们无休止猜测的话题。他的确创作过两部大型的宗教题材作品——《圣母悼歌》和《小庄严弥撒曲》（就像许多人已经注意到的那样，它既不小，也不庄严）。他也创作了大量短小的钢琴和声乐作品，用来自娱自乐。而实际上，他的作曲生涯在 1829 年他的名望处在巅峰时却戛然终止了。

对此，我们可以做出几点猜测。首先，罗西尼已经拥有了大笔的钱财，他去世时留下了将近 142 万美元的财产，因此没有必要为赚钱而创作了。其次，罗西尼不是那种为了艺术信念和精神追求而创作的理想主义者。另外，他的健康状况欠佳，他罹患了尿毒症，紧跟着得了抑郁症和失眠症。“我患了女人们能得的所有的病，”罗西尼对他的一个朋友这样说，“我唯一缺少的就是子宫。”最后，天生有点懒惰也是他决定退隐的一个原因。

然而不仅如此，对歌剧的发展方向感到沮丧、失望，也是他拂袖而去的一个原因。他确信声乐艺术随着阉人歌手的消失而消亡了。早在 1817 年，罗西尼当年只有 25 岁，他就为声乐的堕落哀叹过：“我们的许多歌手并非出生在意大利，他们抛弃了音乐品位的纯洁性……颤音，跳动，抖音，飞跃，滥用半音，音簇，这些东西在当今的演唱中非常盛行。”那时的罗西尼还为他所认为的德国音乐学派的有害影响而担忧。在一封日期为 1817 年 2 月 12 日的信中，他看起来像是同任何音乐学院里的最传统的老学究一样保守：

> 海顿已经开始在破坏音乐品位的纯洁性了，他引进了奇怪的和弦，不自然的经过句，鲁莽而花里胡哨的新鲜玩意儿……继他之后是克拉默，最终是贝多芬，他们的作品缺乏整体性（三一律）和自然流动性，布满了不自然的手工小零碎儿，从而完全败坏了器乐音乐的品位。此外，针对萨尔蒂、帕伊谢洛和希玛罗萨的朴素而庄严的风格，迈尔则在（德国的）剧院里用他自己精心设计但很有毒害的和声来替代他们，这些和声为了顺从新德国学派而不惜扼杀掉主旋律。

没有证据表明罗西尼后来改变了他的看法。他自己的歌剧，甚至连具有梅耶贝尔音乐元素的《威廉·退尔》，都基本上是古典风格的，具有典雅的旋律，明澈而适度的管弦乐配器，尤其是具有全音阶和声。到 1830 年，浪漫主义大行其道，而罗西尼是个反浪漫主义者。他厌恶这个新运动的喧闹、“怪异”和“做作”。最主要的是，他憎恨演唱的新式风格。一代新型的男高音唱着高亢的音符闪亮登场，风靡一时，而罗西尼藐视他们所代表的一切。恩里科·坦贝尔利克以其著名的高音升 C 令歌剧听众为之震惊，以下是一次他拜访罗西尼时发生的事情：“让他进来吧，”罗西尼吩咐道，“不过要告诉他，先把他的高音升 C 留在衣帽架上，等他出门时可以再拿走。”

甚至在创作《威廉·退尔》之前，罗西尼就萌生了隐退的念头，而这是众所周知的。司汤达曾在米兰见过罗西尼。“明年 8 月，”他写道，“罗西尼将年满 28 岁，而他渴望在 30 岁时停止创作。”之后，罗西尼的父亲在一封信中写道：“乔瓦奇诺已经向我保证过，他想在 1830 年退出一切并且回家，享受作为一名绅士的乐趣，写一些想写的东西，因为他已经筋疲力尽了。”报纸杂志马上抓住了这个大做文章，1828 年，发表在《音乐评论》上的一篇文章谈到了即将问世的《威廉·退尔》，专门提到：“他本人已经声称……这将是他的最后一部歌剧。”

到了 19 世纪 40 年代，就算是罗西尼想要重新开始他的创作生涯，他也要问问自己他的追随者是否会抛弃他并转而崇拜新的偶像了，尤其是贾科莫·梅耶贝尔这样的作曲家。在当了那么多年的欧洲歌剧之王后，罗西尼应该是无意再尝试这种可能性了，省得被人称为过气之人。赫伯特·温斯托克是一位罗西尼的传记作者，他概括道："没有任何迹象表明他会与写出《胡格诺派教徒》和《先知》的作曲家以及写出《纳布科》和《厄纳尼》的作曲家竞争。他不会、也不愿意这样做：仅仅为了满足公众的而不是他自己的口味。他是不会向公众提供连他自己也不完全喜欢的歌剧的。"一言以蔽之，罗西尼的歌剧天地已不复存在。

所以罗西尼退隐了。他在博洛尼亚和巴黎都有住所，在帕西还有一处消夏别墅。他找了一个新的情妇。在博洛尼亚，他忙于社区音乐公学的事务，尝试提高这所省级音乐学院的水平。他受到尊崇和奉承，被公认为音乐界的泰斗。他给人的印象是诙谐的，有修养的，彬彬有礼的，尖酸刻薄的。人们敬畏他的言论，他的唐突的评语被人快乐地到处引用。"我刚刚收到了齐普利亚尼·波特寄来的一块斯蒂尔顿奶酪和一首康塔塔。奶酪的味道好极了。""瓦格纳的音乐有一些精彩的分钟和一些糟糕的小时。"在听了柏辽兹的《幻想交响曲》之后，他说："刨去音乐，它可真是个好东西。"他对柏辽兹的另一个评语是关于《浮士德的责罚》中的"老鼠之歌"的，罗西尼说它并不有趣，因为屋里没有猫。他喜欢说双关语：他无意中听到有人称赞李斯特的圣乐《大弥撒曲》中的"信经"就像花环上最美丽的一朵花，他就说："是的，它是一朵花，不过，是一朵鸢尾花。"[1]他老年创作的那些小型钢琴曲和歌曲——有些仍未出版——他称它们是他"老朽后犯的罪"。这些乐曲有夏布里耶和萨蒂那种的超现实主义之风，尤其

[1] 原文是 fleur-de-Liszt，而鸢尾花是 fleur-de-lis，这里是双关语。

表现在它们的标题上：《小曲集》中各首的标题分别为萝卜、凤尾鱼、黄油等；或是《我的晨间保健前奏曲》，或是《分段式体操》，或是《法国老实人的意大利式天真组曲》。

在巴黎，罗西尼创建了欧洲最光彩照人的艺术沙龙之一。星期六晚上他会很正式地招待客人。照例会有音乐，经常是罗西尼本人坐在钢琴前为一个著名的歌唱家伴奏。他是一个老派的钢琴演奏家，很少或几乎不用踏板，只是让手指优雅地在琴键上拂过。印好的请柬送达客人手中，上面印有当晚音乐活动的曲目单。有几位天才钢琴家是随叫随到，在罗西尼本人没有心情的时候担任演奏或伴奏。卡米耶·圣－桑就是其中一位。另一位是才华横溢的路易·迪耶梅。爱德华·汉斯利克当时是维也纳《新自由报》的一个撰稿人，他描述了罗西尼的一次社交晚会。汉斯利克说罗西尼的宅邸太小了，难以容纳为数众多的客人：

> 屋子里热得难以形容，而且过于拥挤了，以至于每当女歌手（尤其是像拥有萨克斯夫人这样体重的）从座位上起身走到钢琴前时，她不得不竭尽全力挤过去。一大群珠光宝气的女士占据了整个厅室，男士们不得不挤在打开的房门那里，简直不能动弹。偶尔有端着点心的仆人从人群中慢慢挪进来。但是奇怪的是，只有极少数人（大多是一些陌生人）摄取烂得不值一提的糕点吃。据说房子的女主人不喜欢他们这样做。

罗西尼死于 1868 年 11 月 13 日，那简直就是帝王之死。

罗西尼的歌剧从来不是浪漫世界的一部分。不过他什么都听，在他的《圣母悼歌》和《小庄严弥撒曲》这类作品中，他运用了比他的任何一部歌剧都冒险得多的和声。他的《小庄严弥撒曲》在古典旋律的轮廓中加入了半音音阶，融合了新与老的风格，令人陶醉。它最初的总谱是为合唱团、四个独唱、两架钢琴和一台小风琴而写的，从而散发出独特的魅力。它堪称一首杰作，就像《我的老年之罪》[1]一样，都是他小型作品中的杰作。至于1829年以前创作的那些“泡沫”歌剧，其中也不乏如《塞维利亚的理发师》《灰姑娘》《奥里伯爵》等脍炙人口的喜剧。在不远的将来，一如现在一样，《威廉·退尔》也将成为公认的杰作。但是在当今，谁又能演唱罗西尼的歌剧呢？假如罗西尼，这位歌声的终极鉴赏家，遇到那种扭曲的、嘶哑的、枭叫的、强拉的、刺耳的、粗俗的、狂暴的、笨拙的歌唱，而它又被当今的人们误认作是退而求其次的“罗西尼风格”，那他又该如何喊冤呢？

盖伊塔诺·唐尼采蒂（1797年11月29日生，1848年4月7日卒），甚至比罗西尼还要多产。他在出生地贝尔加莫接受教育后，前往博洛尼亚，后又返回贝尔加莫。随后他开始像火柴生产流水线一样生产歌剧。他的作品除了七十多部歌剧外，还有12首弦乐四重奏，7部弥撒曲，许多歌曲、钢琴曲、康塔塔、经文歌和圣歌。他有天赋，有狂热的激情，有独特的风格，不过也经常滥用禀赋，创作得太多也太快。现今，他的歌剧中仍有《露琪亚》（1835）、《唐帕斯夸莱》（1843）、《爱的甘醇》（1832）常与观众见面，他的《安娜·博莱纳》（1830）、《军中女郎》（1840）和《宠姬》

[1] 也译作《老朽的罪孽》。

（1840）也偶有演出。唐尼采蒂歌剧中的疯狂场景尤其令人佩服。观众喜欢听他的歌剧中的女主角在演唱一串串颤音、琶音、音阶升降、跳音、高音以及所有那些华彩乐段时的喘息。法国歌剧采纳了唐尼采蒂歌剧的疯狂场景。唐尼采蒂强烈影响了青年威尔第，其程度远大于罗西尼和贝里尼。整个 19 世纪，伟大的歌唱家从帕斯塔、鲁比尼、拉布拉什、杜普雷，到林德、桑塔格、格里希、帕蒂、马里奥和阿尔博尼，统统喜爱唐尼采蒂的歌剧。在 19 世纪中叶的那个歌剧演唱的兴盛时期，《安娜·博莱纳》（1830）被认为是唐尼采蒂的杰作。

同所有的意大利歌剧作曲家一样，唐尼采蒂也经常迁徙，过着漂泊的生活。他去意大利各地筹备自己的歌剧演出。它们的多数受到了热情的欢迎，他在《安娜·博莱纳》上演后也出了名。《爱的甘醇》的创作说明了唐尼采蒂不得不工作的窘困境况，以及他为了完成委托而不得不快马加鞭。米兰的卡诺比亚那剧院的经理在短期内急需一部新的歌剧，因为一位作曲家没有交付已经承诺的作品。唐尼采蒂在首演日期前两个星期才着手创作。心急火燎的剧院经理建议唐尼采蒂把一部旧作修改一下当作新作上演。而唐尼采蒂大概是把这当成一个挑战。怎么？你认为我不能在两星期内创作出一部歌剧吗？咱走着瞧！他立刻把脚本作者费里奇·罗马尼请来，据说这样对他讲："我必须在半个月内给一部上乘的脚本谱上曲。我给你一星期时间写歌词。我倒要看看咱俩谁的肚子里货多。"罗马尼如期交付了歌词，唐尼采蒂火烧火燎地配上了音乐。歌剧首演大获成功，而《爱的甘醇》一直是唐尼采蒂最受欢迎的歌剧之一。首演后不久，柏辽兹在米兰观赏了这部

⚜ 盖伊塔诺·唐尼采蒂

他那疯狂演唱的场景尤其受到追捧。

歌剧，他的记叙向我们展现了当时意大利观众的举止。他发现剧院里座无虚席，但是他们“背对着舞台，用惯常的声调交谈。但是歌手们并没被吓住，而是以最严肃的参赛者的状态摆好各种姿势并扯着嗓门儿演唱。至少我是从他们的狮子大开口得出这个判断的。但是观众吵闹的声音实在太大了，除了低音鼓之外什么都听不到。人们在包厢里赌博，吃晚饭，等等，等等。因此，指望能听到任何音乐——那时它对我来讲是那么新鲜——都是不可能的，我只好中途退场了”。

在《爱的甘醇》上演后的几年间，人们在巴黎和维也纳都能见到唐尼采蒂的身影，他仍迁徙不定。《拉美莫尔的露琪亚》于

1835年创作于那不勒斯，它被证明是19世纪最受欢迎的歌剧之一。1837年，唐尼采蒂失去了爱妻，他再也没有从这次打击中恢复过来。此外，他不得不同周期性的病痛较量。在1845年的一次突发中风之后，他逐渐丧失了心智，并于三年后辞世。他的死引起了普遍的悲痛。世界不仅失去了一个天才作曲家，也失去了一个温文和善的人，据说他从没有过一丝一毫的妒忌和恶意。当处在最佳状态时，他是一位优雅的作曲家，他的喜歌剧具有某种旋律上的创新，风趣而活泼，此前只有罗西尼的音乐有这些特点。

1831年，文森佐·贝里尼（1801年11月3日—1835年9月23日）创作了一部半严肃的歌剧《梦游女》，上演后在当时引起了极大的轰动，至今仍是保留曲目。《梦游女》红极一时，然而贝里尼更具代表性的歌剧是《诺尔玛》（1831）和《清教徒》（1835）。堪称贝里尼音乐精华的咏叹调在其中随处可见——一条悠长、弧形的舒缓旋律飘荡在琶音的低音部上空。贝里尼的脑瓜儿整个儿被优美的旋律占据了。一次，在佩尔戈莱西的《圣母悼歌》演出时，贝里尼对他的一个朋友说："如果我能写出一段这么优美的旋律，哪怕就像佩尔戈莱西这么年轻就死去，我也乐意。"就连讨厌大部分意大利音乐的瓦格纳也对《诺尔玛》做出了积极的反应。他评价贝里尼的歌剧时，说它们是"倾心的力作，与剧词珠联璧合"。罗西尼和唐尼采蒂也写过悠长而舒缓的旋律，但都没有贝里尼特有的那种强度。比如，罗西尼的旋律具有古典主义倾向，而贝里尼的旋律则是浪漫主义的。因而，贝里尼与肖邦是密友是很好理解的。他俩的音乐有某些相同之处，肖邦的夜曲具有一种与贝里尼的那种旋律很相似的旋律和低音。他俩还有其他一些相似之处，都身材细瘦轻盈，具有贵族气质。两人都患有时髦、浪漫的病——结核病，并且死时都很年轻。即便是在贝里尼早期的歌剧里，比如1827年的《海盗》和1829年的《陌生女人》，也能听到一种新颖的、气息很长的、略带感伤的声音。威尔第曾经感叹于贝里尼的“悠长、悠长的旋律，如此这般前人从没写过”。

他的音乐甚至比罗西尼的音乐还吸引那些大歌唱家。他们对暗含在贝里尼歌剧咏叹调中的浪漫主义气质反应热烈。他与一些嗓音非凡的伟大歌手合作，尤其是与那个活跃在19世纪前半叶的英雄次女高音的群体合作密切。就是为了她们，罗西尼、唐尼采蒂和贝里尼才创作了许多角色（比如罗西尼的《塞维利亚的理发师》中的罗西娜这一角色，就是专为低声创作的），而这些角色现如今由女高音演唱。然而，这些美声唱法的次女高音都是多面手，她们既能在某晚演唱最轻飘的花腔高音，也能在下次演出时演唱《诺尔玛》或是最重音的梅耶贝尔歌剧中的角色。在1836年，玛丽亚·玛丽布兰年仅28岁就死于坠马，被她的同时代人确信为有史以来最伟大的歌唱家。她就是一个次女高音，可以演唱下至一个低音F、上至一个高音C的音域。玛丽耶塔·阿尔博尼和茱莉亚·格里希也能做到这一点。那些女高音，诸如朱蒂塔·帕斯塔和亨利耶蒂·桑塔格，更是能唱到一个高音F或高音G。还有男高音呢，比如马里奥（他仅以这一单名而闻名）。还有如安东尼奥·坦布里尼这样的男中音，以及如路易吉·拉布拉什这样的男低音，他们都是以自己所属群体里最大的大腕儿的身份得以名载史册的。路易吉·拉布拉什有着雷鸣般的大嗓门儿，却同时具有“盘蛇”般的弹性。贝里尼就是为这些歌唱家写歌剧的。很可能

⚜ 文森佐 · 贝里尼，歌唱家们的偶像

他痴迷于创造优美的旋律。

格里希、鲁比尼、坦布里尼和拉布拉什这四位的声乐四重唱组合是有史以来最伟大的，他们会一同出演贝里尼的某部歌剧。伟大的詹妮 · 林德也是因为演唱贝里尼的歌剧而成名的，艾德琳娜 · 帕蒂也是如此。

在贝里尼所有的歌唱家中间，乔万尼 · 巴蒂斯塔 · 鲁比尼不一定是最好的，但肯定是最放电的。这个男高音也同罗西尼和唐尼采蒂的一些歌剧有瓜葛。"鲁比尼和贝里尼是天生的一对儿，他俩就是为对方而生的。"《音乐世界》这样写道。鲁比尼尤以在《清教徒》演出时在高音C上插进F音而闻名于世。他是用假声演唱这个音的。一个法国评论家名叫列昂·埃斯居蒂耶，他有一次听鲁比尼在演唱唐尼采蒂的《恶魔罗贝托》时，这样写道："他甚至跃升到G音。他自己此前从没唱过这么高，以至于在完成这个绝技后，他自己都吓了一跳。"但是鲁比尼的演技欠佳，没人会指望看他的任何一次演出会因其演技而兴奋，他们到场就是冲着他的歌声来的。他把他们弄得鸡皮疙瘩落一地。《两个世界评论报》在鲁比尼的讣告中（他死于1854年），对其能力做了描述：

> 讶异不已的耳朵们到处追随着这位歌唱家，听着他的歌声凯旋上升，直至男高音音域的最高极限，却看不出在这一持续过程中有丝毫中断，有的只是一连串音符的长长的螺旋上升……对这种几乎难以置信的能力——不带一点磕巴地从胸腔音域升到头腔音域，鲁比尼又加上了另一项毫不逊色的能力——对呼吸的控制，这是一种他已学会高效利用的能力。他天生胸膛宽阔，使得他的肺在里面易于膨胀，当它完全膨胀时，他开唱一个高音音符，持续赋予它光和热，并在它完全舒展后，将它抛入剧院，让它在观众头顶上就像一枚孟加拉烟火爆竹那样，爆出缤纷斑斓色彩。

这位评论家继续痴迷地描述鲁比尼那"天才般柔韧的"花腔技巧——音阶，琶音，用最高音符唱出的颤音，波音，回音，倚音。

因此，贝里尼的歌剧在20世纪以后难以充分展现其效果，也就不足为奇了。它们量身定做的那类歌唱家已经绝种了。

贝里尼在巴黎度过了几年，在那里，他是那个充满浪漫气息的都市里最浪漫的人物之一。他纤弱轻盈，敏感，英俊，憔悴，有才，这些使他成为崇拜者追随的目标，其中绝大多数是女性。海因里希·海涅一向是目光敏锐而愤世嫉俗的，他把贝里尼看作是：

……一个瘦高的、笔挺的、纤细的人物，举手投足总是那么温文尔雅。他是有点卖俏的，看上去像是刚从硬纸盒里取出来的洋娃娃。他有一张规则的大脸，细腻而略带绯红。浅色又近乎于金色的头发打着许多卷儿。他的额头宽阔、突出而光滑。鼻梁笔直，眼睛浅蓝，嘴巴适中，唇形好看，圆下巴。他的五官暗含着某种模糊不清的东西，缺乏突出的特点，略带奶油气。在这张奶油气的脸上会偶尔掠过一种痛苦却快意的悲伤表情。他脸上的这种表情取代了他本就缺乏的热情；但这种悲伤的表情并无深度。他的目光闪烁，但并无诗意。他的双唇舞动，但并无激情。似乎这位年轻的名作曲家的整体外貌最渴望表现的，就是这种毫无生气的、略带肤浅悲伤的表情。他的卷发梳理得如此梦幻，包裹他纤弱全身的衣着贴切得那么多情，他的手杖拿得那么田园诗一般，以至于他让我想起了我们乡下的那些手执彩饰牧杖的牧童……他整个人看上去像是一声穿着舞鞋和丝袜的叹息。他得到过那么多来自女性的感情，可是我怀疑他是否曾对她们中的任何一位产生过强烈的爱情……

《诺尔玛》被认为是贝里尼最伟大的歌剧,尽管《清教徒》(包括鲁比尼的那些高音D)坐拥更多的壮丽和辉煌。出自《诺尔玛》、像“圣洁的女神”这样均衡的悠长美旋律，是一尺一寸、一小节一小节地构筑而成的，有着完美的黄金比例，它圣洁而又充满热情，当被歌唱家完美演唱时，会给观众造成终生难忘的冲击。诺尔玛这个角色可是一点也不好演，它要求一位戏剧女高音具有非凡的适应力。那个世纪的下半叶，德国女高音歌唱家莉莉·蕾曼说过，她宁愿一连演唱三次（瓦格纳乐剧中的）布伦希尔德，也不愿演唱一次诺尔玛。《诺尔玛》是贝里尼唯一一部稳居国际保留曲目单的歌剧。对于许多人来说，它是传统美声唱法歌剧的精髓之髓。

• 16 •

场景，场景，更壮观的场景

——梅耶贝尔，凯鲁比尼，奥柏

MEYERBEER, CHERUBINI, AUBER

就在德国人全神贯注于奏鸣曲式和绝对音乐的同时，法国人正在提供另一种音乐形式，它使从里斯本到圣彼得堡的平民和贵族都得到了娱乐消遣，并且强盛到足足占据了整个 19 世纪的保留曲目单，甚至跨进了 20 世纪一点。梅耶贝尔及其同时代人的法国大歌剧继罗西尼和贝里尼的美声歌剧之后接踵而来，并席卷了世界。固然，瓦格纳有其理论，有其伟大的管弦乐团及其主导动机，有其大胆的和声及其深远的洞识，但是法国人知道怎样满足人们的口味，知道如何用音乐调色板眩晕公众的耳目，刺激他们的味蕾。这种音乐就是听来享受的！梅耶贝尔、奥柏、阿莱维、埃罗尔——这是一些能带给你优美旋律和歌声的作曲家！而巴黎歌剧院足够大，能容得下洋洋大观的歌剧场景。

法国的皇家音乐学会创建于 1671 年，最初是作为一个服务于严肃的抒情戏剧的机构而存在的。到了 18 世纪之初，它已经发展为主要是鼓励歌剧创作的一个机构。一些重要的作曲家都活跃在这个机构（并活跃在巴黎的各个剧院），而他们创作的大多数歌剧都明显是前浪漫主义的，比同期的器乐音乐更预见到浪漫主义的到来。早在让－雅克·卢梭的《乡村魔法师》(1752)里面，卢梭就表达了一种向往大自然的情感。安德烈·格雷特里的《泽米尔与阿佐尔》(1771)、《开罗的沙漠商队》(1783)和《狮心王理查》(1784)追求某种中世纪精神，并对浪漫主义者深爱的异域情调的主题感兴趣。尼古拉·达莱拉克的歌剧，尤其是《两个小萨瓦人》(1788)和《阿道夫与克拉拉》(1799)广受欢迎。路易吉·凯鲁比尼在其《洛多伊斯卡》(1791)、《美狄亚》(1797)和《两天》(1800)中抢了场景歌剧之先，用模拟的大火和其他一些自然现象作舞台场景，造成洋洋大观之象。凯鲁比尼的这三部歌剧最先在费多剧院上演，然后在巴黎歌剧院上演。在法瓦尔剧院，弗朗索瓦·布瓦尔迪厄给颇具异国情调的《左拉伊娜与祖尔纳》(1798)和《巴格达酋长》(1800)等剧本谱了曲。当时世界各地的其他歌剧流派都无法与之相匹敌。那时的德国歌剧显得孤零零的，只有少数作品——莫扎特的《魔笛》和《唐璜》，威伯的《自由射手》,以及后来的尼柯莱的《温莎的风流娘儿们》(1849)——引起过国际上很多的关注。海因里希·马施纳、路德维希·施波尔、阿尔伯特·洛尔青的歌剧在德国很受欢迎，但这只是局地现象。而同期法国的歌剧和轻歌剧却风靡了整个欧洲。

在19世纪30年代，随着梅耶贝尔的春风得意，巴黎歌剧院也生意兴隆，成了资产阶级的经营范围。1831年，和法国的“市民国王”(指路易－菲利普国王)一同上台的商人们掌握了权力后，把巴黎歌剧院移交给一名企业家经理管理，规定他“经营六年，自负盈亏”。实际上，它成了他的私人剧院。他可以把收入据为己有，也必须弥补亏空，他也有挑选剧目和演员的权力。除此之外，他还享有政府的补助金，在 19 世纪 30 年代总共有 71 万法郎。这位经理把巴黎歌剧院当成一家企业来管理，以商业的经营方式来运作，以获利为目的提供歌剧院这件商品。当然，他本人也是资产阶级，具有资产阶级的品位。路易·维隆是巴黎歌剧院的第一位伟大的经理，事实上，他的自传就题为《一个巴黎资产者的回忆》。在自传里，他流露出法国真正的统治阶级——那些银行家、企业家，以及那些统治巴黎和法国的资产阶级人士——的志得意满之情。连国王本人也因为自己是资产阶级的一员而自豪。在很多人看来，路易－菲利普的统治枯燥乏味得令人难以忍受。“整个法国都感到厌倦。”拉马丁抱怨道。

维隆出生在 1798 年，他接受的是将来当医生的教育，并且实际上已经开始行医。之后他进军报业，创办了《巴黎评论》。他很精明，有广告宣传意识，知道公众需要什么，也清楚别人对他的期望是什么。这个肥胖的男人的豪宅极其讲究，他的穿着像一个花花公子，衣服昂贵，珠光宝气。他投入大笔金钱做广告，非常大方地付钱给评论家。1831 年他被委任为巴黎歌剧院的经理，他改组了管理机构，安插了自己的人。他对演出剧目也有新的想法，推陈出新了一批。在掌管剧院的四年里，维隆使巴黎歌剧院成为欧洲最有声望的剧院。那时的巴黎歌剧院坐落在勒佩勒蒂埃大街，那幢建筑建于 1821 年，有 1954 个观众席位。

在维隆的任期内，像梅耶贝尔、奥柏和阿莱维这样的作曲家为许多歌剧脚本谱写了音乐。欧仁·斯克里布是官方任命的脚本作者。乐队的首席指挥是弗朗索瓦·阿贝内克，是个贝多芬专家，也是巴黎音乐学院系列音乐会的指挥。领舞的是伟大的舞蹈家玛丽·塔格里奥妮，后来同样伟大的芳妮·埃尔斯勒也加入进来。埃德蒙·杜蓬歇尔和皮埃尔·西塞里担任舞台监督。在歌手中，有阿道尔夫·努里、路易·杜普雷和科尔内利·法尔贡这样的名角儿。还有来自于意大利剧院的激烈竞争，那里专门上演意大利歌剧，又有像玛丽布兰和桑塔格这样的声乐巨星担纲演出。但即便是这样的组合也无法超过人们对杜普雷的关注。杜普雷是伟大的戏剧男高音中的第一人，他用胸腔发声——而不是用假声——来演唱高音。当时的一篇报道这样写道："当他尽其强大的器官之能用胸腔发声唱出高音 C 时，他所有前辈的名声就此完全终结。在这之前，努里一直是深受巴黎人喜爱的一名杰出的男高音，但当他见识了杜普雷的能力之后，努里的日子也终结了。在对自己的失败和无法挽回的荣誉彻底绝望之后，他（努里）从一个高层的窗户里跳下来，落在人行道上，结束了他的生命。"

巴黎歌剧院的捧场团的头领是一个令人印象深刻的人，他仅以奥古斯特这个名字闻名于世。他的全名是奥古斯特·勒瓦瑟尔。关于这个奥古斯特，据记载"他住在——当然，他只能住在——巴黎歌剧院里……他高大、壮硕，看上去是个名副其实的赫拉克勒斯（神话中的巨人）。他天生一双巨掌，来到这个世上就是为了成为一个被剧院雇用鼓掌喝彩的人"。没有哪个歌唱家、作曲家乃至维隆本人会感到安全，除非奥古斯特导演了鼓掌喝彩并当场营造一种成功的效果。捧场团在整个 19 世纪的巴黎一直是一个机构，捧场团团长的地位一直让人求之若渴。它是一个肥缺。捧场团团长可以因为受到歌唱家和作曲家的雇用而挣钱，也可以通过出售每场演出他白得的40个席位而赚钱。1860年以后，巴黎歌剧院不再支付捧场团团长工资了，相反，他得为得到这个职位而付钱给剧院经理。不仅是歌剧院，每个剧院都有自己的捧场团。每个团长都把某家咖啡馆当成他的总部。就像伦敦的《音乐世界》说明的运作方式那样，捧场团团长在大约五六点钟时露面，“他被渴望加入当晚捧场团的四五十人簇拥着。照例，捧场团团长的第一件事就是检查候选人的衣着。他不接受穿着邋遢、懒散、不修边幅的人。如果他见到一个穿着整齐，看上去精神饱满，面色红润，天生宽肩膀、大手掌的人，他会毫不犹豫地招收这个人”。《音乐世界》接着讲，对于一个新歌手来说，不雇用一个捧场团就出场演出是极其不明智的。“只要某个法国人偷偷发出嘲讽意味的嘘声，或是公然发出引人注意的吵嚷，捧场团团长就立刻行动起来，用有意让人听得到的低语冲着他的荣誉军团叫喊：‘（法语）来吧，孩子们，齐声喊，铆足了劲：打倒犹太阴谋家！’”

就像歌手们觉得需要奥古斯特那样，许多法国的歌剧作曲家如果没有斯克里布的脚本，就会觉得自己像是没穿衣服似的。欧仁·斯克里布（1791—1861）在1816年获得了法学学位，但是从来没有开过业，因为他整天忙着写成功的剧本了，并且因此而名利双收。早在1811年，他就开始创作剧本，而在1820年到1830年间，有他创作的近百部戏剧在上演。终其一生，他创作了数量惊人的剧作，他的剧作全集有76卷之多。1828年，他受雇于巴黎歌剧院成为驻院歌剧脚本作者，当时是在维隆掌管巴黎歌剧院之前，并且已经提供了许多剧本，其中一些获得了当时最轰动的成功。

斯克里布的素材大多是原创的，而且不遵从古典范式。他几乎不创作神话和其他一些为皇家音乐学会所醉心的古典悲剧题材。他仿效时髦流行的浪漫主义品位。他创作超自然风格的作品，他能写作哥特式的传奇故事，也能应付得了中世纪的骑士故事。他尤其喜欢创作历史情节剧。他写作的著名歌剧脚本有：梅耶贝尔谱曲的《恶魔罗贝尔》《先知》《胡格诺派教徒》和《非洲女郎》；阿莱维谱曲的《犹太女》；布瓦尔迪厄谱曲的《白衣夫人》；罗西尼谱曲的《奥里伯爵》；威尔第谱曲的《西西里晚祷》；凯鲁比尼谱曲的《阿里巴巴》；唐尼采蒂谱曲的《宠姬》；奥柏谱曲的《魔鬼兄弟》。单单为了奥柏，斯克里布就创作了 38 部歌剧脚本。此外，还有许多歌剧脚本是根据斯克里布写的戏剧改编而来的，比如威尔第的《假面舞会》。今天，斯克里布的剧作已经被人淡忘了，可是他的同时代观众却在他的剧作和歌剧脚本中看到了社会上的重大事件，看出了它们的社会意义，因为它们描写了受压迫的人民和少数民族的苦难。在与他旗下的作曲家们密切合作的同时，斯克里布形成了一种模式，概括来说，就是与当时的意大利歌剧一样，他的脚本总是以一首大合唱开头。剧中的咏叹调和合唱被精心地布局，均匀地安排。一切都被精心计算过，目的直指某种洋洋大观的场面，比如奥柏作曲的《古斯塔夫三世》中的盛大舞会场面，又比如阿莱维作曲的《犹太女》中的节庆场面。1835 年的一期《法兰西快讯》称《犹太女》为世界第八奇迹：“武士、平民和教士们的服饰不仅仿制得惟妙惟肖，而且从最微小的细节都得到了再现。盔甲不再是用纸板而是用真正的金属制成。你会看到铁制的人，银制的人，乃至金制的人！比如，齐吉斯蒙德皇帝从头到脚就是一块闪闪发亮的金属模具。翻转腾跃的马匹身上的古代装备并不比它们的主人少。”这就是壮观的大歌剧。这就是斯克里布。这就是维隆。

斯克里布的第一部脚本是为奥柏创作的，时间是1828年。奥柏的歌剧《波尔蒂契的哑女》(也称作《马萨尼耶罗》)是抒情歌剧舞台史上的一个转折点。它就是一部大歌剧，其制作的精细和复杂程度是此前的舞台剧所无法企及的。在它众多的舞台特技中，包含一个巨幅的半圆形透视背景幕布，以及可移动的旋转全景画。这部歌剧还有一部精致的、曲调优美的、配器丰富的总谱，使它占据整个19世纪的歌剧舞台经久不衰。继奥柏之后的又一大热门歌剧是罗西尼的《威廉·退尔》(1829)，也是一部具有盛大的舞台场景的歌剧，许多听众认为它包含着罗西尼音乐中的精华。维隆在接管了巴黎歌剧院之后，想再现这两部歌剧曾带来的巨大成功，他正巧赶上了梅耶贝尔的《恶魔罗贝尔》(1831年演出)。这是一部浪漫主义的歌剧，因为表现了中世纪的骑士与恶魔。它的舞台人物的服饰甚至胜过了《波尔蒂契的哑女》，瓦斯照明被首次用到了法国的舞台上。《恶魔罗贝尔》获得了巨大的成功，使此前出现在巴黎的任何盛事都黯然失色。由于这部歌剧的成功，梅耶贝尔随后的歌剧几乎让整个欧洲的罗西尼热彻底降了温。到那时为止，罗西尼仍一直是独一无二的歌剧作曲家，但是除了他的《威廉·退尔》之外，罗西尼那纤细、透明的管弦乐曲怎能抵挡得住梅耶贝尔那英雄般宏大的管弦乐队的连续炮轰呢？显然不能。在观看了《恶魔罗贝尔》之后，公众要求所有其他新上演的歌剧的场面都要达到这种水准。

在巴黎取得如此声望的梅耶贝尔在1791年9月5日出生于柏林，他的真名叫雅各布·利伯曼·贝尔。和门德尔松一样，他也是来自于一个富有的犹太银行家的家庭。同门德尔松一样，他也是一个天才，是欧洲最有天赋的钢琴家之一。但与门德尔松不同的是，他有戏剧天分，而且只有在创作歌剧时才能获得快乐。他去了意大利，在那儿他受到了罗西尼的影响，于1824年创作了一部名为《十字军战士在埃及》的歌剧，获得成功。嗣后他前往巴黎，那里著名的作曲家有奥柏、梅雨尔、凯鲁比尼和斯庞蒂尼。加斯帕尔·斯庞蒂尼（1774—1851）是那种前梅耶贝尔时代的作曲家，其最著名的两部歌剧是《贞洁的修女》和《费尔南德·柯尔特兹》，分别于1807年和1809年在巴黎歌剧院上演。柏辽兹一直认为《贞洁的修女》是自格鲁克以来最伟大的歌剧。直到今天，它仍时不时地被复兴一下子。它是大歌剧的一个早期的范本。音乐上它是高贵而静态的，它的自然音性的和声和缺乏转调使它酷似格鲁克的音乐。

梅耶贝尔初到巴黎是在1826年，那时歌剧正处在萧条时期。歌剧院成了供贵族玩乐的场所，制作都是马马虎虎，演出也都无精打采，先前流行的歌剧——由弗朗索瓦·菲利多、皮埃尔·蒙西尼和安德烈·格雷特里创作——这会儿也很少上演了。此时的巴黎歌剧院是如此萧条，以至于弗朗索瓦·卡斯迪尔–布拉兹在1824年使用奥德翁剧院来演出莫扎特、威伯和罗西尼的歌剧。卡斯迪尔–布拉兹的初衷是好的，但是他篡改了太多的歌剧总谱，甚至还插入了他自己的和别人的一些新乐曲，结果使得原曲完全变形失真了。1826年，罗西尼受邀成为巴黎歌剧院的一名顾问，

⚜ 贾科莫·梅耶贝尔在一张纳达尔拍摄的照片里

他是他那个时代最令人艳羡的商业成功。

他在那里督导了自己的《科林斯之围》《摩西》和《奥里伯爵》的制作。但即便是罗西尼也不能克服那里的惰性和官僚主义。只有维隆有这种本领和管理才能去复兴巴黎歌剧院，并在其保留剧目中加进新剧目。1830 年，当梅耶贝尔重返巴黎时，他差不多拥有了一片被整肃干净了的净土，他需要做的只是创作一些与《波尔蒂契的哑女》或《威廉·退尔》同等级的歌剧。这与维隆的设想不谋而合，他愿意拿这个还不是很有名的作曲家碰碰运气。

梅耶贝尔不是一个快速的工作者。继 1831 年的《恶魔罗贝尔》之后，是 1836 年的《胡格诺派教徒》，1849 年的《先知》，1854 年的《北方的星星》（首演是在巴黎喜歌剧院），1859 年的《迪诺拉》，以及他死后在 1865 年制作上演的《非洲女郎》。梅耶贝尔无须仓促创作，他慢工出细活儿，每一部歌剧都让整个欧洲为之震撼。从没有哪位作曲家获得过像他那么惊人的声望，连罗西尼也没有过。《恶魔罗贝尔》面世后的头八年里，就在欧洲的 1843 个剧院里演出过。"上千位作曲家都根据这部歌剧的曲调写过改编曲，"一家英国杂志的撰稿人这样写道，"这些改编曲数量多得可以装满一座图书馆。……在所有地方，剧院、酒馆、阅兵场、教堂、音乐厅、村舍和宫殿，过去和现在都能听到《恶魔罗贝尔》那美妙动听的音乐。在伦敦，这部歌剧同时在四家剧院里演出。"在伟大的威尔第于 19 世纪 50 年代初期获得成功之前，没有哪个歌剧作曲家能与梅耶贝尔相抗衡的。

梅耶贝尔知道公众喜欢什么，他了解他们的需求，因此他决意按需写歌剧以满足他们。场面一定要大，洋洋大观，轰轰烈烈；一定要有光艳四射的声乐部分，但是咏叹调又不要持续过长时间，以免让观众感到厌烦。令观众厌烦是大忌。把角色的性格塑造与挖掘留给德国人去做吧。把美声唱法的活计留给意大利人去干吧。反正在我这儿，管弦乐配器一定要绚烂而宏伟，有大量的超级极强音。还要有气势恢宏的大合唱。还要有妙曼的芭蕾舞。斯克里布极其乐于帮忙，他很懂得配合，精准地按照梅耶贝尔的意思提供剧本。《幽默报》向我们呈现了一段臆想的梅耶贝尔与其脚本作者之间的对话：

梅耶贝尔先生：我想要一部喜歌剧的剧本，题材是关于沙皇彼得大帝与随军女小贩（小卖店店主）凯瑟琳的爱情的。

斯克里布先生：好嘞……首先，咱们设定为三幕。没有比这更容易的了。在第一幕中，彼得大帝，也就是那个在船上干活儿的憨厚木匠，爱上了凯瑟琳，也就是那个淳朴的随军女小贩。第二幕，彼得大帝，在乱糟糟的军营中，继续爱着凯瑟琳。第三幕，彼得大帝，在其大展宏图、运筹帷幄的内心深处，一直爱着凯瑟琳，并决定与她结婚。劳驾，让咱们专注于第一幕，这是唯一重要的一幕。因为无论是好是坏，观众都得看其他两幕。那么咱们来看这一幕：彼得大帝这个憨厚的木匠，爱上了凯瑟琳这个淳朴的随军女小贩。这样咱们就轻而易举地获得了音乐动机：（1）幕布开启时木匠们的一首大合唱；（2）一首大型咏叹调唱出彼得向凯瑟琳表白爱情；（3）木匠们的一首合唱终曲……

梅耶贝尔先生：我想在第一首大合唱中放入一段小调儿或叙事曲，就像《白衣夫人》中那样。

斯克里布先生：小菜一碟啦。我在里面加入一个巧克力或糕点商，他会供应点心及快乐的小调儿。那么接下来呢？

梅耶贝尔先生：我还想要一场像《马松》(*Macon*)的第一幕里那样的婚礼。

斯克里布先生：再容易不过了。我们将在这一幕里庆祝彼得的一个同伴的婚礼。

梅耶贝尔先生：嗯，用一首女高音的小咏叹调来表现。

斯克里布先生：好的,表现新娘激动的心跳：扑通,扑通,扑通……

梅耶贝尔先生：还要有一首男低音们演唱的祝酒歌。

斯克里布先生：喝酒的宾客大合唱：咕噜，咕噜，咕噜，咕噜。这不齐啦？还需要什么？

梅耶贝尔先生：咱们必须找一首变奏曲，一首军歌，就像《山区木屋别墅》中的马克斯唱的那首那样。

斯克里布先生：那还不好说？一队征兵人员，敲着军鼓，打断了婚礼……

梅耶贝尔先生：你认为这样就能满足公众的鉴赏力吗？

斯克里布先生：噢,天主！对公众来说,重要的不是鉴赏，而是使他们大笑。再说，如果一部喜歌剧由常识构成，那它就不是一部喜歌剧啦。

梅耶贝尔先生：把所有这些写成剧本，你需要多长时间？

斯克里布先生：几个小时就够了……

当时更优秀的音乐家都会意识到梅耶贝尔的歌剧只不过是工

艺精美的拼贴画而已。门德尔松就对它们嗤之以鼻。是的，他说，梅耶贝尔的歌剧是充满了盛大的特效，但它们是用什么组成的呢？“旋律是用来吹口哨的，和声是给受过教育的人听的，管弦乐配器是给德国人听的，对舞是跳给法国人看的，总之给谁都准备了点儿东西——就是不走心。”给谁都准备了点儿东西，面面俱到，就是不走心——门德尔松堪称一针见血、一语中的，直接指出了梅耶贝尔音乐的弱点。有些人甚至怀疑梅耶贝尔的歌剧算不算音乐。有人曾问过作曲家兼钢琴家费迪南德·希勒对梅耶贝尔的歌剧有何看法。“啥？”希勒回答，“咱们还是莫谈政治为好。”其他人更为直截了当一些。乔治·桑就这样说《胡格诺派教徒》：她才不会去歌剧院看一部天主教徒和新教徒互相割喉并由一个犹太教徒谱曲的歌剧呢！她还说，肖邦的小小一曲《c小调前奏曲》里包含的音乐比《胡格诺派教徒》四个小时的铜管喧鸣包含的音乐还要多。多年后，克洛德·德彪西也说过与乔治·桑类似的不屑之词。关于《胡格诺派教徒》，德彪西写道：“它的音乐过于紧张了，乃至于用急于屠杀不幸的新教徒这个理由也解释不通。”柏辽兹肯定是对梅耶贝尔的歌剧态度暧昧，对它们从没有过准主意，只好有点气急败坏——但略带尊敬甚至艳羡之情——地把它们的构成描述为：

> 从各种胸腔里都蹦出高音C，甭管是低音鼓、小军鼓、管风琴、军乐队、古式小号，还是粗如火车头烟囱那样的大号、钟琴、大炮、马匹、伞盖下的红衣主教、皇帝、戴着王冠的女王、葬礼、节庆、婚礼……总之出来的都是高音C。魔术师、溜冰者、

> 唱诗班男孩、香炉、圣匣、十字架、酒馆、游行队伍、纵欲的教士和裸体女人、神牛埃皮斯和成群的公牛、尖叫的猫头鹰、蝙蝠、五百恶魔的地狱以及诸如此类，统统出来高音 C。天摇地撼，世界末日，其间穿插着一些乏味的短曲，外加一大群喝彩的捧场者。

对纯洁的罗伯特·舒曼来说，梅耶贝尔就是作曲家中的魔头，是品位的败坏者。第一次接触《胡格诺派教徒》时，舒曼就抬起了他的重炮：“我不是一个道德说教者，但是当一个虔诚的新教徒听到他最钟爱的赞美诗在舞台上被鬼哭狼嚎般的唱出来时，当看到他宗教的整个历史中最血腥的场面被降格为年度最佳闹剧的水准时，他能不怒发冲冠吗？……”舒曼断定《胡格诺派教徒》是“平庸、扭曲、做作、病态、道德败坏和音乐全无的”典范。反对梅耶贝尔歌剧的还不仅仅是德国人。几乎所有人，只要他是个美声唱法歌剧的爱好者，都指责梅耶贝尔糟蹋了声乐艺术。“梅耶贝尔，”一个评论家这样说，“满脑子都是这种尖叫和令人讨厌的夸张，还自以为这是歌唱的效果。他还津津乐道这一切过于精制但让神经处于狂热谵妄状态的慷慨陈词……我们的歌手现在不再歌唱，而是改为嚎叫了，必须把这一现象归咎于梅耶贝尔的歌剧造成的后果。”

但是，对梅耶贝尔的歌剧的批判，就像是一只黄蜂把刺叮到了装甲车上那样，没有作用。19 世纪的大部分时间，甚至贯穿瓦格纳生活的年代，梅耶贝尔都一直是最受欢迎的两位歌剧作曲家之一。另一位是威尔第。

梅耶贝尔自然因此而变得富有和闻名，志得意满地往返于柏林（他是那里的歌剧大拿）和巴黎两地，还频繁地前往伦敦督导他的歌剧在那儿的演出。在没有贵族血统的人当中，他获得的来自贵族的荣誉、勋章、奖章等是最多的。尽管他影响力很大，财富丰厚，他却令人吃惊地很少树敌，罕有对他进行人身攻击的敌人，当然，许多音乐家抨击他所代表的艺术那是免不了的。海涅称梅耶贝尔是“他那个时代的宠儿”，而海涅通常是正确的。梅耶贝尔的音乐，正如海涅所指出的，更是社会的，而非个人的。“如果处在大革命和帝国时期，罗西尼应该就不会获得他那么高的声望。罗伯斯庇尔应该就会指控他反对爱国主义……旧时代的人都有信念，而我们现代人只有观点。”梅耶贝尔是众所周知的薄脸皮，海涅就饶有兴趣地讲述梅耶贝尔是如何尝试改造舆论观点的：“正如使徒认为为了拯救一个迷失的灵魂，辛劳和受苦都算不了什么一样，梅耶贝尔也这样认为。当他得知有人拒斥他的音乐时，他就不知疲倦地向这个人反复详述他的音乐，直到他改变了这个人的信仰为止。然后，这只得到拯救的羔羊，哪怕他只是个最不起眼的小专栏作家，对他梅耶贝尔来说，也比那一整支总用正统的忠诚对他顶礼膜拜的信徒大军来得珍贵。”谨小慎微的梅耶贝尔总是渴望新闻舆论一直站在自己这边，所以他总是在每次首演之前，邀请评论家们出席他在王子大酒店或普罗旺斯三兄弟饭店设的盛宴。没有哪个评论家曾拒绝过他的邀请的记载。他们带着浓浓的朋友交情摇摇晃晃地离开这些宴会。《晚报》的斯皮里迪翁想知道，“一个有正常情感的体面家伙，怎么能给他写苛刻的评论呢，当你知道他刚往你的杯中斟满法国最上等的葡萄酒，并让来自海陆空的最美味的珍馐佳肴进了你肚子的时候？试想一下，你就会发现这种事情不可能发生”。在巴黎，几乎没有评论家没有收到过来自梅耶贝尔的几百美元年金，在个别实例中，年金甚至超过了一千美元。从1831年开始，就有评论家从他那里收取大额年金。梅耶贝尔并不满足于仅给他们年金和盛宴，还把在他们的生日和新年送上贵重礼物视为要务。梅耶贝尔总是为自己辩护说，他并没有强迫这些评论家应该怎么写。他说他才是那个得到恩惠的人，因此他看不出对他们表示感谢有什么不对。（在评论家里，把敲诈勒索变成一门艺术的人当首推P. A. 费奥伦迪诺，他为《指南》《法兰西报》《间奏曲》等报刊撰稿。再次引用斯皮里迪翁的话说："他死后留下的遗产超过30万美元，尽管他生前过得非常奢华……他收受勒索款的贪婪程度甚至在这座敲诈勒索之都都极为罕见……意大利剧院、抒情剧院和喜歌剧院的经理每年都付给他为数可观的钱款，至于说他收取的价值不菲的礼品，就更数不胜数了。梅耶贝尔一直像政府支付某人年金那样，定期付给他大额年金。”费奥伦迪诺死于1864年。）

今天，我们鲜有机会听到梅耶贝尔的歌剧，难以看到其中激动人心的场面是怎么回事。其实抛开梅耶贝尔的钦慕者不谈，梅耶贝尔的音乐是极其墨守成规的，是很平庸的，尤其是在像卡鲁索这样的英雄男高音缺席的情况下更是如此。在19世纪和20世纪之交，由于有像卡鲁索、德·雷兹克斯、舒曼–海因克和诺迪卡这样敢于偏离乐谱、自由发挥、大鸣大放的歌唱家，梅耶贝尔的歌剧才得以风光无限。其实他的音乐听起来很不自然，像是合成器合成的，松垂软塌，过于斧凿矫饰，乐思也是二流的；甚至辉煌一时的管弦乐配器和一度大胆的和声现在听起来也那么苍白，因为它们只局限用于冷嘲热讽的目的。梅耶贝尔的歌剧是时代的产物，是特定时期的应景之作。然而在其当红的年代，伟大的音乐家和评论家们都很把它们当回事儿。比才几乎要把梅耶贝尔与贝多芬和莫扎特等量齐观了，称他为“一个雷神般的戏剧奇才”。海涅曾写道，梅耶贝尔的母亲是历史上第二个活着见到自己的儿子被尊为圣的女人。当时的整个欧洲，作曲家们都一窝蜂地模仿梅耶贝尔的创作模式——瓦格纳在其《黎恩济》中如此；威尔第迟至 1871 年创作《阿依达》时仍如此。古诺和马斯奈也受到梅耶贝尔歌剧的影响。

但是梅耶贝尔走的毕竟是一条死胡同，模仿他的人似乎都不是很成功。他们尽管尝试模仿他好了，但却没人能跟着他走下去，于是他只好自己唱场景歌剧的独角戏了。例如柏辽兹就哀叹地说过——柏辽兹模仿梅耶贝尔的歌剧《特洛伊人》就从没取得过成功：“梅耶贝尔的影响及其巨大成功施加在经理、艺术家、评论家和公众身上的压力，一点不比他与生俱来的折中、综合能力所发挥的能量小，这些都使得他人几乎不可能在巴黎歌剧院取得任何真正的成功。”柏辽兹还说过，梅耶贝尔不仅有成为天才的运气，还有得到好运的天才。对于《胡格诺派教徒》，柏辽兹发出了由衷的赞叹。他太为“这部杰作”所感动了，以至于他渴望自己成为一位伟人，“好把我自己的荣耀和天才置于梅耶贝尔的脚下”。

瓦格纳不久也做出了判定，梅耶贝尔式的歌剧不是他的发展方向。“超越他是不可能的。”瓦格纳憎恨梅耶贝尔——一个竞争对手，一个富有而成功的竞争对手，最糟糕的是，一个富有的、成功的以及犹太人的竞争对手。梅耶贝尔似乎是一个宁愿隐退的人，他关注年轻作曲家的作品，用自己的钱慷慨地资助他们（瓦格纳就是其中之一）。可是瓦格纳却把梅耶贝尔当作嘲笑的目标。梅耶贝尔，瓦格纳写道，“就像追随着耕田的犁铧的八哥，高兴地捡食犁沟里刚刚翻出来的蚯蚓”。或者，“梅耶贝尔渴望一种怪诞的、斑驳的、历史上浪漫的、魔鬼般宗教的、疯狂加上放荡的、神圣却又轻佻的、神秘且罪恶的、多愁善感又充满戏剧性的大杂烩，从中挖出素材写一种奇怪而荒诞不经的音乐——这种渴望因了他的宁折不弯的死硬音乐性格，而让他写出安在哪儿哪儿都不合适的音乐”，等等，一页接一页，浮华的文字连篇累牍。瓦格纳的浮夸散文其实比梅耶贝尔的音乐还要糟糕得多，不过他的看法大体上碰巧是对的，只是他关于梅耶贝尔的话说得太难听，让人读起来很不舒服。尽管如此，瓦格纳还是使用了许多梅耶贝尔的手法来充当他自己的音乐大厦的砖瓦。在1854年5月2日辞世的梅耶贝尔，以一种说不清道不明的方式，成为19世纪歌剧音乐的开创性力量之一。

路易吉·凯鲁比尼（1760—1842）和梅耶贝尔一样，其音乐在今天也很少演出。然而在他生活的年代，他却被贝多芬认为不仅是大师之一，更是不朽者之一。在他创作的全部30部歌剧中，仅有一部沾了20世纪保留曲目的边儿，就是《美狄娅》。他的《阿纳克里翁》序曲很偶然地也会在交响音乐会的节目单上露个面。在巴黎的卢浮宫里，挂着一幅凯鲁比尼的肖像，是安格尔在1842年画的。他的好友安格尔描绘他坐在画中陷入沉思，并由他永恒的伴侣——音乐女神缪斯——所陪伴。女神正在把她的祝福降临给他，而他也像接过他的厨师做的一顿饭那样，再自然不过地接受了她的赐福。安格尔的画笔下展现了一个大力士般人物的面孔——一个古罗马人的鼻子（凯鲁比尼出生在意大利，1788 年在巴黎永久定居），两片坚定的薄嘴唇，冷峻的双眸，总之是一张很有个性的脸孔，坚定而有力量。

但是其他人眼中的凯鲁比尼是另一副样子。他有着不宽容、脾气暴躁和言辞尖刻的恶名，有时甚至很残忍。当后来成了一名重要作曲家的阿道夫·亚当还是一个小男孩时，他被人带去拜见伟大的凯鲁比尼，后者见到他的头一句话竟是："老天，这孩子真丑！"视凯鲁比尼为头号敌人的柏辽兹，提到了他与这位巴黎音乐学院院长的一次争吵。凯鲁比尼是在 1822 年被任命为该院院长的。他是一个要求恪守规章制度的人。他的规定甚至延伸到诸如区分男女入口这样一些琐碎小事上。一次，柏辽兹走错了门，从女性入口进入巴黎音乐学院，看门人告知了凯鲁比尼，后者气得冲进图书馆当众指责柏辽兹。只见这时的凯鲁比尼"看上去比平时更加凶恶，更加面无人色，更加衣冠不整"。两人立刻大吵起来，凯鲁比尼围着桌子追赶柏辽兹。至少柏辽兹是这样描述的。他俩从来就合不来，柏辽兹笃定地写道，如果凯鲁比尼敢用皮鞭责罚他，"我定会用蝎尾鞭回敬他"。

如果史上曾有过教科书式的教师兼作曲家，那他就是凯鲁比尼。这也是他的问题所在。他音乐里的一切都是不容辩驳地、权威地、毁灭性地正确。他的和弦进行得与教科书上规定的一模一样、分毫不差。随便挑出他的任何一部总谱——歌剧，《d 小调安魂曲》，室内乐——都展示出非常严格而正确的旋律线附着在非常保守的和声构架上行进。如果他要变调时，他肯定会变到一个安全保险、密切相关的关系调式上去。他最大胆的和声是减七和弦，这在他生活的年代已经算是过时的了。其结果便是，他的“白键”音乐很少变化。这种和声上的不作为甚至折磨着他最著名的作品《美狄娅》。试图单单用凯鲁比尼是个古典主义者来解释他的缺乏活力显然是不够的。莫扎特几乎是和凯鲁比尼一样的古典主义者，但他在《唐璜》里展露的活力是凯鲁比尼在《美狄娅》中想都不敢想的。基本上，凯鲁比尼和他的同时代人斯庞蒂尼只因循格鲁克而已。听上四五遍以后，你会觉得《美狄娅》越来越像是长了一张格鲁克的脸，一组冻结僵化的姿态，在这种姿态中的人物都像是被永久定格了。

凯鲁比尼的头脑实在是太僵化了，从根本上讲他是太平庸了，以至于永远不能让他打破常规。在众多音乐家中，单单贝多芬看重凯鲁比尼，这真令人费解。或许他看重的是凯鲁比尼的技巧。贝多芬本人就是个彻头彻尾的技巧家，所以他也看重他人的技巧。而且贝多芬在一个领域里相对较弱——人声和歌剧。（请想象一下，凯鲁比尼写出一段像贝多芬的《庄严弥撒》中的“Et vitam venturi”那样几乎不可能演唱的合唱吧！）而凯鲁比尼就会在其中如鱼得水、驾轻就熟，技术上不仅胸有成竹，甚至高山仰止。贝多芬是个太过优秀的音乐家了，乃至于他不能不对凯鲁比尼的技术做出钦佩的回应。他与他的同时代人毫不怀疑凯鲁比尼的崇高和壮伟。这位巴黎音乐学院的院长被公认为与那个时期其他伟大的作曲家齐名，他们是伊格纳茨·莫舍列斯、路德维希·施波尔、约翰·内波穆克·胡梅尔，以及弗里德里希·卡尔克布伦纳。

他们都注定是不朽的音乐家。

在19世纪三四十年代，能够创作歌剧并能持续卖座，甚至能与梅耶贝尔的竞争相抗衡的作曲家，除了奥柏和凯鲁比尼之外，还有创作了《扎姆帕》（*Zampa*，1831，其序曲至今仍被演奏）的费迪南德·艾罗尔，以及创作了《犹太女》（1835）的弗洛门塔尔·阿莱维。阿莱维是个因为一部歌剧而出名的人，他曾一部接一部地创作歌剧，却从没取得过像他*那部*歌剧那样的巨大成功。可就是那一次成功使他世界闻名。正是因为那一部歌剧使他受到如此崇拜，以至于他的尊容出现在每个印刷店和每家照相馆的橱窗里。那部歌剧就是《犹太女》。在阿莱维去世后，罗斯柴尔德男爵决定为这位写出《犹太女》的作曲家的遗孀支付养老金。又是斯皮里迪翁在《快报》上报道："一个富有的股票经纪人罗德里戈斯先生，给她送去了8000法郎，作为她为两个女儿置办嫁妆的资金。他说，这笔钱是由几个朋友一起筹集的，以表达他们对他们所仰慕、崇拜的她的丈夫的追思……就在几天以前，皇帝还送交议会一项议案，授予她养老年金。"《犹太女》在接下来的世纪里仍旧极受欢迎，直到恩里科·卡鲁索在1921年去世为止。法国作曲家比才也娶了阿莱维的千金为妻；而阿莱维的一个侄子卢多维克·阿莱维，则是比才的歌剧《卡门》的脚本作者之一。

巴黎的喜歌剧院也同样活跃，该院的历史可以追溯到1715年。在19世纪三四十年代，巴黎喜歌剧院的全部剧目实质上是轻松活泼的那种，所演歌剧中都有念白式的对话（念白是作品在巴黎喜歌剧院上演的一个先决条件）。到了19世纪晚期，界限开始变得模糊了，喜歌剧院也上演正歌剧了，比如1875年就演了《卡门》，这些歌剧实际上是悲剧了。有时甚至连对话式的念白也不要了。喜歌剧院的那些较好的作曲家生产一种机智诙谐、精致而文明的剧作。这样的剧作有亚当的《隆瑞莫的驿车夫》(1836)、布瓦尔迪厄的《白衣夫人》(1825)、奥柏的《魔鬼兄弟》(1830)和《黑色的多米诺骨牌》(1837),它们不仅在当时到处巡演,其中有些至今仍在演出。

丹尼尔·弗朗索瓦·奥柏(1782—1871)在世的时候是巴黎喜歌剧院的顶梁柱。他的首部作品在此演出是在1805年,经过了44部歌剧之后,他的最后一部作品完成于1869年。创作数量如此之多的作品,同时还忙于巴黎音乐学院院长的事务,使他成了一个大忙人。他去世后,一位评论家写了一篇文章追忆他的一些往事:

> 奥柏总是在创作。当你碰见他沿着林荫大道散步时,他在工作。在剧院里,你如果和他相邻而坐,不一会儿他就睡着了:原来他此前仍在工作。午夜过后,你路过圣乔治大街,四周黑黝黝的,只有一扇窗户透出柔和的灯光,那是他在工作。你在早晨6点钟敲他家的门,一个老得像乌尔盖勒的看门人把你领上二楼。一个老得像博西斯的管家领你去找一个老得像腓利门的贴身男仆。男仆把你领进一间舒适的客厅,在那里,钢琴的声音已经传入你的耳朵:他在工作。

87岁高龄的奥柏仍在创作舞台作品。他去世时腰缠万贯、满身勋章,而且不是死于过劳。他为抒情歌剧舞台贡献了大把很有魅力的轻歌剧。从长远来看，由奥柏和亚当创作的那类优雅和技巧精湛的音乐，已经证明了比梅耶贝尔的大场景和庞大管弦乐队的宏大音流更持久耐听——事实上，比当时巴黎的任何作品都更耐久，直到1859年《浮士德》的问世为止——尽管在当时没人这么认为；或者，已经有人这么认为，却没有勇气大声说出来。

• 17 •

意大利的歌剧巨匠

——朱塞佩·威尔第

GIUSEPPE VERDI

随着歌剧作曲家的兴起，朱塞佩·威尔第在他生命的早期就取得了成功。他于 1813 年 10 月 10 日出生在勒隆科尔（差不多 5 个月之前，理夏德·瓦格纳出生在莱比锡）。他的第一部歌剧《奥贝尔托》1839 年在米兰上演，获得成功。他的第三部歌剧《纳布科》在 1842 年使他遐迩闻名。13 年后，随着《弄臣》《游吟诗人》和《茶花女》的上演，他成了世界上最受欢迎的歌剧作曲家，他的作品甚至挤掉了梅耶贝尔的那些极受欢迎的大场面歌剧，使之边缘化。威尔第是个向公众发放刚需日用品的专家，且从不装成满腹经纶很博学的样子。即使达到事业巅峰后，他仍声称自己是一个实用主义者。在 1869 年写的一封信中，他说：“在我的寓所里几乎没有什么乐谱之类。我从来不去音乐图书馆，也从没给出版商校改过一首乐曲。我一直在随时了解当今那些最好的作品，但不是通过研究它们的总谱，而是通过有时去剧院观摩它们获得这种了解……因此，我重申，我是古往今来的作曲家中最不博学的一个。”这是实情，而非假装谦虚的托词。威尔第不想过多地谈论自己的作品，除非是和同他的作品有直接关系的人谈——他的出版商，乐队指挥，演唱他歌剧的歌手。他希望用自己的音乐来说话。他还几乎是愤怒地拒绝了请他写自传的邀请。“我绝不答应写我的回忆录。绝不！”

很显然，没有迹象表明，童年时的威尔第后来能发展成他那个时代的意大利音乐巨匠。他倒是显露过音乐天赋，但不是像莫扎特或门德尔松那样显露出那样过人的音乐天才。在他的家乡勒隆科尔镇上（坐落在帕尔玛大公国的布塞托附近），他向乡村管风琴师学习音乐。他的父亲是一个小旅馆和食品杂货店的老板，很为儿子有音乐天分感到高兴，就设法给他买了一架二手的小型立式钢琴。小威尔第 10 岁的时候，他父亲让他寄宿在布塞托的一个鞋匠朋友的家中。在那里，他引起了当地一个富商的注意，这个人就是慷慨大方的安东尼奥·巴雷奇。巴雷奇把这个小男孩带回自己家中并收他为徒，还负责让他接受布塞托所能提供的最好的音乐教育。但这些还不够，威尔第还和当地的管风琴师合作（此人也是当地管弦乐队的指挥），并且不久就代表他参加一些音乐活动。后来,巴雷奇还出资把威尔第送到米兰音乐学院深造。18 岁时，这个年轻音乐家到达米兰，那时的他长着一头棕色头发，眉毛和胡须是黑色的，脸色苍白还布满雀斑，身材矮小，性格热烈却少言寡语。

甭管他抱有什么希望，此时立刻全部化为了泡影。他在布塞托接受的音乐教育还不足以让他进入米兰音乐学院学习。他的钢琴演奏功底不深厚，他的理论知识也不够丰富。他只好在米兰跟私人教师学了两年。这时他开始着手创作歌剧《奥贝尔托》。

1834年，他回到了布塞托，两年后娶了巴雷奇的女儿玛格丽塔为妻。他完成了歌剧《奥贝尔托》的创作，有人把它推荐给了米兰斯卡拉剧院的老板巴托洛梅奥·梅雷利，引起了他的注意。梅雷利决定碰碰运气，冒险上演一个不知名的作曲家的歌剧。《奥贝尔托》上演了并受到了好评，梅雷利这才放下心来。他很有远见地向威尔第提出签一份合同，要求他用八个月的时间创作出三部歌剧。威尔第的第一部受委托之作是歌剧《一日之王》。这是一部喜歌剧，而此时威尔第正处在痛失孩子接着又痛失妻子的时期，所以这部歌剧没有取得成功也就不奇怪了。这次失败不仅给威尔第心里留下了创伤，而且差点永远终结了他的事业。他认真考虑过放弃作曲。很显然他已完全不自信了。这个沉默寡言的人掩盖了自己对《一日之王》失败的沮丧之情，但是耿耿于怀了很多年，也让他暗中调整了自己与公众之间的心理联系。他写道："这也许真的是一部很糟糕的歌剧，尽管有许多比它好不了多少的歌剧却被人容忍，甚至博得了掌声。公众并不鼓掌喝彩，他们只是默默地忍受着我的这部歌剧，对此我本该对他们感激不尽的……我无意责备公众，但是我只有在无须感激他们的鼓掌欢呼的前提下才接受他们的批评和嘲笑。"威尔第一生都在践行着这句话。

无论《一日之王》惨遭失败与否，梅雷利都从这个年轻的作曲家身上看出了不同寻常的东西。他把被奥托·尼柯莱——一个很有前途的德国作曲家——拒绝为其谱曲的一个剧本硬塞给威尔第去谱曲。威尔第很不情愿地着手工作。没想到他的乐思犹如泉涌，三个月不到，他就完成了这个剧本的谱曲。这部歌剧在1842年3月9日首次公演。一个歌剧新巨匠在意大利诞生了。

这部歌剧就是《纳布科》，是《尼布甲尼撒》的简称。今天，它听起来像是尚未定型的威尔第之作，它在许多方面的确如此。它横跨了美声唱法学派和即将到来的歌剧戏剧学派。从这部歌剧里可以听出唐尼采蒂的影响，也有罗西尼的严肃歌剧的影响。但是威尔第的歌剧模式呈现出了新的广度和新的生命力。今天的人们很难倒退回 1842 年去体会《纳布科》在当时造成的冲击。如今听上去没有创意的音乐在当时却引起了轰动。据当时的报道，在《纳布科》排练期间，剧场里的人“完全为之倾倒”了。从没有人曾经梦想过这样的音乐。它“如此新颖，如此让人感到陌生，风格如此迅疾，如此不同凡响，以至于在场的每个人都为之震撼……排练进行过程中，是不可能有人待在舞台后面工作了，因为所有在场的雇员、工人、舞美师和道具师等等都被他们听到的音乐打动了，他们放下了手头的活儿，目瞪口呆地站在那儿，看着舞台上发生的一切”。

很自然，各种传言充斥着米兰的大街小巷，公众如饥似渴地想要观赏这部歌剧。鉴赏家们——这座城市里的每个人都认为自己是个歌剧鉴赏家——立刻意识到一个新的、货真价实的天才出现了。“随着这部歌剧的诞生，”威尔第说道，“我的艺术生涯才真正开始了。”威尔第的对手也意识到了这一点，一些同行开始嫉妒他，另一些欣然接受了他，唐尼采蒂属于后者。“世界需要新鲜事物，”他说，“毕竟，别人曾给我们让出了地方，现在我们也必定得给新人让出地方……我很高兴把地方腾给像威尔第这样的天才。”唐尼采蒂预言，他的新对手不久就会占据“作曲家军团中的最高席位之一”。

威尔第在《纳布科》里所做的、并且震撼了意大利音乐界的，就是他打开并拓展了美声唱法歌剧的体例。他使用更大规模的管弦乐队，从而增强了音调的穿透力。音乐本身也比任何美声唱法歌剧的音乐更加宽广，更加有力，而且行进得更加直截了当。声乐表演的间隙没有拖泥带水。固然有大量声乐技巧的展示，但几乎总是情节和情感的需要远胜过纯粹炫技的成分。剧中，阿比盖伊尔一角儿是歌剧保留曲目中最难演唱的角色之一，它要求一位戏剧性的花腔女高音具备一个女中音的那种运用胸腔发声的能力，以及向外投射原始力量的能力——这种力量是角色本身的力量和威尔第作品的力量的综合。《纳布科》还自始至终贯穿着强烈的个性。即便是威尔第触及了美声唱法歌剧的惯例和习性，他也能把它们触及得听起来更加壮阔和强大。这部歌剧让威尔第发现了自己的才能所在，其音乐预示了后期威尔第的作品。剧中扎卡利亚一角儿所唱的“在埃及的海边”预示了《茶花女》中老盖尔芒的咏叹调；第三幕中纳布科与阿比盖伊尔的二重唱让人想起《阿依达》中的阿依达与阿默纳斯罗的二重唱。

此外，在《纳布科》中暗含着政治隐喻。这部歌剧使威尔第成为反抗奥地利人统治的一个象征。其中的大合唱《飞扬吧，思想》描写了犹太人流亡者对返回故土的渴望，被所有意大利听众认定为反映了他们自己对自由的渴望。威尔第是否有意让这首合唱曲含有这样的政治寓意，我们不得而知。不过，威尔第本人有强烈的民族主义倾向，是个支持意大利统一的人，就像瓦格纳是个支持德国统一的人一样。威尔第活在对意大利统一的渴望中，而且他活着见到了意大利的统一。但是，不论他的《飞扬吧，思

⚜ 朱塞佩·威尔第在 1857 年

坚定，炽烈，沉默寡言。

想》大合唱的动机到底是什么，总之是这首合唱一出现，立刻就作为一个反抗的象征在整个意大利境内传唱。对许多意大利人来说，威尔第本人就象征了这种反抗外族统治的精神。几年以后，出现了一句他的名字的藏头诗：胜利，上帝与意大利同在（*Vittorio Emmanuele, Re d'Italia*）。

继《纳布科》之后，威尔第又推出了两部成功的力作——1843 年的《伦巴第人》和 1844 年的《厄纳尼》。后者使他的名声远播意大利之外。这部歌剧在巴黎的意大利剧院上演，威尔第前去督导演出。如今，他能要求大笔的酬金了，他毫不犹豫地开出高价。威尔第是个彻头彻尾的商人，他要尽可能以最好的价钱成交。继《厄纳尼》之后，威尔第创作了几部相对不那么受欢迎的作品，甚至还有失败之作。随后诞生了 1847 年的《麦克白》。威尔第最终以莎士比亚的两部戏剧作品结束了他的创作生涯。创作《麦克白》时，他特别卖力，它的首演是在佛罗伦萨。他要强调的是剧情和表演，即便是他的脚本作者们歪曲了莎士比亚的原作，他还是尽其所能力求接近莎士比亚式的恐怖和悲悯。这是一部非同寻常的歌剧，阴郁而沉重，不遵循惯例，且常常不让人感到满意。但是它的确有一个梦游的场景，该场景堪与威尔第后期歌剧中的那些伟大的场景比肩。在创作《麦克白》的时候，威尔第差一点就同意大利歌剧创作的传统决裂了。在《麦克白》中，他甚至不要求优美的歌声。他希望歌唱服从于情境，唱技是剧情的仆从；他希望歌手发出的声音能够反映剧中人物内心的矛盾不安与心理压力。这在那个时代的歌剧界可是前所未闻的。1848 年当《麦克白》在巴黎进行排练时，威尔第给其导演写了一封长信，这是一个揭秘文件，揭示了许多当时威尔第追求的东西：

> 我知道你正在排练《麦克白》，既然我对这部歌剧的重视程度超过了其他任何一部，你就得允许我为它说上几句。他们把麦克白夫人一角儿交给了（尤金妮亚·）塔多里尼去演，而她也同意出演此角儿，这令我非常吃惊。你是知道我有多么尊敬塔多里尼的，她本人也知道。但是为了我们共同的利益，我们应该停下来思考一下。塔多里尼对于这个角色来说，拥有太多的出众品质了。或许你认为我这是自相矛盾：这还不好吗？但是，塔多里尼的外貌既善良又美丽，而我想让麦克白夫人扭曲而丑陋。塔多里尼的演唱尽善尽美，而我希望麦克白夫人根本不演唱。塔多里尼具有甜美、华丽、清晰剔透而有力的歌喉，可是对于麦克白夫人一角儿来说，我想要她有一个粗糙、生硬、梗塞、空洞的嗓音。塔多里尼的嗓音像天使，而麦克白夫人的嗓音应该带点儿恶魔的感觉……

这里的关键在于，威尔第正在以他的方式，阔步走在通往乐剧的大路上。他与瓦格纳的区别，暂且抛开音乐上的考虑不论，在于音乐话剧（或情节剧）与戏剧之间的区别。许多威尔第的歌剧是彻头彻尾的情节剧，文学质量低劣，可以说是简单的习作，角色的个性化塑造降到了最低程度。那些擅长人物个性塑造的高手老是嘲笑威尔第的歌剧脚本。研究威尔第及其歌剧脚本的关系是一个很有趣的课题。他不是一个精于文学的人，也不是一个知识分子（尽管他的常识不比历史上的任何一位作曲家少）。直到他的创作生涯结束，他都似乎不是很在意他的脚本的文学质量。索性直说吧，他把一些文学垃圾谱成了音乐。他难道是为了迎合公众的口味而挑选他的剧本吗？威尔第总是很在意公众的意见，似乎一向是唯公众舆论的马首是瞻。他说过："在剧院里，公众就是上帝，他们就是一切，除了乏味。"他从不假装自己有超出仅仅一介匠人之处，公众想要什么他就给他们什么。或许威尔第自己就坚信，他只能给那些紧张激烈腥风血雨雷鸣电闪的剧本谱曲。不管什么原因吧，他太过经常地使用那些不会给他的品位增光添彩的剧本。有一种观点则认为，威尔第的脚本也没那么糟糕，它们"顶事""管用"，它们以耀眼的原初色彩描画了赤裸裸的原始情感：爱，恨，复仇，权力欲。但这些都是情节剧的素材，什么都有，就是没有高山仰止的文学；适用于音乐剧，但不适用于"高大上"的乐剧。幸亏威尔第作为一名伟大作曲家的能力了得，能"化腐朽为神奇"，把情节剧音乐剧的情境谱写成令人难忘的音乐。他的音乐让人忽略了歌词的老套和拙劣。不带偏见地看，大量威尔第的歌剧脚本是文学垃圾。这无伤大雅，他的歌剧至今还在上演是因为它们有情节（且不论多么粗糙原始），而且最重要的，是因为它们拥有伟大的音乐。

继《麦克白》之后，威尔第又创作了一系列歌剧，这其中除了《路易莎·米勒》（1849）之外，其他的都不再上演了。之后，在 1851 年至 1853 年间，诞生了他成熟期的头三部作品——《弄臣》（1851，也译作《利哥莱托》），《游吟诗人》（1853），《茶花女》（1853）。它们在当时具有划时代的意义，也使仅为歌剧作曲家的威尔第赢得了近乎梅耶贝尔那样高的声望。公众似乎看不够这三部歌剧。举例来说，巴黎的意大利剧院在1856—1857年度演出季安排了87场演出，这其中威尔第的这三部歌剧的演出就占了54场。在伦敦，坚持要求上演威尔第歌剧的呼声如此强烈，这三部歌剧上演得如此频繁，以至于伦敦著名的《潘趣》杂志抗议道：

> 由于三个吉普赛妈妈的巧妙设计，
> 三个《茶花女》出现在不同街区，
> 三个《弄臣》谋杀了他们的女儿，
> 三个《游吟诗人》割了他们兄弟的头。

伦敦的《音乐世界》在1855年深入思考了这一现象，提出了一个比其他众多评论杂志都更为深刻的见解。这篇文章指出，威尔第“根本地改变了他自己国家的音乐舞台；由于他的歌剧，其他所有的歌剧都被人们忽略了。最终，他在阿尔卑斯山脉的那一边出了名。其他地区的民众都被卷入了这场威尔第狂热，它从一个王国蔓延到另一个王国，直到新的国家被他侵占和征服。由此，一片土地的民众偶像变成了所有土地上的民众的偶像。这是否就是威尔第先生事业的秘诀所在呢？这是不是不需要天才也能产生的局面呢？是不是威尔第其实并不存在，而只是音乐家们拼凑出来的人物呢？”。

歌手们也跟着公众一样狂热。克拉拉·舒曼的姐姐玛丽·威克也是一位出色的钢琴家，曾在1855年谈到过这个话题。她先描述了由那些老一代歌唱家——桑塔格、林德等——所实行的美声唱法的众多荣耀，然后写道：“那种演唱风格现在已经很少听到了……当今年轻而精力旺盛的歌手们只把一个人的名字挂在嘴上，那就是威尔第。整个音乐艺术都仰仗他的歌剧，无论是现在还是未来；而且由于这个原因，许多歌手在一些情况下牺牲了他们全部的歌喉，有时甚至是他们的健康和体质（去演唱威尔第的歌剧）。他们全都雄心勃勃，目的只不过是为了被人称作威尔第歌唱家。而且他们都为拥有这样的头衔无比自豪。”威克在这场关于威尔第歌剧与演唱关系的讨论中，比许多评论者都更心平气和一些。在其早年，威尔第和瓦格纳被作为同样不负责任的创作者而联系在了一起，在他们的脚下躺着歌唱女神滴血的身躯。传统主义者们渴望回到从前贝里尼时代的美好时光，那时候——上帝啊！——歌手就是歌手，而不是鼓风机。梅耶贝尔曾被抨击过，说他的作用就是在葬送歌唱艺术。但这些抨击跟威尔第和瓦格纳所遭遇的抨击重炮相比，简直不算什么。英格兰的亨利·福瑟吉尔·乔利恶毒地写道：“这些年，歌手们的演唱被贴上了瓦格纳之流的所谓新德国声乐派的垃圾标签，并且被威尔第之流的所谓狂怒意大利声乐派的哀号过早地毁了。”

当公众为威尔第歌剧疯狂痴迷，而歌手们也争着为饰演威尔第歌剧中那些富于刺激性的角色而打破头的时候，那些保守派和评论家却并不快乐。这些人习惯了陈规旧习，威尔第歌剧的狂怒戏剧性激流让他们心神不宁。守旧人士们也早已习惯了过去歌剧中的那些神话和历史人物，而不是眼下的这些驼背的小丑、患肺痨病的高级妓女和肮脏的吉普赛人。乔利就轻蔑地写道：“得了肺痨病的人还能唱歌吗？瘸腿的小气仙跳芭蕾舞竟然被视为正常！”分明是违背常识嘛。1855年在纽约，两位绅士提起了反对剧团经理马克斯·马雷泽科的法律诉讼，试图阻止《弄臣》的演出，理由是它是一部淫秽、放荡的作品，“就其演唱、其角色的动作、其情节而言，像这种歌剧的演出现场，任何令人尊敬的女性如果不想当场牺牲掉品位和端庄的话，是断然不会光顾的”。1857年，《茶花女》在波士顿上演，约翰·S.德怀特在断定它的音乐一无是处之前，先对它来了一通道德抨击，然后：“……他的故技一次又一次地重演，就像噩梦无法摆脱似的。仅就其歌唱和配器来说，这部歌剧就丝毫不会给我们已经熟知的威尔第增添任何荣耀。他的创造力似乎枯竭了，只剩下了对作品的强烈雕饰。”但是，欧洲的年轻一代作曲家更理解威尔第，比才就道出了他的实质：“威尔第有着神奇的激情迸发。他的激情虽粗鲁但很真实，如此宣泄激情总比根本没有激情要好。他的音乐有时令人炸毛，但从不令人厌烦。”

倘若这位基督教一神教派的前牧师约翰·S.德怀特更多了解威尔第的私生活的话，他那些内心的狐疑就会得到答案了。威尔第在创作出他那三部伟大的歌剧期间（1851—1853），与一个名叫朱赛皮娜·斯特雷波尼的女人同居。她是一名女高音，威尔第早在1839年就和她相识了，当时她在他的首部歌剧《奥贝尔托》里担任某一角色。她比威尔第小两岁。朱赛皮娜被公认是19世纪三四十年代意大利最优秀的歌手之一。她的嗓音纯净、清晰，还是个优秀演员和感受力极佳的音乐家。在《纳布科》首演时，她饰演阿比盖伊尔一角儿，与威尔第分享了巨大的成功。后来她还饰演了许多威尔第其他歌剧的人物，并在签约和财政等问题上给他提过一些很好的建议。1848年，他俩开始同居。三年后，他们搬进邻近布塞托的一所新的住宅。先前威尔第已在那里购置了土地，建起了房屋，并起名为圣阿加塔别墅。对此，先是有人在他们背后交头接耳、指指戳戳，然后就成了公开的丑闻。在1851年的布塞托，没有结婚的男女是不会公开住在一起的。威尔第对这些闲言碎语大为光火。他给他的老朋友和前岳丈安东尼奥·巴雷奇写了一封信，展现了他的独立、强大、好斗、不因循守旧的个性。实际上，威尔第就是想要告诉巴雷奇和布塞托镇上的人们，你们只管好自己那些该死的事就行。“在我的房子里住着一位女士，她自由而独立，拥有使自己衣食无忧的财富，与我分享着对隐居生活的偏爱。她和我无须把我们的行为报告给任何人。”并且，“在我的房子里，她有权得到甚至比我本人还要高的尊重，任何人都不许忘记这一点”。此外，“这封长而不连贯的信，是为了声明我的一个主张而专门设计的，即人人都有自由行动的权利。我的本性使我坚决拒绝忍受别人的偏见”。一些传记作家表示，威尔第公开向保守势力的流言蜚语挑战，有两个原因，一是他有强烈的反教权主义思想。他是那种对教会唯命是从的人吗？不是。威尔第从来就不是一个宗教信徒。弗兰克·沃克深入研究了威尔第的生活和思想，而且开辟了比以往的传记作家更多的有关威尔第的研究领域，他就十分肯定地说，威尔第是个无神论者。另一个原因有可能是，朱赛皮娜缺乏自信，她以往的生活并不是无可指摘的，她对婚姻的负罪感可能会对婚姻生活构成危害。

不管怎样，反正威尔第是打定了主意。最终，他和朱赛皮娜在1859年完婚。尽管没有儿女，这却是一段幸福的婚姻生活。为了弥补没有孩子的缺憾，他们养了好多动物：猫、狗、鹦鹉、孔雀……其中有圣阿加塔别墅毋庸置疑的统治者——卢卢，一只马耳他犬。

在 1851 年至 1853 年的三部伟大剧作之后，威尔第歌剧的风格开始发生变化。嗣后的歌剧逐渐变得更加宽广，乐音更加富饶华美，篇幅更长，更加雄心勃勃。他不再每年创作一部歌剧，而是有了更多时间精心打磨。他也不再写让德国人感到特别逗乐的吉他伴奏管弦乐。从此，威尔第走上了更加远大的道路，并尝试沿着这条路走下去。由此诞生了梅耶贝尔风味的《西西里晚祷》，1855 年为巴黎创作。但 1857 年为威尼斯创作的《西蒙·波卡涅拉》是失败之作，杂乱得无法想象的脚本一点儿也帮不上忙。不过，《西蒙·波卡涅拉》有一种冥想的气质，以及几首迷人得让人销魂的合唱曲，这是威尔第以前写不出来的。1859 年，《假面舞会》问世，首演在罗马举行。它是一部纯歌唱的歌剧，充满了奇思妙想，是威尔第所有歌剧中抒情乐思最持续迸射的剧作之一。为圣彼得堡创作的《命运的力量》完成于 1862 年，它被证明是威尔第最受欢迎的歌剧之一，尽管脚本糟糕透顶。

《唐卡洛》（巴黎，1867）的脚本同样一塌糊涂。好多年，威尔第一直在对这部歌剧修修补补。可它从没成为威尔第最受欢迎的歌剧之一，直到“二战”后才进入保留剧目单，时不时地演一演。然而《唐卡洛》却是一部杰作。黑暗命运的沉重感笼罩着整部歌剧，剧中并不由哪个英雄主导，而是由备受折磨的西班牙国王菲利普主导。对异教徒执行火刑的那一场的音乐空前强烈，甚至出现了在威尔第的创作中罕见的半音音阶扎堆的现象。当那些长号插进来，吹出沉重、进行曲节奏、咄咄逼人的恐吓般的乐音时，听众仿佛感受到了宗教裁判所的重压。接下来便是令人敬畏的宗教审判官那场戏，菲利普国王唱出了那首伟大的“Dormiro sol”，与盲审判官对峙，埃博利则唱出“O don fatale”，这些唱段位列威尔第最杰出的创作榜单。《唐卡洛》堪称一幅壮阔的全景画，完整展现了当时的西班牙和荷兰，但又有别于穆索尔斯基的《鲍里斯·戈杜诺夫》(仅比威尔第的这部歌剧晚问世几年)。这两部歌剧有共同的主题，都涉及了统治的职能与责任，对自由的向往，以及被撕裂的国土。它们都是史诗般的作品。

《唐卡洛》无疑比1871年创作的《阿依达》更震撼、更有创意。《阿依达》是在威尔第拒绝了为苏伊士运河的开通创作点儿什么的请求后，为新建的开罗歌剧院创作的一部歌剧。它在某种程度上是一种倒退。它也许是威尔第最受欢迎的歌剧，大多数人在使用“正歌剧”这一措辞时都会想到《阿依达》。然而，它的包含梅耶贝尔式的华丽场景的前两幕却配上了威尔第的一些最差的音乐。第二幕中的进行曲和芭蕾舞音乐目前还尚可一听，最好的地方还能让你听得津津有味。然而直到尼罗河那一场的到来，威尔第才真正显露出他的天才，该歌剧从这时起直到剧终，便都是杰作了。穆索尔斯基就是爱上《阿依达》并为威尔第所倾倒的人中的一个，他说：“这哥儿们大踏步地登上了顶点，他革新起来堪称恬不知耻。他的整部《阿依达》……把所有人都远远甩到了后面，连他自己也不例外。他已经压倒了《游吟诗人》、门德尔松、瓦格纳。”

连那位德意志大拿，汉斯·冯·彪罗，也终于醒过神来。彪罗起初对威尔第评价很低，在1874年听过威尔第的《安魂曲》——威尔第继《阿依达》之后的又一力作——之后，他称它为垃圾。但不久之后，彪罗就给威尔第写了一封捶胸顿足的认错信（彪罗从不是那种行事勉强之人），歇斯底里，一把鼻涕一把泪地请求得到威尔第的原谅。他现在判定，《安魂曲》是本世纪最伟大的作品之一。

彪罗从没说过比这更真实的话了。威尔第创作《安魂曲》是为了纪念诗人兼小说家亚历山德罗·曼佐尼的。对威尔第来说，曼佐尼堪与另一位“意大利之星”罗西尼比肩。1868 年罗西尼去世的时候，威尔第提议，由包括他本人在内的意大利最重要的作曲家合作创作一部安魂弥撒来纪念罗西尼。但是该提议最终无果，虽然威尔第写了一首《葬礼应答圣咏》。1873 年 5 月，曼佐尼也去世了，这次威尔第决心自己创作一部安魂弥撒，并计划在曼佐尼逝世一周年的时候在他下葬的米兰演出。创作这部作品的时候，威尔第使用了——有人说他借用了（一些专家权威对此表示怀疑）——他先前为纪念罗西尼而创作的《葬礼应答圣咏》。这部长长的安魂曲自始至终充满炽热的激情，它篇幅庞大，乐音壮丽。有些人批评它过于剧场化了，直至今天仍有人对其直白的戏剧性感到不舒服，因为它使他们联想到了歌剧而不是一次宗教体验。朱赛皮娜站出来为威尔第辩护：

> 他们大谈特谈莫扎特、凯鲁比尼等人的或浓或淡的宗教精神。而我要说，威尔第这样的人写的东西必须要像威尔第，也就是说，文如其人，依照他自己的感受习惯和对文本的诠释来写音乐。宗教精神及其表现形式必须烙下它所处时代和其作者个性的烙印。我会拒绝去听那些虽然作者身份标明是威尔第、但却是模仿他人风格的弥撒曲。

威尔第的《(曼佐尼)安魂曲》在首演后，受到了不少批评，有些批评甚至到了这样的地步：音乐华而不实，过分渲染音效，庸俗廉价，无宗教虔诚，非宗教，像通俗音乐闹剧一般。它们是典型的对威尔第音乐持批评态度的人的语言，而这样的批评让威尔第面对了大半辈子。威尔第的歌剧遭到了前所未有的批评攻击，尤其是在英国和美国。许多评论家完全不把威尔第当作作曲家来看待。公众越是喜爱他的音乐，评论家们就越是攻击它，一时间批评之声甚嚣尘上、连篇累牍。他们说威尔第的创作本质“过于浅显直白”，他的声乐“没有人声”，他的管弦乐配器“原始粗糙”。这些评论家互相鼓劲，合力让公众确信：这种音乐只能激起一时的兴趣，不会长久下去。伦敦《电讯报》的评论员不可能没注意到《安魂曲》在米兰首演时受到的巨大欢迎，可他还是很严肃地辩白，这一切与这首作品的音乐毫不相干；出现热烈鼓掌的现象是因为威尔第这个人很可爱，还因为它是写给曼佐尼的，还因为意大利人为威尔第名扬国外给国家增了光而感到骄傲和自豪。“现在既然亚平宁半岛已是一个统一的国家了，那么它最偏远地区的每个居民理所当然地都会向每一位意大利名人自豪地致上他那一份敬意。”《电讯报》的评论员也许没有想到，观众的鼓掌喝彩有一部分是冲着《安魂曲》的音乐去的。

威尔第没有受到某些批评家的反对立场的干扰。他似乎是一个很不在乎评论家怎么说的作曲家。他镇静地面对成功与失败，宠辱不惊。“你错了，”他在给一个朋友的信中写道，“若想防止《假面舞会》受到媒体的批评，最好的办法就是像我那样，始终坚持忍住不去读他们写的文章，随他们怎么说去。……至于其他，关键点只有一个：这部歌剧到底是好是坏？如果它确实是好的，而他们出于偏见非不这么认为，那就让他们随便说好了，你别在意他们就是了。”在另一个场合，他说：“说到报纸杂志，难道有人强迫你读它们吗？……拨正、匡扶正义的那一天总会到来，这对艺术家来说是一大乐事，最大的乐事，因为我们终于能够说：‘白痴们，是你们错了！’”

《（曼佐尼）安魂曲》过后，又过了大约十四年，威尔第的下一部主要作品诞生了。他花了一段时间前往维也纳、巴黎和伦敦，监督指导他的歌剧在那里的制作和演出，然后返回圣阿加塔，过起了隐居的生活。现在他可以冷眼旁观这个世界了，对一些事情他也是乐见其成。这时候，意大利已经统一了。意大利王国创建于1860年，威尼斯也在1866年奥地利被普鲁士打败后归还给了意大利。随后，加里波第解放了西西里岛和那不勒斯。1870年，罗马回到了意大利人手中。作为一直期待国家独立的意大利人，威尔第对此自然是欢欣鼓舞。有几年他甚至参加了意大利议会，成为代表布塞托的一名议员。最初，在1860年，他还把议员工作很当回事儿，每次在都灵召开议会他都参加。他不参与议会辩论，但确实努力推动了一个议案的通过——让政府资助抒情剧院和音乐学院。可是不久之后，他就开始厌恶政治，不喜欢那些他不得不常与之打交道的政客。有一次，在都灵召开的议会上，他甚至给党派冲突、议员相互大打出手谱了曲，以此自娱自乐。有人好奇那份手稿乐谱去了哪里，它一定非常有趣。

隐居在圣阿加塔的威尔第也能观察到意大利音乐圈里发生的一切，并且很清楚他本人在其中的地位。到那时为止，音乐史上还从没出现过哪一个时代哪一个国家如此被一个人支配的局面。当时，瓦格纳在德国处于与威尔第在意大利相同的地位，但德国至少还有个勃拉姆斯与瓦格纳分庭抗礼；可在当时的意大利，就无人能与威尔第相抗衡。在唐尼采蒂去世之后，至19世纪70年代阿米尔卡雷·庞切埃里（Amilcare Ponchielli）出现之前，这段时间里意大利仅有一位重要的作曲家，就是威尔第。（博伊托在1868年倒是创作出一部令人印象深刻的歌剧《梅菲斯托》，可他实际上是个典型的“一部剧”作曲家。）同期在意大利，没有别人的音乐存活下来。每年，意大利的歌剧院继续忠实地上演着新的歌剧，可是这些新歌剧无一例外地在公演几次后就被人们遗忘了。就拿1869年来说吧，那年上演的新歌剧可真不少，有桑皮耶尼的，曼奇尼的，里奇的，蒙第的，佩特莱拉的，莫拉雷斯的，维拉的，蒙图奥罗的，马尔切蒂的，佩莱利的，维佐希的，巴蒂斯塔的，盖尔马诺的，阿尔贝蒂的，塞内科的，泽奇尼的，坦乔尼的，里巴尼的，格隆多纳的……可是这些作曲家没有一个能在任何一部音乐史上站住脚，哪怕是出现在页码的脚注里。都没有！在意大利历史上的那个大约三十年的时段里，只有一个音乐巨人，除了他就没有任何别人了——根本没有。

隐居中的威尔第也可能考虑过他相对于瓦格纳的地位。毫无疑问，他肯定听到过瓦格纳在1876年的首届拜罗伊特演出季上大获成功的消息。令人惊讶的是，这两个巨人从未谋过面，尽管两人都游历甚广，而且都长寿。而且两人都是同一时期各自国家最重要、最有名的歌剧作曲家。但是瓦格纳对威尔第抱有一种完全漠不关心的态度，就像一头狮子甩掉一只蚊虫的那种不屑一顾。

瓦格纳应该是听过一些威尔第的歌剧，但是在他大量的书信往来中却对它们几乎没有提及，只是偶然用超然卓立的消遣般的措辞表达少许轻蔑的看法而已。威尔第则宽宏大量得多。显然，之前威尔第从没听过瓦格纳音乐的一个音符，直到1865年才偶然听到了《汤豪舍》序曲，还不是很喜欢它。后来，他说了一些赞扬瓦格纳的话，不过他憎恶瓦格纳主义，并且对那些围绕着瓦格纳乐剧而喋喋不休的交响乐发展理论感到很烦。“歌剧就是歌剧，”他说，“交响乐就是交响乐，两者岂能混为一谈。”

一个激起威尔第强烈愤怒的指责，就是当他听到自己的歌剧被人指责为“瓦格纳主义”时。当威尔第的歌剧逐渐变得更长、器乐更强大、衔接更巧妙时，这种指责也就越来越多。威尔第坚持认为，与德国气质相对，也存在着一种意大利气质。他沮丧地看到，像阿里戈·博伊托这样的年轻一代意大利作曲家正在尝试一种融汇了瓦格纳创作理论的创作风格。在威尔第看来，这些作曲家正在模仿瓦格纳的结构、和声与所谓“主导动机”的发展，而没有充分意识到他们正在照猫画虎。威尔第说：“如果说德国人，从巴赫开始直到瓦格纳，写出了很好的德国歌剧，那当然好了。可是，如果我们这些帕莱斯特里那的后代模仿瓦格纳的话，那就犯了一个音乐之罪。那样的话我们就等于写了一些无用的甚至是有害的音乐……我们一定不能像德国人那样创作，至少我们不应该那样做；他们也不该像我们这样……如果我们听任流行时尚、标新立异以及所谓的科学精神的诱惑，而放弃我们自己艺术的民族性的话，那我们就太愚蠢和无知了。要知道，我们（意大利人）的艺术之精华，正在于我们洞察领悟事物和创作时的那种自由而又自然的明确性，以及我们意大利的灿烂的金色阳光，这些我们都不能放弃。”话虽如此，威尔第在1883年听到瓦格纳的死讯时，还是在给他的出版商的信中写道：“可惜，可惜，可惜！坦白说，我昨天听到这个消息时，心都碎了。我们不要再提这件事了。一个伟人逝去了，他的英名将在艺术史上留下一道最有力的刻痕。”

在《（曼佐尼）安魂曲》问世后的那段日子里，人们都以为威尔第不再创作了。他也放话给全世界，他再也不会给舞台多写一部剧作了。若不是后来他被卷入与阿里戈·博伊托的密切交往中，他也许就真的恪守诺言了。

博伊托（1842年2月24日—1918年6月10日）是位意大利文学家兼作曲家。对绝大多数非意大利人的音乐爱好者来说，他以为威尔第提供了《奥赛罗》和《法尔斯塔夫》的歌剧脚本而为人所知。其他人知道他，是因为他是歌剧《梅菲斯托》的曲作者，这部歌剧也是他的唯一具有重要意义的音乐作品。但是在他的青年时代，也就是1865年前后，他是意大利音乐少壮派激进分子团体中的一员，虽然他几乎没创作过什么音乐作品。他多年来一直在文学和音乐间纠结，在这两者之间摇摆不定。《梅菲斯托》创作于1868年，七年后修订，是博伊托唯一一部完整的歌剧作品。他接着创作了另一部歌剧，名叫《奥莱斯恰德》，但它从没与公众见面。第三部叫《爱罗与雷昂德罗》，至多算是一部歌剧脚本。此外还有《尼禄》，博伊托在1862年开始构思它，但毕生都在设法完成这部歌剧，而直到1918年他去世时为止，都没有写到结尾。

然而，博伊托拥有巨大的才能，也许是天才。难道他真的一直被威尔第的压倒一切的力量压制着而不得抬头吗？这两个人在

19世纪60年代初期有过交集，那时博伊托只有20岁，刚刚完成在米兰音乐学院的学业（在该学院上学时，人们对他寄予了很大的期望）。两人认识后，他为威尔第写了《民族赞美诗》的歌词。但是两人的关系有很长一段时间很微妙。威尔第的敏感是出了名的，他感觉到博伊托是他潜在的对手。

无疑，这种感觉源于博伊托的评论文章。在这些文章中，博伊托鼓吹开展一场意大利歌剧的改良运动。博伊托是个思想活跃的知识分子，是那个时代少有的宣传贝多芬、瓦格纳和德国音乐的意大利人中的一个。他写了很多文章，论述"本真形态"在歌剧中的必要性。他坚持认为，歌剧在意大利的实践一直仅仅在履行套路而已。"到了在风格上做出一次变革的时候了。本真形态已在其他国家的艺术中得到了长足的发展，它现在也必须在我们本土的艺术中得到发展。"博伊托是以瓦格纳式的歌剧为标准进行评判的，而这在威尔第看来，简直就是叛国。威尔第意识到，意大利精神永远不能套进德国形态和思维的框框里。自从唐尼采蒂逝世直到19世纪90年代，威尔第实际上是意大利唯一一位重要的歌剧作曲家，因此，即使不是像威尔第那样敏感的人，也能感觉出博伊托的攻击是直指他威尔第的。威尔第对他的出版商提托·里科尔迪发牢骚说："如果真像博伊托说的那样，我也是那些玷污圣坛的人中的一个，那么就让他把它清理干净吧，而我将是第一个点亮蜡烛的人。"在这种局面下，1868年当博伊托的歌剧《梅菲斯托》在斯卡拉剧院首演时，观众中便有了许多来自敌对阵营的人。首演几乎是在博伊托的崇拜者和反对者之间的打斗中结束的，这倒也很符合热情奔放的拉丁人的气质。剧场里不时发出尖叫声，也发生了打架斗殴，街上也有示威游行。两次公演之后，警察局长以保障公共安全为由禁止了接下来的所有演出。威尔第直到十多年后才看了这部歌剧。1879 年，他在热那亚观看了一场《梅菲斯托》，并说了些刻薄的评语："我总是听人说，也总是读到，这'天堂里的序幕'一场被谱成了一首绵延不绝的单曲[1]，堪称天才之作……可我，听着这首几乎完全是不协和音的和声的单曲，却感觉像是进了……总之，肯定不是在天堂。"

但是，威尔第在这里又失之刻薄了。其实即使放在当时的时代背景下，《梅菲斯托》的和声也不算很超前，虽然这个序幕是个全新的独创。博伊托一直在追求比古诺写于 1859 年的、过于情感化的《浮士德》的境界更高的境界。古诺创作了一部法国形态的歌剧，而博伊托忠于他自己的信念，目标直指一种理性的综合，尝试把歌德原剧中的善与恶、理性与激情这两部分融合起来。博伊托笔下的魔鬼（梅菲斯托）不是传统上的邪恶势力，而是一个以高傲和尊严对峙其敌手的自然力（原始力）。博伊托在其专注于歌剧新形态的过程中，预见并预先写了一些未来时代的作品。譬如这个序幕，是古典形态的，以一曲谐谑曲和三段式为主。（很多年以后，阿尔本·贝尔格将要创作一部名为《沃采克》的歌剧，其中古典的曲式——变奏曲、奏鸣曲、组曲、帕萨卡里亚舞曲、创意曲——才是这整部歌剧构架的真正基础。）博伊托的整个探索方向和发展道路不同于威尔第，鉴于《梅菲斯托》上演时博伊托年仅 26 岁，人们还以为今后世界就是他的了，伟大的威尔第将面

[1] 就像瓦格纳的乐剧那样，音乐基本不停下来。

临一些真正的竞争与挑战。可事实并非如此。博伊托年纪轻轻就取得这么大的成就，预示他有可能继续走向成功的巅峰，但他却放下了谱曲的笔。他写文章给知识性的刊物投稿，他教学生，他成为帕尔玛音乐学院的院长，他创作歌剧的脚本（他为庞切利的歌剧《歌女乔孔达》写的脚本用的是他的笔名），他还忙于结束《尼禄》的创作。他内在的一些因素阻止了他的音乐创造力的发展，他的案例是音乐史上奇怪的心理阻滞现象之一。他无法继续创作音乐，最终发展到连一个字母都不能写了。

这就是成为威尔第最出色的脚本作者的那个人——博伊托。威尔第创作《奥赛罗》的念头始于 1879 年。在一次晚宴上，威尔第和博伊托都在座，朱利奥·里科尔迪——他继承了父亲提托的事业，成为出版公司的负责人——把话题转到了莎士比亚的戏剧上，而威尔第的响应正中里科尔迪下怀。于是博伊托和威尔第被召集到一块儿，讨论在莎剧《奥赛罗》的基础上创作一部歌剧的可行性。威尔第看上去信心十足，博伊托也放下手中的所有事情，专心准备歌剧脚本。他在当年年底把脚本交给了威尔第，威尔第把它放在了一边。后来威尔第又读了一遍这个脚本，提了一些修改建议，不久后又收到了一个新脚本，而他又把它放到了一边。最终，直到 1884 年威尔第 70 岁的时候，他才着手这部歌剧的创作。关心这件事情进展的每个人都小心翼翼的。博伊托写信给里科尔迪说："我有个好消息要告诉你，但为了小心起见，你别告诉任何人，连对你的家人也别说，甚至对你自己也别说。我已在担心我犯下了轻举妄动的大错。大师正在创作呢，事实上他已经创作了第一幕的很大一部分，看上去他是以极大的热情投入工作的。”在创作过程中有过几次耽搁，博伊托不得不修改和部分重写，有一个愚蠢的误解必须得到澄清。最终，歌剧《奥赛罗》于 1887 年 2 月 5 日在米兰斯卡拉剧院首演，73 岁的作曲家和他的脚本作家一同上台分享了观众的欢呼喝彩。

《奥赛罗》是威尔第的悲歌剧中最伟大的一部，他把自己一生所学的一切全都糅进了其中。他有着一生以来提供给他的最棒的脚本，然后他把对他来说前所未有的戏剧性、狂喜和悲悯的结合体倾注到这部歌剧中。《奥赛罗》里没有一句差劲的经过乐句，没有一个不合调的动作，这部歌剧堪称一个词语、剧情、表演与音乐的完美混合体。甚至连一些通常来讲很充满戏剧性的段落，比如说伊阿古的“信经”，或者奥赛罗与伊阿古的二重唱“Si, pel ciel”，都是那么自然地契合进剧情的发展。威尔第的音乐冲动至此已经很深化和成熟了。第一幕中的爱情二重唱充满了热望和情欲，音乐表现了欲望的本质。它并非是年轻情侣的那种狂喜的音乐，而是成年夫妻的那种成熟魅力的音乐。表现伊阿古的音乐则具有两面性：既热诚友善又虚张声势，表面逢迎，实则阴险狡诈，心肠歹毒，笑里藏刀。在最后一幕，随着苔丝狄蒙娜轻声唱出“Salce, salce”和“圣母颂”，全部即将降临的厄运以最简单的方式被暗示出来。《奥赛罗》远远超越了只是咏叹调与合唱曲的合集，它是一部从头至尾都被谱了曲的歌剧，其中每一个元素都被精心结合起来，形成一个统一的整体。此前威尔第处理管弦乐队也从没像《奥赛罗》这样驾轻就熟、胸有成竹。在《奥赛罗》里，管弦乐队不再只是给歌手伴奏了，它还提示和强调剧情，暗示悲剧的到来，描述剧中人物的所思所感，还常常用短小乐句和前导音型（类似瓦格纳的“主导动机”）来代替主题。不妨这么说，《奥赛罗》之于意大利歌剧就如同《特里斯坦与伊索尔德》之于德国歌剧。

此外，《奥赛罗》是威尔第的始于《纳布科》并经由《茶花女》《唐卡洛》和《阿依达》一直创作至今的一个合乎逻辑的结果。但随着他最后一部歌剧《法尔斯塔夫》的产生，出现了一些非同以往的气象。《法尔斯塔夫》差不多是个畸形儿，也就是生物学家所说的成熟突变体。此前已没人期待威尔第再创作一部歌剧，而且，即便有人认为他能再写一部作品，也没想到它竟然是部喜歌剧，而且是威尔第写过的最反常的歌剧。

《法尔斯塔夫》一直占据着标准保留剧目中的一个位置，但从来不是不可或缺的一个位置。音乐家们持续宣扬着它的荣耀，惯常被用来称赞这部歌剧的一个词是“奇迹”。然而，它从没像《奥赛罗》和他的其他歌剧那样全然虏获了公众的听觉。听众多半是出于礼貌地听着，等待着非同寻常的事情发生，等待着另一个伟大的咏叹调的出现——它却不会出现了。这部歌剧即使在意大利这个把威尔第当作神的地方，也一直是只得到行家业内人士好评的作品。

不可否认，《法尔斯塔夫》没有得到像《奥赛罗》和《阿依达》那样的直接而热烈的反响。威尔第的妻子朱赛皮娜形容它是“一个诗歌与音乐的新型结合体”。它的确很新型，歌剧史上还找不出像它这样歌词与音乐如此纠缠在一起的高度聚合物。《法尔斯塔夫》成功完成了在《奥赛罗》里仅仅是暗示的东西。在其中，那种男高音向前站在脚灯处，眼睛向下盯着观众，用高音 C 震撼全场的咏叹调不见了，宽广的布景不见了，接地气的情节剧不见了，红黄蓝的三原色不见了。代替它们的全是些微妙细小的东西，快速移动，充满模糊的暗示，嘲讽的笑声，纯正的幽默。《法尔斯塔夫》是一个对一生的注释，是对一个职业生涯的总结，是一个玩笑——一个如此文明的玩笑！——其中隐含着悲哀。威尔第知道这将是他的最后一部歌剧。

《奥赛罗》大获成功后，博伊托劝说威尔第担起这个任务。1889年，这两人又凑在一起钻研莎士比亚的这部喜剧。威尔第在1840年创作的一部喜歌剧《一日之王》的失败成了他贯穿一生的痛。也许他是带着抹去那次失败的伤痕的想法接下《法尔斯塔夫》的。此外，在他内心深处，他是同意这个观点的：创作《法尔斯塔夫》也许能向世人展示，瓦格纳并不是乐剧的独占者，另一个作曲家也能用持续的旋律和内在的发展创作出一部歌剧——但用的是意大利的方式而不是德国的方式。不管怎么说，威尔第是带着极大的乐趣投入《法尔斯塔夫》的创作的。他假装轻视它，自称创作它仅仅是为了打发时光。这时他已经年近八十高龄，每天只能花两个小时在歌剧创作上。但这并不意味着他处理《法尔斯塔夫》的小心严谨程度少于以往一分一毫。打从一开头他就做好了准备工作。在看博伊托写的初稿之前，他先阅读了莎士比亚写的三部有关亨利国王的戏剧和《温莎的风流娘儿们》。然后他才仔细阅读了博伊托的脚本初稿，并担心最后一幕“尽管有些许神来之笔但还是很琐碎”。在与博伊托的书信往来中，威尔第十分入戏，竟然变得卖弄风情起来，做出一些象征性的姿态来抵抗再创作一部歌剧的想法。他是不是岁数太大了，不能胜任这一任务了？他能活到完成它的那一天吗？博伊托没有理会他的老来俏，认为他的理由“不正当，不构成写一部新作品的障碍”。

1889年威尔第写给博伊托的一封信读来很有趣：“我希望你是在工作吧？最奇怪的是我也在工作。我正在写赋格曲来自娱自乐。没错儿，先生，是一首赋格曲，而且是一首喜剧赋格曲。”这里肯定指的是这部歌剧的结局。因此对威尔第这个老顽童来说，《法尔斯塔夫》的结局已经成竹在胸了。时至1891年3月，威尔第已经完全被这个肥胖男人（法尔斯塔夫）缠住不能自拔。“这个大肚腩快要发疯了。有时候他一动不动只是想睡，而且脾气很糟。在其他时候，他大喊大叫，又跑又跳，惹起骚动和口角。我允许他任性一点，沉湎于他的幻想中。如果他继续这样下去，我就要给他戴上口络（马嚼子），穿上约束服啦。”

《法尔斯塔夫》的全球首演于1893年2月9日在斯卡拉剧院举行。它获得成功是理所当然的。威尔第是如此受到尊敬和爱戴的人物，此时他的任何一部歌剧都会受到热情欢迎的。他是位音乐巨匠，老大师了，评论家们早已告别了对着他狂吠的年代。全欧洲的名人出席首演，以及不久之后在罗马的二演。评论家们写了许多有学术深度的评论。他们中的许多人的确怀疑，一部有着如此之少的明确旋律性的歌剧到底能不能吸引观众。但他们同时也为这部作品的半透明性、其音乐的机智风趣以及表现在每小节中的精湛作曲技艺所倾倒。观众从中能见到莫扎特（《费加罗的婚姻》）和瓦格纳（《纽伦堡的名歌手》）的影子，时至今日也都阴魂不散。尽管《法尔斯塔夫》是世界三部伟大的喜歌剧中的第三部，但它绝不比头两部差。1893年，伦敦《世界报》的音乐评论员萧伯纳，在仔细阅读了《法尔斯塔夫》的总谱后，评论道：

⚜ 威尔第和男中音维克托·莫莱尔，后者扮演了伊阿古这个角色

这幅照片在 1894 年拍摄于巴黎歌剧院的后台。

> 我已经注意到了几声新发现的惊呼，它们认为在《法尔斯塔夫》里显露出一种“迄今让人没想到的”幽默风趣力，而它居然是（威尔第）这位老牌儿悲剧作曲家的所为。这一定是《游吟诗人》和《阿依达》已经在这个国家受到空前欢迎的一个后果。我承认那些歌剧相当欠缺喜剧的轻松；可是《假面舞会》里的优美而轻松的“是戏言还是谎言”又该作何解释呢？还有第三幕的结尾，雷纳托因其家庭美德而受到冷嘲热讽的恭维……这又该如何解释呢？看到在我国糟糕的歌剧舞台上，那段亦悲亦喜的四重唱与合唱一直受到愚蠢的歪曲，我实在搞不懂，这些人明明心里明白，却揣着明白装糊涂，故意否认威尔第的戏剧幽默天才，这又何必呢？

萧翁也许不会对《法尔斯塔夫》里的幽默诙谐感到奇怪，可是公众就不一定了，他们仍旧对此感到费解。《法尔斯塔夫》里面的确包含了咏叹调和合唱曲，但是它们转换得太快了，以至于观众刚开始欣赏它们，它们就结束了。法尔斯塔夫唱的“话说当年”只持续了 30 秒钟——这可是一整首咏叹调啊。娜奈塔与芬顿的二重唱只有一分半钟（虽然后来重复了一遍）。奇妙的旋律灵感好像刚一出现就半途而止了，就像威尔第在写某种音乐速记似的。其结果就是，《法尔斯塔夫》给许多观众的感觉是一部没有展开、什么东西都抓不住的歌剧。

但是听众会逐渐领悟到，如果给《法尔斯塔夫》一个机会，这部歌剧就不仅自始至终是持续旋律性的，而且也充满着相关联的优美曲调。《法尔斯塔夫》通篇充满主题间的关联，也正是这一点赋予这部歌剧非凡的一体性。剧中，当爱丽丝第一次出场时，她唱了“Escivo appunto”，它是由一个只有六个音符的短小乐句伴奏的，一眨眼就结束了——不料竟会在下一幕，当唱到“Dalle due alle tre”这句唱词时，它再次闪亮登场。随着一个人逐渐熟悉了《法尔斯塔夫》的音乐，像这样的关联才能凸显出来。

管弦乐队在《法尔斯塔夫》中发挥着重要的作用，其重要性大于任何威尔第的其他歌剧，包括《奥赛罗》。《奥赛罗》的声乐部分还主要是歌曲，而在《法尔斯塔夫》里面它就是歌曲与说唱（朗诵调，parlando）的混合了。但是，当《法尔斯塔夫》中的角色使用朗诵调时，管弦乐队就承担起了旋律的部分，或者设法以某种方式补充情节的功用。没有一处比法尔斯塔夫的那段“荣耀”独白更能说明这种功用的了。此时歌手和管弦乐队融为一体。当法尔斯塔夫逐渐唱到高潮“Che ciancia！Che baja!”时，管弦乐队用颤音奏出好像笑声的音响，此时全部弦乐器和低音木管乐器共同发出颤音。接着，就仿佛突然醒来似的，双簧管、单簧管和大管也开始单独吹出了颤音。如果有谁真正领会了正在发生的是什么，那么其效果听上去真是难以名状地诙谐。在这一幕的结尾，当法尔斯塔夫把他的贴身扈从推到一边时，管弦乐队又“发话”了，又来了一阵颤音，但这次是一阵怎样的颤音啊！是一阵粗鲁的捉弄人的笑声，是用音乐表现的一阵布朗克斯式的嘘嘘声，像是管弦乐队在嘲笑法尔斯塔夫和这个世界。

《法尔斯塔夫》里面布满了让人诧异之处，而最大一处被保留到全剧的结尾。整部歌剧以一首赋格曲告终。威尔第一直憋着自己在最后搞这样一出呢：他精于此道。比如在《阿依达》里，复调音乐就非比寻常地多。但是无论在威尔第的哪部歌剧里，都没有像在《法尔斯塔夫》里这样，出现那么成熟至炉火纯青的一首赋格。老年威尔第在其最后一部歌剧里，用以结束他这部最伟大、最前瞻、最具革命性的歌剧的法器，竟是最古老最严格的音乐曲式之一的——赋格曲，这是具有象征意义的。只是，这首赋格曲毫无任何严肃和严苛可言，正如剧中人物唱的那样，“一切不过是闹剧而已”。他们的歌喉越唱越高，然后戛然而止。威尔第在此开着他的小玩笑。

虽然《法尔斯塔夫》为威尔第的歌剧创作画上了圆满的句号，但是他的音乐创作并没有止步于此。他还写了一首《感恩赞》，并完成了其他四首宗教曲，其中两首始于《法尔斯塔夫》之前，然后以《四首宗教圣曲》的标题出版。博伊托一个劲儿地催促他再写一部根据莎士比亚的戏剧而作的歌剧。是《安东尼与克娄巴特拉》，还是《李尔王》？不得而知。威尔第毕生都在考虑把莎剧《李尔王》写成歌剧。还是老伴儿朱赛皮娜一一挡住了上门的请求者：“威尔第年纪太大了，他太疲劳了。”朱赛皮娜何尝不是如此呢？她在 1897 年去世了。噩耗传来，威尔第呆呆站着，说不出话来，久久不愿坐下。他的晚年主要是在圣阿加塔度过的，但他偶尔也会去米兰会会博伊托和其他老朋友。威尔第是在米兰与世长辞的。他先是中了风，在床上昏迷了一个星期，然后于 1901 年 1 月 27 日撒手人寰。几个月后，博伊托给一个朋友写信，讲述了威尔第弥留之际的情况。“可怜的大师，直到最后时刻，还是那么坚毅和从容！没什么；这位年迈的收割者扛着他劳作一生的长柄镰刀驾鹤西去……现在一切都结束了。他像一位西班牙国王似的长眠在他的墓穴里，一块铜板完整地盖住了他的遗体。”

德意志的巨人

——理夏德·瓦格纳

RICHARD WAGNER

如果说贝多芬垄断了 19 世纪上半叶的音乐的话，那么笼罩了 19 世纪下半叶音乐的那个人就是理夏德·瓦格纳。还不仅仅是瓦格纳式的歌剧改变了音乐的进程，就连瓦格纳其人也戴上了类似救世主的神圣光环，成了接近疯狂的自大狂，从而把“艺术家即英雄”的理念推上了前所未有的极致。其实瓦格纳是个矮子，身高只有大约 5 英尺 5 英寸，可是他的心理能量了得，浑身透着力量，超级自信，飞扬跋扈，盛气凌人，十足是个天才。即使作为肉身的他也是咄咄逼人。他超越道德，异常欣快，自私自利，是个恶毒的种族主义者，傲慢嚣张，满嘴超人的福音（这超人自然就是他瓦格纳喽），坚信日耳曼种族的优越性。总之，他代表着人性中所有令人讨厌的东西。

天底下哪个作曲家也没像瓦格纳那样，向社会要求过那么多的东西，而且提出要求时还毫不脸红。他大言不惭地说：“我生来就不像别人那样。我必须拥有豪华奢美荣耀的一切。我所需要的一切这个世界都亏欠我。我可不能像你们的大师巴赫那样，过那种可怜巴巴的管风琴师的穷酸日子。"他的自我中心达到了疯狂的程度。他曾给一个完全不熟悉的年轻贵族写信，毫不考虑地管他要钱："给我这么一大笔钱肯定让您感到为难，但是如果您真愿意的话也不是不可能。所以您不要犹犹豫豫地不肯做出这次牺牲。不过，我还是要……让我考虑一下您是不是（这次给我捐献的）合适人选。"接下来是恬不知耻的引诱："您给我的这笔援助将使您非常近距离地和我接触，并且明年夏天您肯定会很高兴地请我去您的一处别墅待三个月的，最好是在莱茵河地区。"当这个名叫罗伯特·冯·霍恩施泰因的青年贵族不吃他这一套、拒绝给他钱时，瓦格纳竟然很吃惊，觉得不可思议：这么一个无名小卒怎么会拒绝资助像他瓦格纳这样的一位大人物呢？他给霍恩施泰因寄去一封便笺，一句话就把他打发了："像我这样的人物向您求援的事情很可能不会再发生了。"没有任何别的作曲家，或者说很少有人，有像瓦格纳那样强烈的使命感。"我毫无畏惧地听任自己由本能指引。我正在被用作追求某种更高境界的工具……我正处在我那不朽天才的掌握之中，我毕其一生为它服务，是它驱使我去完成我所能成就的事业。"这，才是瓦格纳的自我的本质，它一点也没有认为自己是个神的暗示。然而，他是被数种神秘的力量输送到地球上来的。他把不计其数的信徒收编在自己的旗下。他用文字和音乐写下了圣谕，他的神圣文字作品最终被搜集整理成10大卷散文和20卷书信出版。人们在拜罗伊特为他建造了一座神殿（剧院），他的作品在里面隆重上演，他本人也受到了顶礼膜拜。任何不承认他神圣的人都遭到他的淘汰。

毕竟他的自恋狂的后盾是他的天才，毕竟音乐在经他这一遭之后洗心革面。

理夏德·瓦格纳于1813年5月22日出生在莱比锡。他的父系颇具神秘性。有证据表明,他的亲生父亲是个名叫路德维希·盖亚的演员；还有间接的证据表明，盖亚是个犹太人。真实的情况也许永远是个谜。无论真相如何，反正瓦格纳的法定父亲在他半岁大的时候死了，第二年他的母亲就嫁给了盖亚。全家迁居德累斯顿，小瓦格纳就是在那儿上的学。从童年起他就被演员、音乐家和画家们包围着，但那时他还没有表现出什么特殊的爱好。直到15岁时他才听了贝多芬的第九交响曲和歌剧《菲岱里奥》，并立志当一名作曲家。第九交响曲似乎极大震撼了瓦格纳的心，并助他开始释放堵在他心头的全部音乐潜能和创作冲动，让他毕生视之为自己的理想和事业。瓦格纳后来宣称，他的歌剧是贝多芬第九交响曲的延续。他写道："贝多芬的最后那首交响曲是对音乐的拯救，是将之从狭小的特殊领域里解放出来并释入综合艺术苍穹的推动力。它是未来艺术的人间福音。在它之后，超越一步都无可能，只有未来艺术的完美之作能跟在它的后面，这便是包罗万象的综合戏剧艺术，而贝多芬锻造了开启它的大门的钥匙。"

当瓦格纳在15岁立志当作曲家的时候，他还丝毫没有接受过任何音乐方面的训练。在作曲的许多方面他都是自学成才的。像许多自学成才或大器晚成的作曲家那样，他也缺乏某些被视为基础的底子，没有一点"童子功"。像柏辽兹那样，他也奏不好任何乐器。即使成了大作曲家、指挥家之后，他也只会在钢琴上弹两下，而且承认自己的视谱能力很一般。他靠自己的直觉和深刻的乐感来弥补这些缺陷。他掌握知识很快，无论学什么都似乎能自动吸收。十几岁时，他曾向莱比锡的一位本地音乐家学过几天和声；但是他的更多的和声知识是靠钻研贝多芬交响曲的总谱自学得来的。之后他就开始作曲了。他的早期作品没显露出什么天才；在所有伟大的作曲家当中，他恐怕是最大器晚成的一位。

1831年，他在莱比锡大学上了一阵子学，以狂热发言、滔滔不绝的雄辩、死认教条、酗酒和赌博使自己在校园里臭名远扬。然而在这表象下面涌动着他那汪音乐的大洋，它不断上涨，直至巨浪排空。很快，一切便都让位给了音乐。这时瓦格纳明白了一点：他需要训练。于是在1831年，他去拜托马斯学校的合唱队指挥西奥多·魏因利希为师。但是魏因利希很快就不教了，因为他说，在和声与对位方面，他已经没有什么可以教给瓦格纳的了。瓦格纳一旦下定决心学什么，学得就会速度惊人。现有的史料表明，他跟魏因利希学的这段时间，是他所受过的唯一的专业学习。哪个大作曲家也没有像他这样，只接受过这么一丁点儿正规的专业训练。被魏因利希打发走之后，瓦格纳马上开始创作一连串的作品，其中大多数都是学院风格的稚嫩作品，包括一首钢琴奏鸣曲和一首交响曲。他还开始写一部题为《婚礼》的歌剧，但是一直没有完成。1833年，瓦格纳创作了《仙女》，由此正式起步创作歌剧。（《仙女》在他生前从没被制作过，并且直到1888年才上演过一场。）正是在此时，确切地讲是在1834年，瓦格纳开始写作他的挑起争端的系列文章。他写了一篇文章，称赞法国风格的歌剧创作（“轻松活泼”“旋律优美”等）优于德国风格的歌剧创作（“过于学究气和理性”）。秉持着这一观点，他写了一部根据莎士比亚的《一报还一报》改编的歌剧脚本，给它起名为《爱情的禁令》，然后开始创作它的音乐。那年的下半年，他接受了马格德堡一家剧院的音乐指导这个职位。现在他算是个专业音乐家了。他的职业生涯开始了。

在马格德堡，瓦格纳建立了他以后惯常的生活模式。他欠下了数额巨大的债务，树了许多敌，还试图把他的意志强加在剧团以及这个城市的音乐事务上面。他在马格德堡还爱上了剧团里的一个名叫明娜·普拉纳的女演员。他的激烈和神经质吓坏了她。他对她说，他有伟大的抱负，他要娶她为妻；他的歌剧《爱情的禁令》将会取得巨大的成功,并使他还清所有的债务；里加（Riga）歌剧院已经答应聘请他，他将会在那儿出大名。《爱情的禁令》在1836年制作上演了，但遭到了失败。尽管如此，瓦格纳和明娜还是在同年11月结婚了。他们搬到了她有聘约的柯尼斯堡居住。瓦格纳欠下了更多的债。他在马格德堡的债主们尾随他来到柯尼斯堡。他们的到来使柯尼斯堡的债主们感到了威胁，因为他们也正在向瓦格纳催债呢。明娜再也受不了了，她自己搬回了在德累斯顿的娘家。幸亏里加的聘约及时送到了，瓦格纳于是在1837年9月奔赴里加，并在那儿与明娜会合。

瓦格纳在里加重复着自己既定的生活模式。他开始创作另一部将会使他名声大噪的歌剧。这部歌剧就是《黎恩济》，它模仿了梅耶贝尔创立的大歌剧的模式。瓦格纳的债台进一步高筑，他树敌的数量也在增加。他尝试激活这座城市的音乐生活，要求增加排练时间，扩充演出曲目，把交响音乐会也包括进曲目单中去。1839年，瓦格纳被解聘了。他乘坐小船逃到了法国（据说这次逃亡激发他的灵感创作了《漂泊的荷兰人》），把他的逼债者们远远甩在了后面。他和明娜在巴黎安家后，他又试图在那儿出名。梅耶贝尔接纳了他，阅读了《黎恩济》的第一幕，把他介绍给了巴黎音乐界的重要人物。结果什么事儿都没发生，瓦格纳夫妇不久就囊中羞涩了。他们去当铺当掉了一切，瓦格纳也只好卖文为生，写些评论文章。1840 年底，他对《黎恩济》做了最后的修改润色，并开始创作《漂泊的荷兰人》。接着好消息来了，德累斯顿歌剧院接受了《黎恩济》。是梅耶贝尔推荐了它（其他几位音乐家也推荐了它），而梅耶贝尔的意见是极有分量的。瓦格纳夫妇只好再借钱离开巴黎去德累斯顿。这时的瓦格纳一贫如洗，脚上穿的鞋子没有鞋底儿。他只好闭门不出，埋头创作《漂泊的荷兰人》。总算夫妇俩能告别巴黎回国了。他和明娜去德累斯顿出席《黎恩济》的首演，日期是 1842 年 10 月 20 日。瓦格纳很清楚这得冒多大的风险，所以在这首演之夜我们可以想见他有多么战战兢兢。海因里希·海涅当时也在场，并且写了一篇报道寄回巴黎。海涅写道，瓦格纳“看上去像老妖，他一会儿哭，一会儿笑，任何人走近他都去拥抱，同时一脑门子冷汗冒”。结果《黎恩济》获得了巨大成功，瓦格纳也一夜成名。德累斯顿宫廷剧院马上买下了《漂泊的荷兰人》的演出权，并在 1843 年初把它搬上了舞台。它没有引起像《黎恩济》那么大的轰动，只演了四场就偃旗息鼓了。但是瓦格纳给人留下的深刻印象还是足以让他被任命为德累斯顿歌剧院的宫廷副乐长。他得到的薪水足以让任何人过上舒服的日子，除了他瓦格纳自己。他像以往一样挥霍奢侈，花的远比挣的多。不仅如此，他获得任命的事也走漏了风声，以前他旅居各地欠下债的债主们又像幽灵似的追上门来——来自莱比锡、马格德堡、柯尼斯堡、里加、巴黎的债权人纷纷上门讨债。这是在他一生中要重演许多次的又一个故事了。

瓦格纳全身心地投入了工作，开始指挥德累斯顿歌剧院的保留剧目中的一些歌剧。他不可避免地又惹出了不少麻烦。由于企图打破论资排辈的传统，他把整个乐队都得罪了。他还试图根据自己的理解来指挥像莫扎特的《唐璜》这样的伟大歌剧，结果得罪了公众。德累斯顿的公众早已习惯了演绎《唐璜》的那种悠闲平稳的节奏，而瓦格纳对它的那种冲动性处理（起伏不定，忽冷忽热）让观众听了很不安。他受到了指责，只好答应改正，用他自己的话说，就是“在指挥那些老歌剧时，对迄今为止得到公认的诠释速度等等不做任何改动，即使与我自己的艺术判断相违背也罢”。不过，他得到的补偿也不少。在德累斯顿，他受到了广泛的钦佩和尊重，并且着手创作一部新歌剧《汤豪舍》，并在1843年完成了脚本，两年后完成了总谱。首演在1845年10月19日举行，观众起初显得困惑不解，可是不久《汤豪舍》就赢得了人心。于是瓦格纳又开始琢磨写另一部新歌剧《罗恩格林》。两年后，《罗恩格林》写得差不多了，瓦格纳的经济状况也崩溃了。他急需金钱。他还去了柏林指导了《黎恩济》的制作演出。《黎恩济》在柏林演砸了，这对他无疑是雪上加霜。

又过了几年，除了经济上完蛋，他还惹上了政治麻烦。由于受到法国封建制度崩溃的鼓舞，并受到无政府主义者米哈伊尔·巴枯宁理论的影响，瓦格纳在德累斯顿起义期间跑出来公开站在革命党一边。也许他真的同情工人阶级的悲惨状况，抑或他向往能推翻资产阶级的社会革命，从而自动免除他所欠下的巨额债务。

他公开演讲，要求废除君主制和金钱制度，还书写措辞激烈的文章："我要摧毁现存的秩序……起来，全世界的人民！起来，一切受苦受难的穷人！"1849 年德累斯顿起义遭到镇压之后，瓦格纳逃到魏玛去找他的朋友李斯特，后者是鼓励过他的极少数音乐家之一。(舒曼和柏辽兹对瓦格纳的音乐从来不感兴趣。) 在魏玛短期居住之后，瓦格纳在苏黎世安了家。《罗恩格林》已经在 1848 年完成了。1850 年在魏玛，李斯特指挥了它的全球首演。瓦格纳没有在场。他正在苏黎世酝酿新的创作。他的革命时代结束了，不久之后他就竟然论述起了"大众卑下的自私自利"！

《黎恩济》是一部洋洋大观的巨型歌剧。《漂泊的荷兰人》《汤豪舍》和《罗恩格林》则是以日耳曼神话为题材。可是它们全都没有充分表达瓦格纳内心深处努力想做的事情。在接下来的六年里，瓦格纳"冬眠"不干了，他努力思考着问题的症结所在，总结了自己的艺术理论，然后根据日耳曼民族的神话《尼伯龙根之歌》写出了一个庞大的歌剧脚本，还一本接一本地写了不少理论著作，如《艺术与革命》(1849)、《未来的艺术作品》(1850)、《音乐中的犹太主义》(1850)、《歌剧与戏剧》(1851)、《与我的朋友们的沟通》(1851)，以及大量杂文。

他创立了一种理论：综合而一体的艺术作品，也就是所谓的 Gesamtkunstwerk (一译"整体艺术")，并宣称所有伟大的艺术必须以神话为基础。早在 1844 年他就写道："赋予当今我们这个物质世界以丰富的表现力和精神内涵，是当今戏剧家的责任。根据古代的神话传说来召唤并构思神圣的诗性诗灵，则是落在歌剧诗人和作曲家肩上的使命。"他还写道："上帝和众神是人类诗性创作的第一灵感。”因此，神话是构成诗歌的理想素材。瓦格纳认为有必要回归基督教之前的古代，因为基督教已经淡化或者取代了神话，而这是不对的。“由于采纳了基督教，大众丧失了对神话中的那些原始的以及初创元素的一切真正的理解。”

然而，如何才能回归神话呢？应该使用哪种语言呢？瓦格纳确定，必须创造一套全新的语汇。诗人必须使用押头韵法（Stabreim），它类似于古代北欧传奇中的诗韵。这是一种高度头韵体的诗歌，同元音关系密切。不久，瓦格纳就在他的关于尼伯龙根传奇的歌剧脚本中，使用了押头韵的诗歌押韵法：

Mächt'ger Müh'
müde nie,
stau'ten starke
Stein'wir auf;
steiler Thurm,
Thür' und Thor,
deckt und schliesst,
im schlanken Schloss den Saal.

新艺术的语言一经确立，与之相匹配的音乐也必须跟上。这种音乐必须从脚本中滋生出来，一定不能有迎合或勾引观众的成分，一定不能有为声乐而声乐的成分，不能有单纯炫技性的嗓音表演，不能有让剧情中止的孤立咏叹调和合唱唱段。可以用主导动机作为全局的组织者，作为撑起整个架构的力量。瓦格纳的“主导动机”（Leitmotifs）是一些描述性的、格言箴言警句式的短小旋律，可以被扭曲变形，用于描述形容不同的人物，或同一人物的不同心态。这些主导动机都经历一个不断被揉捏、把玩的处理过程，有点类似交响曲中的发展部。（后来德彪西讥讽道：“这种主导动机体系展现了一个无害的神经错乱世界，就像疯子们纷纷递上他们的名片，并且高声报出各自的姓名。”）在这种风格的音乐作品中，由于没有中断剧情的咏叹调，也由于没有以前歌剧中的那种过渡感，人们就开始提到瓦格纳的歌剧为“无终旋律”[1]。瓦格纳的目标就是用不间断的音乐来表现不间断的剧情。早在创作《罗恩格林》的时候，他就沾沾自喜地指出，在这部歌剧的所有地方“我都没有在任何一段乐谱上面写下‘宣叙调’这个字眼。歌唱家们不会在它里面找出任何宣叙调的”。最大的革新表现在对管弦乐队的使用上。

有史以来前所未有地，瓦格纳把乐队提升到与戏剧并驾齐驱的程度。正是在他那庞大、洪亮的管弦乐音流之中，歌剧的恢宏剧情得以展开和诠释——剧中人物的心理变化，他们的动机、冲动、向往、欲望、爱与恨等，全部得到管弦乐的烘托、强调、暗示……歌唱家们不得不学会去匹配乃至匹敌这样一支规模大得前所未有的歌剧管弦乐队。在那个世纪的下半叶，关于瓦格纳与人声的关系，有过大量的争论。许多专业人士惊呼，瓦格纳通过强加这样那样“不自然的”要求而杀掉了歌唱家，在这点上他甚至比威尔第和梅耶贝尔还有过之。萧伯纳则站在瓦格纳一边，指

[1] 实际上是无休无止的音流。

出威尔第习惯于“使用音域中的上五度音（这里是高得出奇的人声），并把该五度音当成正常的范围来处理，结果在很大程度上造成了这样一个事实：意大利歌手现在成了世界上最糟糕的歌手”。反之，萧伯纳说，瓦格纳使用整个音域里的所有人声，其结果便是，唱瓦格纳歌剧的歌手“现在是世界上最好的”。

瓦格纳在苏黎世居住期间，不仅勾画出了“整体艺术”的主要轮廓，而且在此过程中也改变了他自己的音乐风格。在那之前，他的音乐在节奏上一直倾向于四平八稳的，但是随着《特里斯坦与伊索尔德》和《尼伯龙根的指环》四联歌剧的问世，他使用了一种新的节奏，它更取决于乐句的内容，而不是由小节线的形状决定。此外，瓦格纳的和声也变得越来越半音阶化，调式关系也开始变得非常模糊。瓦格纳是个折中主义者，他把早期浪漫主义的各种技术综合起来，还借鉴了柏辽兹关于管弦乐队的理念。威伯的歌剧，特别是《自由射手》，在瓦格纳的最终合成里起了很大的作用。至于和声方面，他从肖邦、门德尔松，特别是李斯特那里汲取了很多东西。他甚至还受到了斯庞蒂尼和梅耶贝尔的一定影响。贝多芬晚期作品中暗含的至高无上的宇宙伦理观在瓦格纳的作品中也有反映。瓦格纳把上述这些全都综合成他特有的一种艺术形式，他创造了他自己的艺术天地，这是一个沉浸在当时最先进的音乐之中的神话天地。有趣的是，瓦格纳自己并没有完全贯彻执行他所创立的“整体艺术”的理念。《莱茵的黄金》最接近这个理念，而《纽伦堡的名歌手》却打破了大多数他自己的规则。若有哪种音乐理念能和瓦格纳的音乐戏剧的理论相碰撞的话，那它必定是一种总能战胜理论的音乐。的确，三部最瓦格纳式的歌剧，三部最接近瓦格纳所谈论的“整体艺术”理念的歌剧，分别是威尔第的《法尔斯塔夫》、德彪西的《佩雷阿斯与梅丽桑德》和贝尔格的《沃采克》。

同时，瓦格纳在苏黎世度过的那些年也见证了他的早期歌剧在欧洲的广泛流传。瓦格纳的天才差不多从一开始就得到了承认。因而，认为他是在空寂、孤独状态下苦干的看法是不对的。从《黎恩济》开始，他的歌剧就是欧洲人谈论的对象。那时候，威尔第的歌剧更流行，但是两者之间有一个显著的区别：威尔第的歌剧并不让那些先锋派感到激动，它们也不会在观众身上插一刀；而瓦格纳的任何歌剧一经上演，通常会引起很大轰动和争议。人们也许会到处吹着威尔第著名歌剧曲调的口哨，但他们同样也许会到处谈论着瓦格纳的歌剧。激赏颂扬者有之，诋毁贬损者也有之，但是无论何种情形，总会有议论、争辩，而且总是慷慨激昂。人们意识到瓦格纳像是一股自然伟力，在一些人眼里形同毁灭性的飓风海啸，在另一些人眼里则给音乐的未来带来最终的希望和光明。关于这股瓦格纳狂热，剧院经理马克斯·马雷泽克揶揄道：“我从来不谈论政治、宗教和瓦格纳，因为它们总是引发仇恨和争斗。”不仅瓦格纳的音乐是激烈辩论的话题，而且他的文章散论也获得了很大的发行量，早在 19 世纪 50 年代甚至在美国也拥有不少读者。它们很快被翻译成英文，以《德怀特的音乐笔记》为题出版。李斯特和他的朋友们起劲地为瓦格纳击鼓助威、摇旗呐喊，保守派人士则认定这里面有个国际阴谋。法国作家弗朗索瓦·约瑟夫·菲蒂斯在 1855 年这样总结了这种反对瓦格纳主义的情绪：

> 几年前刚刚成立了一个派别，竟敢宣称自己是唯一真正的完整艺术的缔造者，而在此之前的任何东西都不过是它的准备阶段而已……他们装出对体裁的藐视，其实这恰恰表明了他们的素材的贫乏，所以才很难把一种体裁坚持下去，因为如此一来便要露出他们内容贫乏的馅儿。这个派别更喜欢的是杂乱无序，以及只有勾勒而无建筑的乐句，因为对于贫乏而懒散的想象力而言，没有什么比这更近便的了；但这在逻辑缜密者看来却只有讨嫌……在德国，这些人已经霸占了报纸杂志，以确保他们的革新企图的成功，而在这些同样的报刊上，走其他道路的艺术家的工作几乎没有机会得到介绍。一些严肃的有识之士一直尝试对这个无耻的社会主义派别进行合理的批判，以正视听，但却始终无法让自己的声音被大众听到，所有通向报界的门户都对他们紧闭。……这个派别的小喽啰们不择手段地占据报刊和剧院，借以大张旗鼓地吹捧他们的主子，同时封锁真理，压制不同之声，处心积虑地打击和清除不跟他们走的人……

以老虎屁股摸不得的亨利·福瑟吉尔·乔利为首的一群英国评论家尤其恶毒。乔利是一见到瓦格纳的歌剧冒头就必加封杀。他说《黎恩济》是“一片噪音”;《漂泊的荷兰人》“留给我的印象是残酷的暴力加上沉闷乏味的暧昧”。谈到《汤豪舍》，乔利写道 :“我还从没受到像《汤豪舍》这样的自命不凡之作如此大的打击、折磨甚至侮辱（这还是往轻里说），它给我造成的茫然、厌倦乃至受辱之感空前严重。”乔利还预言 :“假如作曲家们都步其偶像瓦格纳的后尘的话，那么离声乐艺术的彻底毁灭就不远了。而且，他仅仅为了照顾管弦乐队，就以营造雄辩为借口，肆意降格和粗俗化原本轻快简明的抒情短歌。”不过，在结束对《汤豪舍》的形容时，乔利发现了一线希望的曙光："好在让人欣慰的是，瓦格纳先生的古怪方式可能已经走到了尽头。他那种农神狂欢节式的肆意妄为大概到此已经登峰造极了。”只可惜乔利从来没有评论过瓦格纳的后期歌剧（乐剧），不然它们很可能会激起他难以名状的雷霆大发。英国的评论家们是欧洲最持续攻击瓦格纳的群体，即使在 19 世纪 70 年代瓦格纳显然已经大获全胜之后仍然如此。

在流浪漂泊的那些年，瓦格纳主要靠别人的资助为生。资助常常来自一些多愁善感的女性。朱莉·里特尔和杰茜·洛索在 1850 年帮助过他。（他曾计划离开明娜并同洛索私奔，但是她后来害怕了，回到了她丈夫身边。）为了增加收入，瓦格纳做了大量的指挥工作，并且碰巧对当时的指挥艺术施加了最大的影响。在他的职业生涯之初，他做过歌剧院的指挥，后来他就只指挥交响乐团了。他的诠释十分新颖，非常个人化，坚持层次的分明，表现细微的差别，完整运用各种力度。他从来不是完美主义者，更强调表现作品的精髓，而非拘泥于总谱的字面含义。他还引进了速度无规则变动这个概念，让一板一眼的速度出现起伏波动的弹性。他那个时代的指挥家大多数都是门德尔松式的打拍子机器，比较刻板而僵硬。瓦格纳代之以起伏波动的弹性，时缓时急，不断变化速度，使用渐慢来连接对比性的经过句。瓦格纳的指挥方式让那些学院派们气得发疯。所有的证据还表明，他的指挥方法若是让 20 世纪的人来听，肯定会感到特别特别怪。人们大概更喜欢门德尔松或柏辽兹的那种较为古典、收敛的指挥风格。然而，正是瓦格纳的指挥风格垄断了19世纪的下半叶。不仅瓦格纳本人在指挥台上亲自开了风气之先，而且他还让世界充满了经他培训出来的指挥家。其中最著名的有汉斯·李希特、安东·赛德尔、汉斯·冯·彪罗、费利克斯·莫特尔，以及赫尔曼·列维。也许当时最受欢迎的指挥家是阿图尔·尼基什，虽然他不曾在瓦格纳的直接监督下工作过，但他却是听着瓦格纳的歌剧断奶的，而且他当指挥后接受的第一项重大任务就是指挥瓦格纳的歌剧。瓦格纳的指挥风格统治多年，直到出现反动为止。反动派的代表人物有更加拘泥乐谱的费利克斯·魏因加特纳和阿图罗·托斯卡尼尼。虽则如此，瓦格纳这种高度个人自由的指挥方式一直持续到1954年威尔海姆·富特文格勒去世为止。

在流亡瑞士期间，瓦格纳开始创作他的四联歌剧《尼伯龙根的指环》。他最初的设想是写一部关于齐格弗里德之死的歌剧。由于一部歌剧囊括不下整个故事，他就决心写一个系列。1852年，他完成了全部脚本的创作。1854年，他完成了其中的《莱茵河的黄金》的作曲。1855年，因为去伦敦指挥演出，他暂停了《尼伯龙根的指环》的作曲，但是他设法在1856年完成了《女武神》的创作。这些年间，瓦格纳正在与玛蒂尔德·魏森唐克私通，她是一个丝绸商人的年轻妻子。她丈夫奥托·魏森唐克不仅腰缠万贯，而且还赞助艺术：瓦格纳很乐得见到这样的结合。他与玛蒂尔德在1852年邂逅，到1854年他俩已经坠入情网。她给他以灵感，同时她丈夫向他提供金钱。可是当明娜截获一封情书后，丑闻曝光了。她给玛蒂尔德写了一些很心酸的话："在我退出之前，我得告诉你：在我和我丈夫结婚将近二十二年之后，你已经成功地把我们夫妻拆散了。但愿我的高尚之举能给你带去内心的平静和幸福。”瓦格纳一家和魏森唐克一家在苏黎世仍旧是邻居，但是关系开始出现摩擦。最后，在1858年，患心脏病的明娜去了德累斯顿，表面理由是去治病。瓦格纳则去了威尼斯以创作《特里斯坦与伊索尔德》。他已经暂时搁置了《尼伯龙根的指环》系列的创作。与玛蒂尔德的风流韵事给了他一种新的灵感，《特里斯坦与伊索尔德》里面笼罩着玛蒂尔德的影子。该歌剧在1857年开始创作。在瓦格纳的许多歌剧里，都有他的自传成分。比如在《尼伯龙根的指环》里，瓦格纳就暗指齐格弗里德是他自己。在《漂泊的荷兰人》里，它的第一稿的女主人公的名字叫明娜。瓦格纳后来把她改名为仙妲（Senta），有人推断这是因为他觉得明娜不能挽救（赎回）荷兰人（也就是瓦格纳）。在《纽伦堡的名歌手》中，他又成了男主人公瓦尔特·冯·施托尔青，而另一个剧中人物贝克麦瑟尔则暗指维也纳音乐评论家爱德华·汉斯利克。据说有人费了好大劲才成功地劝说瓦格纳没把这个剧中人物定名为“汉斯·利克”。

瓦格纳以前做的任何事情都没有预示到他的歌剧奇迹《特里斯坦与伊索尔德》的诞生。在音乐史上还从来没有过一部歌剧的总谱像它那样恢宏、炽烈，和声丰富，管弦乐配器庞杂，情感强烈，充满力量、想象力和色彩。《特里斯坦与伊索尔德》开头的几个和弦之于19世纪的后半叶，就像贝多芬的《英雄交响曲》和第九交响曲之于它的前半叶那样，是惊世骇俗之音，是破旧立新之举。这部歌剧带来的冲击至今还没有完全过去。它受到的剖析与精神分析几乎与莎士比亚的《哈姆雷特》一样多。（瓦格纳被人论述或描写之多超过历史上任何其他作曲家，而其《特里斯坦与伊索尔德》也在其中占据很大一个分量。）这部歌剧的开头和弦及其和声的暧昧不清所引起的巨大争论一直延续到今天，专家们围绕着分析它们的构成而争吵不休。它们到底是四度音程还是七度音程？在《特里斯坦与伊索尔德》中，传统的和声关系被瓦格纳推到了它们崩溃的临界点，20 世纪的学者都在这部歌剧里看出了无调性的端倪。瓦格纳自己也说，在创作它时，他处在恍惚谵妄的状态："在这里，在完全深信不疑的心态之下，我一头扎进了精神活动的最深层，并且从世界的最核心处，我无所畏惧地构筑起了这部歌剧的外形……生与死、外部世界的存在及其全部含义于我都荡然无存，除了灵魂的内在乐章之外我心无旁骛。"《特里斯坦与伊索尔德》，这部歌剧之中最静态、然而又是最无情地构筑在劫难逃之厄运的歌剧，描写了人物的内心状态与心理活动，以其丰富的艺术感染力和想象力，一层层地揭示了人物的潜意识。这部歌剧极富象征性：象征着黑夜、白天、爱情、肉欲、梦幻世界、涅槃……无论其意义是什么，《特里斯坦与伊索尔德》都把男人和女人之间的恋情做了透彻的演绎，并且探索了男女间最深层的欲念和冲动。

《特里斯坦与伊索尔德》的创作深受叔本华哲学的影响。在 19 世纪 50 年代初期，瓦格纳开始阅读这位德国哲学家的著作，叔本华的音乐思想遂开始深刻影响瓦格纳的思维。叔本华写道，音乐"完全独立于现象世界，完全无视它；从某种意义上说，即使根本没有世界，音乐也能存在，而对别的艺术就不能这么说"。叔本华接着写道，音乐是"意志本身的反映……这就是为什么音乐的效应远比其他艺术要强大和深刻得多的原因：其他艺术只关乎影子或表象，而音乐涉及事物的本身或本质”。叔本华发现，在音乐的旋律中，“有一条将一个代表整体的乐思从头至尾不间断地联系起来的关键链条”。叔本华将它等同于“客观化了的人类意志、人的智力活动和主观努力”。音乐的创造者“揭示世界的内在本质”。叔本华还宣称，如果音乐过于密切地同语言发生联系，“它就会尝试说一种不属于它自己的语言”。到1855年，瓦格纳已经同叔本华一唱一和了，并且也写道，音乐是“世界本身的第一初始形象”。瓦格纳最终在其歌剧里把最高的地位授予了音乐。他也像叔本华那样确定了一点，即音乐说到底，还是比语言更重要。叔本华还有一个方面让瓦格纳发生兴趣，那就是他的灵魂通过艺术的途径，通过弃绝（弃世、出家）和过苦行僧生活的方式获得救赎的理念。虽然瓦格纳自己和叔本华一样，并不打算过禁欲修行的苦日子，但是在理论上，这无疑是个伟大崇高的启示。超凡脱俗与救赎的观念在瓦格纳的早期歌剧里就有反映（如《漂泊的荷兰人》），现在更是在《尼伯龙根的指环》和《帕西法尔》中得到极大的强化。

《特里斯坦与伊索尔德》完成于1859年，但是它的制作上演遥遥无期。这部歌剧的最后几节音乐是在瑞士的卢塞恩写完的——瓦格纳离开威尼斯之后，一个人定居在这里，而明娜仍在德累斯顿。不过，两人还在通信，而且瓦格纳还决定同她去巴黎。魏森唐克出资24000法郎买下了完整的《尼伯龙根的指环》，从而为这次搬家提供了费用。于是瓦格纳夫妇在1859年底来到了巴黎。一如既往，他在巴黎也租下了豪宅，而且预租了三年，还花钱把房子装修了一番，雇人把他所有的家具从卢塞恩搬到了新居，还给明娜请了个女佣，给自己雇了个男仆。结果，魏森唐克给的这笔钱很快就花光了。1861 年，巴黎歌剧院安排演出了一场《汤豪舍》，结果引起了整个歌剧史上最著名的丑闻之一：赛马俱乐部的人把这部歌剧轰下了舞台。此后人们一直对这件事大做文章。不过，虽然此事当时可能伤了瓦格纳的自尊心，但从长远来看根本算不了什么：瓦格纳早已大大超越了《汤豪舍》那个阶段。

嗣后的几年里他过得很艰难。本来维也纳已经答应上演他的《特里斯坦与伊索尔德》，但后来却食言了，这给了他沉重的一击。此时他已经囊空如洗，只好搬出豪宅，搬到沿河的伏尔泰港口的贫民区里去住。他在这里开始创作一部新歌剧，《纽伦堡的名歌手》。肖特出版公司向他预付了稿费，使他很快就完成了创作。接着，停火协议使他得以回到德国，他和明娜搬到莱茵河畔的毕布里希住下。他的钱又花光了。他恼火地写道："我的感官是非常易感、热切、强烈、贪婪的那种，若想让我的大脑顺利完成把一个虚幻世界塑造成形的艰苦工作，你就必须设法让它（我的感官）没有后顾之忧地得到满足和纵容。"他的下一次搬家是在 1862 年迁居维也纳。这次他又形单影只了；明娜撒手了，随他去，爱上哪儿上哪儿。1863 年他签约去俄罗斯指挥演出，又挣了一大笔钱，可是他的花销也达到了天文数字。能让绝大多数人活得心满意足的一笔款子，还不够让瓦格纳买皮毛大衣、绸缎和香水的呢。债权人又追上门来，他被迫在 1864 年又逃到瑞士。不然的话，他就要因为欠债而坐牢。

在 1864 年的最黑暗的时刻，救世主附在巴伐利亚国王路德维希二世的身上，降临到绝望的瓦格纳面前。路德维希二世不仅热爱瓦格纳的音乐，而且很可能还爱上了瓦格纳本人。他全权委托瓦格纳在慕尼黑制作自己的歌剧，并为此向他提供最好的条件。慕尼黑的歌剧院的全部资源——实际上是巴伐利亚的整个资源——都任由瓦格纳随意调动使用。没有任何记载表明，瓦格纳对此感恩戴德：他认为这一切都是他应该得到的——"我是最能体现德意志精神的德国人。我是德国人的灵魂。想想我的那些无与伦比的神奇作品吧。"

瓦格纳立刻把汉斯·冯·彪罗招到慕尼黑来，让他担任慕尼黑宫廷歌剧院的乐队指挥。彪罗作为钢琴家曾是李斯特的学生，但他早在1850年就投到了瓦格纳的门下。1857年他还娶了李斯特的女儿柯西玛为妻。除了是欧洲最好的钢琴家之一以外，彪罗还是一位杰出的指挥家和当时头脑最为智慧敏锐的音乐家之一。他的嘴巴也和他的头脑一样尖锐。他是个小个子男人，尖刻，风风火火而阴郁暴躁。他指挥作品以其充满理性的光辉而著称。有些人甚至称他全是理性而没有情感，全是大脑而没有心灵。瓦格纳作为李斯特的一个朋友，多年来早已基本把彪罗看透了。他知道彪罗崇拜自己，会夜以继日地为自己"卖命"。而且瓦格纳对柯西玛还特别感兴趣。彪罗一家来到慕尼黑后不久，那是在1864年的春天，瓦格纳就和柯西玛勾搭上了。就算是彪罗清楚自己正在被自己的偶像戴着绿帽子，他也没有吱声，忍辱默认了。当柯西玛在1865年4月生下一个名叫伊索尔德的女婴时，彪罗把她当作自己的孩子接受了下来。

《特里斯坦与伊索尔德》的排练开始了。当时有一张很有趣的漫画（也很有名），画的是瓦格纳与高出他一截的柯西玛并肩走在大街上，后面跟着一个更加矮小的男人（彪罗），手里攥着《特里斯坦与伊索尔德》的总谱，谦卑而拘谨地跟在他俩后面。彪罗以其苛刻的要求和暴躁的脾气把乐队成员们搞得很不愉快，可是从当时所有的报道来看，他都是很精彩地指挥了《特里斯坦与伊索尔德》在 1865 年 6 月 10 日的首演。接着又一连演了三场。

然而，这部歌剧在经过了一段不短的时间后，才在全欧洲的音乐节目单上站住了脚。它太冗长了，太“平淡无奇”了，太“不协和”了，太“摩登”了。许多评论家眼中所见的，只是两个膀大腰圆的（瓦格纳乐剧）演唱家在使劲冲着对方嘶声吼叫。此歌剧立足缓慢的另一个原因是，大多数歌手都应付不了那两个主要角色。在慕尼黑的一场演出上，由路德维希·施诺尔出演特里斯坦一角儿，此人是瓦格纳心目中理想的男高音人选——年轻，英俊，体格粗壮，像英雄般气宇轩昂，而且充满智慧，具有青铜般稳健的嗓音。然而，在《特里斯坦与伊索尔德》的第四场演出之后刚过了三个星期，施诺尔就去世了，年仅 29 岁。风湿热夺去了他的生命。瓦格纳、路德维希国王和整个欧洲音乐界都为此痛惜不已。

与此同时，瓦格纳也在慕尼黑忙着挖掘自己的坟墓：在《特里斯坦与伊索尔德》首演之后，他在那里待的日子没剩下多少了。生平头一遭面对滚滚而来的资助，他飘飘然不知自己姓什么了，开始花钱如流水，奢侈得让人瞠目结舌。你若是让他得志，他就敢对着国王和宫廷耍威风。可是，他的骄傲自大、自我膨胀、鲁莽不敬和狡猾邪性未免也太过分了。他甚至开始涉足政治，而此举真的把巴伐利亚政权里的某些头面人物吓坏了，他们便联合起来阻止他。他们公开声讨瓦格纳的挥霍奢侈和放浪无度，说他道德败坏（他同柯西玛的丑闻在宫廷里已是尽人皆知，现在他们也要大众都知道），还说他竟敢凌驾于国王之上。1865 年 12 月 10 日，瓦格纳被迫离开了慕尼黑。这简直就是驱逐。路德维希国王建议他不妨消失一阵子——当然是全额带薪。离开慕尼黑后，瓦格纳去了日内瓦，在那儿潜心创作《纽伦堡的名歌手》。1866 年 1 月，他获悉了明娜去世的消息。之后柯西玛同他会合，两人在卢塞恩湖畔的特里布申找了一套像宫殿的豪宅住下。1867 年，他们的第二个孩子爱娃出生了。

在特里布申，瓦格纳生活在他必需的奢华当中。起居室里不仅悬挂着贝多芬、歌德、席勒的肖像，墙壁上还裹着一层镶着金边儿的黄皮革。走廊也像一个又长又窄的房间，披挂着紫色的天鹅绒，瓦格纳乐剧中的主人公雕像沿着墙壁排成一溜儿，还装饰着多块绣着《尼伯龙根的指环》场景的挂毯。在走廊的一隅，有一处蝴蝶的收藏。在另一个角落，有一尊镀金的佛像，有中国的香炉，还有其他东方的珍品。在精心修剪过的花园里，养着一条名叫鲁斯的纽芬兰大狗。瓦格纳总是豢养一条或数条狗。按照大致的年代顺序来排列，他养过两只黑色的狮子狗，名叫德莱克和施佩尔；纽芬兰犬罗贝尔，它陪伴瓦格纳和明娜从里加到伦敦和巴黎；一只名叫佩普斯的西班牙犬；另一只叫费普斯的西班牙狗；一只棕色的猎犬波尔；另两只纽芬兰犬马克和布兰盖娜；数条小型猎犬；一只叫普奇的波美拉尼亚丝毛狗。对它们，瓦格纳都宠爱有加。

为了做做样子，柯西玛时不时地去慕尼黑与她丈夫见上一面。

《纽伦堡的名歌手》正在那里排练。彪罗和汉斯·李希特正在准备这部歌剧的公演。李希特是个匈牙利人，在1866年来到特里布申当了瓦格纳的秘书和抄写员。后来他与莫特尔和赛德尔一道，成为第一批由瓦格纳训练出来的指挥家，在拜罗伊特崭露头角。许多人认为他是其中最伟大的一个。指挥《纽伦堡的名歌手》的首演的荣誉正是落在了他的头上，时间是1868年6月21日。可是几个月之后，李希特却从慕尼黑歌剧院辞职了，理由是《莱茵的黄金》的排练很不到位。大家心里都明白，若是没有瓦格纳的撑腰，李希特是不会辞职的。此举让路德维希国王气得要命。后来，弗朗茨·武尔纳指挥了《莱茵的黄金》的首演。1870年《女武神》的首演也是他指挥的。

与此同时，彪罗也处在了一个难以容忍的境地。现在全德国都知道他的婚姻出了乱子。柯西玛不但拒绝回到他的身边，她更是在1869年跟瓦格纳生下了他们的第三个孩子齐格弗里德。彪罗受够了，他想到了离婚诉讼，1870年法院正式判他们离婚。同年8月25日，瓦格纳和柯西玛结婚。1871年，《齐格弗里德》完成了。1872年，《众神的黄昏》也大体上完成了（其总谱直到1874年才创作完毕）。

19世纪70年代早期，瓦格纳的生活中还发生了另外两件大事：他同尼采的关系，以及拜罗伊特的开端。

早在1868年，弗里德里希·尼采就见到了瓦格纳，随即就开始疯狂地崇拜起这个人及其音乐来（尤其是《特里斯坦与伊索尔德》）。1872年，尼采出版了《悲剧从音乐之灵中的诞生》一书，其中对希腊悲剧的阐释就是按照瓦格纳的思路走的。尼采在这

⚜ 理夏德·瓦格纳在拜罗伊特他的家中，W. 贝克曼在 1882 年创作的油画

在左边，柯西玛崇拜地凝视着自己的丈夫。在瓦格纳的右边是他的老丈人弗朗茨·李斯特，以及他的门徒汉斯·冯·沃尔佐根。

本书中阐述的对立的两极，即纯净、古典的阿波罗（太阳神）与狂野、浪漫的狄俄尼索斯（酒神）的两极相对，对当时的美学思想产生了很大的影响。可是后来，尼采反思了自己对瓦格纳的崇拜，并且最终挣脱出围绕瓦格纳转圈的轨道，转而宣称比才的《卡门》才是完美的歌剧。尽管如此，长期以来，瓦格纳还是得到了这位最受欢迎的德国哲学家的支持。

早在 1870 年，瓦格纳就在认真考虑建立一座专门演出自己作品的节日剧院。他在安静的巴伐利亚小镇拜罗伊特找到了他的理想院址。路德维希国王起初对这个想法很冷淡。但是此时德国各地都在纷纷成立瓦格纳协会，瓦格纳的朋友们也在不遗余力地为这项事业集资。瓦格纳发布了一个告示，日期为 1871 年 11 月 18 日，建议在 1873 年用上演《尼伯龙根的指环》来正式启用拜罗伊特剧院。那些捐钱的人“将成为拜罗伊特音乐节的赞助人，享受赞助人的名望和权利，同时该事业本身的贯彻实施将完全置于我的监管和努力之下。由此项共同事业而来的各处房地产将置于我的管理支配之下，我将根据我认为最切合和最有利于该事业发展的方式，来合理安排使用这些房地产”。瓦格纳告别了特里布申，在拜罗伊特节日剧院附近盖了一座别墅，由此监督工程的进展。在维也纳，汉斯利克闻讯后艳羡不已。“瓦格纳，”他写道，“真是事事顺啊。最初他疯狂反对一切君主，可后来他偏偏遇上了一个热爱他的开明国王，他反拍瓦格纳的马屁不说，还让他过上了衣食无忧甚至奢侈豪华的日子。然后他写了一本攻击犹太人的小册子；可是所有犹太人，无论喜不喜欢音乐，反倒更加热烈地敬重他——通过在报纸上写评论，以及购买拜罗伊特空头支票式的票

⚜ 访客在首届拜罗伊特音乐节期间见到的拜罗伊特节日剧院演出大厅，1876 年

据的方式。”

虽然拜罗伊特工程在全世界得到了广泛报道，但是资金到位却很慢。瓦格纳为此只好取消了 1873 年的一个演出季的计划。所需的资金只有不到一半到位，瓦格纳于是把一切希望都寄托在路德维希国王身上。后者没有让他失望。1874 年，国王投入了足够的资金让工程再次启动。在巴伐利亚有许多人反对这项工程。他

们抨击说这是愚蠢和疯狂之举，证明了路德维希国王已经发疯。等到路德维希的钱花光之后，瓦格纳就到各地指挥音乐会集资。有一阵子，人们怀疑拜罗伊特工程是否还能搞下去。然而剧院最终还是建成了，并在 1876 年举行了首届拜罗伊特音乐节。李希特指挥的《尼伯龙根的指环》一连演出了三场。

第一届拜罗伊特音乐节结算出现了巨额赤字，于是人们又开始怀疑它是否还有前途，搞得第二届拜罗伊特音乐节直到 1882 年才举行。

尽管如此，第一届拜罗伊特音乐节仍是那个十年的音乐盛事。来自全球的大约四千名访客，包括 60 名报社记者，挤进了这个小城镇。出席者当中有德国皇帝、巴西皇帝和皇后、巴伐利亚国王、普鲁士的乔治亲王、霍亨索伦王室的一位亲王、黑森的威尔海姆亲王、俄罗斯的弗拉基米尔大公、梅克伦堡的大公、安哈尔特-德绍的公爵等等王公贵族。这次音乐节是那样让人关注，乃至于从纽约都赶来了两位评论家，分别是《时报》和《论坛报》的记者，并得到允许使用刚建成的跨大西洋海底电报来即时发送他们的报道。在他们发送的报道中，也有关于设施不完善、交通不方便等造成客人不愉快方面的，如《时报》就报道说："从镇上到剧院要走很长一段脏路，路旁既没有树木遮阴，也没有饭馆吃饭，引起人们抱怨不断。关于这些方面的不满与日俱增。"谛听着瓦格纳的音乐，观众既显得有些惶惑，又带着真诚的热情。每部歌剧终了，观众都报以欢呼喝彩，但是不允许任何歌手谢幕。"瓦格纳先生和那些主要演员解释了不谢幕的原因：演员站在幕前谢幕，可能会破坏演出的整体性和连贯性。"音乐节结束后，举行了一个有五百多人参加的盛大宴会。瓦格纳在宴会上做了长篇发言，受到欢呼喝彩，并低头接受了一顶月桂树叶装饰的银桂冠。然后瓦格纳向李斯特致敬，说自己取得的一切都要归功于李斯特。之后李斯特站起来发言，说“别的国家向但丁和莎士比亚致敬”，然后转身对瓦格纳说：“我则是您最谦卑的仆人。”

从音乐上讲，这次拜罗伊特音乐节是瓦格纳在欧洲走红运的转折点。不仅现场的观众主要由瓦格纳的崇拜者组成，而且评论家们（包括来自纽约的那两位）大多数也是他的支持者。（勃拉姆斯那一派的人则对这次活动退避三舍。）这些人到处宣传（瓦格纳的）新音乐的荣耀和壮观，为他摇旗呐喊。许多来到拜罗伊特的作曲家,特别是那些法国人,果然被眼前的景象迷倒了。诸如“旋律优美”“曲调迷人”“抒情”“壮丽”之类的辞藻开始不断出现在有关瓦格纳歌剧的评论文章中。势如潮涌的赞美声淹没了怀疑者们的批评之声。连汉斯利克说话的语气也变得暧昧起来，尽管瓦格纳主义的美学根基很让他恼怒——“瓦格纳的想象力充满奇妙的张力，他对管弦乐技巧的驾驭令人震惊。他的《尼伯龙根的指环》里到处焕发着音乐之美，并且充斥着令我们心悦诚服、甘受其惑的魔力。这些美一如既往地藏匿在他那套体系的背后，但它们无法阻止他那套体系——这横行霸道的暴君，这不具旋律性的对话式音乐语言——在大的方面播下死亡的种子。”约瑟夫·本内特在伦敦的《音乐时报》上与汉斯利克一唱一和，也说瓦格纳的音乐真的很美，充满天才和曲调，但就是“充斥着弥尔顿笔下的那种‘堕落的灵性’，怪怪地把吊胃口和倒胃口、把吸引你和令你反感混为一体。置身在他故国天空的众神之中，他或许称得上是伟大，事实上他现在也确实把自己的地位提升到巨人般辉煌的程度。但是，我们不要忘记，他的强大主要体现在邪恶的方面”。本内特同其他老资格的评论家一样，能够感觉到道德的堤坝正在从他瓦格纳的脚下松动、开裂、坍塌，但他还是不顾一切地随之坠落，边坠落还边煽风点火。

受到这股瓦格纳狂热的激励，(英国的)《潘趣》杂志也赶来凑热闹，刊登了一篇凭空杜撰的长篇采访，题为《音乐——目前的和未来的》。文中，黑齐·海法露特夫人正在接受采访："您愿意给未来的音乐艺术下个定义吗？”她的回答是："它藐视一切定义。我应该把它描述成是一种让精神飞扬的强大体系，旨在让灵魂升华到超验和谐之至高境界，使之摆脱既定作曲模式的世俗限制，并超越传统之持续旋律曲调的低级诱惑。”

此时欧洲的所有人都在谈论或写文章评论瓦格纳。更重要的是，所有歌剧院都在上演他的作品，而且还不只是那些早期作品。首届拜罗伊特音乐节过后，各地歌剧院都盯上了瓦格纳的歌剧。比如说柏林歌剧院，1877—1878年演出季共演出了223场，其中瓦格纳在排行榜上名列第一，他的五部歌剧共演了38场。其次才是莫扎特，其六部歌剧共演了29场。第三名是威尔第，其四部歌剧演了19场。这样一个比例在德国各个歌剧院里保持了许多年。在拜罗伊特节日剧院开张后的10年间，德国、奥地利、英国和美国的各大歌剧院都对瓦格纳的歌剧趋之若鹜、求“剧”若渴。甚至像法国和意大利这样的对他貌似不感冒的国家的歌剧院，也开始隆重上演瓦格纳的歌剧了。

作为瓦格纳歌剧中最为“人性”的一出，《纽伦堡的名歌手》

迅速打遍了天下。德国观众特别认同中世纪的纽伦堡，并对剧中汉斯·萨克斯希冀德国艺术早日诞生的呼吁特有共鸣。它是瓦格纳歌剧中最阳光的一部。除去剧中笨拙的幽默，以及倒霉的贝克麦瑟尔过于走背字不算，它的音乐堪称灿烂得所向披靡、无坚不摧。《纽伦堡的名歌手》传达的讯息十分清楚直接，与《尼伯龙根的指环》的黑暗象征性迥然不同。《尼伯龙根的指环》系列的那四部歌剧从表面来看，与众男神、众女神、大地母亲、雅利安神话中的诸位英雄有关，全部巧妙凸显通过爱获得救赎的主题，但是剧中人物总是以千篇一律的典范形象告终，可以用任何方式、从任何角度加以诠释。例如萧伯纳，就从资本主义对抗费边社的社会主义的角度来看待《尼伯龙根的指环》。“二战”结束后在拜罗伊特演出的《尼伯龙根的指环》都是基于这样一些象征：那些关于太阳神的神话，那些母亲和父亲的形象，那些闭合与破碎的环状物，以及全套的荣格心理学法则。而在 1976 年，在纪念《尼伯龙根的指环》于拜罗伊特上演百周年之际，帕特里斯·谢罗却按照萧伯纳早在其《完美的瓦格纳主义者》一文中设想好的费边社社会主义景象，把这四部歌剧搬上了舞台。不过，这次演出的《尼伯龙根的指环》比萧伯纳设想的更甚，开头场景把莱茵河的少女们表现成一群妓女，把莱茵河的场面描绘成建有水电站的大坝。然而，无论那些自恋狂似的舞台导演想出什么不着边际的怪招儿，把个好端端的《尼伯龙根的指环》场景（甚至剧情）糟改得不成样子，但只要你听着它的音乐，奇迹就会发生：各种旁注都消失了，听众被卷入某种天地初始、超越时空的音乐洪流，被某种原始自然力轰击得不能自持。《尼伯龙根的指环》是这样一个概念：

它不谈女人但高谈母性；它不论众生但论及人性；它不展示世象但展现民俗；不论及民众但论及种族；不谈心灵但谈潜意识；不涉及宗教但涉及原始祭祀礼仪；无关自然界但关乎大自然。

瓦格纳成功了。他硬是走通了自己的路。现在他成了全世界最有名的作曲家。他现在可以相对轻松坦然地把大把时间消磨在拜罗伊特他的旺弗里德别墅里，完全搞他自己感兴趣的东西。这里头包括创作歌剧《帕西法尔》，还有为官方的瓦格纳作品出版计划撰写小册子和文章。他的个人生活现在变得更加与众不同了。别的不说，他成了一个素食者，还得出这样的结论：如果每个人都不吃肉而只吃素的话，那么世界就会得到拯救。他过的日子就像是一个东方国君，香水当浴，披金戴银，绫罗绸缎，内衣都是由最柔软的丝缎制成的。他的才智包罗万象，所写的大量散文谈及几乎所有话题。但他的文章有时也写得愚不可及、荒诞不经，比如他的一篇论及贝多芬的头盖骨特征的文字就是这样一例：

> 如果说，伟人的大脑所具有的高度智慧、禀赋必定被包含在一个薄而脆的脑壳之内的话（以便利对外部事物的即刻认知），且这个说法是生理学的公理的话，那么在几年前，当人们对贝多芬的遗骨进行检查时，却看到了一颗与其整具骸骨相称的厚而硬得出奇的头颅。也就是说，在表面坚厚的脑壳之内，上苍赋予了贝多芬一个极端纤柔的大脑，以利于他只做内省，一颗伟大的心在不受外部打扰的宁静中感悟天地之事。（贝多芬）外在的极端雄浑之伟力所包含和保存的，竟是一个如此敏感细腻的内心世界，它对外部世界的艰难险阻

全然不设防，就像莫扎特的天才之光和爱那样，脆弱得随时会融化掉似的。

他的反犹主义和对种族纯洁的大力鼓吹达到了疯狂的程度。他甚至把勃拉姆斯的音乐比作“一个犹太恰尔达什舞曲乐手”的音乐。在他晚年写的一本题为《英雄主义与基督教》的小册子里，他宣称雅利安人种是众神的后裔；但是一些劣等民族，尤其是犹太民族，剥夺了雅利安人种的神性；这些犹太人即是“以前的食人者，他们天生是被教育出来做社会上的商业精英的”；耶稣本人并不是犹太人，他本质上是个雅利安人。无怪乎后来希特勒要说：“任何想要理解纳粹德国的人都必须要了解瓦格纳。”

瓦格纳继续创作着《帕西法尔》，间或插写一点宣扬种族主义的小册子，以及关于基督教的研究文章，还同比他小40岁的朱迪丝·芒戴斯闹出了绯闻。以美貌闻名的芒戴斯是泰奥菲尔·戈蒂埃的女儿，那可是法国著名的诗人和文艺评论家，也是瓦格纳最早的崇拜者之一。她当时已经嫁给了诗人卡图勒·芒戴斯，夫妇俩是在特里布申初次见到瓦格纳的。她的美貌当时就迷倒了瓦格纳，后来他们在首届拜罗伊特音乐节期间再次见面时，她投入了他的怀抱。随后她搬进了旺弗里德别墅，柯西玛竟然睁只眼闭只眼假装没看见！朱迪丝后来返回巴黎同丈夫团聚了，但是她和瓦格纳保持通信直到1878年为止。这是瓦格纳的最后一次恋爱事件。听着《帕西法尔》第二幕中的妖冶的音乐，你很难不把它同朱迪丝给予瓦格纳的恋情刺激联系起来。

《帕西法尔》完成于1882年，人们普遍认为它是一部宗教歌剧。

然而面对着把它当作一次基督教仪式来参加的观众，它却有点讽刺的意味。事实上，它是一部可以做多种诠释的歌剧。它被认可的主题是关于基督教神秘主义、纯洁性和救赎的。可也有不少人发现它的本质是反基督教的。瓦格纳传记作者之一的罗伯特·W.古特曼就扬扬自得地证明，《帕西法尔》是“一部关于雅利安人的陷落和救赎的寓言”。按照这种解释，克林格索尔就不仅代表着犹太人，而且代表着耶稣会士了。而这正是瓦格纳有一次对柯西玛说过的话。德彪西对《帕西法尔》也有自己的看法。他半开玩笑地写道，克林格索尔是这部歌剧中“最好的角色”：

> 因为他懂得人值几个钱，还把他们对贞洁的信誓旦旦的坚信度放到蔑视的天平上称。从这一点你便能安全地得出结论，即这个狡猾的魔术师，这个铁石心肠的老罪犯，在这部充满最荒谬的宗教和伦理观的歌剧中不仅是唯一有人性的角色，而且是唯一正常的角色。这些宗教和伦理观的勇武而愚蠢的拥戴者就是年轻的帕西法尔。事实上，在这部有关基督教的歌剧中，没有人想要牺牲奉献自己给上帝。

关于《帕西法尔》，有一点可以说是绝对毋庸置疑的，就是它的曲作者不是一个信教的人。瓦格纳藐视任何种类的宗教正统性，还不屑地把基督教视作犹太教的派生物。如果说，他多少还有点宗教情怀的话，那它也只是一种模糊的泛神论，一种对日耳曼神话中的英雄行为的渴望和向往。瓦格纳的泛日耳曼主义是他生命的精神支柱之一。

瓦格纳决定把《帕西法尔》限制在拜罗伊特演出，30 年之后才能把它发行到世界其他地方演出。（但是大都会歌剧院等不了那么久，早在 1903 年就把《帕西法尔》搬上了纽约的舞台。“歪门邪道！”于是拜罗伊特和其他地方的瓦格纳拥护者齐声嚷道。）但是瓦格纳对路德维希国王网开一面，于是在慕尼黑就有了几场《帕西法尔》的私人演出。《帕西法尔》的全球首演于 1882 年 7 月 26 日在拜罗伊特举行，由赫尔曼·列维执棒指挥。他当时是慕尼黑歌剧院的首席指挥——而且他是个犹太人。瓦格纳花费了大量口舌恳求这个犹太教拉比之子接受洗礼。对此列维厌恶至极，写信给瓦格纳，要他另请高明担当指挥。但是瓦格纳非常器重列维的指挥艺术，无奈只好花更多的口舌来补救自己的过失。写完《帕西法尔》后，瓦格纳精疲力尽了，并且有了去世的前兆。为了寻求康复，他去了威尼斯，却在 1883 年 2 月 13 日病死在那里。他的遗体被运回拜罗伊特。在灵柩被下葬到墓穴里的同时，一支乐队奏响了《众神的黄昏》里的“葬礼进行曲”。

瓦格纳逝世后的岁月——准确地讲是自 1876 年第一届拜罗伊特音乐节之后的那些岁月——见证了他的音乐渗透进欧洲知识生活的各个方面。他极大地影响了工作在 19 世纪 70 年代的所有作曲家，以及紧随其后的那些作曲家：理夏德·施特劳斯、布鲁克纳和马勒；法国乐派的那些人；德沃夏克，甚至德彪西。瓦格纳主义存活在勋伯格的《升华之夜》之中，这部作品以其后特里斯坦式的和声熠熠生辉。在勋伯格的晚期作品如《期待》中，瓦格纳的幽灵也是挥之不去，因为它堪称是后特里斯坦式的一首情歌，甚至能与瓦格纳的《爱之死》比肩。阿尔班·贝尔格的音乐里也充满了瓦格纳的东西。此外，瓦格纳还存活在海量的有关他的书籍里，不仅过去的人写他，现在的人还在写他。成堆的书在解释他的“主导动机”，在阐释他的歌剧中传达的讯息，在揣摩它们内在的含义——从叔本华的哲学思想到荣格的心理学到希特勒的国家社会主义不等。在法国，直到19世纪的后三分之二阶段结束为止，瓦格纳也许都一直是法国所有艺术门类中的教父级人物。那些象征派诗人接过了他的火炬，许多重要的画家如惠斯勒、德加、塞尚等都是瓦格纳主义者。雷东和方丹－拉图尔画了许多瓦格纳歌剧场景的油画。都德描述了这一现象：“我们都研究瓦格纳歌剧中的人物，就好像沃坦掌握着宇宙的秘密，并且汉斯·萨克斯是自由、自然和自发艺术的代言人似的。”马拉美和波德莱尔也是瓦格纳的热情拥戴者，后者到处宣扬瓦格纳之于音乐等于德拉克洛瓦之于绘画。当时的法国文学中也充斥着对瓦格纳的提及和暗指。

到了20世纪初期，强烈反对瓦格纳的各个流派开始显现。德彪西起初是个瓦格纳信徒，现在也同他决裂了，并高傲地宣布自己是个“法国音乐家”。可是，连德彪西也无法做到完全摆脱瓦格纳的影响。他一方面嘲笑瓦格纳歌剧絮叨的剧词和冗长的篇幅（“对于那些崇尚简明清澈的人来说，这些都是不可接受的”），另一方面也不得不承认，瓦格纳的歌剧中“令人难忘的美”之段落比比皆是，足以“封杀所有的批评”。德彪西抵制来自拜罗伊特的妖冶音乐，在他自己的创作中极大挣脱了瓦格纳的影响。斯特拉文斯基也许是第一个彻底成功的反瓦格纳主义者，他全数抛弃了瓦格纳的那一套，先是推崇俄罗斯民族乐派，然后主张新古典主义。

1920年以后，随着反浪漫主义在所有艺术门类中的日益兴盛，瓦格纳的地位也有点动摇了。音乐家们和学者们突然发现瓦格纳的歌剧听起来那么沉闷厚重、老派过时、冗长臃肿，还有点——或者不是有点——荒诞不经。正巧，人们又重新发现了美声唱法的歌剧和威尔第的早期歌剧的妙不可言之处。随着瓦格纳开始走下坡路，各国的保留剧目又开始把威尔第的歌剧搜罗其中，而它们在某些情形下已经有很多年没有被搬上舞台了。威尔第歌剧的那种健康明朗的情感和直截了当的语言再次赢得了时代。人们还认识到，过去曾一度被认为是大相径庭的威尔第和瓦格纳，其实还是有某些共同点的，比如威尔第的《法尔斯塔夫》就是一例：它几乎废除了咏叹调，它的管弦乐也与剧词完全融为一体了，它里面也有非常接近主导动机的东西忽隐忽现。由此人们判定，两人殊途同归了。这两个伟人，曾是那么南辕北辙，现在总算在《法尔斯塔夫》里接近一致了。在未来，瓦格纳和威尔第将在一起共事，就像他们在过去曾经生活在同一个时代那样。但是有一件事好像是肯定的，这就是威尔第将绝不会再像过去那样被人贬低了；而瓦格纳也将绝不会再像过去那样让人如此当真了：像他在19、20世纪之交竟然垄断了西方世界的几乎全部智识生活的场景是再也不会重演了。

· 19 ·

古典火炬的传承者

——约翰内斯·勃拉姆斯

JOHANNES BRAHMS

在瓦格纳的一生中，唯一或多或少能同他比肩、并与他分庭抗礼的德国作曲家就只有约翰内斯·勃拉姆斯了。这两个人是大相径庭的两极：瓦格纳是革命者，走向未来的先锋；勃拉姆斯是守旧的古典主义者，只涉足纯粹的乐音和抽象的曲式，一辈子都没写过标题音乐的一个音符，更不要说一部歌剧了。瓦格纳对未来施加了极大的影响，而勃拉姆斯却把从贝多芬、门德尔松和舒曼那里传承下来的交响曲写到了极致。同巴赫一样，勃拉姆斯也概括总结了一个纪元。不同于巴赫的则是，勃拉姆斯对音乐的未来发展贡献不多，尽管他的某些作品的织体与和声能在阿诺尔德·勋伯格的音乐中找到模糊的影子。即便是在勃拉姆斯自己的时代，他也很少被人们想起。马勒称勃拉姆斯是“一个稍微有点小心眼儿的侏儒”。像雨果·沃尔夫这么一个铁杆儿瓦格纳分子幸灾乐祸地扑向每一部勃拉姆斯的新作品，并铆足了劲取笑它。沃尔夫在《维也纳沙龙报》上撰文评论勃拉姆斯的第三交响曲，声称“勃拉姆斯只是舒曼和门德尔松的模仿者，因此，他对艺术史产生的影响将与已故的罗伯特·福尔克曼（一个曾经红极一时、现在已被人们遗忘的学院派作曲家）一样多，也就是说，他对艺术史产生的影响就像福尔克曼一样无足轻重，或者说根本就没有影响……这个创作了三首交响曲的人显然打算跟着再写另外六首……可他只是一件原始时代的古物而已，在现今时代大潮中不占分量”。

然而，作为一件古物，勃拉姆斯的音乐却已经（并正在）证明具有很强的耐久性。他的大部分作品一直占据着曲目单上的抢眼位置，常演常新，毫无在公众心中渐渐失宠的迹象，而是正好相反。谁是最流行的交响音乐作曲家呢？在这个问题上，人们一直拿勃拉姆斯同贝多芬竞争，直到20世纪60年代马勒获得了广泛接受为止。[1]勃拉姆斯的四部交响曲，两首钢琴协奏曲，那首小提琴协奏曲，甚至他的小提琴、大提琴二重协奏曲，连同他的《海顿主题变奏曲》《学院庆典序曲》等作品一道，都是曲目单上的基本曲目。钢琴家们定期演奏他的《f小调奏鸣曲》《亨德尔主题变奏曲》《帕格尼尼主题变奏曲》以及他晚期的各首狂想曲、间奏曲和幻想曲。各个室内乐组们发现他的《单簧管五重奏》、《钢琴五重奏》、那三首弦乐四重奏和其余室内乐作品不可或缺。他的艺术歌曲也有规律地在独唱会上露面。他的《德意志安魂曲》也是经久不衰。若没有他的那三首奏鸣曲，小提琴家们会感到茫然若失。考虑到门德尔松、舒曼和李斯特的大多数作品都还躺在作

[1] 后来马勒也渐渐式微，布鲁克纳冉冉升起。愚以为“最耐久的”交响曲作曲家的前三位是贝多芬、布鲁克纳和勃拉姆斯。

品集里没有人碰过，考虑到有些作曲家曾是那么名声显赫而后又被人遗忘，勃拉姆斯的记录真的是已经非常好了。很显然，他音乐里的某些元素与后人很有关系。

勃拉姆斯是个很自觉的古典主义者，他在 19 世纪下半叶占据的位置相当于门德尔松在 19 世纪上半叶占据的位置。同门德尔松一样，他也满足于那些古典的曲式，对它们的了解超过同期的任何人。作为维也纳“音乐之友协会”乐队的指挥，他把大批古典作品摆上它的曲目单。他是当时很少几个尽量不把过去的音乐改写并浪漫化的音乐家之一。只有谙熟巴洛克音乐对位法的人才可能写出《亨德尔主题变奏曲》结尾的那段英雄般勇往直前的赋格。同时，也只有像勃拉姆斯这样极有个性的人才能做到不对老套只是照猫画虎地照搬。巴赫是他的最爱。他曾写信给克拉拉·舒曼，这样谈到巴赫的《恰空舞曲》：“只运用一件小乐器的系统，此公就写出了一整个具有最深邃思想和最丰富情感的世界。我连想也不敢想我自己能成就这样一首曲子，不敢想象我能把它构思出来——果真如此的话，我估计由此而来的激动和震惊会把我自己搞疯掉的。”他还对奥伊泽比乌斯·曼迪切夫斯基说：“每当新一版的亨德尔作品出版并送到我手里时，我都会把它放进我的书柜并说：‘我只要一有空就会看看它的。’可是，每当新一版的巴赫作品出来时，我会放下手里的一切立刻去欣赏它。”除了巴洛克时期，他对古典时期的了解也是不得了的，对贝多芬的音乐有着十分深入的研究。浪漫主义大潮来势汹汹，包围着他，可是他不屑地说它是“将来的音乐”，基本不予理睬。他满足于按照古典大师们的方法来创作，频繁地使用对位、变奏和奏鸣曲式。他对德国民歌也很有感觉，经常使用它们。但是他的音乐可不是民族音乐，而是一种十分厚重和结实的音乐，尤其是在他的创作生涯之初更是如此。他的音乐具有以下特征：舒曼式的交叉节奏，贝多芬式的展开，巴赫式的复调、对位。

最重要的是，它在本质上是一种严肃音乐，尽管勃拉姆斯可以写出不逊于任何浪漫主义作曲家的抒情旋律，只要他想这么做。从一开始，他就认定自己要写“纯粹的”音乐，一种绝对音乐，一种能够矫正李斯特和瓦格纳的浮夸的音乐。他的音乐可以写得很艰涩、很复杂，但是绝不会虚华做作，除了一个例外：《帕格尼尼主题变奏曲》中的炫技乐段；但是即便在这里，技巧的炫耀也是受到严格的音乐逻辑掌控的。此外，他的音乐有意避免任何浮夸或艳俗的东西。多少年来，勃拉姆斯一直享有“艰深”作曲家和音乐哲人的盛誉。

无疑他是位不知妥协的作曲家，而且他还有毫不妥协的个性。他粗鲁，严厉，脾气坏，容易动怒，极端敏感，愤世嫉俗，像阴郁暴躁的汉斯·冯·彪罗那样令人望而生畏。但他也有慷慨大方的一面，譬如，如果他欣赏哪位作曲家，像德沃夏克或格里格，他就会摘星揽月不惜一切地帮助他们。问题是，他只对极少数活着的作曲家有兴趣：李斯特和瓦格纳让他觉得陌生，布鲁克纳、马勒、柴科夫斯基、威尔第或理夏德·施特劳斯也不会让他心生敬意。他最喜欢的同代作曲家也许竟然是圆舞曲之王小约翰·施特劳斯。他从来都是直抒胸臆，讲真话毫不犹豫，因此有时候他的评语可能非常损人。马克斯·布鲁赫在当时是个非常被看好的作曲家（他的《g小调小提琴协奏曲》至今仍常被演奏），有一次他把自己写的一首清唱剧《阿米尼乌斯》的手稿寄给勃拉姆斯过目。后者把它审视一遍。嗣后不久，布鲁赫和勃拉姆斯一道进餐，这时从马路对面传来一阵民间流浪手风琴手拉琴的声音。“你听啊，布鲁赫！”勃拉姆斯大叫，“那个家伙把你的《阿米尼乌斯》弄去了！”连勃拉姆斯最要好的朋友也对他说话的尖刻侧目。在作曲家伊格纳茨·布吕尔家中举行的一次晚会上，勃拉姆斯的传记作者、评论家马克斯·卡尔贝克开始作一番攻击瓦格纳的发言。听着听着，勃拉姆斯突然插话大声说道：“看在上帝的份上，别对你不懂的事情乱讲！”勃拉姆斯的这话当然是专业音乐家受到业余爱好者的激怒、感到可笑而讲出来的，但在那样的场合讲显得很不合适，气得卡尔贝克离席而去。事后评论家理查德·施佩希特提到这件事，说他几天后见到了卡尔贝克，后者对勃拉姆斯的“忘恩负义”狠狠抱怨了一番——“这就是我辛辛苦苦写他的传记得到的报答！”卡尔贝克接着说，“这次我终于受不了这位暴君大师对我这样侮辱了。我给他写了一封长信，直言不讳地谈了我的看法。”施佩希特马上想知道勃拉姆斯的回应。“嘿嘿，”卡尔贝克咧嘴笑了，“当然啦，我没有把信寄出。”当时在维也纳还流传着这样一个故事，说有一次勃拉姆斯在晚会结束退席时说：“在这里，假如还有谁今晚没有受到我的辱骂，那我就向他道歉啦。”维也纳评论家马克斯·格拉夫说，这件事*应该*是真的，但事实上他是勃拉姆斯和汉斯利克的一个朋友贝拉·哈斯杜撰出来的。

不过，所有勃拉姆斯的传记作者都一致说，在他粗暴生硬的外表下面藏着一颗金子般的心。这应该是实情，但仍不能让他的朋友们感到轻松一点，他们还是不得不常常面对他那近乎反社会的直率和冷嘲热讽。即使是和克拉拉·舒曼与约瑟夫·约阿希姆这样的终生挚友相处，偶尔也会发生对抗甚至决裂。勃拉姆斯清楚自己是怎样一种人。他说过："别人想干什么随他去好了，我管不着。只是经常有人提醒我，我是个很难相处的人。我已经习惯了听别人这么说，并且自己担着这个恶名。"他那直率乃至粗鲁的说话方式，他那听不进别人意见只顾自说自话的习惯，使他失去了不少朋友。他说话总是不加考虑地脱口而出。1868 年他去丹麦旅游，主人问他是否去看过托瓦尔特森博物馆。"看过了，真不错，只可惜它不在柏林。"这句欠考虑的话说出后，丹麦公众舆论一片哗然，勃拉姆斯只好悻悻地离开这个国家。

勃拉姆斯年轻时是一表人才，帅气，身材瘦长，金发碧眼，还有一副令他很烦恼的高嗓音。成年后，他发福得很厉害，并且蓄上了一脸大胡子。他经常抽雪茄，外表邋遢得一塌糊涂。实际上他也很不讲究。他很讨厌买衣服，他穿的裤子总是过短，又破旧又肥大。在维也纳，有好多人指出他同贝多芬有相似之处（不知勃拉姆斯是否消受得起这样的"夸奖"？）：两人都矮胖，都喜欢乡村，都脾气暴躁，都打光棍儿。两人甚至连走路的样子都相像：向前探着头，双手背在身后。勃拉姆斯常常在脖子上围着一条格子花呢的大披肩，用别针扣牢；手里老拿着一顶帽子，却很少戴在头上。一辈子他都遵循着简单、低调的生活习惯。即便在很有钱之后，他也去很便宜的餐馆吃饭，生活得十分简朴，很少在自己身上花钱。一般来讲，你总能在他最喜欢的酒馆"红刺猬酒家"找到他，他喜欢喝那儿的咖啡。他最大的嗜好是搜集音乐手稿，你可以在他的收藏中发现莫扎特的g小调交响曲。他甚至拥有过瓦格纳的《汤豪舍》的签名总谱，是钢琴家卡尔·陶泽希作为礼品送给他的。（碰巧这部签有瓦格纳大名的总谱不是陶泽希所能决定送给谁的——瓦格纳并没有把它送给他。后来瓦格纳要求把它归还，于是勃拉姆斯十分客气而拘谨地把它还给了瓦格纳。瓦格纳见状，便把自己亲笔签名的《莱茵的黄金》的总谱送给了勃拉姆斯。）

在瓦格纳和勃拉姆斯之间有一种心有不甘的相互钦慕。他俩分别是对立乐派的领军人物，在互无瓜葛的同时，又暗暗地互相敌视。瓦格纳说过几句勃拉姆斯的坏话，但他基本上故意不把勃拉姆斯放在眼里，而后者对瓦格纳也是尽量回避。其实这两人都很好战。早在1860年，勃拉姆斯就有过一次惊人之举：他连同约阿希姆、尤里乌斯·奥托·格里姆和伯恩哈特·肖尔茨一道，签署了一项声明，反对“所谓未来的音乐”。当时没有人注意到这项声明，因为它的大多数签名者都是不知名的年轻音乐家。从此以后，关于音乐，勃拉姆斯再也没有签署过任何声明，或发表过任何公开谈话。如果说他被树立为古典乐派的领袖，那也绝不是他自己的行为，他甚至对整个这件事表示愤怒。此事是由他的朋友、《新自由报》的著名评论家爱德华·汉斯利克促成的，是他把勃拉姆斯树为瓦格纳的对立面，树为所谓“纯粹音乐”家队伍的旗手，其中有克拉拉·舒曼、约瑟夫·约阿希姆等古典传统的坚守者。

总的来讲，勃拉姆斯的一生过得比较平静。他的一生主要是在德国和维也纳度过的。他很少旅行，很少宣传自己的音乐。他出生在汉堡，时间是1833年5月7日。他父亲是个低音大提琴手。

勃拉姆斯六岁时，家里人发现他具有完美的音准和非凡的音乐才华。他很幸运地拜到了爱德华·马克森为师，那是个杰出的音乐家兼老师，他给小勃拉姆斯布置了大量巴赫作品为作业。马克森看得很清楚：勃拉姆斯非一般人也。他坚信小勃拉姆斯定会出人头地，而且这个信念从没动摇过。1847 年，他在获悉门德尔松去世的消息后说："音乐艺术的一位大师撒手人寰了，但是一位更伟大的大师在勃拉姆斯身上显现了。"那时勃拉姆斯才 14 岁，做出这样准确的预测需要很强的预见性才行。马克森和勃拉姆斯成了毕生的密友，后者的《降 B 调钢琴协奏曲》就是献给马克森的。他在 1887 年逝世，比勃拉姆斯早 10 年。

10 岁时勃拉姆斯就在公演钢琴了。为了给家里挣钱，他还到码头区和妓院里去弹钢琴。这给他留下了精神创伤和心理阴影。毕其一生，他同高尚的女人待在一起都不自在，他的性生活似乎也都局限在与妓女的交往上。（马克斯·格拉夫讲了这样一件事：19 世纪 80 年代的一天，伟大的勃拉姆斯走进了一家可疑的咖啡馆，一位名妓请他给大家弹几曲。"教授，给俺们弹俩舞曲呗。"于是，这位不朽的 c 小调交响曲的作者便乖乖地走向那架破旧的立式钢琴，叮叮咚咚地弹将起来，让大家伙儿好不开心。）他年轻时经历的这些事情无疑成了他后来婚姻的心理障碍，使他终生未婚。他受到过很多次女人的诱惑，但都临阵逃脱了。很典型的一个例子，是他同阿加特·冯·齐博尔特的关系。他与她订婚之后，曾给她写过一封很歇斯底里的信："我爱你。我必须再见到你。可我又不想戴上镣铐……"很自然地，像任何正经女孩儿都会做的那样，阿加特解除了婚约。一个写出这样的信的男人是不会当个好丈夫的。晚年时，在一个很私下的场合，勃拉姆斯向一个朋友透露了他小时候经历过的一些事情，并说："这就是我对女人的最初印象，然后你却指望我像你一样赞美她们！"

到20岁的时候，勃拉姆斯已经创作了好几首重要的钢琴作品，包括《降e小调谐谑曲》《C大调钢琴奏鸣曲》《f小调钢琴奏鸣曲》等。它们像勃拉姆斯所有在《亨德尔主题变奏曲》之前的钢琴音乐那样，都是严肃而厚重的作品，带有许多隆隆作响的低音和笨重的音型，而且几乎没有什么妩媚之处。尽管如此，它们显得大气磅礴，具有纪念碑式的宏伟。当时没有几个钢琴家对这类音乐感兴趣。它们就像贝多芬晚期的钢琴作品那样，叛逆钢琴的成分与顺从钢琴的成分一样多。它们摒弃了李斯特的炫耀技巧和肖邦的甜美装饰，主要关注的是乐思而不是织体。勃拉姆斯不会像有些作曲家那样，靠哗众取宠取得暴富似的一夜成名。

不过，他仍被公认为成绩卓著的钢琴家，并且在1853年作为爱德华·雷门依（Eduard Remenyi）的钢琴伴奏者随其出游巡演。雷门依是个匈牙利小提琴家，以茨冈人（吉普赛人）的方式演奏。此君演奏，作秀的成分大于音乐的成分，献媚地一味迎合观众。他的曲目基本上是些短小的返场曲，以及他自己的对肖邦夜曲和玛祖卡舞曲的改编。给这样一个人伴奏，勃拉姆斯作何感想，有何心得，史料没有交代。但正是在那次1853年同雷门依的出游过程中，勃拉姆斯认识了约瑟夫·约阿希姆（1831—1907）。这位已经成名的年轻小提琴家对勃拉姆斯的钢琴演奏印象深刻，对他的音乐更是难以忘怀。他们成了朋友。那时，约阿希姆还是李斯特圈子里的人，他把勃拉姆斯带去魏玛见李斯特。勃拉姆斯随身带了自己作的曲子，但是紧张得不敢演奏它们。李斯特素以年轻作曲才俊的伯乐著称，很可能还是有史以来最了不起的当场视奏者，他拿过去勃拉姆斯的乐谱手稿，走到钢琴前，当场把《降 e 小调谐谑曲》和《C 大调钢琴奏鸣曲》的一部分边看边弹了一遍。勃拉姆斯怎样看待作曲家李斯特暂且不论，对钢琴家李斯特他只有赞不绝口。他后来说过："我们别的人也能弹钢琴，但是我们所有人都只有他双手的几根手指。"接着李斯特给勃拉姆斯弹了他自己的《b 小调奏鸣曲》。关于这件事有一种传说，说李斯特边弹边瞅勃拉姆斯，想看看这个晚辈对这首作品有何反应，却发现勃拉姆斯已经睡着了。这似乎不太可信：当伟大的弗朗茨·李斯特在钢琴键盘上掀起狂风巨浪时，何人能睡？

如果说有一位仍在世的作曲家让年轻的勃拉姆斯热爱的话，那么这人便是罗伯特·舒曼。1853 年，这两人一同来到杜塞尔多夫。事先约阿希姆已经对舒曼提起过这位新朋友，并且一直促成他俩的见面。舒曼的日记里有一段是在 1853 年 9 月 30 日记的："勃拉姆斯来看我了，他是个天才。"他给舒曼留下了很深的印象，致使舒曼在《新音乐杂志》上发表长文介绍勃拉姆斯，称他为一只年轻的雄鹰，并预言他将成就伟大的事业。这恰巧是舒曼为这份他创建的杂志撰写的最后一篇文章。舒曼提携勃拉姆斯的另一项具体行动，是把他介绍给出版商布莱科普夫和哈特尔，他们出版了他的早期作品。舒曼与勃拉姆斯之间是如此互相吸引，以至于舒曼坚持要这个年轻人搬到自己家里住。舒曼自杀未遂之后，勃拉姆斯陪伴在舒曼夫人克拉拉身边；舒曼于 1856 年去世之后，他也在她身边。最后勃拉姆斯爱上了她。有些传闻说，他俩的关系超越了柏拉图式的精神恋爱。但是很难想象克拉拉会向勃拉姆斯投怀送抱。从我们所掌握的一切有关她的材料来看，她都不像是那种人。毕竟她是伟大的罗伯特·舒曼的遗孀，而且从此她还披麻戴孝终身，成了一名职业寡妇。当然，这并不意味着她和勃拉姆斯不亲密。别的不说，光是两人都深切怀念他们挚爱的舒曼这一点，就足够把他俩联系在一起了。他俩彼此需要，相互启迪，两人的音乐观也相似，音乐理想与期冀也大同小异；而且从理性和情感角度来讲，他俩都比大多数夫妻更在心灵上相通，精神上契合。

勃拉姆斯毕生还有另一段伟大的友谊是和约瑟夫·约阿希姆的。约阿希姆之于小提琴相当于克拉拉·舒曼之于钢琴，他也是古典主义信念的忠实拥护者，浪漫主义王国中的一座古典主义堡垒。早在1854年，约阿希姆就看出了勃拉姆斯具有强硬执拗的性格，他在给一个朋友的信里写道：

> 勃拉姆斯和我一起住了几天，看到他安睡在黑睡椅上，我感到不是很平静，尽管我再次看到了他的那些优秀甚至非凡的品质……勃拉姆斯是你能想象得到的最不妥协的自我中心论者，虽然他自己还没有意识到这一点。一切都是那么自然而然地从他那多血质而乐天的本性中溢出，但是他也经常因此而说话、做事欠考虑。（他并不是欠缺那种特别让我喜欢的沉默寡言！）这很伤人，因为这说明他很粗鲁。……他看出了他与之打交道的人们的弱点，并且加以利用……他只在乎作曲时没有干扰。他信仰一个更为崇高的梦幻般世界。

> 他具有把一切不健康的情感和杞人忧天式的愁苦（所谓浪漫主义的矫情）拒之于门外的非凡本领……他的作品内涵十分丰富，并且断然拒绝一切世俗的无病呻吟，于最复杂的表象之下玩着最率真质朴的嬉戏。我还从没见到过这样的天才。反正他是远远地超过了我。

勃拉姆斯第一部伟大的管弦乐作品是《d小调钢琴协奏曲》，它在1859年首次公演，作曲家亲自担任钢琴独奏。它的开篇大胆、大气而激越，迸发出一个雄壮而傲然的主题，至今让人听了仍心惊胆战。它宣告了又一个伟大天才的诞生。这不是一部被指望得到很多场演出的作品，因为它太难了、太不妥协了、太大了、太强硬了，对智力的要求太高了。一位评论家的话代表了人们对它最初的普遍看法："听众对它感到厌倦，乐师们对它感到困惑。"在莱比锡的首演式上，另一位评论家称这首协奏曲是"一部带着钢琴声部的交响曲"。（这并非这位评论家的发明，多年前E. T. A.霍夫曼就宣称过莫扎特和贝多芬的钢琴协奏曲"与其说是协奏曲，不如说是带钢琴声部的交响曲"。）这位评论家接着写道，它的"独奏部分讨厌到了极点，它的管弦乐部分只是一串被割裂的和弦"。莱比锡当时是超保守主义的新门德尔松派的大本营，但是莱比锡对勃拉姆斯音乐的评论也得到了其他地方的响应。安东·鲁宾斯坦的话表达了许多音乐家在勃拉姆斯的音乐刚出来时对它的想法："勃拉姆斯的音乐对客厅来说不够优雅，对音乐厅来说不够火爆，对乡下来说不够原始，对城市来说不够文化。我对这样本质的音乐没有什么信心。"就连爱德华·拉罗这样进步的作曲家也对这首协奏曲不以为然。在这首协奏曲问世二十多年后，有一次拉罗在巴黎给西班牙小提琴家帕勃罗·德·萨拉萨蒂写信说，他已经听了五遍《d小调钢琴协奏曲》，“我主张，既然把独奏家摆在舞台上，就必须让他唱主角，而不应该仅把他当成乐队里的一名独奏者。如果作曲家不喜欢独奏这种东西的话，那就让他写交响曲或别的什么管弦乐曲好了。别让他用一些常被乐队打断的独奏片段来烦我好不好”。许多钢琴家也有同感。所以勃拉姆斯的这首《d小调钢琴协奏曲》在以往从没得到过许多演出机会。直到20世纪50年代，它才成为最受欢迎的协奏曲之一。

不管评论家和某些音乐家怎么看待这首协奏曲，有一点是明显的：一种强大的新声正在勃然兴起，并被德国音乐界的一些重要人物注意到了。勃拉姆斯的声望在一点点增长，克拉拉·舒曼和约阿希姆起劲地演奏他的音乐，尤里乌斯·施托克豪森也开始演唱他的艺术歌曲。1862年勃拉姆斯访问了维也纳，翌年返回汉堡，但决定把维也纳当作自己的第二故乡度过余生。汉堡爱乐乐团的一项决定促成了他的搬家：勃拉姆斯想成为这个乐团的指挥，但被否决了。这件事使他一辈子都耿耿于怀。

来到维也纳后，勃拉姆斯成为“歌唱协会”（Singakademie）的指挥，在这个位子上干了两年。之后，他集中精力于作曲，中间穿插着短期的音乐会巡演，或独奏钢琴或指挥乐队。他在维也纳结交了不少朋友，有钢琴家尤里乌斯·爱泼施坦、小提琴家约瑟夫·海尔梅斯伯格、歌唱家阿玛丽·魏斯（约阿希姆的太太）等。海尔梅斯伯格担任一个著名弦乐四重奏组的首席，他热烈欢呼勃拉姆斯为贝多芬的接班人。在勃拉姆斯的朋友圈里还有著名的外科医生兼业余音乐家西奥多·毕尔罗特、指挥家赫尔曼·列维（他后来移居慕尼黑，成了一个瓦格纳拥护者，因而失去了勃拉姆斯这个朋友）、评论家马克斯·卡尔贝克（他写了第一部有分量的勃拉姆斯传），以及音乐学家和贝多芬研究专家古斯塔夫·诺特伯姆。勃拉姆斯在维也纳先是居无定所，直到 1871 年才在卡尔巷 4 号找到了永久住所，房东是塞莱斯蒂娜·特鲁克萨太太。26 年后，他就是在这所房子里与世长辞的。

勃拉姆斯的成名作是《德意志安魂曲》[1]。它的首演是 1868 年在德累斯顿，嗣后作曲家又给它补写了一个乐章，翌年在莱比锡首演了它的完整版。这部作品的歌词是德文，取自于路德教派的圣经，并与正统的宗教仪式没有干系。甚至连耶稣基督的名字都避免提到。勃拉姆斯本人是个自由思想者，他的那些信教的朋友对此很不安。比如德沃夏克闻此后就大为惊骇，哀叹道：“这么一个伟大的人！这么一颗伟大的灵魂！可是他竟然什么也不信！”《德意志安魂曲》获得成功以后，勃拉姆斯几乎不再以钢琴家的身份旅行了。从 1872 年到 1875 年，他指挥了维也纳“音乐之友协会”的系列音乐会，之后他连职业指挥也不干了，指挥自己的作品除外。他让他的出版商弗里茨·西姆罗克忙不迭地出版他的新作品。直至 1876 年为止，他除了交响曲和歌剧之外，什么体裁的音乐都写过了。写歌剧提不起他的兴趣，尽管他时时说要写一部。没人拿他这句话当真。可是写交响曲就是另外一码事了。朋友们不断催促他写点交响曲，可他就是难以提笔。同所有的浪漫主义作曲

[1] 一译《德语安魂曲》。

⚜ 即将走完人生旅途的约翰内斯·勃拉姆斯

“非常有尊严……真诚而严肃。”

家一样，他的面前也赫然摆着贝多芬第九交响曲这面可怕的魔镜，所有其他交响曲都好像要在它面前接受检验似的。

终于，在 1876 年，诞生了他的第一交响曲。勃拉姆斯琢磨它已经有年头了，他并不着急开工和完工。贝多芬在大约同样的年龄（44 岁）已经创作了他的九部交响曲中的八部，而勃拉姆斯，这位被欢呼为贝多芬接班人的作曲家，却无意与那位最伟大的交响曲作曲家较劲，直到他确信自己已经能够驾驭这种体裁为止。“写交响曲可不是闹着玩儿的。”他老是这样劝说那些催他快写交响曲的朋友。再说，“听着贝多芬这样的巨人的沉重脚步声在你的身后响着，这巨大的压力你们是无法体会到的”。可以想见，欧洲音乐界立刻把勃拉姆斯的第一交响曲树立为可与贝多芬的交响曲相抗衡的杰作，尤其是其末乐章里的一个主题同贝多芬第九交响曲中的“欢乐颂”主题有些相像。汉斯·冯·彪罗激动地称勃拉姆斯的第一交响曲为“(贝多芬的)第十交响曲”。对彪罗脱口而出的这句话，勃拉姆斯半是暗喜，半是恼怒。

闸门既开，勃拉姆斯一发不可收拾，第二年即写出了第二交响曲。之后杰作一首接着一首地问世：1879 年的《小提琴协奏曲》，1881 年的《降 B 调钢琴协奏曲》，1883 年的第三交响曲，1885 年的第四交响曲，1887 年的《小提琴和大提琴二重协奏曲》。大量钢琴曲和艺术歌曲，三首小提琴奏鸣曲等作品，也在第一交响曲之后问世。勃拉姆斯还为单簧管写了一系列作品：《单簧管三重奏》和《单簧管五重奏》（1891），两首单簧管奏鸣曲（1894）。这些单簧管作品是他与迈宁根乐团的首席单簧管理查德·米尔菲尔德交友的结果。在 19 世纪 80 年代，勃拉姆斯管弦乐作品的最伟大的诠释者是汉斯·冯·彪罗，此人在1880年接手了迈宁根乐团，并把它调教成欧洲乐团中的精准机器。彪罗经常带着这支乐团出游，并经常演出勃拉姆斯的作品。以往他用在瓦格纳身上的热忱和投入，现在全被他转移到勃拉姆斯身上了。卡尔贝克讲述了这样一件事（不知是否真实），说有一天，勃拉姆斯和彪罗同时在维也纳的街道上散步，勃拉姆斯走在前面一点。在他身后，彪罗扯着卡尔贝克的胳膊，指点着让他瞧勃拉姆斯，并说："阔步走在咱们前面的那个人多么宽广、稳重而健康啊！我感谢他让我恢复了健康——也许迟了点，但愿没有太迟；事实上，我要感谢他使我仍然活着。我生命的四分之三都错用在了我的前岳父（李斯特），那个江湖骗子，和他那伙人身上了。幸亏我的余生现在属于了真正的艺术圣徒，首先属于了他；就是他，勃拉姆斯。"彪罗还写信给他的未婚妻玛丽·尚策说，勃拉姆斯是继贝多芬之后的"最伟大、最崇高的作曲家。我认为，我同他的友谊是我最大的无价之宝，仅次于你对我的爱。它代表着我生命中的一座高峰，一次精神上的征服"。只可惜啊，两人的友谊由于勃拉姆斯的不太会做人而失败了。彪罗原打算在率领迈宁根乐团去汉堡演出时，指挥演奏勃拉姆斯的第四交响曲，这本该是它的汉堡首演。然而事实上，勃拉姆斯在这之前几天先去了汉堡，并亲自指挥汉堡乐团首演了第四交响曲。这其中无疑有个心理因素在起作用，因为勃拉姆斯对家乡汉堡的感情是既爱又恨。他肯定很渴望抓住这次机会，向家乡父老表明，他这个本地当年的小屁孩儿已经很有出息了。但他却因此坏了彪罗的事，使这位大指挥家深感受辱，结果彪罗不仅拒绝率领迈宁根乐团去汉堡，而且做出了一个典型的堂·吉诃德式的姿态：辞去了该乐团的职务。

彪罗还不是勃拉姆斯失去的唯一一个朋友。在他忠诚的朋友约阿希姆于 1881 年同阿玛丽·魏斯离婚后，勃拉姆斯同这位小提琴家的关系也疏远了。勃拉姆斯竟然站在阿玛丽一边，可以理解这使约阿希姆心里很受伤。但是到了 1887 年，勃拉姆斯同约阿希姆又重归于好，只是两人的友谊绝不会恢复到以前那么亲密的程度了。对此，勃拉姆斯说过这样的俏皮话："现在我明白了这些年我都丧失了什么，是约阿希姆的小提琴的音色。"（一件具有历史意义的事情是，约阿希姆在 1905 年前后录制了几张唱片。至少其中的一张，巴赫的无伴奏的《g 小调奏鸣曲》第一乐章，表明了约阿希姆的风格尊贵高尚，音色纯净剔透，这些使他成为那个世纪最伟大的古典小提琴家。）随着勃拉姆斯步入老年，他变得越来越古怪，越来越刻薄。毕尔罗特抱怨说，勃拉姆斯变得越来越让人敬而远之；连接近他都那么难，更遑论爱他了。1892 年，毕尔罗特在写给女儿的一封信里说，尽管认识了那么多年，他还是琢磨不透勃拉姆斯的举止。"他偶尔会以戏弄或嘲笑别人为乐事。他好像非得这么干不可。这可能是他年轻时遭受的挫折创伤使他变得愤世嫉俗的后果使然：那时他很清楚自己的创作非常严肃认真，但却得不到别人的承认。"

克拉拉·舒曼在 1896 年去世了，这对勃拉姆斯来说是沉重的打击。他在其高贵而沉思默想的《四首严肃的歌》里表达了自己的哀伤。很快，更大的打击落在他的头上。勃拉姆斯患了肝癌。他的父亲就是死于肝癌的。他日益消瘦，朋友们见此都很难过。"这真是悲剧啊，"海因里希·冯·赫佐根贝尔格写道，"像勃拉姆斯这样强大的个性也只能很清醒地遵守身体朽烂的自然法则……勃拉姆斯终于倒下了！”粗壮结实的勃拉姆斯一辈子还没有生过这样重的病。在 1897 年 3 月 7 日，他还挣扎下床，拖着病体去听了汉斯·李希特指挥演出了自己的第四交响曲，并接受了观众狂热的欢呼喝彩。同年 4 月 3 日，他撒手人寰。

与众多作曲家一样，勃拉姆斯充满创造性的一生也可以划分为三个界限分明的时期。在作曲伊始，他一心忙于探究曲式，他那时的作品都很大气，具有绝对的目标严肃性和自觉的庄严崇高性，其音乐感人至深得令人好奇。他那时的音乐也不是很顺畅，有时很笨重，连他的崇拜者也承认它有时很艰涩。1863 年，维也纳《评论报》的一位撰稿人针对勃拉姆斯早期音乐的臃肿写了一篇文章，最后满意地下结论道：幸亏勃拉姆斯有能力“从他那晦涩、昏暗、厚重、混沌情感的云遮雾罩中脱颖而出”。不过，这篇文章主要还是想谈勃拉姆斯音乐风格的最大优点：“勃拉姆斯毕生投身于创作一种具有宏大的崇高性、深刻性和真诚的严肃性的音乐，这使得他与众不同、出类拔萃。”

后来，勃拉姆斯觉得，即使自己的早期作品得不到演奏，他也不会不高兴的。这不仅是因为他对贝多芬过于敬畏，而且还由于他的一些作品，比如那三首钢琴奏鸣曲，《B 大调三重奏》《降 B 调六重奏》等,有被形式控制的趋势。非但不是由他来驾驭体裁，他反而成了体裁的奴隶。这造成了勃拉姆斯的音乐，在充满独创性和感人至深的旋律的同时，也听起来有些浑浊而艰涩。甚至他较晚期的有些作品，譬如写于 1864 年的那首伟大的《f 小调钢琴五重奏》，其厚重之甚乃至在一定程度上窒息了音乐；就算勃拉姆斯对制造“悦耳动听的”声音不感兴趣，那他也是在平衡方面有所失衡。

随着《亨德尔主题变奏曲》（1861）和两卷本的《帕格尼尼主题变奏曲》（1862—1863）的问世，勃拉姆斯进入了钢琴音乐创作的一个新阶段，其巅峰之作是1878年的《八首小品》和1879年的两首《钢琴狂想曲》。这些作品更加稳定、稳健，更自信、更热情一些了，且更加绚丽多姿而又不失之于轻率浅薄。作品76号的那八首短曲是他沿着这条线创作的第一部作品，而且此后他所有的钢琴作品便都是短小的了。这些短曲风格各异、变化多端，在和声与节奏上极其复杂、老到，它们把舒曼的那些可爱的音乐素描（比如《大卫同盟盟员舞曲》中的那些）向前发展了一步。勃拉姆斯中期音乐的另一个特点是优雅，比如那三首弦乐四重奏便很雅致。勃拉姆斯的早期作品严肃得优雅不起来，但在他的中期音乐里他放松多了，于是你从中能感受到一种出乎意料的妩媚。在他的那些可爱的《爱之歌》华尔兹舞曲里（让人想起了施特劳斯家族的圆舞曲），勃拉姆斯把这种妩媚几乎发挥到了极致，乃至有些扭捏矫情了。勃拉姆斯还写了大约两百五十首歌曲，都是平衡极佳，首尾相顾，前后呼应。他的歌曲颇有舒曼的曲风，尽管钢琴伴奏部分总嫌厚重；它们展示的抒情浪漫堪与舒曼媲美。

勃拉姆斯经常创作“姊妹篇”，即成双成对地作曲。因此出现了这个有趣的现象：仅仅相隔几年，他便写了两首六重奏，两首四重奏，那两组最有名的钢琴变奏曲，两首管弦乐小夜曲，两组声乐华尔兹舞曲，两首序曲（“悲剧”和“学院庆典”），两首单簧管奏鸣曲，两首钢琴四重奏，两部交响曲。每写完第一首，他就好像对个中的难题发生了兴趣，于是将其一股脑儿地灌到它的姊妹篇里去。他把这个习惯一直保持到去世。勃拉姆斯的晚期作品与人们可能期待的不同。贝多芬的作品是越到后期越紧、越冲，越炽烈、越带劲；而勃拉姆斯的音乐似乎是越到晚期越松弛、越放松。所以人们总是用“秋天”来形容他的晚期作品。他的风格在晚期变得越来越柔和与沉思，1885 年写完第四交响曲之后尤为如此。

勃拉姆斯的四首交响曲人们太熟悉了，这里不需要做详尽的描述。C 小调的第一号交响曲是在经历了多年的苦恼试验后问世的。彪罗给它起的外号“贝多芬第十交响曲”，其追捧勃拉姆斯的成分小于对他的伤害。贝多芬迷们讨厌这种叫法，把它拣出来责难勃拉姆斯而不是彪罗。D 大调第二交响曲作于 1877 年，是抒情的田园风格的，晚于第一交响曲一年。有人批评它过于肤浅、轻薄，勃拉姆斯的崇拜者们对它也不满意。不过，它的第二乐章在他的同时代人听来十分神秘和棘手。1878 年在它的伦敦首演式上，所有的评论家都对第二乐章避而不谈。《泰晤士报》的评论这样说：“只听第一遍这个乐章就下判断几乎不可能。”《旗帜报》：“关于那个‘柔板’乐章，我们就别费口舌了吧。”《每日电讯报》：“最大胆的评论家可能会在听了一遍之后不自信地谈谈它。”只有《每日记事报》写了一句断然的评语：“从哪方面来看都是一首杰作。”D 大调交响曲同 c 小调交响曲的关系就像是勃拉姆斯的《a 小调弦乐四重奏》同他的《c 小调弦乐四重奏》的关系那样，都是先写一部充满戏剧性冲突的，再来一首闲适抒情的。然而，在听了勃拉姆斯的 c 小调第一交响曲之后，人们却期待他再写一首同样英雄性格的交响曲，不料却等来了性格迥异的 D 大调第二交响曲。相形之下，1883 年问世的 F 大调第三交响曲让公众欣喜得多。马上就有一些评论家把它命名为“英雄”，可惜它从来都名不副实。关于这部交响曲，有两点并不是人人都知道的。在它的末乐章结尾处，勃拉姆斯以一种柔和与平静的回忆的方式把第一乐章的开头主题请了回来。许多人认为这是勃拉姆斯的独创。可实际上，李斯特那一派有个叫约阿希姆·拉夫的作曲家（他写过一些通俗的标题交响曲）已经先于勃拉姆斯用完全相同的方法结束过他的《在森林中交响曲》（1869）了。（直到 19 世纪结束，拉夫的《在森林中交响曲》和鲁宾斯坦的《海洋交响曲》还一直是得到演奏最多的交响曲中的两部呢。）一般人没有注意到的还有一点：勃拉姆斯用以开始其第三交响曲的那个主题（出现在两个起始的和弦之后）是来自舒曼的作品，并且出现了两次。在舒曼的第一交响曲（“春天”）的第二乐章，74 至 78 小节的地方，它出现过；但在这整部作品的过程中它没有再次露面。完全一样的情形也发生在舒曼的第三交响曲（“莱茵”）的第一乐章之中（在奥伊伦堡版总谱的 49 页和 50 页）。在舒曼的这两种情形中，乐章的调性都是降 E 调。而在勃拉姆斯的这两种情形中，这个神秘的主题都是在 G 大调。有人猜测这个主题对舒曼具有特殊意义，虽然它象征着什么还无人知晓。也许勃拉姆斯清楚舒曼的用意何在。不管怎么说，勃拉姆斯在其 F 大调交响曲中使用了舒曼的这个主题。勃拉姆斯的最后一部交响曲是 e 小调第四交响曲，相对而言，它暂时不太成功。有人认为它过于“隐秘”，它那 e 小调的调性也颇不寻常，令一些音乐家困惑不安。此外，它的终曲乐章，一首恰空舞曲（以循环低音为底子的变奏曲），也被人认为太干涩。

对勃拉姆斯音乐的另一项抱怨是说它太难演奏。那两首钢琴协奏曲和那首小提琴协奏曲都充满着不同寻常和令人不舒服的展开，每部作品里都有一些地方让你几乎没有协商谈判的余地。这些作品里还有大段大段的混合节奏乐段，常常是在右手演奏三拍子的同时，左手演奏四拍子。勃拉姆斯时期的听众都说，这些节奏搞得他们头晕目眩。（“不过这很可能是许多现代音乐总谱中的复合节奏构造的开端。”阿诺尔德·勋伯格后来写道。）勃拉姆斯的配器技术毫无浮华的成分，并且显示出他具有妥善处理宽广的展开和别扭的装饰音型的能力。另外，他能写出来的乐谱终究还是能被演奏的，这已被后来的无数演奏高手所证明了。李斯特最优秀的弟子里有一个名叫尤根·达尔伯特的，他是接纳勃拉姆斯的《降 B 调钢琴协奏曲》的第一个钢琴家。当时的人们对于他能够背下来并演奏这么冗长和复杂的一部作品感到震惊。今天，年轻一代的演奏高手演奏所有勃拉姆斯的协奏曲和其他器乐曲都跟玩儿似的。然而，即便勃拉姆斯的音乐在今天不再呈现不可克服的技术难题（当然谁也不会说勃拉姆斯的协奏曲容易），它仍会设置音乐理解和表现方面的难题继续挑战演奏家。

在勃拉姆斯生命的最后几年，他创作了一些十分柔和、很个人化的作品。这并不是说这些作品缺乏张力或紧张度。但是像《d 小调小提琴奏鸣曲》《单簧管五重奏》《钢琴间奏曲》，以及他的最后一部作品，一组为管风琴写的 11 首赞美诗前奏曲，这样的作品，却具有一种他那个时代的音乐中所没有的淡泊和宁静。打个比方说，如果说海顿的晚年交响曲仍然像是一个青年作曲家的作品的话，那么勃拉姆斯的晚期音乐却毫不显示青春或热情。当时正值浪漫主义的黄昏，落日的这抹奇特的余晖很难描绘得清楚。它放射着均匀、平稳而和煦的光芒，不像马勒的音乐那样光焰夺目；不像布鲁克纳的交响曲那样，在半道上猛地从地平线上跃升而起，赫然巍立；也不像理夏德·施特劳斯的音乐那样，如太阳耀斑似的突然勃发。勃拉姆斯的音乐是一颗创造性心灵的产物，它完全驾驭了自身的素材，把技巧融入了柔美的金色光辉。身处那样一个时代，当瓦格纳的庞大乐剧垄断着歌剧院时，当理夏德·施特劳斯的震撼交响诗成为全欧洲谈论的对象时，勃拉姆斯的音乐仍然以渐入佳境的方式继续展示着它一贯展示的东西：成熟性和完整性，贝多芬和舒曼的灵魂，一个纯粹和严肃音乐家的严谨态度——他只致力于创作一篇篇绝对音乐的纯美华章，以及那些最能实现并提升这些纯美乐音的体裁。

• 20 •

德国艺术歌曲大师

——雨果 · 沃尔夫

HUGO WOLF

勃拉姆斯去世的那一年，那个古怪的雨果 · 沃尔夫也从德奥的音乐风景线上消失了。这个当时最伟大的艺术歌曲作曲家，也有人认为他是有史以来最伟大的歌曲作家，被送进了疗养院——对疯人院的一种讳称。沃尔夫已经燃尽了自己，没法再支撑下去了，即便他的神经系统没有受到17岁时身染梅毒的影响，他这种狂躁抑郁症患者无论如何也都不能坚持太久了。沃尔夫拍了很多照片，看上去都差不多。他用他那双迷茫而又炽烈的黑眼睛盯着摄影师，他的许多同时代人都提到过他的这双眼睛。他一般都穿着天鹅绒外套，系着流泻垂下的艺术家式领带，消瘦，英俊，贵族气质，不笑，憔悴。无论看上去还是实际上，他都是一个不同寻常的人。仅仅数年时间，这个饱受折磨的天之造物便给世界留下了一笔丰富的遗产，并将德国艺术歌曲推上了前所未有的高峰。

他除了创作歌曲，也有其他体裁的作品。他写过一部有趣的歌剧《市长》，但从没上演过。此外还写过一些合唱作品，一首很长的弦乐四重奏，以及为弦乐四重奏组创作的《意大利小夜曲》（后扩充为弦乐队曲），一些钢琴曲，一部几乎无人知晓的长篇交响诗《彭忒西勒娅》。但是沃尔夫成就了自己歌曲作曲家的声誉，尽管他在生前并没有获得什么名声。现在他也是以艺术歌曲作曲家的身份享誉世界的。

沃尔夫是个过着暴风雨般生活的叛逆者，一个波希米亚人式的愤世嫉俗者，一个死于 43 岁的疯子天才，一个能够把雷火电光般的音乐激流灌注于诗歌的音乐大师。在他创作的 242 首歌曲中，经常出现与他的世俗生活截然相反的静谧与安宁。很少有作曲家像他那样对诗如此敏锐、如此有感觉。人们已经无数次地指出，伟大的歌曲作曲家如舒伯特、舒曼、勃拉姆斯等都是对诗歌很有感觉的音乐家。但是沃尔夫，则是个用音乐来思维的诗人。诚然，根本无须提醒人们从舒伯特到勃拉姆斯的那些伟大的艺术歌曲有多么绝顶至美；但是沃尔夫的歌曲呢，则不仅美，还具有更多的原创性，在和声上更加前卫，而且还更有内涵，在歌词与音乐的交织与融合上更加水乳交融、严丝合缝，其程度足以穿心。沃尔夫达到了英国伊丽莎白女王时代的歌曲作家托马斯·坎皮恩表达过的那种理想境界：让歌词与音符幸福地结婚，琴瑟和鸣。沃尔夫将这一点做得如此完美，以至于人们发明了一个辞藻“心理歌曲”用来形容他的音乐。这种词与乐的非凡结合表现在：通过出乎意料的转调凸显诗歌的高潮；通过音乐伴奏升华歌词的内涵；通过旋律的烘焙净化和纯化歌词。所有这些，有的出自于沃尔夫的偶像瓦格纳，有的源自于李斯特，其“先知歌曲”（“预言歌曲”，prophetic songs）迄今一直被独唱（奏）家们极大地忽视了。其实从许多方面来说，李斯特的歌曲都预示了沃尔夫歌曲的出现。

沃尔夫对李斯特和瓦格纳的崇拜，以及他对勃拉姆斯的厌恶，大概都是有其个人原因的。1860 年 3 月 13 日，沃尔夫出生在施蒂里亚的温迪士格拉茨（现今斯洛文尼亚的斯洛文尼格拉德卡）。他不顾父亲的反对，于 1875 年离家去维也纳音乐学院求学。沃尔夫在维也纳上学期间，瓦格纳曾访问过维也纳。当时只有 15 岁的沃尔夫一直跟着瓦格纳鞍前马后，最后终于鼓足勇气给自己的偶像瓦格纳看了自己写的曲子。瓦格纳为沃尔夫的英雄崇拜感到好笑，但是并没有随便打发了沃尔夫，而勃拉姆斯显然是这么做了。当沃尔夫同样接近勃拉姆斯的时候，后者就建议他去找诺特伯姆学习对位法。沃尔夫对此非常生气，“勃拉姆斯就是出于他那北德式的陈腐学究气才把诺特伯姆扔给了我”。从那一刻起，勃拉姆斯就成了他的敌人。后来沃尔夫当过三年《维也纳沙龙报》的音乐评论员，终于找到机会狠狠报复了勃拉姆斯。

这份工作是一个朋友帮他找到的。此前，沃尔夫这个高度敏感而神经质的人还从来没有干长久过任何一份工作。他也不能在任何一个地方久待。家乡温迪士格拉茨的学校很快便让他感到厌烦了，只有一门让他感兴趣的功课还学得不错，那就是音乐课。但他两年后也离开了维也纳音乐学院，他对院长约瑟夫·海尔梅斯贝格说，他忘的比学的多。约瑟夫·海尔梅斯贝格立刻把他开除了。沃尔夫一直声称，自己是在被开除前离开学校的，但是有段时间他确实认真考虑过要将音乐学院告上法庭。另外，他也没有教书的耐心，他确实教过一阵书，但发现自己并不擅长于此。大部分的时间，他都和朋友们在一起，从一个便宜的居所搬到另一个便宜的居所，而吃的则是由家里寄来的食品包裹。他在萨尔茨堡当指挥家卡尔·穆克的助手，后来成为那里的合唱队副指挥。他在那里树敌颇多，惹上很多麻烦，然后一走了之，管那个地方叫“猪圈”。他很可能是不能胜任这份工作。但他好像很喜欢那份音乐评论员的工作，并且因为猛烈攻击勃拉姆斯以及整个维也纳的行政制度而名声大噪。他气愤而刻毒地写道：勃拉姆斯的《d小调协奏曲》“通篇浮现出一种冰冷、阴湿、雾气的氛围，把人的心都冻住了，把人的呼吸都带走了。听着它你会感冒的。不健康的货色！”。关于勃拉姆斯的第四交响曲，他写道：“很肯定，他从没使自己脱离平庸，但是像e小调交响曲这样无聊、空洞、做作、伪善的，在他的其他作品里还没有出现。思想贫乏的音乐创作在勃拉姆斯这里显然已经找到了最有价值的代表。”沃尔夫的评论，对于以勃拉姆斯的好友汉斯利克的保守观点占据垄断地位的维也纳音乐界来说，无疑是一种矫枉过正。同时，沃尔夫无所顾忌地表达观点，以及他对李斯特和瓦格纳的肆无忌惮的宣扬，也注定了他的事业将受到挫折。

身兼作曲家和评论家这一现实情况，把沃尔夫放进了一个尴尬的境地。（无异于既是运动员又是裁判员。）一方面，他攻击维也纳爱乐乐团的在他看来陈旧而无趣的曲目；另一方面，他又忙不停地结交这个乐团的重要成员，比如它著名的乐队首席阿诺尔德·罗泽，以及小提琴家兼中提琴家齐吉斯蒙德·巴赫里希，这两人都被他在乐评里骂过。他需要他们的帮助以演出他自己的音乐，譬如他希望罗泽组织的弦乐四重奏组演出他的四重奏，也希望维也纳爱乐演出他的《彭忒西勒娅》。罗泽很开心地看着沃尔夫焦急等待，然后给他回了一封很具有侮辱性的信："我们很认真地过了一遍您的《d小调弦乐四重奏》，然后一致决定把这部作品留给您。我们把它放在歌剧院的门房那里。您能否尽快派人来取？门房很可能把它随手丢在什么地方。致以最诚挚的问候。"最终，《彭忒西勒娅》在汉斯·李希特指挥下得到维也纳爱乐的排练。据沃尔夫说，李希特把它从头指挥到尾，因为，他对乐团说，他想亲眼看看这个"竟敢写文章对勃拉姆斯大师如此不敬的"人自己能写出什么作品。李希特后来否认自己曾说过这样的话，但这件事听起来似乎确有其事。无论如何，沃尔夫天真地以为，爱攻讦别人的乐评家会受到被他抨击的对象的欢迎，不打不相识嘛。可他这是在冒险。他写评论文章可以不顾道德约束，因为个人原因而利用自己的专栏攻击报复别人。经过《彭忒西勒娅》的失败，他用诅咒来进行报复。"我要发表一篇有关李希特的文章，让李希特这个魔鬼吓得脸色惨白。"他真这么做了。

1875年前后，沃尔夫开始创作歌曲，但直到13年后他的创作才完全成熟了。1888年到1891年间，他把默里克、艾兴多夫、歌德、盖贝尔、海泽、凯勒尔等人的诗谱了曲，共创作了两百多首歌曲。1895年至1897年，他又创作了大约三十首歌曲。1897年，他精神错乱并在疯人院里度过了他生命的最后四年。这样算来，他的歌曲创作生涯就只有七年时间。他的主要歌曲集计有：53首歌的《默里克之诗》（1889年出版），《艾兴多夫之诗》（1889），《西班牙歌曲集》（1891），《根据海泽与盖贝尔诗的歌曲集》（1891），《凯勒尔的六首诗》（1891），《意大利歌曲集，根据鲍尔·海泽的诗》（两卷本，1892，1896），《米开朗琪罗的三首诗》（1898）。此外还有百余首根据海涅、莱瑙、沙米索等人的诗创作的零散歌曲。他的艺术巅峰期是从1888年创作默里克的歌曲集开始的。他狂热地创作着，一天能够写出两首，有时甚至三首歌曲。三个月里，他一共写出了43首歌曲。同年下半年，他把注意力转向了歌德，在三个半月里写出了50首歌曲。仿佛有一股自然界的伟力握住了他的乐笔，在冥冥之中引导着他。沃尔夫自己清楚这些歌曲都写得不错。“我现在写歌也是为后世创作。这些歌都是杰作。”他仿佛被自己的作品迷醉了，在描述它们的时候如同醉酒一般：“《一位姑娘的第一首恋歌》是我迄今为止所作的最好的歌，远胜于其他的歌……它的音乐是那样个性鲜明，那样震撼而炽烈，以至于可以崩溃一块大理石的神经系统。”但在第二天，他却又写道：“我收回我昨天说的《一个姑娘的第一首恋歌》是我最好的歌的话，因为我今天早上写的歌曲《漫步》，比那又要好上千百万倍。如果你听了这首歌的话，你会只有一个愿望——去死。”

沃尔夫的这些歌曲立刻便得到了一群独具慧眼的鉴赏者的赏识，被他们称为“伟大的作品”。罗莎·帕皮尔和费迪南德·耶格尔开始公开演唱它们。沃尔夫能弹一手好钢琴，就亲自为他们伴奏。即便是沃尔夫的敌人，现在也承认他确实有些天才。他的音乐代表着艺术歌曲创作的一种新气象。沃尔夫的有些歌曲很容易被人与舒伯特、舒曼和勃拉姆斯的艺术歌曲归为一类。但是沃尔夫也写了一些另类的歌曲，只听一次你很难发现其中的奥秘。这种歌听起来比较艰涩，没有旋律性，太过宣叙（念白）性质。这样的沃尔夫歌曲有必要听很多次，其中的精妙关节和细腻表现的情感织体才能清晰显现。

沃尔夫的创作遵循着这样一个理论：诗歌的形态必须决定音乐的形态。他在写给《市长》的脚本作者罗莎·迈雷德尔的一封信中总结了自己的观点：

> 在诗歌与音乐之间有一种紧密的融合，实际上，这种融合是以前者为母体、后者为实施者的。在这种融合中，音乐具有吸血鬼的性质，它牢牢抓住“受害者”并残忍地从她身上吸干最后一滴血。你也可将音乐比作一条贪婪的蚂蟥，它不停地要求新鲜的营养，然后让自己变得丰满、肥胖，而其母亲的美体却凋残了。不过这一比喻只适用于呈现在听众面前的音乐效果，这是一种音乐与诗歌连体的效果……没有什么比无端地推崇一种艺术，同时贬低另一种艺术的这种不公正，更让我感到震惊的了……

在吮吸诗歌的过程中，音乐得到了充实并且逐渐成形。一直以来，大多数歌曲作曲家都偏重于旋律，把旋律只当作纯粹的旋律看待。而沃尔夫却认为旋律只是凸显、强调诗句含义所需要的元素之一。不妨说，他的每一首歌曲都是一幅精微的诗绘，一幅幅用诗句绘成的小音画。每幅给人异军突起之感，每幅都妙不可言，每幅都充满让人始料不及的乐思。比如《画作》，其结尾是平静而感人的；如换上个想象力稍欠缺的作曲家，可能就会写成这样：接近尾声了，爱情也表白了，于是钢琴嘎啦嘎啦地用一串和弦激越地结束全诗。在《是谁在呼唤你》中，表面上女歌手在倾诉衷肠，而钢琴伴奏却在暗示她在叙说虚情假意。在《流浪的

✤ 雨果·沃尔夫，艺术歌曲的代表

他有一双灼亮的黑眼睛，似有暗示催眠的作用。

玛丽亚》中，有一段低吟的、几乎是单调的歌唱，同时伴奏提示出一种盲目无方向的踯躅，那么含蓄却又那么执着。在《天佑》中，唱到“上帝创造美好”一句时，伴奏似闪耀着圣光。他写的最后三首歌曲（《米开朗琪罗歌曲集》）完满地画全了这个圆：在《我常常想》的结尾，能听到瓦格纳的《纽伦堡的名歌手》的一个主题；在《告诉我如何赢得她》里，有一个来自瓦格纳的《特里斯坦与伊索尔德》的动机。沃尔夫在他的最后几首歌曲中，回顾了对他毕生创作最大的那个影响，并对其表示了敬意和感激。

沃尔夫在歌剧上从来都是运气不佳。1895 年他开始创作《市长》，为此朋友们捐钱资助他。他必须依靠资助，因为他毕生都是一文不名。他甚至没有家。为了努力改变这种局面，他曾产生过各种不切实际的想法，包括移民到美国。当时的欧洲人都知道，那个国家里的每个公民都是百万富翁。沃尔夫说过，他要去一个“遍地都是黄金的地方，以便稳定地挣钱，为过上体面的生活打基础”。当然，这事最后不了了之。多年来，他从一个朋友家搬到另一个朋友家借住，最后终于在 1896 年找到了自己住的公寓。但他只享受了它一年就告吹。依靠朋友生活的沃尔夫当然乐于一面接受朋友的资助，一面继续创作他的歌剧《市长》。“是时候了！对某个人来说刻不容缓了！照理说，国家有这份该死的责任和义务来供养音乐家们和诗人们。”舒伯特，这个和沃尔夫在生存问题上颇有相似之处的音乐家，也说过相似的话。《市长》的创作进展很快，沃尔夫用了 14 个星期就完工了。他欣赏着自己的作品，洋溢着沃尔夫式的欢喜和乐观。“人们不久就会不谈别的而只谈我的歌剧了。其他所有人，马斯卡尼也好，洪佩尔丁克也罢，统统无法与它抗衡，只好甘拜下风，溜之乎也。”

1896年，《市长》在曼海姆首演，只获得了很有限的成功。不久之后它就被抛到一边，无人问津了。从来它就没有进入过保留剧目。翌年沃尔夫就疯掉了，他幻觉自己被任命为维也纳歌剧院的总监。他在维也纳到处乱说马勒被革职了，而他沃尔夫将立刻接手重组维也纳歌剧院。他闯到维也纳歌剧院歌唱家赫尔曼·温克尔曼的家中，介绍自己是新任的总监，还吩咐他当天下午就来为自己工作。温克尔曼假装去接电话，一去不返。沃尔夫非常生气。“他竟敢拒绝他的总监的第一个要求，看我怎么整他！”沃尔夫的朋友们围在他的身边，不知如何是好。沃尔夫瞅着他们一张张沮丧的脸，不悦地说：“瞧你们这一大帮朋友！我一生中总算成就了什么，你们却一点也不高兴。”送他去疯人院的马车来了，沃尔夫却以为这是接他去见维也纳宫廷剧院的总管李希恩施泰因亲王，还特意正装捯饬了一番。在疯人院里，他还详细书写了未来的工作计划，并和人讨论他将要创作的几部歌剧。他在神经错乱期间接着创作歌剧《曼努埃尔·委内加斯》，现在仅存一点残本。1898年，沃尔夫出院，出来后四处漂泊，后来试图溺水，之后又进了疯人院。1903年2月22日，沃尔夫病逝于疯人院。有人为他的面部做了模型。他死后的那张脸，疯狂，英俊，清瘦，蓄着山羊胡子，高颧骨，深陷的双眼——正如多雷所描述的那样，一张酷似堂·吉诃德的脸。

• 21 •

华尔兹，康康，以及讽刺剧

——施特劳斯，奥芬巴赫，沙利文

STRAUSS, OFFENBACH, SULLIVAN

如果衡量一个作曲家的标准是其音乐寿命的话，那么19世纪的三位轻音乐的创始者就经受住了漫长岁月以及音乐潮流更迭的考验而符合标准，从而理应被称为不朽。对我们而言，小约翰·施特劳斯的圆舞曲及其维也纳轻歌剧、雅克·奥芬巴赫的喜歌剧，以及阿瑟·沙利文爵士的轻歌剧，它们始终是那么充满魅力、欢快而清新，且创意十足。现如今，梅耶贝尔几乎被人遗忘了；古诺只存活在一部歌剧里；诸如戈德马克、鲁宾斯坦、海勒尔、拉夫这些从前的伟大人物现在已经成为历史书上的名字。可是全世界至今依旧享受甚至迷恋着约翰·施特劳斯、奥芬巴赫以及沙利文的音乐。

首先是华尔兹（圆舞曲）。华尔兹起源于兰德勒舞，一种四三拍子的德奥舞曲。1770 年至 1780 年，华尔兹最先出现，不久它便让欧洲为之疯狂，而不只限于维也纳，虽然维也纳是华尔兹的大本营。莫扎特的歌剧《费加罗的婚姻》在首演时参加演唱的爱尔兰男高音迈克尔·凯利，在其 1826 年写的回忆录中，描述了当时跳华尔兹的热烈场面。凯利发现："维也纳人在我那个时代（18世纪80年代）疯狂地跳舞。当狂欢节来临的时候，欢乐的气氛弥漫了大街小巷……维也纳妇女对跳舞是那样热衷，她们去狂欢节帐篷里跳舞的欲望是那样强烈，态度是那样坚决，以至于绝不允许任何人阻止她们享受这项她们最喜爱活动的乐趣。"凯利还引用了当时维也纳当局的一项安排，来证实自己的说法。他说，考虑到女人们那么狂热地爱跳舞，"为了照顾这些不肯待在家里的家庭妇女，维也纳为她们准备好了具备一切方便条件的公寓，以备她们不巧要分娩"。凯利这个鉴赏内行认为维也纳女人很优雅，但是"依我看来，我仍觉得跳华尔兹舞从夜里10点跳到早上7点，就这样连续旋转，还是过于疲劳了；此外让眼睛和耳朵也受不了"。

很自然，华尔兹成了一种商品。贯穿整个19世纪，即便是最伟大的作曲家也都会放下身段来帮助满足这种需求。这是有先例的。早在伊丽莎白时代，作曲家们就勤奋地向欣喜的公众供给舞曲，创作舞曲音乐取悦他们。海顿和莫扎特都写了大量舞曲。舒伯特写了好几卷华尔兹舞曲以满足这一新潮的需求。威伯为独奏钢琴创作了《邀舞》（后被柏辽兹改编为管弦乐曲），确立了音乐会华尔兹舞曲这种形式。肖邦创作了理想化的华尔兹舞曲，不单为跳舞而作。勃拉姆斯奉献了一组钢琴华尔兹舞曲和两组声乐四重唱华尔兹舞曲。德沃夏克写了一些很优美的华尔兹。理夏德·施特劳斯的《玫瑰骑士》可劲儿地利用华尔兹这种体裁。拉威尔为管弦乐队写了一首极优秀的华尔兹舞曲，以及一部钢琴组曲，名为《高贵而感伤的华尔兹》。德彪西也写过几首华尔兹。就连贝尔格在其严峻的《沃采克》中也有一首华尔兹舞曲。

自打华尔兹诞生后，说它道德低下的聒噪声就连连不断。它的第一位伟大的诠释者是老约翰·施特劳斯，而且那些清教徒国家的人也知道把它的“罪”归咎于何处。“这种德国出产的劣质品缺乏优雅、精致以及道德，是令人厌恶的潮流。”一家英国媒体这样写道；当然它指的并不是出生在奥地利的施特劳斯，而是华尔兹本身这种体裁。但是华尔兹仍然所向披靡、势不可当。一位法国记者在 1852 年写道：“维也纳每一户人家、每一架钢琴上都摆着一本施特劳斯谱写的华尔兹舞曲集。”这一回指的是小约翰·施特劳斯。“他写了超过二百首的华尔兹舞曲，全部都受到人们的喜爱，每一首都被全欧洲的人们演唱、吹口哨和演奏。无论是贫民还是贵族都哼唱和吹奏它们，乐队和手摇风琴也演奏它们。我们在街道上、舞会上、公园里、剧院里都能听到它们。维也纳人边跳舞边把他扛在肩上招摇过市，并欢呼‘施特劳斯万岁！’。欧洲其他地方立刻响应这种欢呼，也高呼‘施特劳斯万岁！’。”

但是华尔兹并非只是供人娱乐的，老约翰·施特劳斯所做的工作给那些更好的音乐家留下了极其深刻的印象。柏辽兹在 1845 年访问了维也纳，对华尔兹和其他舞曲音乐带来的技术改革有满腹的话要说。在他的《回忆录》中，他写了长长一段话记述了这个话题：

> 雷杜登大厅这个名称是因为冬天频繁在这里举行盛大舞会而得名的。维也纳的年轻人在这里尽情释放着他们对跳舞的热情……我一连几个夜晚在这里观看那些无与伦比的华尔兹舞者一团团地旋转热舞，非常羡慕这些个舞蹈方阵那么精

> 确地占位转圈儿，循规蹈矩而不乱套。同时有两百人在跳舞，排成长长的两行，跳着那么生动婆娑的舞姿，其创意和优雅超过我在其他地方所见，除了在匈牙利。瞧，施特劳斯本人站在那里指挥着他那个出色的乐队；有时候，当他为某个公共舞厅写的某支新华尔兹舞曲演奏出彩、特别带动舞者情绪的时候，舞者们都会停下来专门向指挥、乐队鼓掌喝彩，女士们则会拥向指挥台，向施特劳斯指挥抛掷鲜花，大家齐喊"bis！"（登峰造极之意），并在一支方块舞结束之后呼他返场。这是再公正不过了，毕竟施特劳斯是一位艺术家。他对整个欧洲的音乐品位正在产生着很大的影响，这是有目共睹的，怎么承认都不为过。他把交叉节奏引进到华尔兹里，这对舞者自身产生的效应是如此强烈，致使他们设计出两步华尔兹以图模仿它，虽然音乐仍是三拍子节奏。如果德国以外的公众能够欣赏这种既对立又统一的节奏的无穷魅力的话，那这要完全归功于施特劳斯了。贝多芬在这方面的成就太过高深，以至于只能影响少部分听众。而施特劳斯却着意吸引最广大的听众，尽力取悦他们。他的众多效仿者也通过模仿他，而助力把他的影响扩大到极致。

甚至连古板老派的亨利·福瑟吉尔·乔利，那个音乐评论界的顽固保守派，也吝啬地承认施特劳斯的音乐确实有一些价值。他曾于1844年去听了施特劳斯乐团的音乐会，并认为由这位维也纳音乐大师指挥的华尔兹包含"让所有音乐家都会去思考的真理"。乔利从没听过这样富有变化而又如此细腻的管弦乐演奏。他也从没听到过这样一种如此适合做这样精细演绎的音乐类型。"就连无声以及呼吸的间隙都如同调味剂一般，赋予乐章以活力，而不会造成断裂。这种技法可以为交响乐作曲家提供借鉴。"

乔利这里指的是老施特劳斯的乐团，他的这一观点令人信服。我们现在所理解的交响乐演奏在19世纪40年代初期还处于婴孩阶段。那时候，具有绝对权威、能够用自己的个人魅力将不同声部的音乐家凝聚在一起、具有慈父般形象的乐队指挥，才刚刚出现在舞台上。在那之前，乐团领袖的指挥角色是由首席小提琴手和键盘手共同分担的。早期的乐队指挥，如威伯、施波尔、斯庞蒂尼、门德尔松、瓦格纳、柏辽兹、弗朗索瓦·阿贝内克（他在1828年创建了巴黎音乐学院的系列音乐会）等人，都已经开始打破这种指挥职责由两人分担的制度。但是即便迟至19世纪40年代，欧洲的大多数音乐会管弦乐团也都是打一枪换一个地方那种，一个演出季没有几场演奏。19世纪40年代法国最好的乐团当属巴黎音乐学院管弦乐团，它也一年只有六场演出。那时全欧洲也可能只有半打儿训练有素的管弦乐团。而其他乐团表现出的正规专业性、纪律性、音准、凝聚一体性以及演绎的有序性，在今天看来都是不能忍受的。到了19世纪50年代，交响乐团迎来了发展成为强大而有效率的演奏团体的时期；但是在19世纪40年代，可以肯定地说，巴黎和维也纳的伴舞乐队提供了当时天下无双的华丽炫技。维也纳的施特劳斯父子和巴黎的拿破仑·缪萨尔等音乐家都非常细心地挑选演奏员入团，精心培训他们，并且安排他们夜复一夜地工作。怪不得他们比交响乐团更加出色。更何况这样的伴舞乐队还有容不得半点错误的暴君指挥。亚当·卡斯是一位研究 19 世纪早期的管弦乐队生活与演奏方式的英国学者，他就指出，缪萨尔和老约翰·施特劳斯是最早的现代指挥家；当阿贝内克或者门德尔松指挥乐队时，听众仅仅是来听音乐的，可是当缪萨尔或者施特劳斯指挥时，听众不仅来听音乐，而且还来看他们指挥。

1804 年 3 月 14 日，老施特劳斯在维也纳出生。他自幼学习小提琴，15 岁便当了职业小提琴手，在很多乐队里演奏。1826 年，他和一个朋友、小提琴家约瑟夫·兰纳组建了一支小型乐队。它取得了成功，很快便发展到 12 个乐手。施特劳斯用琴弓指挥（这是当时的惯例），兰纳负责作曲。约瑟夫·兰纳（1801—1843）是一位技巧非凡的作曲家，他的一些作品，尤其是那些宫廷舞会舞曲，其旋律妩媚、讨巧、优雅，然后在某一乐段中会突然迸发出狂热的力量（以某种方式预见了拉威尔的《波莱罗舞曲》中的那种狂放不羁），足以同后来施特劳斯父子的任何一首作品相媲美。斯特拉文斯基后来把兰纳创作的一首华尔兹纳入了自己的《彼得鲁什卡》之中。在 19 世纪 20 年代早期，施特劳斯感到了自己也有作曲的冲动，于是他和兰纳之间渐渐产生了矛盾。在维也纳有传闻说，兰纳剽窃了施特劳斯的一些作品并将其归入自己的名下。两个人在 Zum Bock 舞厅举行的一场音乐会上闹得不欢而散。施特劳斯离开了兰纳，带着最好的几个乐师组建了自己的乐队。而兰纳则写了名为《分手》的华尔兹来庆祝两人的分道扬镳。从此维也纳便出现了两支优秀的舞蹈乐队，各有大批的粉丝。正如爱德华·汉斯利克写的那样：

> 谁也无法想象这两支乐队掀起的狂热……每一支新创的华尔兹出笼后，报纸杂志都是一通狂喜的报道。无数报道兰纳和施特劳斯的文章纷纷扬扬，热情的、浅薄浮夸的、严肃的都有，而且肯定比写给贝多芬和莫扎特的那些文章要长。那种四三拍子的甜美迷人的节奏征服了大众的手和脚，让他们动辄便情不自禁地手舞足蹈，很自然便超过了那种伟大而严肃的音乐，并且让公众不再习惯任何理性思考的那种音乐——这就不用说了。

其实兰纳的音乐与施特劳斯的音乐还是不一样的。兰纳的音乐更抒情，而施特劳斯家族的音乐更热烈、更刺激、更炫技。维也纳人有这样的说法："兰纳的音乐好像在说'求你啦，跳舞吧，我求求你'。而施特劳斯的音乐却仿佛在说'你必须跳起舞来，我命令你'。"施特劳斯从不忘记自己是在写舞蹈音乐，哪怕他把舞厅舞曲扩大为音乐会华尔兹也罢。他还将维也纳华尔兹越做越大，做成了一个大产业。兰纳的竞争激励了他，促使他不断努力下去。让施特劳斯特别不快的是，兰纳在 1829 年受邀为雷杜登大厅提供音乐。不过施特劳斯也不差，签了一份几乎同样重要的合同，为 Sperl 大厅提供音乐。不久他便招募大约两百名音乐家，一晚上可以为多达六场舞会提供伴奏。他不断作曲，写出了诸如《多瑙河之歌》和《拉德茨基进行曲》这样脍炙人口的流行佳作。维也纳人需要的还不只是华尔兹，他们还需要加洛普、波尔卡、方阵舞，还有进行曲。施特劳斯满足了他们所有的需求。

维也纳的每个人都去过 Sperl 大厅，这是一个大型的啤酒花园兼跳舞厅，施特劳斯常在这里指挥伴舞乐队。作家海因里希·劳伯见过这里的场面，并生动描述了施特劳斯在这里忙活的情景：

> 在缀满灯饰的树下，在露天的拱廊里，人们坐在无数张桌子旁边吃喝，谈笑，听着音乐。乐队就在他们中间，奏出一支支新曲。我们的这些技艺精湛的音乐家奏乐如妖，群妖摇曳般奏出的华尔兹新曲如毒蜘蛛叮咬般搅动着人们的血液。在花园中心的乐队指挥台上站立着奥地利的当代英雄，奥地利的拿破仑，音乐指挥约翰·施特劳斯。此君的肤色像摩尔人一样黝黑，卷曲的头发，有力的嘴角，嘴唇似在嘲笑，狮子般的鼻头。如果他不是有一张还算惨白的脸，他肯定就是摩尔人的国王了……他指挥舞曲的方式也是典型非洲式的。当他释放他那沙漠风暴般的华尔兹舞曲时，他自己的四肢就不再属于他了。他的小提琴弓子也随着他的手臂一起舞蹈；音乐的节奏把他的脚也盘活了……而维也纳人也真配合，以他们无与伦比的热情接纳着他那激情四射的指挥动作……现在，场地的舞蹈就要开始了。为了让憋着劲儿撒欢儿的人群退后，拉起了一根长长的绳子，把那些待在舞厅中央的人们与真正的舞蹈演员隔开……这些群欢一直会延续到清晨；然后这位奥地利音乐英雄就收好他的小提琴，回家去睡几个小时，为第二天的下午做着“战斗”新谋略和华尔兹新主题的梦。

19世纪30年代中期，施特劳斯带着他的乐团去各地巡演：

1834年去了匈牙利和德国；1837年和1838年两赴巴黎，与缪萨尔同台合演；1838年还去了伦敦。每到一处都是同样的故事。施特劳斯一路征服。每个人都喜欢他的音乐。每个人都被他乐队的华美灿烂、完整划一、精确细腻和力大势沉所震撼。音乐家们则着迷于施特劳斯的微妙节奏，柏辽兹在《辩论报》上撰长文论述施特劳斯与节奏。施特劳斯乐团的日程非常紧张。在法国，施特劳斯和他的乐团在91天里演出了86场；在英格兰，他们在120

⚜ 19世纪90年代初的小约翰·施特劳斯

“那位上帝送来的欢乐播撒者……”

天里演出了 72 场。施特劳斯本人也几乎累垮了，半死不活地回到了维也纳。

施特劳斯也很享受他的家庭生活。他的妻子安娜·施特莱姆给他生了一堆孩子——小约翰（生于 1825 年 10 月 25 日）、约瑟夫、奈利、特蕾莎、费迪南德、爱德华。他是一个专制的父亲，就像他做指挥一样。他唯一关心的事情是他的乐团和挣钱。他对他老婆和家庭不是很感兴趣。但是有一件事他很坚决：他不想让自己的孩子当职业音乐家。可是他的长子小约翰·施特劳斯却偏偏很有音乐天赋。但由于父亲对职业音乐家的生活非常反感，他只能偷偷去上音乐课。但随后发生的一件事让小施特劳斯的音乐训练变得简单了，虽然他的母亲为此十分难过。老施特劳斯从家里搬了出去，和另一个女人搞上了，还和她生了四个孩子！这在维也纳可是一大丑闻。1849 年 9 月 25 日老施特劳斯死了，在去世前他已看到了儿子大有子承父业之势，对此他也无可奈何，无论他怎样生气大骂，也还是无可奈何，最后只好恨恨地同意了儿子子承父业。

小施特劳斯 19 岁时就决定要和父亲一比高下。维也纳人因此兴奋不已。那时维也纳城里藏不住任何秘密，人人都知道施特劳斯家庭里关系紧张。小施特劳斯得到了在多姆迈耶尔花园酒店开音乐会的邀约，他在这第一场音乐会上，特意把父亲的《洛蕾莱－莱茵河上放歌》作为整场演出的压轴戏。这首场音乐会非常成功。"晚安，兰纳。晚安，家父施特劳斯。早上好，儿子小施特劳斯。"维也纳的一家报纸在评论里这样写道。小施特劳斯和父亲取得了和解，父亲去世后，小施特劳斯接过了父亲的乐团，把它和自己的乐团融合起来。最终他拥有了六支乐队，每晚都从这支跑到那支，在每一处都匆匆露个面。产业毕竟是产业，施特劳斯不得不雇用一整套人马——六个乐队的乐师，助理指挥，乐谱管理员，抄写员，宣传、销售人员，票务经纪人。和他父亲一样，他带着自己最好的乐团去巡演并征服了欧洲。

不久，他自己就能脱身于这种夜间赶场的生活了。他能专注于作曲了，把指挥工作交给了他弟弟爱德华，他自己只在特殊的场合露露面。19 世纪 60 年代，他写了一连串出色的音乐会华尔兹、进行曲、波尔卡，其中包括《加速》《无穷动》《晨报》《维也纳森林的故事》《春之声》《维也纳血统》《皇帝圆舞曲》《艺术家的生活》等，当然还有《蓝色的多瑙河》。他还创作了舞曲以外的其他作品，它们都有着华丽的引子，灿烂的尾声，优美的旋律，精致的配器，细腻巧妙的节奏，为优秀音乐的曲目单真是贡献良多。难怪勃拉姆斯给施特劳斯夫人签名时称自己是施特劳斯的乐迷，写上了《蓝色的多瑙河》的开头几小节，并写了一句话："唉，可惜不是约翰内斯·勃拉姆斯写的。"勃拉姆斯还说过："那里站着一位管弦乐队的指挥大师，他是如此伟大的一位大师，让你不可能听不到任何乐器奏出的任何一个音符。"

除了管弦乐之外，小施特劳斯还创作轻歌剧。1871 年他写出了《靛蓝，或四十大盗》（最终改编为《一千零一夜》）。施特劳斯共创作了 17 部舞台作品，其中只有两部代表了他的音乐创作的巅峰。它们是《蝙蝠》和《吉普赛男爵》。其他轻歌剧——《快乐的战争》《威尼斯的一个夜晚》《卡利奥斯特罗在维也纳》《林中主人》——的情节都太过离奇。它们的音乐本身也许很出色，《林中主人》的几个片段确实绝妙，但是它们的剧本即使按照最宽松的轻歌剧的标准来衡量，也太过荒诞不经了。施特劳斯从不考虑脚本合适不合适的问题。他创作了《威尼斯的一个夜晚》的音乐，竟对整个故事情节一无所知。当他后来总算读脚本时非常不悦。他说：“我从没看过对话念白，只看过唱词。因此我把一些音乐段落写得太过高贵，却发现它们并不适合剧本的整体调子……在最后一次排练时，我才按照正确的顺序了解了完整的故事情节，然后我真的是吓坏了。”这就是小约翰·施特劳斯创作轻歌剧的典型方式——随心所欲，误打误撞。不过至少《蝙蝠》是一部天才之作。《吉普赛男爵》的第二幕也是了得，其中的一对恋人合唱“夜莺温柔歌唱，它的歌声在夜空传扬，爱情哦爱情，你是来自上天的力量”，是伤情音乐的经典之作，描画了维也纳人爱情生活的本质。

施特劳斯在1872年访问了美国，他受邀参加在波士顿举行的“帕特里克·吉尔莫和平大会”。吉尔莫是一位胸怀抱负的乐队指挥，他策划发起了在费城和波士顿的大型艺术节。与这些活动的规模相配，吉尔莫答应付给施特劳斯一笔巨款——10万美元演出14场，亲自指挥他的《蓝色的多瑙河》。施特劳斯来到纽约后，大批记者蜂拥而至。“约翰·施特劳斯，”《世界报》报道说，“这位圆舞曲之王本人，显然是个憨厚的家伙。他只说德语，但用各种语言微笑。”施特劳斯随即去了波士顿，来到那座举行和平大会的大型剧场，并被告知人们正期待他指挥一个拥有1087名乐师的乐团。这时他才体会到了美国人的疯狂。他回到维也纳后，这样描述了他的经历：

> 在音乐家演出台上有两万名歌手，在他们面前坐着那些乐队成员，他们就是我要指挥的人！给我配备了20名助理指挥，以便控制如此庞大的人群。但是我只能识别那些离我最近的人。尽管我们排练了很多次，还是没有可能达到艺术表演的水准……
>
> 现在，你只需想象一下我当时身处的境况吧：面对着十万名美国观众，我站在高高升起来的指挥台上，俯视着万众。我该怎样开始这阵势，又该如何结束呢？突然，一声炮响，如平地惊雷，这是给我们两万多名音乐家发出的一个温柔的信号，请我们开演《蓝色的多瑙河》。我打了一个手势，我的20名助理指挥尽可能快和好地跟着我的指挥，乐团爆发出一阵毫无圣洁可言的噪音，够让我记住一辈子的了。现在既然凑合开始了，我又赶紧全身心地关注我们能否一齐结束。感谢上帝，我做到了！

施特劳斯拿到了他的10万美元后，又对美国进行了短暂的巡演，赚了加倍的酬金后回到了维也纳。此时，加上他在欧洲赚的钱，他已经是个百万富翁了。回到维也纳后，他继续他的系列轻歌剧的创作。他也很想创作一部严肃歌剧，但是始终没有成功。1899年6月4日，施特劳斯离开了人世，这位创作了近五百部作品的作曲家确立了自己与贝多芬和勃拉姆斯一样的不朽地位。他的音乐受到了全球的赞誉，不仅最天真无知的普通音乐爱好者喜欢他的音乐，它也得到最有深度的音乐家们的好评。施特劳斯的音乐似乎是超越了评论这个层次，理夏德·施特劳斯对他的欣赏最为在所有具有天赋的欢乐播撒者当中，约翰·施特劳斯是我的最爱。这是我第一次写这样详细的文章来表达我对这一奇妙现象的感受。我特别尊敬约翰·施特劳斯的原创性和天赋。在这个他周围的世界正在变得越来越复杂、越来越需要深思熟虑的时代，他的自然天赋却使他能够把握整体来进行创作。在我看来，他似乎是那些用天生或自发灵感进行创作的人里的最后一位。没错儿，他的旋律是初始的、原创的、自生的那种——就是这样。

我在慕尼黑的四季饭店见过他并和他交谈过。但我是在迈宁根通过汉斯·冯·彪罗，才真正了解并喜欢上他的全部聪明才智的。彪罗拥有全部施特劳斯华尔兹舞曲的唱片。他为我播放了整整一夜。只为我一个人！那真是一个令人难忘的华尔兹之夜。我很愿意承认，有些时候，指挥《无穷动》要比指挥很多四乐章的交响曲快乐得多。至于我的《玫瑰骑士》里的华尔兹……我在写它们的时候，怎能不惦记着这位发出笑声的维也纳天才呢？

如果说施特劳斯的音乐是对维也纳的礼赞，是对一个童话般的、拥有无数俊男靓女、多愁善感、魅力四射、到处跳着美轮美奂的舞蹈以及浪漫多情的维也纳的礼赞的话，那么雅克·奥芬巴赫的音乐则要现实得多，他的作品属于讽刺社会现实的那种。施特劳斯是温情伤感的，而奥芬巴赫则是在怒斥。

与施特劳斯一样，奥芬巴赫出现得也正是时候。在华尔兹和狂欢节成为维也纳的风尚的同时，波尔卡和康康舞成了巴黎的时尚。康康舞很可能是由在阿尔及利亚服役的士兵传进来的，它和华尔兹一样，也引起许多有关伦理道德的讨论。乔利的德国同行路德维希·莱尔施塔布在巴黎狂欢节上看到康康舞表演后大吃一惊，写道："当你看到戴着面具的男人向戴着面具的女人靠近时的手势和身体姿势时，你会目瞪口呆。看着他们靠得那么近，伴着欢呼、笑声、下流玩笑，忽而贴近，忽而闪开，你只能感到恶心——不，是为这种集体堕落的行为感到既恐惧又厌恶。"拿破仑·缪萨尔是波尔卡、方阵舞和康康舞的英雄。他是个不拘小节、相貌平平的小个子，总是穿着黑色的服装，他的逍遥音乐会在巴黎极其风行。缪萨尔在指挥音乐会的时候还会开手枪、砸椅子以及把小提琴抛向空中来活跃气氛。柏辽兹在1835年曾为之着迷过："现在，我们呆呆地看着缪萨尔的成功，为他的舞蹈音乐会的成功而惊诧。我们仰望着自负的他，自认为比莫扎特还要优秀。莫扎特从没写出过像《手枪开枪方阵舞》这样的作品，因而莫扎特就死于贫困了。"

雅克·奥芬巴赫于1819年6月20日出生于科隆，原名叫雅各布·埃巴斯特。他六岁就会拉小提琴了，八岁时开始作曲，九岁就会拉大提琴。奥芬巴赫的父亲是犹太教堂的唱诗班领唱兼业余小提琴手。1833年，他领着儿子去巴黎音乐学院就读。但是奥芬巴赫没有在那里待太久，一年以后就离开了巴黎音乐学院，并且加入过几个不同的乐队，过着波希米亚人式的流浪生活。即便是在手执雨伞的法国"市民国王"在位期间，即便是在银行家资产阶级的统治之下，巴黎也存在着一种波希米亚人式的生活方式。那些街头流浪者有他们自己的道德标准，有他们自己的一套规矩，奥芬巴赫最终成为他们中的一分子，而不是一个巴黎公民。他和一群行为古怪且不遵守传统规范的人交往，和他们混在一起，他自己也有些古怪。他很近视，不戴眼镜就近乎瞎子，骨瘦如柴，大鼻子，一头波浪长发。他看上去就像是一个长着鹦鹉脑袋的高智能稻草人。

作为一名作曲家，奥芬巴赫起初不知道自己的路该怎么走。他清楚自己有戏剧舞台天赋，但是巴黎喜歌剧院对他不感兴趣。直到路易－波拿巴和法兰西第二帝国统治后，奥芬巴赫才交上好运。绝望于巴黎喜歌剧院从没演出过他的任何一部作品，他决定自己另起炉灶。“我突然灵机一动，”他在自传里写道，“既然巴黎喜歌剧院不再演出任何喜歌剧，既然真正滑稽、欢快、机智的音乐正在渐渐被人遗忘，既然那些正被写给巴黎喜歌剧院的东西其实只是小了几号的正歌剧，那么好了，就由我来创建一所我自己的音乐剧院好了，反正一直也没有人肯制作演出我的作品。”

于是，在 1855 年 7 月 5 日，奥芬巴赫创建的巴黎谐剧院开张了。首场演出的剧目包括一部模拟罗西尼的主题写的哑剧和两部他自己作曲的作品——一部题为《白夜》的伤感田园剧和一部题为《两个盲人》的滑稽剧。演出获得了巨大成功，取得了开门红，引起了很大轰动。所有巴黎人都渴望挤进这座坐落在香榭丽舍大街上的小剧院。没出几个月，奥芬巴赫就不得不搬到另一所剧院，而这所剧院也被证明是太小了。对此，纽约的《先驱论坛报》在 1863 年描述道：

洞穴般幽深的入口向外敞开，这里白天一片昏暗，夜晚被煤气灯照得通亮，并且伴随着欢呼喝彩。在狭窄的入口处上方竖立着一块不太起眼的牌子，告知来往的行人巴黎谐剧院剧场就在里边……它就像是歌剧院中的大卫王，用间接的方式加深它的竞争对手、一堆巨人哥利亚似的剧院的伤痛，让它们感到很别扭，虽然不屑于承认。

巴黎谐剧院小得就像是一个玩笑。你走进去之后，立刻就会对它之小放声大笑。使劲跨越两步，你就能从舞台这一端跳到舞台那一端。正厅前排里的绅士能够与顶层楼座里的朋友小声交谈。它太小了，简直没有足够空间抱着一只猫进去，更别说摇晃它了。当然人们来到谐剧院不是为了摇晃猫咪的，他们来此是为了聆听最新鲜明亮的音乐的，是来目击法国舞台上同类剧种中最优秀的演技的。他们从没失望过，绝对没有。

奥芬巴赫获得了两个重要人物的加盟——卢道维克·阿莱维和霍滕丝·施耐德。前者是创作了《犹太女》的著名作曲家阿莱维的侄子，后来歌剧《卡门》的脚本作者之一；后者是著名的女歌唱家兼演员。施耐德是她那个时代的性感标志，胸部丰满，个性鲜活，纵情享乐，就像她在舞台上饰演的任何角色那样，过着疾风骤雨般的生活。她慷慨大方，拥有一大群追求者。总的来说，她的情人都是百万富翁。施耐德的热情总是被一种富有小资情调的拜金主义所左右。

奥芬巴赫在两个层面上工作都卓有成效。他是一名技艺精湛的作曲家，偏好创作很活跃的旋律。但还不止于此：他身上具有一种特质，对眼前的一切都想讽刺和滑稽地模仿一番，无论是梅耶贝尔和瓦格纳，是宫廷，是皇帝本人，是军队和政客，还是整个政治制度，概莫能外。奥芬巴赫的讽刺具有高度的技巧和智慧，就连拿破仑三世皇帝本人驾临巴黎谐剧院观剧，也哈哈大笑不止。奥芬巴赫最受欢迎的剧作《地狱中的奥菲欧》，表面上是讽刺古希腊奥林帕斯山上的诸神，实际上是对法国社会制度的抨击。该剧在1858年10月21日首演后一直反响平平，仅取得有限成功，接着便遭到儒勒·雅南在《辩论报》对它的攻击。雅南的文章引发了一场争论，使人们蜂拥来到巴黎谐剧院，想亲眼看看这部轻歌剧。每个人都有欣赏它的机会，因为它一共演了228场。罗西尼也去了演出现场，并对奥芬巴赫给予了肯定。他称奥芬巴赫为香榭丽舍大街的莫扎特。但是这时人们听到了一个响亮的反对声音。瓦格纳讨厌巴黎谐剧院以及它所代表的一切。他用他惯常的精致骂人的手法写道，奥芬巴赫的音乐就是“让全欧洲的猪在上面打滚的一坨屎”。

继《地狱中的奥菲欧》之后，奥芬巴赫又创作了一连串的轻歌剧，其中第一部是《美丽的海伦》(1864)。这是又一部讽刺希腊诸神和法国当代生活的轻歌剧。接着便是1866年的《蓝胡子》和同年的《巴黎人的生活》，1867年的《热罗尔施泰因的大公爵夫人》，以及1868年的《佩丽绍勒》。《热罗尔施泰因的大公爵夫人》是讽刺军队的，其受欢迎的程度可与《奥菲欧与尤丽狄茜》媲美。不知何故，保守派对这部歌剧的接受出现了偏差。对那些笃信加尔文教和清教主义的听众来说尤其如此。英国和美国的保守人士都喜欢施特劳斯的音乐，也钟情于吉尔伯特和沙利文的轻歌剧。但是奥芬巴赫的作品却让他们咳嗽个不停，说不出话来，脸涨得通红。在奥芬巴赫的喜歌剧里，总是有种猥琐的暗示在里面。它们不是很“干净”。当《热罗尔施泰因的大公爵夫人》在美国演出时，波士顿的约翰·S. 德怀特对它很反感。他写道，作为一种道德展示，这部轻歌剧是“我们在舞台上见过的最低级的一部剧作……它玷污了我们这座城市的好名声，像这样肤浅、暧昧的东西就该被彻底忘掉……”。所有批评的气球气都被充得满满的，从地面愤怒地升到天空。“奥芬巴赫，”费城的《晚报》叫嚣，“他如果缺乏才气尚可被原谅，但如此大谈性爱就是不可饶恕的了……他是浅薄和不道德的传播者。”英国的乔利同样被奥芬巴赫所震惊，他在伦敦的《雅典娜》杂志上这样评价《热罗尔施泰因的大公爵夫人》：“其中一些词语的下流程度已经达到了无法形容的地步。”

但是这些都不碍事，奥芬巴赫的受欢迎程度仍在不断上升，无论在英美还是在法国都是如此。1872 年，巴黎同时上演着三部奥芬巴赫的轻歌剧：《幻想曲》《雪球》和《黑色海盗船》。此时梅耶贝尔仍旧垄断着正歌剧舞台，但轻歌剧的天下已由奥芬巴赫称王。激烈反犹的法国作曲家樊尚·丹第不屑地把这两位犹太作曲家的垄断蔑称为“犹太学派”。这期间，奥芬巴赫正在与著名剧作家维克托利安·萨尔杜合作。奥格斯堡王朝的《大众报》驻巴黎的记者把奥芬巴赫与萨尔杜的合作称为“过去十年中的埃及瘟疫”。但是这场“瘟疫”没有维持很久。奥芬巴赫的人气到 1873 年已经走到了尽头。他的德国出生背景让他在处于普法战争中的巴黎很不受欢迎。但是奥芬巴赫却认为自己是法国人：“我希望这

⚜ 雅克·奥芬巴赫

香榭丽舍大街的莫扎特。

个威廉·克鲁普和他那个可怕的俾斯麦将为这一切付出代价。啊！这些普鲁士人是多么可怕的人种！我出生在莱茵河畔并且与这些野蛮人有诸多联系的事实让我感到多么失望啊！唉，我可怜的法兰西！我是多么感激她把我纳入了她的子女的行列！”此时，公众对奥芬巴赫的轻歌剧也开始感到腻味了，并开始期盼新的东西。1873年，新东西果然出现了，先是夏尔·勒考克的《昂格夫人的女儿》，后是罗贝尔·普朗盖特的《科尔纳维尔的钟》，最后是安德烈·梅萨热的一系列迷人的轻歌剧，它们即使在今天都值得复兴，尤其是《维罗尼克》和《博凯尔先生》。此时的法国人已经看够了社会讽刺剧，就开始青睐勒考克和普朗盖特的逃避现实的浪漫轻歌剧。

奥芬巴赫则玩命似的想要保住自己的地位。他接管了盖代剧院，并开始上演一连串大型剧作。可不久他就破产了。他把自己的剧团召集到一起说：“我的孩子们，你们会收到薪水的，直到最后一个苏。就算我以前管理不善，但至少我还会保持尊严。”让他的麻烦加剧的是，约翰·施特劳斯来到了巴黎，并以其《蝙蝠》征服了这座城市。可怜的奥芬巴赫发现自己成了一个出局者，一个时代错误。于是，和施特劳斯一样，奥芬巴赫也去了美国；那时每个欧洲人都知道，在美国谁都可以在随便哪个马槽里捡到一大笔钱。演出经办人莫里斯·格劳请他来美国至少演出三十场，每场支付给他一千美元。奥芬巴赫高兴地接受了邀请。他到达纽约时，迎接他的是《纽约时报》的一篇社论，日期是1876年5月8日：

上星期五，欧洲时间，一个具有希伯来（犹太）血统且国籍不清的欧洲人抵达了这座城市，前来参加波士顿的百年庆典。这个充满骄傲和感激的国家将借着这一大好时机表现她对一位来自国外的尊贵客人的待客之道。两家敌对的俱乐部都派代表前来迎接轮船的到岸，到底哪家俱乐部成功邀请到他共进晚餐尚不得而知。他在还没有下轮船前，就被记者们团团围住，其中一名《坦玛尼晚报》的记者还有幸得到了这位伟人赠送的一支私人雪茄，并充满感情地证实“凡人从没享受过这样高档的雪茄”。

这篇报道称奥芬巴赫为“我们的音乐新学派”的创始人，然后用该学派的清教主义观点对奥芬巴赫的音乐进行分析。它评论道，《布拉邦特的热纳维埃夫》（奥芬巴赫的一部轻歌剧）“不是没有音乐上的优点”，其旋律“似乎是为一场男性阳具崇拜节庆而创作的……简言之，这部谐歌剧就是用旋律来表现性的本能”。接着，《纽约时报》笔锋一转，把脸一板严厉地说：“耻辱啊！这样的一场接待是对每一位伟大和高尚的艺术家的一次侮辱……耽于酒色的剧情与音乐绝对不在一个层次上。”

奥芬巴赫的第一场音乐会在吉尔莫花园举行，这是自珍妮·林德于 19 世纪 50 年代初期在巴纳姆的赞助下巡演美国以来最盛大的音乐事件。套票的票价被黄牛党炒到高达 25 美元两张。每个观众都坚信作曲家本人在指挥《地狱中的奥菲欧》总谱的同时会跳康康舞。他们认为这是理所当然的。而奥芬巴赫却只是走出来指挥而已，于是观众大感失望。大约有三分之一的观众，要么感到失望，要么觉得受辱，在音乐会结束之前就离场了。很显然，格劳的宣传人员给观众的期许大大超过了奥芬巴赫准备献给观众的东西。接下来的音乐会场场都没赚回成本，唯一赚了点儿钱的是几场《美丽的香水女人》的演出。奥芬巴赫对人们给予他的款待很不满意，但是有些评论家对他在美国的表现也不满意。1876 年 5 月 18 日一期的《音乐产业周刊》头版头条刊登了一篇长文："我们没有打算，也没有想要对一名外国客人不敬，但是我们想问问奥芬巴赫先生本人：他作为一名指挥可曾在欧洲赚到过五美元？他作为乐队指挥的表现本该是深深感染美国观众的，也能为他们蜂拥而来渴望一睹他的尊荣、为他们所花的一美元音乐会门票找个充分的理由。可是音乐会却完全没有体现出花这一美元所该买来的价值。"这篇文章接着对曲目单、对音乐本身以及乐队进行了攻击。对奥芬巴赫的音乐，文章是这样抨击的："它是法兰西第二帝国娼妓时代的毒瘤，就像大麦汤的泡沫那样，既不健康，也没营养。"奥芬巴赫自然不喜欢这样的攻击,急于回国。回到巴黎后，他亲吻着街道宣布说："我又是奥芬巴赫了。"他很快写就了一本篇幅不长但在当时颇具思考的书，讲述了他在美国的经历。他的一个发现是关于美国妇女的。对于女人这个话题，奥芬巴赫拥有绝对权威的发言权。他对美国的年轻女人给予了很高的评价："在你遇到的每 100 个女人里，90 个都很可爱。"

在他人生的最后几年里，他一直在和死亡赛跑。他急切希望能够完成他的一部正歌剧《霍夫曼的故事》，他在 1877 年就开始了它的创作。该剧采用了巴尔比耶和加雷的剧本，奥芬巴赫对它非常喜欢。剧情是在 E. T. A. 霍夫曼写的故事的基础上构建的。

也许他很认同剧中的主人公，或者更确切地说，反主人公。他在《霍夫曼的故事》上花的时间比他在他的任何轻歌剧上花的时间都要多得多。他还请求巴黎喜歌剧院的经理卡尔瓦罗加紧制作。“我的来日无多，我唯一的心愿就是能看到它的初夜。”但是他永远不能活着看到他的这部杰出歌剧登台演出了。他于 1880 年 10 月 5 日与世长辞，留下总谱的一部分没有写完。厄内斯特·吉罗帮他完成了其中的宣叙调和部分总谱的配器，该剧的首演于 1881 年 2 月 10 日举行。这是奥芬巴赫为舞台写的第 102 部作品。在所有欧洲评论家中，爱德华·汉斯利克在其写的奥芬巴赫悼文中的评价最为准确：“正如他创作的作品那样，奥芬巴赫总是很有独创性。两三小节过后，我们就能认出这是奥芬巴赫的音乐。仅凭这个事实就使他远高于他在法国和德国的众多模仿者。这些模仿者的喜歌剧，如果我们把其中全部奥芬巴赫的成分没收的话，就会枯萎干瘪，惨不忍睹。奥芬巴赫创造了一种新的风格，只有他一个人能在里面游刃有余。”尼采也和汉斯利克一样赞扬奥芬巴赫的才华，实际上把他从所有作曲家中间树立起来抗衡——瓦格纳。在《权力意志》一书中，正处于疯狂反对瓦格纳期间的尼采写道：“说起艺术天才，我们对它的理解是在自然律法范围内最崇高最大限度的自由，是在克服最大的艰难险阻后臻于神界般的宁静与平和。如此说来，奥芬巴赫比瓦格纳更有权被授予天才这一称号。”（人往往就是这样，即便伟大的哲学家也不例外：当情绪战胜理智的时候，就会说出这样的昏话。）

奥芬巴赫的音乐，忽略其道德背景不计，是纯法国的，这就如同施特劳斯的音乐是纯维也纳的一样。他的音乐干净，清明，不喧闹，不多愁善感，敏锐，典雅。如果说它反映了那个时代的轻浮，那也是用极度的机智和老到来反映的。如果缺乏独创性，没有音乐是能够存活下去的。奥芬巴赫也许轻浮一点，也许太拘泥于规矩、公式，但他却创作出了优美的旋律，也能攀上旋律创作的巅峰。正如汉斯利克所说，他异于所有其他的作曲家。《霍夫曼的故事》传到今天成了他最著名的作品，是他全部创作中最特别的一部。仅凭其宽度和广度就令人高山仰止。而且它还有一个莫名其妙吸引人的脚本，写的是一个失败者的故事——一个无论在生活还是在爱情上都不能赢得幸福的诗人。《霍夫曼的故事》中有一种奇怪的宿命意味，哪怕你只听听奥林匹亚诸神的花腔咏叹调和那首船歌的片段，你就能感受到这一点。在这部歌剧中，霍夫曼无论怎样努力，都无法成为自己命运的主人。全剧贯穿始终，都笼罩在一股代表命运的邪恶势力的阴影之下，它有着多个名字：林多夫、科佩利乌斯、达佩尔图托，以及米拉科勒博士。霍夫曼在与这股势力的对抗中失败。他不断被这股恶势力刺伤。他就像是一条鱼，不断迫使自己又不可避免地咬到同一个诱饵吊钩，并遭遇同一种可怕的结果。奥芬巴赫的音乐在这部歌剧的最后一幕里雄辩彰显出这一意义；在其最后一景里，霍夫曼喝得酩酊大醉，在其绝望无助的时候，林多夫溜走了，再次重复那个永无结局的唱段，在口中留下苦涩的味道。

在英国，阿瑟·赛摩·沙利文爵士和威廉·施文克·吉尔伯特爵士的合作建立了一种音乐传统，该传统堪与施特劳斯在维也纳以及奥芬巴赫在巴黎建立的传统相媲美。比起施特劳斯的轻歌剧，吉尔伯特和沙利文的轻歌剧与奥芬巴赫的更为接近得多，即它们也是主题鲜明且冷嘲热讽。但是作为音乐家来说，沙利文与奥芬巴赫很少有共同点。沙利文是一位受过良好训练的门德尔松派的作曲家，按理说他本该只创作古典的清唱剧、正宗体面的歌剧和严谨的奏鸣曲式交响曲的。人们对他有过这样的期望。事实上，他也的确写过一首交响曲、大量古板和传统的宗教音乐（《十字军战士向前进》就是他写的），以及一部已被遗忘很久的正歌剧《艾凡赫》。很多大事正等着沙利文去做呢。他是英国音乐的宠儿，他也的确很有天才。1866 年伦敦的《泰晤士报》称这个年轻人沙利文为这样一位音乐家，“如果我们想要从正在崛起的这一代英国作曲家身上期待什么传世作品的话，那么沙利文就是我们最有理由也最有根据去期待的那个人”。

沙利文于 1842 年 5 月 13 日出生在伦敦。他在 1856 年赢得英国皇家音乐学院的一等门德尔松奖学金，赴莱比锡学习了两年音乐。他创作了 d 小调交响曲，还创作了两部清唱剧、大量戏剧配乐和大量成功的叙事歌曲（其中一首是《失去的和弦》）。但是只有他和吉尔伯特共同创造的轻歌剧才赚到了钱；可是维多利亚时代的英国人却认为，作曲家靠写这等玩意儿致富是很丢脸的事。所有人，包括维多利亚女王本人，都劝告沙利文别再浪费时间写轻歌剧了。没过多久沙利文就听了别人的劝。但是他有一些奢侈的嗜好。他在蒙特卡洛赌博，养了两匹纯种马，有一两个情人，还喜欢同皇室和富人交往。所有这些都需要钱，而写轻歌剧是赚钱的大捷径。于是沙利文开始写轻歌剧，并于 1900 年 11 月 22 日怀着内疚进入了自己的坟墓。他觉得自己亵渎了音乐艺术。

但他的合作伙伴吉尔伯特没有这样的感觉。吉尔伯特是一位高产作曲家，一共写了 71 部舞台作品，其中 69 部得到了制作演出。他还写散文和诗歌。他写的 81 首出版的诗歌被收进《巴伯歌谣》中，里面有很多有趣和十分专业的钢笔素描插图，由诗作者本人所画。(《巴伯歌谣》里的一些歌谣后来被改编扩充为萨沃伊歌剧的脚本。）早年，吉尔伯特曾是一名公务员。后来他获得了律师资格。最后他找到了自己真正喜欢的职业，成为幽默讽刺作家。他成为杂志《有趣》的供稿者，直到 1866 年为止一直在写成功的滑稽剧和戏剧。从 1871 年到 1880 年，他写了 33 部舞台作品，其中 32 部获得制作演出。在他高产时期写的那些作品中，有四部轻歌剧是由沙利文作的曲。

吉尔伯特和沙利文的闻名主要体现在两人的合作上。确实，他俩都能够独立作战，没有对方也都能够取得成功。但是他俩的单独努力的结果几乎没有一个能持久下去的，而他俩合作写出的作品却几乎件件都很受欢迎。在音乐史上从没有过像他俩这样的共生关系，尽管他俩都不是很喜欢对方。吉尔伯特敏感而暴躁，到后来和沙利文吵得不可开交。他俩的合作关系开始于 1871 年，持续到 1896 年因为《大公爵》的不成功而两人关系告吹。后来，吉尔伯特认识到闹翻意味着什么。“没有沙利文的吉尔伯特一无是处，我再也找不到这样一个人了。”他在 1903 年，即他的搭档去世三年后写道。吉尔伯特爵士一直活到 1911 年 3 月 29 日，那天他在试图抢救一个溺水的年轻女子时不幸身亡。

吉尔伯特 – 沙利文组合的制作演出这一块是由理查德·多伊利·卡特负责的。他是位歌曲和轻歌剧作曲家，后来成为经理，再后来成为演出经办人，在宣传推广上很有天赋，对市场、票房这些方面极有直觉。1875 年，他促成了吉尔伯特和沙利文的第一次成功合作，结出了丰硕果实《陪审团开庭》。此前两人也不是没有合作过，攒出一部轻歌剧名叫《诸神老了》，是一部关于诸神变老的奥芬巴赫式的作品，演了一个月后就被人忘了。它的总谱从没得到出版，它的手稿也还有待找出来呢。1875 年，时任皇家剧院经理的多伊利·卡特建议吉尔伯特写个独幕剧，为奥芬巴赫的《佩丽绍勒》暖场。多伊利·卡特还建议沙利文为这个独幕剧谱曲。吉尔伯特很快写完了剧本，并拿着它去见沙利文。“他把剧本从头到尾念了一遍，”沙利文回忆道，“在我看来，他似乎在用一种不安、愤懑的‘渐强’方式来读，好像是一个人对他所写的东西明显很失望似的。他读完最后一个词后，狠狠地合上手稿，很显然没有意识到他已经实现了他的目的，至少我是这样认为的，因为我在这过程中一直在惊呼和大笑。”《陪审团开庭》上演后立刻大获成功，多伊利·卡特马上再接再厉、趁热打铁，他稳住了吉尔伯特和沙利文的合作不说，还成立了一个喜歌剧团来演出他俩的作品，在 1877 年上演了《魔法师》。然后一系列的剧作接踵而来，全世界都因这些轻歌剧而笑得前仰后合，这三个始作俑者也因此发了横财。

《魔法师》一连演了 175 场，但与 1878 年的《爱水手的少女》相比就是小巫见大巫，后者一连演了 700 场。英语世界为之疯狂。在美国，《爱水手的少女》在各地被疯狂地盗版和演出。《德怀特音乐杂志》这样描述道：“成百上千家剧团，甭管专业的还是业余的，都在演出这部轻歌剧。在大城市里，《爱水手的少女》同时占据着六家剧场……它在每一座剧院和音乐厅里演出。教堂唱诗班在全国各地演唱它。每个小孩子都哼唱它。剧中那些角色的好听上口的旋律就像被折射在多棱镜、哈哈镜中那样无数次重复，穿梭在每一面墙之间，回荡在每一条街道和山谷之间。”在芝加哥，1879 年有 11 家剧团上演了这部作品，有些是在同时演出它。有些演出采用了清一色的黑人演员。为了方便在美国的德语观众，它还以德语演出。（“二战”后，有一阵子还有意第绪语版本的《爱水手的少女》，由一个哈达萨人的剧团在纽约的布鲁克林演出。）人们制造出成百上千架手摇风琴来合奏《爱水手的少女》的选段。其后果是，吉尔伯特和沙利文本人赶去美国分享财富。他们在纽约的第五大道剧场上演“正宗版本”的《爱水手的少女》。回到英国后，按照版权方面的约定，他们负责监管他们的下一部作品《彭赞斯的海盗》几乎同步在英国和美国首演。于是它的英国首演发生在海边小城佩恩顿，时间是 1879 年 12 月 30 日。紧接着在第二天晚上，《彭赞斯的海盗》在纽约的第五大道剧场举行了它的美国首演。它的伦敦首演是在 4 月 3 日。不久之后，多伊利・卡特建造了萨沃伊剧院，专门演出吉尔伯特和沙利文的轻歌剧。从此就有了“萨沃伊歌剧院”和“萨沃伊人”这样的专门术语。[1]

继《彭赞斯的海盗》之后，他俩又创作了《佩兴斯》（1881）、《约兰特》（1882）、《艾达公主》（1884）、《日本天皇》（1885）、《卫队侍从》（1888）、《船夫》（1889）、《乌托邦有限公司》（1893）、《大公爵》（1896）等轻歌剧。

这些轻歌剧被有些人视作维多利亚时代式的，这是带贬义的

[1] 萨沃伊人，也叫萨瓦人，专指对吉尔伯特和沙利文的轻歌剧着迷的人。

评价。从某些方面来讲，确实如此。但是其中强烈的讽刺色彩和尖锐的嘲弄意味又弥补了这一“缺陷”。作为当时“体制内”的人，吉尔伯特和沙利文都对社会变革不感兴趣。在他俩的作品中没有那种强烈的愤懑情绪，那种激励像狄更斯那类作家奋笔疾书的义愤。但是吉尔伯特和沙利文的轻歌剧又不是那种传统意义上的道德训诫或歌功颂德，而是对维多利亚时代的某些受到珍视的观念也进行嘲弄。维多利亚时代的英国是一个等级森严的国度，很少有人不本分、跨越自己的阶级的。当时有一句赞许的话是说“他清楚自己的位置”。那时还有一首很著名的歌谣：

> 富人待在他的城堡，
> 穷人蹲在他家的门口，
> 上帝安排了他们的高低，
> 也确定了他们财产的多寡。

但是《爱水手的少女》对这一等级观进行了嘲弄。在现实生活中，船长的女儿是不可能与普通水手处对象的。只有在浪漫小说里才会出现这样的情节。吉尔伯特在《爱水手的少女》中对这一传统观念进行了讽刺，但在这个过程中也捎带对英国海军部进行了机智的暗讽。该剧的脚本是大规模“颠覆”（topsyturvydom）的一个范例（“颠覆”一词经常被用来形容吉尔伯特和沙利文）。另外，《陪审团开庭》和《约兰特》让英国议会和司法体系陷入一连串荒唐的暗箱操作和阴谋之中；《佩兴斯》则把（英国）那些拉斐尔前派的画家（如罗塞蒂）和作家（如王尔德、史文朋）

等的美学运动纳入一种归谬法，等同于缩减至荒谬；《艾达公主》对女权运动和女性教育进行了嘲弄；《船夫》讽刺了共和政府；《鲁迪戈》[1]是他俩最具讽刺性的作品之一，颇像当时在英国乡镇到处巡演的那些情节剧。

吉尔伯特和沙利文的轻歌剧的基本情节都很简单，而且常常是诙谐的。勤奋的研究者一直指出，他俩作品的任何一个情境都没有什么特别的新意。即便是《爱水手的少女》，其最著名的段落之一——“什么，从来没有过吗？”“是的，从来没有过！”“真的从来没有过吗？”“嗯，几乎从来没有过吧。”——也是有先例的。至少，S. J. 阿戴尔·菲茨杰拉德就很兴奋地指出过，《珀修斯》里也有类似的表述：“Quis haec legat?”“Nemo mehercule.”“Nemo?”“Vel duo, vel nemo.”经他翻译后是这样的：“谁会读它呢？”“肯定谁都不会。”“啥，谁都不会吗？”“嗯，几乎谁都不会吧。”珀修斯死于公元62年。

吉尔伯特和沙利文的合作在维多利亚时代的艺术创作史中占据了一个很重要的位置。沙利文创作了这一时代唯一值得一提的英国音乐。刨去他的话，这一时代从音乐上讲简直就是个黑暗时代。此时门德尔松的阴影笼罩着英伦三岛，恰如几百年前亨德尔的阴影挡住了当时英国作曲家的光芒那样。音乐上，沙利文也许欠下了门德尔松许多债（也欠了舒曼和唐尼采蒂的），但是他的技术和做工是无可挑剔的。他比施特劳斯和奥芬巴赫的技巧要好得多。相较于奥芬巴赫，他是更好的滑稽讽刺的高手。比如《艾

[1] 一译《拉迪戈》。

达公主》中的那些极其滑稽诙谐的、亨德尔式的三重唱（阿拉克、古伦和塞西亚的三重唱），就是在最机智风趣诙谐的音乐三重唱之列。《陪审团开庭》中也有这种亨德尔式的讽刺模仿。此外，像《可怜的流浪者》这样一首华尔兹也完美嘲笑了美声唱法的风格。但是，除去所有这些游戏要酷不谈，沙利文其实是个训练有素并充满创造力的正牌音乐家。他的音乐流出如此之顺畅这一事实误导了不少听众，让他们以为他的音乐是二流的。其实不是这么回事。沙利文是抒情戏剧舞台上的顶级技艺大师，他的音乐中的那种顺手拈来的优雅和纯净颇有点莫扎特的味道。此外他还能将英语与音乐配合得美妙绝伦。没人能像他那样轻松而准确地把英语唱词配上音乐，而且配得那样天衣无缝。不过，沙利文需要恰当的语言来激发自己的创作灵感，而吉尔伯特就给他提供了这样的语言。这两人相互不可或缺，没有沙利文就没有吉尔伯特，没有吉尔伯特就没有沙利文。

The Lives of the Great Composers

伟大作曲家的生活 下

【增订本】

[美] 哈罗尔德·C. 勋伯格 / 著

冷杉 / 译

生活·讀書·新知 三联书店

图书在版编目（CIP）数据

伟大作曲家的生活 /（美）哈罗尔德 · 勋伯格著；冷杉译. —修订本. —北京：生活 · 读书 · 新知三联书店，2020.9
（音乐生活）
ISBN 978 – 7 – 108 – 06887 – 3

Ⅰ. ①伟…　Ⅱ. ①哈… ②冷…　Ⅲ. ①作曲家 – 生平事迹 – 世界
Ⅳ. ① K815.76

中国版本图书馆 CIP 数据核字（2020）第 107808 号

特邀编辑　樊燕华
责任编辑　叶　彤
装帧设计　薛　宇
责任校对　曹秋月　常高峰
责任印制　徐　方
出版发行　生活 · 讀書 · 新知　三联书店
（北京市东城区美术馆东街 22 号　100010）
网　　址　www.sdxjpc.com
图　　字　01-2005-4486
经　　销　新华书店
印　　刷　北京隆昌伟业印刷有限公司
版　　次　2020 年 9 月北京第 1 版
2020 年 9 月北京第 1 次印刷
开　　本　880 毫米 × 1230 毫米　1/32　印张 32.75
字　　数　728 千字　图 98 幅
印　　数　0,001 – 4,000 册
定　　价　158.00 元
（印装查询：01064002715；邮购查询：01084010542）

Contents

目录（下册）

• 22 •

《浮士德》和法国歌剧

——从古诺到圣－桑

FROM GOUNOD TO SAINT-SAËNS

巴黎歌剧院在19世纪30年代曾经引领潮流，可到了50年代却突然变得与潮流不合了。确实，当时的法国音乐似乎在总体上陷于停滞。那是一个暗淡的时期，看不出有什么新气象。在巴黎喜歌剧院，布瓦尔迪厄、亚当、奥柏以及19世纪30年代及之前的其他作曲家的作品，占据了当时的演出剧目单。在1852年至1870年间，只有五部——五部！——法国新歌剧被添加到巴黎歌剧院的剧目单上。院方拒不排演任何新作品。因此，新派的法国作曲家不得不另谋出路。幸亏巴黎抒情剧院的院长列昂·卡瓦洛对新音乐持热情欢迎的态度。1860年创办了系列通俗音乐会的儒勒·巴德卢也持同样的态度，并亲自关照法国新音乐——还有瓦格纳的作品——获得排演的机会。所以讽刺的是，当时最受欢迎的法国新歌剧，也就是一提到法国歌剧大多数人马上就会想到的那部歌剧——夏尔·古诺的《浮士德》——的首演地点，竟然不是巴黎歌剧院，而是巴黎抒情剧院。

《浮士德》是小资产阶级市民音乐的一曲凯歌，很符合这一

⚜ 夏尔·古诺

继柏辽兹之后法国乐派的领军人物。

阶层的口味。它的脚本是儒勒·巴尔比耶和米歇尔·加雷根据歌德的原作改编创作的，脚本多少有些平淡乏味。《浮士德》的音乐一点也不像柏辽兹的音乐那样前卫。剧中的魔鬼极具舞台效果，女主角的灵魂在天使美妙的合唱之声陪伴下徐徐升上天国。它的音乐比不上柏辽兹，但它横扫了欧洲和美国，风靡一时。它夹在威尔第的“三大歌剧”（创作于 1851 年至 1853 年间）和瓦格纳狂潮（随着 1876 年首次拜罗伊特演出季掀起）之间，成为极少数震撼欧洲的歌剧之一。“《浮士德》,《浮士德》，还是《浮士德》,”一位英国评论家在 1863 年抱怨道，“除了《浮士德》还是《浮士德》。星期六、星期三和星期四都演《浮士德》。今天是星期二，还要再演《浮士德》。剧院的人说了 :‘每天晚上都要演《浮士德》,

直到接获新的通知为止。'"

创作了13部歌剧的夏尔·古诺还有另外两部歌剧今天仍在各国上演，分别是《罗密欧与朱丽叶》和《米莱耶》，但是都没有取得像《浮士德》那么大的成就，让人一提起古诺就说到他的《浮士德》。夏尔·弗朗索瓦·古诺于1818年6月18日出生在巴黎，是个十分有趣的人物。他父亲是个怀才不遇的画家，在他四岁时就去世了。他母亲也是位优秀的画家，不但接替过世的丈夫教授绘画，还能讲授音乐课。古诺因此近水楼台先得月，学了音乐、绘画两门艺术。他擅长素描，到12岁时也开始作曲。13岁时古诺下决心弃画从乐，动力来自于他看了一场罗西尼的《奥赛罗》的演出。"如果那时他们阻止我学音乐的话，"古诺后来写道，"我就会跑到美国，躲到一个僻静的地方，不受打扰地学习音乐。"1836年他进了巴黎音乐学院，三年后获得了罗马大奖，赴意大利学习。罗马让古诺如痴如醉，他在那里发现了大量16世纪的宗教音乐，并开始认真地研究它。他如此接近了天主教会的本源，开始变得非常虔诚。事实上有一段时间，他很踌躇，是把音乐继续学下去好呢，还是进入教会当神父。

1843年，他借道维也纳和莱比锡返回巴黎。在维也纳，他安排了几场音乐会，演出他自己写的几首宗教作品，由此开始了他的音乐生涯。在莱比锡，他和门德尔松相处了四天，生平第一次聆听了巴赫的合唱音乐，给他留下了极其深刻的印象。他在巴黎的第一份工作就是教堂的音乐指导，专为赴外使命团表演。他不顾别人的强烈反对，立即在宗教仪式中加入巴赫、帕莱斯特里那等早期作曲家的作品。

在赴外使命团的教堂里，他穿着半神职的服装，签名时就写“古诺教士”。然后在1847年，他进入加尔默罗会修道院做见习修士。他像李斯特一样挣扎于人与神之间,以至于有人称他为“拈花惹草的修士”。他平易近人，喜欢讨别人的欢心，并且颇具个人魅力，几乎让人无法拒绝。也有人觉得他举止过分，见人就亲吻，因而对他不屑一顾，心存抵触。演员埃德蒙·高特在日记里写道：“古诺在音乐方面的天才，就像他在做人方面精力旺盛、热情得过分,有点恬不知耻一样,第一次见到我,他就亲吻我的双颊！”《卡门》的歌剧脚本作者之一、作家昂利·梅拉克对一个朋友说：“星期三和星期四整整两天，古诺都和我们在一起，我以前从没有在这么短的时间内，被人亲吻过这么多次。”

要想在法国的音乐体制下取得成功，创作歌剧是唯一的途径。于是古诺转而写起歌剧来，在1850年开始了《萨福》的创作。翌年这部歌剧得到了制作。接着他又写了几部歌剧，都反响平平。他靠在奥尔菲永合唱联盟当指挥来养活自己，该联盟由好几支合唱团组成。他这个头衔可是蛮大的：巴黎市公共学校歌唱培训总指导。这个职位是在他岳父的帮助下获得的。1852年，古诺同安娜·齐默尔曼结婚，后者是巴黎音乐学院一个著名钢琴教师的女儿。皮埃尔·齐默尔曼培养出了那个时代的许多最好的钢琴家，还在历史上为一名他没教过的钢琴家留下了一个额外的脚注。1842年，他借着一句评论拒绝了一个来自新奥尔良的钢琴神童的拜师：在美洲那片只有蒸汽船的蛮荒之地是不可能诞生钢琴家的。这名神童叫路易·莫罗·戈特沙尔克，后来大名鼎鼎的那位钢琴家。

1856年，古诺开始创作《浮士德》，但中途又停下来转而写另一部歌剧《屈打成医》。1858年《屈打成医》得到制作演出并获得成功。1859年3月19日，《浮士德》在巴黎抒情剧院得到首演。从那以后，古诺就成了法国最著名的作曲家。这部歌剧包含的许多元素后来都被马斯奈汲取并提炼完善——辛辣尖厉的半音和声，甜美的旋律，感伤而优雅的管弦乐配器，完全成语化的声乐部分。19世纪后半叶的法国歌剧是一门细微调整的艺术；无论介入多么强大的外来力量，这一时期的法国歌剧都一概只对自己做微调。比如法国作品可以采纳庞大的管弦乐队，但是总谱配器仍比同类的德国作品要轻巧得多，后者的总谱上黑压压的全是音符。《浮士德》是一部大型的正歌剧，但它是这样一种正歌剧：只有在演出时把握好它的风格，调整好它正确的比例关系，把握好它的分寸，奏好它精致细腻的音色层次，才能取得它最佳的演出效果。

《浮士德》之后，古诺用余生的时间试图再写一部像《浮士德》这样的歌剧，但始终没能写出来。其间他倒是创作了大量别的作品。他自己最喜欢的歌剧是《示巴女王》(1862)，也不过尔尔。《米莱耶》(1863)和《罗密欧与朱丽叶》(1864)的反响好一些，但也都不如《浮士德》受欢迎。古诺作品中有一个相对挖掘不够的领域是他的歌曲。《威尼斯》和声乐套曲《布隆迪娜》是他歌曲创作的典范——优雅，迷人，甘美，在国际上的歌曲节目单上占有重要的一席。古诺的歌曲一直在法国之外受到冷落，这是不公平的。它们也影响了法国歌曲后来的发展，在这方面德彪西功不可没。拉威尔在1922年曾指出过古诺歌曲的意义："法国歌曲创作的真正奠基人是夏尔·古诺。正是这位创作了《威尼斯》《菲雷蒙与博西丝》和《萨福》中的‘牧羊人之歌’的作曲家重新发现了和声所带来的感官享受的秘密，这种和声带给感官的愉悦被17世纪和18世纪以来的法国古钢琴家们给弄丢了。”

晚年的古诺转向了宗教音乐的创作，并取得了巨大的成功。其中最为著名的当属他在客居英国时创作的《死与生》《赎罪》和《圣塞西尔庄严弥撒曲》。听众对暗含在其音乐中的情欲成分反响热烈。古诺想让人把他视作“爱情音乐家”不是没有道理的；他所指的爱有别于基督教意义上的爱。“如果一个虔诚的天主教徒剖开我的身体的话，”古诺曾坦言道，“他会对在我体内所见到的感到非常吃惊。”

普法战争打响后，古诺去了英国。他在那里从1870年住到1875年，并在那儿与乔治娜·威尔顿夫人暗地里发展了私情。威尔顿夫人结婚前芳名叫乔治娜·特拉恩，后来嫁给了乔治·威尔顿上尉，夫妇俩住在伦敦的塔维斯托克宅邸，那里曾是查尔斯·狄更斯的住所。古诺与乔治娜的私情同《名利场》中的情形仿佛如出一辙，乔治娜就像是蓓基·夏普，她丈夫就像是克罗利上校。勾搭成奸后，乔治娜做了古诺的经纪人。古诺夫人愤怒地收拾东西返回巴黎后，塔维斯托克宅邸成了他们三人和睦共处的地方。后来，古诺的儿子让被母亲派来监视父亲。孰料让一到这里就想勾引乔治娜，被她赶出了家门。最后古诺也厌倦了乔治娜，他离开了英国。平安回到巴黎后，古诺向乔治娜讨要自己寄存在她家的乐谱和钱物。威尔顿夫妇却来了个反诉，还寄来了一大张共三年的食宿账单。古诺支付了相当于五万美元的钱款，才终于拿回了自己的作品。但他后来多年一直生活在恐惧中，生怕乔治娜来巴黎找他算账。幸好这样的事没有发生。古诺在 1893 年 10 月 18 日平静地与世长辞。

古诺的不朽得到了普遍的承认，仅是他伟大的宗教音乐就足以永恒了。圣－桑写道："岁月无情，在遥远的未来，古诺的歌剧会永远沉睡在图书馆满是灰尘的书柜里，但他的（宗教音乐）《圣塞西尔庄严弥撒曲》《赎罪》和清唱剧《死与生》将仍旧具有生命力。这些作品将向后人展示，曾有一位才华横溢的音乐家给 19 世纪的法国带来过荣耀和名誉。"但后人对圣－桑的过誉评价并不认同。现在偶尔还能听到《圣塞西尔庄严弥撒曲》，它以一种甜腻、陈腐的样式向前持续着，充满着变格收束，充满着伴奏的竖琴声极为突出的合唱。正如马丁·库珀写的那样，1870 年以后的古诺"可能已经呼应了丁尼生的绝望呐喊，说他才是描写英国人生活的最伟大的大师，但已经说晚了"。

继《浮士德》之后，法国歌剧的又一杰作是《卡门》。其作曲家、才华横溢的乔治·比才 37 岁就英年早逝，基本上只留下了这一部作品。但这是何其伟大的一部作品啊！《卡门》是唯一一部能代表比才完全成熟的作品。假若他活得更长的话，他有可能掀起法国歌剧的一场革命。正所谓实至名归，《卡门》很快就被公认为天才之作，更有些人把它看作是对瓦格纳的某种纠正。尼采便是其中之一。他写道："在法国当代音乐家当中，我最欣赏的是比才和德利布。"列奥·德利布（1836—1891）创作了两部精彩绝伦的芭蕾舞曲，《葛蓓莉亚》和《西尔维娅》；他的歌剧《拉克美》和他那首美妙的歌曲《卡迪兹的姑娘》至今仍是保留曲目。尼采接着写道："比才的《卡门》我非常熟悉，它的音乐不故作高深，它单纯质朴，令人欢愉；它是那样生动可爱，那样真挚自然，致使我把它从头到尾几乎背了下来。"

其实尼采是低估了《卡门》。这部歌剧远比他颇为居高临下的评价深刻得多。它的最后一幕甚至具有莫扎特的《唐璜》的最后一幕那样的恐怖感和宿命性。《卡门》在某种意义上来说是《唐璜》的女版。卡门宁可死也不要违背自己的心愿，这使她成为真正了不起的人物。这部歌剧的脚本并不是很好，米塞拉是个被牵强加进去的角色，她对这部歌剧的贡献完全不能让人信服；另外总谱中也有薄弱的地方。尽管如此，整部歌剧仍然精彩，可圈可点，即使在今天也叫人看得一愣一愣的。当它充满灵感的"命运"主题在乐队中响起时，它是那样严酷、凶险而不祥，即使让最麻木的人听了也不会感觉不到自己的肾上腺素在分泌。

《卡门》绝非是一个突发灵感的业余作者所能写得出来的。乔治·比才于 1838 年 10 月 25 日出生在巴黎，从小就具有所有具有音乐天赋的孩子都共有的东西：绝对音高，反应灵敏……总之音乐神童的一切。他年仅九岁就进了巴黎音乐学院，把所有眼前的奖项都拿了个遍：钢琴、管风琴、作曲、视唱练耳。他轻而易举就获得了 1857 年的罗马大奖，之前他遇到了古诺，后者对比才的成长有着重要的影响。比才早期创作的 C 大调交响曲很可爱，富于青春活力，实际上就是在模仿古诺的 D 大调第一交响曲。但是该曲的旋律是比才自己的原创。从一开始比才就具有很精致高超的旋律感，并具有与之相配的高品位。他从不想当一个愤怒的天神，他更喜欢太阳神阿波罗而不是酒神狄俄尼索斯。他曾写道："我

⚜ 乔治·比才

他几乎是一个靠一部作品红遍天下的人。

有勇气选择拉斐尔而不是米开朗琪罗，我更喜欢莫扎特而不是贝多芬，我更欣赏罗西尼而不是梅耶贝尔。”他的才华引起了注意，很多专业人士把他看作后起之秀。在音乐领域里他无所不能，这个胖胖的急性子年轻人总是穿着讲究，糖果、蛋糕、巧克力以及奶油小点心常吃不懈。（要想让比才表现他可爱的一面，你就得满足他爱吃甜食的胃。）

比才的第一部歌剧是《采珠人》，它的脚本很糟糕。脚本提供人是米歇尔·加雷和欧仁·柯尔蒙（真名是比埃尔－埃迪安·皮埃斯特）。后来柯尔蒙后悔地说，假如他和加雷早认识到比才的天才的话，他们是绝不会把那个“无用的累赘”提供给他的。《采珠人》于 1863 年在巴黎抒情剧院首演，其音乐是那么魅惑，以至于剧目单舍不得把它完全去掉。即使在今天它也会偶尔登台。应该指出的是，《采珠人》的故事发生在锡兰（今斯里兰卡），像当时的许多歌剧那样，它呈现出的异域情调是那时的时尚。这类歌剧包括梅耶贝尔的《非洲女郎》、古诺的《示巴女王》、德利布的《拉克美》和比才的《贾米莱》。法国人总是痴迷于近东地区和东方的异国风情。在19世纪最后的25年里，西班牙音乐引起了人们巨大的兴趣，这方面的代表作是《卡门》，另外夏布里耶、德彪西和拉威尔等作曲家也进行了不同的探索。

比才的下一部重要的歌剧是《珀斯丽珠》，1866年在巴黎抒情剧院上演。这部歌剧的脚本也很差，演出失败了，比才十分沮丧。但他继续创作歌剧，许多部都只是开了个头却没有写完。1869年他和热内维耶芙·阿莱维结婚，其父是创作了《犹太女》的作曲家阿莱维。（此外她还是普鲁斯特创作的《追忆似水流年》中的盖尔芒特亲王夫人的原型。）普法战争中，比才成为国民卫队的一名战士。当时几乎所有的法国知名作曲家都为保卫祖国尽了自己的力量。圣－桑也加入了国民卫队，马斯奈和福雷则当了步兵。战争期间，比才写出了他最欢快的作品之一，钢琴二重奏《儿童游戏》。1872年，比才完成了《贾米莱》。这部歌剧在上演了10场之后就退出了舞台，直到1938年才再次上演。在同一年，即1872年，比才为都德的《阿莱城姑娘》配乐，并开始构思《卡门》。昂利·梅拉克和卢道维克·阿莱维准备了脚本，它出自普罗斯珀·梅里美写的一部小说。但是巴黎喜歌剧院不看好这个主意。“啥？梅里美的《卡门》吗？不就是她被自己的情人杀死了吗？而且故事的背景还是小偷盗贼、吉普赛人和烟厂的工人！”还有，“在巴黎的喜歌剧院舞台上表现死亡吗？真是闻所未闻！绝对不行！”喜歌剧院的领导卡米耶·迪洛克勒对这部作品没有信心。他觉得它太过大胆，标新立异，不循规蹈矩，演出它风险太大。就其以念白对话代替宣叙调来看，这部歌剧倒是适合喜歌剧院来演，但是迪洛克勒担心的是它的主题思想及其对观众的冲击。虽然法国在世界上素以放浪著称，但是法国的中产阶级却一向有很强的道德感，甚至如清教徒般保守。迪洛克勒仿佛看到了全体观众联合抵制他的剧院的场面。

可是迪洛克勒已经签约了演出合同，覆水难收了。《卡门》于1875年3月3日在巴黎喜歌剧院举行了首演。比才称之为“百分之百彻底无望的失败”，随即病倒了。他总是这样，事情一不按照他预想的那样发展，他就会泄气，并且产生各种各样的精神困扰。其实《卡门》并非是“百分之百彻底无望的失败”，当然也并非是巨大的成功。这部歌剧演了48场，但演出的剧院一个比一个小。首演三个月之后，在1875年6月3日，比才死于心脏病并发症。不久之后，欧内斯特·吉罗把《卡门》里的对白改成宣叙调，在维也纳首演。从此在法国之外，人们就习惯按这个维也纳的版本演出《卡门》。结果在短短几年内，《卡门》就演遍了欧洲。连瓦格纳也对它印象深刻：“感谢上帝，这个满脑子都是想法的人终于有了变化。”柴科夫斯基非常喜爱这部歌剧。勃拉姆斯则说，他愿意走到天涯海角去拥抱《卡门》的曲作者。

在某种程度上，《卡门》开创了写实主义的先河。剧中人物就是当代人的写照，并描绘了一个荣誉感很强的士兵的多重性格及其道德解体的过程。卡门本人更是个难以捉摸的角色，其心理微妙性不是仅仅一个女高音或女中音（都可以演唱这个角色）靠扭臀摆胯、暗送秋波就能演好的。实际上卡门是有道德而不是缺德的，因为她忠实于自己的内心，从不欺骗。她从不违背自己的行为准则。就算她不遵从小资们对于性的准则，却也绝非滥交。她在一段时间里只忠实于一个男人。她深知自己的魅力了得，并且毫不犹豫地加以利用，但是性魅力在她的性格中并不是最重要的。的确，一个被准确演绎的卡门应该暗示出她对大多数男人的蔑视，进而总体上蔑视人类，是一个愤世嫉俗的女子。

从作曲技巧上来讲，这部歌剧的总谱充满着奇思妙想。管弦乐队不仅仅是配合演唱,做声乐的陪衬,而是也有自身的生命。《卡门》是那种充满激情、力量的现实主义歌剧，远在古诺和马斯奈的那种细心编排、小心拘谨的“小家碧玉”似的歌剧之上。后两位作曲家的音乐属于技巧纯熟的职业作品，而比才的属于天才之作。他寻求的是那种穆索尔斯基在其《鲍里斯·戈杜诺夫》中寻求的真实。艺术必须要反映生活——不是那种理想化的生活，而是人们真实过着的那种现实生活。

儒勒·马斯奈是19世纪最后25年中最受欢迎的法国歌剧作曲家。他是具有商业头脑的音乐家，知道公众喜欢听什么，决心投其所好。他的投机性让同行们不甚喜欢。他过于成功了，其作品过于冷言怪语了，过于专注于迎合公众口味了，对自己的成功过于沾沾自喜了。比才对马斯奈颇有点预见性，说过：“这个小个头的家伙看来要走到我们所有人的前头呢。”正如樊尚·丹第描述的那样，马斯奈的音乐是一种混合，一种加了糖的异域情调，一种“伪宗教的暗含情欲的异域风情”。而这恰是各国听众都似乎听不够的音乐。马斯奈的宗教音乐里也很有上述味道，它也和他

⚜ 儒勒·马斯奈

谨慎的情欲与异域情调。

的歌剧一样冷嘲热讽、怪言怪语。“我才不信那些无处不在的耶稣基督的废话呢，”马斯奈对丹第说，“可偏就大众喜欢它，你有啥办法？咱们必须得迎合大众啊。”难怪里姆斯基－科萨科夫称他为“狡猾的狐狸”。也难怪多数同行认为他善嫉妒并有野心，是个虚伪的奉承者。然而，大约三十年的时间，马斯奈的歌剧都占据着法国乐坛，乃至到了这种地步：马斯奈风格的旋律甚至在德彪西这样的叛逆者的音乐里也能听到。后来罗曼·罗兰写道：在每位法国作曲家的心中都躺着一个正打瞌睡的马斯奈。

马斯奈出生于1842年5月12日，逝世于1912年8月13日。他11岁时进入巴黎音乐学院就读，并在1863年赢得罗马大奖。他是个出色的钢琴家，本来是可以把钢琴独奏当作职业的。但在回到巴黎后，他却靠教课和在各个乐队中演奏打击乐器为生。

1867 年，马斯奈上演了他的第一部歌剧《姑婆》，之后接踵而来的是他的其他 26 部歌剧。从这些作品中马斯奈获利巨大，很快名利双收。1878 年，他被任命为巴黎音乐学院的对位、赋格、作曲教授。在他的学生中有不少人成为下一代最杰出的音乐家，比如阿尔弗雷德·布鲁诺、昂利·拉博、古斯塔夫·夏庞蒂埃、弗洛朗·施密特、夏尔·凯什兰，以及乔治·埃内斯库等。他肯定是个老老师。

20 世纪伊始，到处都在上演马斯奈的作品，包括《埃罗底阿德》《熙德》《泰伊丝》《萨福》《灰姑娘》《圣母院的艺人》《堂·吉诃德》《维特》《曼侬》等。直到 20 世纪 20 年代，这些作品的受欢迎程度才开始降低。如今在法国以外，马斯奈最知名的作品当属《曼侬》。他的其他歌剧则和梅耶贝尔的歌剧一样被认为过时了。在《曼侬》里，各种音乐技巧得到了综合运用。马斯奈是个技巧纯熟的音乐家，他在这部歌剧中运用了瓦格纳式的主导动机，古诺风格的感伤旋律，让乐队发出抚慰、娇媚、性感的乐音，让其剧情既撩拨疲倦的商人，又让他们在走出剧院时感觉得到了道德升华（曼侬是个放浪的年轻女子，她的结局很悲惨）。

歌剧《曼侬》魅力十足。“马斯奈，”德彪西写道，“似乎成了他的女性听众仰慕者疯狂追捧的牺牲品。他对她们长期的献殷勤终于修得了正果，获得了回报。现在他则渴望长久留下这些香蝶粉蝶扇动翅膀的追捧。只可惜，他本该再尝试去驯养一大群蝴蝶的。”德彪西指出，音乐对马斯奈来说只是一项令人愉快的副业，而不是那位控制了巴赫和贝多芬的威严神灵。纤瘦殷勤文雅浪漫的马斯奈颇能吸引女人的注意。他喜欢女人，明白女人，她们也回报他。歌剧演员贝茜·阿伯特还记得“他能说会道，他的花言巧语总能让女人听着特别开心，想听他一直说下去。他有个巧妙的小伎俩，让他的漂亮女伴给出一条旋律，然后他走到钢琴前，用它即兴弹出一首甜蜜蜜的曲子。嘿，别说，这曲子还真符合他竭力献殷勤的那个女人的性格”。（阿伯特的语法和她的书写一样生动活泼。）马斯奈靠这个获得了成功，他赚了大钱，投资还特别理性，在他的音乐和人生方面都成了永恒的魅惑者和魔术师。

对于马斯奈超乎寻常地受欢迎，刊登在《音乐信使报》上的讣告试图给出独特的解释：“有一点可以肯定，假如马斯奈没有生逢其时，生在这个人人想听甜腻小曲的时代的话，他本会失败的。听众都渴望听到旋律，可偏偏很少有作曲家尝试写旋律，于是马斯奈受欢迎了。在大多数作曲家尝试超越传统音乐的时候，马斯奈却选择创作传统旋律，并加上一点现代主义和一点瓦格纳主义。因此马斯奈获得了欣赏。由于我们没有其他选择，我们只好欢迎他那些并不高明的旋律。”

一时间，在法国没有其他歌剧作曲家能跟马斯奈竞争。阿尔弗雷德·布鲁诺的《梦幻》（1891）风靡一时后便销声匿迹了，再也没有重演过。卡米耶·圣－桑写了很多歌剧，但只有一部获得了成功，即早期的《参孙与达丽拉》（1877）。古斯塔夫·夏庞蒂埃也写了几部歌剧，其中一部引起过强烈反响，即《露易丝》（1900）。

在上层音乐圈子里，人们对《露易丝》的憎恨和对任何一部马斯奈的歌剧的憎恨一样多。它被认为是折中主义兼玩世不恭。德彪西谈到这部歌剧时几乎怒不可遏。音乐家们对它的普遍态度从1954年版本的《格罗夫音乐与音乐家大辞典》中可以见到，相关作者称《露易丝》“浅薄且大谬不然……其受欢迎仅仅是因为人们对它一时的好奇”。也许是这样吧，但是这份好奇心可是经过很长一段时间才消退的。《露易丝》创作于1890年，直到1900年才得以制作演出，至今还在上演，并拥有很多欣赏者。这对一部仅凭人们一时好奇而出名的歌剧来说已经很不错了。这部歌剧有其自身的问题，过于煽情，尽管某些方面是写实主义风格；有太多马斯奈的味道，而且深受瓦格纳的影响（《纽伦堡的名歌手》对《露易丝》的影响显而易见）。不过它还是很强大，尤其是它很巴黎。

表面上，这部歌剧写了一对恋人，写了一个年轻女子同其小资家庭的决裂。实际上这部歌剧借此对巴黎进行了招魂或唤醒。“噢巴黎，你这充满力量和光明的城市！你这最辉煌的城市！巴黎哦巴黎，你是爱情的城市！”这对恋人如此讴歌道。（用夏庞蒂埃自己的话说，脚本是他自己写的。）全剧的最后一个词是“巴黎”！露易丝跑掉一去不返了，她父亲很清楚应该怪谁，不怪露易丝的母亲，不怪她的情人于连，而要怪巴黎；他向这座伟大的城市挥舞攥紧的拳头。

夏庞蒂埃就靠这一部作品为生。他可不是寻常之人。他于1860年6月25日出生在迪约兹，21岁时来到巴黎学习音乐。这个外省青年同巴黎的恋爱可是轰轰烈烈，以至于出了蒙马特尔他就会不开心。他在这座城市活得有滋有味，穿着平整滑顺的裤子，打着长长的艺术家式的黑色领带，戴着宽边软呢帽，看上去像是（普契尼的歌剧）《艺术家的生活》中的角色。他是个社会主义者，他自己的某些背景被他写进了这部歌剧。剧中，露易丝在一家裁缝店工作，而夏庞蒂埃本人也曾在一家纺织厂上过班。他曾和一个名叫露易丝·热昂的女裁缝过从甚密，后者当时在雷比克街的一家裁缝店上班。夏庞蒂埃甚至把她的名字用在了这部歌剧中。《露易丝》在当时掀起了轩然大波。故事发生在当时那个年代，包含做工的女孩儿们和一家裁缝店，该剧宣扬了自由恋爱和个人尊严的理念，抨击了对孩子管教过严的父母。夏庞蒂埃把一块石头投向了法国中产阶级道德伦理的玻璃窗。《露易丝》成了最受欢迎的法国歌剧之一，它也确实有几处亮点。梦游一场是在唤醒人们对巴黎这座被整个文明世界所深爱的城市的回忆；当于连和露易丝唱起他们对巴黎的呼语时，一种非常法国的真情实感贯穿其中。当然，剧中也有咏叹调“自那天起”，那首缥缈、萦绕不绝的咏叹调；还有女裁缝们叽叽喳喳饶舌的场面；还有第一幕中那首欢乐的二重唱。这些都是这部歌剧的亮点，尽管它不具备比才的伟大歌剧《卡门》的那种一体性，而显得比较碎片化。夏庞蒂埃基本上是个多愁善感的人，他以自身生活的一两个阶段为基础写了这部歌剧，创造出一个只存在于他自己想象中的天地，仅此而已了。不过《露易丝》仍旧具有写实主义的时代魅力等优点。

夏庞蒂埃一直活到 1956 年，在这一年的 2 月 18 日去世，享年 96 岁高龄。临终前他穿上 19 世纪的服装，送葬的队伍成为巴黎的一道风景。生前他并非一个心无杂念的完人。1903 年他去维也纳监督《露易丝》的首演时，尝试做的第一件事就是勾搭作曲家兼指挥家马勒的美丽夫人阿尔玛·马勒。当时马勒是歌剧院的领导，并负责这次首演的指挥。这位来自蒙马特尔的自由恋爱的倡导者在勾搭女人一事上是那么笨手笨脚，致使马勒夫妇觉得非常有趣儿、好笑，一点也没生他的气。阿尔玛·马勒在日记中这样记叙夏庞蒂埃："他朝桌子底下吐痰，咬手指甲，为了引起别人注意而使劲压膝盖或挪动胳膊肘。昨天晚上他踩踩我的脚，提示我注意看《特里斯坦与伊索尔德》中的某个美妙之处……他是个社会主义者，还想要让我也改信社会主义。"最终，夏庞蒂埃给《露易丝》写了一部续篇，起名《于连》。这部歌剧太过草就，演了几场后就销声匿迹了。

有一个比夏庞蒂埃伟大得多的作曲家叫伊曼纽尔·夏布里耶[1]，虽然他的歌剧没有出现在保留剧目单上，但他是真正具有独创性的音乐家之一。他的与众不同之处在于这样一个事实：他把自己的全部音乐生涯都浓缩在短短的10年之内。夏布里耶于1841年1月18日出生在昂贝尔，六岁时已经在弹钢琴，但是他父亲反对他把音乐作为职业。夏布里耶只好读法律，在1862年取得了法学学位，并在接下来的18年里在法国内政部供职。他与音乐和美术界的人士交往，和马奈、魏尔伦等人是朋友，但很长时间都不作曲。他收藏画作，收藏有马奈、雷诺阿、方丹－拉图尔、西斯莱、福兰、莫奈等人的画作。他去世之后，他的藏品中的48幅油画在1896年3月26日的一次拍卖会上拍卖，拍卖金额当时就十分可观，今天就更……

直到19世纪70年代晚期，夏布里耶才以作曲家的身份出现。轻歌剧《星星》在1877年创作完成，1879年他又写了独幕歌剧《教

[1] 一译夏布里埃。

育缺失》。之后他听了瓦格纳的歌剧《特里斯坦与伊索尔德》，受到很大震撼，遂决心把自己的余生奉献给音乐。他在 1880 年从内政部辞职。然后以很快的速度写了一组出色的钢琴曲，起名《美景十曲》。他还写了管弦乐狂想曲《西班牙》,一部很长的歌剧《格温多琳》，一部喜歌剧《身不由己的国王》，更多的钢琴作品以及一组歌曲。所有这些均创作于 19 世纪 80 年代。在那 10 年的尽头他精神崩溃，不能再创作了。1894 年 9 月 13 日，夏布里耶在巴黎逝世。

同期的法国作曲家没人比夏布里耶更有独创性。很少有人听过的《格温多琳》被认为是瓦格纳风格的歌剧。它的某些方面确有此嫌疑，但仔细研究总谱后你会发现，它的和声与旋律都具有非同寻常的独创性。但这些还不是夏布里耶想要的。他在自己的其他作品中还给音乐带来了新气象——把轻浮浅薄的娱乐性的理念作为作品的目的本身。甚至在他早期的《星星》里就已经有他日后要呈现的所有元素了——他要同那种奥芬巴赫式的轻歌剧分道扬镳，进入一种世俗油滑得多的轻快音乐。在《星星》里面既有音乐厅的元素，也有杂技场的元素。夏布里耶堪称是音乐界的图卢兹 – 劳德累克[1]。这部歌剧中有几首“啵啵”冒泡儿似的二重唱；甚至有一首男高音和男中音之间的二重唱，是对年代悠久的美声唱法咏叹调的最滑稽的讽刺；还有油滑甚至布鲁斯蓝调式的和声，像是格什温写的。剧中仿佛有什么东西穿越时空，一下子降落在萨蒂等人的所谓“六人团”身上，对这个 20 世纪 20 年代

[1] 法国印象派画家，多描绘舞厅、杂技场等娱乐场所。

的法国音乐小团体产生影响。是夏布里耶，而不是萨蒂，才是“六人团”的精神教父，这体现在他故意使用“啵啵”冒泡似的音乐（froth）以及有意逃离瓦格纳主义这两方面。夏布里耶虽然曾经深受瓦格纳的影响，但他很快就试图在自己的创作中避免一切德国音乐的痕迹。他甚至开始同德彪西持有相同的观点，别忘了后者也是位法国音乐家。在创作他未完成的歌剧《布里谢伊斯》的时候，他写信给一个朋友说：“我不知道这部歌剧的音乐是不是法国风格，但有一点我可以肯定：它不会是德国风格。不管怎样，我都必须站在自己国家一边，这是我的首要职责！”

在音乐形式方面，夏布里耶从不关心古典曲式中的发展部这一块儿。他的音乐具有其自身的统一性，这种统一性依赖其内在的逻辑，柏辽兹的后期音乐正是这种类型的代表。夏布里耶非常崇拜这位著名的前辈。“柏辽兹首先是个法国人（他并非他那个时代的老脑筋），他难道不是把多样性、斑斓的色彩和多变的节奏放进他的《浮士德的责罚》《罗密欧与朱丽叶》《基督的童年》等作品中去了吗？有人说，这些作品缺乏统一性。我的回答是，去他的吧！如果成为 1，我注定会使人厌烦，因此我更愿成为 2、3、4、10、20……一言以蔽之，我更愿拥有许多颜色的颜料在我的调色板上，并且打破一切条条框框。为了做到这一点，我不必反复来回地抠哧那个折磨人的（1）呈示人物的第一幕，（2）愚蠢的女人们及女王唱声乐练习的那一幕，（3）有芭蕾舞的那一幕，那段没完没了的芭蕾，就像反复洗牌没个完，（4）那段不可或缺的爱情二重唱，（5）半夜 12 点差 20 分钟的那场醉酒狂欢，滑膛枪的射击，犹太人的大锅，主要角色的死亡等等。”夏布里耶显然不喜欢梅耶贝尔式的正歌剧。

夏布里耶的乐思基本上是旋律性的。它们的出现和消失都不带着那种德国式的发展部。从某种意义上说，夏布里耶是个全凭灵感创作的业余作曲家。“我实际上是自学的，”他写道，“我不属于任何音乐学派。在音乐上，我凭性情超过了凭才华。有许多一个人必须在青少年时学的东西我都没有学过，但我一直生活和呼吸在音乐中。我凭感觉作曲，更多依靠天性而不是技法。但这两者的区别是什么呢？我想答案就在于我是个诚恳而率真的人。”他是不是业余这并不重要，关键是他的钢琴曲非常难演奏，里面的装饰音时常非常有别于传统，就连音乐学院的科班学生都必须学会截然不同的演奏方式才能奏好。这些钢琴曲十分精彩，富有气韵和机智，其和声仅凭其持续的九和弦，就预示了德彪西。那《三首浪漫华尔兹》是小巧玲珑的杰作，其中最后一首的和声起伏波动,令人心绪不宁。这简直就是颓废音乐了。另一方面,《西班牙》却完全阳光和热情,直通拉威尔。夏布里耶还有部杰作《身不由己的国王》，它十分轻松愉快，异常精致，理应获得重演。乔治·巴兰钦把一些夏布里耶的华尔兹用于他的芭蕾舞《梦幻奥弗涅民间舞》之中，它们让人感到灿烂华美，充满旋律创新的活力。可是现今的公众却仍对《身不由己的国王》中那些可爱的声乐部分不熟悉。许多前辈作曲家都写轻松愉快有趣的音乐，但夏布里耶是头一个把写这种轻松愉快有趣的音乐*严肃*看待的人。他把自己对这类音乐的认识提升到美学的高度。除了《格温多琳》和未完成的《布里谢伊斯》之外，他从不追求写大篇幅作品。他提倡自发性，短小性，有感才发，点到为止，把精妙的乐思谱成小巧玲珑的曲子。他完美地做到了这一点，凭借他有限的作品成为当时最杰出的作曲家之一。

卡米耶·圣-桑则与夏布里耶截然不同，他是最完美的音乐技师。圣-桑的很多作品依旧保留在曲目单上，常演常新，但是他的名望在法国之外并不太高。许多人指责圣-桑的音乐全是技巧而无思想，是空洞的形式而乏内涵，虽然优雅但失之肤浅。在某种程度上，他是法国的门德尔松。圣-桑的音乐生涯值得审视，在其漫长的一生中（1835 年 10 月 9 日至 1921 年 12 月 16 日），他经历了两个世纪中的许多音乐变革，并为这些变革做出了自己的贡献。

人们还没有普遍认识到圣-桑很可能是音乐史上最惊人的神童。他的智商高得无法测量。看看吧，年仅两岁半，他就能在钢琴上弹出曲调。当然啦，他拥有绝对音高的耳朵。还不到三岁，他就能读和写了。三岁他就写了自己的第一首曲子。这曲子的手稿日期标注是 1839 年 3 月 22 日，现存巴黎音乐学院。五岁时他就对莫扎特的《唐璜》做了深入的分析，使用的还不是钢琴缩编谱而是乐队总谱。五岁的他还以钢琴家的身份举行过几次公演。七岁时他正在读拉丁文，并对科学兴趣正浓，尤其是植物学和昆虫学。他还爱好搜集地质标本。他正规的音乐训练开始于七岁，10 岁就举行了他的正式首演。在他的首场独奏会上，当被要求再奏一曲时，他表示自己可以凭记忆演奏贝多芬 32 首钢琴奏鸣曲中的任意一首。他的美名远扬至美国。1846 年 8 月 3 日一期的波士顿《音乐观察报》上有一则报道写道："巴黎有一个年仅 10 岁半的小男孩儿，名叫圣-桑，他可以不看乐谱地演奏亨德尔、塞巴斯蒂安·巴赫、莫扎特、贝多芬以及众多现代音乐大师的作品。”圣－桑的记忆力极好，他读过的书、听过的曲子，他都能做到过目、过耳不忘。

长大成人后，圣－桑成为他那个时代最重要的钢琴家和管风琴家之一，同时还是优秀的指挥家、出色的乐谱审读者和杰出的作曲家，能娴熟而高产地创作各种体裁的作品；他还是最早期的音乐学家之一，以及活跃的音乐评论家。在音乐之外，他涉猎天文学，是法国天文学会的会员。他也对考古学很感兴趣。他对神秘学也感兴趣，还出版过一卷诗集，并且尝试过创作剧本。在他的音乐生涯之初，他被认为是法国的音乐革新者之一。但是随着年龄的增长，他又以保守派的主将著称。他承认自己是个折中主义者，在谈到自己的音乐时这样说道："我追求纯洁的风格与完美形式的结合。"他是个小个子男人，穿得像个花花公子；脾气暴躁，虽然看上去很随意，但不好相处。皮埃尔·拉罗这样描述圣－桑："他个子矮小，长得很像一只鹦鹉，侧面看总是那副轮廓鲜明的样子，鹰钩鼻子，敏锐的双眼不停地灵活转动……他像大鸟那样大摇大摆地走路，讲话快而急，带着奇怪的咬舌音。"

圣－桑在玛德兰纳教堂做了多年的管风琴师（李斯特称他为世界上最伟大的管风琴师）。他继承了瓦格纳的事业，并为捍卫瓦格纳的《汤豪舍》和《罗恩格林》而战。他也和其他的音乐先进分子如李斯特和舒曼结盟。1861年，他成为尼德迈耶尔学校的一名教师，福雷是他最杰出的学生。他还作为钢琴家到处演出。在那个花里胡哨的炫技大师辈出的时代，圣－桑的钢琴演奏纯净、清澈、精致而古典。他举行了莫扎特钢琴协奏曲的系列音乐会，

⚜ 圣 – 桑

他也许是所有音乐神童中最伟大的一个。

担任钢琴独奏，很可能是史上第一位这样做的钢琴家。与此同时，他自己写的作品却没有取得多大进展。这位极具天才但又显得高傲的音乐家未能大红大紫，这让某些人很是窃喜。柏辽兹总是那么诙谐，他嘲弄道："圣 – 桑什么都懂，就是不懂什么都不懂。"圣 – 桑开始树敌，他不能忍受弗朗克的音乐，还与马斯奈长期不和。马斯奈当选为法兰西艺术学院的院士，这个身份一直为圣 – 桑梦寐以求。一向喜欢逢迎的马斯奈给圣 – 桑发去一封电报说："我亲爱的同行，法兰西艺术学院做了件大错事。"恼怒之下，圣 – 桑回电说："我完全同意您的看法。"不久以后，圣 – 桑也被选为法兰西艺术学院院士。而几年后，他却千方百计阻挠德彪西当选。他鄙视德彪西的音乐。"我一直待在巴黎，说《佩雷阿斯与梅丽桑德》的坏话。"他带着咬舌音对一个朋友说。他对丹第和施特劳斯音乐的评价也不高。

圣－桑做的“坏事”在他死后仍有影响，而他做的好事却似乎被许多人忘记了。他不仅是当时的一股进步力量，还与巴黎音乐学院的声乐教授罗曼·布辛一道在1871年创立了“国家音乐协会”。这个组织成为法国新一代作曲家的精神支柱。该协会的目的是宣传推广法国新音乐，这个目的实现了，在许多年里，该协会介绍了多位法国新音乐家的作品，如弗朗克、丹第、夏布里耶、布鲁诺、肖松、杜卡斯、勒克、马尼亚尔和拉威尔。罗曼·罗兰把这个协会称为“法国音乐艺术的摇篮和圣殿……从1870年至1900年间法国音乐的所有伟大人物都是从这个协会走出来的。如若没有这个协会，代表我国音乐成就的大部分作品不但没机会演出，甚至还可能没被写出来”。圣－桑感兴趣的还不只是法国音乐。他除了宣传李斯特和瓦格纳之外，还把《鲍里斯·戈杜诺夫》的音乐介绍给了法国音乐家；他去了一趟俄罗斯，把这部歌剧的声乐缩编谱带回了国。只要圣－桑认为什么事对音乐有好处，他就会把它一直做下去。但是在1890年以前，他都一直是个坚定的反革新派，且性格乖戾，脾气暴躁，总感到焦虑并患有旅行强迫症。也许他暗自意识到了，他永远都不可能把自己强大的天分发挥到极致了。此外他的个人生活也被毁掉了。1878年，在短短几个月之内，他的两个孩子就先后死去了。安德烈从窗口掉了出去摔死了，让则死于一种小儿病。三年之后，圣－桑抛弃了妻子，他们既没有分居也没离婚，但是从此再没见过面。（她在1950年以94岁高龄谢世。）喜欢沉思默想的圣－桑还写了一本哲学著作《问题与神秘》，这本书探究了悲观主义，提倡无神论。圣－桑认为，艺术与科学将取代宗教。生命没有目标，生活毫无意义，“人们在寻找终极目标的过程中从来都是失望的。原因很简单，可能根本就不存在这样的东西。”早在萨特之前，存在主义在法国就已经有了圣－桑这个代言人了。

像当时所有雄心勃勃的法国作曲家那样，圣－桑也创作歌剧。在尝试了两次之后，他终于在1877年成就了《参孙与达丽拉》的辉煌。这部歌剧在魏玛首演，而不是在巴黎。圣－桑的其他12部歌剧都远不如这部这样受欢迎，虽然有些专家认为《阿斯卡尼奥》（1890）更好一些。但留在剧目单上的却是《参孙与达丽拉》。确实，考虑到圣－桑的音乐相对来说声誉不是太高，却还有那么多的作品留在曲目单上，这着实令人吃惊。这其中有《g小调钢琴协奏曲》《c小调钢琴协奏曲》和《F大调钢琴协奏曲》（第五号）时常被演奏。其他时常能听到的圣－桑作品还有c小调第三管风琴交响曲、b小调小提琴协奏曲、a小调大提琴协奏曲、《动物狂欢节》和其中的《天鹅》。他的《引子与回旋随想曲》（小提琴与乐队）也经常演奏。在他的交响诗中，《死之舞》很有名，《奥姆法尔的纺车》也时有听到。

这个成绩还是很不俗的。这说明圣－桑实大于名。他的音乐必定有某种生命力，让它绵延至今丽音不散。[1]他的音乐给人以审美上的满足感，以及逻辑上的完成感。他的音乐干净整洁，完善，线条清晰简明，绝对地专业。这种音乐植根于古典传统，却又不同于正统。圣－桑可以被称作是第一位新古典主义者。最重

[1]圣－桑的音乐大体上清新明丽，风光旖旎，充满巴黎的浪漫风情。

要的是他的音乐具有那种古典的优雅。在他那个时代的所有法国作曲家当中，他是最为纯真的一个，他的音乐彻底避免了弗朗克及其一派的那种超感官的声响。他的 g 小调钢琴协奏曲或者管风琴交响曲也许探究得不够深刻，但至少它们避免了同时代太多音乐作品中的那种平庸和低级趣味。圣－桑的纯钢琴音乐过去几乎不被演奏，如今却在沙龙客厅里受到欢迎，以其华美和客观性并不使人感到陈腐平庸。它是一种很实在、有效的音乐。其中典型的例子是《c 小调托卡塔》(其实是他的《第五钢琴协奏曲》的末乐章的钢琴独奏版)，它具有那种上承李斯特、下启拉威尔的灿烂。现在可能需要重新评价圣－桑了。风水轮流转，十年河东十年河西，圣－桑的那种音乐技巧上的完美无缺，那种乐思上的轻盈典雅和鲜明，现在理应获得重生。但是麻烦在于，圣－桑最出名的恰是他一些较柔美的作品——《参孙与达丽拉》《天鹅》《死之舞》，而不是《钢琴、小号与弦乐七重奏》《d 小调小提琴奏鸣曲》以及《降 B 调钢琴四重奏》这样一些较有力量的作品。

⚜《圣－桑》，由“他最受尊敬的弟子”加布里埃尔·福雷创作的一幅漫画

• 23 •

俄罗斯民族主义和“五人强力集团”

——从格林卡到里姆斯基－科萨科夫

FROM GLINKA TO RIMSKY-KORSAKOV

在19世纪，通过音乐表达民族抱负和想望的理念得到了发展，表现为作曲家有意识地将其反映在本民族的音乐中。这种理念在欧洲主流思想以外的那些国家中尤为突出，其发声也最为强烈。俄罗斯、波兰、匈牙利、波希米亚、西班牙，这些国家都产生了至少一位响当当的民族主义作曲家。这些国家的人民有许多渴望实现的心愿，他们的期冀很多。在富裕国家里，由于人们对生活已经心满意足，一般情况下就不会诞生出民族主义的音乐。民族主义的音乐从某种意义上来说是一种宣传，是一种号召人民武装起来的精神呼唤。处在异国统治下的人民，比如处在奥地利统治之下的波希米亚王国，或是在沙皇及其权贵集团的铁腕专制统治下痛苦呻吟的人民，无法做大规模的社会抗争，只能通过文学、音乐等艺术形式发出抗议之声。事实上也正是如此。在那些革命积极分子被戴上手铐脚镣的同时，音乐家至少还可以用音乐表达本国人民对自由的渴望向往，或者对本国文化、传统的自豪。以上所有这一切又都得到了浪漫主义的“民族”这一概念的认同，而被锦上添花，愈加活跃起来。

音乐中的民族主义是对本民族的民间音乐在整体上加以有意识的利用，甚至在像交响曲和歌剧这样大型的体裁中也出现了民族主义。瓦格纳是所有作曲家中最条顿、最德国的一个，但他却不是民族主义作曲家，因为他根本没从德国民间音乐的遗产中汲取过什么。即便一个作曲家偶然在其某支乐曲中使用过一些民间音乐的元素，也未必就能让他成为一个民族主义作曲家。比如勃拉姆斯，写过一套《德意志民歌集》，但这并没有让他成为一名民族音乐作曲家。同样，舒伯特写了《匈牙利风格嬉游曲》，但他也不能算作民族主义作曲家。因为这些作品不属于他们创作的主流，就像李斯特写的《匈牙利狂想曲》也不属于一样。民族主义音乐并不是对民间音乐进行肤浅表面的利用，而是对民族精神——体现在一个民族的歌曲、舞曲和宗教音乐中——的招魂和唤起。真正的民族主义者并不需要直接引用民间素材，他们根植于此，生来浸淫其中，对祖国的音乐早已了然于胸，以至于他们的全部音乐创作都是民族意识的反映，是用音乐向祖国呼唤。民间曲调已成为他们心理接受和聆听过程的一个关键部分，一如他们呼吸的空气、吃的食物和说的语言那样。

虽然肖邦和李斯特都不是真正的民族主义者，但肖邦在其玛祖卡和波罗乃兹中、李斯特在其狂想曲中都表现了民族性。（19世纪的人对李斯特狂想曲的评价远高于后世。）当俄罗斯的音乐界开始活跃时，大多数俄罗斯音乐家把目光转向了肖邦和李斯特，而不是学院派的作曲家。对他们而言，肖邦和李斯特代表着自由无拘，代表着对德奥音乐学院的经院哲学的反叛。俄罗斯的民族主义作曲家痛恨条条框框，他们是欧洲最早创立民族音乐美学体系的人。米哈伊尔·格林卡（1804—1857）在1836年以其歌剧《为沙皇献身》开创了这一民族乐派。在其后短短50年里，俄罗斯诞生了一批民族乐派作曲家，他们跻身音乐史上最具独创和最有力量的作曲家之列。

在格林卡之前，俄罗斯的音乐生活由意大利人掌控。18世纪的一些重要的作曲家如曼弗雷迪尼、加卢皮、派西耶罗和奇马罗萨等人，均在俄罗斯工作过。莫斯科和圣彼得堡的歌剧院就像在欧洲其他城市那样，意味着专演意大利歌剧的歌剧院。格林卡之前，仅有的几位俄罗斯本土作曲家的音乐只为专家们所熟悉。18、19世纪之交的俄罗斯是个神秘的国度，如拿破仑发现的那样，它幅员辽阔，人民粗犷，一个战斗的民族，刚刚从中世纪环境中脱出而崛起。那时，除了少数受过启蒙的贵族知识分子，俄罗斯人对整个西方的哲学思想、文化和科学等传统都基本上一无所知。从音乐上讲，俄罗斯民族拥有丰富的民歌遗产，但在音乐设施方面并无建树。直到1850年，整个俄罗斯还没有一所音乐学院。音乐师资、音乐书籍和刊物都极其匮乏。在圣彼得堡倒是有一个机构叫“俄罗斯爱乐协会”，每年仅举办两场音乐会。

那时的俄罗斯音乐家都像是二等公民。安东·鲁宾斯坦在1862年建立圣彼得堡音乐学院前曾经写道：“俄罗斯几乎没有严格意义上的音乐艺术家。这是因为我们的政府对音乐没有像对其他艺术形式那样给予同样的关照，如绘画、雕塑等。也就是说，从事音乐的人并没有被当作艺术家。”这一点很重要。鲁宾斯坦的意思是，音乐家实际上没有社会地位。画家能被政府承认，被授

⚜ 当时的一幅俄罗斯木刻《米哈伊尔·格林卡》

安东·鲁宾斯坦把他等同于贝多芬。

予“国家艺术家”的荣誉称号，但音乐家不能。

今天一般人所了解的俄罗斯音乐会历史始于格林卡。在他那两部伟大的歌剧——《为沙皇献身》和《鲁斯兰与柳德米拉》之前，他写过一大批二流的、西方式的音乐作品。柴科夫斯基永远无法忘怀格林卡的这一华丽转身：“他开始时只有业余水平，一会儿拉拉小提琴，一会儿弹弹钢琴，写一些主题时髦但毫无声色的方阵舞曲和幻想曲。他也曾试写过严肃的体裁（四重奏、六重奏）和歌曲，但都只是些30年代味道的平庸之作。谁想到他在34岁那年，突然写出一部天才的歌剧，其深度、广度、独创性和无瑕疵的技巧堪与那些最伟大、最深刻的音乐比肩！”格林卡作为俄罗斯民族乐派的奠基人，被他的继承者们奉若神明。柴科夫斯基的话很有代表性，所有的俄罗斯作曲家，无论过去还是现在的，无不尊格林卡为师。柴科夫斯基又说："现今的俄罗斯乐派整个植根于格林卡的《卡玛林斯卡娅》，正如整棵橡树都从一粒种子中长出来那样……所有的俄罗斯作曲家，包括我本人，只要是处理俄罗斯舞蹈音乐的曲调，都会从《卡玛林斯卡娅》中吸取对位与和声的组合。"

米哈伊尔·格林卡于1804年6月1日出生在一个富有的地主家庭。他自幼学习小提琴和钢琴，还在大名鼎鼎的约翰·菲尔德那里上过几天钢琴课。菲尔德是著名的爱尔兰钢琴家和作曲家，在1803年定居俄罗斯。不过，格林卡受过的音乐教育充其量也是零零碎碎的。他在1824年成为一名公务员，在圣彼得堡的道路交通部任职。1828年，格林卡辞去公职并游历欧洲，在米兰逗留了将近三年，在那里会见过贝里尼和唐尼采蒂。嗣后他去柏林待了一年，师从齐格弗里德·戴恩学习音乐理论。在这期间，格林卡的音乐作品风格主要是世界性的，其中也有俄罗斯元素，但它们并不比贝多芬在《拉祖莫夫斯基系列四重奏》中运用俄罗斯主题更为彰显。举例说，他的《钢琴和弦乐六重奏》就具有强烈的门德尔松韵味。该曲创作于1832年，有一个十分浪漫乐派的、程式化的钢琴声部，其中不加修饰地引用了一支俄罗斯民歌，但是整个音乐素材无论如何都谈不上具有独创性。

1834年，格林卡返回俄罗斯，与普希金和果戈理成为好友，并决定创作一部俄罗斯题材的歌剧。他选定了一位民族英雄，伊凡·苏萨宁（在俄罗斯,这部歌剧至今仍叫作《伊凡·苏萨宁》——它最初的名字，而不是《为沙皇献身》）。然后用两年的时间完成了谱曲。这部歌剧讲的是一个叫伊凡·苏萨宁的农民，故意给一支波兰军队领错路，从而救了俄皇罗曼诺夫一世一命，自己却献出了生命。格林卡说过，这个故事触发了他的灵感，“仿佛神助一般，歌剧的整体布局、用于表现俄罗斯和波兰的两种对比性的音乐主题以及由此派生的许多其他主题，甚至作品的细节，全都一股脑儿拥进我的头脑”。这部歌剧在 1836 年 12 月 9 日举行了首演，皇室成员也来观看，取得了巨大成功。它没有理由不取得成功。俄罗斯皇室习惯了看意大利歌剧，而《为沙皇献身》恰好具有强烈的意大利味道；和声方面也没有问题，旋律也很吸引人。在 20 世纪的人们听来，这部歌剧令人愉快，不含有什么颠覆性或革命性，因此很难理解柴科夫斯基对它近乎歇斯底里的赞颂。不过 20 世纪之于它似乎扯远了点。对 1836 年及以后多年的俄罗斯人来说，《为沙皇献身》在很多方面独树一帜：它是第一部俄罗斯题材的歌剧，第一部情节涉及农民而不是贵族的歌剧，第一部引用俄罗斯民歌的歌剧。

此后，格林卡再没获得过同样的成功，尽管他的《鲁斯兰与柳德米拉》是一部有趣得多也重要得多的歌剧。这部歌剧写于 1842 年，它具有很强烈的民族特色和东方主义色彩，运用了全音音阶，有些粗粝刺耳的不协和音，而且比《为沙皇献身》多了许多格林卡的个性。可是这部歌剧的首演却失败了。好在欧洲至少有一位重量级的音乐家喜欢它，这人就是李斯特。李斯特在俄罗斯巡演时，阅读并用钢琴演奏了这部歌剧的整个总谱，从此就到处宣扬它的价值。李斯特是俄罗斯之外少数持续关注这个国家发展的音乐家之一，他总是很留意音乐的新秀和新声。他后来还准确描述过俄罗斯音乐的特征。在不受外国影响、独立发展了多年之后，俄罗斯人（如李斯特所说）把一些新东西注入了音乐，其节奏和清新的感觉令他兴奋。李斯特的神耳所体验到的这种清新感，即是俄罗斯民歌所具有的那种异域东方感，这个东西在格林卡后期的音乐以及在其继承者们的音乐中占有很大的比重。从节奏上讲，俄罗斯民间音乐高度无规则，频繁使用 5/4 拍或 7/4 拍，这种节拍很少被西方作曲家使用，直到斯特拉文斯基在 20 世纪将其普及为止。斯特拉文斯基如此大张旗鼓地采用节奏的无规则性并非出于偶然，作为里姆斯基 – 科萨科夫的学生，他对俄罗斯民歌了然于胸。

观众对《鲁斯兰与柳德米拉》缺乏兴趣，这让格林卡深感沮丧。毕竟它对于当时的俄罗斯人来说太超前了。1844 年，格林卡离开祖国远赴法国和西班牙旅行。西班牙让他如痴如醉，他甚至尝试学习西班牙舞蹈。“我的两脚动作很好，但我控制不了响板。”此行让他创作了《阿拉贡霍塔》，是欧洲作曲家以西班牙旋律和节奏作曲的最早尝试之一。此外他还写了题为《马德里的夏夜》的一首序曲。同期，格林卡也没有忽视俄罗斯风格作品的创作，在 1848 年以俄罗斯民间主题为基础，写了管弦乐幻想曲《卡玛林斯卡娅》。此曲成为之后整整半个世纪以俄罗斯民间主题为基础创作管弦乐曲的开山之作。不过总的来说他作曲不多。他四处旅行，与一连串年轻貌美的女人过从甚密（他 1835 年结婚，1839 年分居，1846 年离婚），还与整个欧洲的同行会面并款待他们。然而他对这一切渐渐感到乏味。最终，他找到了新的乐趣所在——教堂音乐。他去了柏林，研究巴赫和教堂音乐调式。在那儿他患了感冒，并于1857年2月15日去世。他立刻成为了民族英雄。“贝多芬和格林卡与日月同辉！”安东·鲁宾斯坦庄严宣布。鲁宾斯坦的同时代人并不认为把这两人相提并论有何不妥。

俄罗斯音乐的下一项发展体现在一群颇有灵感的业余爱好者聚集在一个人周围，形成了一个作曲小集团。这个充当父亲般角色的人名叫米利·巴拉基列夫，是个身材矮壮、亚洲人面孔、基本上自学成才的作曲家。其结果便是，音乐史上最离奇的故事之一由此发生，而且它不可能发生在世界上任何其他地方。

巴拉基列夫于1837年1月2日出生在尼朱伊－诺夫哥罗德。十岁时，他被母亲带到莫斯科学习钢琴，并且多少有被亚历山大·乌利比雪夫收养的意思。乌利比雪夫是个音乐爱好者，撰写有关莫扎特和贝多芬的书籍。小巴拉基列夫对音乐规则还一无所知的时候就已经开始作曲，并得到了乌利比雪夫的鼓励。他的朋友兼同窗、小提琴手彼得·德米特里耶维奇·巴鲍里金证明说，那时巴拉基列夫连一本和声、管弦乐配器或其他乐理方面的书籍都没有。可是他有坚定的决心，有良好的音乐头脑、乐感和好耳朵，并且矢志不渝。格林卡的歌剧促使巴拉基列夫决定毕生投身音乐。1855年他在圣彼得堡定居。在那里他受到格林卡的鼓励，以钢琴家和作曲家的身份活跃在音乐圈子里。

巴拉基列夫是个很固执、强势的人，很想让别人服从他。格林卡在1857年去世后，他就成了俄罗斯音乐的主帅。岂止是主帅，他简直成了“沙皇”。在他周围聚集了一些年轻音乐家，这些人就是日后众所周知的俄罗斯“五人强力集团”——他们均从事各自领域的工作，在音乐方面均是自学成才，其中几位终生都是业

⚜ 米利·巴拉基列夫在 1866 年

多年来他都是“五人强力集团”之父。

余作曲家。1856 年，塞萨尔·居伊成为第一个追随巴拉基列夫的人。居伊（1835—1918）终其一生都在军队工作，是一名陆军军官，工程师，专事防御工事。作为一名业余作曲家，居伊在五人当中是音乐天分最低的一个。他虽然创作颇丰，但除了一曲名为《东方》的沙龙作品之外，其他全都没能保留在曲目单中。对于“五人强力集团”而言，居伊更大的价值体现在音乐评论方面。他的文章发表在法国和俄罗斯，他不断向世人阐释着“五人强力集团”的民族主义主张。

莫杰斯特·穆索尔斯基是第二个进入这个小圈子的。他看起来不像是那种永垂不朽之人。1857 年，他还是一名 18 岁的年轻军官，在精锐的皮利奥布拉泽恩斯基团服役，并在那里学会了每一位优秀的团级军官都应该掌握的本事——喝酒、嫖妓、着装、赌博、教训农奴、骑马等等。在这些本领中，穆索尔斯基发现喝酒最符合自己的性情。他的另一大本领是弹钢琴，这得自他母亲的传授。他的演出曲目都是当时流行音乐的集成曲。亚历山大·鲍罗丁当时是个军医，他在1856年遇到了在同一所医院值班的穆索尔斯基。许多年之后，鲍罗丁在一封写给音乐评论家弗拉基米尔·斯塔索夫的信中，谈到了他对穆索尔斯基的第一印象：

> 我那时刚被任命为军医，而穆索尔斯基是位初出茅庐的军官。我们在医院的公共值班室相遇。因为干坐着乏味，我们就聊了起来，进而发现彼此十分投合。还是在那个晚上，我们受邀去了总医师家里。总医师有个长大成人的女儿，因此他经常举行晚会，并邀请值班军官参加。穆索尔斯基那时青春年少，优雅而矜持，是个捯饬完美的小军官。他穿一身崭新的紧身制服，脚指头往外翻翘着，走起路来很神气，头发精心梳理得油光锃亮，指甲修剪整齐，双手保养得很好。他的举止得体文雅，颇有贵族气。他说话低声细语，精心选择辞藻，不时夹杂着做作的法文句子。实际上，他有些做作，但也无可挑剔，表现出极好的教养。他坐在钢琴前，带着卖弄与讨巧地抬起双手，开始优雅而纤巧地弹起《游吟诗人》和《茶花女》的片段。其他人围在他身旁，快乐地小声呼喊："太好听了！真美妙啊！"

音乐是穆索尔斯基的最爱。巴拉基列夫给他的震撼如此之大，以至于他在 1857 年辞去了军队的职务，一个猛子扎进音乐，狂热地学习起音乐来。家里不差钱，穆索尔斯基没有经济上的后顾之忧。鲍罗丁两年后又遇到了他，这次印象更深："在他身上已经找不到一点军官的影子了。他的穿着、举止依旧讲究，但浮华之气已经不复存在。"直到 1861 年俄罗斯农奴被解放之后，穆索尔斯基才开始遇到困难。许多土地拥有者，包括穆索尔斯基的家，都受到了沉重的打击。失去了家里的资助，穆索尔斯基不得不靠自己应付生活，被迫做了一份公务员的工作。

下一个进入巴拉基列夫音乐圈的是一个年轻的海军军官，名叫里姆斯基－科萨科夫（1844—1908）。他和穆索尔斯基一样，出身于一个贵族家庭。与穆索尔斯基不一样的是，他甚至算不上是一个钢琴手，虽然他也时常弹弹钢琴，拉拉大提琴。他想作曲，但不知道从何下手，直到认识了巴拉基列夫。通过里姆斯基的钢琴老师费奥多·卡尼耶，这两个人认识了并走到了一起。里姆斯基在 1861 年 12 月初写给父母的一封信中说："上星期天，卡尼耶把我介绍给了巴拉基列夫，一位著名的音乐家和作曲家；还有居伊，他写过一部歌剧《高加索的囚徒》。"里姆斯基－科萨科夫大喜过望，深受感动，不知该如何感激卡尼耶为他安排了"这次无与伦比的会面"。巴拉基列夫在里姆斯基身上发现了某种特质，一下子记住了他。在一封写给斯塔索夫的信中，巴拉基列夫先说居伊"有才能但缺少对社会的感觉"，然后说穆索尔斯基"实在是个白痴"；而里姆斯基－科萨科夫就另当别论了！"我信任你，"他对这位年轻的海军军官说，"就像一个老姑妈信任她年轻的律师侄子一样。"里姆斯基把自己的《降 e 小调交响曲》的草稿拿给

⚜ 莫杰斯特·穆索尔斯基画像，由伊利亚·列宾在穆索尔斯基去世前几个星期所绘

他在俄罗斯人民中间求本求真。

巴拉基列夫看，巴拉基列夫敦促18岁的作曲家抓紧完成这部作品。

1862年，亚历山大·鲍罗丁也加入了巴拉基列夫的音乐圈。鲍罗丁（1833—1887）是卢卡·盖蒂奥诺什维利亲王的私生子，从小被朝着科学家的方向培养，而且真的当了一辈子的科学家。他先以优异成绩毕业于医学院，然后去海德堡深造。他的专业是化学，博士论文的题目是《论含砷制剂与磷酸的相似性》。搞化学的他同时也作曲。和穆索尔斯基一样，鲍罗丁是位业余钢琴家并且渴望能作曲，医学院的老师们对他在音乐上投入那么多时间感到不满。

就是这样一些人组成了俄罗斯民族乐派的“五人强力集团”——军队工程师、前军官、海军军校学员、化学家。在这个圈子里也有一些边缘人物，如艺术史学家和音乐评论家弗拉基米尔·斯塔索夫，普戈尔德的两个很有天赋的女儿——一个歌唱家，一个钢琴家；还有亚历山大·达尔戈梅日斯基（1813—1869），这位作曲家并非“五人团”成员，但是创作理念和“五人团”很接近。“五人团”成员们经常在达尔戈梅日斯基家里聚会，原本可能是他——而不是巴拉基列夫——成为他们的领袖，但他身体孱弱，也缺少巴拉基列夫的指挥与激励的能力。此外，圈子里还有亚历山大·谢洛夫，俄罗斯最重要的音乐评论家，也是个作曲家。但最活跃的还是居伊、穆索尔斯基、里姆斯基－科萨科夫和鲍罗丁，他们与巴拉基列夫联系最为紧密。看看这“五人团”的学习课程和学习方法，估计连最严格的德国教授看了也会感动到流泪。缺少书籍，缺乏音乐的基础知识，他们只能互相依靠，并依靠巴拉基列夫。他们尽其所能寻找各种乐谱，从巴赫到柏辽兹到李斯特。他们弹奏这些乐曲，分析曲式，把每首乐曲拆开剖析，再重新拼到一起。这也许是个不错的音乐学习方法。他们还相互评论彼此的作品，作曲时互相帮助，一点一滴地取得进步。他们是关系紧密的事业伙伴，其中的两位，穆索尔斯基和里姆斯基－科萨科夫，还一度同住一室。正如鲍罗丁写的那样：“在我们这个小圈子里，没有嫉妒、欺瞒和自私的阴影。每个人都为他人取得的哪怕最小一个成功感到由衷的高兴。”

自学并以此自豪，“五人团”高傲地摆出对抗的姿态，把使命感看作一种道德，高举自身理念的旗帜毫不妥协。作为一个整体，他们宣扬自发性，主张自然而然、顺其自然，“音乐的本真性”和民族性，反对学院派和瓦格纳主义。在“五人团”看来，

⚜ 亚历山大·鲍罗丁，由伊利亚·列宾所画

博士，化学家，自学成才的作曲家。

俄罗斯音乐的对立面是鲁宾斯坦兄弟和他们的音乐学院，他们是敌对势力的代表，代表着从西方学来的经院传统。安东·鲁宾斯坦（1830—1894）是俄罗斯第一位伟大的钢琴家，还是位多产的作曲家，作品一部接一部，遵循的是门德尔松—舒曼—肖邦等早期浪漫主义者的传统。他的交响曲《海洋》是 19 世纪后半叶在欧洲最受欢迎的管弦乐作品之一。和他的其他作品一样，《海洋》里没有民族主义的痕迹。19 世纪结束后，鲁宾斯坦的音乐实际上就销声匿迹了，但他的《F 大调旋律》还为人所知，他的《d 小调钢琴协奏曲》和一些钢琴独奏曲也偶尔能听到，歌剧《恶魔》至今仍在俄罗斯上演。1862 年，安东·鲁宾斯坦创立了圣彼得堡音乐学院。两年后，他的弟弟尼古拉·鲁宾斯坦创立了莫斯科音乐学院。尼古拉·鲁宾斯坦（1835—1881）也是位出色的钢琴家。柴科夫斯基甚至认为，他的成就超过了他那位大名鼎鼎的兄长。

两位鲁宾斯坦对“五人团”来说都是十分讨厌的人物。“把鲁宾斯坦看作俄罗斯作曲家是个严重的错误，”居伊写道，“他仅仅是一个作曲的俄罗斯人。”在“五人团”的眼中，这两所音乐学院代表着贫瘠而濒死的德国传统，毫无民族性，仅仅是一种累赘而已。巴拉基列夫索性认为圣彼得堡音乐学院就是个陷阱，旨在“把俄罗斯音乐置于德国人的控制之下”。而“五人团”要寻找另外的东西。他们最感兴趣的是供演唱的戏剧音乐和代表俄罗斯传统的管弦乐。他们的“本真”理念与鲁宾斯坦的“真实”理念有天壤之别。就像居伊对他们自己的信条所做的解释那样，“戏剧音乐必须有其自身内在的价值，它是独立于唱词的纯粹音乐”。还有：“声乐必须完全契合唱词的内容……场景的构造必须完全依靠角色间的关系以及全剧的总体进程。”去他的华彩经过句吧，去他的那些所谓主导动机吧，去他的各种永恒不变的体裁范式吧！灵感才是最重要的，远比条条框框或奏鸣曲式重要得多。

“五人团”不喜欢学院派，学院派也不喜欢“五人团”。在学院派音乐家看来，巴拉基列夫的圈子里都是些业余作曲家。柴科夫斯基就是持这种看法的音乐家之一，他不断嘲笑“五人团”的那些（对他而言）令人讨厌的、自鸣得意的主张。“人必须永远勤奋工作，不断精雕细刻。一个自尊的艺术家不能以没有心情为借口而收起双手拒不劳作……我已经学会了自我控制，并庆幸自己没有跟随那些毫无自信心和耐心的俄罗斯同行的脚步。他们在最微小的困难面前认输，说不干就不干了。这就是为什么，尽管天赋很高，他们却写得很少，而且杂乱无章。”在写给他的赞助人娜杰日达·冯·梅克夫人的一封著名的长信中，柴科夫斯基谈了他对“五人强力集团”的确切看法。这封信的落款是 1878 年 1 月 5 日，是一份重要的文件，反映了当时“受过正规教育”的俄罗斯音乐家对“五人团”的看法：

> ……圣彼得堡的那些新秀作曲家都非常有才华，但可惜的是，他们深受自负自满之害，气量狭窄，是十足的半瓶醋、浅学者。可他们却认为自己的音乐比全世界谁的音乐都高明，并对此深信不疑。里姆斯基-科萨科夫是个例外。他和他们一样也是靠自学，但他最近有了一个极大的变化（里姆斯基最近被任命为圣彼得堡音乐学院的作曲教授）……他很年轻的时候遇到了一帮人，这些人首先肯定他是个天才，然后告

诉他不一定非要学习，告诉他学院教育扼杀灵感，使创造力枯竭，等等等等。起初他相信了这种说法。他初期的作品确实显露了非常高的天赋，但缺乏任何理论知识和基础训练。在他们那个圈子里，每个人都很自爱，也彼此爱……居伊是个天赋很高的业余作曲家，他的音乐缺乏独创性，但很精致优雅……鲍罗丁是个50岁的老头儿，是医学院的化学教授，也很有才华，甚至更令人印象深刻……他的品位不如居伊，也没什么技术，理论薄弱到没有别人帮助就写不出一行音乐的地步。至于穆索尔斯基，称他为过时人物非常合适。在天赋方面他也许在他们所有人之上，但他格局小，心胸狭窄，不懂得自我完善……这个圈子里最耀眼的人物是巴拉基列夫，但他只在做了有限的建树之后就默默无闻了。巴拉基列夫有很大的才能，但这些才能由于命运的因素而丧失了，他的环境让他成了一名神圣的自命不凡者……以上就是我对这几位先生的真实看法。多么悲哀的事情啊！那么多有才华的人，但期待他们写出严肃重大的作品却是徒劳，只有里姆斯基－科萨科夫除外。这难道不就是俄罗斯的普遍现状吗？……有天才的巨人不是没有，但由于受到某种致命因素的阻碍[1]而没能攻城略地、形成本该有的交锋，这多遗憾啊！不过这些巨人依旧存在。甚至连一个穆索尔斯基，正因为缺乏既有的规则理论，而讲出了一种全新的语言，虽然难听，却也清新……

[1] 指缺乏基础、训练、理论等。

柴科夫斯基努力做到公正，不偏不倚，但他对“五人团”的反感和偏见还是显现了出来。他对穆索尔斯基的原始力量的看法足够诚实和专业。对于巴拉基列夫，他的看法总体上也是正确的。巴拉基列夫与其说是作曲家，不如说是一种催化剂，他的音乐几乎没有流传下来。唯一一部还能听到的巴拉基列夫的作品是大型钢琴曲《伊斯拉美》。托马斯·比彻姆爵士指挥演出过几次巴拉基列夫的第一交响曲。谢尔盖·库塞维茨基则喜欢他的交响诗《塔玛尔》。这两位支持他的指挥家去世后，这两部作品在西方就很难听到了。

19 世纪 60 年代的那十年间，“五人团”的成员们在一起工作。巴拉基列夫还作为自由乐派的领导者忙个不停。他成立了一所自由派音乐学校，专门和圣彼得堡音乐学院对着干。这个自由乐派还举办音乐会，巴拉基列夫一年指挥大约 20 场，介绍了许多俄罗斯作曲家的新作品，包括柴科夫斯基的数首作品。他继续领导着“五人团”，里姆斯基 - 科萨科夫不止一次提到过他的“铁腕统治”。巴拉基列夫一方面真诚关心几位年轻朋友的成长，而另一方面他又是个“暴君”，喜欢按自己的方式行事。他的圈子里的成员逐渐成熟起来，分别走上各自的发展道路。当他们不再注意他的建议时，他开始心生怨恨。感觉到自己的影响力在下降，他变得比以往更加刻薄和跋扈。“他的观点很片面，声调尖酸刻薄，让我尤其不喜欢。”柴科夫斯基在与巴拉基列夫共事时抱怨说。这时巴拉基列夫没有选择让位，而是开始回避圈子里的其他成员。鲍罗丁在 1871 年记述了这样一件事情：

我不明白巴拉基列夫为何如此坚决地转身走掉……可能仅仅是出于他的高傲吧。他天性专断，要求别人完全服从他的意愿，哪怕是最微不足道的小事。他好像不可能承认别人的自由和平等。他无法容忍别人对他的喜好乃至怪念头的最轻微的反对。他要把自己的统治加诸每个人和每件事。然而他也很明白，我们都长大成人了，有了自己的想法和独立的立场，不再需要别人扶助了。但这很显然使他恼怒。他不止一次对卢德玛说："我凭什么还管他们的事？他们现在已经这么成熟了，不再需要我了，没有我他们也照样活。"他就是这样的性格，需要一些小兄弟围着他转，他则像保姆照看小孩一样看护着他们……随着感情的疏远，米利明显地离开了我们这个圈子。他对好几个人，尤其是对莫杰斯特的刻薄的态度，大大降低了别人对他的同情。如果他继续这样下去的话，他就会自我孤立，最终可能导致精神死亡。

鲍罗丁是个精准的预言家。巴拉基列夫不久就完全离开了"五人团"。1872 年，他彻底脱离了音乐界，在一家铁路公司找了一份工作。他有了一种被抛弃和自己无用的感觉，进而变成一名狂热的教徒。这样的生活持续了几年后，巴拉基列夫重返音乐界，他东山再起，重新掌握了自由乐派的领导权，并又组织起一群学生，其中包括天才的谢尔盖·李亚普诺夫。他又开始了作曲，最终完成了两部交响曲和一部大型钢琴奏鸣曲。（在此之前，巴拉基列夫以创作有始无终而声名狼藉。）他对柴科夫斯基变得友善了，经常对他提出各类建议。然而他的象征地位已不复存在。他受到尊敬，但他的话不再是法律了。这位俄罗斯“五人强力集团”之父几乎是集团中最后一个离开人世的（居伊比他多活了八年）。他在1910年去世时，对年轻一代的俄罗斯作曲家来说，他只是一个名字而已。但如果没有他的话，俄罗斯音乐也许就会走上一条截然不同的道路了。

穆索尔斯基是“五人强力集团”中第一位写出一部杰作的作曲家。他是五人中最具独创性，也最不肯妥协的一个。他只为音乐而活着，而他酗酒也是因为总也无法实现自己的音乐理想。很显然只有酒精才能干预他的追求。他干他的公务员本职工作漫不经心，好像从没谈过恋爱，没有绯闻，没有钱，他活着只是为了把心中的音乐落实到纸面上。穆索尔斯基认为，艺术家一定要独辟蹊径走自己的路，而不是简单地从众。他在1867年写信给里姆斯基，信中有句话揭示了他的观点。他谈到了瓦格纳，一个他不太喜欢的作曲家，他感觉到“瓦格纳很有力量，很强大，因着这力量，他把双手放在艺术上抓住并且把它甩来甩去”。一点点地，穆索尔斯基形成了自己的哲学。他的基本理念是用音乐语汇来说人话，通过音乐复制人类语言。为了达到这一目标，他曾尝试以果戈理的《婚事》为基础写一部歌剧，但最终只完成了一幕。他把这一幕称为他自己的卢比孔河[1]。“这是音乐中的活散文……这是对人类语言的尊崇，这是对人类朴素语言的一次重塑。”

他一次次地提到这个理念，无时无刻不在思考这个理念，和它杠上了。“我想说，用音响表现人的思想和情感如果真能实现，

[1] Rubicon，意喻“没有退路”“一锤子买卖”“成败就是它了”。

我如果真能用音乐复制或重塑人类思想感情，且这种复制足够音乐和艺术的话，那我就大功告成了。”还说：“如果可以用最简单的方法拨动心弦，仅靠服从艺术直觉或本能就能捕捉到人声的抑扬顿挫的话，那何不对此来一番探究呢？”还说：“我希望我的歌剧中的人物在舞台上讲话就像人们在实际生活中讲话一样，没有一点夸张和扭曲；我还希望只写纯粹艺术性的音乐……我所突出的是生活的旋律，而非古典主义的旋律。”穆索尔斯基认定自己负有“艺术史上前无古人的使命：把直接来自生活的散文谱成音乐，也可以说创作直取生活的音乐散文”。他的这些想法并非凭空而来，达尔戈梅日斯基此前已经倡导过它们。后者的歌剧《石客记》正是这种纯正的歌唱语言的一个具体范例。达尔戈梅日斯基在1857年写过：“我不打算把音乐降低到仅仅为了娱乐的水平……我想让音符表达与词语表达完全一样的内容。我想要真实。”《石客记》被人嘲笑为一部“朗诵出来的歌剧”，或宣叙调歌剧，而且达尔戈梅日斯基也没有把它写完。（居伊写完了最后一场，里姆斯基－科萨科夫为它谱了曲。）但《石客记》和达尔戈梅日斯基的理念给穆索尔斯基留下了极其深刻的印象。这是一个全新的概念，此前没有哪个作曲家这样定义过一部歌剧，瓦格纳也从来没有这样写过歌剧。瓦格纳的头韵法（Stabreim）是一种文学的手法，与自然的语言相距甚远。

与穆索尔斯基的说唱（歌唱语言）观结盟的是一种强烈的民族主义。穆索尔斯基想要表现俄罗斯的广大人民。“睡梦中，我看见他们；吃饭时，我惦记着他们；喝酒时，我又能见到他们。他们身心健康，高大壮硕，朴实无华，没有一点虚的东西。”为了实现理想，穆索尔斯基准备打破一切常规，无论走出多远。他鄙视任何人，比如圣－桑，他认为圣－桑通过迎合时尚的中产阶级口味而选择走捷径，有讨巧投机之嫌。在“五人团”的圈子开始解体后，他对居伊和里姆斯基－科萨科夫的评价含有了某种愤慨，很奇妙地预示了后来的查尔斯·艾夫斯所写的一段话，拿来借用正好：“当我想到某些艺术家不敢冲破藩篱时，我不仅感到沮丧，而且觉得恶心。这些人所有的抱负就是细节，一点一滴地把经过仔细测量的漂亮装饰精雕细刻。一个真正的男人会对做这样的事感到羞耻。缺少智慧和意志的力量，他们把自己束缚在传统的樊笼中。”

1868 年，穆索尔斯基开始创作他的歌剧杰作《鲍里斯·戈杜诺夫》。它的伟大总谱有一段特殊的故事。穆索尔斯基根据普希金的一个戏剧自编了这部歌剧的脚本。该脚本其实就像一连串的露天式表演那样松散，但是通过（沙皇）鲍里斯的巨大人格魅力把它们黏合在一起，更通过对从宫廷阴谋到百姓生活铁腕式的全面描写，使之成为一部歌剧杰作。它名为《鲍里斯·戈杜诺夫》，但实际上远远超越了对任何一个人的描写。它说的是整个俄罗斯，那个沙皇与贵族、教士和阴谋家、普通百姓、广袤田野、城市、森林……的俄罗斯。总谱在 1869 年 12 月间完成，作曲历时 15 个月。穆索尔斯基把它呈递给剧院，却被扔到地上，理由是缺少女主角和其他一些原因。据记载，评审委员会对这部歌剧的新颖性和“严峻阴冷”性——其实就是真实性——感到震惊。斯塔索夫和别的朋友敦促穆索尔斯基修改《鲍里斯·戈杜诺夫》，他勉强从命。他整个去掉了“圣巴兹尔广场”一场，从其他场里剪下来一些片段安在这里，加进几首几乎正统的新咏叹调，并创作了全新的第三幕“波兰人”，它几乎是专门为女高音写的。修改后的歌剧以农民起义和傻子之歌结束。1874 年完成了修改。一些穆索尔斯基研究专家，包括他的传记作者 M. D. 卡尔沃科雷西，都认为第二版弱于第一版。

1873 年，《鲍里斯 · 戈杜诺夫》中的三场在马林斯基剧院演出。翌年，贝塞尔出版社出版了该剧的声乐总谱。最终，在 1874 年 1 月 27 日，整部歌剧得以上演，只有几处删节。演出大获成功，观众好评如潮，但评论家们对它有保留。居伊是持异议的评论家之一，他攻击《鲍里斯 · 戈杜诺夫》的脚本“虚弱”，充斥着“瓦格纳主义”，是“粗野的音画”，“不成熟”，“缺乏技巧”。穆索尔斯基简直崩溃了。尔后他对居伊充满愤恨。《鲍里斯 · 戈杜诺夫》在保留剧目单上待了几年，然后在 1879 年就在上面消失了。五年内它上演了 21 场。穆索尔斯基去世后，这部歌剧又演了五场，在 1882 年被撤下了剧目单。

《鲍里斯 · 戈杜诺夫》的故事到此还没有结束。为了纪念他的朋友，里姆斯基 – 科萨科夫承担起了穆索尔斯基全部手稿的筹备出版工作。他对《鲍里斯 · 戈杜诺夫》进行了编辑。里姆斯基 – 科萨科夫是一位技巧高超的作曲家，一位勇于献身和正直的音乐家，一个忠实的朋友；但是他因循守旧，这部歌剧中的某些东西吓坏了他：“我对《鲍里斯 · 戈杜诺夫》是既崇拜又憎恨。这部歌剧充满独创性、力量、勇敢、独立性和美，为此我崇拜它。但我又厌恶它的短处：和声粗糙，音乐磕磕巴巴、杂乱无章。”里姆斯基知道会有人反对他的编辑：“虽然我知道我会因此而挨骂，但我还是要修改加工《鲍里斯·戈杜诺夫》。它的和声里有无数荒谬之处，它的旋律中也时有不妥。只可惜斯塔索夫及其追随者永远也不会明白这个道理。”

于是，里姆斯基撸起袖子开始大干了，把《鲍里斯·戈杜诺夫》整个儿来了一番编辑加工、修改、重新配上和声、重新进行管弦乐配器。尽管遭到了音乐学家和评论家们的抗议，世界各地的歌剧院还是立刻采用了里姆斯基的版本，并且沿用至今。直到1928年，穆索尔斯基的初始总谱才得以出版。人们曾数次尝试演出原初版的《鲍里斯·戈杜诺夫》，但是大多数音乐家还是认为最初的总谱必须经过加工润色才能“健全”。1953年，号称是最初版本的《鲍里斯·戈杜诺夫》在纽约大都会歌剧院上演，但它实际上还是经过了卡罗尔·拉特豪斯的大量润色。不过，拉特豪斯最起码没有碰它的初始和声。直到1974年，大都会歌剧院才终于上演了《鲍里斯·戈杜诺夫》的原初版总谱。这部歌剧还有其他一些修改本，包括德米特里·肖斯塔科维奇改编自里姆斯基－科萨科夫版的一个版本。

《鲍里斯·戈杜诺夫》之后，穆索尔斯基把注意力转向另一部歌剧《霍万兴那》。他再次经历了一场深刻的精神危机。他的个人生活变得一团糟。他的朋友们被他的滥饮吓坏了。此前他已经变成了一个酒鬼。鲍罗丁哀叹道：“这可真是太悲哀了！这么有才气的一个人沉沦到了如此地步！现在他变得周期性地消失，然后复出，再见到他时他性格乖戾，沉默寡言，和以前大不一样。过一阵子后他才恢复到以前那样——快乐友善，妙语连珠。天知道这是多么可惜的事！”穆索尔斯基的朋友、画家伊利亚·列宾记叙了他这种性格分裂的状态（列宾画笔下的穆索尔斯基在其最后岁月中的可怖而难忘的形象是19世纪肖像画的杰作之一）：

> 简直令人难以置信，这位教养良好的禁卫军军官，曾经那么优雅考究，彬彬有礼，和女士们交谈时那么智慧诙谐，从不知疲倦，还喜欢说双关语……竟然这么快就沉沦了。他卖掉了自己的财物甚至精美雅致的服装，沦落为廉价酒馆的常客。在那里，他十足一副过气人物的样子。这个曾经孩子般快乐的人，长着红薯形状的鼻子，已经让人认不出来了……这真是他吗，那个曾经穿着潇洒倜傥、鞋跟嘎嘎作响的上流人士？那个喷洒香水、喜爱美食、讲究而挑剔的穆索尔斯基，难道就是眼前这个酒鬼吗？唉，不知多少次，斯塔索夫从国外回来后，几乎无法把他从某个地下室的下等酒馆中拖出来。当时他穿得几乎是破破烂烂，醉得东倒西歪。

然而，穆索尔斯基继续作曲，继续在政府部门工作，尽管行事依旧任意性。他设法保住了他在国有资产部林业司的职位，后来又被调到政府管控部门工作。在那儿他的上司对他十分宽容，每当他喝得醉醺醺来上班时，这个上司就把头转向一边不去看他。1874年穆索尔斯基完成了《霍万兴那》的钢琴总谱。（他未能完成这部歌剧的谱曲，它由里姆斯基-科萨科夫最终完成。）从1875年到1877年，穆索尔斯基还创作了歌剧《索罗钦集市》和声乐套曲《死之歌舞》。他甚至还为一位歌唱家当钢琴伴奏，在俄罗斯到处巡回演出。但他还是酗酒。在1880年和1881年，他发作了几次震颤性谵妄。最后他患了中风，于 1881 年 3 月 16 日去世，享年 42 岁。1885 年，在穆索尔斯基的纪念碑揭幕仪式上，“五人强力集团”的其他成员揭开了幕布的四角。

穆索尔斯基的作品总量不多，传世作品就更少了。当然《鲍里斯·戈杜诺夫》是其中之一，它具有史诗般的气势和来自真实生活的人物，体现了俄罗斯的民族精神。还有《死之歌舞》，它包含四首歌曲，是他有史以来写过的最具力量和最令人恐惧的声乐套曲之一。该套曲中有刺耳的和声，朗诵（宣叙）和旋律交织在一起，深刻、刺心、阴暗、沉郁，是继《鲍里斯·戈杜诺夫》之后穆索尔斯基体现其“求真”音乐理念的又一杰作。其间，死亡的幽灵把黑色阴影投过每一个小节，其中的《摇篮曲》在凄凉与怜惜中枯萎，渐弱消失——但这种怜惜是真情实感，从未沦为煽情矫情的感伤主义，因而具有刻骨铭心的悲情感染力。此外还有钢琴独奏曲《图画展览会》，它一向是音乐厅的宠儿，后来由拉威尔把它进行了管弦乐配器，也成了指挥拉威尔管弦乐作品的指挥家们的宠儿。还有一组出色的歌曲，包括两套：《暗无天日》和《育儿室》。而他的最后两部歌剧，《霍万兴那》和《索罗钦集市》，则是由其他作曲家完成的。在这两部歌剧中，有多少穆索尔斯基，有多少里姆斯基–科萨科夫和维沙翁·舍巴林（分别完成了这两部歌剧），已经说不清楚了。《霍万兴那》的前奏曲是一幅美丽的音画，偶尔会出现在交响音乐会的曲目单上；穆索尔斯基的一首早期的交响乐曲片段《荒山之夜》也是如此。

穆索尔斯基在世时，在俄罗斯以外也并非完全没有人知道。李斯特就对他的音乐发生了兴趣。圣–桑在 1874 年从俄罗斯返回法国时带回了《鲍里斯·戈杜诺夫》的总谱，法国音乐界对它议论纷纷。当时有些人就和现在有些人一样，下结论说：穆索尔斯基是个充满音乐灵感的业余作曲家。某些学院派音乐家没有看到的是，穆索尔斯基的音乐也许笨拙，甚至在音乐规则方面错误百出，但这往往是故意为之，有意弄得粗糙而笨拙。某些音乐规则也常常是故意打破的。同样不喜欢规则的作曲家自然会对穆索尔斯基的音乐产生极大的兴趣。德彪西在俄罗斯为娜杰日达·冯·梅克做钢琴师的时候，了解了《鲍里斯·戈杜诺夫》的总谱及穆索尔斯基的其他作品，他被深深迷住了。在所有西方音乐家中，德彪西是对穆索尔斯基的调式、不规则的音阶和节奏以及不对称的音型感触最深的一个。然而就连德彪西也暗示，穆索尔斯基属于那种没受过专业训练的原始状态音乐家："他是独特的并将独特保持下去，因为他的艺术是自然而然生发的，不受枯燥的模式的束缚。还从没有他人能用如此质朴的方式表达这样细腻的情感；这就好比一个好奇的原始人的艺术，他是一步步地通过挖掘自己的情感发现音乐的。"如今人们普遍承认穆索尔斯基是19世纪俄罗斯作曲家当中最具独创性和现代性的一个。他是属于未来的，而且他很可能对此心知肚明。"艺术家因为生活在未来而信仰未来。"他在《鲍里斯·戈杜诺夫》的献词中写道。

鲍罗丁和里姆斯基-科萨科夫则走上了不同的道路。鲍罗丁从没离开过科学界，他的音乐作品甚至比穆索尔斯基的还要少。1862年，鲍罗丁带着妻子从海德堡回到了圣彼得堡，她是一位俄罗斯钢琴家，与鲍罗丁在德国相识。鲍罗丁被派去医学院化学系工作。他搬进一所公寓，在那里和妻子、无数只猫以及无数位亲友一起度过了余生。生活是愉快的，但又极其无序。鲍罗丁教授平易近人，心地善良，是欧洲受尊敬的化学家之一，被他的学生们深深爱戴着。他是如何找到时间作曲的一直是个谜。他的公寓里总是人来人往，有学生、朋友、科学家、音乐家和亲戚。他家的茶壶永远处于烧开的状态。他从来无法有个人隐私。有好几次，他发现亲戚或访客睡在他的床上。他只得无奈地耸耸肩，在沙发上安营扎寨，凑合一晚。他把自己描述为星期天作曲家。"科学是我的工作，音乐是我的爱好。"他是个心理平衡、头脑清醒的人，当"五人团"开始解体时，他并没像其他人那样受到困扰。"这在我看来是很自然的事。只要我们还是趴窝的母鸡（想想巴拉基列夫吧）身下的鸡蛋，我们就或多或少有些相像。小鸡刚一破壳就长出了羽毛。每只小鸡的羽毛都不相同；羽翼丰满以后，天性就会驱使它们飞往该去的地方。"鲍罗丁说，每个人最终都会明白这个道理，除了巴拉基列夫。

鲍罗丁的主要作品是歌剧《伊戈尔王子》。这部歌剧占据了他大约 20 年的时间，但他最终还是没能写完。里姆斯基－科萨科夫和亚历山大·格拉祖诺夫不得不根据一大堆创作草稿以及他们对鲍罗丁弹唱其中片段的回忆，来重新整理、补全、续写这部歌剧。虽然鲍罗丁写了序曲，但在乐谱草稿中没有找到，格拉祖诺夫只好依靠自己的记忆重建序曲。记谱并没有想象的那么难。格拉祖诺夫听觉敏锐，记忆力极强，他自己的作品则很平淡乏味。《伊戈尔王子》是部美妙的歌剧，讲的是民间传说的故事，更接近里姆斯基－科萨科夫歌剧的套路，而不是《鲍里斯·戈杜诺夫》。这是因为里姆斯基－科萨科夫像编辑穆索尔斯基的歌剧那样，大幅度地编辑过《伊戈尔王子》所致吗？但还是有少量作品可以被推测为是鲍罗丁自己创作的。这永远是没法讲清楚的，因为“五人团”的成员们一直在相互修补乐谱，而鲍罗丁又是个很知足、很好说话的人。不管怎么说，鲍罗丁的《b小调第二交响曲》是一部杰作，他对管弦乐队的声音的分辨十分敏锐细腻，且由于同里姆斯基－科萨科夫很密切地在一起共事，他谙熟管弦乐队中每种乐器的潜力，这方面不下于欧洲任何一位作曲家。那时，里姆斯基经常拖着三四样乐器跑到鲍罗丁家里，两人花一个周末的时间试验各种乐器的性能，并试着演奏大号、英国号、巴松管及手边的甭管什么乐器。他俩可说是研究透了乐队中的每一样乐器。所以说在《b小调第二交响曲》中，除了有美妙欢快、充满异域风情的旋律之外，还有一种亮丽的具有非凡个性的管弦乐之声。里姆斯基－科萨科夫一向被认为是伟大的管弦乐大师之一，而且也名副其实，但他的总谱听起来过厚、稍闷，逊于鲍罗丁《b小调第二交响曲》中的亮丽之声和各声部巧妙的搭配混成。有些音乐家，比如德彪西及其在巴黎音乐学院的朋友们，把鲍罗丁的这部交响曲置于全部俄罗斯交响曲之首，包括柴科夫斯基的最后三首交响曲。

鲍罗丁的音乐在俄罗斯之外取得了很大的名声。他经常出国参加科学会议，他便利用这些机会会见欧洲第一流的音乐家。他把自己的《降E调第一交响曲》的手稿拿给李斯特过目，给李斯特留下深刻印象，李斯特遂把它放进音乐会的曲目单。梅尔西－阿尔让多伯爵夫人是个对俄罗斯音乐极感兴趣的赞助人，她赞助了鲍罗丁在比利时的几场演出。在巴黎，他的《A大调弦乐四重奏》得到了演奏。这样的成功也许会激励别的人更加努力，可是鲍罗丁依旧做他的星期天作曲家，满脑子的乐思和创作计划却没有时间去实施和完成。1887年2月2日，鲍罗丁在出席一个晚会时，心脏病突发，当场死去。

今天，鲍罗丁被人记住的作品主要有四部：歌剧《伊戈尔王子》《D大调第二弦乐四重奏》《b小调第二交响曲》，还有一幅音画名为《在中亚细亚草原上》。《伊戈尔王子》的脚本是呆板的，但其音乐是对俄罗斯早期音乐的一种唤起，里面有英雄、贵族和亚细亚的部落，具有东方色彩。《波罗维茨之舞》出现在它的第二幕，在20世纪之初被普遍认为是对俄罗斯野蛮时代的真实再现。随着时间推移，并受到斯特拉文斯基的《春之祭》的影响，人们将《波罗维茨之舞》改编成轻音乐，但这些舞蹈仍旧保持鲜活。总体上讲，这部歌剧就算不太具备《鲍里斯·戈杜诺夫》的真实性，起码也具备了它的一定的宏大性。在鲍罗丁的两首弦乐四重奏中，A大调的第一号冗长而杂乱，但D大调的第二首却是块瑰宝。它的民族主义色彩不像他其他作品那样浓厚，在沙龙里时有演奏，是一首甜美轻柔、颇为迷人的作品，是极少数走出俄罗斯的广受欢迎的室内乐作品之一。

尼古拉·里姆斯基–科萨科夫于1844年3月18日出生在诺夫哥罗德，后来成为“俄罗斯音乐的伟大老人”。还是一名年轻的海军军官时，里姆斯基就在巴拉基列夫的指导下创作出了有趣和有个性的音乐作品，如《安塔尔交响曲》、交响诗《萨特阔》(后来成为他最著名的歌剧之一的主题)，以及歌剧《普斯科夫女郎》。在19世纪60年代，“五人团”成员经常聚在尼古拉·普尔戈德家中。普尔戈德是个富有的艺术鉴赏家，他的十个孩子中有两个具有音乐天赋，亚历珊德拉歌唱得好，娜杰日达钢琴弹得棒。这两个姑娘是最早目睹“五人团”的许多音乐新作的人，并在好客的父亲组织的晚会上表演这些作品。娜杰日达和里姆斯基－科萨科夫后来还互生爱意，在1873年结了婚。

在此两年之前，里姆斯基与圣彼得堡音乐学院有了联系。该音乐学院邀请他担任作曲与配器实践课的教授。为此他数夜未眠，焦虑不已。作为作曲家，里姆斯基已经享有大名，但只有他自己心里明白，他的音乐知识少得可怜。巴拉基列夫对他的指导并不包括那些最基本的音乐知识。后来里姆斯基在自传中写道：

> 那时，我不仅不会为众赞歌正确地配置和声，从没做过对位练习，对赋格曲也只有最模糊的概念，而且连增减音程与和弦的名称也不知道，更不要说什么三和弦、属和弦、减七和弦了。虽然我能看着乐谱视唱任何乐曲，并能区分所有和弦，但却不知道六和弦、四六和弦等音乐术语。在我的音乐创作中，我力求正确地谱写各个声部，完全靠直觉和耳朵达到目的。我对音乐体裁的掌握也是一塌糊涂，尤其是回旋曲。虽然我的作品足够斑斓多彩，但我并不真正了解弦乐器的技巧，以及圆号、小号和长号在实际应用中的各种可能性。至于指挥嘛，我这辈子从没指挥过一支乐队。

这位新教授就是这个底子。他被允许留在海军中，穿着军装给音乐学院的学生们上课。接下来就是一大场喜剧了。里姆斯基开始疯狂地学习、补课、拾遗补缺，常常是只比他的学生们多掌

⚜ 尼古拉·里姆斯基－科萨科夫，俄罗斯音乐的伟大老人

他保持只比他的学生们多学一课。

握一步，就临时抱佛脚地走上讲台。他深入学习了对位、和声和曲式分析。几年后他就成了一名优秀的教师。但是“五人团”里的几个人，尤其是穆索尔斯基，对此大为光火。他认为里姆斯基－科萨科夫已经叛变投敌，忘记初心入了敌营，竟然扔了俄罗斯的音乐遗产转而去作赋格曲和奏鸣曲。“‘五人强力集团’孵出了一窝没心没肺的叛徒！”穆索尔斯基愤怒地吼道。

“五人强力集团”解体了。但是里姆斯基－科萨科夫远不是一个叛徒，反而成为继穆索尔斯基之后最具民族性的俄罗斯作曲家。他创作了一系列的歌剧：《雪姑娘》（1881）、《圣诞前夜》（1895）、《萨特阔》（1896）、《沙皇的新娘》（1898）、《沙皇萨尔坦的故事》

（1898）、《隐城基捷日的传说》（1905）、《金鸡》（1907）。它们全是俄罗斯民间音乐遗产的精华。这些歌剧虽然没有《鲍里斯·戈杜诺夫》那么深刻，不对人物做深入挖掘，其和声也可能很是平和，但它们打开了一个令人欣快的新世界，俄罗斯东部的世界，一个超自然主义和充满异国情调的世界，斯拉夫泛神主义和已消失的多民族的世界。这些歌剧中充满着真正的诗情画意，其总谱显现出华美和多姿。里姆斯基是个管弦乐色彩的大师，也是音画的大师。这方面没有人比谢尔盖·拉赫玛尼诺夫对他的管弦乐之声的描述更为精彩的了，别忘了拉赫玛尼诺夫本人可是个管弦乐配器大师：

> 从里姆斯基－科萨科夫的总谱中可以看出，他对用音乐传达“气象图画”从没有过丝毫踌躇。他总是不加犹豫地用音乐传达万千气象。当暴风雪刮起时，大大的雪花像是从木管乐器和小提琴的音孔中飘出来翩翩起舞；当太阳高照时，所有乐器都仿佛闪耀着几乎要烧起来的刺目光芒；当描画水时，水波通过管弦乐队荡漾，溪流潺潺，涟漪闪闪。这种效果还不是仅仅通过竖琴滑奏这种相对廉价的手段完成的，而是全体乐队合作的结果。当里姆斯基描画一个璀璨星光的静谧冬夜时，他的音色是冰凉而晶莹剔透的。他是一位用管弦乐队作画的巨匠，时至今日你仍能从他身上学到很多东西。

总体上，人们对里姆斯基－科萨科夫的歌剧评价过低，它们被低估了。如果说《鲍里斯·戈杜诺夫》的总谱具有摧枯拉朽的力量，能用所有语言演唱并产生巨大冲击的话，那么里姆斯基－科萨科夫的歌剧则更精致纤雅一些，浸透着俄罗斯民间传统，以至于翻译成别的语言演唱就会丧失活力。那些在俄罗斯看过《萨特阔》《隐城基捷日的传说》等里姆斯基歌剧的人能够感受到一种生命力和气场，而这些东西是它们在其他国家的制作演出所不能焕发出来的。

除了歌剧外，里姆斯基－科萨科夫还写了大量管弦乐曲。《西班牙随想曲》完成于 1887 年，《舍赫拉查德》和《俄罗斯复活节节日序曲》完成于 1888 年。此外还有以俄罗斯民歌主题为基础的、李斯特风格的单乐章《钢琴协奏曲》（1883）。还有一首《降 e 小调交响曲》（1865）和一首《C 大调交响曲》（1873），现在都不演奏了。但是他的《安塔尔交响曲》现在还偶有演奏，这是一部迷人的民族音乐作品。他还写了一些歌曲、钢琴独奏曲、合唱曲和宗教音乐。不作曲的时候，他就指挥乐队，或作为海军军乐队的总监视察各地的工作（虽然他在 1873 年已经离开了海军）。他还是宫廷教堂的音乐助理指导者（1883—1891），并继续在音乐学院执教，还写了一本论管弦乐配器的专著，很有名。他还同自己的周期性复发的陀思妥耶夫斯基抑郁症做斗争，并作为指挥家和俄罗斯音乐的阐释者去法国和比利时巡演。从所有评论文章来看，里姆斯基－科萨科夫不是一个很优秀的指挥家。伊戈尔·斯特拉文斯基从 1906 年到 1908 年是他的学生，给我们提供一幅他老师的小肖像：

> 里姆斯基－科萨科夫个子很高，像贝尔格或奥德斯·赫胥黎那样高，并像赫胥黎那样视力微弱。他戴一副蓝色的眼镜，

有时还在脑门儿上多架一副备用眼镜——这是我发现的他的一个习惯。他指挥一个乐队时，会弯着腰一直看着乐谱，几乎不抬头，顺着他膝盖的方向挥舞指挥棒。他看乐谱非常吃力，而且听得是那样全神贯注，以至于几乎不给乐队做任何指导。

在 19 世纪 80 年代初期，俄罗斯还崛起过一个新的音乐圈。这个圈子中的人围坐在米特罗凡·彼得洛维奇·别拉耶夫的脚下。别拉耶夫（1836—1904）是一个富有的木材商人的儿子，并且热爱室内乐。1885 年，别拉耶夫在莱比锡成立了一家出版社，用以保护国际版权。他还在同年赞助了圣彼得堡的“俄罗斯系列交响音乐会”。所有这些活动都旨在帮助俄罗斯的作曲家。一个新的乐派正在崛起，其成员聚集在别拉耶夫的家中，并特邀年老的里姆斯基 – 科萨科夫当顾问和指导大师。圈子里有阿纳托利·里亚多夫、亚历山大·格拉祖诺夫、米哈伊尔·伊波利托夫 – 伊万诺夫、安东·阿伦斯基。他们都曾是里姆斯基 – 科萨科夫的学生。在他最后的日子里，普罗科菲耶夫和斯特拉文斯基也成了他的入室弟子。圣彼得堡音乐学院过去是、现在仍旧是俄罗斯民族乐派的代表，以相对于莫斯科音乐学院，后者代表着更为国际化和欧洲风格的（俄罗斯西方乐派），该乐派以柴科夫斯基、谢尔盖·塔涅耶夫和谢尔盖·拉赫玛尼诺夫等人为代表。在某种程度上，晚年的里姆斯基 – 科萨科夫成了新的巴拉基列夫。当他于 1908 年 6 月 21 日去世时，俄罗斯民族音乐的伟大时代也随他一起离去了。两年后，当斯特拉文斯基的《火鸟》获得首演的时候，一个新的伟大时代又开始了。

• 24 •

饱满欲爆的情感主义

——彼得·伊里奇·柴科夫斯基

PYOTR ILYICH TCHAIKOVSKY

“五人强力集团”一直没有办法确切地描述彼得·伊里奇·柴科夫斯基。他们不知道拿他如何是好。柴科夫斯基毕业于音乐学院，创作交响曲或多或少按照正宗的古典主义套路，其发展基本中规中矩。这足以令“五人团”的成员们心存疑虑。另一方面，柴科夫斯基又在创作中自如地借鉴民歌，其音乐又无可否认地属于俄罗斯，这又值得赞许。那么他到底属于哪一派呢？起初，柴科夫斯基和“五人团”之间是相互仇视的。后来，巴拉基列夫对柴科夫斯基的音乐产生了兴趣，并把他的一些作品介绍给了“五人团”圈子里的自由派听众。仇视就此消失了。但是柴科夫斯基对巴拉基列夫及其圈子的评价从来就不高。柴科夫斯基基本上是个保守派，无法赞同穆索尔斯基的“求真性”，也不认可这个圈子成员所创作的大量结构松散、率性随意的音乐作品。

这并不等于柴科夫斯基本人就是个古典形式的大师。但他相较于他们要欧洲传统得多。而且他具有“五人团”圈子中的许多人缺乏的东西：其源泉永不枯竭的、极度感性的优美旋律。正是这种超美的旋律性使得柴科夫斯基遐迩闻名，先是在俄罗斯，然后是在全球。这是一种俄罗斯特色的旋律，内省，默想，绵延大气，哀婉凄切，荡气回肠，还有些神经质，像是茫茫黑夜中从一扇窗子里传出的一声尖叫那样触动人心。正所谓乐如其人，柴科夫斯基神经过敏，总怀疑自己有病，无论在家里还是在外面都郁郁寡欢。他在人前会感到紧张不自在，他唯恐自己的同性恋秘密让人知道。在一般性的待人接物时，他能大体上成功地掩饰自己的情绪、内心的恐惧和神经质。而在少数密友面前和日记里，他袒露了一切。他可以用世俗的方式与别人交谈，不让对方知道他心里反感他们。因此他才会在日记里这样写道："这次交谈愉快得令人难以置信，而且非常亲切和活跃……但是在我内心深处，我却感到绝望，恨不得立刻离开他们，逃往天涯海角。"1891 年他到达纽约后先去了旅馆。"我让自己像在家里一样，先哭了一通。"接着，他洗澡，用餐，沿着百老汇大街散步，然后回到宾馆的房间，"又哭了好几回"。在巴黎时，他尽可能地回避同行们。"每位新交，每次和生人的初次会面，都会成为我痛苦的根源……这可能是因为我过于羞怯，这羞怯已经上升为怪癖；还可能因为我根本不需要人际交往；还可能因为我做不到言不由衷地费力说一些逢迎奉承的话（而这在社交中是无法避免的）——总之，我也不知道我这是怎么了。"

这种超载的或爆棚的情感化，暗含在他写的几乎每一个音符中，并以数种方式感染着听众。从一开始，大多数听众就很享受柴科夫斯基给他们安排的"情感浴"，泡在优美旋律的"乐池"中痴迷忘返。而那些有禁忌的人则要么拒绝听他感情失控的音乐，要么听后瞧不起自己——因为他们竟然对它起反应了。大家都认为作曲家嘛，就应该很有“男子气概”，可是柴科夫斯基的音乐却有很多令人尴尬窘困，甚至被视为不道德的地方，简直就是音乐中的歇斯底里。在过去很长时间里，柴科夫斯基的音乐虽然深受大众欢迎，却被许多评论家、鉴赏家和音乐家贬低为制造眼泪的机器。近些年来，柴科夫斯基获得了重新评价，音乐家们给予他的赞扬远胜从前。他的管弦乐配器是受到赞美的对象——色彩阴郁的同时却又音响辉煌，总谱的设计精雕细刻，匀称完美。他最后三部交响曲的构造经过研究，被认为是在古典交响曲和后浪漫时期的新式交响音乐之间取得成功平衡与在两者之间达成妥协的典范。实际上，不管有没有音乐学者、专家的褒扬和认可，柴科夫斯基都做得很棒。他的最后三部交响曲，他的三部芭蕾舞剧（《天鹅湖》《睡美人》《胡桃夹子》），他的《降b小调钢琴协奏曲》和《D大调小提琴协奏曲》，他的《罗密欧与朱丽叶序曲》和他歌剧中的两部——《叶甫根尼·奥涅金》和《黑桃皇后》——满世界上演。他的其他一些作品同样了得，如《曼弗雷德交响曲》（根据拜伦戏剧所作的一部标题交响曲，没有列入他的六部交响曲之中）、《里米尼的弗兰切斯卡》、《意大利随想曲》以及《弦乐小夜曲》。他的三首弦乐四重奏中的每一首，以及《a小调钢琴三重奏》，都含有美妙的段落。歌唱家们至今仍演唱他的歌曲。此外《斯拉夫进行曲》《1812年庄严序曲》等也都常演不衰……

作为音乐创造者的柴科夫斯基成长缓慢。1840年5月7日，他出生在坎姆斯科－沃特金斯克的一个富裕的中产阶级家庭。他是一个早熟的孩子，但他的早熟最初体现在音乐之外。六岁时他就能阅读法文和德文了。七岁时他在用法文写诗。他的性格极其敏感，女家庭教师称他为“小瓷人”。若是他父母有意识培养他的话，他很有可能成为一个神童，因为他对音乐敏感至极，而且听觉灵敏。他七岁时开始上钢琴课，听到的音乐在他的脑海中久久萦绕、驱之不去。“这段音乐！就是这段！快把它拿走！它留在我的脑子里，不让我睡觉！”

1850 年，他全家移居圣彼得堡。他在那里上了学。他对音乐有一定的兴趣，虽然没受过多少训练，却在 14 岁的时候尝试作曲。而在学校里，他根本没有学过音乐。1859 年，从法律专科学校毕业后，柴科夫斯基进入司法部当了一等办事员。然后在 1861 年他出了国，入不敷出。这时候家里的积蓄已经所剩无几。他父亲遭受了一连串的投资失败，几乎赔光了一切。柴科夫斯基给妹妹写信说：“如果说我做了件天大的蠢事，那就是这次出国旅行……你知道，我有个缺点，一旦手中有了钱，我就会把它挥霍在享乐上。我清楚这样做庸俗而愚蠢，可这却似乎是我天性的一部分。”（柴科夫斯基从来都存不住钱，他一生挣钱无数，却大量散财，又把剩下的钱花掉。有人曾问他把钱投在了哪里，柴科夫斯基笑着回答：“在莫斯科的时候，我把钱投给了科克莱夫饭店。”1891 年，当他收到纽约寄来的赴美旅费时，他给朋友和债主们寄去便条：“我刚收到了一大笔钱。趁着钱还在，快来拿走你那一份儿。”）

直到 21 岁时，柴科夫斯基才开始正规、严肃地学习音乐。他与尼古拉·扎列姆巴一起研究音乐，直到圣彼得堡音乐学院在 1862 年成立。扎列姆巴在这所学院里执教，柴科夫斯基也跟了去。他拿自己的学业开玩笑，暗地里却梦想着成为另一个格林卡。

1863 年，他辞去了在司法部的工作，全身心地投入了音乐。音乐学院的院长安东·鲁宾斯坦认定柴科夫斯基是个音乐天才，对他青睐有加。柴科夫斯基学习了音乐学院的全部课程，甚至学习了指挥。但他站在乐队前时感到十分恐惧，这种恐惧跟随了他一生，甚至在他不断应邀作为客席指挥、指挥自己的作品时也是如此。每当这时候，他就觉得自己的脑袋要从肩膀上掉下来，于是便会用左手托着自己的下巴好让它保持在位。他不能算是一个能激发演奏者灵感的指挥家，也就不奇怪了。尽管如此，柴科夫斯基仍然是圣彼得堡音乐学院里最优秀的学生之一。1866 年，安东·鲁宾斯坦的弟弟尼古拉·鲁宾斯坦要为莫斯科音乐学院寻找一位教和声的教师，于是安东向尼古拉推荐了柴科夫斯基。这份工作薪水不高，但是柴科夫斯基别无选择。他搬去了莫斯科，与尼古拉一起生活了六年。尼古拉对这个心情沮丧、时时想家的年轻人关怀备至。

柴科夫斯基教书、作曲、交友，生活静好。在三年的时间里，他写了《g 小调第一交响曲》(《冬日的梦幻》，1866)，另几首管弦乐曲，以及一部歌剧《司令官》(1868)。1868 年他去了一趟圣彼得堡，和“五人团”的成员们相处了一段时间。他们喜欢他的《g 小调第一交响曲》，他就用手稿把它弹给他们听。曲中的民族主义还算浓厚，引起了“五人团”的兴趣。里姆斯基－科萨科夫由此写道：“虽然他的学院教育背景依旧是我们与他交流沟通的巨大障碍，但我们对他的看法还是变好了。”柴科夫斯基私下里把“五人团”称为“雅各宾俱乐部”。这一年晚些时候，柴科夫斯基回到莫斯科，与比利时女高音德西蕾·阿尔托有了一段情缘。德西蕾后来嫁给了一位西班牙男中音，终结了柴科夫斯基可能有过的与她结婚的希望。但他们两人仍旧是好朋友，柴科夫斯基出行的时候，只要离德西蕾不远，都会顺道去看望她。

作品一部接一部地诞生了。《罗密欧与朱丽叶》在 1869 年完成了，柴科夫斯基把它寄给巴拉基列夫，后者搓搓手后把它撕成了碎片。到 1875 年时，柴科夫斯基已经写出了以乌克兰和俄罗斯民歌主题为基础的第二交响曲（《小俄罗斯人》），交响诗《命运》，三部歌剧，第三交响曲（《波兰人》），以及那部《降 b 小调第一钢琴协奏曲》。本来他是打算把这部协奏曲题献给尼古拉·鲁宾斯坦的，但遭到那位老兄的激烈抨击，柴科夫斯基于是把它转献给了汉斯·冯·彪罗。1875 年 10 月 25 日，彪罗在波士顿全球首演了这部协奏曲。波士顿的首席音乐评论家约翰·S. 德怀特表现出的惊骇并不让人感到意外。他就是不能理解这部“极难演奏、怪异、狂野、极度俄罗斯风格的协奏曲”。他承认这部作品精彩而激动人心，但以一个反问句结束了他的评论：“可是我们能学会喜欢这样的音乐吗？”德怀特绝对办不到，但能办到的大有人在，柴科夫斯基的作品开始在欧洲受到欢迎。尽管反对之声不绝于耳，特别是维也纳的汉斯利克也表示反对，但柴科夫斯基依旧声望日隆。

1877 年，柴科夫斯基的生活中发生了两件大事。他结婚了。他与娜杰日达·冯·梅克建立了奇怪的关系。他妻子名叫安东尼娜·伊万诺夫娜·米柳科娃。他俩相识于莫斯科音乐学院。她把她的英雄崇拜情结用在了她老师柴科夫斯基的身上，疯狂恋上了他，而据推测，柴科夫斯基之所以娶她，是因为他以为结婚能让自己获得体面。他对她还怀有歉意。毫无疑问他应该是想过，他和她至少还能建立某种工作关系吧。可是事情没有按照他的预想发展，非但合作没成功，婚姻也成了一场灾难。安东尼娜不仅毫无智慧，而且似乎性欲旺盛，与暗地里是同性恋的丈夫很不和谐。柴科夫斯基很快就意识到自己犯了一个巨大的错误。“这样的日子要是再多几天，我非疯了不可。”事实的确如此。他曾尝试投河自尽，具体来说是把自己泡在河水里，以期患上肺炎而亡，但结果只是得了一场感冒。同为同性恋的弟弟莫杰斯特救了他，两人一起逃往圣彼得堡。在那里，柴科夫斯基很快就彻底精神崩溃了。这场婚姻只持续了九个星期，也就是说九个星期后就破裂了。然后他就供养着她，她则搞了一连串的情人。最终在 1896 年，她被送进了一家精神病院，并于 1917 年死在那里。

娜杰日达·冯·梅克与柴科夫斯基开始通信的时候，是一位 46 岁的富孀，有 11 个孩子，家财万贯，热爱音乐。她非常喜爱柴科夫斯基的音乐，并表示愿意资助他，前提条件是他俩永不相见。柴科夫斯基同意了这个条件，于是连续 13 年得到了梅克夫人慷慨的资助。他俩大量通信。柴科夫斯基写给梅克夫人的许多信件向我们揭示了这位伟大作曲家其人及其思考和工作的方式。她为什么会害怕见他？是害怕见到他后自己的幻想会破灭吗？在一封早期的通信中，她写道：“曾经有一段时间，我渴望与您见面。但现在，我越是对您着迷，就越害怕与您见面。我更愿意在远方想念您，从您的音乐中倾听您的心声并分享您的情感。”这当然让柴科夫斯基松了一口气。在回信中，他谈了自己的厌世和自身的其他问题：“有段时间我充满了对人类的恐惧，几乎要疯掉了。”他说他完全理解她的境况。“虽然您喜欢我的音乐，但您不想和我见面相识，我对此毫不奇怪。您怕在我身上无法找到您赋予我的理想形象所具有的全部品质。在这一点上，您非常正确。”虽然他们在出席同一场音乐会时能用眼睛余光看到对方，但两人都遵守诺言，从不试图谋面。有一次他俩走路正好打了个照面，立刻因为尴尬而面颊绯红。柴科夫斯基脱帽致意，梅克夫人却手足无措，不知如何是好。两人迅速地彼此逃开了。

也许精神科医生最有资格探讨这两人之间的关系。不过，柴科夫斯基正是凭借这种关系获得了13年的经济独立。加上演出费和作曲的稿酬，他可以随心所欲地生活，并在1878年辞去了音乐学院的工作，还在梅达诺沃给自己买了一座乡村别墅。他的外表相当引人注目——在平均身高以上，英俊，过早变得灰白的头发，湛蓝的眼睛，修剪整齐的胡须。他穿着讲究，举止优雅。然而，经济上有保障不能缓解他情感上的痛苦。他经常头痛，依旧容易落泪，不断怀疑自己和自己的音乐，还酗酒。酗酒是他逃避世事的方法之一。他在日记中写道：“据说贪杯滥饮对身体有害，我非常同意这种说法。可我是一个病人，患有严重的神经官能症，没有酒精的话是绝对不行的。”他还沉迷于扑克牌，每夜都得打惠斯特牌，要不然就玩单人纸牌。

在日记和书信中，柴科夫斯基谈论他的音乐好恶。他厌恶瓦格纳，瞧不上勃拉姆斯的音乐——“这个自以为是的平庸之辈居然被奉为天才，这可真让我生气。实际上，跟他比起来，拉夫就算是个巨人了。更不要说鲁宾斯坦了，他依旧是那样伟大和举足轻重。”他对贝多芬都持保留态度：“他的某些作品的伟大令我折服，但我不爱贝多芬。”他最崇拜的作曲家是莫扎特，称莫扎特为

"音乐的耶稣基督"。他对巴洛克时期的作曲家无动于衷。"弹巴赫的作品让我感到愉快，但我不像有些人那样认为他是个伟大的天才。亨德尔在我看来就是个不入流的混混儿，他的音乐甚至没有娱乐性。"他这样谈到贝多芬之前的另外两位伟大的作曲家："格鲁克虽然创造力相对贫乏，但还能吸引我。我也喜欢海顿的某些作品。"

作为莫扎特及其他古典乐派作曲家的继承者，同时作为一名试图给自己的音乐包上贴切的曲式外衣的创造者，柴科夫斯基毕其一生都在奋力解决自己作品的结构问题。他和"五人团"不同，特别注重曲式的问题。然而他的心灵又缺乏那种缜密的逻辑性想象，而唯此才能把各个不同的元素焊接成一个有机的整体。在他早期的交响曲中，发展部都是些东拼西凑的东西，通过毫无创新的拼接补缀，硬是勉强让曲子进行下去。直到第四交响曲，他才发展出一种形式，适合了他的音乐那种大悲大喜的、舞蹈般的、本质上自发而抒情的特质。柴科夫斯基对自己的问题有很清楚的认识，他在1878年致梅克夫人的一封信中写道：

> 那些我激情写就的东西现在必须批判地看待，加以修改和扩展，最重要的是加以提炼浓缩以适合音乐曲式的要求。人有时不得不违背自己的心愿，无情地摧毁自己用爱和灵感写成的作品。虽然我对自己可怜的创造力和想象力说不出什么不好，但我一直苦于自己缺乏掌控曲式的技巧却是不争的事实。我只能执着地努力下去，最终逼自己取得形式与内容在一定程度上的吻合。我以前一直疏忽于此，没有意识到对

初稿进行批判性的严格审查是何等重要。结果造成各乐章之间结构松散，总能看到漏洞缝隙，远没达到严丝合缝。这是一个严重的缺陷，且过了许多年后我才开始纠正这个问题。我的作品在形式方面永远不会是好的范例，因为我只能修正我的音乐本质中错误的东西，而无法根本改造它。

柴科夫斯基的交响曲刚一问世，那些把由莫扎特和贝多芬等奠定基础的德奥交响曲模式奉为圭臬的分析家就一直指摘柴科夫斯基交响曲中的各种“缺陷”。但是过于强调形式就会错失问题的重点——内容。柴科夫斯基的交响曲，哪怕是前三部，都无不充满鲜明的个性和优美的旋律，引人入胜，荡气回肠，乃至听起来永远那么清新悦耳、如泣如诉。尽管《波兰人》和《小俄罗斯人》等交响曲作品老是摆脱不了稚气，却依然充满色彩、创造力和非常个性化的音乐语言。柴科夫斯基的后三部交响曲打破了教科书上规定的所有条条框框，实现了某种综合或交融，使之在结构上像任何一首勃拉姆斯交响曲那样令人信服——尽管形式自由，但那些圆舞曲和进行曲乐章仍像勃拉姆斯交响曲那样在结构上有说服力。因为它们都有一以贯之的情感主线和持续到底的做工技巧，乐思层层揭开，步步推进，稳扎稳打，水到渠成。柴科夫斯基还写了四部动听的管弦乐组曲。其中的第四号组曲“莫扎特风格的”实际上是把莫扎特的几首钢琴曲改编成了管弦乐曲。头三首组曲现在被普遍忽略了，但其实它们都有美妙的乐章，并且浸透着舞蹈的活力，更确切说是芭蕾舞精神。

芭蕾音乐存在于柴科夫斯基的大量音乐总谱中，虽然他只写了三部优秀的芭蕾舞剧。在柴科夫斯基之前，芭蕾音乐基本上都是一种“蹦擦擦，蹦擦擦”式的民间街头音乐。列奥·德利布突破了这一“低端”模式，展示了优秀作曲家的高超技巧，把芭蕾音乐提升了一个档次。柴科夫斯基很推崇德利布的音乐，这一推崇在《天鹅湖》的许多段落中都有显现。柴科夫斯基的三部芭蕾舞剧很接近于歌剧，只不过“歌唱的”声部写给了舞者而不是歌者。每部舞剧的总谱都有相应于歌剧的咏叹调、二重唱和合唱的部分，在舞剧中分别叫作独舞、双人舞和群舞。柴科夫斯基与马利尤斯·佩蒂帕有着紧密的合作关系，后者是他的芭蕾舞剧的编舞者。在柴科夫斯基创作《睡美人》期间，佩蒂帕会不时写下诸如这样的指示 ：“突然，奥罗拉注意到那个老太婆正用织梭打着 2/4 拍子。然后她缓缓跳起了一支非常优美的 3/4 拍子的华尔兹舞，接着又突然停住。奥罗拉被织梭刺痛了手指，她痛得尖叫起来，鲜血淋漓。这里给出 4/4 拍子的八小节音乐，宽广而舒缓。”1891 年创作《胡桃夹子》的时候，佩蒂帕的指导甚至给得更为详细。柴科夫斯基完成谱曲后，以他惯常的悲观态度审视这部作品。他写道 ：“不，这个老头儿（指他自己）真的是衰老了，不中用了。他不仅发落齿掉，两鬓如霜，老眼昏花，动辄疲惫，而且行走艰难，步履蹒跚。他逐渐丧失了做一切事情的能力。这部芭蕾舞剧比《睡美人》差远了，这是毋庸置疑的。”

古典芭蕾舞是一种理想化的舞蹈形式，舞蹈女演员以脚尖点地，像是要摆脱地球升天，脱逃地心的引力。芭蕾舞女主角本人也是理想的化身，她身轻如燕、如天使行空 ；她备受骑士的喜爱 ；她年轻貌美，光彩照人。根本没有芭蕾舞女主角又老又丑又粗壮

⚜ 彼得·伊里奇·柴科夫斯基

极度多愁善感的旋律之源永不枯竭。

这回事儿。柴科夫斯基很熟悉芭蕾舞的这些理想化特质，熟悉芭蕾舞女演员的女性阴柔之美，这有助于他创作出许多优秀的芭蕾舞片段，那些赋予女主角的优美旋律，舒展，悠长，傲娇，妩媚……比如《睡美人》中的“玫瑰柔板”和《胡桃夹子》中的那段绝佳的“双人舞”。此时的柴科夫斯基与芭蕾舞女俨然合二为一，水乳交融。芭蕾舞的天地就是这样一番场景：浪漫的神话，金碧辉煌的背景，美丽的女人，神奇的魔法，盛大的场面，曲折的情节，与王室皇家贵族的关联，后台的流言蜚语，以及轻快流畅的节奏——这样的天地一再出现在柴科夫斯基的音乐中。

歌剧创作是柴科夫斯基的音乐生涯中又一个很重要的部分。如果他被某个脚本中的女主人公深深感动了，其结果便是美妙绝伦的音乐。在《叶甫根尼·奥涅金》中，他就找到了这样一个女人，于是就写出了一部歌剧杰作。有人认为《黑桃皇后》是一部更为伟大的作品，确实它更有震撼力，更具气势，能让人产生越来越强烈的恐惧和无法避免的宿命感。但是它的旋律素材较之《叶甫根尼·奥涅金》多有不及，后者旋律的抒情和哀婉具有永恒性，原因就在于柴科夫斯基被塔吉亚娜这个角色深深吸引了。《叶甫根尼·奥涅金》是一部安静的歌剧，其结局符合现实生活，有可能冲撞威尔第或那些（20世纪初意大利歌剧创作中的）写实主义者的戏剧本能。那个先前抛弃了塔吉亚娜的情人只是被送走了而已，大幕落下后是平静的忆旧和乡愁，而不是一场尖叫复仇的大合唱或现场每个人都遭杀戮的场景。

柴科夫斯基对待歌剧的态度有点像维多利亚时代的人对待性的态度，既爱它又对它怀有负罪感，认为其中有某种罪恶的东西。

在柴科夫斯基的书信中有大量对歌剧的思考。他把歌剧称为“一种虚假的艺术类型”，但同时又承认在歌剧这种体裁中“有某种无法遏制的东西吸引着所有作曲家”。柴科夫斯基从来都不是一个艺术的革命者，他满足于接受一切现有的歌剧传统。“戏剧音乐的风格必须符合舞台场景的风格：简洁，明晰，色彩鲜明。”但与同时代的许多作曲家不同，柴科夫斯基首先关心的是角色的塑造而不是声乐的效果，或更确切地说，任何一种效果。他想要的是，脚本中人物性格鲜明，感情丰富，充满人味，这样他才好给它提供生动鲜活的音乐。“如果剧中人物不能引起我的真切同情，如果我不能像爱和怜悯活生生的人那样爱他们、怜悯他们，那么无论他们唱得多好，多么有效果，我都做不到怀着真爱和真情实感来创作任何题材的音乐……”《叶甫根尼·奥涅金》饱含着爱和怜悯，剧中音乐的几乎每个音符都表达着这样的情感，悲情到了极点，也甜美到了极点。相比《黑桃皇后》,《叶甫根尼·奥涅金》的歌唱性要强得多。

也许正是这种平静的哀伤，这种缺乏鲜明的轮廓，使得《叶甫根尼·奥涅金》没有取得轰动性的成功。柴科夫斯基其实有能力为人声写出极具效果的音乐，但实际上他却几乎没为他的歌唱家们写过花里胡哨的高难度唱段。在他看来，歌唱是用于表现角色的性格和心境的，而不是用来开发声带潜力的。威尔第知道如何让听众听得发狂，他有意夸张声乐；而柴科夫斯基反其道行之，总是压抑、节制人声。威尔第和瓦格纳在音乐上鲜明而强烈，咄咄逼人，气势如虹；柴科夫斯基在其歌剧中却总是轻曼柔和加节制，这自然也就不会让他的歌剧给人留下太深刻的印象。但是柴科夫斯基不会在旋律丰饶方面和对管弦乐队的驾驭方面输给任何人的。他在《叶甫根尼·奥涅金》中，以一种安静的方式照样取得了震撼心灵的效果。这部歌剧旋律绵延不绝，如细雨润物于无声；乐思一个接着一个潮涌而来：开头的二重唱精致优美，逐渐演进为四重唱；连斯基与奥尔佳的狂喜的二重唱，后接连斯基的咏叹调“我爱你，奥尔佳”——它无疑是全剧中最美妙的爱情咏叹调之一。塔吉亚娜写信的那一场是该剧中观众最熟悉的部分（除了管弦乐的舞曲之外），对这部分越琢磨，你越会觉得它有味，越会对柴科夫斯基的高超技巧充满敬佩。他是何等从容地营造了全剧的高潮啊——随着塔吉亚娜爆发出一声呐喊“现在就我一个人了！”，管弦乐队喷涌出充满柴科夫斯基式灵感的乐曲，着实令人难以忘怀。接下来是一连串争斗，特别是惨淡决斗的那一场，连斯基演唱了那首缅怀青春的伟大咏叹调。全剧的结尾是塔吉亚娜和奥涅金的无声但绝望的对峙。这样的处理独树一帜，前所未有。柴科夫斯基分析过瓦格纳的歌剧，使用过几次瓦格纳式的“主导动机”，但只是浅尝辄止。《叶甫根尼·奥涅金》里没有丝毫瓦格纳的东西，也没有一点威尔第的东西。这部根据普希金的长诗创作的歌剧也是当时俄罗斯社会的某种真实写照。《叶甫根尼·奥涅金》之于歌剧的意义恰如《樱桃园》[1]之于正统话剧的意义。

随着柴科夫斯基的音乐红遍欧洲，他出门旅行的次数也越来越多。1890年，柴科夫斯基遭到了一个沉重打击。娜杰日达·冯·梅克终止了每年给他的资助。她说自己快要破产了，但

[1] 契诃夫写的戏剧作品。

实际上没有发生这样的事。反正她停止了实施多年的资助并拒绝给柴科夫斯基回信。他被击垮了，不是因为钱，而是觉得自己受到了侮辱，成了这个任性的妇人掌中的玩物。她竟然如此粗暴地割断了与他多年的心灵情感。在余生中，他一直为此而痛苦。“我对人类的一切信心，我对人性中的至高品德的一切信仰，全都被彻底颠覆了。”后来他的弟弟莫杰斯特写道：“无论是《黑桃皇后》的巨大成功，还是他挚爱的妹妹在 1891 年 4 月去世给他造成的深切悲哀，甚至是他在美国获得的成功，都不能冲抵梅克夫人给他造成的巨大痛苦。”然而柴科夫斯基有所不知，冯·梅克夫人正处在一个精神不稳定的时期。她和所有人的关系都改变了，不独与他。有些作者暗示，梅克夫人之所以割断与柴科夫斯基的联系是因为她知道了他的同性恋取向。但是从没有证据来支持这一论断。

柴科夫斯基逃去了西方。1891 年，他应邀去纽约参加在音乐大厅（几年后更名为卡内基大厅）举行的开幕周献礼活动。四场音乐会的酬金是 2500 美元，这是颇为丰厚的报酬了。柴科夫斯基在 4 月底到达了纽约。他思念家乡，但是当地人也迷住了他。美国人的坦率和真诚慷慨尤其深深感染了他。

> 这些迷人的美国人真让人惊叹！我在巴黎则有完全不同的感受，那里每一次有人接近你，每一次陌生人向你示好，都让你觉察到其中有所图谋，无不包含着功利和利用。而这座城市（纽约）的人们向你展示的坦率、真诚和慷慨好客却是直白和无所图的，他们只是渴望获得你的赞同，这在令你

吃惊的同时也令你感动。这其实就是美国人的习俗，美国人的普遍的行为方式，他们很让我着迷。不过，我欣赏这里的一切就像一个人坐在一桌美味佳肴前却没有胃口。只有返回俄罗斯的前景才能唤起我的食欲。

他欣赏那些摩天大厦，却又无法理解人怎么可能住在 13 层的高楼上却又不感到头晕目眩。他描述了纽约音乐大厅的总经理莫里斯·雷诺为他举办的晚宴。令他感动的是，每位出席的女士都获赠了一个精美的相框，里面嵌着他的头像。这场晚宴从 7 点半进行到 11 点，在进行到一半的时候，“服务员上冰激凌，装在一个个小盒子里，每个小盒上都系着一片小纸板，还配有铅笔和橡皮，纸板上有用铅笔优美书写的我的作品的片段。然后我只好在这些硬纸片上签上我的大名。”他还参观了尼亚加拉大瀑布和华盛顿，在费城和巴尔的摩指挥了音乐会，作为他在纽约音乐大厅举行的四场音乐会的补充，嗣后便匆匆回到了俄罗斯。

他的最后一部伟大的作品是《b 小调第六交响曲（悲怆）》。他给这部作品蒙上了一层神秘色彩。“这次我写了一首标题交响曲，但是这个标题将对每个人来说都是个谜。那就让他们来猜这个谜吧。这部作品将被简单地称为‘一首标题交响曲’（第六号）。标题是一种彻头彻尾主观的东西，我在旅途中经常是一边在脑子里构思这部作品一边痛苦地哭泣。”（至少有一个人认为自己清楚第六交响曲的标题之谜。哈夫洛克·埃利斯称这部作品为“同性恋的一个悲剧”。）柴科夫斯基对这首交响曲的进度之快和得心应手的程度之高感到满意。“你无法想象感觉自己还拥有时间是件多么令人高兴的事情。”他声称他在这部作品中“投入了自己的灵魂”。这阕交响曲于1893年10月28日在圣彼得堡首演，听众的反应十分冷淡。柴科夫斯基于是放弃了将其命名为“标题交响曲”的念头。莫杰斯特·柴科夫斯基建议命名为“悲剧”，或者是“悲怆”，柴科夫斯基同意了后者。第二天他又改变了主意，可是已经太晚了。“悲怆交响曲”被作为曲名保留了下来。这是柴科夫斯基最伟大的交响曲，其末乐章以痛哭开始，以呜咽结束，是他所写的最不寻常、最悲观主义的一个乐章。不到一个星期,他就去世了。他喝了一杯没烧开的生水，染上了霍乱。经过几天病痛的折磨后，他于1893年11月6日与世长辞。

近年来，关于柴科夫斯基的死因，一些英国音乐学者提出了一种新说：柴科夫斯基在一段同性恋关系中过于随意，以至于被当时的一个私设的秘密法庭命令自杀，他于是服毒而亡。所谓证据全都来自19世纪90年代的那些未经证实的流言蜚语，口口相传，一传十,十传百……看来又被今天那些热衷于相信阴谋论的人重新提起。(“看到那个肯尼迪被刺杀时站在草坪上的人了吗？他一定是林登·约翰逊，带着一支来福枪。”)多数音乐学者和俄罗斯专家都嘲笑说，这种说法就是白痴。还有一种观点认为柴科夫斯基心情极度抑郁，以至于喝生水染病自杀。

且不论柴科夫斯基是不是俄罗斯最伟大的作曲家，时间已证明他是最受欢迎的作曲家。没有任何标签适合他。任何一种音乐风格流派都不能完全套用在他的音乐上。他的音乐途经了民族风格，来到了更为国际化的领域，但无论如何，这一音乐的作者只能是个俄罗斯人。许多音乐史料认为柴科夫斯基不属于民族乐派作曲家，但事实并非完全如此。正如斯特拉文斯基写的那样：“柴科夫斯基的音乐并非对所有人来说都属于俄罗斯风格，但其实他的音乐比那些早就被轻易贴上俄罗斯标签的音乐更加深刻地俄罗斯化了。他的音乐就像普希金的诗和格林卡的歌曲那样，是一种深层次的俄罗斯风格。柴科夫斯基并不专门在其音乐中植入‘俄罗斯农民的灵魂’，但却不自觉地从我们这个民族中吸取它原初、本真、民俗的养分。”柴科夫斯基对传承自己身上的民歌遗产有着强烈的意识，并且不断地利用这笔遗产。他在 1878 年写给梅克夫人的一封信中，表明了自己的态度：

> 说到我作品中的俄罗斯元素，我可以告诉您，在开始写一部作品时，我会经常有意识地引进一些民间曲调。有时候，这是出于作品本身的需要［就像《你我的交响曲》（第四交响曲）的末乐章那样］。至于说我的作品中有民族的成分，我的某些旋律与和声中有民歌的元素，这是由于我的童年是在乡下度过的，我的儿童时代完全浸淫在咱们俄罗斯美妙而独特的民间音乐的氛围之中。我非常热爱以各种形式表现出来的民族的东西。一言以蔽之，我是个完完全全的俄罗斯人。

后来，柴科夫斯基不再那么刻意地表现民族风格了。当然从一开始，他的音乐就更倾向于西方而不是“五人强力集团”。但是把他完全从俄罗斯民族乐派作曲家中除名也是错误的。柴科夫斯基同俄罗斯民族音乐的关系与穆索尔斯基、里姆斯基－科萨科夫等人同它的关系不同。里姆斯基－科萨科夫张开双臂拥抱俄罗斯的历史和民俗，穆索尔斯基张开双臂拥抱全体俄罗斯人民，而柴科夫斯基则是张开双臂拥抱——他自己。只不过，这是个完全俄罗斯人的熊式拥抱。

• 25 •

从波希米亚到西班牙

——欧洲的民族乐派

EUROPEAN NATIONALISTS

继俄罗斯之后，波希米亚王国也造就了欧洲最有影响力的民族主义作曲家——贝德里希·斯美塔那和安东宁·德沃夏克。但与俄罗斯不同的是，波希米亚（今捷克共和国的一部分）拥有非常深厚的音乐传统。在19世纪初，那里就涌现出一批国际知名的作曲家和演奏家。1811年，那里开办了中欧最早的音乐学院之一。也正是波希米亚，在莫扎特最需要鼓励的时候，给予了他最需要的鼓励。

诚然，有好多早期的捷克作曲家离开了波希米亚去别的地方谋求发展。奥地利一直统治着波希米亚王国，直到19世纪中叶对波希米亚做出让步为止，因此，许多波希米亚音乐家定居维也纳也就是很自然的事了。另一些人则去了德国，其中的伊日·本达（1722—1795）曾得到过莫扎特的赞许，就是个来自波希米亚的移民。扬·拉迪斯拉夫·杜塞克（1761—1812）也是如此，他是个魅力十足的作曲家[1]，也是当时最重要的钢琴家之一，是最早的旅行炫技大师中的一位，无论走到哪儿——圣彼得堡还是伦敦——都像回到了家，演奏显得那么成竹在胸、老练自如。他过着丰富多彩甚至放浪形骸的生活。他年轻时非常英俊潇洒（人送外号“美男子杜塞克”），他的恋情曾是全欧洲人的谈资。步入中年后他成了大胖子。正是这个杜塞克（有时也被拼写成“杜齐克”）为钢琴演奏史贡献了至少一个不朽的理念。他是史上第一个把钢琴竖着摆在舞台上的人，这样观众就能一睹他侧面的风采。作为一名作曲家，尤其是一名钢琴音乐的作曲家，他是相当具有前瞻性的，堪称钢琴音乐的先知。他的钢琴技术的理念超前于当时的任何人。更重要的是他的前浪漫主义思想，而且这种前浪漫主义还时常不只是体现在一个“前”字上。他的音乐，比如那首《降 B 调双钢琴协奏曲》，其部分段落听起来就像是出自舒曼甚至勃拉姆斯之手。《格罗夫音乐与音乐家大辞典》就引用了好几个杜塞克先进和声的例子，那是真让人吃惊啊！在其他波希米亚作曲家中，还有瓦茨拉夫·托马谢克（1774—1850）和扬·瓦茨拉夫·沃日谢克（1791—1825）的大名，他们的名字在任何一部舒伯特传记中都被提到过，称他们为深刻影响了这位维也纳大师（舒伯特）的钢琴音乐的作曲家。

不过，上述这些作曲家没有一个是民族主义者。只有贝德里希·斯美塔那才是第一个深入挖掘波希米亚民歌并将其用作音乐基础的人。斯美塔那于 1824 年 3 月 2 日出生，也是个令人目瞪口

[1] 中国的无数琴童都弹过他的小奏鸣曲。

呆的音乐神童。五岁时他就拉得一手很好的小提琴，参加了一首海顿四重奏的表演。六岁时他就以小钢琴家的身份参加公演。八岁时他已在作曲。“我那时想在作曲方面当莫扎特，在演奏技巧方面当李斯特。”他后来回忆道。但是，尽管他已是出色的钢琴家了，却没有读过音乐学院，在音乐上还有待扫盲。直到 19 岁，他才开始接受系统的乐理指导。1848 年他给李斯特写信道：“我 17 岁的时候，还不知道升 C 调和降 D 调的区别。和声理论对我来说还是一本天书。但是我虽然对乐理一无所知，却已在作曲。”他的早期作品大多是为钢琴而写的，皆是效仿李斯特的作品，水分较多。当 1848 年的流产革命遭到镇压时，斯美塔那住在布拉格。由于曾站在爱国者一边，他受到了多年的怀疑和监视。他看到在国内毫无发展机会，就移居到了瑞典，在那里他作为教师和戈滕堡交响乐团的指挥很是活跃，时间是从 1856 年到 1861 年。除了指挥之外，他还写了大量钢琴作品和三首交响诗。

1862 年，斯美塔那回到了布拉格。这里的空气中到处弥漫着民族复兴的气氛，奥地利的统治不断被削弱。布拉格的临时剧院在这一年开放，它是专为波希米亚人建造的一所波希米亚人的家园。斯美塔那此时已在构思一部民族歌剧，以此作为爱国者的武器。他曾经观赏过格林卡的歌剧，俄罗斯民族素材的歌剧脚本和俄罗斯民间音乐的曲调给他留下了极深的印象。斯美塔那决心用同样的手段为自己的祖国写类似的音乐。他在 1863 年为临时剧院创作了他的第一部歌剧《勃兰登堡人在波希米亚》。三年后，《被出卖的新嫁娘》问世。

《被出卖的新嫁娘》是一部完美无瑕的喜歌剧，欢快，精神饱

⚜ 贝德里希·斯美塔那

他奔向了波希米亚的民间歌曲。

满，生机勃勃。在这部歌剧中，斯美塔那信靠的是波希米亚人的波尔卡舞曲和其他舞曲的丰富资源，尽管他没有直接引用。他原创了其中的所有旋律，但它们浸透了波希米亚的灵魂。这部歌剧与波希米亚的精神如此契合，契合得让许多人难以置信，但斯美塔那却为自己不求形似但求神似的能力感到很自豪。《被出卖的新嫁娘》正是这种神似的佳作。英国作曲家拉尔夫·沃恩·威廉斯尝试过分析斯美塔那的这种工作方法并得出结论道："斯美塔那对本民族的音乐所怀的感情是最真挚的那种，即已化为本能和进入潜意识的那种。实际上，他已不是在'借用'，而是在承袭一个悠久的传统；他不是要设定一个目标，然后鞭策自己为此勤勉，而是就像他无法不呼吸自己国家的空气那样，他不可能避而不说他自己民族的音乐语言。”但是，尽管《被出卖的新嫁娘》具有强烈的民族性，它还是比后来出自俄罗斯的穆索尔斯基和里姆斯基–科萨科夫的歌剧要西化得多。毕竟布拉格一直是处在西方文化圈之内的。然而，在斯美塔那出现之前，波希米亚音乐语言中的异国情调在西方音乐家的意识中不曾占有一席之地。这一局面直到斯美塔那出现后才得以改变。斯美塔那的音乐语言总体来讲是欢快的。当波希米亚作曲家表现忧伤时，他们用的是一种优美的哀歌方式，没有俄罗斯人的那种极度的厌世和悲观。更常见的是，波希米亚音乐表达了喜悦、幸福、舞蹈和节庆的场面。

斯美塔那创作了八部歌剧，其中只有《被出卖的新嫁娘》至今仍在国际舞台上演出，其余的大部分则只在布拉格定期演出。《吻》和《两个寡妇》位列其中。在捷克斯洛伐克，斯美塔那被视为一位民族英雄，其民族英雄的声望远超过德沃夏克。因为正是斯美塔那使得捷克音乐屹立于世界音乐之林，在这点上他的功劳大过任何其他作曲家，而且他还不仅仅是通过创作捷克音乐，还通过演奏钢琴、指挥乐队、教学活动和宣传推广，来启发他的人民的民族灵感，激励他的同胞焕发出民族精神，并且留下了一笔足以让捷克人民自豪的音乐遗产。在他的作品中，有至今仍享有国际盛誉的《伏尔塔瓦河》，出自他的六乐章交响诗（共有六首交响诗的交响组曲）《我的祖国》；还有他那首常演常新的自传性《e小调弦乐四重奏》(《来自我的生活》)。有时候也能听到他的钢琴作品。这些作品中有些源于李斯特的轰炸性炫技作品，辞藻华丽但高度过时。他最好的钢琴曲是《捷克舞曲》，是一些富有创意的迷人的音乐素描，常常是演奏难度极大。另外还有一首《g

⚜ 安东宁·德沃夏克

“一个外表像是修补匠的天才。”

小调钢琴三重奏》，也是可爱得非同寻常。

1874年，在他生命的最后时期，斯美塔那同贝多芬一样，耳朵也聋掉了；并且像舒曼一样，也疯掉了。1875年，在一封写给朋友的信中，他勇敢而哀伤地谈到了他的耳疾：“我的耳朵从外表看十分健康，但是它的内部构造已经受损了，这就像是咱们那台管风琴的键盘那样，外表光鲜亮丽，内部已经走了调，琴槌已经黏涩，弹起乏力，迄今也都没有哪个调音师能成功地修复它。”他丧失了记忆和语言能力，被送进了精神病院，于1884年5月12日在那里与世长辞。

斯美塔那是捷克民族音乐的创始人，而出生在1841年9月8日的安东宁·德沃夏克则是把它发扬光大的那个人。自打西姆罗克在19世纪70年代晚期出版了德沃夏克的《摩拉维亚二重奏》

以后，德沃夏克的音乐便开始在世界各地演奏，至今经久不衰。打从那时起，德沃夏克的大名就从没有在保留曲目单上消失过，也丝毫没有式微的迹象。尽管如此，许多音乐爱好者接受起德沃夏克来还是勉勉强强。太经常地，他被视为只是个区区的民族主义者，二流作曲家中比较接近一流的一员。可是情况在他自己的时代并非如此。当时的布拉格视他为偶像，全欧洲都在迫切地期待他的下一部作品。汉斯·冯·彪罗直接就称他为“差不多就等于勃拉姆斯，是当今最被上帝赐予了才华的作曲家”。（彪罗还把他形容成“一个外表像是修补匠的天才”。）勃拉姆斯还不至于傲慢到连关于德沃夏克的文字也不屑一读的程度——后者的名望如此之大，竟至于在 1892 年应邀出任了纽约的美国国家音乐学院的院长一职。

德沃夏克在所有的音乐体裁上都很高产，而且他的音乐全部具有独一无二的风格。那些坚称他为二流乡巴佬作曲家的人严重低估了他的天才，他们也许是受到了他的音乐的质朴性和透明性的误导。诚然，他是一个乡下人，一个来自波希米亚的农村男孩儿，曾在一个肉铺里当过学徒。他出身农民，祖辈务农，他的音乐具有强烈的农民气质。这气质既是他的音乐的长处，也是它的弱点。德沃夏克远不是他那个时代的那种非常细腻微妙或智慧知识型的作曲家，也不是任何意义上的革命者。他尊崇古典形式，他用原始的情绪色彩来思维，生命和人生在他看来就是一个非常奇妙且非常简单的过程。在所有晚期浪漫主义者当中，终其整个创作生涯他一直是最幸福快乐、最不神经质的那一个。“上帝，爱，祖国”是他的座右铭。较之其他的浪漫主义作曲家：勃拉姆斯有过他阴郁消沉的时刻；柴科夫斯基的神经病简直就是其纪念碑；马勒的神经病到了捶胸顿足、撕扯自己头发的地步（同时还翻着白眼斜视晚辈音乐家）——与他相比，柴科夫斯基的神经病反倒显得健康得多；布鲁克纳坐在那里浑身颤抖，等待着天主的启示，是个十足的神秘主义者和自然主义者（伊丽莎白时代普遍使用的辞藻）；瓦格纳则是一个心灵扭曲了的自我中心主义者；李斯特是一个复杂的、自相矛盾的、天才而虚伪的装腔作势者。唯有德沃夏克不像他们那样"神经"，他始终追随着自己率真、质朴、简单的风格。他与亨德尔和海顿一样，是所有作曲家当中最健康的一位。

当然，仅有质朴简单和心理健康还不能保证其音乐的伟大。它们还必须另有支撑。就德沃夏克的情形而言，它们还得到了无穷尽的旋律财富和一种转调意识的支撑。在这点上德沃夏克很像舒伯特，旋律说来就来，转调说转就转。但与舒伯特不同的是，德沃夏克几乎所有最好的旋律都是捷克民族风的。当波希米亚袭上他心头的时候，当他不自觉地在作曲中表现了他的祖国以及他对它的热爱的时候，他就处在了最好的状态。与斯美塔那一样，他也几乎不直接引用民间主题，可他的民族主义情结与斯美塔那的一样深，也许更深。当一个写绝对音乐的作曲家碰巧又是个民族主义者时，他是不会去生产复制品的，他只能创造。

正是这种无意识、不自觉的民族情结赋予了德沃夏克的音乐以极大的魅力和壮丽的美感——宽广的旋律是那么新颖、独特，富有异国情调；充满出乎意料的转折以及醉人的和声。反观他的非民族主义音乐作品（不是没有），就相对而言不那么重要了。这一点甚至可以从他的《d小调第七（作品70号）》中体现出来。

许多评论家，尤其是那些英国评论家（德沃夏克与英国人有长期的交集；英国人一直焦急地寻找一个在门德尔松之后值得让他们崇拜的人，然后他们就找到了德沃夏克），似乎倾向于认为，既然是勃拉姆斯式的，是他作品中最古典式构造的，那它就必定是他最好的作品。这种学院式的思维总是和我们如影随形。但实际上，一直到第三乐章都写得有点笨重和老套，尽管中间有些可爱的地方。只有到了第三乐章中，德沃夏克才忘掉了勃拉姆斯和传统交响曲的模式，之后便写出了他所有的交响曲中最愉悦的独立乐章之一。在这里，古典的程式关闭了，繁文缛节抛掉了，德沃夏克再次自由呼吸了，唱出了波希米亚之声的美妙旋律之一，接着对题旋律以最自然最不做作的复调加入，与之应和。总的来说，《d 小调第七》中没有一处像《G 大调第八交响曲》那样发声自然、直抒胸臆，在自然和自发方面它甚至连早期的《降 E 大调第三交响曲》也不如。

德沃夏克就是一位音乐家，除了是音乐家外，他什么都不是。他读书不多，实际上，他只能勉强识字。在晚年，他会偶然尝试去读一本初级读物来“提高”自己，但是这些努力都没能持久。他对音乐以外的事物唯一很有热情的是火车。在他看来，火车头的引擎是人类智慧的最高成就之一，还经常表达这样一个愿望：要是火车头是他德沃夏克发明的该有多好！他习惯于每天造访布拉格的弗朗茨 – 约瑟夫火车站，并且记住所有的列车时刻表。能结交一位机车工程师使他感到无比自豪。他还派自己的学生们去火车站，去那儿搞清什么型号的引擎带动什么类型的机车。再不就是让旅行归来的学生向他汇报是坐什么类型的火车出游的，所乘机车的名称和型号是什么。（对此那些弗洛伊德的信徒又有可说的了：火车头及其活塞运动可是具有某种象征意义的。）无论关不关乎火车，德沃夏克的学生们都很爱戴他，尽管他有时会发脾气。他们喜欢老师的亲切和蔼，他的平易近人，他的投入、奉献精神。每当他开启一个项目，他都全身心投入，乃至忘掉周围的一切。一个学生曾经这样写到他：有一次，他、德沃夏克和其他几个学生正在沿街散步时，突然大雨瓢泼而下。正在讲述他在美国经历的德沃夏克讲得如此全神贯注，竟然没有注意到已经下雨。顷刻间每个人都被淋个透湿。德沃夏克这才发觉不对劲了，他猛然站住，看到雨水正顺着帽檐往下流，于是说道："哎哟，孩子们，赶紧往家跑！我觉得天上下雨了。"

德沃夏克的天赋很早就显现出来了，他在12岁的时候开始正规地学习音乐。他的父亲是旅店老板，还经营着一家肉铺。有一段时间，德沃夏克就在自家的肉铺里干活儿。他的叔叔资助他学习音乐。16岁时，他被送去布拉格。1859年，他从布拉格管风琴学校毕业后，开始自己收学生，并在各个乐队里演奏中提琴。从1862年到1871年，他作为布拉格临时剧院的乐手，参加了几部斯美塔那歌剧的首演。这时候他迷上了瓦格纳的音乐，开始大量作曲，他的作品也开始得到演奏。1873年，他以一部带有浓郁的民族主义色彩的合唱作品《赞美诗》获得了首次公演的成功。1875年，他因为一首交响曲而赢得了"奥地利国家奖"，并引起了两位评委的注意——勃拉姆斯和汉斯利克。勃拉姆斯给他的出版商西姆罗克写信说："在最近国家奖的评审中……布拉格的德沃夏克的作品让我产生了极大兴趣。我建议他把他的几首《摩拉维亚二重奏》寄给您。如您能将它们弹奏一遍，相信您定会像我一样喜欢它们。他无疑是个极有天赋的人。此外，他很穷。请您将此一并考虑。”西姆罗克出版了这几首二重奏并大获成功。这部极具感染力的作品风靡欧洲，就像紧随其后的钢琴二重奏《斯拉夫舞曲》那样。

德沃夏克从此扬名。德国评论家路易斯·埃拉特写于1878年的一篇热情洋溢的评论被人广泛引用：“终于啊，这里出现了一个百分之百的天才，而且让人耳目一新的是，他是个完全自然、原生态的天才。”埃拉特接着对《斯拉夫舞曲》大加赞赏。勃拉姆斯非常高兴，德沃夏克也非常喜欢他的这位新朋友。勃拉姆斯性情古怪，但他和德沃夏克之间却从没有过丝毫不愉快。德沃夏克对西姆罗克说：“看来勃拉姆斯对我非常满意；我作为一个艺术家和一个男人，被他的仁慈善良深深感动了，竟至于无法不去爱他。在那个男人身上，有着怎样一颗温暖的心和一种伟大的精神啊！您是知道的，他甚至对他最亲密的朋友一向都是态度超然而平淡的，起码在事关他的作品时是如此；可他对我却从不那样。”在德沃夏克赴美期间，勃拉姆斯为他校订他作品的校样，这令德沃夏克大为感动：“我相信，找遍全世界，你都不能找到另一个音乐家能做到这样。”德沃夏克也许很有道理：校对书稿（尤其是校对乐谱）是一件令人心烦、很不值得的事情。可是勃拉姆斯不这样看，他觉得自己与德沃夏克非常亲近。在这个年轻人身上，勃拉姆斯除了看到德沃夏克的英雄崇拜情结之外，还感受到了他性格上的什么东西在吸引着自己。一次，勃拉姆斯写信给一位与德沃夏克一同来做客的朋友：“我们（勃拉姆斯和德沃夏克）用同一个盘子吃饭，用同一个杯子喝酒。”这画面可真是够温馨的。

德沃夏克持续发表了一连串的作品：数首《斯拉夫狂想曲》，多部交响曲、合唱曲，相当数量的室内乐、歌剧，一些钢琴曲（他的创作中最薄弱的部分），以及协奏曲。欧洲听众通过德沃夏克熟悉了波希米亚的舞曲体裁，有波尔卡，有富连特舞曲（德沃夏克经常把它放在第三乐章，以代替谐谑曲），还有杜姆卡，一种缓慢忧伤的民歌舞曲。一时间欧洲人大谈特谈民族主义；德沃夏克到了美国后，美国报刊也抓住了这个话题连篇累牍地讨论。

他应詹妮特·瑟伯夫人之邀来到纽约，后者是美国杂货富商的妻子。瑟伯夫人已经出资创建了纽约的国家音乐学院，她希望著名的德沃夏克来领导这个机构。她准备付给他丰厚的薪酬。合同条款规定年薪为15000美元，相当于30000盾（在布拉格，他的年薪是1200盾）。德沃夏克一天要教三小时的课，还要准备四场学生音乐会，并指挥六场他自己作品的音乐会。他还可以有四个月的假期。

德沃夏克在1892年9月抵达纽约。各路记者已云集等候，其中一位做了如下描述：

> 他完全不是一个凶巴巴的人。他比照片给人的提示要高出很多，也没有丝毫牛头犬的那种凶悍。他大约身高5英尺10英寸或11英寸，有一种非常自然的高贵，是个很有特点的人。德沃夏克给我一种很本真、自然的印象。罗西尼说过：自然比创新更伟大，好像就是针对德沃夏克说的似的。就面部轮廓、五官来看，他并不漂亮，但是他的眉毛的线条非常

优美，那双炽热明亮的眼睛和面部的线条都显露他有非常丰富的情感，所以当他在交谈中变得兴奋时，他的脸部表情让人难以忘怀。

瑟伯夫人很支持展开这场关于民族主义的讨论。她非常热衷于成立一所国家级的美国音乐作曲学校，她决定让德沃夏克担任国家音乐学院院长的理由之一，就是因为他代表着他自己音乐中的民族主义。她大概已经把德沃夏克看作美国本土音乐家所应学习和仿效的榜样了。在 19 世纪 90 年代，美国的严肃音乐还是由德奥学派垄断的，除了由路易·莫罗·戈特沙尔克写的一些钢琴曲外，几乎没有什么作品可以被归类为“美国”作品。（倒是已经有了大量美国本土风格的流行音乐，但是它们入不了严肃音乐作曲家们的法眼。突破来自于查尔斯·艾夫斯，但他是在一种与世隔绝的状态下闭门造车的，他的音乐在当时不为人知。）

正如瑟伯夫人希望的那样，德沃夏克以有力的事实指出了美国缺乏一种美国民族主义的音乐运动，并给出了以他之见的医治良方。“在美国的黑人歌曲中，我已经发现了一种新的（美国）民族音乐学派的牢固基础……美国也能拥有她自己的民族音乐，一种生长自本土并具有她自己的鲜明特性的优秀音乐——一个自由而伟大国度的自生之音。”这是德沃夏克对《纽约先驱报》的记者说的话。不断接受着他听到的当地音乐的刺激，他开始践行他的主张。在他逗留美国的三年时间里，他创作了好几部以美国风格著称的作品，包括《F 大调弦乐四重奏》《降 E 调弦乐五重奏》，以及《e 小调第九交响曲（自新大陆）》。“自新大陆”的大部分创作于德沃夏克及其家人所住的那套五室公寓里，坐落在纽约东 17 街 327 号。总谱完成于艾奥瓦州的斯皮尔维尔，那是一个捷克移民的聚居地，德沃夏克在那里度夏。

“自新大陆”引起了一场争论，由于德沃夏克本人对总谱的解释都充满着矛盾，所以这场争论并未得到澄清。起初他说过，美国音乐在这部交响曲中扮演了部分角色："我在我的新交响曲中努力再现的，正是这种美国黑人和印第安人的旋律之魂。我并没有照搬这些旋律中的任何一条，而只是写下了这些旋律中富有特色的东西，把印第安音乐的灵魂融合了进去。"《"自新大陆"交响曲》的第一乐章暗示了一首黑人灵歌《甜蜜的马车轻轻摇摆》。（然而，与普遍的共识正好相反，缓慢广板的那个主题不是以一首灵歌为基础的，而是德沃夏克曾经的一个学生加上了他自己的歌词，于是，即刻便成了一首灵歌《回家》。）所有人都视其为理所当然，认为这部作品不仅是对美国精神的召唤，而且还充满了作曲家在美国实际遇到的民歌曲调或灵歌。还有人在《"自新大陆"交响曲》里读到了海华沙的故事[1]。德沃夏克的一个美国学生哈里·罗伊·雪莱甚至说他亲耳听德沃夏克说过，这部交响曲的某个片段表现的是那个印第安姑娘在与海华沙告别时的哭泣。不久，德沃夏克就对《"自新大陆"交响曲》引发的争论颇为恼怒，并断然否认其中有任何特别的美国元素。他把那个断言——《"自新大陆"交响曲》是美国音乐学派的开山之作——称为"无稽之谈"，并确定他在美国创作的音乐是"纯正的波希米亚音乐"，这就与他

[1] Hiawatha，人名，朗费罗的长诗《海华沙之歌》中的印第安英雄。

最初所热情表达的关于黑人和印第安人音乐对他影响的话完全自相矛盾了。其实他的再思考是正确的。虽然在《F大调弦乐四重奏》和《"自新大陆"交响曲》中有很多美国主题素材和节奏的痕迹，但由此就说它们是美国风格的就如同说（德意志的）地方守护神圣温塞斯拉斯是美国的一样荒唐。即使德沃夏克尝试写美国民族音乐的话，他也是写不出来的。但是，尽管他本人一个劲儿地否认，多年来美国媒体依然对《"自新大陆"交响曲》是不是美国音乐争论不休。但不管怎么说，《"自新大陆"交响曲》一直都是人类所能写出的最成功的交响曲之一。

在德沃夏克的晚期作品中，有许多写于美国，其中有调子沉郁的《圣经歌曲集》（与他在1880年写的明亮欢愉的《吉普赛歌曲集》如此不同）；有那首既光辉灿烂又愁肠百转的《b小调大提琴协奏曲》；有为钢琴写的《幽默曲集》。其中最后一部作品值得提到是因为它的《降G调幽默曲》，它那悦耳易记的旋律立刻就被所有会吹口哨的人传唱，并被改编成各种乐器的独奏曲和合奏曲。德沃夏克的最后两部弦乐四重奏，降A调的和G大调的，是其最宽广和最严肃的室内乐佳作，可能也是他最伟大的室内乐作品。这两部作品也很可能是他在纽约动笔、返回布拉格后完成的。回到布拉格后他在布拉格音乐学院任教，并在1901年被任命为院长。德沃夏克在1904年5月1日谢世，全国为之哀悼。

虽然大量德沃夏克的作品保留在曲目单中，但他更多的作品还有待研究。他九部交响曲中的最后三部经常上演，但是D大调的第六号也很不错，虽然让人略感陌生。F调的第五号就几乎完全是音乐厅的生客了，只在作曲家的祖国有上演。头四部交响曲，根据其完全被弃演的事实来判断（但是有录音的唱片在卖），还不如根本不要被写出来为好。尽管如此，《F 大调交响曲》仍不失为一首辉煌的作品。另外他早期交响曲中的第三号（降 E 调）也已臻于杰作。这部交响曲的第一乐章尤其震撼，它创作于 1873 年，但是德沃夏克管弦乐配器的全部强大与精妙已悉数跃然纸上——昂扬坚挺、轻快上浮的乐音，金色的号角，那种让每个音符都"对"的直觉。英国指挥家朱利叶斯·哈里森认为，演奏随便哪首德沃夏克的管弦乐曲，都几乎听不到那种温吞水似的平淡演奏，而总是带着激情，这是因为，"（德沃夏克的）每个乐器声部都本能地充满勃勃的生机。没有丝毫的萧条、淤塞和沉滞，因为德沃夏克的耳朵里充满着每一个音符的和谐配置，一切都是协和音"。德沃夏克还有许多管弦乐作品值得更经常地被演奏，比如那首《随想谐谑曲》，各首小夜曲和《传奇曲》，还有《交响变奏曲》。他的交响诗有些逊色，但是《金纺车》很有魅力，足以胜任非经常性的演出。

他的协奏曲始终保持着生命力。他写了一首很迷人的《g 小调钢琴协奏曲》，但钢琴独奏部分未能充分发挥。还写了一首优美的《a 小调小提琴协奏曲》，以及一首卓越的《b 小调大提琴协奏曲》。室内乐方面，他写了阳光灿烂的《A 大调钢琴五重奏》，F 调和降 E 调的弦乐四重奏，以及那首《杜姆卡三重奏》，都是人们耳熟能详的。知名度稍逊的作品有那大部头的最后两首四重奏，不屈不挠奋勇向前的《降 E 调钢琴四重奏》，以及那首同样奋进的《f 小调钢琴三重奏》。它们每首都名列晚期浪漫主义音乐中最优秀的室内乐作品之列。德沃夏克的歌剧没有出现在捷克本土以外的国家的保留剧目单上，尽管《水仙女》的音乐十分美妙，有很多瓦格纳的东西，以至于人们会纳闷儿：怎么它就入不了那些有事业心的歌剧院的法眼呢？（幸好它在1993年被纽约大都会歌剧院复兴了。）另一部歌剧《魔鬼与凯特》是一部活泼的喜歌剧，内有一些美妙的音乐。此外，在合唱作品方面，德沃夏克写有《圣母悼歌》和《安魂曲》，都是这类题材、体裁中最宏大、最富于表现力的作品之一。

伟大的捷克作曲家三位一体中的最后一位是莱奥什·雅纳切克。雅纳切克出生于1854年7月3日。他是个颇有点谜一般的人物。多年来，捷克以外的人对他的了解只限于通过他的那部享誉国际的歌剧《耶奴发》。但是在“二战”以后，他的音乐，尤其是他的歌剧，开始可以在一些国家的首都听到了，人们逐渐意识到雅纳切克是一位很有独创性的重要作曲家。

他与德沃夏克只相差13岁。但在德沃夏克还纯粹是个后期浪漫主义传统的阐释者时，雅纳切克（逝世于1928年8月12日）却完全跨入了20世纪。他的后期音乐说明了这一点。即使在他的早年，他也表现出了比德沃夏克现代得多的思想。他不是一个很伟大的作曲家，也不具有德沃夏克那样纯粹的旋律感，但他无疑更有劲头、更辛辣刺激。在某种意义上，他之于德沃夏克，就像穆索尔斯基之于柴科夫斯基。德沃夏克寻求美，雅纳切克追求真。你能想象中规中矩、虔诚信教、维多利亚时代味十足的德沃夏克，采用《耶奴发》那样的歌剧脚本吗？那里面讲的可是谋杀一个私生子的故事！

雅纳切克过着平静的生活，他的大部分岁月都是在自己的国

⚜ 莱奥什·雅纳切克

他横跨在后期浪漫主义与现代主义之间。

家度过的，其中大部分是在布尔诺度过的，他在那儿主管着一所他创建于1881年的音乐学校。无论是作曲，搞音乐理论，还是指挥、教学，他都起步较晚。直到22岁他才尝试作曲，并且一辈子都在和音乐素材较劲。直到40岁他才写出了第一部重要作品。从此以后他就保持稳稳的创作，直到去世，创作灵感徐徐而出未曾枯竭。越接近暮年，他的音乐变得越洗练、阴冷、粗粝、不协和、讥讽。他并非一个无调性主义的作曲家。无论他的音乐有没有调号，它总是会有一个调式主音的。不过，他的某些和声如此刺耳，乃至暗示了无调性主义。

雅纳切克是个民族主义作曲家和民族音乐的学者，而许多早期的民族主义作曲家并不是民族音乐的学者。同匈牙利的巴托克和柯达伊、英国的沃恩·威廉斯和霍尔斯特一样，雅纳切克和弗朗蒂切克·巴托什也调查、采集、归类和编辑了本国的民歌集。雅纳切克自己的音乐也深受其研究的影响，而毫无斯美塔那、德沃夏克、里姆斯基–科萨科夫或格里格的那种外露、张扬的民族主义。雅纳切克就像巴托克那样，其民族主义是深层的、暗流涌动的那种。在他的歌剧和声乐作品中，这种民族主义是通过一种在民歌和捷克语言中特有的朗诵模式表现出来的。简言之，它是一种原初、本质的民族主义，是一种回归不经掩饰加工、完全袒露的民族本性的民族主义，而不是那种后来经过柔化、发展、包装的流行歌曲似的市井式民族主义。雅纳切克的音乐是如此紧紧地被语言的模式所包裹，以至于听众只有懂得捷克语才能完全地认同和领悟它。

雅纳切克发明了一套近似于穆索尔斯基的语言—音乐理论，尽管直至晚年之前，他都没听到过穆索尔斯基音乐的一个音符。他写道："我所做的有关口头语言的音乐方面的研究使我坚信，音乐的一切旋律及节奏上的神秘性，都能参照着口头语言的音乐性动机的旋律和节奏而得到解释。"在19世纪90年代初，他曾系统地用音乐记谱法记录过口头文字的旋律性和节奏性特征，并且发现，借助于这些语言旋律，他能"组成任何一个给定单词的音乐动机"。他接着坚称，这样一来，他就能用音乐"涵盖全部的日常生活，乃至最伟大的悲剧"。雅纳切克在语言旋律的研究上开始变得有些痴狂，并想将这一理论编成教材，应用到每一所音乐学院和表演学校中去。

他还把自己对自然界的感情融入这种对语言音乐性的研究

中去。“我聆听鸟儿的歌唱。我惊异于这个光、色、形世界中的千百万种不同形态的节奏韵律的变化和表象。我的音乐通过同自然界永远年轻的韵律的接触，而永葆青春。”在任何人看来，这番话都可能是传统陈旧和多愁善感的陈词滥调，但是雅纳切克并没有写伤感多情的音乐，泛神论（自然神论）的血脉倒是贯穿了他的音乐。巴托克也有几乎同样的情感，雅纳切克的大自然音乐得到了巴托克的“夜之音乐”的回应，后者的许多总谱中都有这种“夜之音乐”。虽然雅纳切克在其创作中运用了许多民间素材，但他之所以产生影响，并非因为他是民俗学家或擅长旋律的作曲家。他的音乐更多是通过某种异质或特殊的推动——通过花腔式的音型引起人们对民间歌曲的回忆（他的钢琴曲就充满了这种因素），也通过某种冷酷的幽默（比如在那首《钢琴和木管乐器随想曲》中），以及通过一种听起来常常是很光秃、紧缩的简约和声——而为人们所识别。在许多方面，他都横跨在后期浪漫主义和现代主义之间。他的和声虽然很强大有力，但因为不具有足够的冒险性而没能成为彻底的现代主义，也因为太不符合常规而没能成为后浪漫主义。但是，他的风格是完全独创的。他创立了一个极少能归功于前辈作曲家的作曲体系，即他和他们都几乎没有什么师承关系，音乐史上也只有极少数作曲家能够被这样评价。

雅纳切克的早期作品，如歌剧《耶奴发》（1902）和那首两个乐章的钢琴奏鸣曲（1905），与他晚期的歌剧《马克罗普洛斯案件》（1924）和《死屋手记》（1926）相比较，很自然地使用了更传统的音乐语言。《卡佳·卡班诺娃》（1921）是一部极为关键的作品，因为它跨越了两个世纪的哲学体系。它一开头的那个和弦—— F，降D，降B，还原B——很荒凉而现代。但它最终解决到降b小调。然后，一些几乎是柴科夫斯基式的段落与刺耳的不协和音经过段并列行进，比如声乐分谱第27页上的那个降C大调的乐段。（雅纳切克的作曲体系总是把他绕进像降C大调这样的“不合逻辑”的调性中去，且他的总谱也极其难读，因为里面有大量的临时升降记号。）这种二分法竟然也延及这部歌剧的脚本。它的剧情是现代的，讲述一个有婚外情的已婚女人因为良心发现而自杀的故事。可是雅纳切克却毫不犹豫地使用了对剧情来说毫无意义的间插歌的旧式作曲方法。于是便出现了这样的荒唐场面：在第二幕中，一个角色出场了，“怎么一个人影都不见？那我就边等边唱一首歌好了”。于是他就开始唱一首民歌，调性竟然是降d小调，又一个“不合逻辑”的调。这些刺耳的音响没有在他晚期的歌剧中出现，因为在这些歌剧中，雅纳切克已将他的语言旋律带到了符合逻辑的终点，做出了合理的总结。此时的歌剧角色们与其说是歌唱，不如说是朗诵，由管弦乐队来演奏剧中所有的旋律。从表面看，这似乎会导致观众厌烦，好像他们看的是有背景音乐的戏剧而不是歌剧。幸好雅纳切克的节奏是那么迷人，他的歌唱性朗诵抑扬顿挫得那么恰到好处，他的完整性是如此之妙，致使这些歌剧具有了巨大的吸引力。1926年创作的《格拉高利弥撒》也是如此，它是那么粗糙（雅纳切克故意写成这样），把听众引入了一个原始的斯拉夫世界。

没有哪个作曲家比挪威最重要的民族音乐家爱德华·格里格更不同于冷酷的雅纳切克了。同是民族主义作曲家，他俩却形同天地，雅纳切克由坚硬的花岗岩雕成，格里格则是德彪西所说的

"裹在雪中的糖果"。格里格在生前备受欢迎，名气极大。他出生于 1841 年 6 月 15 日，逝世于 1907 年 9 月 4 日。格里格处在风起云涌的民族主义的潮头上，在这浪潮中诞生了同样大受欢迎的德沃夏克。但德沃夏克是在大的框架中写大手笔的音乐，格里格则主要是个精微品制作者，绘制音乐的微缩画。德沃夏克一直为人所喜爱，而格里格的名气则大起大落，死后不久就没有几个音乐家认真看待他了。格里格辛辣活泼的半音阶和声曾经是那么挑逗音乐爱好者的味蕾，后来却被说成是令人生厌。新一代人以同样屈尊实则傲慢的目光看着格里格，就像他们看着他们曾祖父的相册中的照片那样。简言之，格里格就如他那个时代的炉管帽和天鹅绒夹克衫那样，过时啦。连同李斯特和门德尔松一道——这两人被"一战"后的反浪漫主义时期的人扒拉到一边去了，格里格也被一只不屑的手扒拉到一边去了。近些年来，李斯特和门德尔松又受到欢迎了，而格里格却依旧枯萎着。的确，没人能说出将格里格视为不朽人物的理由。但是，他的确是那些给音乐带来新气象的民族主义者中的一员。对于自己非说不可的心声，格里格主要是用优美而精致的音乐叙说的，带着了得的个人风格，作曲技法上也是与其相应的表现内容搭配完美，珠联璧合。他的音乐本不该遭到蔑视的，虽然它们经常遭到蔑视。他作品中的佳作堪称炉火纯青，旋律常常美到极致。钢琴独奏曲《g 小调叙事曲》就是其中一个典范。它使用了一段民歌旋律，开头是一连串缓慢、近乎弗朗克式的高度半音阶的和弦，嗣后音乐行进到一系列的变奏。这曲子是将民族风格与舒曼式的钢琴技巧一炉同冶的产物；但是直到其晶莹闪亮的第四变奏出现（有个挪威民族音乐典型的升六度的收束），该曲的挪威民族音乐风才显现其威力。贯穿这部作品的始终，音乐都是那么美，技巧高超而不炫耀，格调高，不流俗。这是一部让人喜爱的作品，远超当时在欧洲泛滥成灾的那些廉价的沙龙作品。

然而要把它带进生活却又不容易，因为它所代表的那个传统已经消失了。像珀西·格兰杰和列奥波德·戈多夫斯基（他在 20 世纪 20 年代晚期录制过这首叙事曲）这样的钢琴家才能把自由和感觉带进格里格的音乐，演奏起他的作品来游刃有余，充满灵性。那些没有受过浪漫主义语汇、风格的训练和熏陶的钢琴家有可能因为演奏时过于细抠谱面而削弱他音乐的风格，毁掉它的自发性和微妙性，他们有可能不知道何时恢复原速，何时运用自由速度，不知怎样弹出作品的内在之声。那些顶级的作曲家，无论你用什么方式演奏他们的作品，他们都岿然不动，几乎毫发无损；但那些名气稍差一点的作曲家面对他们作品的各类演绎者，就显得特别脆弱而易受伤。

格里格曾（带着极大的不情愿）就读于莱比锡音乐学院，他是一个全面的音乐家，兼钢琴家、指挥家、作曲家、本国民族音乐专家于一身。他受到了现今几乎被人遗忘了的奥尔·布尔（1810—1880）的深刻影响。布尔是一个几乎完全自学成才的挪威小提琴家，在欧洲和美国取得过巨大声望。他半是天才，半是业余半瓶醋者，一个信念强大的怪人，对格里格来说他堪称父亲级的人物。布尔本人就很爱好挪威的民歌，曾在 19 世纪 40 年代创作过一首弦乐队的《夜曲》，覆盖了格里格后来要做的事情。它是一首可爱、唤起回忆甚至是不易忘怀的乐曲。正是在布尔的敦

⚜ 爱德华·格里格

“裹在雪中的糖果。”

促下，15 岁的格里格被送去了莱比锡。格里格在晚年带着强烈的情绪谈到了他对莱比锡音乐学院的厌恶。他说他的钢琴老师大多数都不称职，他的作曲老师总给他布置长而烦琐的作业，让他捉襟见肘顾不过来。

1862 年格里格回到挪威，开了一些钢琴独奏会，然后去了哥本哈根，在那儿他与尼尔斯·加德在一起工作了一段时间，后者当时是丹麦最重要的作曲家。在哥本哈根他邂逅了他的表妹妮娜·哈格鲁普。他俩在 1864 年订婚，三年后完婚。妮娜是位歌唱家，首演过许多格里格的歌曲。直到 1864 年之前，格里格的作品风格都还属于舒曼、门德尔松等早期浪漫主义乐派的。然而在 1864 年，他对奥尔·布尔主张建立挪威民族乐派的呼吁产生了兴趣，并结交了一位名叫里卡德·诺德拉克的青年作曲家。诺德拉克直接取用挪威民间旋律进行作曲，堪称用地道的民族音乐语汇说话。这让格里格下定了决心，要将余生贡献给挪威的民族音乐。他又回到了祖国，不间断地作曲、指挥、开音乐会，在几年之内就成了挪威最耀眼的音乐天才。李斯特听了他的一些音乐，并寄来一封热情的引荐信，信中包括邀请格里格去访问魏玛。这两位在 1869 年会面了，不过是在罗马而不是魏玛。他俩成了亲密的朋友。后来在魏玛的一个晚会上，格里格向李斯特展示了自己的《a 小调钢琴协奏曲》的手稿，李斯特以他特有的优美夸张的手势示意格里格站到一边去，然后自己把这部协奏曲完美地视奏了一遍。

格里格是个矮小、安静、细腻精致之人，他成熟之后也擅长写短小、安静、细腻精致的乐曲。他过着忙碌的日子。除了创作自己的音乐之外，他还在挪威以指挥家和评论家的身份活跃着。作为钢琴家，他每年在欧洲巡演，演奏他自己的作品；当时像他这样受欢迎的钢琴家或作曲家没有几个。格里格无论走到哪儿都很受欢迎。他的生活观清醒而智慧，他冷静的机智赢得了朋友们的喜爱。这时候他被授予了“奥兰治—拿骚王室骑士勋章”，他对此欣然接受了，因为正如他在给朋友的信中说的那样，“对我来说，琳琅满目地摆在我的旅行箱最上面的勋章奖章什么的是非常有用的。海关官员看到它们后就对我格外和善”。他的健康状况总是不好，老是遭受肺病的折磨，但他一直坚持作为演奏家公开露面。他热爱生活，喜欢他遇到的人，持续巡演几乎直到他去世的那一天。实际上，在 1907 年 9 月 3 日他被要求去医院时，他正要去英国演出呢。第二天他就与世长辞了。

格里格的麻烦之一，就像圣－桑的麻烦一样，都是出名出在一些不是最重要的作品上，如《培尔·金特组曲》，还有一些比较沉闷的《抒情曲》。格里格写过比这优秀得多的作品。他写过几部民间舞曲集，其中一部《斯拉特》（作品 72）由几首苍凉阴郁、不经修饰的曲子组成，与巴托克后来要写的匈牙利旋律钢琴改编曲在风格上惊人地近似。他的另一些《抒情曲》（他写了十本《抒情曲》）有许多首则足以同门德尔松《无词歌》里的一些相媲美，甚至比《无词歌》中的大多数都好。他的《g 小调弦乐四重奏》成为德彪西写他那首弦乐四重奏的榜样，连调性都是一样的——这一点杰拉尔德·亚伯拉罕已经非常令人信服地证明了。另外，格里格的三部小提琴奏鸣曲全都优美铺陈，徐徐道来，内容迷人，旋律温婉，演奏和聆听起来都十分优雅。格里格的歌曲也是美不胜收。他是一位真正杰出的歌曲作曲家，无论是在《山神姑娘》声乐套曲中，还是在如《一只天鹅》这样的歌曲中，在小篇幅作品方面，他都达到了完美。

格里格从没以深刻打动过听众，他的创作范围也是公认的狭窄。甚至连他那首最著名的《a 小调钢琴协奏曲》——很可能是他最有名的音乐会乐曲（《培尔·金特组曲》除了在流行音乐会上能听到外，现已很少登上“大雅之堂”了）——也只是更接近那些时髦的炫技钢琴协奏曲（比如鲁宾斯坦的、赫尔茨的、沙尔文卡的、利托尔夫的），而距离该体裁的杰作名单有一定差距。尽管如此，它的水平仍高出鲁宾斯坦等人的钢琴协奏曲一个档次，只因为它那些扣人心弦的旋律反映的是格里格独有的特质，而不是其他作曲家的。也就是说，鲁宾斯坦等人写的旋律如换个别的作曲家也能写出来。格里格并不代表力量或革新，他代表的是迷人、优雅、甜美，虽然像糖果什么的，但透析出来的还远不只是甜腻。他是个二流大师，但却是其中最好的之一。

与格里格类似的还有两位西班牙最重要的民族主义作曲家：伊萨克·阿尔贝尼兹和恩里克·格拉纳多斯。他们和格里格一样，也使用本国的民间旋律，并把国际化的（世界性的）作曲技法套用在它们身上，创造出一种重口味、异域化、富于半音阶的音乐语言。和格里格一样，这两人也主要写较小型体裁的作品，重点是写钢琴音乐。和格里格一样，他俩的音乐也都和沙龙音乐沾边儿。但与格里格不同的是，这两人每人都写了一部壮丽辉煌的钢琴作品——阿尔贝尼兹的《伊比利亚》,格拉纳多斯的《戈雅之画》,为钢琴音乐的保留曲目单注入了新鲜血液。

19世纪的西班牙是欧洲最落后和最守旧的国家之一。可是，这个国家的民歌和民间音乐却是生机勃勃，以至不断吸引着欧洲其他国家的作曲家前来西班牙采风，这些作曲家被西班牙的民间音乐迷得颠三倒四，然后写出各自西班牙风味的作品，如《霍塔·阿拉贡舞曲》《西班牙随想曲》《西班牙》等。在19世纪的大部分时间里，没有所谓的严肃音乐从西班牙流出，西班牙也没有一个可以培养音乐家的场所（马德里有一所音乐学院，但不具备专业水准）。所以当一个大天才冒出来时，比如胡安·克里索斯托莫·阿里亚加（1806—1826），就只能求学海外了。（阿里亚加极有音乐天赋，可惜这个有潜力成为伟大作曲家的天才因意外而过早离去了。）那时西班牙音乐最流行的体裁是轻歌剧，或称萨苏埃拉，而萨苏埃拉作曲家们将大部分时间用来模仿罗西尼和贝里尼。

直到 19 世纪中叶以后，才有人做出努力来发扬光大西班牙民间音乐这一十分丰富的遗产。菲利普·佩德雷尔（1841—1922）是这一努力的推动力量和灵魂人物。他是一名作曲家、音乐学家和民俗学家。他编纂了 16 世纪西班牙伟大的复调和对位大师维克托里亚的作品集。他写的《西班牙古代的教堂与世俗音乐》多少年来都是这一领域的基础指南。佩德雷尔一直活在他的学术著作的阴影下。“他们从没公正地对待过我，”他对曼努埃尔·德·法亚说，“无论是在加泰罗尼亚还是在西班牙其他地方。他们一直在试图贬低我，说我是个伟大的评论家，是个伟大的音乐史家，就是不说我是个优秀的作曲家。这不是事实。事实上我是一个优秀的作曲家。”但无论如何，他作为一名作曲家，其名气是仅限于西班牙的，因为他的音乐在其他地方不为人所知。在 19 世纪的大部分时间里，最优秀的西班牙音乐依旧出自非西班牙人之手。格林卡也许是第一个被西班牙民间音乐迷住的人。在他之后，有许多别的作曲家也被伊比利亚半岛音乐的色彩、节奏性打响指和充满异域风情的旋律魅力迷倒。最热爱这个国家的作曲家之一是夏布里耶，他写道：“我们一家家轮着看那些在咖啡馆里开的演唱会，人们在那里高唱 malaguenas，soledas，zapateados，pateneras。然后跳各种舞，一定是阿拉伯风格的，作为压轴戏。如果你从后面看着她们扭腰摆臀，波动如蛇，我想你是不愿离去的。”那时每个音乐家都在利用西班牙音乐，可是西班牙人自己却不。

就是在这个局面下，伊萨克·阿尔贝尼兹于1860年5月29日诞生了，几年后恩里克·格拉纳多斯也于1867年7月27日呱呱坠地。这两位作曲家有许多相同之处。两人都是国际知名的音乐会钢琴演奏家。两人都是民族主义作曲家，致力于创作西班牙真正的严肃音乐。但他们写的《伊比利亚》和《戈雅之画》都没有在这方面完全成功，因为它们仍受到肖邦、李斯特及世纪之交的法国乐派的影响，此外还可能受到列奥波德·戈多夫斯基的钢琴音乐的影响。戈多夫斯基（1870—1938）是一位钢琴家中的钢琴家，他创作了大量键盘音乐作品，其中的复杂性和表面下的暗流涌动几乎达到了不可企及的程度。

即便那两部作品不算是原创，但阿尔贝尼兹和格拉纳多斯还是做了许多开创性的工作。虽然两人之间没有联系，互不知情，但他俩几乎在同一时期创作了各自的杰作。《伊比利亚》创作于1906年至1909年间,《戈雅之画》创作于1909年至1910年期间。两部作品都是大型钢琴组曲，内有大规模的炫技乐段，充溢着浓郁的西班牙风情——除此没有其他合适的辞藻来形容它们，西班牙的节奏，西班牙的旋律，西班牙的生活；除了本土出生的作曲家，没有别人能够写出这么地道的西班牙味道，唤起这么纯真的西班牙情感。夏布里耶、里姆斯基-科萨科夫等人都是外国旅游者而已，采风的过客，但《伊比利亚》和《戈雅之画》却是本土人创作的。从技术上讲,这两部作品的共同点很多,都是极难演奏，充满了“对位旋律”，节奏类型非常丰富，伸缩性很是宽广，踏板的效果极为细腻微妙，织体丰富厚实得就如管弦乐队一般，而且装饰音还很考究。这两者中,《伊比利亚》更直抒一些；《戈雅之画》更浪漫、梦幻一些，但线条相对不够清晰，或许比前者更令人难以释怀一些。

阿尔贝尼兹的一生十分有趣。作为一名神童（四岁就公演钢琴）他受尽了"开发利用",不断离家出走。13岁那年他就跑到古巴、纽约和南美，在老师和他的父母追上他之前，在国外转了一大圈儿。他正规的音乐学习1874年开始于莱比锡音乐学院，之后他又进了布鲁塞尔音乐学院。然后他又跟李斯特上了几堂课。1890年他在巴黎学习作曲，师从丹第和杜卡斯。嗣后他就过上了旅行钢琴家兼作曲家的那种生活。有一阵子他把自己的大本营设在伦敦，他的歌剧之一就是在那儿制作的。之后他永久性地移居巴黎。他创作了海量的钢琴曲，其中大多数现在都听不到了。不过，有几首却是家喻户晓,《D大调探戈》是其中最著名的例子。除此之外，他的作品中没有任何其他东西预示着《伊比利亚》的到来。这首探戈具有前所未有的难度，优秀的法国钢琴家博朗什·塞尔瓦在看到乐谱后大吃一惊："这根本没法儿演奏！"而时已病入膏肓的阿尔贝尼兹向她保证说它可以、也将被演奏。阿尔贝尼兹在1909年5月18日逝世，留下了一套有关阿瑟王传奇的歌剧三部曲没有完成。他的歌剧之一《佩皮塔·希门内斯》在19世纪90年代曾风靡一时，现在已经完全被遗忘了。

《伊比利亚》是一部抽象的作品，在很大程度上以安达卢西亚的民间旋律为基础。《戈雅之画》也运用了安达卢西亚和弗拉芒戈[1]音乐的元素，以戈雅的蚀刻画和油画为基础。和阿尔贝尼兹

[1]一译弗拉门科。

一样，格拉纳多斯也创作了大量欢快的沙龙钢琴曲，而且在他以前的任何作品中也没有预示出他将写出一部像《戈雅之画》这样的大型作品。格拉纳多斯先在巴塞罗那、后在巴黎学习音乐。学成后回到巴塞罗那，定居下来后开始了钢琴教师的生活。很快他的作品开始吸引人们的注意，他的歌剧之一《玛利亚·德尔·卡门》也在1898年首演时获得成功。他还创作了一系列精致、迷人的民族歌曲，题为《古风通纳迪亚集》。

然后《戈雅之画》就诞生了。在着手创作之前，格拉纳多斯酝酿了很久。“戈雅的内心世界让我很着迷，我很喜欢他的调色、他这个人以及他的女神阿尔巴公爵夫人。他和他的模特儿们的争执、他的爱情和他对女人说的情话也让我着迷。瞧他画笔下的面颊多么白里透粉，与黑色天鹅绒混搭形成多么鲜明的对比。瞧那些半隐半现的尤物，那些珍珠母贝似的玉手，插在乌黑秀发上的茉莉花，这些全都把我迷住了。”格拉纳多斯写的全是心里话，个中原因也不难明白。戈雅画中描绘的那些神秘、美丽几乎是邪恶的“majas”[1]，还有那些从扇子后面偷看、想着她们隐秘心思的贵族女人，这种残忍与堕落的混搭，所有这一切都激发着人们的想象力，更不要说敏感的格拉纳多斯的想象力了。

这部组曲最初由六首曲子组成，后来又加上了*El Pelele*[2]。其中最有名的（远比其他几首有名的）、时常在音乐会上演奏的那首名叫《叹息，或玛哈与夜莺》（英语名叫《少女与夜莺》）。它

[1] 穿着俗艳的下层女子。
[2] 傀儡、草人、布人之意。

包含了那一时期最可爱、最纯真直白的旋律之一，在结尾还有一些阿拉伯风格的如丝颤音和夜莺唱出的颤音。不过此曲还远不是那种纯粹描绘自然的音画，而堪称某种音诗，是一个拥有非常感受力的男人写下的散文诗。

格拉纳多斯还摘取《戈雅之画》的一些片段及其他一些素材写成了一部歌剧，脚本由费尔南多·佩里盖特创作。1914 年他在巴黎演奏自己的音乐后掀起了一阵狂热，巴黎歌剧院便委托他改编这部歌剧准备上演。但是“一战”爆发了，巴黎歌剧院没办法上演它了。纽约大都会歌剧院的裘里奥·加蒂－卡萨扎接手了这部作品，1916 年在纽约举行了它的全球首演。歌剧的《戈雅之画》只受到了有礼貌的欢迎，并没有引起狂热，也没有流行开去。它的脚本据称很弱，也确实如此，尽管现在比它还差的脚本也有公演的。这部音乐上小巧玲珑的歌剧没有被当作返场剧引起注意，这很令人吃惊——因为它有很纯正的西班牙风味。

假如格拉纳多斯没有去美国指导这部歌剧的排演，他本该还能活很多年的。正如后来所发生的那样，他应威尔逊总统之邀在白宫演奏。他当然欣然前往。他取消了返程票并安排了稍晚的行程。最终，在 1916 年 3 月 24 日，他登上了邮轮“萨塞克斯”号前往迪耶普，结果邮轮在英吉利海峡被鱼雷击中。一个生还者说，当时格拉纳多斯已经坐在救生艇上了，但当他看到他妻子正在水中挣扎时，他跳下海去救她，结果双双被淹死了。世界失去了一位正在发现自我的征程中奋斗的作曲家。格拉纳多斯在写了《戈雅之画》后，很清楚自己将要大展宏图。“我拥有一个充满乐思的内心世界。”他在罹难之前不久还这样说过。“我充满了创作热情，要写出更多的作品。”但这是不可能的了。于是，他就只能靠《戈雅之画》、几首沙龙作品和一些美得扎心的歌曲继续活在世上了。

阿尔贝尼兹和格拉纳多斯的事业由曼努埃尔·德·法亚继承了下去。德·法亚于1876年11月23日出生在西班牙的加的斯。他在本国学的音乐，在1905年因歌剧《人生朝露》而荣获国家大奖，此后便去巴黎一待就是七年。第一次世界大战把他打回西班牙，他在那里创作了一些很受欢迎的作品，如芭蕾舞剧《魔法师之恋》和《三角帽》。也是在这一时期他写出了钢琴和乐队曲《西班牙花园之夜》。战后，他创作了一部木偶歌剧《佩德罗师傅的木偶剧》，一部羽管键琴协奏曲，一首很长的钢琴曲《贝蒂卡幻想曲》。1926年以后他就很少作曲了。他移居到了阿根廷，生活在与世隔绝中，在他生命的最后20年里致力于一个大型项目，鸿篇巨制的戏剧康塔塔《阿特兰蒂达》。他于1946年11月14日辞世。

德·法亚是个作品不多的作曲家，但他是典型的少而精，每作一曲必是珠宝。起初他的音乐与前辈西班牙民族主义作曲家的很相似，虽然更加老到，带有些微印象主义音乐的技法。他的音乐以西班牙的“深沉歌”（Cante Jondo）、安达卢西亚的旋律与节奏、弗拉芒戈及西班牙音乐的其他元素为基础，并通过源于法国的技法表现出来。创作于1916年的《西班牙花园之夜》与丹第创作于1886年的《法国山歌交响曲》放在一起，堪称姊妹篇。两部作品都是为钢琴和管弦乐队而作，它们都大量挖掘利用钢琴技巧，如琶音和竖琴般的波音效果。两部总谱都以十分纯熟复杂、在音乐厅演出的方式展现民族因素。德·法亚的《西班牙花园之夜》《人生朝露》和《七首西班牙民歌》都未经挫折，自从问世以来就一路高歌，始终位居保留曲目单之中。德·法亚的音乐不仅非常迷人地唤起人们对西班牙的回忆，而且还是非常高超的音乐技法的杰作，曲作者通过灵敏的耳朵写出细腻微妙的音色变化，下笔那叫一个精确。德·法亚不仅远超他那个时代的所有其他的西班牙作曲家，而且还是当时西班牙唯一一位高于平庸之上的作曲家。

“一战”之后，德·法亚的音乐风格有了显著变化，其中很大的影响来自斯特拉文斯基，后者于1918年创作了《士兵的故事》，探究新古典主义的各种可能性。德·法亚也开始用同样的方式进行创作。他的《佩德罗师傅的木偶剧》是为20人的管弦乐队而写的，使用了一些不同寻常的乐器，如羽管键琴、琉特羽管键琴和木琴，堪比斯特拉文斯基的《士兵的故事》中那个俄罗斯士兵跳的那段叙事舞蹈。同样，德·法亚的《羽管键琴协奏曲》也是写给一个乐器小组演奏的，有长笛、双簧管、单簧管、小提琴和大提琴，它可以说是西班牙的新古典主义作品。这部作品从没取得他早期作品那样的流行度，但它对西班牙民歌的挖掘却深刻、透彻得多，甚至让人想起了斯卡拉蒂的音乐世界（斯卡拉蒂在西班牙住过许多年）。德·法亚最大型的作品《阿特兰蒂达》是为合唱、独唱、独奏和管弦乐队而写的，但没完成，并且似乎有“胎死腹中”之嫌。随德·法亚一起学习过的西班牙作曲家厄内斯托·哈尔夫特后来完成了这部总谱。1962年在纽约，厄内斯特·安塞尔梅指挥了这部作品的美国首演，但几乎没给人留下什么印象，从此它就罕有演出了。

法国、意大利和德国从没出现过任何重要的民族作曲家。在英国倒是有拉尔夫·沃恩·威廉斯；在匈牙利也有贝拉·巴托克。这两人将在后面的章节里讨论到。在波兰，有位伊格纳斯·扬·帕德莱夫斯基（1860—1941）创造出一种商业化的民族音乐产品，一种用晚期浪漫主义的陈词滥调表现的肖邦式民族主义，常常很优雅，但是没有冲击力。一位比他强大得多的波兰民族主义音乐家是卡罗尔·席曼诺夫斯基（1882—1937），他先属于俄罗斯乐派，后来属于德国乐派、法国乐派，最终成为国际主义、世界主义者，他的音乐透着很强的波兰民歌味儿，并且严重倒向斯克里亚宾的晚期音乐。他的音乐在西方罕有听到。在丹麦，有个叫卡尔·尼尔森（1865—1931）的，该作曲家近年来一直吸引着人们很多的关注。尼尔森与邻国芬兰的让·西贝柳斯（1865—1957）不同，不是个真正的民族主义者。较之丹麦民间歌曲，勃拉姆斯和马勒对他音乐的影响要大得多。不过，尼尔森的音乐风格还是很强大的，也是很有原创性的。

尼尔森很小就显露出音乐天赋，后来成为一名小提琴家，获得过国家津贴。在这些方面，他的情形与西贝柳斯相似，虽然尼尔森的国家津贴与西贝柳斯得到的芬兰政府的慷慨资助相比根本不值一提。尼尔森后来指挥皇家歌剧院直到1914年为止，并在1915年成为皇家音乐学院的院长。1926年，他在指挥一场自己作品的音乐会时突发心脏病，从此久病不医，直到1931年10月去世。

在西贝柳斯起初受到柴科夫斯基和俄罗斯民族乐派影响的同时，尼尔森却将目光投向了德国的那些后期浪漫主义者。他的早期作品非常符合后期浪漫主义的传统，他也从没完全抛弃调性。他甚至给他的六首交响曲中的四首起了标题：第二首名为《四种气质》，第三首名为《开阔交响曲》，第四首题为《不灭》，第六首

⚜ 让・西贝柳斯

短小的动机与简洁的发展部。

题为《纯朴交响曲》。实际上，这些标题并不意味着它们是施特劳斯式的标题音乐。它们更像是一种舒曼式的、提示线索性质的设计。尼尔森向来是一个绝对音乐的作曲家，其音乐呈现出稳固的渐进式发展。他和雅纳切克一样，也是个一只脚踩在 19 世纪、一只脚踩在 20 世纪的作曲家。在他活着的年代，被人指责爱写不协和音并且陷入了无调性。在今天看来，这些指责显得没有道理。尼尔森虽然在他那个时代比许多作曲家都爱冒险，胆子更大，但他基本上还是一个传统主义者。他采纳古典形式，接受古典传统，只不过有时用更为尖锐一些、让传统的耳朵们听着受不了的和声充塞古典曲式罢了。甚至他那有着多调性冲突的第五交响曲，也毫无疑问是调性音乐。

尼尔森虽然不像西贝柳斯那样是个坚定的民族主义者，但他的音乐仍然具有民族主义的回声。不过，他的音乐给人留下最深刻印象的是其宽广性。尼尔森的思维开阔，他的节奏强劲有力，他的旋律宽广悠远，他的管弦乐配器宏大壮阔。他的作品极具个性。在20世纪30年代，音乐爱好者们正在大量聆听西贝柳斯的“游吟诗人般的”音乐，后来他们意识到尼尔森——那时他在丹麦以外几乎完全无名——同样具有感染力和震撼力，甚至比西贝柳斯更有力量，意境更高远，更具普遍意义。西贝柳斯的名气随着他在1957年逝世而迅速消散。1965年是西贝柳斯诞辰百年纪念，结果却形同羽毛与铁砧的对抗。当时美国举办了几场纪念音乐会，但是公众却好像兴趣寥寥，大多数职业音乐家对此的兴趣也是低得不能再低。

但是在20世纪30年代，情况却完全不同。那时西贝柳斯的声望如日中天，尽管从1926年以来他就没写过一个音符。他在1924年写的第七交响曲和在1926年写的《塔皮奥拉》是他最后两部重要的作品。1929年，他宣称已经完成了第八交响曲，但随后又把手稿毁掉了。和罗西尼一样，他也退休了，静观世界在眼前表演。但是罗西尼退休后还多少写点娱乐小品让自己开开心，而西贝柳斯却在他生命的最后28年里再也不用笔碰一下乐谱纸了。显然他已经很确定，自己再也没有什么重要的东西可说了。可是他盛名依旧。他的音乐在英国和美国特别受到尊崇，那里有许多他的拥趸，比如托马斯·比彻姆爵士、康斯坦特·兰伯特、谢尔盖·库塞维茨基，以及奥林·唐斯。唐斯是《纽约时报》的音乐评论家，他不断地提醒读者西贝柳斯在革新交响曲的形式上都做了什么，还连篇累牍地大谈特谈西贝柳斯的“有力量”、“雄浑男人味儿”和“游吟诗人气质”。在英国，西贝柳斯受到同样严肃认真的讨论。兰伯特在1933年出版了他那备受争议的书《嗬，音乐！》。在这本书中，作者审视了现代音乐，发现它并不好，唯一可圈可点的现代作曲家只有西贝柳斯。“他的第四交响曲，”兰伯特写道，“在当今得不到欣赏，就像贝多芬的晚期奏鸣曲和四重奏在它们那个时代得不到欣赏一样。但是，正如贝多芬的晚期四重奏对现代思想的影响远远超过了胡梅尔和车尔尼的那些时髦作品一样，西贝柳斯的交响曲对未来几代人的影响也比他的同时代人——如兴德米特和斯特拉文斯基——写的那些应时应景曲要深远；因为兴德米特和斯特拉文斯基总是向时尚做出妥协。”

但是，兰伯特的预言并没有实现。在美国，西贝柳斯的音乐从1940年起开始慢慢消失。就像唐斯一直努力为西贝柳斯树碑立传一样，另一位评论家也一直忙着把他拉下神坛。弗吉尔·汤姆森在刚当上《纽约先驱论坛报》的音乐评论员时就去听了西贝柳斯的第二交响曲，并发现它“低俗、自我放纵和省城气到了完全无法形容的地步”。他以他典型的突发雷霆的方式写道：“我意识到世上有许多真诚热爱西贝柳斯的人，虽然我得说，这样的人我在受过教育的专业音乐家当中还没有见到过一位。”汤姆森的话反映了许多音乐家的看法。在这些音乐家的眼里，西贝柳斯不比那些过气的后期浪漫主义作曲家好多少。这就有点奇怪了，因为从1911年创作的第四交响曲开始，西贝柳斯就不时给音乐带来一些挑衅性的、反浪漫主义的新气象。第四交响曲背离了他的头三部交响曲的旋律和配器上的丰富性，背离了马勒和布鲁克纳交响曲的那种长长的发展部，而改用了短小的动机和简练的发展部。这被人描述为一种马赛克式的拼贴风格，也成功地避免了浪漫主义语汇的那些浮华和矫情。西贝柳斯的最后四首交响曲甚至不能被称为民族主义的音乐之作，尽管推荐者们渴望听众从中领略到极地的冰天雪地中的森林湖泊和皑皑雪峰。

是的，“二战”以后有许多专业人士都发现西贝柳斯已经成了一个过时的包袱。其中一个原因是，音乐已经翻开了新的一页。勋伯格和威伯恩成了时代英雄；序列音乐取得了巨大成功。（如果说马勒突然流行起来的话，那也是因为序列音乐家们确定，在马勒的音乐里躺着序列运动的种子。）可能还有一个原因造成了西贝柳斯受冷落，即专家们都寻找一个作曲家创作中的一致性，而如果一个作曲家不断推出水平不高的作品的话，他们是不会去相信他的；即使他确有几部作品产生了影响，也会被当成反常现象来解释。一个写出了《悲伤圆舞曲》和《降 D 调钢琴浪漫曲》的作曲家怎么可能被当真呢？不可否认，西贝柳斯的大量作品——他是一名多产的作曲家——都是昙花一现的。他的小提琴作品，除了那首著名的《d 小调小提琴协奏曲》之外，都是一些价值不大的沙龙作品。他的歌曲虽然不错，但不能打动人心。西贝柳斯只写出了很少几部能有机会流传下去的作品。不过即使这样，他也比许多作曲家都强，他这个平均数也高于许多作曲家，而且在未来他的音乐也很有可能占据一个比现在更高的地位。他去世的时候名声不是很好，审美观也与当时相悖。未来如果出现浪漫主义或新浪漫主义回潮的新时代（不是不可能），西贝柳斯就有可能光荣归来。毕竟，他在自己的巅峰期发出过很有个性的声音。在那些较小一些的作曲家当中，他应该占有一席荣耀之地。

· 26 ·

半音体系与感性

——从弗朗克到福雷

FROM FRANCK TO FAURÉ

“法兰西！这个国家在所有艺术门类中都伟大，但没有一样顶尖。”阿纳托尔·法郎士曾这样哀叹。且不论这话对否，反正在19世纪的最后25年里，一大批重要的法国作曲家都聚在巴黎工作。在那个世纪的最后十年里，年轻的克洛德·德彪西的音乐开始成为人们谈论的话题。可是到了20世纪，这些作曲家的创作方向发生了重大的转变。在19世纪的大部分时间里，法国作曲家们最看重的是歌剧。虽然柏辽兹是个例外，却也热切希望自己被人视作一名成功的歌剧作曲家。那时候，大多数法国作曲家，至少是那些享有国际名望的，都是靠为抒情歌剧舞台提供广受欢迎的歌剧而成名的。可现在呢，冒出了一帮另有抱负的作曲家。虽然其中许多确实也在歌剧上一试身手，但歌剧并不是他们存在的第一要素。他们志在创作交响曲、钢琴曲和室内乐，他们给欧洲的音乐变革做出了重大的贡献。可是他们的作品却没能广泛地流传开去。塞萨尔·弗朗克和加布里埃尔·福雷以及后来他们的弟子们，虽然创作了优秀的作品，却不知何故大部分都没有走出国门。

从古典音乐的角度讲，弗朗克的音乐在今天已经不热门了；福雷的音乐细腻优美，却从没能在法国以外站稳脚跟；他们的追随者——樊尚·丹第、埃内斯特·肖松、爱德华·拉罗、保罗·杜卡斯等——的作品也大部分被人遗忘了，每位只剩下一两部作品还在演着。在大多数现代人看来，这种音乐——以弗朗克为例——过于半音化，过于孤芳自赏，过于放纵自己，甚至过于甜腻；其追随者的音乐则过于模仿他们的师傅。这种音乐还莫名其妙地矛盾冲突，就像人的矛盾人格，强烈倾向于瓦格纳主义，对瓦格纳的影响想躲都躲不掉，有时候甚至狂乱，表现出法国作曲家面对瓦格纳音乐的强大冲击时的那种慌乱却又欲罢不能。在 1876 年第一届拜罗伊特音乐节之后，瓦格纳主义横扫了法国音乐，每个法国作曲家都得像朝圣一般拜访拜罗伊特的瓦格纳节日剧院去倾听瓦格纳的乐剧，返回路上仍沉浸在瓦格纳那性感肉欲的和声之中。弗朗克有个很有前途的学生名叫纪尧姆·勒克，竟然在听了《特里斯坦与伊索尔德》的前奏曲后晕了过去，不得不被人抬出剧院。瓦格纳还被象征主义诗人们尊奉为神，还有人在巴黎创办了一份杂志名叫《瓦格纳主义》，开始宣讲、传播《纽伦堡的名歌手》中的教义。

从表面上看，瓦格纳对诸如弗朗克的 d 小调交响曲或肖松的《音诗》等没产生什么影响。其实不然，影响大得很呢！瓦格纳对波动和声的偏爱，他的喜用连续半音，他的不愿回归主调——所有这些特点都在后拜罗伊特时期的法国音乐中得到了体现。弗朗克的半音体系正是继承了瓦格纳的结果。而当时众多的法国歌剧就像是瓦格纳在拜罗伊特所信奉、执行的理念的一面镜子。有些法国作曲家起初就是狂热的瓦格纳主义者，后来才想要努力摆脱瓦格纳的束缚，却没有一人完全成功。

作为作曲家兼音乐教师，弗朗克是当时法国音乐界举足轻重的人物。他在自己周围聚集了一大群学生，他们对他言听计从，唯他马首是瞻，就差把他罩上光环当神崇拜了。弗朗克身上是有某种特质惹人崇拜。虽然他并非丹第所吹捧的圣人，但他十分仁慈，宁静安详，仿佛来自另一个世界。他从不讲粗话，从不贬损他人，淡泊名利，全身似发散着教堂彩色玻璃窗那样的圣光（这点也反映在他的音乐中，如 d 小调交响曲）。他最喜欢做的事情之一，就是坐在圣－克洛蒂尔德教堂的管风琴前面即兴演奏，全身心沉浸在宗教的狂喜之中。在某种程度上，弗朗克堪称法国的布鲁克纳。人们还把他和弗拉·安吉利科[1]进行比较。学院里的年轻人更愿意向弗朗克求教，这令同体制中的其他成员如圣－桑、昂布鲁瓦斯·托马和马斯奈等人很是苦恼。

弗朗克于 1822 年 12 月 10 日出生在比利时的列日，直到 1873 年才加入法国籍。他父亲曾试图把他当作一名神童加以培养，而这男孩儿果真出了名。1835 年，弗朗克一家迁居巴黎。15 岁时，小塞萨尔被送进巴黎音乐学院学习。他那时一定是个自信满满的小伙子，特为自己的音乐天赋感到自豪。在一次钢琴比赛的决赛中，评委交给他一份很难的乐谱当场视奏。焦急中他灵机一动，决定把整首作品变调，改用 C 大调——而不是原来的降 E 大

[1] 意大利早期文艺复兴画家，虔诚信教，作品皆为《圣经》题材。

调——视奏下来，令评委们目瞪口呆。评审团为此召开特别会议，决定授予弗朗克一个特别奖项。1838 年 8 月 5 日的《法兰西音乐报》对此进行了报道：

> 开始时，评审团一致同意授予弗朗克先生一等奖。后来又决定再研究一下。经过反复讨论，凯鲁比尼先生以他惯常的优雅宣布道："评审团现在宣布，鉴于弗朗克先生的水平远高于其他参赛者，以至无法再选出另外一人与他分享这一奖项。因此，一项二类一等奖将授予那些在一般情况下值得获此高级奖项的选手。"

真是一个前途不可限量的开端；可是离开巴黎音乐学院后，弗朗克却变得默默无闻了。他教课，开音乐会，作曲，他的作品引起了李斯特的注意，后者对他的一组钢琴三重奏很是赞赏。李斯特与弗朗克见面了，立刻对弗朗克有了判断："我估计他是缺少社交能力，而圆熟的社交能力能打开所有的门。"这一评价当然没错。弗朗克不具有主动性，毫不"咄咄逼人"。他的兄弟约瑟夫也是作曲家，在当时名气可是比弗朗克大多了。可现如今呢，约瑟夫已经被人完全遗忘了。

直到 30 岁，弗朗克才从钢琴转到管风琴。他专注于教堂音乐和管风琴即兴演奏，被认为是他那个时代最杰出的即兴演奏家。"古典式的"管风琴演奏——尝试正确地把握和演奏巴洛克时期的管风琴音乐——实际上在法国已经变成一种沦丧的艺术，直到弗朗克等人在 19 世纪后半叶率先复兴了它为止。让－博纳旺图尔·洛朗在1845年11月2日一期的《音乐报》上撰文指出，在巴赫的钢琴音乐广为人知的同时，他的管风琴作品却鲜为人知，“既然它们全都要求使用踏板，而高超的踏板技术似乎在目前的法国还无人掌握”。（请注意“钢琴音乐”一词；当时没有人会想到用羽管键琴来演奏《平均律钢琴曲集》和其他巴赫的键盘作品，总觉得专业羽管键琴演奏家很难找到，而这种想法本身就很值得怀疑。）直到阿道夫·黑塞来到巴黎，当众展示了如何正确地演奏巴赫的管风琴作品的时候，崇高壮美庄严雄伟的管风琴音乐才引起了法国音乐家和管风琴家们的注意。

弗朗克在1858年当上了圣－克洛蒂尔德教堂的管风琴师，之后他对管风琴资源的挖掘、探究很自然地就加快了。他开始创作管风琴曲。他的第一部重要的管风琴作品创作于1862年，题为《大管风琴曲六首》。它们是弗朗克写的最著名的管风琴曲，精彩程度远超其他，至今还保留在相关曲目单上。但它们当时并没使他出名。弗朗克直到36岁了还没被人看作一名作曲家。1865年他们夫妇俩和四个孩子搬到雷恩街95号去住（即现在的蒙巴尔纳斯大街），并在那里度过了他的余生。弗朗克太太是个悍妇，她虽然希望丈夫出人头地，但并不喜欢他的音乐，还讨厌他的创新实验。每当弗朗克突破了规则时，她的音乐知识就刚好够用到对丈夫提出警告，而且她还毫不讳言她不喜欢他的《小调钢琴五重奏》和《d小调交响曲》。但她对评论界苛评它们却更不高兴。有了这样一位老婆大人，看来这位备受尊敬的法国管风琴家要想再当个世界一流作曲家是没门儿了。妻子整天吵吵嚷嚷、喋喋不休地和丈夫辩论，这给弗朗克造成了很大的烦扰。他们的婚姻并不幸福。

⚜ 塞萨尔·弗朗克

从他身上发散出教堂彩色玻璃般的圣光。

弗朗克大器晚成，他的早期作品现在几乎不被演奏了。像这样厚积薄发或大器晚成的作曲家还有很多，如勃拉姆斯、布鲁克纳等人。直到19世纪80年代他才开始以作曲闻名于世，创作了大多数他赖以成名的作品。（1862年写的《大管风琴曲六首》是个例外。）在此之前，他的作品只是偶然被演奏。1871年11月25日，以弘扬法国艺术为宗旨的法兰西国家音乐协会把弗朗克的一部作品列入第一场音乐会的曲目单中。此后刚过了一年，弗朗克就被任命为巴黎音乐学院的管风琴教授。他在那里很快就成为被人们议论最多的教师，一帮“混”在巴黎的学生大呼弗朗克是这所保守的机构中唯一一个进步的人物。这些学生被称为“弗朗克分子”，还有另一个不太礼貌的雅号——“弗朗克帮”。这些人包括勒克（他 24 岁就死了）、昂利·杜帕克、樊尚·丹第、居伊·罗帕茨、厄内斯特·肖松、加布里耶尔·皮尔内，以及阿莱克西·德·加斯蒂雍（他也很早就去世了）。他们这些年轻人与巴黎音乐学院的大拨儿一般学生不一样，基本都家境富裕，其中一个还是子爵（加斯蒂雍），另有一个也是贵族出身（丹第）。他们看其他学生的眼光就如同飞行员看步兵的眼光一样，视其为乌合之众而已。他们的傲慢与偏见让学院中的很多人感到不服，他们认为弗朗克不就是个管风琴老师吗，有什么了不起？学院的秘书曾说过一句很尖刻的话：“咱们学院现在有个管风琴教授胆子可真不小，竟敢把他的管风琴课改成作曲课。”抱怨归抱怨，没人对这种现象采取任何行动。

按规定，弗朗克是管风琴课教师，可他实际上却成了作曲课教师，他在课上把自己的和声与曲式理念传输给他的学生。当有学生长时间保持同一个调式时，他就会焦躁起来并催促说：“转调！转调啊！”早在 1842 年，弗朗克就在他的钢琴三重奏中引进了循环曲式。作为这种曲式的先驱之一，弗朗克提倡这样一种音乐发展理念：开始的素材要在整部作品的大框架内接受各种改造处理。李斯特以其主题变形改造的理念也在大致同期做着大致相同的事情。弗朗克的这一理念遭到了强烈的反对，他自己的创作实验也几乎没有进展。1880 年，当他的《小调钢琴五重奏》在国家音乐协会主办的音乐会上首演时，作为演奏者的圣 - 桑却厌恶这首作品的每一个音符。曲子终了他便大步离开舞台，拒不返场接受听众的喝彩，甚至把题献给他的此曲乐谱落在钢琴上忘了拿走，还是弗朗克的一个学生连忙“救下”了它。1889 年 2 月他的《d 小调交响曲》首演后，古诺留下了著名的评价 ：“不胜任，却又像教条一样冗长，此乃一明证。”昂布鲁瓦斯 · 托马不明白弗朗克为什么把它称作《d 小调交响曲》，既然它在那么短的时间内转移了那么多次调式。但在另一方面，一些重要的音乐家——夏布里耶、特奥多尔 · 杜布瓦、厄内斯特 · 吉罗，甚至马斯奈——都站在弗朗克一边。

虽然弗朗克温和，与人为善，真心谦逊与卑恭，但围绕着他却风暴不断。在他生前，他的作品获得演出的机会寥寥无几。他的清唱剧《赎罪》在 1873 年获得演出但失败了 ；他的主要合唱作品《八福》（1869—1879）在他生前只演出过一次，还是在他自己的家中演的 ；他的清唱剧《丽贝卡》（1881）至今也几乎不被人所知 ；他的《d 小调交响曲》首演失败。评论家们批评弗朗克的作曲方式“令人费解”。在他于 1890 年 11 月 8 日去世时，他被普遍认为是新法国乐派的领袖，但还是没有几个评论家给他机会让他的音乐存活下去。

世事难料。弗朗克去世后，他的音乐却开始受到极大的欢迎，直到 20 世纪 30 年代到来，人们对他的热情才有所减退。现如今，他的一些作品继续被定期演出，如那首交响曲，《为钢琴和乐队而作的交响变奏曲》（1885）、《风神》（1876），以及那首很可能是他最著名的《A 大调小提琴奏鸣曲》（1886）。此前不久，他为独奏钢琴而作的《前奏曲、众赞歌与赋格》（1884），以及他的《前奏曲、咏叹调与终曲》（1887），大有被纳入保留曲目单之势，但随即它们又似乎从曲目单中掉了出来。不过，管风琴师们继续演奏弗朗克的《众赞歌》等作品，尤其是那首《交响大管风琴曲》。

弗朗克的音乐崇高而真诚，然而其中被指称为过于甜腻的品质，以及被形容为教堂彩色玻璃般的宗教性，困扰了许多听众。对这些听众来说，弗朗克的音乐过于厚重，转调过于明显。有些作品在结构上有显而易见的薄弱之处。当弗朗克用古典形式创作时，他习惯于用松散的节奏，显得随性飘逸，就好像在管风琴上即兴演奏一般。确实，他多年即兴演奏管风琴的经历强烈制约了他在音乐形式方面的发展。他的“作工”可能是松弛无力的。另外，他音乐中的神秘主义色彩也使某些听众反感。在一个强调客观、科学主导的时代，神秘主义已经过时了。

弗朗克的音乐还给人以强烈的美感或感官性。他被称为“天使爸爸”，在他的音乐中可以体验到某种复杂世故的宗教仪式的气息。他的交响诗《风神》和《神怪》（1884）中一些片段的丰富灵异的色泽预示了德彪西的某些管弦乐效果。弗朗克的《D调四重奏》（1889）和《小调钢琴五重奏》（1879）都是立意高远、辽阔宏大、曲调优美、摄人魂魄的杰作。这样描述并不为过。喜欢弗朗克音乐的人基本上是喜欢其中的美感，纯粹音乐的那种美感，其色泽、光彩、丰沛、妖娆；只有那些对声音有生理反应、身心融入声音之美的人——换言之，喜欢品尝音乐甘醇的人——才能完全认同和享受塞萨尔·弗朗克的音乐。另一些人则觉得这样的音乐过于丰饶和甜腻，令他们倒胃口。

在弗朗克的学生中，有颇具才华的纪尧姆·勒克（1870—1894）和阿莱克西·德·加斯蒂雍（1838—1873），可惜两人都英年早逝。一些法国音乐的专家坚持认为，加斯蒂雍的音乐值得一听，尤其是他的室内乐作品。亨利·杜帕克（1848—1933）的情况比较特别。弗朗克认为他是自己最优秀的学生，可惜杜帕克在1885年精神崩溃，从此无法再写出一个音符，尽管又活了将近半个世纪。他在1875年写了一首交响诗《雷诺尔》，这部作品现在已经听不到了。现在杜帕克的名气完全仰仗其13首歌曲（另有三首重要性差一些），每一首都在法国——乃至欧洲——首屈一指，无人能出其右。只有雨果·沃尔夫也在写这种情感炽烈、声音丰富、心理活动丰富且十分完整的歌曲。

弗朗克最有名的两个学生是肖松和丹第。肖松是这两个作曲家中更好的一个，但丹第的影响更大一些。那些喜欢弗朗克音乐的人也会喜欢肖松的音乐，因为这两人的音乐都出自同一条丰饶华美的脉络。肖松1855年1月20日出生在巴黎，是一个富裕的建筑承包商的心肝宝贝。年幼的肖松先由私人老师授课，后被送入法律学校就读。肖松在1877年获得了学位，但从没开业做过律师。他的全部兴趣都在各种艺术上。“从童年时代起我就坚信我要作曲，但是家里所有人都劝我别作曲。于是我尝试绘画和文学，家里人又都建议我干别的。”直到1879年听了瓦格纳的音乐后，肖松才下定了决心要当个作曲家。在24岁这个偏大的年龄，肖松走进了马斯奈和弗朗克的课堂，但不久就放弃了马斯奈的课。1883年，肖松离开了弗朗克，开始自己作曲。他在库尔赛勒大街22号买了一所房子，让它成了巴黎的艺术中心之一——在此之前，贝尔吉奥约索公主经营这种华丽的艺术沙龙长达50年之久。画家、音乐家、作家、知识分子经常齐聚于此，肖松与所有有头有脸的人物都成了朋友。（在他的葬礼上，德加、罗丹、雷东等都在送葬队伍中。）肖松也在相当程度上成了年轻的德彪西的干爹，两人的关系十分亲密。肖松经常给德彪西以指点，而敏感的小伙子德彪西不仅接受前辈的指教，还经常主动讨教。“您就像一位完全值得信赖的前辈，”德彪西写道，“甚至让人偶尔挨您一顿骂也心甘情愿。”慷慨大度的肖松也和其他许多音乐家成了朋友。伊萨克·阿尔贝尼兹也是其中之一。事实上，在这位西班牙人遭受经济重创之时，肖松接纳了他和他的全家。后来，阿尔贝尼兹知恩图报，私下里支付给布莱科普夫和哈特尔出版公司一笔钱用于在德国出版肖松的《音诗》，从而报答了当年肖松的救济之恩。

家庭富足，衣食无忧，使得肖松可以随心所欲地进行创作。他干活儿很慢，能为了写一小节乐谱而痛苦上好几天。他的作品总量不大；重要作品更是屈指可数，其中有《降B大调交响曲》（1891）、《为钢琴、小提琴和弦乐四重奏组而作的协奏曲》（1892）、《爱与海之诗》（1893）、为小提琴与乐队而写的《音诗》（1896），以及《钢琴四重奏》（1898）。他最具鸿鹄之志的作品是歌剧《亚瑟王》，创作于1886年至1895年，现在已经不演出了。专家们形容它是“瓦格纳主义的”。肖松是很有抱负的，心中酝酿着好几个大的项目，可惜因突发事故而没能实现——1899年6月10日，他骑自行车失控，一头撞在一堵墙上，当场身亡，生命就此戛然而止。

肖松深受弗朗克的影响，创作一种甜美而半音丰富的音乐，纯净的乐音给听众带来很大的生理舒适感，是其主要特点。在音乐中，瓦格纳的《特里斯坦与伊索尔德》也包括在内，是否有《音诗》中的那种近乎肉欲的美感，那种几乎可触摸的人体感呢？《音诗》

这样的音乐，丰饶如天鹅绒一般丝滑肉感，肯定不是为清教徒而写的。它还真就冒犯了一些听众。此曲以及降 B 大调交响曲把音乐所能表达出来的色情意味全都不知羞耻地表达了出来。肖松为交响曲所做的事情一如马斯奈为歌剧所做的事情那样，都是那么甘美、芬芳得如女人的胴体，只是肖松音乐的内涵更丰富、深沉一些。肖松的《降 B 大调交响曲》是一部被低估了的作品。它比弗朗克的《d 小调交响曲》更具外形和规则，整体感观更为规整和传统，乐句更为凝聚和直接，旋律水平之高与弗朗克旗鼓相当。很难形容肖松音乐中的那种近乎肉体的芳香媚惑，有种像毕沙罗油画中的那种特有的法国式韵味——矜持有度，可能过于甜腻，但仍那么敏感，指向性强，有力地唤起人们对历史上的某个特定时间和场合的回忆。

弗朗克的所有学生都很崇拜他们的老师，其中樊尚·丹第（1851—1931）更是把这种崇拜推至顶峰。丹第甚至故意在文章中对弗朗克做不实的描述，急欲保住恩师的神话。丹第才华横溢，小时候就是神童，但直到 18 岁之前他还没正经学过音乐，18 岁时才决心认真学习音乐。他在 1872 年师从弗朗克后，未来的人生从此奠定。丹第成为法国音乐界最忙碌的人之一。他执着到了狂热的地步，是“弗朗克帮”里的宣传鼓动家，极力宣传推广弗朗克这一伙人，1890 年在当上法国国家音乐协会会长后更是进一步扩大了这种宣传推广。1894 年，丹第和夏尔·博尔德、亚历山大·吉尔芒一起创建了“圣乐学会”。该会成立之初旨在演奏宗教音乐，但不久就转成了一所专门研究和复兴古老教会音乐的学校，同时进行法国民歌的研究工作。许多重要的法国音乐家都在圣乐学会里接受过培训，其中最杰出的当属阿尔贝·鲁塞尔（1869—1937）。

丹第创作甚丰，但绝大多数作品今天都听不到了。《塞文山交响曲》（1886）今天还时有听到演奏，它以《法国山歌交响曲》的别号更为人所知。这是一首为钢琴和管弦乐队写的可爱的作品，乐谱写得很精彩，光彩夺目，第二乐章尤其萦绕心头，难以忘怀，全曲非常老练地运用了民歌元素。《法国山歌交响曲》比弗朗克和肖松的音乐要直截了当得多，半音也比他们少得多，不是非抱着半音主义不可，堪称法国后期浪漫主义音乐的最佳作品之一。与它几乎同样好的是《降B大调交响曲》（1909），但现在很少听到了。法国老一代指挥家——比如皮埃尔·蒙多——会把《降B大调交响曲》和《伊斯塔尔变奏曲》（1897。库塞维茨基很喜欢这首变奏曲）列入演出曲目单，但现如今的法国指挥家好像看不上丹第的音乐。这可真是太糟糕了，因为丹第的作品中时有一些很美妙的东西。

还有两位法国作曲家在当时也很被看好，他们是爱德华·拉罗（1823—1892）和保罗·杜卡斯（1865—1935）。拉罗为小提琴和管弦乐队写的《西班牙交响曲》（1878）至今仍在演奏；他的歌剧《伊斯国王》（1888）在法国还在上演。这部歌剧比马斯奈和古诺写的任何作品都更有前瞻性。类似的还有杜卡斯的《阿里安娜与蓝胡子》（1907），它是瓦格纳与德彪西音乐的融合物，令人着迷。可惜的是，杜卡斯如今最有名的一部作品却是他当初为了混饭吃而写的劣作《魔法师的学徒》（1897），而他的优秀作品《C大调交响曲》（1896）和具有里程碑意义的《降e小调钢琴奏鸣曲》（1901），以及他一度很受欢迎的“舞蹈之诗”《仙女》

⚜ 赛茜尔・沙米纳德

她写的沙龙曲十分精致、老到，在当时深受欢迎。

（1910），却式微到几乎无人问津。

还有一位法国女作曲家值得一提，她就是赛茜尔・沙米纳德（1857—1944），尽管《格罗夫音乐与音乐家大辞典》用一段话就把她打发掉，说她是客厅音乐的提供者。实际上她是技艺精湛的钢琴家，在某种程度上堪称法国的莫什科夫斯基。她创作了十分精致、老到的沙龙音乐，在当时深受欢迎。即便在今天，她的《围巾舞》和《奉承者》也还偶然能听到，只是钢琴家们已经有很多年没有在公开场合演奏过它们了。丹第认为她是个先进、有后劲儿的作曲家。她那迷人而异质的曲子已被录制成数量惊人的CD（光盘）在销售。

与弗朗克形成两极、并处于柏辽兹和德彪西之间的法国最伟大的作曲家，非加布里耶尔·福雷莫属。福雷主要创作小型的作品。他的歌曲不输任何最伟大的歌曲作曲家，他还专注于钢琴曲和室内乐的创作。由于他从没写过交响曲和协奏曲，也由于他唯一的歌剧《佩内洛普》（1913）从没在舞台上站住脚，人们就倾向于挥挥手把他忽略掉。但是，如果把福雷等闲视之（法国以外的好多人都有这种倾向），那就等于是漏掉了一位最为温婉、优雅和精致的作曲家。

福雷是一位处在不断发展中的作曲家。起初他创作古诺风格的歌曲，很是迷人；同时写一些肖邦和舒曼风格的钢琴曲，很精雅。随着年纪增长，他的音乐中增添了深化的内省和奇怪的和声色彩。一种可说是朴素神秘主义的气质——与弗朗克的妖娆神秘主义正好相反——进入了福雷的音乐。他晚期的一些作品风格荒疏苍凉而令人费解，是真正的谜团。不过随着你对他音乐的研究的深入，并浸淫在他的《第十三夜曲》（1922）、《e小调小提琴奏鸣曲》（1917）或声乐套曲《夏娃之歌》（1907—1910）之中，你会对他产生敬意，进而对福雷的音乐产生钦佩和爱。乐谱写得极其苛刻挑剔，音乐织体比他早期的作品透明得多，和声几乎单调而苍白——随着他漫长的一生走向尽头，福雷在努力寻求一种新的表达方式。

没有比福雷更不受德国音乐影响的作曲家了。在当时所有的法国作曲家当中，福雷是最成功地抵抗住了来自拜罗伊特诱惑的人。其结果便是，那些倾倒于德国古典音乐和德国后期浪漫主义音乐宏大音流的音乐爱好者自然就最不喜欢福雷了。这些人站在正统音乐的结构及其发展的角度上，指责福雷的音乐未能做到“更深入”或“更深刻”——而这恰是福雷竭力避免的东西。这些人的这种态度就像是指责罗伯特·赫里克没能成为约翰·邓恩一样，激怒了福雷的仰慕者。写了一部福雷的标准英文传记的诺曼·萨克林写了下面这段话：“他的音乐如此透明，以至于那些喜欢臃肿庞杂的人别无选择，只能谴责他缺乏深刻。这种谴责来自那些出于种种原因而特别希望把所谓‘法国人浅薄’的传说延续下去的人。因此，这些人还会缺乏证据地想当然认为，像伏尔泰这样典型的法国思想家就必然比费希特这样的德国思想家浅薄，只因为前者的著述比后者的透明得多……”

福雷 1845 年 5 月 12 日出生在帕尼耶，1924 年 11 月 4 日逝于巴黎。他出生时，门德尔松、肖邦和舒曼还都在世，因此他的生命跨度涵盖了早期浪漫主义时期，瓦格纳的乐剧时期，勃拉姆斯和马勒的后期浪漫主义时期，斯特拉文斯基的新古典主义时期，勋伯格的无调性主义和十二音体系，甚至见证了阿隆·科普兰的兴起——他很可能听过这个年轻美国人的音乐，因为后者当时正拜纳迪娅·布朗热为师，而布朗热是福雷的一个学生。虽然置身于这些音乐变革之中，福雷却默默地走着自己的路。在瓦格纳的乐剧、施特劳斯的大轰大鸣的音诗和斯特拉文斯基的芭蕾音乐分别盛行的年代，福雷却创作了亲切暖心的音乐：四重奏、五重奏、歌曲、钢琴曲——那些具有非描述性标题的即兴曲、船歌、夜曲、前奏曲。

⚜ 加布里耶尔·福雷

温婉，典雅，精致。

福雷是极少数没上过巴黎音乐学院的法国重要作曲家中的一员，他上的是尼德迈耶尔音乐学校。他的老师中有圣－桑；福雷后来说过，他的每一点进步都得益于这位前辈。在 19 世纪 50 年代中期，圣－桑是先进作曲家之一，他把自己的学生领进瓦格纳、李斯特以及巴赫、莫扎特音乐的大门。后来他还支持福雷，鼓励、帮助他，给他找工作和出版商。福雷很可能在尼德迈耶尔音乐学校受到了更好的音乐教育（较之巴黎音乐学院，假如他上过的话，因为巴黎音乐学院那时主要是生产炫技演奏家和时尚作曲家的工厂）。多亏了圣－桑，福雷全面接触了古往今来各个风格流派的音乐。不要忘了，当时圣－桑可能是全欧洲最神奇的音乐大脑，不仅是个能立刻演奏任何乐谱的演奏家，还是个音乐学家（早在“音乐学家”这个术语出现之前）。在19世纪50年代，圣-桑是最博学的音乐家，对古典音乐的了解比当时所有的音乐表演艺术家都多；他还是个纯粹主义者，坚决主张古典音乐的演奏要完全按谱面来，不得有浪漫主义的篡改。而在巴黎音乐学院，当时没人了解这样的音乐文化。正如后来福雷所写的：“在1853年，虽然J. S. 巴赫的杰作早已成为我们尼德迈耶尔学校的每日食粮，却还没有走进巴黎音乐学院的管风琴课堂。在这同一所音乐学院的钢琴课上，学生们还在苦练赫尔茨的协奏曲，阿道尔夫·亚当还在他的作曲课上出尽风头。”

福雷20岁那年离开了尼德迈耶尔音乐学校，拿走了钢琴、管风琴、和声与作曲几个头奖。那时他已经写了大量歌曲和钢琴曲。从1866年到1870年，他在布列塔尼担任教堂管风琴师。然后他回到巴黎，任圣-奥诺雷教堂的管风琴师。福雷在普法战争中参战，后又回到尼德迈耶尔学校担任作曲课教授，同时担任玛德莱娜教堂的唱诗班教师，后又担任该教堂的管风琴师。最后在1896年，福雷被任命为巴黎音乐学院的作曲教授。早先他也曾被人推荐担任该职，但那时这座学院死气沉沉，因循守旧的院长昂布鲁瓦斯·托马不同意任命福雷。在他看来，福雷是个危险的革命分子。“如果他被提名，我就辞职。”托马最终在1896年辞职了。当时在巴黎音乐学院教授作曲的马斯奈费尽心机想得到院长的职位。但他又要求实行终身制任命，否则他就不干。可是公共信息部已经决定，从今往后，巴黎音乐学院院长一职不再实行终身制任命。结果泰奥多尔·迪布瓦被任命为院长，马斯奈愤而辞职，留下的作曲课空缺让福雷填补了。其后多年里，福雷培养出了多名著名作曲家，如夏尔·柯什兰、弗洛朗·施密特、路易·奥贝尔、拉乌尔·拉帕拉、让·罗歇-迪卡斯，以及莫里斯·拉威尔。1905年，福雷成为巴黎音乐学院院长，直到1920年辞去这一职务。

福雷以强硬的手段管理着巴黎音乐学院。事实证明，这个性情温和、看上去不想与人冲突的小个子男人是个杰出的行政管理者，坚定实施自己的想法。作为巴黎音乐学院的院长，他开始引进一些改革措施，却遭到了强烈的抵制。教授们看不出学院为什么不能延续凯鲁比尼时期的做法。福雷镇定地把反对者一个接一个地打发掉了。辞职的人太多，以至于闲话开始满天飞，说福雷"就像罗伯斯庇尔那样，每天都需要一整车的牺牲者"。被福雷取代了院长职位的泰奥多尔·迪布瓦是辞职者之一。他从院长职位退下后仍是学院的一名荣誉退休教授。他递交了辞呈，因为"福雷先生正在把音乐学院变成专注于未来音乐的场所"。福雷用两位理解他的音乐家取代了迪布瓦，这两人是丹第和德彪西。

64岁时，福雷获得了国家最高奖励之一——当选为法兰西艺术学院的院士。也是在这一年，"独立音乐学会"在福雷的帮助下得以成立。这个组织与弗朗克和丹第控制的"国家音乐学会"相对立。不过，福雷和丹第仍保持朋友关系。接下来悲剧发生了——福雷耳朵失聪了。他由于定调不准而陷入了麻烦，高音频让他听起来变低了，低音频让他听起来却尖锐刺耳。这对音乐家来说肯定是莫大的痛苦。然而他继续作曲，竟然还写出了他最优秀的一些作品。他失聪的消息不胫而走，1920年他被要求辞去了巴黎音乐学院院长一职。1924年，几乎就在他去世的那一天，福雷仍旧在作曲，完成了他的《弦乐四重奏》（他唯一的一部弦乐四重奏）。当时，在他走向他去世时倒下的那张床时，他还在思考自己是否写了任何有价值的音乐。“我的哪些作品会流传下去呢？”他顿了一下，“可是，这并不重要。”夏尔·柯什兰在他写福雷的小文章中，声称这就是福雷最后说的话。

肖邦是最深刻地影响了福雷的作曲家之一。他和肖邦一样，都把细腻的感觉诉诸每一个音符。他的音乐与肖邦的很类似，也是旋律不可或缺，十分精致，品位高雅，具有准确的判断力，还有无懈可击的技巧。但是福雷的音乐没有英雄气质。他对音色有着出众的感觉，优雅地运用着音乐调色板，在这方面德彪西可是向他学了不少。不同在于福雷的音乐本质上是男性的，而德彪西的音乐倾向于女性化，或至少是偏向阴柔。两人都是歌曲大师，但是创作方向不同。德彪西的歌曲创作既受穆索尔斯基的语言音乐理念的影响，也受早期法国作曲家们的影响。德彪西试图实现语言—音乐自然共融的模式，他的声乐线条常常是朗诵性质的。福雷则不然，他的歌曲创作是与舒曼的歌曲传统密切相连的，他的声乐线条就是歌唱的线条，并不试图复制语言的模式。从福雷写的第一首歌曲《蝴蝶与花朵》中就可以清楚看出，福雷具有用音符配歌词的天赋。有多少作曲家，甚至连舒伯特、杜帕克和沃尔夫也算在内，能像福雷那样，以自己狂喜的歌曲《在一所修道院的废墟上》或华美的组歌《美好的歌曲》而自豪呢？福雷创作了大约一百首歌曲，最后一首杰作《虚幻的地平线》作于 1922 年。

福雷的钢琴曲抒情而典雅，但演奏难度很大。虽然几乎没有华而不实的单纯炫技（如肖邦那样，就连装饰音也有其作用），但仍很是庞杂，音域很宽广，线条复杂，键盘跨度很大，让业余钢琴手们望而却步。福雷曾把自己为钢琴和乐队写的《叙事曲》寄给李斯特过目，而李斯特这位万能视奏大师且对新音乐特别欢迎的人，也把乐谱退了回去，并简短附言“太难演奏了”。福雷的钢琴音乐与他其他体裁的音乐的发展是一个套路。随着福雷年纪的增长，他的创作变得越来越朴素而严峻，与他青年和刚入中年时的自发抒情性大不相同。有些人认为福雷的后期音乐过于理性，过于苍白，不适于在音乐厅里演奏。确实，现在演出曲目单上出现的福雷作品基本都是他麻烦颇多的晚期以前的作品，其中有 1876 年写的《A 大调小提琴奏鸣曲》(这是一首欢天喜地的作品，比弗朗克的同调小提琴奏鸣曲精致得多，而且比弗朗克的早创作十年)，有那部简朴而优美的《安魂曲》(1887)，有《c 小调钢琴四重奏》(1879)，有为双钢琴写的《洋娃娃组曲》(1896)，还有歌曲，一些早期的夜曲、船歌和即兴曲。那首被李斯特拒绝的《叙事曲》(1881) 不时也能听到。这首乐曲结构顺畅、抒情、十分迷人，有一个精致的高潮和相当程度的福雷式的细腻诗意。它可能经过、也可能没经过福雷的管弦乐配器。福雷从没掩饰过这样一个事实：他极其讨厌创作管弦乐曲；他会指派他的学生做配器的工作。比如说，夏尔·柯什兰就为《佩雷阿斯与梅丽桑德》最初的配乐做了管弦乐配器。(后来，福雷又亲自把这些散曲重写出一部音乐会组曲的管弦乐总谱，这已成为他最受欢迎的管弦乐作品之一。)

世上有无过于感性之说呢？福雷的音乐中会有过于感性的东西吗？作为一名精细微调音乐的大师，福雷的作品缺少恢宏的气势和激荡人心的震撼力，因此无法获得大众的普遍欢迎。“希腊化的”一词经常被用来形容他的音乐。“文明的感性”是描述他的音乐的另一个常用说法。他这种音乐包含了高卢民族的一切之精华——注重形式，优雅，机智，很强的逻辑性，强调个性，温文尔雅，彬彬有礼。这种音乐吸引了为数不多但绝对狂热的一群欣赏者。这些人热爱福雷的音乐如喜爱一份值得珍视的私密礼品，它来自一位最温柔、最微妙、最细腻的作曲家之手。

·27·

为歌剧而生

——贾科莫·普契尼

GIACOMO PUCCINI

在临终前，贾科莫·安东尼奥·多梅尼科·米切利·塞孔多·玛利亚·普契尼给一位朋友写信说：“万能的上帝用他的小指碰碰我说：‘创作歌剧——记住，只创作歌剧。’于是我就一直遵循了这一至高无上的圣谕。”凭借这般的恭顺与天才，普契尼命中注定地创作出人类写出来的最受欢迎的歌剧中的三部，去世时身价高达大约 400 万美元，可以随心所欲地打扑克牌，在湖塔（Torre del Lago）他的别墅周围猎取水禽，并且纵情于快艇、赛车和放荡的女人。

这就是普契尼生活的本质内容。他的确也写过非歌剧的音乐作品，但数量极少，且极其微不足道。他曾把自己形容为“一个追逐野禽、歌剧脚本和漂亮女人的强大猎手”。据记载，他也曾说过：“想想看吧！要是我没有碰巧遇到音乐，我在这个世界上肯定一事无成！”他对政治和周围的世俗没什么兴趣，也不太关心音乐圈子和年轻作曲家的事。对老的作曲家也一样兴趣索然。他既不是保守分子也不是革新派，他不从属于任何音乐派系。在 19 世纪

90 年代，有一个叫作“真实主义”的文艺流派深深吸引了众多意大利作曲家，但普契尼并不是这一照搬现实生活的流派的代表，尽管他的有些歌剧里具有真实主义的元素。当时有众多新鲜玩意儿，什么多调性、新古典主义、未来主义、印象主义、十二音体系，普契尼对它们统统淡然处之，虽然有些现代经典的东西——比如德彪西的《佩雷阿斯与梅丽桑德》和勋伯格的《月光下的彼埃罗》的音乐——吸引了他的注意，并且把这些新流派中他喜欢的东西用于自己的音乐。如果说真实主义的某些方面让他产生了兴趣的话，那可以说在他的《托斯卡》和《外套》中有它们的影子。如果德彪西对全音音阶的使用触动了他,他就把它运用于《西部女郎》。通常情况下，这种借鉴会导致折中主义，但普契尼却不是个折中主义者。他的个人风格依旧是非常突出，完全是自成一家。甭管他是什么吧，反正他是完全置身于时代潮流之外。从音乐上讲,普契尼几乎不“欠债”于任何人,他的音乐是独树一帜的,而这也正是这位写下了《艺术家的生涯》、《托斯卡》和《蝴蝶夫人》的作曲家的神奇之处之一。

1858 年 12 月 22 日，普契尼出生在卢卡一个受人尊敬的音乐世家，是这个家族的第五代也是最后一代传人。19 世纪后半叶意大利音乐的巨人是威尔第，普契尼自然是在威尔第音乐的熏陶下长大的。当时并非没有其他高水平的作曲家，但这些人和威尔第比起来，还是如小丘之于高山。19 世纪 70 年代及以后，一些作曲家确实写了成为保留剧目的歌剧，但令人吃惊的是他们几乎全成了“一本书主义者”，即在他们的家乡以外，乃至在意大利全境之内，他们都各只有一部歌剧上了保留剧目单。比如博伊托的

“一本书”是他在1875年写的歌剧《梅菲斯托》的修订版。阿米尔卡雷·蓬切利（1854—1906）的“一本书”是写于1876年的歌剧《歌女焦孔达》，是他所写九部歌剧中唯一的常青树。还有一位叫阿尔弗雷多·卡塔拉尼（1854—1893），其生前是人们谈论的热门话题，但其两部主要的歌剧《洛蕾莱》（1880）和《拉瓦丽》（1892）在普契尼及真实主义作曲家们的冲击下很快销声匿迹，现如今在意大利境外鲜为人知。

真实主义作曲流派出现于19世纪90年代，其结果有至少两部重要的代表作品。真实主义者们瞄准了现实生活，追求生活真实，他们常常让剧中人物穿上当代服装，使用包含平民百姓——而不是王公贵族——的剧情。他们喜欢把粗野的暴力场面搬上舞台,并用非常情绪化的音乐描述剧情和人物的情绪。皮埃特罗·马斯卡尼（1863—1945）是第一位真实主义的作曲家，他于1890年创作了《乡村骑士》。鲁吉埃罗·列昂卡瓦洛（1858—1945）紧随其后，于1892年创作了《丑角》。1896年，翁贝托·焦尔达诺（1867—1948）创作了《安德雷亚·谢尼埃》。此剧以法国大革命为背景，但剧中包含太多真实主义的元素，所以也被归于这一流派。

真实主义歌剧仅仅盛行了十年多一点。大多数真实主义的作曲家其实也和他们的前辈一样是“一本书主义者”，即只有一部很有名的作品。马斯卡尼再没写出像《乡村骑士》那样受欢迎的歌剧，尽管他的《友人弗里茨》（1891）中有一些很可爱的东西，其中的“樱桃二重奏”自始至终都是纯金打造。列昂卡瓦洛和他类似，没能延续《丑角》的成功，尽管他的《扎扎》演出了几年。另一位“一部作品作曲家”是弗朗切斯科·齐莱亚（1866—1950），他的《阿德里安娜·莱克弗洛尔》在1902年举行了首演。必须指出的是，虽然没有迹象表明《乡村骑士》和《丑角》受欢迎的程度有任何降低，但现代人的欣赏习惯倾向于认为真实主义的歌剧太歇斯底里和情绪过于夸张，而对其渐渐冷淡。

普契尼就是在这样一个时期长大的，却唯独没有受到时代的影响。他的音乐中很少有真实主义的血雨腥风和雷鸣电闪，也没有什么威尔第的东西（除了从《法尔斯塔夫》衍生出来的《贾尼·斯基基》），更没有瓦格纳的影子。在某一方面及某种程度上，他发展出一种独具个性、难以模仿的风格，使他在那时众多的意大利歌剧作曲家中脱颖而出、鹤立鸡群，宛如鸟群中夜莺的歌声。当时只有马斯奈的音乐可以被自豪地说成能与普契尼的比肩，且普契尼在某种程度上就是意大利的马斯奈，但普契尼有着更好的戏剧感和更高一等的旋律冲动。大多数的普契尼歌剧拥有可操作性强的脚本，他还特别关心剧中情境的合理性和正统性。但这些还不能代表普契尼的歌剧。是歌曲，温柔而美妙的歌曲，才是普契尼对人类的奉献。旋律是那么自然地从他脑中流淌出来，如水到渠成，单凭这他就可被称为一名靠直觉或本能创作的作曲家，因为关于作曲的一切都可教，唯独如何写出不朽的旋律不可教。普契尼也许不善于创作赋格曲，但他很善于创作富有表现力的旋律，而这是一名歌剧作曲家必备的基本条件。罗莎·蕾莎是一位出色塑造了图兰朵一角儿的伟大的戏剧女高音，她在唱和听了几十年普契尼的歌剧之后说道，普契尼的歌剧总是让她感动得不能自持，“演《艺术家的生涯》时，每到第三幕我就开始哭”。

普契尼的歌剧也许比较天真幼稚；也有音乐家指责它们迎合听众的生理本能。不可否认，普契尼的许多歌剧就是在催人泪下，那些把音乐视为升华精神之高尚艺术的人对这样的歌剧会嗤之以鼻。阿诺尔德·勋伯格的一段评论表达了这些人的这一态度："歌剧创作的手法也有高下之分，雅俗之分，艺术与不艺术之分。……写实的、暴力的事件——比如《托斯卡》中的拷打场面——在取得表面效果方面总是屡试不爽的，但这不应该是一名艺术家使用的手法，因为这些手法太廉价，太过接近老百姓，过于通俗易懂。"任何持有这样看法的人都可以在普契尼的任何一部歌剧中找出这样的问题——构思完美的《艺术家的生涯》或《贾尼·斯基基》也许除外。（甚至对《贾尼·斯基基》，有些评论家也挑刺儿，把那首优美之至的咏叹调"哦，我亲爱的父亲"说成是这部结构严谨的歌剧中的败笔。）普契尼歌剧的最后一场往往显得薄弱，充斥着反复的旋律；所有这些歌剧都有一些过于浅显和甜腻的曲调，令某些听众反胃。有些人很不喜欢普契尼的歌剧，他们能举出各种理由说明这样的歌剧应该被丢弃。这些理由看似有理，其实说明不了什么。普契尼抓住了那些能让观众产生强烈共鸣（反应）的东西，并且一直是古往今来最受大众欢迎的作曲家之一。他以优美的旋律取胜，另外他的作曲技法也比人们普遍认为的那样更加纯熟老到。

除了他的旋律美得让人涕泪横流，他的剧中人物也让观众反响热烈，尤其是那些女主人公。普契尼塑造女主角远比塑造男主角有自信，他对女性更加用心。他的传记作者之一莫斯科·卡尔纳对此总结得很精彩："威尔第歌剧的基调是战争号角，普契尼歌剧的基调是交欢高叫。”普契尼的歌剧脚本也让观众喜爱有加，这些剧本内容丰富，更接地气，写的都是人类最基本的东西——爱、恨、离别、死亡。威尔第的脚本倒也类似，但普契尼确实渴望、并也真的在整体上达到了更高的文学水平（尽管威尔第的《奥赛罗》和《法尔斯塔夫》总是不输普契尼）。普契尼绝不会让自己陷入那种折磨人的复杂境地，从不会选择像《唐·卡洛》或《西蒙·博卡内格拉》那样情节复杂磨人的剧本。他的脚本一定要直截了当、直白易懂，剧中人物遇到的问题也是普罗大众遇到的，所以让所有观众都有切身的感受，即所谓感同身受。这也许是在故意制造噱头以迎合观众，这种迎合让人乐于接受：瞧，这是一个从不曾存在过的梦幻世界，人类情感在其中被作曲家和脚本作家娴熟而巧妙地把玩于股掌之上。《艺术家的生涯》中的四个年轻男人是所有怀揣远大理想、共租阁楼陋室、充满创造力的年轻人的典型。这部歌剧有些地方具有自传性质：在米兰上学期间，普契尼曾和马斯卡尼同住一室，过着《艺术家的生涯》中的那种生活，在“阿依达”餐馆赊账吃饭，面对债主时互相打掩护。普契尼甚至像剧中的科林那样，去当铺典当过一件大衣，只是两人目的不一样：普契尼需要这笔钱是为了带着一位芭蕾舞女演员进城过上一夜。纵观普契尼歌剧的女主角：巧巧桑代表着所有无私爱过的女人；咪咪这个温柔可爱但不很聪明的女子发现自己深陷无法自拔的爱情只能以悲剧收场，她是普契尼笔下另一个不朽女性的形象；而火焰一般的托斯卡，性格中混杂了急躁、热情和妒忌（她像巧巧桑和咪咪一样，也不很聪明），永远那么有趣和使人怦然心动的一个剧中女主角。普契尼太了解女人了，他笔下的女性

⚜ 19、20世纪之交的贾科莫·普契尼

“一个追逐野禽、歌剧脚本和漂亮女人的强大猎手。”

角色几乎没有一个苍白单薄的，她们个个都是那么血肉丰满、人性十足。

虽然普契尼极其注重细节，并且具有十分出色的音乐才华和戏剧感觉，但他还不能算作一个知识智慧型的作曲家。许多博学的音乐家都在抱怨愚蠢的大众还在继续追捧这种“垃圾歌剧”。这并不让人感到惊讶。历史上曾有过一个组织就叫“让我们憎恨普契尼俱乐部”，其创始人之一名叫福斯托·托雷弗朗卡，他在1912年就曾预言，普契尼过不了多少年就会被人遗忘。托雷弗朗卡写道，普契尼是“堕落颓废的”，是“大众操纵者”而不是作曲家。就这样，贬低普契尼的聒噪声一直不断，直到1956年约瑟夫·科曼还称《托斯卡》是“蹩脚而低劣的雕虫小技”。他还坚称《图兰朵》比《托斯卡》还要堕落，并认为普契尼的歌剧总的来说是“彻头彻尾的虚假”。反正就是，评论家越是博学、知识型的，就越是倾向于瞧不起普契尼。

然而，普契尼的歌剧反倒像陈年老酒，年代越久就越醇香，知名度不降反升。竟至现在一家大歌剧院如果在哪个演出季没有演出普契尼三大歌剧的话，就会显得特别不正常。这三大歌剧是《艺术家的生涯》、《托斯卡》和《蝴蝶夫人》。另外《图兰朵》和《曼侬·列斯科》也是蒸蒸日上。就连一度遭到轻视的《西部女郎》也重新吸引了人们的关注。《贾尼·斯基基》是人所能写出的最滑稽有趣歌剧之一——普契尼没有充分挖掘自己的喜剧天才，这可真是个很大的遗憾！——已经上了保留剧目单，其中的优美咏叹调“O Mio Babbino Caro”（《我亲爱的父亲》）赚足了父亲们的眼泪。而灰暗的《外套》——普契尼的三联一幕歌剧之一（另两部是《贾尼·斯基基》和相对较弱的《修女安杰丽卡》）——则是部抑郁而扣人心弦的作品。它是普契尼唯一一次完全涉足真实主义的作品。普契尼的其他歌剧还有《群妖围舞》和《埃德加》，此乃学徒期的作品。还有一部《燕子》鲜为人知。该剧是应维也纳之托而作，是一部甘苦交织的小歌剧，很可能重新获得关注。《图兰朵》是普契尼最后一部歌剧，也是他篇幅最大、最具雄心的歌剧，如果男女高音的嗓子足够强大的话，它总能制造出令人晕厥的震撼效果。

普契尼甫一出生，就被家人期待成为一名作曲家。从 1712 年起，普契尼家族就有多人在卢卡当乐师和教堂管风琴师。但是小普契尼并没显出音乐神童的迹象。他的学校老师曾对他的懒惰怒气冲天，一位老师汇报说："他来上课就是为了把裤底磨破！"但不知怎的，他的音乐天赋显露出来，竟然获得了奖学金上了米兰音乐学院。他在该学院的主要任课老师是庞切埃利。普契尼的第一部歌剧《群妖围舞》（1884）的成功引起了出版商朱利奥·里科尔迪的注意，他是那家创建于 1808 年的著名出版公司的头儿。朱利奥紧紧盯上了普契尼，给他以资助；他从没做过比这更好的投资了。经过 1889 年的《埃德加》的失败和 1893 年的《曼侬·列斯科》的小获成功，普契尼在 1896 年写出了《艺术家的生涯》，随即富裕起来，而里科尔迪也变得更为富有。里科尔迪享有这份财富是理所当然的——是他在普契尼穷困的年月里一直资助普契尼，也是他一直在驱赶着普契尼的惰性。每当普契尼创作一部歌剧的时候，朱利奥（他死之后是他的儿子蒂托）就会给他写信，使劲鞭策他断绝杂念、努力奋斗："打猎的季节已经开始了。踏实干事，普契尼！别让你对鸟儿的热情勾引你偏离音乐！”

多年同居之后，普契尼与埃尔薇拉·盖米尼亚尼在 1904 年结婚。她是个已婚女人，早年随普契尼从卢卡私奔到米兰。她的丈夫死后，她便与普契尼正式缔结连理。开始时他们曾深深相爱，可后来他俩发生了激烈的争吵，并一度分居。此事发生在“多丽亚·曼弗雷迪事件”期间。多丽亚是普契尼在佛罗伦萨附近的湖塔住宅里的女佣，埃尔薇拉认为多丽亚与普契尼有染，并将此事公之于众。于是各种谴责纷纷指向多丽亚，最终迫使这个可怜的姑娘服毒自杀。而尸检结果显示，她还是一个处女。普契尼狂奔到了罗马，把自己锁在旅馆的房间里哭了好几天。由于导致了多丽亚的自杀，埃尔薇拉被判处五个月的监禁。所有的意大利人都说：“这是一个多好的歌剧题材啊！”普契尼最终回到了埃尔薇拉身边，但他是否还爱着埃尔薇拉则令人怀疑。

从所有人的描述中都可以看出，埃尔薇拉不是一个讨人喜欢的女人。男中音蒂塔·卢佛说，她的嫉妒“近乎疯狂”。普契尼的朋友们和与他一起工作的音乐家们都很不愿意谈起埃尔薇拉。普契尼的一名助手说她是“没什么文化的女人”。另一名助手记得她“身材壮硕，相当执拗，看上去更像日耳曼人而不是拉丁人”。无论从哪个方面看，她都和普契尼不般配。随着年龄增长，普契尼愈发英俊潇洒而优雅。他穿着讲究，身材颀长，有着贵族气质，长着一张椭圆形的脸，胡须经过精心修剪，双眼皮，大眼睛，长睫毛，性感的嘴唇。普契尼是个讲究时尚的人。1907 年他第一次去美国时，给记者们留下了深刻的印象——那些记者早已习惯了帕德莱夫斯基或加布里洛维奇式的雄狮般蓬乱的头发，而普契尼却是个知道理发的音乐家。他对那些认为“有头皮屑才能是天才”的音乐家表示了轻蔑之意。而埃尔薇拉正好相反，她非常邋遢，又不善于社交，无论在智力上还是在情感上都对丈夫的发展没有帮助。很多人认为，假如普契尼娶了一个更适合他的人的话，他很可能会写出更多成熟的作品，甚至会活得更长（他在 1924 年 11 月 29 日死于布鲁塞尔，当时他在那里治疗喉癌，他的病无疑与吸烟过多有关，而吸烟过多是他神经质的一个表现）。此外他也许就不会从一个女人的怀抱投向另一个女人的怀抱了。

许多人甚至认为，正是埃尔薇拉使得普契尼那么缺少——如果还有的话——知心朋友。普契尼没有什么亲近的人。即使在他的男女关系上，更多也只是与性有关，而不是与爱有关。有一段时间，普契尼与阿图罗·托斯卡尼尼关系良好，后者在 1896 年指挥了《艺术家的生涯》的首演。但这两人的关系忽冷忽热。指挥家乔治奥·波拉科喜欢讲普契尼给托斯卡尼尼送米兰大蛋糕的故事，那是在两人的关系正处在低潮的一个圣诞节。蛋糕送走后，普契尼突然想起这段时间他俩正处在互不理睬的状况，于是给托斯卡尼尼打电报说：“误送了米兰大蛋糕。普契尼。”第二天他收到了回电：“误食了米兰大蛋糕。托斯卡尼尼。”是为和解佳话。

总体上讲，普契尼的一生波澜不惊，没出过什么大事。他每隔一段时间就推出一部歌剧，他维护自己的私生活干净清白（除了曼弗雷迪事件，他从没牵扯进任何丑闻），并且很少对记者讲话。在美国时即便整天被媒体包围，他也几乎闭口不言。绝望的记者们只能得到一般性的消息，而无从获取这位深受喜爱的作曲家的逸闻趣事。1910 年，普契尼乘坐“露西塔尼亚”号轮船返回意大利时，记者们拿他开玩笑。纽约大都会歌剧院的总经理朱利奥·加蒂－卡萨扎和许多歌唱演员前来送行，还有大批记者到场。以下是《电讯报》的记者对送行情景的描述。意大利式的感情洋溢总能激起美国媒体的兴趣：

> ……大都会歌剧院这群人一窝蜂地扑向普契尼，他则伸出双臂噘起嘴唇勇敢地迎接这帮人。
>
> 忙乱中有发出“扑哧扑哧”的声音，就像蹬掉湿透的靴子发出的那种声音。
>
> 还有加蒂－卡萨扎的双吻，落在普契尼的两颊上一边一个。
>
> 还有发出就像斑纹豹博茜从泥地里拔出她后脚的声音！
>
> 这是阿玛托的热吻。
>
> 还有发出就像在皮子上飞快来回磨剃刀的声音！
>
> 这是男低音斯科迪在七上八下飞速亲吻普契尼的……

诸如此类，不一而足。恰如关于普契尼本人没有东西可写一样，记者们对于普契尼的音乐也是没有什么可写的。他的歌剧没有像瓦格纳的歌剧或1905年上演的《莎乐美》那样激起争议的千重浪。普契尼的大多数歌剧都一举成名，稳获成功，唯一的失败是《蝴蝶夫人》在米兰的全球首演。普契尼很快重写了这部歌剧，立刻迎来了它的成功。除了《外套》和《贾尼·斯基基》外，他的歌剧在很大程度上都很相像。令人吃惊的是，1896年的《艺术家的生涯》和1924年的《图兰朵》几乎没有本质的不同，只是后者更洋洋大观、和声构造更复杂一些。普契尼的舞台作品具有高度的情感性和透明的戏剧性，并且和马斯奈的作品一样，以其特有的方式表达了愤世嫉俗。普契尼深谙调动观众的情绪之道，并且真就厚着脸皮可劲儿地撩拨。至少他有足够的本领使雷同的套路不至于落入自我模仿的窠臼。打破这一模式的歌剧是《外套》，其音流犹如江河奔涌，其原始朴素的情感有如《乡村骑士》，还有一些真实主义的效果。尤其需要一提的是《贾尼·斯基基》，这部火花灿烂的歌剧闪耀着作曲家的才气，它之于普契尼就如同《法尔斯塔夫》之于威尔第。它是一部喜歌剧，乐曲很少，没有浪漫主义的多愁善感，乐队在其中只起点评剧情的作用，全剧洋溢着愉快气氛，情深意长地开着男男女女的玩笑。它的意大利味道如同《纽伦堡的名歌手》的德国味道一样浓郁。《贾尼·斯基基》是部神奇的歌剧，但是普契尼没有再企图写一部类似的歌剧，而是又转向了大歌剧。在《图兰朵》中，他要重现《蝴蝶夫人》里的东方主义情调，但是规模要宏大得多。

他去世时，《图兰朵》的最后一幕还没写完。临终前普契尼很是沮丧，在他看来歌剧已经误入歧途，没有未来了。“现在公众对于新的音乐已经丧失了判断力，”他在 1922 年写道，“公众现在喜欢并且追逐毫无意义、缺乏逻辑的音乐。旋律不再吃香了。即使还有人写旋律，也都是低俗的旋律了。人们认为交响音乐必须在歌剧中占支配地位，而我正好相反，认为这样一来就扼杀了歌剧。”他也许说得对。《图兰朵》现在成了保留剧目单上最后一部稳居不下的普契尼歌剧，是歌剧中最后一部让公众无保留喜爱的作品。

这部歌剧的未完成部分——所剩不多——由弗朗哥·阿尔法诺补写完成。1926年4月25日，《图兰朵》在米兰斯卡拉剧院全球首演。第三幕演到一大半的时候，指挥托斯卡尼尼转身面对观众说："就是在这里，大师永远放下了他的笔。"对于托斯卡尼尼有没有接着演出下去，是有不同说法的。罗莎·蕾莎在1959年终结了这一争论，她郑重说明：托斯卡尼尼没有把这部歌剧继续演下去。直到第二场演出时，他才指挥了阿尔法诺的结尾部分。

普契尼是一位既非快速也非多产的作曲家，他在自己的每部歌剧上都花费了大量时间精力。假若合适的剧本多一些的话，他本会写出更多的歌剧。他留意过很多剧本，甚至已经开始为某些剧本谱曲，但后来还是选择了放弃。他不断烦请朋友们为他留心合适的剧本。他说，他无法为没有吸引力的剧本作曲。在创作过程中，他把很多时间用于研究历史和地理背景。他对戏剧的感觉和对精确性的追求让与他一起工作的歌唱家们十分钦佩。"和普契尼在一起的时候，永远是戏剧，戏剧，戏剧。"罗莎·庞塞尔说。在罗莎·蕾莎看来，普契尼的精髓正在于"伴有音乐的戏剧"。为了保证歌剧的真实性，普契尼仔细查对剧本中的每一个历史、身体和心理方面的细节。如他在1899年写给里科尔迪的信中说的那样："你要知道，我在下笔之前，是多么严格地阐释剧中情境和剧词的，一切细节对我来说都很重要。"在给《托斯卡》谱曲时，他给佩特罗·庞切利神父写信说："为了突出斯卡皮亚的龌龊欲望与现场神秘气氛之间的强烈对比，这里应当安排一曲伟大的《感恩赞》。现在请您告诉我，圣安杰罗城堡邻近的教堂钟声的确切音调是哪一种，圣彼得教堂的那口大钟的确切音色又是怎么一个样子。”为了创作《蝴蝶夫人》，他研究了日本音乐，请人在日本录了音寄给他，并竭尽全力“让 B. F. 平克尔顿唱起歌来像个美国人”，无论这意味着什么。为了写《西部女郎》，他研究了大量美国早期的民歌和民间音乐，“为了获取那种氛围”。

在他寻求真实性的时候，任何细节都逃不过他审慎的眼睛。卢克蕾西娅·博里说，有一次里科尔迪通知她，有三位先生将来巴黎听她演唱，问她能否学几首《曼侬·列斯科》中的咏叹调？她学了。一天，这三位先生来了，他们是加蒂－卡萨托、托斯卡尼尼和普契尼。“他们把我从头看到脚，又从脚看到头，”博里说，“简直把我看了个透。”他们一定是对自己看到和听到的感到满意，因为不久之后博里就开始和卡鲁索一起排演《曼侬·列斯科》。她作为客座艺术家在纽约大都会歌剧院第一次演唱了这一角色，然后在 1910 年以这一角色在欧洲各地巡演。

“我在巴黎定做了新的演出服，”博里说，“它让我花了一大笔钱。你可以想象一下。彩排之后，所有人都过来向我祝贺。普契尼也很快来到我面前，手里拿着一杯咖啡。‘博里，’他说，‘一切都很完美。只是在最后一幕，曼侬饥饿难耐、穷困潦倒，而你的裙子太干净了。’说完他就把咖啡泼到了我的演出服上。”

和歌唱家们一起工作时，普契尼是个要求很高的人，但他从没真正发过脾气。爱德华·约翰逊在担任《贾尼·斯基基》和《外套》的男高音主角时，普契尼给他做指导。“他有些担心我，”约翰逊说，“毕竟我是个外国人。”（约翰逊是一位出生在加拿大的歌唱演员，最终成为大都会歌剧院的总经理。）“当我和女高音排练《外套》那首二重唱时，他得不到自己想要的那种音质。他就一遍遍地要我们变换音调，不停地寻找增加的强度。”《三联剧》在罗马举行首演时，观众为作曲家尖叫喝彩。约翰逊很清楚地记得当时的场面。“他来到后台，我们这些演员全都拥向他。他让我们排成队，然后他瞧着我说：‘拉住我，拉住我！’意思是让我们把他‘勉强’从侧厢里拽出来。”

玛莉亚·耶里扎是普契尼最喜欢的“托斯卡”，当她为准备这部歌剧的维也纳首演而和普契尼一起工作时，她变得焦虑起来，因为她的头发是金黄色的，而剧本中的“托斯卡”是个棕色头发的女子。通常金色头发的女高音都戴假发套以适合对这个角色的设定。可是耶里扎以她那头金色秀发为荣，讨厌戴假发套。“夫人，”普契尼很有风度地说，“意大利也有金发碧眼的女人，她们是世界上最美丽的女人。”另外，耶里扎还开创了卧在地上演唱著名咏叹调《为艺术，为爱情》的传统——她在1956年接受采访时曾讲到，在一次排练《托斯卡》时，男中音不小心把她从沙发上推到了地上，而她当时来不及再站起来了。“别动，就保持这样！”普契尼从观众席上喊道：“这是上帝的旨意！”

耶里扎赞同所有歌唱家对普契尼的评价，也说他既有耐心又很严格。“他从不会说出带‘不’字的回答。如果哪个乐句需要一口气唱完，他会让我持续练习它，直到取得他想要的结果。”以耶里扎看来，普契尼比大多数声乐教师都更了解声乐，他提出的要求可能很难，但绝非无法做到。“他在技术上辅导我。他可能会骂你，但会用最绅士的方式骂你。我们一个音节一个音节、一个乐句一个乐句地细抠着乐谱。他塑造了我。我是他的造物。有时候他把我气得直想哭，这时候他也动了气。‘耶里扎，’他会说，

‘如果我在半夜三更叫醒你，要求你唱一个高音 C，你就得给我唱一个高音 C！’”

普契尼还对耶里扎说过一句话，让她终身不忘。对她来说，这句话总结了普契尼的整个儿音乐理念。

“我最亲爱的耶里扎，”他对她说，“你不得不在旋律的云端漫步。”

• 28 •

浪漫主义长长的尾声

——理夏德·施特劳斯

RICHARD STRAUSS

从1889年《唐璜》首演，到1911年《玫瑰骑士》被搬上舞台，欧洲音乐最有争议的人物是理夏德·施特劳斯。他的交响诗被认为是冲击现代主义的最终力量，他的《莎乐美》（1905）和《埃莱克特拉》（1909）都引起了很大的轰动和流言蜚语。可以想见，保守派们都不喜欢施特劳斯的新音乐。若不是圣-桑捋着胡子说过下面这段话，他也许会让全世界都感到失望的。他说："想把艺术品推出艺术的范畴，使之超越艺术，这就意味着只能把它们推入疯狂的境地。而理夏德·施特劳斯就正在给我们展示这样一条发展道路。"但是人们也注意到，连那些与改革派结盟的人也有颇多微词。意大利的吉安·弗朗切斯科·马里皮耶罗本该是施特劳斯的新"未来音乐"的天然盟友之一，但他也草率地把施特劳斯打发了，斥之为"20世纪的梅耶贝尔"。另一方面，古斯塔夫·马勒却把《莎乐美》称为一部天才之作。一向头脑冷静的福雷也对这部引起争议的歌剧说了一些很敏感的言辞。他确认《莎乐美》是一部加进了声乐声部的交响诗，但"其描绘的气氛和色彩都细腻入微到了极致。诚然，这些都是靠平庸的主题取得的，但这些主题都用如此高超的技巧加以发展、繁衍、精练、融合，以至于它们自身的内在情趣被真正天才的管弦乐技巧之魔力大大超过，竟至让这些平庸的——我不得不说是平庸的——主题最后都获得了性格、力量甚至情感”。施特劳斯绚丽丰富的管弦乐配器使他的同时代人相形见绌。杜卡斯在聆听《莎乐美》时说，他原以为自己还蛮懂管弦乐配器的，但现在意识到自己要学的东西还很多很多。

在当时的公众眼里，施特劳斯是全世界最伟大的作曲家，兼世界级的大指挥家。他创作的每一部作品都迅速见诸世界各地的报端。他的下一部作品会是什么呢？因为每一部新作都比上一部更为精彩，更加轰动。《唐璜》之后问世的是一些更为详尽讲故事般的音诗（交响诗），其管弦乐音效越来越大，乐队的规模也越来越大。直至 1904 年，美国人听到的《家庭交响曲》的演奏者人数成为自柏辽兹以来最多的，也是他理想中的乐队编制。“令人震撼”一词仿佛成了施特劳斯的标配。“轰动”的光环总是罩在这个瘦高的男人及其“蛮横粗暴的”音乐的头上。他不仅使用比其他人都庞大的管弦乐队，不仅绝对驾驭得了这种乐队，而且还创作听上去不和谐得一塌糊涂的音乐。他用他的音乐讲故事，你从中能听出羊的咩咩叫，或者呼啸的风声。不仅如此，他还被普遍认为缺乏道德。除了被怀疑道德有问题的人，还有谁会把奥斯卡·王尔德的作品谱成音乐呢？王尔德嘛，就是那个英国人，他的事情我就不多说了，你懂的！ 1907 年，《莎乐美》只在大都会歌剧院演出了一场：公众的抗议如此强烈，经理总监们只好匆匆收场，马上把它撤下了舞台。纽约的评论家们也大惊失色，劳伦斯·吉尔曼气得五脏欲裂，说他感到很乏味（这是评论家的惯用伎俩，他们用“感到乏味”来世故地暗指对某个作品震惊到极点）。亨利·克雷比尔称《莎乐美》为“道德恶臭”。编辑收到的一些来信说：“我们要不要让我们的女人和我们的孩子——儿子和女儿——来见证这一道德奇观呢？”纽约一家报纸的通栏标题把《莎乐美》称为一部“令人作呕的歌剧”。浸礼会的教友们还发动签名以示抗议，连维也纳的大主教也签了名。德国皇帝威廉二世的音乐品位更偏向约翰·施特劳斯而不是理夏德·施特劳斯，他说他很遗憾后者创作了《莎乐美》。“我真的很喜欢那个家伙，可是此剧(《莎乐美》)会让他的声誉受到很大损害。”皇帝如是说。这个损害，施特劳斯多年后写道，“使我能够在加米施建造那座别墅”。

直到《玫瑰骑士》问世为止，施特劳斯所做的每一件事似乎都在报界引起争相报道。这并非因为他是个怪人。他其实一点都不怪异。他是个循规蹈矩的标准的德国中产阶级人士，品行端正，善良可靠，婚姻幸福，私生活里从没有任何绯闻。施特劳斯应该是不敢有任何绯闻，因为他很怕他的妻子葆琳娜。从没有比他更惧内顾家的丈夫了。也许正是这种缺少色彩的生活才使公众对他感兴趣。人们很难把那么狂热的施特劳斯音乐与他这个那么冷静的人联系起来。当他指挥自己的音乐、释放其中的风暴发出轰天巨响时，他只打出一点点节拍，做出很少的动作；评论家们不能理解那么洋洋洒洒的音乐与他那么克制的指挥手势之间形成的强烈对比。或许他也像普契尼那样，属于留着短发、衣着保守的新一类作曲家。这位写出如此“现代主义”音乐的作曲家看上去就

⚜ 理夏德·施特劳斯在家中

“理夏德，作曲去！”

像是一位银行家。

这样的音乐居然也能赚取大笔的金钱，这似乎也令记者和编辑们感到困惑不解。当施特劳斯在 1904 年去美国旅行时，克利夫兰的《老实人报》(*Plain Dealer*)对他的酬金和版税写了长篇报道，算出他的年收入至少是 60000 美元，“而且他希望在五年之内把这个数字再翻一番”。(那时候，一位有家室的美国工人一年能挣到 500 美元就感到很幸运了。)美国杂志《戏剧》在 1909 年报道说：“理夏德·施特劳斯靠他的歌剧挣了大笔钱，他很可能成为有史以来最富有的作曲家。”要知道，施特劳斯总是讨价还价，锱铢必较，他就像喜欢弦乐器的颤音一样，喜欢金钱发出的脆响。1901 年，在排练《火荒》时，阿尔玛·马勒和施特劳斯坐在一起，后来她在日记里写道：“施特劳斯满脑子都是金钱。自始至终他手里都拿着一根铅笔，计算着他的收益，连一分钱也不放过。”在纽约时，他在沃纳梅克百货商场举行了两场音乐会，对此美国报界（也包括像沃尔特·达姆罗什这样的无聊美国同行）连篇累牍的报道给人的感觉就像施特劳斯在公共厕所开了音乐会似的。他们暗示说，音乐艺术因此被永久地玷污了。

对此，施特劳斯却泰然自若。他说，艺术家为妻儿老小挣钱并没有错，边说边把 1000 美元的酬金塞进衣袋。他告诉记者，他并不是唯利是图，他仅仅想要挣足够的钱，好让今后的日子过得舒适一些。记者并没有问他，他认为赚多少才算够。有关施特劳斯贪心的故事常常不胫而走，有个故事说，施特劳斯去德累斯顿排练《莎乐美》，回到柏林的时候，他在车站见到了迎接他的儿子。“父亲，您这次排练挣到了多少钱？”听到这话，施特劳斯喜极而泣，拥抱住儿子说：“我现在知道了，你真是我的儿子啊！”

当时的那些较为严肃、更有奉献精神的音乐家，对施特劳斯的嗜钱如命，即使不是极为反感，至少也是很不安的。著名指挥家弗里茨·布施很了解施特劳斯，他在自传中写道：“尽管施特劳斯拥有杰出的才华，但他的谜就像其他伟大艺术家的谜一样，并没被人真正破解和掌握，而是就像拥有一套衣服那样，可以随意穿上、脱下。无论是我还是其他人，迄今都还没能成功破解这个谜：他为什么那么喜爱物质生活？他为什么那么不喜欢自我牺牲和奉献？他为什么那么反对社会变革？”另一名指挥家汉斯·克纳佩尔茨布施直截了当地表示：“他就是一头猪。”

施特劳斯精明的理财本领总是牵动着纽约新闻界的敏感神经，记者们也让公众随时了解这位作曲家的所有交易。《玫瑰骑士》在大都会歌剧院首演期间，纽约的《太阳报》在 1913 年 12 月 8 日透露了一个消息：“据说，大都会歌剧院正在为《玫瑰骑士》支付大约每晚 1500 美元的酬金，以安抚施特劳斯因在此地发生的《莎乐美》事件而受伤的心。这可是以前用来支付普契尼最受欢迎的几部作品的价钱的十倍。”简直可以说，当时世上的几乎所有人都想了解这位“世上最伟大的作曲家”——或像一家报纸所谓的“当今音乐人”——的一切细节；财务状况也好，非财务状况也罢，只要是有关理夏德·施特劳斯的私密之事，大家都想细细地了解。

如果实在找不出有关施特劳斯的事情爆料，媒体也总能从他老婆葆琳娜那里抠出点儿什么来公之于世。她可是个贪婪、强壮、霸道的女汉子，曾经的歌唱家。在生活中她从不太考虑家人的感受，尤其不考虑她丈夫的感受。她可是位富有传奇色彩的人物。也不知为何，施特劳斯竟能心安理得地忍受她乱发脾气。他告诉维也纳评论家马克斯·格拉夫，他年轻时曾想过挥霍无度且一事无成地度过一生，是葆琳娜拯救了他。她常会向他吼道："理夏德，作曲去！"这时施特劳斯就会耸耸肩，离开他最喜欢的消遣——纸牌游戏，乖乖地去工作间作曲。她把他训练得极好。美国作曲家兼音乐评论家蒂姆斯·泰勒有一次去加米施采访施特劳斯，看到施特劳斯在走进房子之前，"先停下来，在放在门前的一小块潮湿的擦鞋垫上仔细蹭了蹭脚。向前走一步，再次蹭了蹭脚，这次是在一块干的擦鞋垫上。走进门槛后，他第三次蹭了蹭脚，这最后一次是在一小块放在门里的橡胶擦鞋垫上蹭的"。

直到《玫瑰骑士》问世之前，施特劳斯一直是一位持续营造出激动气氛和电光石火音效的作曲家。但在《玫瑰骑士》之后，出现了新情况。有些评论家认为，施特劳斯在《玫瑰骑士》之后创作的作品都显现出一种衰退的迹象：内容苍白，多重复，技巧的使用纯粹出于多年养成的作曲习惯。"他曾是一位天才，但现在他只是一位有才能的作曲家了。"厄内斯特·纽曼不屑地说。其他人则坚称，在抛弃了交响诗的肤浅表面的轰动效应之后，施特劳斯开始创作他长长的歌剧系列了，其巅峰便是他晚年的那种"大师仙骨"、"深秋成熟"和"高山仰止"的境界。施特劳斯后来自己也指出，在《莎乐美》（1905）和《埃莱克特拉》（1908）里，他已经非常接近他寻求慰藉的地狱之门了，于是赶紧后撤："这两部歌剧在我一生的创作中是非常独特的。我在它们当中穷尽了我所有的和声与复调手段，突破了和声、心理复调［psychological polyphony（Klytemnestra之梦）］以及现代观众耳朵的接受能力等方面的最大极限。”在《玫瑰骑士》之后，公众对施特劳斯创作的反应——以及施特劳斯的大多数同行的反应——都是与纽曼的评价相一致的，即后继天才的只有才能了。施特劳斯以前一直是以轰动效应制造者的身份存在的，持续地将下一部作品写得比上一部作品更加极端、超常和夸张。当他再也不能超过以前作品的大胆和轰动效应之后，公众的反应就会一落千丈，因为心理预期被摧毁了。施特劳斯歌剧的首演不再是国际大事。这些歌剧只是受到礼貌的接纳，仅此而已；以前那种激动、狂喜、欢呼、轰动的场面一去不返。1911 年之后的多年间，施特劳斯继续执拗地创作大致同类的歌剧，但是他的同行们已经不再关注它们了。对他们来说，《莎乐美》和《埃莱克特拉》就已经是施特劳斯音乐的巅峰之作了，其后的便都是走下坡路。此时的国际音乐界已经有新英雄——普罗科菲耶夫、巴托克，特别是斯特拉文斯基。此外对阿诺尔德·勋伯格的议论也越来越多，他的音乐让施特劳斯的曾是那么革命性的总谱听起来那么过时而老旧。

理夏德·施特劳斯于 1864 年 6 月 11 日出生在慕尼黑。他的父亲弗朗茨·施特劳斯是德国最著名的圆号演奏家，脾气暴躁，固执己见且直言不讳。他还是位作曲家，认为瓦格纳是颠覆分子，认为在门德尔松和舒曼之后就没有真正的音乐可言了。弗朗茨·施特劳斯是慕尼黑歌剧院乐队的圆号演奏家，曾参加过瓦格纳的《特里斯坦与伊索尔德》和《纽伦堡的名歌手》的全球首演。但他总是与汉斯·冯·彪罗乃至与瓦格纳本人对抗。弗朗茨很讨厌瓦格纳歌剧音乐中的圆号声部，但架不住他把它们演奏得实在太美了，以至于瓦格纳对他排斥自己的音乐也不计较。可以想象得到，当那时最郁闷也最暴君的指挥家汉斯·冯·彪罗在和最独立不羁的圆号家弗朗茨·施特劳斯交集在一起的时候，会有些多么白热化的"打斗"场面啊！有一次争吵的结果是，彪罗让施特劳斯走人去申请退休金。施特劳斯立刻收拾起他的乐器，真就这么做了，"因为这是冯·彪罗先生下的命令"。这件事最终还是平息了。多年以后，当彪罗和年轻的理夏德·施特劳斯在一起合作时，彪罗和弗朗茨已然是朋友了。

理夏德继承了他父亲的音乐天赋。他四岁半就已在弹钢琴了，稍大一点他就开始拉小提琴了，六岁时他就作上曲了。弗朗茨用很传统守旧的音乐大餐来哺育他的儿子，其结果在理夏德青春期的作品中显而易见：古典，传统，技巧娴熟，但代表了19世纪早期的风格。理夏德本来可以成为像莫扎特那样的巡演神童，但他父亲把他拴在慕尼黑，并送进了文法学校学习，让他在那里接受良好的全面教育。施特劳斯全家已经认定理夏德会成为一名音乐家，但没必要那么着急，一切都让它有条不紊地水到渠成。从文法学校毕业后，1882年施特劳斯进入慕尼黑大学学习（他选修了一些课程，但不是为了拿学位），嗣后又去柏林过了一段日子，参加了一些巡回演出，在音乐聚会上演奏钢琴。1884年，理夏德·施特劳斯在柏林认识了彪罗，这位年轻作曲家的《降E调木管乐器小夜曲》（作品第七号）被彪罗率领的迈宁根管弦乐团列入演出曲目。彪罗自己并没有指挥这部作品，他的助手在台上指挥，他坐在观众席中，给予热烈的掌声。彪罗非常喜欢这部作品，就请施特劳斯再写一部类似的作品。结果他就写出了那部《降B调木管乐组曲》（作品第四号）。彪罗在迈宁根排练了这部作品，但是，出于对这位天才的年轻作曲家的喜爱，彪罗决定要把这部作品的全球首演放在施特劳斯的家乡慕尼黑举行，并建议由施特劳斯本人担任指挥。当彪罗提出“建议”的时候，一般大家都会服从。可是施特劳斯此前还从没拿起过指挥棒。但他终究还是指挥了自己这部作品的演奏。当时的紧张，他在几年后还记忆犹新，他记得那晚自己没有出大错。演出结束后，弗朗茨·施特劳斯向彪罗表示感谢，可这位著名大指挥家却以典型的彪罗方式爆发了一下：“你不用感谢我。我不会忘记在慕尼黑这个可恶的城市里你对我的所作所为。我今天之所以这样做，是因为你的儿子有天赋，而不是因为你。”施特劳斯在他那篇关于彪罗的回忆文章里写道：“不知怎的，彪罗那晚的心情特别好。”他以上这番不讨人喜欢的话只是“嗔怒”之言，其实他心里是很高兴的。

能得到像彪罗这样一位音乐大师、指挥泰斗的赞赏，就足以令施特劳斯开始他那大有前途的职业生涯了。1885 年，彪罗又看上了施特劳斯，任命他为迈宁根乐团自己的助理指挥。在接着的首演里，施特劳斯指挥了自己的《f 小调交响曲》。他顺利起步了，但他是作为一名学院传统音乐的作曲家起步的。

这种延续传统的生活后来因为与亚历山大·里特尔结识而被打破了。里特尔是迈宁根乐团的一名小提琴家，他熟悉瓦格纳，还娶了瓦格纳的侄女弗朗西斯卡为妻。正是这位里特尔把柏辽兹、李斯特和瓦格纳的音乐介绍给了理夏德·施特劳斯。他给施特劳斯全面讲解了什么是“未来的音乐”，还鼓励施特劳斯寻找作曲新路，大胆创新。但这另辟蹊径的鼓励没有立刻见效。年轻的作曲家还是创作了一部勃拉姆斯风格的《c 小调钢琴四重奏》，并把精力投入到完善自己的指挥技术上。彪罗在 1885 年 11 月从迈宁根乐团离职，施特劳斯接任，独立担当起指挥这个乐团的重任。他在本音乐季结束后去了意大利，嗣后回到慕尼黑，创作了一部题为《自意大利》的貌似交响曲的作品。该作在 1887 年首演，其末乐章引起了强烈的反响，既有喝彩的也有喝倒彩的。施特劳斯并不担心他的敌对者，他说："我现在很满意，我正在从事我想做的工作，正走在我想走的路上。我完全懂得，没有一个艺术家不被其千千万万的同胞视为疯子的。"虽然他此时还没有找到真正的自我，但是《自意大利》末乐章中——施特劳斯在此引用了路易吉·邓扎（Luigi Denza）的《缆车》（*Funiculi funicula*）（听起来像是一首地道的民间歌曲）作为主题——那狂暴的管弦乐配器已经初步预示了施特劳斯辉煌壮丽的管弦乐时代即将到来。

1886 年，施特劳斯来到慕尼黑歌剧院担任第三指挥。他在这一时期仍继续创作传统的作品。其中一部是那首迷人的《为钢琴和乐队而写的戏谑曲》（*Burleske*，1885）。另一部是《降 E 调小提琴奏鸣曲》（1887），它精致优美，风格现代，但本质上仍属传统音乐。1886 年，施特劳斯遇到了他后来与之结婚的女高音葆琳娜·德·阿娜。她曾在他的指挥下在慕尼黑演唱过几次，据说还在一次排练时和他发生了激烈的争吵。随后施特劳斯就消失在了她的化妆间里，等他们从里面出来时，就宣布订婚了。葆琳娜是一位将军的女儿，而且总是提醒人们别忘了她可是有贵族血统的。她还永远瞧不起施特劳斯家族以及他们所代表的资产阶级背景。施特劳斯的母亲约瑟芬·普绍尔出身一个富有的啤酒制造商家庭，普绍尔啤酒至今仍是慕尼黑的品牌啤酒之一。施特劳斯对葆琳娜的爱情表现在他专为她创作的一系列歌曲中；而她则在施特劳斯的钢琴伴奏下公演了这些歌曲。其中的《小夜曲》(1866)一直位居最受欢迎的保留曲目单。施特劳斯毕生都在创作歌曲，其中著名的有《我的心儿，静一静吧》(*Ruhe, meine Seele*)、《凯丝丽》(*Caecilie*)、《私密的请求》(*Heimliche Aufforderung*)、《早晨》(*Morgen*)、《亲切的梦境》(*Freundliche Vision*)、《黄昏之梦》(*Traum durch die Daemmerung*)等。若无这些优美歌曲的存在，这个世界不定会贫乏多少呢。对许多人来说，施特劳斯最美的歌曲当数在1948年为人声和乐队而作的《四首最后的歌》。

理夏德·施特劳斯音乐的第一次重大突破发生在1889年，其标志是交响诗《唐璜》。在当时的欧洲，大家都在创作交响诗。交响诗之于晚期浪漫主义时期的音乐恰如大协奏曲之于巴洛克时期的音乐。而在先锋派音乐家们看来，这种交响音乐体裁的流行令人很是不悦。许多人认为，贝多芬已经把交响曲这种体裁所要说的都说完了，把这种体裁所要做的也全都做了；他已经把交响乐写到了极致，还要你再写做什么？而现在人们却遇到了李斯特式的交响诗创作的一次延续，代表人物好像就是他理夏德·施特劳斯了。在1889年11月11日,《唐璜》在魏玛首演了(顺便说一句，碰巧李斯特也是在此地上演过他所有的交响诗)，一股新生力量就此闪亮登场。

《唐璜》的总谱让所有人都看出施特劳斯是李斯特的天然继承人，并在一定程度上也是瓦格纳的后继者。这部作品要求管弦乐队空前庞大，演奏技巧要空前高超，音乐处理也要空前精细。该作的旋律素材辽阔恢宏，富于出乎意料的跳跃，使人耳目一新。

尽管被捆上特定文学作品的标题，但这部作品的音乐还是那么有创意，有结构上的完整性（较松散的奏鸣曲式），足以使它立足于绝对音乐之林。继《唐璜》之后，施特劳斯又创作了一连串交响诗，让整个欧洲都竖起了耳朵。它们是1890年的《死与净化》（这个日期是首演而非创作时间）、1895年的《蒂尔·尤伦施皮格尔的恶作剧》、1896年的《查拉图斯特拉如是说》、1898年的《堂·吉诃德》、1899年的《英雄生涯》，以及1904年的《家庭交响曲》。1915年的《阿尔卑斯山交响曲》是最后一部，但首演很不成功。这些交响诗写得一首比一首规模大，更讲求轰动效应。但它们的音乐价值却也许与其规模和创作日期成反比。若让音乐家们投票的话，很可能出现这样的结果：前五部获得最高的评价。

所有这些交响诗本质上都源于李斯特的音乐。但李斯特的交响诗一般用的是很宽泛抽象的标题，而施特劳斯写的音乐一般都做具体详细的描述。比如垂死之人的艰难喘息，蒂尔·尤伦施皮格尔的受难，《英雄生涯》中英雄与其评论家们的论战，《查拉图斯特拉如是说》里的日升，堂·吉诃德大战风车，等等。施特劳斯的交响诗写得越来越具体化，1904年纽约一家报纸关于《家庭交响曲》的一则标题索性这样写："理夏德·施特劳斯写的《家，甜蜜的家》——爸爸、妈妈和孩子在交响音乐的巨大空间里庆祝。"谈到《家庭交响曲》，施特劳斯总是表现出辩护的样子，后来还写了一篇文章论及它，用的又是他那典型的缺乏幽默感的文字：

> 这部交响曲旨在用音乐描绘婚姻生活。我知道，有些人会以为它是家庭生活快乐有趣的展现，可我得承认，我在创

作它时并不想逗趣开玩笑。还有什么比婚姻生活更严肃的事情呢？婚姻是生活中最严肃的事件了，而且随着孩子的降生，这种男女神圣结合的快乐才得到加强。当然生活也有其快乐的一面，这方面我也写进了这部作品，旨在让它活跃而富有生机。但是我想要人们严肃看待这部交响曲，在德国人们一直都是很严肃地演奏它的。

在解释其交响诗标题的意义时，施特劳斯总是表现得没有底气，不够坚定。对每一首交响诗他倒是提供详细的说明，可当分析家们和公众过多探究它们时，他又十分恼火。1905 年，他试图向罗曼·罗兰解释自己的理论。他给这位法国作家和评论家写了一封信，解释说“诗意的标题其实只是我表达自己情绪发展和表现纯粹音乐的借口而已”。施特劳斯强调，标题并不是“只对生活现实进行准确的外部描述，因为这样一来就完全违背音乐的精神了”。施特劳斯继续写道，音乐必须被包含在“确定的形式之内”。但施特劳斯却又在创作他那些交响诗时从不囿于古典曲式。他坚持认为，“新乐思必须寻找新的表达方式”。在大多数情况下，他布局自己的曲式结构还是很成功的。甭管他的音乐素材有着怎样精妙的内在价值，他都能把它们组织成整体感很好、很协调的自由形式——改良的奏鸣曲式、变奏曲式、回旋曲式。他绝对是个管弦乐技法高手，古往今来最足智多谋的管弦乐配器家之一。就连与施特劳斯有天壤之别的德彪西也不得不承认，施特劳斯拥有“管弦乐配器的巨大丰富多样性，还拥有让听众跟着他一走到底的巨大能量，他能随自己的意愿长久吸引住听众的热情……你不得不承认，这个写出如《英雄生涯》这样保持持续高压、持续炽热的作品的人，已经是非常接近于天才了”。但是，施特劳斯的总谱虽然向其同时代人展示了他们所称的现代性，它们却不标志着一个新时代的开端，反而标志了一个旧时代的结束。在施特劳斯之后，很少有人再写音诗了，今天这样的人实际上已经绝迹了。交响诗这种曾很有活力的体裁现如今就像古代的大协奏曲那样消亡了——实际上比大协奏曲死得更彻底，因为大协奏曲至少还在1920年至1935年间的那段新古典主义时期复兴过一阵子。

随着施特劳斯的作曲越来越有名，他指挥的名气也越来越大。1898年，他接替菲利克斯·魏因加特纳担任柏林皇家歌剧院的指挥，并任此职一直到1918年，嗣后又成为维也纳歌剧院的总监。作为一名指挥家，施特劳斯逐渐成为反浪漫主义运动的倡导者，该运动在20世纪初期开始站稳脚跟。浪漫主义的音乐指挥们很是自由放任，容易冲动，经常自我陶醉。而施特劳斯与魏因加特纳、卡尔·穆克和阿图罗·托斯卡尼尼等人一样，相较于那些陶醉其中的浪漫派指挥家，更多的是冷静地置身于音乐之外。他打拍子的幅度很小，把节奏打得很有规则，严格地遵循乐谱上的标记，避免任何花哨夸张的炫耀。施特劳斯的指挥工作大部分是在歌剧院里进行，因而不久之后，他除了指挥歌剧之外，也开始专心致志地写起歌剧来。

早在他热衷于写交响诗的时候，他就写过一部瓦格纳式的歌剧《贡特拉姆》。它的首演1894年在魏玛举行，只演了一场就草草收场。直到1935年它才又被人听到，那是柏林广播电台的一次广播演出。没有比这次演出更失败的了。施特劳斯写道：“简直难以置信，《贡特拉姆》不知给我树了多少敌。很快我就将被宣判为一个危险的罪犯。”施特劳斯垂头丧气到了极点，乃至过了六年后才动笔写下一部舞台作品。这次的结果是，歌剧《火荒》也以失败告终。终于，施特劳斯在 1905 年创作的歌剧《莎乐美》才总算让公众兴奋起来，就像他的交响诗当年让他们兴奋一样。“莎乐美”这个题材本身就大有说头，现在音乐帮助它“臭名远扬”，所有人都渴望看到歌剧中的莎乐美是如何同脱离脖腔的约查南（Jochanaan）的头颅做爱的，也渴望看着莎乐美一层层地脱掉自己的七层薄纱。（该剧在德累斯顿举行全球首演时，被选定扮演莎乐美的玛丽·韦提希起初是拒演这个角色的：“我不要演她，我是个正派女人！”）大家也都对施特劳斯为这部歌剧写的音乐感到不寒而栗——这是一种尖叫的、“颓废的”、近乎无调性的音乐。在这部歌剧以及在随后的《埃莱克特拉》中，施特劳斯走出了后期浪漫主义的城堡，去和一种新型和声较劲，去和一种新型且强有力的旋律纠缠，去和一种可能把他带入更大冒险的激进风格打斗。这两部歌剧不仅在当时令人震撼，而且至今仍在一定程度上令人惊惧。连施特劳斯本人都被自己的所见所闻吓坏了，他赶紧后撤，从此再也不敢拿这种锯齿形的和声冒险，再也不敢拿这种强大的心理压力说事儿，而正是这两者使得《莎乐美》和《埃莱克特拉》成为 20 世纪最具有挑衅性的两部歌剧。

在当时，《埃莱克特拉》的演出给歌唱家们和管弦乐队都带来了巨大的难题。施特劳斯想要一种新型的歌唱方式，需要喊叫，且愈加声嘶力竭，就像在瓦格纳和梅耶贝尔的歌剧中做的那样，其结果便是把人声永久毁掉。那些在早期声乐传统中熏陶成长的歌唱家都吓坏了。伟大的女低音歌唱家厄内斯廷·舒曼－海因克在首演中扮演克里坦内斯特拉一角儿，打从那以后就一直心有余悸。“我们当时就是一群疯女人，我们真就是，”几年后她回忆道，“他就是那样写给我们的，我们也就真的忠实地按他要求的那样干……那种音乐本身就是一疯子。他先写了一段非常优美的旋律，就五小节；然后他就好像后悔自己写了那么美好的东西似的，开始发神经，用让你神经错乱的不协和音粗暴地打破它。其实他哪里需要什么歌唱家？他的管弦乐总谱已经把一切都描绘到家了。”她最后说：“就算哈默施泰因先生明天就上演那部歌剧并支付我每晚 3000 美元演唱克里坦内斯特拉，我也会拒绝的，尽管 3000 美元是一大笔钱，而且我还有许多孩子。”

《埃莱克特拉》的创作使施特劳斯和雨果·冯·霍夫曼施塔尔走到了一起。1903 年，马克斯·赖因哈特把霍夫曼施塔尔翻译的索福克勒斯的戏剧《埃莱克特拉》搬上了舞台。施特劳斯很想为它谱写音乐。于是霍夫曼施塔尔对剧本做了改编，施特劳斯也在这位歌剧脚本作者身上找到了他自己的博伊托和洛伦佐·达·蓬特。施特劳斯与霍夫曼施塔尔合作了近 25 年，创作出《玫瑰骑士》（1911）、第一版的《阿里阿德涅在纳克索斯》（1912）、芭蕾舞剧《约瑟夫的故事》（1914）、修订版的《阿里阿德涅在纳克索斯》（1916）、《没有影子的女人》（1919）、《埃及的海伦》（1928），以及《阿拉贝拉》（1933）等作品。霍夫曼施塔尔对施特劳斯的影响是否完全有益，这一点尚存在争议，但至少霍夫曼施塔尔使施特劳斯离开了《埃莱克特拉》的那种现代主义的风格，而进入到一种充满象征主义的文学歌剧的范畴之内。施特劳斯的音乐嗜好本来是外向的，激烈、冲动、大轰大响、直截了当，但在霍夫曼施塔尔的引领之下，他转而进入到一片充满讽喻和象征主义的灰色地带，这与他原本华丽明亮的创作风格大相径庭。《玫瑰骑士》和《埃莱克特拉》是这两人合作仅存的两部至今仍极受欢迎的歌剧。《阿里阿德涅在纳克索斯》（1916）虽然也拥有一大批崇拜者，但该剧并不经常上演。这部歌剧遇到的难题之一是不容易找到能胜任的演唱班子。施特劳斯为它谱写的声乐部分要求歌唱者具备瓦格纳乐剧的那种超大强力，扮演策尔比内塔一角儿的花腔女高音不得不克服难以想象的困难。该歌剧的第二幕中有一段策尔比内塔的咏叹调《强大的公主》，施特劳斯用20世纪的音乐语汇谱写了这段美声唱法的唱段，极少有歌唱家能比较轻松地把这个长咏叹调唱下来的。施特劳斯与霍夫曼施塔尔合作的其他歌剧——《没有影子的女人》《埃及的海伦》《阿拉贝拉》——从没取得过像前几部作品那样的知名度，不过近几年来，《没有影子的女人》和《阿拉贝拉》有演出频率上升的趋势。

这两个男人的关系也比较奇特。霍夫曼施塔尔是奥地利人，是非常有名的文学家，性格安静、害羞、敏感，是个很知道自身价值的理想主义者。施特劳斯则与他相反：固执任性，很实际，对实体而不是抽象概念更感兴趣。这两人很显然互相羡慕、彼此尊敬，但从没有走得很近，彼此的关系是某种奇怪的正儿八经。他俩多年来通了很多长长的信件，很多方面读起来都饶有兴味。首先，我们看到，在音乐的要求和文字的要求之间永远都存在着争议；对同一个东西提出同样的要求，从音乐的角度提与从文字的角度提，结果是很不一样的。施特劳斯本人对这个难题思考了数十年，他的最后一部歌剧《随想曲》（1942）是由克莱门斯·克劳斯和他本人共同编写的脚本，其实不过就是对文字与音乐的关系这个永恒的主题所做的一次长长的思索而已。音乐与文字，哪个具有更大的意义？在歌剧中，哪个更重要？对此，施特劳斯实在是拿不定主意，最后只好用一个问号结束了这部歌剧。

这两人的通信也显示出，对霍夫曼施塔尔来说，施特劳斯是一位极富创造力的人物，除了对他佩服外，还对他畏惧。而在施特劳斯眼里，霍夫曼施塔尔就是一座生产脚本的工厂。施特劳斯二话不说就会去伤害他这位合作者的感情。有一次在筹备《阿里阿德涅在纳克索斯》遇到某个棘手问题时，他甚至建议霍夫曼施塔尔再找一个合作者："通常这样的事情由两个人做最好。"而对施特劳斯很是敬畏的霍夫曼施塔尔就绝不会建议这位作曲家去找一个合作者。但他继续为施特劳斯写脚本，坚信写歌剧脚本就像构筑一出话剧那样，也是一门艺术。"我很清楚我工作的价值，"他在给施特劳斯的信中写道，"我知道在过去那么多代人中间，还没有一个像我这样级别的在世的著名诗人，一直那么心甘情愿和忠诚地投身到与一位音乐家合作的事业中去。"霍夫曼施塔尔是真的敬仰施特劳斯的音乐，说："我完全把施特劳斯博士视为我的主要合作伙伴，把他的音乐视为捆绑我俩的那些因素中最重要的一个。"因此，尽管施特劳斯对他常常缺乏理解，他也能抱以宽容。他有些试图为自己的主张进行辩解的信件读起来那叫一个心酸。施特劳斯作为一个务实的戏剧人，常会对霍夫曼施塔尔的脚本提出这样那样的批评，而且总的来说还批评得对；每到这时，他会对霍夫曼施塔尔言辞犀利、毫不容情。霍夫曼施塔尔就会委屈地为自己辩护，比如在1911年7月他写的那封有关《阿里阿德涅在纳克索斯》的哲学意义的长信中。当时，渴望受到赞扬鼓励的霍夫曼施塔尔，就像一个被抛弃的姑娘为极力挽回远去的爱情而给她仍爱着的男人写信那样，给施特劳斯写信道："我必须说，我觉得我所做的一切都值得获取来自另一个人的某种欣赏和赞扬，我的作品就是为这个人而构思、设想、施行和实现的。另外我也怀疑，除了您，是否还有别人也能在任何别的独幕歌剧脚本里轻易找到（如我的脚本里这样的）三首精致得无与伦比、同时在音调上又那么有个性的诗，它们分别是：《哈勒金的歌》《策尔比内塔的回旋曲》《巴克斯的女魔之歌》。很自然，上面这些话我是多么希望由您说出来，而不是由我自己不得不把它写出来。"可以想象得出，施特劳斯读到这封信时会如何火冒三丈，并不耐烦地连连耸肩的样子。

这种玩儿文字的人与玩儿音符的人之间的分歧和争执是永远没有最终结局的。从来都没有解决过。这两人，一个脚本作者，一个歌剧谱曲者，都认为自己的贡献更重要，并且也都为此而战。通常都是霍夫曼施塔尔最后做出让步，然后独自黯然神伤。两人这么多年的合作，绝大多数情况下都是霍夫曼施塔尔在奉献，而施特劳斯在索取。两人最成功的合作要数《玫瑰骑士》，远比其他合作成功得多。写了《埃莱克特拉》之后，施特劳斯决定创作一部喜歌剧，霍夫曼施塔尔赶来配合，想出一部有两个主角的作品，"一个由男中音扮演，另一个由女扮男装的年轻、文雅姑娘扮演，是那种由法拉尔或玛丽·加登能演唱的类型。时间是：玛利亚·特蕾莎时代的维也纳"。当时德国的歌剧剧目单急需一部新的喜剧作品。自 1868 年的《纽伦堡的名歌手》以来，还没有出现过一部在国际上大获成功的德国喜歌剧。经过各方的很多努力,《玫瑰骑士》横空出世了。施特劳斯坚持突出戏剧效果，霍夫曼施塔尔极不情愿地遵从了。不过他最终承认施特劳斯是正确的："我看到现在的版本比初版好得多，纯粹的戏剧效果被大大强化了。"施特劳斯十分坚持的一点是，要强调其中的喜剧元素。"别忘了，观众也应该大笑！大笑！大笑！而不能只是微笑或咧嘴一笑！我在现在咱们这部作品中，还是缺少一种真正的喜剧氛围：一切都还只是好玩儿，但还不是喜剧性的！"有一阵子，这部歌剧的剧名迟迟定不下来。迟至 1910 年 4 月,施特劳斯还在考虑把它叫作"奥克斯"，而霍夫曼施塔尔建议剧名为"玫瑰骑士"，并提议把它称作一部"滑稽歌剧"。施特劳斯反对用"滑稽"一词。他说公众一听到这个词就会想到奥芬巴赫或吉尔伯特和沙利文。两人最终商定剧名为"《玫瑰骑士》，一部音乐喜剧。脚本：雨果·冯·霍夫曼施塔尔；作曲：理夏德·施特劳斯"。

两人还协商好，这部歌剧不应在中心人物奥克塔维那儿结束，甚至连奥克斯也不行，而是要在玛莎林那儿结束。"对公众而言，她才是中心人物，"霍夫曼施塔尔写道，"对女观众尤其如此，让她们有感觉和受感动的是玛莎林这个人物。"有趣的是，霍夫曼施塔尔在此信中还写道,《玫瑰骑士》是"对瓦格纳的一次背离，它背离了瓦格纳让人受不了的异域尖号，这尖号无论在长度上还是在程度上都没有底线，它是那么让人反感，那么粗野，几乎是兽性的——他写的简直像是两头野兽在发情交配时发出的尖叫"。反瓦格纳主义在这里是显而易见了。甭管《玫瑰骑士》里还残存有多少瓦格纳主义，反正它是走上了不同的审美道路。如果说瓦格纳的《纽伦堡的名歌手》的剧本像一块纯正德式果酱油煎饼的话，那么《玫瑰骑士》的脚本则老辣世故得多，尤其是在男女性爱方面，更是瓦格纳所无法企及的。（瓦格纳在生活上是个大大的享乐主义者，但在他的歌剧里却是个真正的正人君子。）霍夫曼施塔尔以文明、优雅的方式雅致地处理老与少之间的爱情问题；瓦格纳在《特里斯坦与伊索尔德》里的性爱则很原始、很野性，就像两头鲸鱼在庄重地交配。在《玫瑰骑士》中没有荣格心理学的原型案例，只有人的生活环境。里面没有瓦格纳的冗长宣叙，却富有维也纳圆舞曲。里面没有瓦格纳纪念碑似的“爱之死”，却有一位美丽的贵妇人看到自己开始人老珠黄时发自内心的悲苦哀叹。《玫瑰骑士》里没有死亡，却有一段苦乐参半、令人难忘的优美三重唱，它实际上告诉人们，生活仍将一如既往地继续下去。在霍夫曼施塔尔的世界里，人们是不会为爱而死的。他们对不可避免的生活困境能坚强面对，该投降时就高傲潇洒地承认失败，然后环视四周，准备迎接生活的下一个阶段。这正如施特劳斯后来说的那样，玛莎林在奥克塔维之前有爱人，她也将在他之后有新的爱人。

在《玫瑰骑士》之后，施特劳斯慢慢成了一个不合时代潮流的人。就在他仍旧墨守成规的时候，欧洲音乐正在朝着一个不同于他的方向发展。每个作曲家或多或少总会有所创新；即使是终生认定某个偶像——如贝多芬、莫扎特、威尔第、肖邦——的作曲家，也会继续拓宽和深化对其所崇拜的偶像的挖掘，从而整合出新的东西。但是施特劳斯按部就班的歌剧创作却后继乏力，没什么推陈出新，没什么长进，尽管《没有影子的女人》里有些极其美妙的东西（施特劳斯认为它是自己写得最好的歌剧）。在与霍夫曼施塔尔结束合作之后，施特劳斯还创作了另几部歌剧：《沉默的女人》（1935）、《和平的日子》（1938）、《达芙妮》（1938）、《达娜伊的爱情》（1940），以及《随想曲》（1942）。他还写了一部奇特的袖珍歌剧《间奏曲》（1924），该剧的脚本是他亲自写的。它是一部自传性质的歌剧，讲述了一个家庭笑话，关于他本人和他妻子葆琳娜的妒忌。

随着时间推移，纳粹登上了德国的政治舞台，施特劳斯被任命为帝国音乐行会会长。纳粹并不清楚施特劳斯到底能做什么。他只是他们最重要的作曲家而已。他选择住在德国，但他做的一些事和说的一些话假如换成别人是会被投进集中营的。事后他便会赶紧和当局修好。施特劳斯是个机会主义者，墙头草，是非不清，不关心政治，他全部的要求就是不受打扰地作曲和赚钱。他会欣然雇用犹太人做脚本作者，比如斯蒂芬·茨威格，此举让纳粹当局很不高兴。但从另一个方面来讲，他从没同纳粹的恐怖统治发生过对抗。他只是想与各方都相安无事。

在第二次世界大战期间，施特劳斯创作了一系列沉思默想性质的作品，主要为小乐队而作，有《双簧管协奏曲》（1946）、《第二号圆号协奏曲》（1942），以及为23件独奏弦乐器而作的《变形》（1945），还有为女高音独唱和全员管弦乐队而作的《四首最后的歌》。人们对于这些作品所怀有的感情相当复杂。有些听众从中听出了他们从施特劳斯的晚期歌剧中听到的东西——后期浪漫主义烛火的最后一点摇曳，一位伟大作曲家的炉火纯青的音乐冥想。

另一些听众则愤愤否定了施特劳斯的这些晚期作品，斥之为繁杂技巧下的陈词滥调，毫无新意，等于什么也没说。1949 年 9 月 8 日，理夏德·施特劳斯在加米施宅邸去世。纷至沓来的唁电都向这位在 19 世纪末期和 20 世纪初期的音乐中占有重要地位的作曲家表达了敬意。但是对于《玫瑰骑士》以后的施特劳斯作品，人们接受起来还是存在着明显的障碍，至今仍是如此。不管怎么说，有一点十分明确，施特劳斯对那些新派作曲家几乎没有什么影响，这些人中的大多数不喜欢甚至瞧不起他的作品。斯特拉文斯基对施特劳斯的看法是其中很典型的："……狂轰滥炸，大言不惭……过于甜腻……（《随想曲》的）音乐令我窒息。施特劳斯不懂得如何划分乐句。他的音乐织体缺乏调整。"在新生代作曲家看来，施特劳斯的交响诗是粗鄙的，管弦乐配器过头，令人感到乏味和厌烦。他的大多数歌剧也是无聊的，过于厚重，反复絮叨来来回回，充满伪象征主义和伪哲学。经他们这么一说，可怜的施特劳斯简直百无一是了。也确实，现在无论是贬低还是抬高施特劳斯的音乐，都不容易了。时过境迁，曾经对那么多人如此重要的施特劳斯的大多数音乐作品，无论是电光石火的《英雄生涯》也好，还是气象万千的音画《堂·吉诃德》也罢，现在都风光不再、难以复兴了。没有什么比纯粹的轰动效应更快地昙花一现了。施特劳斯的悲剧就在于，这么卓越的一颗音乐心灵，却被把效果置于内容之上的欲念所侵蚀。

· 29 ·

宗教，神秘主义与回顾

——布鲁克纳，马勒，雷格尔

BRUCKNER, MAHLER, REGER

《玫瑰骑士》在 1911 年首演的那年，也是古斯塔夫·马勒去世的那年。那时安东·布鲁克纳已经逝去了 15 年。马克斯·雷格尔也将在五年后的 1916 年去世。这三位作曲家生前被理夏德·施特劳斯的光芒彻底淹没了。那时的马勒主要以指挥家的身份有名，从 1897 年到 1907 年，他是维也纳歌剧院所谓黄金时期的中心人物。他创作的交响曲那时也演出，但演出得很少，在马勒去世后就更少。布鲁克纳则被许多人干脆视为一个傻子（那种帕西法尔式的傻子），靠其古怪行为吸引了少数忠诚的追随者。另一方面，雷格尔却受到了普遍的尊敬，他的音乐在他去世后仍在德国流行了十年，而且是非常流行，然后它就被扔掉了，还是一次性地永远被扔掉了。在今天的大多数音乐家看来，身为人数极少的勃拉姆斯追随者之一的雷格尔（以对应于马勒和布鲁克纳，这两人都是源于贝多芬和舒伯特的瓦格纳主义者），代表了后期浪漫主义音乐中的一切错误和粗鄙的方面。

但是，20 世纪 60 年代见证了布鲁克纳与马勒音乐的显著复兴。

尤其是马勒，被视为20世纪后半叶音乐的一个象征；后来当先锋派的学者们确定马勒是十二音体系音乐的精神之父时，他的音乐的复兴进程更是如快马加鞭。马勒音乐的那种终极追问，它的上下求索、不断质疑，许多人认为，他的不与社会妥协，他的负罪情结，他的怀疑与焦虑，这一切使他成了一位——对一个充满了怀疑焦虑与困惑的时代的预言家。在此前的时代，人们至少还能得到正宗传统宗教的慰藉。而马勒这个转教为天主教徒的犹太人，既不像犹太人那样从事犹太教，也不从事基督教的活动，他无法寻找到他所需的答案。他那个时代的大多数人都能在他们自身与宇宙之间寻得某种心灵安宁，而马勒就从来都不能，就像今天的人们越来越不能找到心灵的平静那样。

活着有何意义，这个问题一直困扰着马勒。他不断提出疑问。但是这些问题也暗示着，马勒与其说是个深刻的思想者，不如说是个神经症患者。他提出的问题有的很孩子气，比如他问布鲁诺·瓦尔特："我们是从哪里来的？"他接着问："我们又往哪里去？我们走的路要把我们带向何方？难道我真的像叔本华说的那样，甚至在我被母亲怀上之前，我就已经'意志'好了我这一生？为什么我被造出来是为了感知我的自由，可同时我又受限于我的性格，就像身陷囹圄一样？苦难与悲伤的目的是什么？尽头何在？我该怎样理解仁慈的上帝在造物时的残忍和恶意？是否生命的意义最终只有死亡才能将其揭示？"为什么？为什么？为什么？没完没了。瓦尔特相信，马勒的每一部交响曲都是一次新的尝试，尝试回答这些永远纠缠、折磨着他的问题。

布鲁克纳也创作交响曲，他的作品反映出他也在试图回答这些问题。但是布鲁克纳没表现出任何怀疑。一切都是那么笃定、坚虔。布鲁克纳是个非常虔诚的天主教徒，对现世和来世早已抱定了最朴素单纯的宗教观。上帝就是上帝，上帝就是真善美。人所做的一切都应该体现上帝的荣耀。音乐也应该赞颂上帝。年老的布鲁克纳曾这样对马勒讲过："是的，亲爱的孩子，我现在不得不非常努力地工作，这样至少能写完《第九交响曲》，不然我就无法通过上帝的考试。我不久就要去上帝那儿报到了。它将对我说：'你这个畜生，我给你那些天才，除了让你赞美我的荣耀之外，还能有什么？可是你在这上面取得的成就实在太少了。'"

从性格气质上讲，再没有哪两个人比布鲁克纳和马勒之间的差别更大的了。但是他俩又有某些共同点。两人都写了九首标了号的交响曲：又是九首，那个神秘的贝多芬数字。两人都创作了鸿篇巨制的交响曲，无论在规模、长度、力度还是在管弦乐配器上都远超过任何一首勃拉姆斯的交响曲，甚至贝多芬的《第九交响曲》。这两人还都经常在奥地利民歌的遗产里淘宝，以可以溯源到舒伯特的民间连德勒舞曲式的旋律，以此为基础构筑起整个庞大的乐章。这两人都深受瓦格纳的影响，甚至更强烈地受到贝多芬的影响——尤其是被他的《第九交响曲》，被其中那个难以企及的高尚理想所影响，被其中那个被用来衡量当时所有人的音乐是否合格的标准所影响。

在布鲁克纳方面，可以看出他的"贝九依恋情结"表现在有意无意地模仿贝多芬在其《第九交响曲》中所使用的技法和旋律类型。有多少布鲁克纳的交响曲以弦乐器低音的颤奏（震音，tremolo）开始，就像贝多芬的《第九》那样，然后奏出源自普通三和弦的基本旋律素材，再次与“贝九”如出一辙！又有多少布鲁克纳交响曲的慢乐章呼应了贝多芬慢乐章中的那些飞扬的小提琴经过句！马勒的“贝九依恋情结”更甚。用心理分析学家泰奥多尔·莱克的话说，马勒就是个“强迫症患者”，他惧怕写一部第九交响曲的念头。“贝多芬、舒伯特和布鲁克纳都在创作交响曲方面触碰了‘九’这个数字后死去的这一事实，使得这个数字成了一大心理阴影。”所以马勒在开始创作一部《第九交响曲》的时候，并在实际上已经完成了它的时候，有意划去了这个数字，最后以《大地之歌》的标题发表了。然后在创作下一部交响曲的时候，他就告诉他妻子：“这当然是第十部交响曲了，因为《大地之歌》是真正的第九交响曲。”等它接近完成时，他长吁一口气说：“现在危险过去了。”实际上危险没有过去。在《第十交响曲》得以完成、并作为他的第九交响曲出版了几个月之后，马勒就去世了，留下了下一部交响曲的两个实质上已经完成了的乐章和后两个乐章的一堆草稿，而这部交响曲将是他的标号为第十的交响曲。这一事实证实了马勒心理轨迹中的那些阴霾情绪。他很清楚惩罚正等着那些敢于挑战某种未知力量的人。阿诺尔德·勋伯格在1913年写道：“《第九交响曲》就好像是一个大限，那些想要超越它的人都必定抱憾离去……那些已经写了一首《第九交响曲》的人因为太过接近这个大限，而无法超越它。”

无论布鲁克纳和马勒有多大的相似性，他们的差异也同样很大。两人的音乐表述了不同的东西，代表了一个时代社会与哲学对立的两极。布鲁克纳代表了宁静笃定，马勒代表了躁动不安；布鲁克纳表述了坚定明确，马勒表述了疑虑迷茫；布鲁克纳天真单纯，马勒老于世故；布鲁克纳体现了乡土自然，马勒体现了都市国际。布鲁克纳站在云端，天国的殿堂；马勒则受困于世间的烦扰，竭力升华而不得。

安东·布鲁克纳1824年9月4日出生在上奥地利的安斯菲尔登，在附近的圣佛洛里安修道院学习，后来成为那里的奥古斯丁修士基金会唱诗班的指挥和管风琴师。1856年他移居林茨，当了教堂的管风琴师。他每周一次去维也纳师从西蒙·赛希特学习对位法。这个赛希特，也是让舒伯特在生命的最后一年还想拜其为师的那个人。

布鲁克纳是个单纯的人，质朴、天真得令人难以置信。他把头发和胡子剃光，整个儿一个秃头，说着乡土方言；身穿家里自制的不合体的衣服，对大城市的那些比他见多识广的城里人充满了敬畏。他是个自然之子，读书不多，完全不通人情世故，没有丝毫市侩气，纯粹是个真性情的人，想到什么就直截了当地说出来。有一次最后彩排他的《第四交响曲》，在结束时他给威严而富有的大指挥汉斯·里希特塞小费——“拿着这个，”把一枚硬币塞进里希特的手里，“去，买一大杯啤酒，祝我健康。”大指挥目瞪口呆地看着这枚硬币，然后把它放进自己衣袋，后来请人把它镶嵌在自己的怀表链上。类似的滑稽事情让一些人感到好笑，也让另一些人恼怒。瓦格纳就被他逗乐过。1865年，布鲁克纳去慕尼黑出席《特里斯坦与伊索尔德》的首演，被其中如此之摇撼的音乐强烈震撼，立马成为全欧洲最热情的瓦格纳主义者之一。此后他见到瓦格纳好几次。其中一次，见瓦格纳向他伸出了手，他感动得竟然单膝跪下，把这只手抓住按在唇边说：“哦，大师，我崇拜您！”布鲁克纳的《第三交响曲》就在一定程度上反映了这一崇拜，史称“瓦格纳交响曲”，尽管布鲁克纳在其音乐中其实从来就不是一个瓦格纳主义者，有些分析家仅仅因为它是题献给瓦格纳的，就倾向于做如此解读。

通过维也纳宫廷指挥家约翰·赫贝克的推荐，布鲁克纳在1868年被任命为维也纳音乐学院的管风琴和乐理教师，三年后晋升为维也纳音乐学院的教授。他还兼任了宫廷小教堂的管风琴师和维也纳大学的音乐理论课讲师。几位重要的指挥家，如里希特、阿图尔·尼基什、赫尔曼·列维、费利克斯·莫特尔和古斯塔夫·马勒，开始对他的音乐产生了兴趣。但无论布鲁克纳的作品何时在维也纳上演，以爱德华·汉斯利克为首的官方评论家们都会把他一通狠批。布鲁克纳坚信，勃拉姆斯是这些攻击他的人的后台。他的音乐受到如此冷遇，加上经济困难，使得他在维也纳居住的头几年过得很不愉快。他给林茨的一个朋友写信道：“九月份我已经不得不借钱为生了，现在不得不再次借钱，如果我不想饿死的话。眼下没人帮助我。施特雷迈尔（奥地利的教育部长）曾向我承诺过帮助，可是他光说不练。幸亏有几个外国人过来跟我上课，不然我就得去讨饭了。还有，我已经求过所有的教授给我找学生了。他们全都答应得好好的，可是我除了上几节理论课之外一无所获……当初我要是预见到这一切，肯定是不会在维也纳住那么长时间的。对于我的敌人们来说，把我赶出维也纳音乐学院易如反掌。可让我吃惊的是，这件事到现在还没有发生。”

布鲁克纳虽然天真，不谙世故，但还不至于完全不知世事。当时维也纳帮派盛行，小集团林立，音乐上有勃拉姆斯派和瓦格

⚜ 安东・布鲁克纳

虔诚的信仰，天主大教堂般的音乐。

纳派。布鲁克纳被归类为瓦格纳派。由于媒体全被勃拉姆斯一派所控制，布鲁克纳发现自己持续处在被攻击的状态。有段轶事讲到：有一次奥地利皇帝问布鲁克纳，自己能为他做点什么。“行啊，陛下，您只需告诉汉斯利克先生，让他别再写那些关于我的可怕文章就行啦。”大致就是这个意思。于是皇帝拨给了他一笔年金，使他能够在 1891 年辞去音乐学院的教职，在 1894 年又辞去维也纳大学的教职。布鲁克纳在 1896 年 10 月 11 日与世长辞。

在许多人看来，布鲁克纳作为一个人，其笨拙使他成了受人嘲笑的对象。但是，任何人只要接触到他的音乐，无论时间长短，就不会再大笑着走开了。布鲁克纳和塞萨尔・弗朗克一样，都激发起听众的宗教（基督教）情怀。事实上，不止一位学者称布鲁克纳为德国的弗朗克。马克斯·格拉夫听过好几次布鲁克纳在大学里讲的大课，他写道，起初去听布鲁克纳讲课就是想去看他的笑话的。布鲁克纳出现在讲堂上，穿着一身上奥地利式样的宽大外衣，他的大脑袋和有皱纹的脸面对着学生们。每当从附近的教堂传来祈祷的钟声时，布鲁克纳都会停下来，双膝跪下虔诚祷告，然后站起来接着讲课。有时候布鲁克纳在大厅里遇到汉斯利克（他教授音乐学），便会朝他鞠躬，然后与这个可怕的人物擦身而过。可是没过多久，格拉夫就改变了对布鲁克纳的态度，从看笑话变成了无限崇拜。布鲁克纳讲授的音乐理论课，其基础是西蒙·赛希特传授给他的。格拉夫后来成为维也纳最重要的音乐评论家，他是这样评述布鲁克纳的理论的：

> 赛希特的学说经由布鲁克纳之口传授给我们，就像是一笔神圣的遗产，它是建筑在两个强大坚实的支柱的基础上的。其中一个是“基础低音”的理论，布鲁克纳怀着极大的尊敬从这一理论中汲取了很多灵感，这就是一个低音部的精神世界，其发自内心的深沉是那么庄严而有神性，就像灵魂深处的影子那样陪伴着和声的行进。另一个是“自然和声”的理论，它构成了和声行进的自然美的全部法则。布鲁克纳的音乐里处处都是自然法则和秩序，直至神圣性。布鲁克纳总是在其五线谱总谱的最后一行下面标注低音声部的基础行进，它们是具有重要意义的。由此我们就理解了布鲁克纳和声的那种伟大性、庄严崇高性以及时有的严格刻板性。身为赛希特学生的布鲁克纳是某种宏伟和声的建筑师，他就像是一位中世

纪的建筑师端详着一座哥特式大教堂的初始形态图那样，酝酿构思着他的音乐大教堂的和弦与和弦关联。它们是他通向天国的台阶。

正是这种缓慢坚定、不屈不挠而庄严神圣的和声行进，构成了布鲁克纳音乐的精神实质。在他的交响曲和合唱音乐中，一切都是从容和慎思的。维也纳人给他起了个外号，叫作“柔板（慢板乐章）作曲家”。就连他的第一乐章也是那么宏大而庄严，花那么多时间徐缓进行着，以至于在维也纳人听来也就是慢板乐章了。布鲁克纳的音乐俨如哥特式建筑的圆拱顶，其巨大的跨度，管风琴般的音响，时间与空间上的恢宏，堪称一种宗教虔诚的大教堂式的音乐。要想完全认同这种音乐，恐怕非信徒不行。布鲁克纳交响曲的谐谑曲乐章常常使用奥地利的民间舞曲素材，而这些也同宗教信仰有关。莫扎特的第三乐章使人想到宫廷；海顿的第三乐章使人想到农夫；贝多芬的谐谑曲乐章使人想到诸神在嬉戏；而布鲁克纳的谐谑曲乐章则让人想到某种包含着大自然的宗教理想。布鲁克纳九部交响曲的宗教性（当然也包括他的弥撒曲和其他宗教合唱作品），向他的崇拜者传达了一种与永恒和无限相关联的宗教情怀。布鲁克纳在其音乐中表现出的淳朴笃定的宗教情怀，甚至能把不信教的人都打动得不能自已。

正如布鲁克纳的音乐在信教者当中激起了几乎如《圣经·启示录》般的反响，它也让另一些听众感到无趣、恼火，甚至觉得它毫无意义。那些没有被布鲁克纳音乐吸引的人，倒不一定是受其长度的“煎熬”，而是被其素材的一再反复所困扰，这种反复让他们觉得它从根儿上就缺乏刺激。这些听众倾向于认为，布鲁克纳只是把同一首交响曲写了九遍而已。他们不喜欢这些交响曲开头传达的讯息或者主题素材，他们几乎被布鲁克纳交响曲的执拗的缓缓行进逼疯。布鲁克纳的崇拜者与质疑者堪称两大武装阵营，在那儿真刀真枪地干仗。布鲁克纳的音乐不会引发中庸的反响，它让你要么深深崇敬，要么转身离去。一派认为是崇高和令人升华的东西，另一派却觉得它冗长乏味。一派眼里的宇宙之力，在另一派看来却是松弛无力。不管怎么说，布鲁克纳的音乐是个孤立的现象（虽然他深受贝多芬、舒伯特、瓦格纳的影响），他后继无人，就像马勒那样。但是，他的音乐里具有某种对现代人心理的某一方面很有吸引力的东西，其结果便是他的交响曲在最近这些年成为保留曲目单里的基本组成部分。这些交响曲之所以有魅力，很大程度上是因其朴素的宗教情怀、和谐平衡的心态与从容不迫的宁静内心——这些品质正是今天的许多人所欠缺和渴求的。现今的人们可以在布鲁克纳的音乐中体验到这些品质。

布鲁克纳的交响曲存在着许多版本上的问题。他是那么在意自己作品的上演，以致到了十分焦虑的程度，竟任由指挥家们对它们删节、改动、重新配器、加工润色和声。布鲁克纳不止一次说过，要想对他的音乐进行正确的演奏，只能等待下几代人来做了。结果，在1878年至1903年间，他的交响曲的好些个首印版都是不可靠的，常常是错误百出。一些像弗朗茨·沙尔克和费迪南德·略韦这样的指挥家好心好意地要“帮助”作曲家，在布鲁克纳一些乐谱的首印版上下的功夫几乎和作曲家本人下的功夫一样多。直到1929年“国际布鲁克纳协会”成立，布鲁克纳作品的正确版本才开始按照22卷本的鉴定版版本设计得以出版发行。罗伯特·哈斯和阿尔弗雷德·奥雷尔是该项目最初的编辑者，接续他们工作的是列奥泼德·诺瓦克，此公有时还对布鲁克纳的总谱做出不同的诠释。如今，所有博学的指挥家要么使用布鲁克纳总谱的哈斯版，要么使用诺瓦克版。

如果说布鲁克纳的音乐在许多听众心里激发了狂喜的宗教感，马勒的音乐就是在创造一种真正的疯狂了。对马勒音乐，也有许多质疑者，他们认为它太过神经质，欣赏起来常让人感到太过平庸。而忠实的马勒迷们就像圣保罗看待异教徒那样看待这些顽固不化的反马勒分子。很难想象一位作曲家能像马勒这样，能够激起乐迷对自己如此的忠诚。马勒崇拜等同于一种宗教。任何一个音乐评论家都会证实这样一个事实：对马勒交响曲除了狂热的迷恋追捧之外，任何别样的反应都将招致马勒迷们写来长信进行猛烈的谴责。与布鲁克纳的音乐相比，马勒的音乐更多触动的是人们潜意识中的某些东西，而且马勒的崇拜者们是以一种神秘的方式走近他的。阿诺尔德·勋伯格这样写道：

> 实际上，所有表明马勒个性的东西都已经呈现在他的《第一交响曲》中了。他的人生旋律在《第一交响曲》里已经开始了，他只不过后来发展了它，将它展现到最高的程度。在这里他表现了对大自然的热爱，以及对死亡的思考。在这里他仍然在和命运搏斗。可是在《第六交响曲》里，他就承认了命运的力量，而这种承认就是顺从，退隐遁世。然后在《第八交响曲》里，甚至这种顺服逃遁都变得生机勃勃，并升华到对

极乐世界的赞颂，而这种赞颂只能出自一个已意识到自己不再拥有这些欢乐的人；此人已经顺从天命，此人已经感觉到这些快乐对极乐世界而言，仅仅是一个讽喻，是对终极幸福的一次赞颂……

人生旋律……命运……顺从，退隐……欢乐……死亡……赞颂荣耀。但我们并不是在做分析，我们只是从乐谱的白纸黑字、音符空间里做一些马勒乐迷们乐于相信的情感方面的推断。结论如下：马勒不仅是一个作曲家，还是摩西与耶稣基督的结合体。布鲁克纳只唤起纯宗教的冲动，而马勒不得了，唤起的是道德伦理、精神心理、超自然神秘、弗洛伊德式的冲动。马勒的崇拜者们大谈特谈马勒音乐的所谓心灵状态、内心矛盾冲突、狂喜、完善、变异、命运，以及首字母为大写的大自然、精神、万物归一、一存万物等。他们大谈马勒为赋予生命以意义而做的英雄般但徒劳的斗争，以及通过他的音乐把这一斗争展现给他的听众。从他的音乐里很容易就听出这种斗争并认同它。但问题是，这样的斗争值不值得去经历、去体验？马勒的抗争与贝多芬的抗争是不同质的。贝多芬与命运的抗争是纯粹表现在其音乐实践中的，是一个桀骜不驯、不甘屈服的英雄对不公命运的抗争，他不仅战胜了命运，还创造了他自己的未来。而马勒的抗争则是属于那种精神弱者的抗争，是一个抱怨不断的青年人忽而哀诉、忽而咆哮、忽而歇斯底里的发作，而非真正意义上的准备迎战。马勒的音乐确实能搅动或激荡某种心理类型的人——那种焦虑愁苦心理类型的人；而那些喜欢刚毅雄健、一往无前的人会觉得马勒的音乐令人厌烦、败兴。这是因为马勒，究其根底，是一名感伤主义者，他多愁善感；他欣赏、享受自己的苦难，陶醉其中；他沉湎于此，想让全世界都看到他是多么遭罪、痛苦。在马勒身上，教科书上关于感伤主义的定义变成了一个活生生的实例，因为马勒从没根据客体去改变自我。他是根据他的自我改变客体。

也许正是这种心理之弱，这种根基上的不安全感，构成了马勒的外在性格——他成了一个严厉、专制、易怒、狂傲之人，坚信他的道德和音乐都十分正确，以此作为一种心理补偿。他的妻子曾经说过，他老是给上帝打电话。布鲁诺·瓦尔特对他的描述是："瘦弱，焦躁，个子不高，笔直高立的前额，头发黑又长，眼镜后面是一双极为锐利的眼睛。"马勒是一名具有虐待狂倾向的狂躁抑郁症患者。乐团的乐手们都尊敬他，但都很不愿意在他的指挥棒下演奏。他是那种专挑某些演奏家个人的刺儿的指挥家，是那种在开始排练《罗恩格林前奏曲》，一个音符都还没有响起之前，就冲着乐手们大叫"太响啦！"的指挥家。他在众人里面显得很神经质，不善谈吐，没有一点社交风度。他的音乐信念不允许他承认二流水准。布鲁诺·瓦尔特讲过这样一件事：有一次一位作曲家给马勒演奏自己的新作品听，马勒很不喜欢它。他一句话也不说。这位作曲家是马勒的一个朋友，他为此而深受伤害，最后马勒一句"再见！"就结束了这次会面。瓦尔特遗憾地写道："马勒一生的各种人际关系都没有让他学会一丁点儿起码的社交礼仪，从而使这次会面有一个比较正常的结束。"当然，马勒对音乐的贡献是毋庸置疑的。他有音乐理想，倾其一生都追求这个理想。仅这点，就算得上是高尚的一生。

马勒确实把太多的东西献给了音乐——作为作曲家、指挥家、管理者，他没有多少时间去做别的事情了，包括处理各种人际关系，以及和家人的关系。他忽视了他的妻子，这让她怨恨不已。阿尔玛·马勒多年后写道："我清楚我的婚姻和我自己的生活都完全名不副实。"因为担心他自己和他的妻子，马勒还接受过西格蒙德·弗洛伊德的诊疗。1935年1月4日，弗洛伊德给泰奥多尔·莱克写了一封信，回忆了这件事：

> 1912年（或是1913年？）（实际是1910年——作者），在（荷兰城市）莱顿，我用了一个下午的时间为马勒做了精神分析。如果他向我谈的真实可信，那么我可以说我在他身上取得了不小成果。看来他来找我是很有必要的，因为那时他的妻子已经很不满意一个事实了：他拒绝和她做爱。通过对他的生活史做非常有趣的调查，我们了解了他的个人爱情状况，特别是他的圣玛利亚情结（恋母情结）。我有很多机会去欣赏这位天才人物对心理学的理解能力。在那时他的强迫性神经病的表面症状还不明显，那就好比你在一座神秘的建筑里开凿了一个贯通的竖井。

莱克由此推断，马勒的基本病症源于他太过强烈的事业心——他太渴望实现他的理想了，以至于他忘记了像别人那样生活。就在他沉迷于工作的当儿，生活从他身边悄悄溜走了。"他探究藏匿于这个世界表象背后的及之外的形而上的真相，这是他的理想。他探究起这个来从不知疲倦，那是种超验的、超自然的、

⚜ 古斯塔夫·马勒

灵魂百态，内心危机，
销魂入迷，变形扭曲。

虚无缥缈的东西，是一种绝对的、最终的、基本的、纯粹的秘密——他探究这个。他不承认，这所谓的超验大密，这形而上的奇迹，其实是不存在的。”

1860 年 7 月 7 日，马勒出生在波希米亚的卡里什特，是家中 12 个孩子中的老二。1878 年他进入维也纳音乐学院，在那儿他是个很好的钢琴家，也展露了指挥乐队的才华。毕业后，他开始了从歌剧院到歌剧院的缓慢爬升，这是一个指挥新秀的传统的奋斗之路。1880 年他当上了小城哈尔的音乐指导。翌年他去了莱巴赫（现在的卢布尔雅那）。1882 年他在奥尔米茨工作。1883 年他在维也纳（与一个意大利歌剧团）和卡塞尔，1885 年他在布拉格，1886 年他在莱比锡，任第二指挥。马勒在莱比锡待了两年，但和尼基什相处不好，就在 1888 年离开了。他的第一个重要机会出现在布达佩斯，他在那儿担任皇家歌剧院的音乐指导，从 1888 年干到 1891 年。勃拉姆斯听过他指挥的《唐璜》，大受感动。理夏德·施特劳斯也对他印象深刻，发话给彪罗："我已在马勒先生身上发现了一个非常迷人的指挥新秀，在我看来他是个高度智慧的音乐家和指挥家。"马勒的下一步是汉堡，在那儿从 1891 年直到 1897 年。彪罗在那儿见过他指挥乐队，并同意施特劳斯的见解，说："汉堡现在稳获了一名真正杰出的歌剧指挥，他就是古斯塔夫·马勒，一个来自布达佩斯的严肃而精力充沛的犹太人。依我看，他和最好的指挥家如李希特、莫特尔等人不相上下。"然后，在 1897 年，由于得到了勃拉姆斯的热情支持和鼎力相助，这位来自汉堡的 37 岁指挥家马勒被任命为维也纳歌剧院的总监。

整整十年，马勒把他的专制意志强加给维也纳歌剧院。他，就是维也纳歌剧院。他挑选、确定演出剧目和演员，他指挥了许多场演出，他亲自制作（不是写作）了许多剧本，歌剧院的一切事无巨细他都插一杠子。他甚至把自己的意志施加到观众身上。他只要用他那消瘦的、神经质的可怕面庞对着观众严厉地扫上一眼，大厅里立刻就安静下来。马勒作为一名指挥家，就像彪罗一样，话语言简意赅，手势简洁精确；也像彪罗一样，对音乐的处理充满理性和智慧。他坚持要做大量的准备工作，总是把自己和他的歌手及乐师们搞得筋疲力尽。对他来说，不存在无关紧要的细节，最最小的细节也是重要的——这是每个伟大指挥家的共识。马勒不会容忍心不在焉或粗心大意的演奏。在他追求完美的一生中，在他所遇到的所有管弦乐团中，从没有一个是让他满意的。从下面他所写的关于管弦乐团的文字中，我们可以窥见他在听觉和乐感以及音乐家精神方面的一些理念：

> 在我所遇到的每一个乐团中都存在着一些可怕的坏习惯，或者说是不应有的行为。他们不善于读乐谱上的各种标记，因此也就亵渎了一部作品的力度和内在暗含节奏的神圣法则。当他们看到一个“渐强”标记时，他们立刻就奏出“强”并且加速；当看到一个“渐弱”时,他们又奏出“弱”并且减速。他们对渐进的过程视而不见，你想找出渐次这个东西连门儿都没有,那些细微差别——中强,强,很强；弱,很弱,极弱——对他们来讲形同虚设。那些“突强”“突弱”，音符时值的缩短或延长，他们做得就更不到位了。至于当要求他们奏出谱面上没有写出的东西——这在歌剧中给歌手伴奏时非常必要且常常遇到，你就更要对每一个乐团都大失所望了。

在掌管维也纳歌剧院的十年间，马勒让这个歌剧院获得了新生，并让它扭亏为盈。因为聘用了如阿尔弗雷德·罗勒这样杰出的舞台监督，还经常招致很大的争议。罗勒要求《特里斯坦与伊索尔德》的制作特点为：形式不拘一格、自由自在，灯光效果别出心裁，很是前卫，总体感觉很有先锋派表现主义的味道。这些都引起了很大的轰动。在维也纳，马勒成了传奇人物，就连双轮马车的车夫们在大马路上也能把他指认出来，就像指认维也纳的标志性建筑之一圣斯蒂芬教堂那样。“瞧，那就是马勒！”他们在街上会指着他，告诉他们的客人说。马勒是个工作狂，分分钟都在工作。他说：“除了工作，我什么都干不了。在这些年里，我对所有工作以外的事情一概忽略了。”布鲁诺·瓦尔特总是跟不上马勒的快节奏，他说：“我和马勒在汉堡歌剧院共事两年，在维也纳歌剧院共事六年，其间我从没有过一次从那种高强度的工作中缓过来。”

1907 年，马勒去纽约大都会歌剧院准备工作两个演出季，然后在 1909 年又返回纽约，和爱乐协会（即后来的纽约爱乐乐团）签了两年的指挥合同。他的美国的经历并不让他感到愉快。他在大都会歌剧院的第二个演出季与朱利奥·加蒂－卡萨扎上任总经理后的第一个演出季刚好重合了，而后者心目中的明星指挥是阿图罗·托斯卡尼尼。随即马勒与新管理层之间产生了摩擦，尤其是当加蒂－卡萨扎把指挥《特里斯坦与伊索尔德》的演出任务交给托斯卡尼尼的时候——马勒已经为此排练过乐队并准备好了制作！很显然，在纽约的马勒可不是在维也纳歌剧院的马勒。他容忍了删节，这在他自己的歌剧院里可是不允许的事情。对于一些不理想的演出，他会找借口说，乐师们不配合他啦，排练时间、次数不够啦，等等。

好在纽约的评论圈儿里，除了《论坛报》的 H. E. 克雷比尔之外，普遍都还认为马勒的指挥能力高出（托斯卡尼尼）一筹，即便他们把马勒所指挥的他自己的作品刨出去不算。而克雷比尔是既不喜欢马勒的指挥，也不喜欢他的音乐，这其中也可能掺杂了政治因素。一些马勒专家相信,克雷比尔可能受到了瓦尔特·达姆罗什的操纵，后者是纽约的另一家管弦乐团——纽约交响乐团——的指挥。纽约的各报和音乐期刊也对马勒与爱乐协会的妇女委员会的关系大做文章。该委员会的女人们想要在演出曲目的选择上更有发言权。马勒的妻子阿尔玛后来指责这些女人图谋把马勒赶出纽约。但是阿尔玛的消息来源其实是最不可靠的。事实是，纽约爱乐的理事会对马勒的工作是满意的，认为他把乐团调教成了一个积极响应、各方配合的团体，因此他们愿意多多满足马勒的要求。只可惜天意不可抗拒，上帝一次性解决了所有人的困扰。马勒的心脏正渐渐衰弱下去，他的生命只剩下几个月了。他没能在纽约完成他的第二个爱乐演出季，就离开了纽约，并于1911 年 5 月 18 日在维也纳与世长辞。

作为一名忙碌且成功的指挥家，马勒的全部成年生活只有很少一点时间用来进行他自己的创作。他说自己只是个兼职作曲家，他的作品目录也确实不长，基本就是九部交响曲和未完成的第十部，以及《大地之歌》《亡儿之歌》和其他一些由乐队或钢琴伴奏的歌曲。他的许多歌曲和交响曲中的一些乐章，都是从阅读诗集《少年魔号》中汲取灵感而创作的，这是部民间诗歌集，由路德维希·冯·阿尼姆和克莱门斯·布伦塔诺编纂,出版于 1805 年。和许多城里人一样，马勒也喜欢去乡下采风，相信自己能在乡下养精蓄锐、恢复精力。阅读《少年魔号》诗歌集让他对奥地利民间元素有了许多认同、感悟。不过，他的音乐里并没有真正的民族主义。用“泛神论”一词来形容他的音乐可能更恰当。

和他那个时代的大量音乐一样，马勒的音乐里也暗含着标题。不过这些标题元素并不明确，比较宽泛，一如理夏德·施特劳斯的交响诗。它们一般只给总谱提供一种心理提示，或精神要旨。马勒是时代之子，即很入世的人，他也有把音乐——不仅是他自己的音乐——中的一切赋予某种标题提示的冲动，同样的冲动曾让克拉拉·舒曼把勃拉姆斯的《第三交响曲》形容为半神英雄海洛与其情人利安得的爱情故事，也让李斯特给肖邦的《f小调幻想曲》提供了一个愚蠢的标题。马勒在1896年写道："请相信我，贝多芬的交响曲也有其内在的标题，随着人们越来越熟悉这些作品，他们对其思想和情感的接续性或前因后果也会越听越明白。我的作品最终也会是这样。"在其他场合他也写过："打从贝多芬开始,就没存在过没有内在标题的现代音乐作品。"还写道："因此，从一开始就应该——在我的风格仍让听众感到陌生的时候——给听众一点提示或线索，就像沿途设立路标和里程碑那样，或说是向他们提供一张星图，供其领悟星光闪烁的夜空。"由此他写下这句话也就顺理成章了："无论何时何地，我的音乐都永远只是大自然的声音。"马勒所说的"大自然"，意指它最宽泛的含义，包括生与死、天与地、宇宙万物。他这样描述自己的《第八交响曲》："你可以想象宇宙开始了歌唱和回响。这不再是人类的声音了；这是行星和恒星在运转。"他在1896年3月26日写给马克斯·马沙尔克的一封信中，详尽阐述了他对标题音乐的想法：

> 我需要用音乐——交响乐——来表达我自己，这始于我对事物只有模糊的认知并站在通向"另一个世界"的门口的时候；这个世界的万物现在通过时空这一媒介已不再可能被相互剥离。

正如我想的那样，现在再按标题创作音乐已属老生常谈，所以我也认为，想给音乐作品附着一个标题既不能令人满意，而且毫无益处。但是又不可否认这样一个事实：机缘对音乐创作来说不可或缺，而无疑机缘是在曲作者的人生经历中闪现的，这东西其实很实际、具体，因而也就有了用明确的言辞对音乐作品加以描述的可能……

在我做了如上表述之后，您就能明白，我为什么会觉得有点难以向您说清这首《c小调交响曲》了。是的，我把它的第一乐章起名为《葬礼仪式》，如果您想知道的话，我告诉您它是我的灵魂，是我葬在其中的英雄，我把他的一生浓缩在一面清楚的镜子里，从更高的视角加以审视。与此同时，它还是对那个伟大命题的再次发问：人为什么活？人为什么受苦，为什么感到痛苦？这一切是否只是个天大的、恐怖的笑话？如果我们想要继续活下去——或者说继续走向死亡——的话，我们就必须多多少少解决这些问题。只要这一生死召唤出现在人的生活中，他就必须给出个回答，而我在末乐章里给出了回答。

接着，这封信更为详尽地描述了他的《第二交响曲》的各乐章的含义。马勒的全部音乐作品都有这种标题，他的每一首交响曲都能用“不安”“骚动”“挣扎”“搏斗”“向往”“希冀”这一类的辞藻来形容。当然，他的最早和最晚的作品之间还是有区别的；在他的《第一交响曲》的昂扬豪迈与秀肌肉，与他的《第九交响曲》和《大地之歌》结尾处的喑哑与麻木不动的悲观主义之间，还是存在差异的。渴求、向往最终让位给了听天由命。

马勒的音乐中有许多非常规的和声，这在他的《第九交响曲》中那段疯狂的、象征死亡的《滑稽曲》中达到极致。这是段怪异的进行曲，具有强力的不协和音和讽喻的性质。但是，马勒和声的大胆性、超前性被一些学者过分渲染了，这些学者生怕不能把马勒定性为瓦格纳与勋伯格之间的连接环节。而实际上，勋伯格创作于 1908 年的《五首管弦乐曲》已经大大超前于马勒在 1910 年和 1911 年创作的最后那几首作品。与此同时，亚历山大·斯克里亚宾约在 1905 年也开始弃用调号，使用四度和声而不是三和弦和声，并使用一种比马勒的任何作品都更具预见性的不协和音。

从历史的角度来分析马勒，应该能明显看出来，在美学上和技法上，马勒显然属于 19 世纪而不是 20 世纪。他的思维定式是浪漫主义的，他的作曲语言也是浪漫主义的。他的标题音乐的观念直接派生于瓦格纳对贝多芬交响曲的愚蠢诠释，也是浪漫主义的。他的庞大管弦乐队就像理夏德·施特劳斯的一样，只不过把瓦格纳的那一套向前发展了一步而已。他的和声不比施特劳斯的大多数作品更超前，而且比施特劳斯的《莎乐美》或《埃莱克特拉》的和声还落后。勋伯格、施特劳斯、斯克里亚宾，还有德彪西，这些人甚至在马勒还在世时就比他现代多了。虽然马勒的交响曲标志着古典主义模式的崩塌，但它们仍以不止一种方式继续保持着身为“贝多芬之后”交响曲的地位（即浪漫主义的交响曲）。马勒的有些慢乐章就像布鲁克纳的慢乐章那样，都在下意识地尝试重写贝多芬《第九交响曲》的慢板乐章。当然，马勒的交响曲不具有贝多芬交响曲的那种组织严密性，而是结构松散。它们也缺乏贝多芬交响曲的那种对情绪的把控，这是不言而喻的。马勒交响曲的那些臃肿庞大的舞曲乐章是对早期奥地利民间音乐的一种多愁善感的回忆或重新唤起，充满奥地利农民意象及连德勒舞曲，其淳朴简单的曲调由马勒的庞大乐团如此厚重地演奏出来，洋溢着真诚。（德彪西有段话也许说的就是马勒的这种音乐："目前有一种时尚，让民间曲调迅速传遍音乐界：从东到西，连那些最小的村庄也都被'洗劫'了，那些由头发花白的农民嘴里哼出来的简单小调被收集起来，然后被管弦乐化，被饰以花里胡哨的和声配置，然后就粉墨登场了，让这些老农民听得目瞪口呆。"）马勒的那些宇宙般的乐章是歇斯底里的。面对这样一个无穷尽的巨大无限，一个被吓坏了的、备受折磨的马勒彻底畏缩了。但除去这些，马勒大多数交响曲中还是有一些华美段落的，这无疑显示出马勒作为音乐家要比作为深刻的思想者出色得多。在其最感人的作品《大地之歌》中，马勒总算有一次构筑起一座像模像样的大厦，做到了题材与体裁的统一，情感与形式的匹配。这部作品的悲伤情绪和"来世"气质听起来真切自然，不做作牵强，最后一首歌宛若向音乐浪漫主义的尽头道别，也像是对他自己生命正在到来的尽头问好。但若想把马勒树立为现代主义的象征（许多人已经尝试这样做了），则是误解了现代主义，也误解了马勒。马勒对生命的叩问，对人生的质疑其实是很陈腐老套的，不比狄更斯笔下的那位赛瑞·甘普说的话更深刻："生命就是这么回事儿，所有东西完蛋时都是这样儿。"

在19世纪和20世纪之交，德国还出现了一位傲然向后看而不是向前看的作曲家马克斯·雷格尔。此人是"回归巴赫"运动的中心人物。他几乎是孤军奋战，他的音乐在德国以外几乎无人知晓。如今在德国他的作品也不怎么演奏了。对 20 世纪后半叶的大多数评论家来说，他们显然只通过《莫扎特主题变奏曲》或《希勒主题变奏曲》等作品才知道有雷格尔这个人。在他们看来，雷格尔是个怪物，创作充斥着无厘头赋格的臃肿乐谱。一提起雷格尔这个名字就会引起他们的条件反射："赋格来啦！"马勒和布鲁克纳的音乐如今享受着大规模的复兴，可是同样勤奋工作且作品庞大的同期作曲家雷格尔现今却备受冷落，只出现在评论家列出的"最不受欢迎的十大作曲家"的榜单上。

可是在生前，雷格尔很有名气。他是个高傲自大之人，说话爽快，且不知何故被人认定为一名超现代主义者，个中原因在今天看来很难辨识。他于 1873 年 3 月 19 日出生在巴伐利亚的布兰特，是个神童，16 岁就成了职业管风琴师，在慕尼黑当了多年教师，在莱比锡音乐学院做了教授，还是个钢琴家和指挥家。1916 年 5 月 11 日，43 岁的雷格尔死于心脏病发作。

雷格尔把创作具有巴赫和贝多芬精神的音乐作为自己毕生的使命。他在 1914 年写道："我可以凭良心讲，在所有在世的作曲家中，我很可能是最接近那些大师的一个；在我们拥有的丰富音乐遗产的传统中，这样的伟大音乐大师有一批呢。"他猛烈地抨击"那些瓦格纳主义者和施特劳斯主义者的变态垃圾"。当时大多数其他的德国作曲家都遵循柏辽兹—李斯特—瓦格纳这样一条发展路线，而雷格尔的音乐祖先始于巴赫，然后通过贝多芬到门德尔松到勃拉姆斯发展过来。作为一名发达于后瓦格纳时代大管弦乐团时期的浪漫主义者，雷格尔毫不犹豫地使用大型管弦乐团。他

⚜ 马克斯·雷格尔

他回顾而不是前瞻。

勃拉姆斯敢根据一个海顿主题写出一串儿直白而抒情的管弦乐变奏，我雷格尔就敢把莫扎特《A 大调钢琴奏鸣曲》的开头主题拿过来展开一串儿大规模的变奏，最后高潮定格在一个巨型的赋格上。他这主意和勃拉姆斯的如出一辙，但他执行起来如遇千山万水，演奏起来如赴汤蹈火般受罪——太庞大了。如今有些以德国音乐为衡量标准的音乐家仍然欣赏他这种作曲方式，但正是如《莫扎特主题变奏曲》这样的总谱才给雷格尔带来了坏名声，让今天的大多数音乐家都认为它们是哗众取宠品位的集大成者。瞧瞧吧，莫扎特那个优美纤巧的主题竟被披上了如此奢华考究而又步履沉重的外衣！也被强加了如此浓妆艳抹、香味浓烈的和声！

但是《莫扎特主题变奏曲》还根本不是雷格尔创作的典型；

这曲子只代表了他创作的一个方面。他的大量作品都不具有对位性。他的室内乐——代表作之一是《单簧管五重奏》——不过是极度半音化了的勃拉姆斯音乐,这就如同他的《f小调钢琴协奏曲》只不过像是勃拉姆斯的《降B调钢琴协奏曲》的加强版——在规模和音响上更大、更强了。这么说并不意味着雷格尔只是模仿勃拉姆斯,实际上他的半音处理就极具个性化。他的有些半音听起来很像戴留斯的音乐,此人在"一战"前的德国很受欢迎。雷格尔的旋律也尽量保持纯真,尽管它们具有浓郁的后期浪漫主义的亮丽光泽。在技法上,雷格尔是大师级的。雷格尔还有一面体现在无伴奏的小提琴奏鸣曲上。这位让众多音乐家以为他只擅长赋格和庞大厚重的管弦乐的作曲家还写过一组微型的奏鸣曲,没有一首的演奏时间超过五分钟,个个儿写得那么精美和魅惑。他的歌曲和钢琴曲也是了得,在反映时代的同时,既雅致也常常很优美。雷格尔缺乏成为伟大作曲家的那种创造性,但是他的技法做工稳固扎实,他的质朴诚实的旋律储备防止了他的音乐跌落至过于低级,赢得了专业人士一定的敬重。雷格尔与许多浪漫时期和后浪漫时期的较次要作曲家一样,处在了美学观从客观主义向主观主义过渡的这么一个时期,在他的音乐开始得到重新审视之前,这一美学观的转变是必然要发生的。

雷格尔还是一个勇敢而精力旺盛的斗士,总是毫不犹豫地直陈自己的想法。有一则轶事与他打发一名音乐评论家有关,他由此获得了一个美名:完美的厕石。他读了一篇关于自己一首作品的评论文章,感到很气愤。不久那个评论者收到了来自雷格尔的一封便笺:"亲爱的先生,我正坐在我家那个最小的房间里,您的评论就在我的面前。很快它就将在我的屁股后面了。”雷格尔生前并不缺乏支持者。阿诺尔德·勋伯格把他的音乐看得很高，对他充满敬意。指挥家弗里茨·布许经常上演他的作品，他认为雷格尔是勃拉姆斯之后最伟大的作曲家，把雷格尔描述为“一个高得出奇的男人，有一双小脚和一张丑丑的、孩子般的脸”。布许有一次邀请雷格尔参加在巴德皮尔蒙特举行的一场音乐会。他告诉雷格尔此次音乐会没有酬金，但是王子会颁给他一枚奖章。雷格尔想知道到底是哪种奖章。“他想知道是不是那种艺术与科学的金质奖章？是不是那种很大的金质奖章？是不是那种带红色缎带的大金质奖章？”雷格尔在巴德皮尔蒙特逗留期间，公主问他为什么弹“爱巴赫”（Ibach）牌钢琴而不是斯坦威牌钢琴，雷格尔一如既往地实话实说，瓮声瓮气道：“您要知道，殿下，他们付给我更多的钱。”

· 30 ·

象征主义与印象主义

——克洛德·德彪西

CLAUDE DEBUSSY

有一句法国谚语这样说："荣耀给当之无愧的人。"这并不是说克洛德·德彪西在生前缺乏荣耀。但是这个法国人被公认为他那个时代最伟大的法国作曲家却经历了一个缓慢的过程。不过今天他的荣耀远不止这些了。人们认为他不仅是有史以来最伟大的法国作曲家，还是一位音乐革新者，正是他在1894年创作的《牧神午后前奏曲》开启了20世纪的音乐之路。现今，年轻一代的音乐评论家们在探讨克洛德·德彪西的贡献时，个个眉飞色舞。他们说，他是那个摧毁了19世纪滥情夸饰的音乐语言的革命者；他的和声与旋律创新导致了19世纪通用音阶的瓦解；他的管弦乐配器新观念直接启迪了威伯恩；他的钢琴音乐给了钢琴家们更多的思考和探索空间，其维度远大于自肖邦以来的任何其他作曲家；他还是那个为声音而声音的纯粹声音的力量的挖掘者和探索者，声音功能的重新确立者；他是音乐的兰波和魏尔伦[1]，

---

[1] 法国诗人。

是音乐的塞尚[1]。皮埃尔·布列兹,那位序列音乐流派的直言阐述者，这样写道，德彪西的某些晚期作品“将比威伯恩的最后作品更令人惊异”。在布列兹看来，这些德彪西的晚期作品简直把过去的一切音乐构成元素全部抛弃了，它们“完全推翻了那些一直静静地存在至今的音乐理念”。布列兹还说，甚至早在写《牧神午后前奏曲》的时候,德彪西就“抛弃了全部瓦格纳的沉重遗产……德彪西的音乐存在排除一切学院性”。

德彪西是最伟大的印象主义音乐家，虽然使用象征主义这个词可能更好一些。那些印象派的画家——马奈、莫奈、塞尚、雷诺阿、毕沙罗，以及其他“无名艺术家协会”成员，有画家、雕塑家、版画家等——在 1874 年至 1877 年举办过三次闻名的画展。1877 年之后，“印象主义”这种叫法开始出现。它源自莫奈的一幅油画《日升——印象》。德彪西不喜欢把这个术语同自己的音乐联系起来。实际上，他在绘画方面的品位更偏向惠斯勒和透纳，而不是印象派画家。那些象征主义诗人如马拉美、魏尔伦、兰波、梅特林克，比绘画更吸引德彪西，对他也意味着更多。另一个让他着迷的作家是埃德加·爱伦·坡，他迷住德彪西就像迷住所有法国象征主义艺术家那样。德彪西曾根据爱伦·坡的《厄舍古屋的倒塌》写了一部管弦乐曲，还在 1908 年和大都会歌剧院签过一份合同，创作根据爱伦·坡小说同名的歌剧《厄舍古屋的倒塌》和《钟楼里的魔鬼》，以及一部非爱伦·坡题材的歌剧《特里斯坦的传奇》。不喜欢归不喜欢，印象主义还是和德彪西永远纠缠不

[1] 法国画家。

清了，而且纠缠得有根有据。恰如印象派画家发展了光与色的新理论，德彪西也发展了音乐中光与色的新理论。德彪西像印象派画家和象征派诗人那样，尝试捕捉转瞬即逝的印象或心绪，尝试尽可能简洁直接地定格一个念头或乐思的精髓。他对感性、感觉的兴趣远大于对古典形式的兴趣。他从一开始就是一个感性的男孩，然后长成一个感性的男人。还是一个孩子时，他的品位就颇像个贵族。在波旁诺那家著名的糕饼店里，他的小伙伴们都大吃大嚼那种最便宜的糖果，因为都只有一点零花钱；而小德彪西会选一块小小的三明治，或是一小点加通心粉的气鼓饼，或是一小块精美的糕点。长大后他的生活品位同样高雅精致。他的居住环境里都是精美的印刷品和书籍。他是个美食家，尤喜美味的鱼子酱。他爱捯饬自己，穿着时髦到类似纨绔子弟的地步，领结、披风、宽边礼帽一样不落，全经过精心挑选。他很清楚自己想买的东西是什么，直奔它而去，精准拿下，不顾其余。

德彪西 1862 年 8 月 22 日出生在巴黎城外的圣热尔曼昂莱。这个男孩儿的长相很有特点，高高凸起的两块额骨像是有两个额头。年仅十岁他就是个出色的小钢琴家了，并被巴黎音乐学院录取。两年后他就能把肖邦的《f小调钢琴协奏曲》演奏得非常棒了。此时他开始作曲。他没有亲近的好友，一个同学形容他“沉默寡言，不善交流，更别说讨巧了；他对同学们没有吸引力”。他师从阿尔弗雷德·拉维尼亚克学习音乐理论，跟安图瓦娜·马蒙泰尔学习钢琴，随埃米尔·杜朗学习和声，跟埃内斯特·吉罗学习作曲。甚至在学生时代，他就已经露出反叛者的天性，所谓“天生长着反骨”，老爱质疑，毫不犹豫地向年长者提出令人尴尬甚至气恼的问题。在音乐学院塞萨尔·弗朗克的课上，德彪西总是畏缩在角落里。正检查德彪西做练习的弗朗克会对他说："转调啊，快转调！"可德彪西面对这位著名且令人敬畏的大师竟然说出这样的话："我待在这个调性里可舒服了，凭什么我要转调？"此话一出，全班大惊失色。他还取笑弗朗克，称他为"转调机器"。在吉罗的作曲课上，他会坐在钢琴前弹出一些很怪异的和弦，并且拒不化解它们。被惹恼的老师问他你这是根据什么规则？德彪西简单回答："根据我的兴致。"尽管如此，德彪西的才华还是得到了认可，在摘取了许多奖项之后，他终于在1884年赢得了最高奖——罗马大奖。

德彪西慢慢变成了一个心态复杂和矜持寡言之人，人们很难猜透他的心思。他的朋友很少，密友更是寥寥无几。埃里克·萨蒂和皮埃尔·路易是他的密友。他的私生活非常隐秘，而且颇为糟糕——至少按常规的行为准则来说是如此。1887年他从罗马回来后，与加布里耶拉·杜邦同居在一起，生活了十年。这个绿眼睛的女人来历不明，没人知道她的底细。他和她住在蒙马特尔旁边的一间很破旧的屋子里，在这十年里她照顾他，支持他。（她是做什么的？是洗衣妇吗？是女店员吗？是家务工吗？没人知道。）她替他把讨债人赶走。而他对她的回报就是在1899年同罗莎莉·泰克西耶结婚。其实在此之前，他就对她不忠过，加布里耶拉在一次和他吵架后开枪自杀。但她活了下来，短暂回到了他的身边，然后神秘消失了，就像她走进他的生活一样神秘。真正"来无影去无踪"。多年后，钢琴家阿尔弗雷德·科尔托在鲁昂的一所剧院里见到过她，她穿着剧场服务员的服装。

德彪西与罗莎莉的婚姻没有维持多久。他后来说过，罗莎莉的嗓音让他受不了，听着浑身就发凉。他在1904年抛弃了她，又去追求已婚的爱玛·巴达克。此事让罗莎莉和加布里耶拉一样，也开枪自杀。德彪西在1905年和爱玛结婚，巴黎知识界的大多数人士都站在罗莎莉一边，认为德彪西是为了钱才和爱玛结婚的。爱玛比德彪西年龄大，还有几个成年的孩子。她和德彪西生了一个女儿，小名楚楚，德彪西非常喜欢她——在她和银行家拉乌尔·巴达克离婚之前。虽然德彪西很可能对她的钱感兴趣，但他也喜欢她本人，对她尽了他喜欢人的能力。毕竟爱玛是个歌唱家，是个聪明、机智、世故、有艺术气质的女人，而罗莎莉只是个甜美、笨头笨脑的乡下女人。

在各个方面德彪西的品位都与其他男人不同。当时全欧洲的音乐界都在崇拜瓦格纳，德彪西却对这位德国大师的歌剧冷嘲热讽，并且毕生都与瓦格纳主义战斗。萨蒂在帮助德彪西摆脱瓦格纳主义的影响进而走上“更纯正”风格的创作道路方面起到了最后一推的作用。埃里克·萨蒂（1866—1925）是个脾气古怪的钢琴家兼作曲家，他在黑猫咖啡馆弹钢琴娱乐顾客，并努力为自己在法国艺术生活中赢得了一个显赫的位置。他创作一些质朴简练的短小曲子，用的是“白键”和声。他也极力反对瓦格纳主义，主张创作一种从某种意义上说是反音乐的音乐作品，他是故意要这么做——反常规。他的“装饰音乐”只管演奏，而不在意是否有人听，就像是对着墙纸视而不见。萨蒂是早期的达达主义者和超现实主义者之一，他的作品标题也是超现实主义得厉害，比如《梨形三曲》《消瘦的雏形》等。他的音乐是连接夏布里耶和普朗克的桥梁，具有鲜明的个性。萨蒂终其一生都在影响着法国的先进音乐学派，首先是德彪西，然后是“六人团”的作曲家们。他代表了与传统的彻底决裂。

德彪西和萨蒂最初是在黑猫咖啡馆走到一起的，时间在1890年前后。

> 当我初次见到德彪西的时候（萨蒂后来写道），他浑身都是穆索尔斯基的味道，并且正在谨慎探索一条发展道路，这对他来说并不容易。在这个问题上，我比他先进很多。我没有因获得罗马大奖或其他什么奖而带来的思想负担，因为我没得过任何奖，所以一身轻，像天堂里的亚当一样懒懒散散，自由自在。当时我正在为约瑟夫·佩拉当的剧本《星之子》谱写音乐，我向德彪西解释说，我一点也不反对瓦格纳主义，但如果可能的话，我们仍应该发展我们自己的音乐，不带着一点德国酸白菜的味道。我们为什么就不能利用克洛德·莫奈、塞尚、图卢兹-劳德累克等画家的那种理念和方法呢？我们为什么不能把他们的方法移植到音乐上来呢？这再简单不过了。

德彪西自己也独立得出了相同的结论。早在1894年他就发现自己和瓦格纳的“恋爱”走到尽头了。“我作为一名热情的访客去了拜罗伊特好几次后，开始怀疑瓦格纳的那一套规则，我觉得它只适合于那位作曲家的那种特定天才，是特例，不是共性。瓦格纳是各种各样陈词滥调的集大成者，他把它们捏合起来总结出一套规则唬人，只有不太懂音乐的人才觉得它真了不起。”德彪西得出结论：有必要超越瓦格纳，而不是跟着他亦步亦趋。德彪西开始越来越多地在穆索尔斯基而不是瓦格纳身上找灵感。他在俄罗斯听过穆索尔斯基的音乐，他在1881年去过那里，作为娜杰日达·冯·梅克夫人（柴科夫斯基的赞助人）的孩子们的钢琴老师在那儿住过一段时间。当梅克夫人发现德彪西爱上了自己的大女儿索尼娅后，她就把他打发回家了。另一个极大影响了他、极大触动了他感性神经的音乐因素是爪哇人的加美兰管弦乐队，他在1889年的世界博览会上欣赏了它演奏的一种充满东方色彩、异域风情的音乐。当时他写道，爪哇人的音乐所使用的对位“和帕莱斯特里那的对位比较起来，后者的对位简直就是儿戏”。原始音乐和中世纪音乐总能让德彪西兴奋起来。

由于拥有这样超精致的品位，德彪西相应地也不喜欢大多数作曲家。勃拉姆斯对他而言一无是处，柴科夫斯基令他反感，贝多芬让他感到乏味。打从莫扎特起就一直风行的奏鸣曲式，他几乎不用。他认为交响曲作为一种体裁已经死亡。“我觉得，自贝多芬以来，交响曲的无用和无益已经得到了证明。舒曼和门德尔松也只是谦恭地重复同样的形式，已无多少激情和力量可言。”而他德彪西的音乐则充满个性，几乎可触摸，全是触觉和感觉，学院派们大声疾呼它“取消形式了！没有秩序啦！”德彪西的音乐缺乏对和弦的“适当”解决，调性开始被他打破，主调音乐开始被他瓦解，某些20世纪的曲式概念和技法通过他首次得到展示。德彪西是瓦格纳之后第一位以全新风格创作的作曲家，他的《牧神午后前奏曲》在音乐史上拥有堪与贝多芬的《英雄交响曲》和

德彪西照片，皮埃尔·路易摄于1896年

蒙特威尔第的《奥菲欧与尤丽狄茜》相媲美的同等地位。这几部划时代的作品中的每一部都昭示着，旧有的规则已不再适用一切。

德彪西的音乐思维是全新的。“我越来越坚信一点：音乐，就其本质来讲，是不能被锁进传统和约定俗成的曲式的。音乐是由千变色彩和节奏组成的，它不可能被一定之规套住。余下的全是由那些僵硬死板的白痴发明的一大堆水货，这些人骑在大师们的背上蒙事儿骗人，而那些大师多数也只写些时代性的音乐，只有巴赫写了些纯真永恒的音乐。”别人的音乐，德彪西喜欢的少之又少，而且对于他的同代以及上一代的法国作曲家，他也同样瞧不上，这就如同他瞧不上过去的某些作曲大师一样。在他眼里，马斯奈是“一位擅长迎合低级趣味和业余水准的大师”。《浮士德》遭到了古诺的“屠杀”。莎士比亚的《哈姆雷特》“受到了昂布鲁瓦斯·托马先生的最不幸的处置”。夏庞蒂埃是“彻头彻尾的低俗”。总之一句话：“我们法国的音乐太可怜了！它已经被拖入了泥潭！”

德彪西称自己为一个“法国作曲家”，这话不是说着玩儿的。首先这个标签高傲表明了他的反瓦格纳态度，后来还把他在“一战”期间的反德情绪包括了进去。无论如何，他的音乐的实质都是法兰西的。他曾经把法国音乐的清晰与优雅和德国音乐的冗长与厚重做了比较，借此详尽阐述了高卢人的理想。“对法国人来说，精致细腻层次丰富是智慧的体现。”一个法国音乐家不应该把大轰大响大鸣大放层层叠加，这太不法国了。艺术家应该善用自控力。那时，德彪西正在寻找合适的歌剧脚本。“我梦想着碰到这样一个诗剧，它不迫使我绞尽脑汁去设计冗长而厚重的场景，而是提供给我一些按其地点和角色的诗情画意自然发展的情节，剧中人物并不相互冲突争斗，而是顺从于生活与各自命运的天定安排。”

这些话是在1889年写的。1893年，他终于找到了他梦中理想的诗剧：莫里斯·梅特林克的戏剧《佩雷阿斯与梅丽桑德》，创作于1892年。德彪西读后欣喜若狂。它完全符合他理想的脚本标准。早在音乐学院当学生时，他就在寻找一个“没地点、没时间、没大场面”的脚本。他对他的老师说，歌剧中的音乐元素过于突出了，歌唱过多了。“只有在需要时，人声才应该绽放出歌唱。

我理想中的描绘应该是灰蒙蒙的，就像一幅油画用灰色的调子绘成。”德彪西还说：“不应该有只为发展而发展的发展部。”《佩雷阿斯与梅丽桑德》就像是专为德彪西定做的，他立刻请求作者梅特林克同意他把它谱成音乐——这是一个无名小卒的曲作者向一位世界闻名的大剧作家提出的迫切请求。其结果是，十年后，诞生了一部歌剧杰作。这也是德彪西和梅特林克合作得很痛苦的一个时期，宛如一出误解、谬见、自尊心受伤、苦涩、悲壮和纯粹犯傻的闹剧。

起初两人还相处得十分融洽。德彪西去拜访梅特林克，商量脚本的事。他后来给一个朋友写信说，梅特林克起初“就像个小姑娘正被介绍给她未来的丈夫那样腼腆”。德彪西发现梅特林克很可爱，总的来说知识丰富，但音乐上不懂。“当他谈到贝多芬的一首交响曲时，就像一个盲人在逛画廊。”德彪西在1895年完成了总谱，不满意，推倒了重来。直到1901年他才谱完了最后一页。在此期间他出版了他的《弦乐四重奏》，三首管弦乐夜曲，一些令人耳目一新的歌曲，已然是位著名作曲家了。

可是，当他把总谱弹给梅特林克听时，这位戏剧家感到十分乏味，几度要睡着。他妻子乔吉特·勒布朗不断捅捅他，要他别睡着。勒布朗是位女演员，因在梅特林克戏剧中的出色表演而获得明星地位。她还是位歌唱家，希望在《佩雷阿斯与梅丽桑德》歌剧中扮演梅丽桑德一角儿。麻烦就此产生。根据她的描述——大多数人相信她的描述——德彪西对她提出由她唱首演的提议很是“醉心”，他们还一起排练了几次。但是巴黎喜歌剧院的经理阿尔贝·加雷却另有想法。他想要玛丽·加登出演此角儿，并且加登就得到了任命。这事儿梅特林克和勒布朗都被蒙在鼓里，直到有一天他们读了报才知道。这下子可捅了马蜂窝。梅特林克立刻出面，试图制止这部歌剧的制作排练。德彪西否认自己曾答应过由勒布朗出演此角儿。于是梅特林克把德彪西告上法庭，但法院偏向德彪西。收到法院判决后，梅特林克大发雷霆，挥舞手杖威胁要把德彪西暴打一顿。盛怒之下，梅特林克从他家窗口跳出去——不像听起来那么吓人，因为他住在一层楼——直奔德彪西家，破门而入。德彪西可不是什么英雄好汉，面对这个面目狰狞吹胡子瞪眼的梅特林克，他不敢迎战，缩在了一个沙发里。他老婆手持嗅盐冲向梅特林克。梅特林克受挫不得不离开，说道："这些音乐家，个个是疯子，全是神经病。"有传闻说，德彪西和梅特林克有过决斗，还有说加雷和梅特林克有过决斗。但实际上没有决斗。梅特林克去找了算命先生。他说他不相信先知先觉，但现在他不得不信，因为算命先生给他的答案没人能辩驳得了。算命先生说："自然的力量非常平衡、均匀。依照人类的逻辑是无法预测结果的。"

这件事的结局是，梅特林克给《费加罗报》写了一封公开信，告诉公众这部歌剧即将上演是违背他的意愿的。他控告德彪西"专横无理而荒唐地"删节了脚本。在这种情况下，梅特林克说，"我只能希望它遭到立刻而决定性的失败"。

梅特林克的希望几乎实现了。《佩雷阿斯与梅丽桑德》在1902年4月30日的首演没有获得成功，但它招致了大量的评论。尽管如此，它不久还是立住了脚，即便有些优秀的音乐家——尤其是德国的音乐家——被它搞得很困惑。因为它太与当时德国人

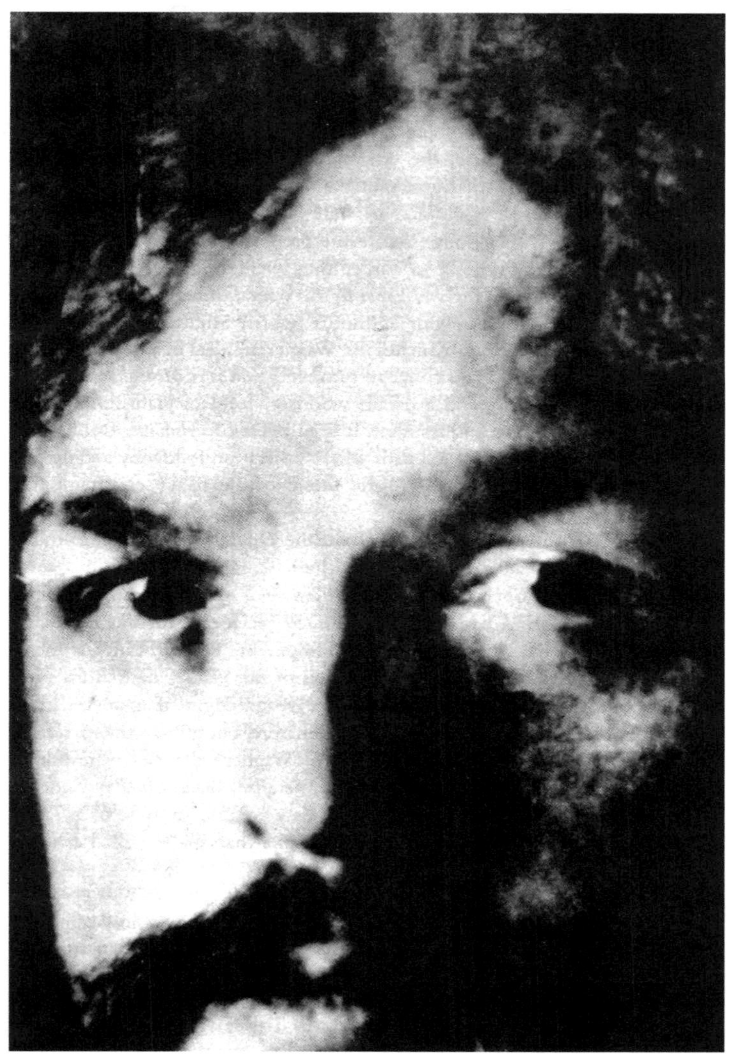

⚜ 德彪西，皮埃尔·路易拍摄

"他的目光好像总是快速地从一个点射向另一个点，再射回来，就像动物专注搜寻猎物时的那种眼神。"

的歌剧观背道而驰了，没有一点德国人认为的合理的地方。理夏德·施特劳斯和罗曼·罗兰在1907年观看了一场《佩雷阿斯与梅丽桑德》的演出，后者叙述了当晚发生的一些很有趣的事情：

> 施特劳斯在第一场结束时才姗姗到来，坐在拉威尔和我之间的座位上。让·马诺尔和列奥奈尔·德·拉诺朗西这两位音乐评论家坐在我们后面……施特劳斯以他平常就无视礼节习俗、不拘小节的风格，几乎只和我说话，向我耳语谈了他对《佩雷阿斯与梅丽桑德》的印象。（报纸上的各种流言蜚语让他成了不轻信之人。）他全神贯注地观剧，手持着观剧望远镜，关注着舞台上和乐池里的一举一动。可是他一点都看不懂。第一幕过后（头三场），他说："自始至终都是这样吗？""是的。""没有别的了吗？空洞无物不是吗？没有音乐啊。根本就不连贯。没有乐句，没有旋律，没有发展部。"马诺尔尝试加入我们的谈话，以他惯常的粗声大嗓说："当然有乐句和旋律,只不过它们以普通听众欣赏不了的方式存在着。"施特劳斯没有发火，但很有尊严地回答："可我是音乐家呀，我也什么都没听出来。"

时至今日，听惯了正统歌剧演唱的听众仍会做出像施特劳斯那样的反应。《佩雷阿斯与梅丽桑德》从没取得过像威尔第、普契尼和瓦格纳歌剧那种意义上的成功，普罗大众远不像欢迎后三者那样欢迎德彪西的歌剧。《佩雷阿斯与梅丽桑德》过于清丽幽雅了，过于不热血沸腾了。而正是这些特质迷住了小众们，他们认为《佩雷阿斯与梅丽桑德》是有史以来最微妙细腻、最气韵迷蒙的歌剧。它摈弃了一切传统的咏叹调，以剧中人物的说唱式吟诵取而代之。首演之前，德彪西把全体演员召集在一起，恳求大家一定要忘掉自己是歌唱家。虽然这部歌剧也是那种集成歌剧，在理论上很接近瓦格纳的融音乐、戏剧和舞美设计等于一体的理想，甚至也有完整的主导动机（这是施特劳斯很得意地指出的），但是，它的声乐线条的祖先不是瓦格纳而是穆索尔斯基。此外无论在音响还是在观念上，《佩雷阿斯与梅丽桑德》都与瓦格纳迥然不同。它被设定在一个梦幻的世界里，声音总处在很弱（pianissimo）的状态下，音色很透明、清丽，微妙细腻，矜持有度。这是一部典型的感觉、感性歌剧，注重的感官的感觉，心里的感受。德彪西对它很满意。“我已尝试开辟了一条道路，其他人可以跟进，通过加进他们自己的发现、通过把戏剧音乐从传统的沉重枷锁中解放出来而拓宽这条道路，戏剧音乐披戴这副重镣已经够久的了。”

在《佩雷阿斯与梅丽桑德》首演几年之后，他为巴黎喜歌剧院写了一份这部歌剧的介绍文字，读来颇有意思。他说他以前总想创作一部歌剧，这念头萦绕脑际挥之不去。“但是我希望采用的形式要与别人的迥然不同，因而多次尝试之后我几乎放弃了这个念头。以前在纯粹音乐方面的探索导致我憎恨那种古典式的发展部，其音乐之美其实只是玩技巧的产物，其趣味也只是我们这一阶级中那些所谓高雅者的‘雅趣’而已。我想要的音乐是这样一种音乐，它尽情享受自由，其自由度也许比其他艺术门类都要大；它不局限于单纯复制自然界，而是神秘地介于自然界与想象之间。”显然瓦格纳的那套理论不能给出他想要的答案。“关键是我们要在瓦格纳时代之后去发现什么，而不是按照瓦格纳的方式去发现什么。”梅特林克的剧本符合了德彪西的想法，因为“尽管它的氛围富于梦幻，但仍比那些所谓的记录人生之作更加人性化得多”。德彪西说，在他的《佩雷阿斯与梅丽桑德》中，他尝试：

> 遵循一种在处理戏剧音乐时似乎特别被忽视了的美学法则。我这部歌剧中的人物都努力像现实生活中的人那样歌唱，而不是用那种建立在传统基础上的专断歌剧语言来歌唱。所以才招致指责，说我的这种演唱方式是单调的吟诵，没有旋律的痕迹，是故弄玄虚……我首先要说，这不是事实。第二，一个人的感觉是不能持续用旋律来表达的。第三，戏剧旋律应该完全有别于一般旋律……去剧院听音乐的人其实很像聚在街头听街头歌手唱歌的人。在街头，人们花一个便士就能陶醉在旋律带来的情绪中。……特别讽刺的是，这个公众群体平时大呼小叫地要求推陈出新，可真见到新鲜事物时却又惊惧恐慌起来，对我尝试摆脱旧俗和传统歌剧无聊噪音的努力冷嘲热讽……这真是莫名其妙。但请各位不要忘记，任何艺术作品或创造美的努力总会被有些人视为对个人的冒犯。

《佩雷阿斯与梅丽桑德》没有后继者，没有效仿者。它独一无二，而且始终“仅此一家别无分号”。德彪西本人从没做出很多努力去推介这部歌剧，或确切说他的任何一部作品。他对生活抱着“我不介意，无所谓，怎么都行”的低调态度。总的来讲他不太喜欢和人交往，仅这一点就阻碍了他和别人的联系，而大多数作曲家为了推广自己的音乐，都把交际视为不可或缺。1894年斩获罗马大奖后他不得不住进美第奇庄园，这让他十分痛苦。他厌恶这个庄园别墅，厌恶他的同学，厌恶罗马，并提前逃回巴黎，没有完成被他说成是“强制劳役”的三年学业。德彪西总是那么异常敏感，很容易被人冒犯和冒犯别人，敏感到病态的程度，与不认识的人一起会让他感到很不舒服。当然他也厌恶抛头露面，厌恶指挥乐队，厌恶在音乐会上演奏钢琴。他宁愿和猫——而不是和人——在一起，身边总有几只暹罗猫陪伴。或许他从猫身上看到了他自己天性中的矜持、独立和缺乏道德的一面。德彪西确实具有一只公猫那样的习性和德行，他性格中有些猫科动物的成分。他的体态并不像猫，他矮胖，肌肉松弛，不结实，脸色苍白，懒洋洋的样子。他的眼睑浓密，睫毛很长，额头宽大突出。他的胡子让人想起意大利文艺复兴时期绘画中的许多耶稣像。他梳理头发试图遮掩自己的大脑门儿，但不奏效，还被人称为“患脑积水的耶稣”。他的长相确实与众不同，柯莱特说他有“潘神一样的脑袋……当他死死地盯住一个人或东西看时，他的目光好像总是快速地从一个点射向另一个点，再射回来，就像动物专注搜寻猎物时的那种眼神”。德彪西也像猫那样放纵自己，只考虑自己不为他人着想。“我不知道他的自私自利何时才能有所缓解，”他的校友保罗·维达尔写道，“他一点都不能做出自我牺牲。谁也休想控制他、‘绑架’他。他的父母并不富裕，但他没有把自己教课挣的钱交给他们，而是给自己买了许多书籍、古玩、蚀刻画一类的东西。他妈妈给我们展示过塞满了这些东西的好几个大抽屉。”他向朋友们“借款”时，他们心里也都清楚这是“肉包子打狗，有去无还”。

德彪西还是个大烟鬼,是个不快乐的享乐主义者,是个讽刺家、感性主义者。由此，他挑选朋友时十分挑剔。马塞尔·普鲁斯特（法国大作家）很欣赏德彪西，很想多了解他，有一次甚至在路上堵截到他，用自己的马车送他回家。不过，这两位典型的伟大感性主义者的相识并不愉快。普鲁斯特抱怨德彪西不专心听他讲话，老是走神儿。德彪西认为普鲁斯特“讲话语速太慢，且像房门老太太那样唠唠叨叨没完没了”。尽管如此，一贯自命不凡的普鲁斯特还是执拗地邀请德彪西出席一个晚会，以表达对他的敬意。可是德彪西谢绝了，说：“我知道自己是个鲁莽的人，我更喜欢咱们在一家咖啡馆里再见。请不要责怪我,我生来就是这么个人。”

他还生来就是个音乐天才呢。他拥有两只音乐家中最敏锐的耳朵。还没有哪位作曲家比他对哪个和弦有着更无误的直觉，并向其提供最精准贴切的相应色彩。层次丰富细腻、微妙多变的斑斓驳杂的色彩,使德彪西的音乐,尤其是他的钢琴音乐,独树一帜。德彪西创作了大量的钢琴作品，既有比较传统的《钢琴曲》，也有艰深严峻的《练习曲》。他的钢琴音乐和他自己演奏钢琴的方式一样独特。意大利作曲家阿尔弗雷多·卡塞拉在听德彪西弹钢琴时张口结舌：“他演奏的某些他的《前奏曲》简直无法用语言来描述。他并不具备技巧专家的那些华丽炫技，可是他的触键极度地敏感细腻。人会有这样的印象，仿佛他是在直接拨弄钢琴的琴弦似的，而没有借助琴键和音槌的机械作用。他脚踩踏板之细腻微妙前无古人。他这样做的结果便是：纯粹的诗。”

德彪西看到这些话应该是高兴的。他的目的就是要把钢琴从敲键的那种机械打击乐般的音响中解放出来。这意味着他的弹琴方法得自肖邦而不是贝多芬。“我终于完全彻底地相信了，”他在1909年写道，“贝多芬的钢琴音乐无疑写得很糟。”在写给钢琴家玛格丽特·隆的信中，他说：“我从心底厌恶莫扎特的钢琴协奏曲，但它们比贝多芬的钢琴协奏曲还稍好些。”还是肖邦对头，他通过踏板效果和触键的细腻多变，向人们展示了钢琴是如何被造出来“唱歌”的。德彪西在此基础上更进一步。他坚称钢琴发声就应该好像它“不带音槌儿似的”，手指头应该“渗透到音符中去”。通过使用踏板也要取得效果，德彪西称为“呼吸的踏板”（或“踏板呼吸法”）。从1903年起，他开始创作一连串成熟的钢琴作品。在《版画集》、《欢乐岛》、《意象集》、《儿童乐园》、两部《前奏曲集》和两部《练习曲集》中，他发明了一种全新的钢琴创作风格，是继肖邦以来最有意义的一种创作风格。这些作品的音乐常常在技术上很难，但技术还只是次要的东西。当时的钢琴家们不得不与一种新型的指法、新型的乐句划分处理、全新的音响音效和踏板的革命性运用搏斗。在德彪西的音乐中，音调与和弦似乎飘浮在空气中；旋律在悬浮的和声块状结构中迅速掠过。（后来的音乐家，如皮埃尔·布列兹，曾高傲地说，在他们诠释德彪西的音乐时，恨不得“把德彪西的朦胧迷雾一把抹掉”，气得不顾德彪西有意营造这团迷雾的事实。）德彪西的钢琴曲说白了就是对各种事物的“印象”，一如各位印象主义画家的画布那样。它们没有发展部，而是瞬间捕捉，点到为止，抓住一个乐思，透视它，然后结束。从和声上讲，音乐不遵循任何规则。德彪西的灵敏听觉就是唯一规则，而且这是一对绝对可靠无误的耳朵。调性并没有被他抛弃，但是趋向于崩溃或融化。和弦也不一定都要解决掉，常常就以它们本身作为目的了事。像《船帆》（*Voiles*）这样的作品似乎是在三个调上同时进行的：a 小调、C 大调、降 B 大调。

德彪西的歌曲也具有这种调性上的不确定或模糊性。人们在《佩雷阿斯与梅丽桑德》中听到的那种朗诵调的精致优雅感在这些歌曲中得到强化，更加细腻雅致，其声乐线条大体上就是宣叙调的一种形式，歌词在其中获得了一种被强化了的价值，加上由德彪西那对神耳赋予它们的优美诗句和异域音响以及极富感官性的伴奏，便让他的歌曲芳香四溢。德彪西一向是个感官主义者，"好色者"，即便在利用古老、传统方法创作时——调式音阶、格里高利圣咏、五声音阶性质的东方主义等，其音乐听起来也是感官的、"色情的"。而当他使用全音阶创作时，音乐听起来也是很感官的；全音阶是一种音阶建筑在大二度基础上的新形式。德彪西的音乐中还有一种倦怠慵懒的、似被蒙上面纱的声音，如雾里看花，体现在他的管弦乐曲中，而这绝对是一种全新的作曲方式。德彪西的管弦乐配器是微妙的、精雅的、独创性的。如同他的钢琴音乐那样，他的管弦乐曲听起来也有别于其他作曲家。他听到的东西和别的作曲家听到的不一样。他带给我们的是一连串感官印象。在他最接近交响曲的一部管弦乐曲《大海》中，即兴的成分也远大于发展的成分，感官印象一个个突发，而不是把主题理性地加以发展。音色、音质、节奏呈现出与和声、旋律同等的重要性。对今天年轻一代的许多音乐家来说，德彪西写于 1912 年的《游戏》比勋伯格或斯特拉文斯基写的任何作品都更具革命性。

当然，德彪西在动笔写下他一系列伟大的作品之前，是花了好些年思索相关的美学问题的。直到 30 岁以后他才开始写出真正有意义的作品。比他小 13 岁的拉威尔是在 1900 年前后、25 岁的时候开始创作的，这两人的职业生涯是平行发展的。到 1907 年时，德彪西和拉威尔两派开始互相攻击，巴黎音乐界因此摇摆不定。德彪西通常是超然于这类“街头斗殴”的，他厌烦透了论战。某天他在街头遇到了一个朋友，那人抱怨说自己正被德彪西一派的人搞得很生气。“他们让你生气了？”德彪西说，“可你知道吗，他们正在杀掉我。”

当德彪西开始稳步作曲之后，他就显示出自己的音乐思维并不抽象。他需要一个契机来引发一串连锁反应。有意思的是，他几乎所有的作品都有他起的名称，或标题——《春天》、《伊比利亚》、《儿童乐园》、《版画集》、《大海》、《贝加摩组曲》（18 世纪流行的一种舞曲）、《白与黑》等等。他的 24 首前奏曲每首都有一个标题，尽管这些标题是在音乐写出之后——而不是之前——标注的。他这么做的用意，显然是想表明自己无意创作标题音乐。他从不讲故事，他只给出印象——大海的印象、月光的印象、金鱼的印象、西班牙的印象。他是个音乐画家，卓越的音乐警句诗人。连他最有雄心壮志的管弦乐作品《大海》也都几乎是无标题的，远比贝多芬的《田园交响曲》——也是对大自然的一个“印象”——无标题得多。贝多芬有很具体的标示，鸟叫、暴风雨、农民快乐舞蹈等。而《大海》呢，就是一连串的音乐印象，从中人们不是看到，而是感觉到海浪；它是一连串的音乐印象，其中的意象是暗示——而不是专门明示——出来的。德彪西写过：“我特别瞧不起那种非按文学脉络听下去的音乐，就是当你走进音乐厅时他们恭恭敬

⚜ 克洛德·德彪西1911年夏天在乌尔加特避暑的照片

典雅的着装，高雅的品位，精雅的音乐。

敬递给你一份文字导赏的那种音乐。”

有趣的是，在《大海》这部伟大的作品中，德彪西自由自在的印象主义风格与古典曲式的矛盾冲突有所缓解。《大海》的三个乐章与古典交响曲的构造有些许相似。当德彪西在1918年3月25日逝世于巴黎的时候，这座城市正在遭受德国人的狂轰滥炸。此前他已经转向一种新观念的古典曲式，并在创作六首器乐奏鸣曲，最后完成了三首。他的《大提琴奏鸣曲》和《长笛、中提琴与竖琴奏鸣曲》现在不经常演奏了，但是《小提琴奏鸣曲》现在还经常听到，它是首可爱的作品，让人想起他早期创作的那首《弦乐四重奏》。这样下去的话，德彪西有可能彻底革新古典曲式呢，就好像他已经彻底革新了音乐的其他方面那样。

德彪西对于自己被人称为印象主义而感到愤慨，这和早于他三代的舒曼因为被人称为浪漫主义而感到愤慨一样。他在创作《意象集》时曾尝试解释过自己的理论。“眼下我正尝试做的事情确实有些与众不同，这是事实，但有些人把它称为印象主义就实在是愚不可及了。这个术语通常会用错地方，尤其是有些评论家毫不犹豫就把它用在透纳（英国画家）身上。透纳这位整个艺术世界最伟大的神秘效果的创造者，岂能是一个术语印象主义所能概括得了的？”但是这里所涉及的就是一个语义学的问题了。无论被称作什么,印象主义也好,超现实主义也罢,或其他什么名称（象征主义、自然主义、客观主义、感觉主义、写实主义……）都无妨德彪西像那些伟大的诗人或画家那样工作，通过赋予人类一幅用新眼光看世界的听觉画面，来提升现实的真实性。从他那异常敏锐的感官里流出了一套全新的音乐语汇。他的音乐不是巴赫或贝多芬的那种“大牌”音乐，但他有些作品却比他们的还要珍贵。尤其是德彪西音乐中的那种品位，那种色彩感，那种芬芳，都是前无古人的。他的作品的织体是透明的、闪光的，移调暧昧模糊，具有异域风情，非常精确，这是音乐中最具独创性的织体之一。他的和声也是那么另辟蹊径，其平行的和弦运动，不加解决的不协和音，随性的音阶，以及全新的句法，都是前所未闻的。

这还仅仅是发生在20世纪的音乐之大的分崩离析的开端。像大教堂那样构建起来的宏伟音乐建筑不复存在了。以往移调或模进必须遵守的那些一定之规不复存在了。德彪西对调性关系干的好事就是莫奈和塞尚对传统的色彩关系干的好事。只可惜他们也过时了。艺术与音乐变成了某种暗示或潜入，而不再是明晃晃的宣言或图示说明了；俳句取代了十四行诗。一个魔幻的、辛辣怪味的和弦足以营造整场情绪、氛围。为什么还要为没必要的发展部操心呢？德彪西从来没忘记过魏尔伦的名句：你必须扼紧滔滔雄辩家的咽喉。

• 31 •

高卢人的雅致与新人类

——莫里斯·拉威尔与“六人团”

MAURICE RAVEL AND LES SIX

在法国，克洛德·德彪西与莫里斯·拉威尔的关系，就好像在奥地利安东·布鲁克纳与古斯塔夫·马勒的关系那样。他们分别在各自的国家成双入对，常常被人相提并论。也是，他们的艺术生涯大致重叠，彼此也有共同之处，代表大致相同的背景和传统。德彪西和拉威尔被归为一类——印象主义作曲家，也的确是唯一的两位最重要的印象派作曲家。但是，与布鲁克纳和马勒的情形一样，两人的不同之处要远多于他们的共同之处。

德彪西是个凭感官、“好色”的作曲家，走的是从肖邦到古诺到马斯奈的路子；拉威尔就要客观得多了，他是个精确主义者，走的是从李斯特到圣-桑到福雷的路子。德彪西的音乐好似漂浮行走的气垫船，拉威尔的音乐则滴答响如一个装配精良的节拍器——斯特拉文斯基曾把拉威尔称为“瑞士钟表匠”。拉威尔的音乐包含大量的人工设计，他生前也遭人指责“太过做作”。“这些人有没有想过，”他在提到他的诽谤者时说，“人也有可能是天生‘做作’的？”拉威尔从不在乎有人说他“做作”，但他很在乎被人称为模仿者。20世纪头十年有许多评论家说拉威尔模仿德彪西，这让拉威尔非常愤慨。

在20世纪之初，这两位当时最伟大的法国音乐人物之间的关系是有点云遮雾罩的，人们对此不甚了解。德彪西和拉威尔甚至没有通过信，没证据表明他们有过交往。德彪西在写给他人的信中，对这位比他年轻的同行说过一些讥讽的话。拉威尔更温文尔雅一些，毕生都对德彪西只有赞赏没有坏话，虽然这种赞赏有时候好像暗含锋芒。

拉威尔和德彪西很可能在1901年见过面。那时候拉威尔还在巴黎音乐学院待着呢（他是在1889年进的巴黎音乐学院）。莫里斯·拉威尔于1875年3月7日出生在下比利牛斯山脉的西布雷，他比德彪西小13岁。拉威尔虽然七岁就开始弹钢琴，但他不是一个神童。而且他在巴黎音乐学院一待就是16年，这可是异乎寻常地长。1898年起，他的作品开始得到演奏，1901年他创作了他的《水的嬉戏》，翌年出版。那时候德彪西还没有写出任何有重要意义的钢琴作品。拉威尔后来一直婉转但是坚定地宣称，是自己在先的；如果说模仿的话，是他德彪西模仿了我拉威尔，而不是相反。于是就有了他在1906年写给皮埃尔·拉罗的那封信：“您长篇大论地阐述了一种颇为特别的钢琴音乐创作，您把它的发明归功于德彪西。但是我的《水的嬉戏》出版于1902年初，那时德彪西唯一已知的钢琴作品只是组曲《钢琴曲》中的那三首而已。而且，无须我来说，从纯钢琴音乐的角度来讲，它们其实没有任何新意，虽然我很喜欢它们。”以后，迟至1928年，也就是德彪西死后十年，拉威尔仍忧心忡忡、不依不饶地“自证清白”：

> 我对德彪西其人及其音乐一直怀有深深的敬意，但是我和德彪西有本质的区别。我虽然认为德彪西与我在个人天赋上可能差别不大，但我也要说我发展的最初阶段是与加布里耶尔·福雷、伊曼纽尔·夏布里耶和埃里克·萨蒂有紧密关系的……我相信，我自己遵循的发展方向始终是与德彪西的象征主义背道而驰的……需要一再说明的是，我的《水的嬉戏》问世更早，可能对德彪西创作他的《雨中花园》产生了一定的影响。与此同时，还有人提出了一个更惊人的巧合，即我的《哈巴涅拉》和他的某部作品惊人地相似。但对此的评论我就留给别人去做吧，我就不说什么了。无论如何，这种情形很可能是会有的：几乎完全生活在同一时期的两个作曲家，尽管他们是完全不相同的，但也保不齐他们的思想观念或性格里有显然相似的地方，这种相似会在两个不同作曲家的意识中成熟起来，这时你也就无从判断他俩到底是谁影响了谁了。

起初，似乎是德彪西鼓励过拉威尔。据说他曾给拉威尔寄过一封信，谈起后者在 1904 年写的那首《F 大调弦乐四重奏》：“我以音乐之神的名义保证，我以我的名誉保证，没有碰过你的一个音符。”这个句子被引用在这两位作曲家的许多传记里，但没有人实际见过这封信。拉威尔的名气日隆，红得非常快，法国音乐学家和评论家路易·拉鲁瓦在他的回忆录中说，德彪西和拉威尔共同的朋友们这时剑拔弩张地分成了两派，挑边儿站队掐起架来，中间也不乏“瞎掺和的傻帽”。这样闹了一阵儿后，德彪西和拉威尔索性就不再见面了。据罗曼·罗兰说，他们两人的关系从渐行渐远到最终决裂主要是德彪西的错，“据我所知，德彪西非常反感拉威尔的音乐（或成功）。而拉威尔谈起德彪西时总是非常尊重而谦虚”。事实上，德彪西非常敌视几乎所有人的音乐，除了他自己的。自然拉威尔也未能幸免。当拉鲁瓦在 1907 年评论拉威尔的《自然界的故事》时，德彪西就说了一些拉威尔的坏话。拉鲁瓦写道，这些歌曲都是穆索尔斯基风格的，只是青出于蓝而胜于蓝。德彪西读后火冒三丈,写给拉鲁瓦一封便笺。他写道,他“很惊讶地看到一个像您这样很有品位的人，却故意牺牲掉像《儿童乐园》这样纯粹、直觉的音乐杰作，而追捧拉威尔先生那个矫揉造作、美国味十足的《自然界的故事》。尽管拉威尔的技巧没得说，但这些歌曲仍是由我必须称之为莫名其妙的音乐组成的”。另一方面，拉威尔却从没停止过对德彪西音乐的赞赏，并在 1909 年到 1910 年间把德彪西的《夜曲集》和《牧神午后前奏曲》改编成双钢琴曲。十多年后，他还把德彪西的两首钢琴曲改编成管弦乐曲。

1910 年，拉威尔已经名声大噪，从 1905 年起他就已经是知名作曲家了。就在这时，一个丑闻出来了：他没获得资格问鼎罗马大奖。他第一次竞争罗马大奖是在 1901 年，当时因为觉得参赛所必须创作的康塔塔的歌词十分无趣，他就写了一首以华尔兹节奏为主的作品交了上去。评委们笑得前仰后合喘不过气来。他们说：“拉威尔先生不应该天真地以为他能捉弄我们。他尽可以把我们看成迂腐、平足的老学究，但是他不可能为把我们当成傻瓜而不受惩罚。”最后拉威尔只得了第二名，但也感到很安慰了，因为他受到了广泛的关注。他得以继续留在巴黎音乐学院，并在1902年和1903年再次竞争罗马大奖，结果根本没获名次。1905年他又报名参赛罗马大奖，竟没获得参赛资格，理由是他已年过30。此事在新闻界立刻引起一阵聒噪，也让拉威尔声名远扬。

拉威尔还不仅仅是个很有才气的青年作曲家。他的本事远不止这些。他已经证明了自己，已然成了当时法国最引起争论的年轻作曲家。早在1895年他就出版了他的《古风小步舞曲》，这是首短小的钢琴曲，已经具备了他成熟期风格中的那种老到的精确性。他的《耳边风光》1898年在一场由国民音乐协会举办的音乐会上得到演奏。西班牙钢琴家里卡多·比涅斯曾是拉威尔在巴黎音乐学院的同班同学，后来还首演了几乎所有的拉威尔和德彪西的钢琴作品。就是他在1902年把拉威尔的《水的嬉戏》介绍给公众的。1903年，拉威尔创作了优秀的声乐套曲《舍赫拉查德》，1904年创作了那首著名的《F大调弦乐四重奏》。就是这样一位优秀的作曲家，却被认为没有资格参加1903年罗马大奖的竞争，还不被允许参加1905年的竞争。此事不仅在音乐圈里引起公愤，报界也大做文章，站在拉威尔一边。足有数个月，巴黎到处都在议论这件事。拉威尔接受了《时代报》的采访，发表了一个很有尊严的声明：

> 我不去罗马了。这是由评审委员会决定的，只有这个组织有权力为年轻作曲家开通通往美第奇庄园的道路。这个倒霉的事搅得我心烦意乱。我只得了第二名。我的辛勤的工作，

> 不懈的努力，一直受到我的教授加布里耶尔·福雷先生的鼓励和赞赏；我的许多作品已经得到出版发表，并受到公众的欢迎、好评。这些都让我希望我能获准去参加竞赛，而又不附加任何荒唐的假设或推断：什么我要写一首完美的康塔塔啦，什么我要超越我所有的同行啦，之类。

这次“拉威尔事件”的一个后果是，泰奥多尔·迪布瓦辞去了巴黎音乐学院院长的职务，由福雷继任。不过这些对拉威尔没有直接影响，他已经离开了巴黎音乐学院。此后一直到去世，他都作为一名作曲家过着平静的日子。他是个小个子男人，身高约有五英尺，举止优雅，穿着颇为时髦。他说过：“在任何时候我都宁可当博·布鲁梅尔（当时英国著名的花花公子、纨绔子弟），而不当莫里斯·拉威尔。”他在世时，有关他的流言蜚语满天飞。他宣称自己有巴斯克血统，来自母系，可是没人能对他的出身追根溯源到很远，也就无法判定他的宣称是真是假。还有些人说拉威尔是犹太人。这又是根据不足，不过看起来不像。还有传闻说他是个同性恋。这又像是空穴来风、捕风捉影。他从没结过婚，他的大名在实际生活中从没跟一个女人或男人扯上瓜葛。

有好长一段时间，拉威尔都是一个名叫“阿帕奇”社团的成员，其他成员还有作曲家弗洛朗·施密特、诗人特里斯坦·克林索尔（真名叫列昂·勒克莱尔）、钢琴家比涅斯、作家列昂－保罗·法尔格、评论家 M. D. 卡尔沃克雷西，以及法国知识界的其他名人。这简直就是法兰西的“大卫同盟”，倘若舒曼闻此，一定会乐不可支。拉威尔的许多作品都是在阿帕奇社团中头一次演奏的，他也

⚜ 莫里斯·拉威尔

斯特拉文斯基称他为“瑞士钟表匠”。

很认真地倾听他们的意见。他的《小奏鸣曲》和五首《镜子》创作于1905年；为竖琴、长笛、单簧管和弦乐四重奏组而写的《引子与快板》完成于1906年，与声乐套曲《自然界的故事》同一年完成。《镜子》让阿帕奇成员们听得一头雾水，确实，后来也只有其中一首受到了广泛欢迎——《丑角晨歌》以西班牙式的热辣活力和出色的钢琴布局当之无愧。《镜子》的其他几首——《悲伤鸟》、《夜蛾》、《钟的山谷》和《海上一叶舟》——似乎流浪在音乐与绘画之间的无人之境里。就在《镜子》让当时的大多数听众感到无聊乏味之时，《自然界的故事》（把儒勒·雷纳尔的诗配乐）也引发了丑闻。简·巴托丽1907年初在一场国民音乐协会举办的音乐会上演唱了这部作品，当时可真是一个疯狂的夜晚，德彪西的支持者们与拉威尔的支持者们互相尖声叫骂，闹得不可开交。报界把这场音乐会闹剧称为“第二次拉威尔事件”。爱德华·拉罗也火上浇油，写文章指责拉威尔模仿德彪西还不知自己正在剽窃。

拉威尔本人介入了这场论战，连续数次亲自给报纸写信。嗣后他便开始创作一部独幕喜歌剧《西班牙时刻》，于1907年竣工，然后苦等四年才见它登上舞台。在第一次世界大战爆发之前创作的其他主要作品有：三乐章的《夜之幽灵》（1908）和《高贵与伤感的华尔兹》（1911），这两部都是钢琴独奏曲；《我的鹅妈妈》（1908，钢琴二重奏），《西班牙狂想曲》（1907，管弦乐曲），以及芭蕾舞《达芙妮与克洛埃》。这部芭蕾舞是为佳吉列夫的俄罗斯芭蕾舞团而作，于1912年首演。与斯特拉文斯基为佳吉列夫写的两部引起轰动的芭蕾舞剧——1910年的《火鸟》和1911年的《彼得鲁什卡》——不同，《达芙妮与克洛埃》从没成为一部广受欢迎的芭蕾舞剧。它的故事情节过于无趣，由瓦斯拉夫·尼金斯基设计的编舞也太过笨拙，其古希腊式的动作造型与拉威尔的音乐也不协调。但是，由拉威尔根据这部芭蕾舞的音乐改编的两部管弦乐组曲却立刻受到了欢迎，《达芙妮与克洛埃第二组曲》还成为20世纪最流行的管弦乐作品之一。不过，这部舞剧不久就被从俄罗斯芭蕾舞团的演出剧目单上撤了下来。但是拉威尔与佳吉列夫的合作结果是诞生了20世纪最辉煌的管弦乐总谱之一，而且将拉威尔与斯特拉文斯基这两个大名联系在一起。这两位作曲家互相钦佩，并在1913年一起合作为穆索尔斯基的《霍万兴那》谱写了用于一部芭蕾舞剧的管弦乐曲。1913 年 5 月 29 日，拉威尔和阿帕奇社团的所有成员还出席了斯特拉文斯基的《春之祭》在香榭丽舍大街剧院的首演，为他们的新英雄喝彩。

拉威尔在第一次世界大战之前创作的最后一部作品是那部优秀的《a 小调三重奏》，是他最优雅精致的乐谱之一，其第一乐章的开头主题堪称他最伟大的抒情灵感。拉威尔想要参军但被拒绝了，原因是他太矮小，体重也不达标。最终在 1916 年初，他被接纳，当上一名卡车司机，还果真上了前线。1917 年他被调回巴黎，因为健康不佳被解雇了。一些症状表明他可能已经患上了肺结核。他去诺曼底养病，在那里创作了《库普兰之墓》，在 1917 年完成了它的钢琴独奏谱和管弦乐改编谱。回到巴黎后，他创作了《华尔兹》(1920)，该曲他起初命名为《维也纳，华尔兹，一首“舞蹈诗”》，是为佳吉列夫而作的。佳吉列夫虽然付了酬金，但却从没用过这部乐谱。拉威尔很是受伤。(两人后来在 1925 年见过面，拉威尔拒绝和佳吉列夫握手。后者感觉受到了侮辱，就要求与拉威尔决斗。如惯常的那样，挑战者被人劝说放弃了决斗，但他们再没有见过面。)拉威尔在蒙福尔拉莫里买了一幢小别墅，人称“观景楼”，里面摆满了他收集的机械玩具，他很喜欢在朋友们面前给它们上紧发条让它们开动，玩乐。1920 年，他入选法国最高荣誉机构——法国荣誉军团，荣获法国“荣誉军团勋章”，但他拒不接受。他无法忘记当年罗马大奖之事对他的伤害。后来，仿佛故意气法国政府似的，他接受了比利时国王列奥波德颁发的勋章，还接受了英国牛津大学授予他的荣誉博士学位。

在这个时期，法国“六人团”开始得到世人的关注。他们以埃里克·萨蒂为中心，代表着与拉威尔很不一样的审美观。拉威尔曾在1925年给“六人团”展示过自己的一两部作品，其中有歌舞剧《孩子与魔术》，这是一部老到、精深的作品，不比“六人团”创作的任何一部作品差。随后他创作的作品有：1926年的《马达加斯加歌曲集》，1927年的《小提琴奏鸣曲》；1928年他去美国旅行，1929年写就了著名的《波莱罗舞曲》，1931年创作了两首钢琴协奏曲。其中一首是《D大调左手钢琴协奏曲》，受奥地利钢琴家保罗·维特根施坦委托而作，维特根施坦在“一战”中失去了右臂。另一首是更为正统的《G大调协奏曲》。

1932年，或许是因为一场车祸，或许是源于某种深层的疾病，拉威尔的神经系统遭受了严重的损伤。车祸给他带来的伤害看来只是表面的，拉威尔没有多加重视，他说：“几道疤痕和一个拱起的鼻子能让美国人相信我的希伯来血统，只是我胸腔里的一些伤痛迫使我咳嗽时要弯下腰来。”翌年，1933年，他开始丧失对自己胳膊和腿的控制。接踵而来的是记忆力和协调能力的丧失。虽然他的头脑仍保持清醒，但他不能够作曲和弹钢琴了。1937年他经历了脑外科手术，从此再也没恢复过来。他生病一事始终处于保密状态。1937年12月28日，拉威尔在巴黎一家医院与世长辞。

拉威尔留下来的音乐作品数量不多，其中很少有大型作品。他的大量管弦乐作品原本都是为钢琴而作的，包括《我的鹅妈妈》《悼念一位公主的帕凡舞曲》、《西班牙狂想曲》的第三乐章（“哈巴涅拉”）、《库普兰之墓》、《丑角晨歌》、《高贵与伤感的华尔兹》等。他最受欢迎的作品之一是管弦乐曲《图画展览会》，就是他把穆索尔斯基的钢琴原创改编成管弦乐曲的。那首华美的《茨冈人》最初是他为小提琴和钢琴创作的（1924），然后在当年较晚时被他改编成一首小提琴和乐队曲。他所有的作品其实就是单纯的单曲——几乎没有实质上的变奏。从一开始，拉威尔就彰显出他的独特风格，然后一以贯之，多年下来后基本还是那样，变化少得令人吃惊。他早期受到的影响来自李斯特、夏布里耶、穆索尔斯基和福雷；当然啦，德彪西对他的发展也有影响。在《牧神午后前奏曲》问世后，没有哪个成长在巴黎的青年作曲家完全躲得开那里面的新声音的影响。

然而从本质上来说，拉威尔的美学观与德彪西的不一样。拉威尔更精确，是个更正统的形式主义者，使用奏鸣曲式和源自古典风格及巴洛克风格范式的体裁。他的音乐虽然个性十足，但具有很强的客观感。拉威尔的音乐从来没有德彪西音乐中的那种慵懒倦怠的感官性。拉威尔的音乐是铜版蚀刻画，他那位伟大的同代人德彪西的音乐是水彩画。德彪西的曲式经常发自色彩和织体，然后不按任何成规地自由而散漫。拉威尔则本着主题而不是色彩和织体来创作。他比德彪西更加重视前辈，经常“以谁谁谁的方式”“按谁谁谁的风格”来写。他的第一部重要作品《水的嬉戏》就是从李斯特的《埃斯特庄园水的嬉戏》中获得灵感写的。拉威尔对钢琴家比涅斯说：“你怎么弹李斯特，你就怎么弹这部作品。”拉威尔也从没像德彪西那样，把钢琴想象成没有琴槌的乐器。在《夜之幽灵》中，他专门设计写出了一种后李斯特时代的钢琴炫技曲，“比巴拉基列夫的《伊斯拉美》还要难”。《夜之幽灵》共有三曲，其最后一首《司卡波》（*Scarbo*）是钢琴文献中最难弹的作品之一，极度挑战着手指极限。“二战”后它开始受到青睐，新生代的钢琴家都喜欢弹它，他们让《夜之幽灵》成为演奏次数最多的20世纪钢琴曲之一。

受到李斯特和巴拉基列夫的启发，拉威尔接下来把目光转向了舒伯特，结果便有了他的《高贵与伤感的华尔兹》。“它的标题……就足以清楚表明我的意图：要按舒伯特的风格写一系列华尔兹（舒伯特就写过一个名叫《高贵华尔兹》的系列）。《夜之幽灵》的特点是极度炫技，这部新作则不要炫技，取而代之的是一种更清晰简明、强调和声的作用并将其进行合理解决的风格。”《高贵与伤感的华尔兹》的法国味儿十足，恰似舒伯特的作品维也纳味儿十足一样。它的想法可能来自舒伯特，但是它的演绎却是浓郁的法国香水味儿，尤其是最后一首华尔兹，梦幻得让人想起前面那些华尔兹。舒伯特还不是唯一启发了拉威尔灵感的奥地利作曲家，还有约翰·施特劳斯和莫扎特呢。拉威尔的另一首作品《华尔兹》源自约翰·施特劳斯，他的《G大调钢琴协奏曲》源于莫扎特。拉威尔把《华尔兹》解释为“某种向伟大的施特劳斯——不是理夏德·施特劳斯，而是约翰·施特劳斯——的致敬。你要知道，我非常喜欢圆舞曲这种绝妙的节奏。这种舞曲所表达的对生活的热爱让我对它充满了崇高的敬意，远胜过我对弗朗克式的清教主义所表达的东西的敬意。我是那么一个不虔诚的天主教徒”。至于《G大调钢琴协奏曲》，拉威尔说它是“一首名副其实真正意义上的协奏曲，其精神实质非常接近莫扎特和圣－桑的钢琴协奏曲。依我看，一支协奏曲的音乐应该是轻松快乐、华美灿烂的，而不该是指向深刻或戏剧效果的”。拉威尔明确表示他不喜欢勃拉姆斯的钢琴协奏曲；他说它们反钢琴，而不是为钢琴。

拉威尔不安分，充满好奇，爱质疑，总是去别处搜寻另类作品。这不，他又回过头去找大键琴演奏家来创作他的《库普兰之墓》。在美国，他遇到了乔治·格什温，聆听了海量的爵士乐，并把它连同其他一些美国特色融入自己的音乐。他说过,他尝试“用美国轻歌剧的风格”来写《儿童与魔术》。他的《小提琴奏鸣曲》的慢乐章被他叫作“布鲁斯”（蓝调）。他的《G大调协奏曲》里有一些爵士乐佐料。为了写《西班牙狂想曲》和《西班牙时刻》，他又扑向西班牙，就像那么多法国作曲家在他之前做过的那样。

他的创作巅峰时期在1914年结束。之后他的健康每况愈下，他发现自己作曲越来越困难。这让他烦恼不已。“我在生活方面是失败的，”他对作曲家克洛德·戴尔万古尔说，“我可不是那些伟大作曲家中的一员。所有那些伟大的人都产量巨大。他们的创作无所不包，最好的最差的都有，但数量总是在那儿摆着的。但是我写的数量就非常少……不仅少，写它们还费了我很大的劲儿。我创作速度很慢，可说是一点一滴，呕心沥血。创作耗尽了我的心力和体力……现在我再也干不下去了，不仅江郎才尽了，而且作曲不再给我带来任何乐趣了。”话虽这么说，他在随后的12年里继续作曲，写出了一些极佳的音乐，显示出他的创造力丝毫没有衰退。有些评论家认为,他的最后作品之一,《左手钢琴协奏曲》,是他创作的最激动人心和最有意义的杰作之一。

拉威尔的全部创作，无论灵感来自何方（李斯特、舒伯特，西班牙……），均经过他的想象力和技巧的过滤，被他糅合成一个连贯而稳定的混合体，发出他拉威尔自己的声音。他是个纯粹而简单的音乐家，用音乐素材直接创作，而且不像当时那么多作曲家那样，个个满腹经纶有依有据；他可是没什么音乐理论的，也不把自己卷入这个那个名目繁多的美学运动。他的音乐中罕有直觉或本能的成分，一切都是经过他精心安排、平衡拿捏过的。某种意义上，他的音乐甚至可说是一种矜持含蓄的音乐，表现在拉威尔极少袒露自己的情绪。有些评论家抱怨说，拉威尔过于超然了，他确实是超然于情感之上。但尽管这么客观，他的音乐还是很有魅力，拥有极佳的完成感，充满着机智灵动（比如《自然界的故事》）和色彩。作为管弦乐配器大师，他甚至比德彪西更有发明性，当然他是向德彪西学了很多东西。把拉威尔的《西班牙狂想曲》和德彪西的《伊比利亚》做比较——两者都是灵感得自西班牙的伟大总谱，而且都是在相连的一年之内完成创作的（分别是 1907 年和 1908 年），可以发现拉威尔的管弦乐配器更具有弹性敏捷、轻盈柔韧的西班牙气质。

拉威尔不是一个像德彪西那样的强大的创造者，他的思维活动还是局限在比较传统的套路之内，但他意识到自己有自己的风格并很在意它。在他自己的一亩三分地上，他把工作做得胸有成竹十分到家，他的音乐几乎无时，所以也就不会过时。

相较之下，“六人团”大多数成员的音乐时效性就大得多了。他们是 20 世纪 20 年代巴黎的宠儿，是一帮着实“现代”的年轻人，老想着把法国音乐引上新路。“六人团”的起源要追溯到 1917 年，那年佳吉列夫上演了芭蕾舞剧《游行》，由埃里克 · 萨蒂作曲，剧本作者是让 · 科克托，舞美设计是帕勃罗 · 毕加索。《游行》在法国公众中引起巨大的反响，是他们心中的亲切回忆。一帮青年作曲家，激赏着萨蒂作曲的舞剧总谱，自然就聚在了萨蒂周围。这些毛头小子被萨蒂称为“我的新青年”，分别是出生在法国的瑞士人阿图尔·奥涅格、乔治·奥里克、路易·迪雷和热尔曼·达耶费尔。一年后，弗朗西斯·普朗克和达利尤斯·米约也加入了“新青年”。普朗克写道：“我们已经厌倦了德彪西主义，厌倦了弗洛朗·施密特，厌倦了拉威尔。我想要音乐清新、健康而强壮——纯粹法兰西的音乐，一如斯特拉文斯基的《彼得鲁什卡》是纯粹的俄罗斯音乐那样。在我看来，萨蒂的《游行》之于巴黎就如《彼得鲁什卡》之于圣彼得堡那样。”本着这一美学理念，这些年轻作曲家抱成一团，互相支持，通力合作。米约描述了“六人团”的形成过程：

> （1919年，）在于让大厅举行了一场音乐会，在音乐会上，贝尔丹演唱了路易·迪雷的《克吕索埃印象》（圣－莱热作词），卡佩勒四重奏团演奏了我的《第四四重奏》。音乐会过后，评论家昂利·高莱在《科莫埃迪亚报》上发表了一篇文章，题为“五个俄罗斯人和六个法国人”。他非常武断地挑了六个人的名字：奥里克、迪雷、奥涅格、普朗克、达耶费尔，还有我自己。就因为我们彼此很熟，是好朋友，经常同台演奏，被放在同一个曲目单里，他就这样胡造，而全然不顾我们不同的秉性和完全不同的性格。奥里克和普朗克是科克托的追随者，奥涅格出身于那些德国的浪漫主义者，我则是地中海地区抒情主义的产儿……可是抗议又有什么用呢？高莱的文章激起了全世界对我们的兴趣，从此“六人团”的雅号就戴在我们头上了，我也成了其中之一，不管你愿意不愿意。
>
> 既已至此，我们也就决定举办几场“六人音乐会”。第

一场全都演出我的作品，第二场是外国作品专场……萨蒂是我们的福星，他在我们中间非常受欢迎。他特别喜欢年轻人，乃至于有天他对我说："我希望我能了解那些现在四岁的孩子将来写出什么样的音乐。"萨蒂的音乐的纯洁性，他对权势的不让步，他对金钱的蔑视，以及他对评论家们的置若罔闻，这些都让他成为我们学习的好榜样。

科克托成了"六人团"的知识领袖，一如萨蒂是其精神领袖。斯特拉文斯基是其宗教领袖，但他只是一种象征、一种影响而已。"六人团"崇拜斯特拉文斯基的音乐超过任何其他在世的作曲家的。对"六人团"来说,德彪西已经"死了",拉威尔的音乐太"做作"，"过于精致"，"已经过时了"。他们还说，目前音乐的总体状况就是缺乏活力和新意，只活在过去大师们的老规矩之下。音乐需要联姻通婚，混血杂交，而严肃音乐的杂交对象是爵士乐、通俗流行乐、轻歌曼舞乐、舞厅乐、马戏团游乐场乐、商业音乐。最低俗就是最高雅。你必须冲着传统撅屁股。人们不再创作交响曲。他们创作狐步舞、讽刺作品、漫画作品、小品、短曲、舞曲。现在是爵士乐时代啦，快乐时代就要产生欢乐作品。只可惜绝大多数这样的欢乐作品现在早就被人遗忘了。

迪雷和达耶费尔很快就离开了人们的视线。奥里克从来就没写出过很有价值的作品。"六人团"里一个引起国际关注的是达利尤斯・米约[1]。奥涅格使暗劲儿慢慢发展。普朗克倒是来得快,但

[1] 一译米尧（1892 年 9 月 4 日—1974 年 6 月 22 日）。

他被人看作小丑一个。米约在20世纪20年代初期吸引了世人很大的关注，特别是他的多调性试验。此前，斯特拉文斯基已经开始运用多调性创作了，在他著名的《彼得鲁什卡》中把升F大调与C大调并置在一起，比对着同时进行。米约就从《彼得鲁什卡》处“接班”，发展着多调性这个理念。他说：“我开始试验把两个调性并置在一起所产生的每一种可能的组合，并研究由此产生的所有和弦……然后我用三个调性做同样的事情。我不能理解的是，尽管和声书上讲了那么多处理和弦及其转位的方法，以及把握和弦进行顺序的法则，但凭什么同样的事情就不能在多调性上做呢？我逐渐熟悉了这种和弦中的一部分，它们比正常的和弦更能满足我的听觉需要，因为一个多调性的和弦更加微妙甘美，也更加猛烈有力。”

米约下笔十分流畅，工作起来也十分勤奋，他把自己的多调性理论运用到各种类型的音乐创作中，他的作品——《世界之创造》（1923）、《无事酒吧》（1919）、《献祭品的人》（1919），这些所谓的精微歌剧——成为20世纪20年代时尚的先锋主义的扛鼎之作。它们辛辣味浓，它们精巧机智，它们复杂老到，它们一身的不协和音，它们吓坏了中产阶级。米约没完没了地创新、创新、创新，最后流于为追求效果而追求效果。最终，这些作品的震撼作用和新颖效果逐渐失灵。如今，米约在20世纪二三十年代创作的音乐听起来就像是斯特拉文斯基的音乐经过了一道在巴黎的筛选，或是用巴黎制造的滤波器把它过滤了一遍。米约的音乐在现今的永久保留曲目单上几乎没有位置。

阿图尔·奥涅格（1892年3月10日—1955年11月27日）

尽管在创作风格和音乐理念上都与其他人显著不同，但还是加入了“六人团”。他与中欧的文化传统很亲近，他总是忙忙碌碌、心急火燎地奋笔疾书，好像压力很大。他的音乐中几乎没有幽默感，仅这一点几乎立刻就把他与“六人团”其他人区别开来了。另一点不同是，他偏爱用奏鸣曲式创作，写了五部交响曲，三首弦乐四重奏，等等。在 20 世纪 20 年代初，他因写了一首表现钢铁时代的音诗《太平洋 231》（1923）而一夜闻名。这首作品早已从音乐会曲目单上消失了。他的大型合唱作品——《大卫王》（1921）和《火刑柴堆上的圣女贞德》（1938）——在当时引起了广泛的注意，至今还偶尔能听到。但总体来讲，奥涅格已经从他一度的高位上滑落下来，他的音乐也很快从音乐厅里消失了。

很显然，弗朗西斯·普朗克（1899 年 1 月 7 日—1963 年 1 月 30 日）是“六人团”里最有实力、最有个性的成员。在 20 世纪 30 年代，没有人会想到这一点，人们可能都把赌注押在了米约或奥涅格身上。普朗克在那时被人看作是个喜剧人物，他甚至在面相和体格上都很像伟大的法国喜剧演员费尔南戴尔。他也被人视为宫廷丑角儿般的人物，一个老于世故的人。他是那么有魅力，引人发笑！又是那么无足轻重，那么时尚而漂亮！事实上，他也的确很不重要。在世人看来，普朗克是个没有音乐根基的人，他在音乐厅里轻歌曼舞，每天例行公事，对世人的看法不屑一顾，永远在咧着嘴微笑。

事实上，米约和奥涅格都没有行稳走远，可持续发展能力不够；而普朗克却做到了持续成长。他从“六人团”里的“问题儿童”成长为一名技艺娴熟的作曲家，其思想观念和创作技法随着年龄增长愈加成熟老到。从一开始，很显然普朗克就是名优秀的歌曲作曲家了。他后来发展成歌曲创作大师。有些人坚称他是自福雷以来最伟大的歌曲作曲家，在里面也包括德彪西。普朗克有个人风格，有品位，他的耳朵对歌词重音抑扬顿挫、对诗韵类型以及文字与音符的关系的敏感程度和听辨能力无人能比。最突出的是，他是旋律大师，天生蕴含一泓清新、原创的旋律之泉。身为旋律家的普朗克不仅仅是个悦耳曲调的提供者。他拥有非凡的天资。没有哪位作曲家像他那样，至死都不涉足大型作品的创作。普朗克发现，唯有抒情小曲式——歌曲、钢琴小品才最适合自己虽炽烈专注但范围狭窄的天资领域。普朗克的歌曲很快就在保留曲目单上稳稳站住了脚，并且呈现永恒态势。

他有大量其他体裁的作品似乎也在保留曲目单上占据了地盘。也许这和他的创作手法偏于本质保守有关。不错，他的音乐是时髦的，不容否认地“现代”，与斯特拉文斯基的新古典主义关系密切，充满让人心痒难挠的不协和音，还有出乎意料的和声突变。普朗克最喜欢的手法之一，是使用毫无准备的向下半步转调法，这被他用到了形式主义的地步。这成了他作品的标志，几乎每曲必用。但其实普朗克是很保守的，表现在他从不与过去失去接触，包括舒曼、福雷、夏布里耶，以及 19 世纪的和声主流。尽管普朗克也与多调性和其他当时新潮的手法眉来眼去勾勾搭搭，但他的音乐思维和创作都还是一个主调性质的。他常常用三和弦的主音—属音和声体系作曲，这也是 20 世纪二三十年代的人们拒绝对他认真看待的原因之一。那时候可是“现代主义”的黄金时代，而现代主义就等同于不协和性（或当时被认为的不协和性；自那时以来，耳朵不断被撑大，过去听着不协和的，后来听着听着就协和了)。事实上，那时反潮流的人，那些创作所谓"白键音乐"的人，是不可能被社会接受成为重要的作曲家的。

可是普朗克坚持走自己的路，并且最终笑到了最后。因为他比 20 世纪的某些大人物都长寿，就像柏辽兹比梅耶贝尔长寿、奥芬巴赫比阿莱维长寿、沙利文比斯坦福德长寿、福雷比丹第长寿那样。普朗克的天才想必是受到了一定的限制，不见有人宣称他是贝多芬和莫扎特那个等级上的世界级大作曲家。尽管如此，他的天才中确实有些真刀真枪、非常有价值的成分。他总是有话要说，并且说得那么有风格和个性。

从第一次世界大战结束到 20 世纪 30 年代初期，普朗克在他艺术生涯开始的时候只写些轻浮的、时尚的、短小的、但却像珠宝一样的音乐作品。比如为小乐队而作的《晨曲》，芭蕾舞剧《母鹿》，钢琴曲《无穷动》《假面舞会》，包括声乐套曲《斗兽者》在内的许多歌曲——所有这些都是一个鲁莽冒失、才华出众的年轻人倾向于取笑长辈、挑战"真理"、调侃成规的逆反之作。这些作品都是那么聪明有趣，时至今日它们仍在熠熠发光。这之后不久，他殷实成熟的作品就出来了，比如《G 大调弥撒曲》(1937)和《管风琴协奏曲》(1938)，它们不再轻浮，而是尝试探究更严肃的东西。这一时期他创作了一系列极佳的歌集，包括《平凡》《乡村歌曲》《如此一天，如此一夜》《美好的文字》等。"二战"期间，普朗克写了一部歌剧名为《蒂蕾西阿斯的乳房》，他似乎回到了年少轻狂爱搞恶作剧的年代。这部歌剧有些出人意料，但它也表现出新奥芬巴赫式的嬉戏、顽皮和有趣。在他生命的最后 20 年间，他几乎不再这么写了。这个阶段他的创作拓宽了，有了新的维度，

⚜ 弗朗西斯·普朗克

起初他被人看作一个小丑，至今仍有许多人拒绝把他当作严肃作曲家看待。

他开始强调宗教音乐。他的宗教作品创作最终达到了简洁和优美的巅峰，集中体现在《荣耀经》（1961）和歌剧《加尔默罗会修女的对话》（1957）之中。

普朗克的这部歌剧也和他的大多数音乐一样，具有亲和力。他从来就不是高高在上的作曲家。很有趣的是，《加尔默罗会修女的对话》让人想起了他的那些早期的轻松作品，如《母鹿》和《晨曲》，因为虽然过去了那么多年，他的旋律写作习惯却几乎没变。他施以一些雕虫小技，然后不断故技重演。但是到了歌剧尾声，他那些短气息的精美旋律被派上了新的用场，得到了加强，以表现比简单的戏谑更多的内涵。在《加尔默罗会修女的对话》中，布朗什与康斯坦丝的第一次对话中，那个精致的短小主题（几乎只是一个动机）每每在提及死亡时就会出现，其情感冲击力和聚焦力让人感到相当地震撼。实际上，与之类似的主题在他 1940 年创作的沙龙式作品《六重奏》里就已出现过了，后来在 1961 年写的《荣耀经》里也出现过。只是在上述每部作品中，这个主题都具有完全不同的情感内涵罢了。

许多音乐家仍拒绝把普朗克当真，拒不承认他的音乐中有很严肃的成分。这部分是因为，我们的音乐发展史总是与德国人的有关曲式结构和“庄严崇高性”的理念紧密相连。普朗克并不创作正统的、全面铺陈展开的奏鸣曲和交响曲；他也几乎与赋格和卡农无关；他只专于创作优美的歌曲和老到的钢琴曲。因此，他就必然被许多人认为只会写“俗曲”。然而，这种“俗曲”，以普朗克的声乐作品为代表，却会永远流传下去——只要还有歌唱家唱歌。

• 32 •

善变者

——伊戈尔·斯特拉文斯基

IGOR STRAVINSKY

伊戈尔·斯特拉文斯基于 1882 年 6 月 17 日出生在圣彼得堡，后来被举世公认为他那个时代最伟大的作曲家。他的创作生涯几乎从一开始就达到了顶级水平。1910 年至 1913 年期间，他在巴黎为谢尔盖·佳吉列夫写了三部俄式芭蕾舞剧，由此奠定了他毋庸置疑的地位。《火鸟》是其中第一部，在 1910 年 6 月 25 日首演，让这位 28 岁的作曲家一夜成名——正如佳吉列夫在首演前一天预言的那样。《火鸟》的总谱具有浓郁的俄罗斯民族音乐风格，总体来讲是里姆斯基–科萨科夫音乐的衍生，尤其源自里姆斯基–科萨科夫的《金鸡》。但它又比里姆斯基的任何作品来得更加大胆和富有创意得多。所有人都从中看出又一个不同寻常的作曲家到来了。德彪西的耳朵最尖，一下子便听出了《火鸟》的本质："它并不完美，但从某些方面来讲它又非常优秀，表现在里面的音乐不再是舞蹈的温顺仆人了。而且你时时能听到完全不同寻常的节奏组合。"在 1911 年 6 月 13 日，《彼得鲁什卡》也降生了，它巩固了斯特拉文斯基作为欧洲音乐未来之星的地位。和《火鸟》一样,《彼得鲁什卡》也是用俄罗斯题材写就的一部芭蕾舞剧，但它体现了作曲家更多的自信和驾驭能力，还包含了一些即将影响欧洲音乐进程的理念，尤其是多调性的理念。《彼得鲁什卡》中有这样一段音乐,两个没有任何关系的和声，C大调的和升F大调的，竟然携起手来了，被作曲家叠置在了一起。这样设置产生的效果，让欧洲的青年作曲家们听了眼前一亮，耳朵一激灵。于是在接下来的20年里，人们进行了无数次衍生自《彼得鲁什卡》的多调性试验。对1911年的听众来说，斯特拉文斯基的芭蕾舞音乐相当粗野，其野蛮程度超过任何以前从俄罗斯流出来的东西，而这个矮小的作曲家（又是一个小个子的伟大作曲家！）也因此显得像巨人般高大。连佳吉列夫也没想到《彼得鲁什卡》竟引起那么大的混乱，它取得的巨大成功让他大吃一惊。

然而，所有这些混乱，比起《春之祭》的冲击来就是小巫见大巫了。《春之祭》在1913年5月29日举行了首演。斯特拉文斯基早在创作《火鸟》期间就在酝酿《春之祭》了。“我梦想着一个异教徒的祭典场面，一个被挑选出来的献祭处女一直跳舞直到死亡。”后来因为创作《彼得鲁什卡》,《春之祭》的创作被搁置，但斯特拉文斯基很快又恢复了这部新芭蕾的创作。(他说过,用《春之加冕礼》要比通常的译法《春之祭》更贴近他的原意。)瓦斯拉夫·尼金斯基担任《春之祭》的舞蹈设计，它的首演却引发了音乐史上最臭名昭著的丑闻。它是如此不协和、如此野蛮、如此复杂、如此节奏古怪的音乐，让观众几乎没有一人做好应对的思想准备。就连演职、制作人员也万万没想到这部舞剧的音乐竟会激起观众发自五脏六腑的、粗俗的反应。在这部芭蕾舞剧刚开始、大管刚吹完高音区的一段乐句后，观众就爆发出笑声。接着就口哨声、嘘声响成一片，让大家都听不到音乐了。佳吉列夫赶紧让电工把场灯关上又打开，连续开关试图恢复剧场秩序。尼金斯基站在侧幕里冲舞者们尖叫着节奏。德·普尔塔莱伯爵夫人站在包厢里，使劲摇着扇子叫道："这是60年来第一次有人竟敢开我的玩笑！"人们开始互相侮辱叫骂，由拉威尔领头的"阿帕奇"成员尖声激赏这部舞剧。斯特拉文斯基本人在他写的《呈示部与发展部》中，描述了发生在香榭丽舍剧院里的这著名一晚的滑稽一幕：

> 大家一定都知道《春之祭》首演时发生的丑闻。奇怪的是，我本人对这次爆发这样奇特的事竟然毫无思想准备。从来参加乐队排练的乐手的表情反应来看，看不出任何暗示；舞台布景道具什么的也不像是会引发骚乱的样子。舞蹈家们几个月以来一直在排练，他们很清楚自己做的事情，尽管他们的舞蹈常常和音乐毫无关系……演出刚一开始，就能听到有人小声抗议音乐的不是。然后大幕拉开，一群长辫子的小姑娘在舞台上撇着八字脚大跳"少女之舞"，这时候，风暴来了。我后面有人大喊"住嘴！"我还听到弗洛朗·施密特大叫"那帮第十六区的姑娘都是婊子！"可这帮第十六区的"婊子"分明是巴黎最优雅的淑女。骚乱继续着。几分钟后，我愤怒地离开了大厅。我当时坐在乐队的右边，我记得自己使劲关上了门。我还从没这样生气过，后来也没生过这样大的气。我很熟悉这部舞剧的音乐，我热爱自己写的音乐，我理解不了为什么有人还没听过它就想预先反对它。我怒气冲冲地来

到后台，见到佳吉列夫正忙着把全场的灯光一开一关，为平息全场的骚乱做最后的努力。在剩下的演出中，我站在舞台侧房里尼金斯基的身后，抓住他礼服的燕尾，而他站在一把椅子上，像个赛艇操舵手似的为舞蹈家们喊着节拍。

《春之祭》让欧洲受到了前所未有的震动。它对20世纪上半叶的意义等同于贝多芬《第九交响曲》和瓦格纳的《特里斯坦与伊索尔德》对19世纪的意义。其后数十年，全世界的作曲家都效仿斯特拉文斯基的新型节奏和音响效果，斯特拉文斯基音乐的反响一浪高过一浪。一时间，在普罗科菲耶夫的《塞西亚组曲》中，在巴托克的《神奇的官僚》中，在米约的“精微歌剧”中，在世界各地的音乐中，人们都能听到《春之祭》的那些节奏。它们侵入了当时每个年轻作曲家的音乐潜意识。《春之祭》以其节奏错位、律动变换和粉碎性的力量，以其近乎全盘的不协和音和彻底的与传统和声、旋律体系的决裂，制造了一次真正的革命。这部作品在波士顿首演之后，《先驱报》上刊登了一首诗并被广泛转载。它代表了当时广大观众对斯特拉文斯基这部作品所持的普遍态度：

是谁写了这恶魔般的《春之祭》？
他有何权利创作这种东西？
让我们无助的耳朵忍受它的刺激
经受它粗野狂暴乒乒乓乓的打击。

姑且叫它《春之祭》，

它本该欢乐祥和风轻日丽，
鸟儿悦耳歌唱柔情蜜意，
处处和谐，哪像它这般荒蛮粗粝！

假如我有权力，我就用这权力
把写《春之祭》的那家伙塞进绞肉机！

可就是这家伙成了现代主义音乐的新传教士，取代了正褪色凋零的理夏德·施特劳斯。斯特拉文斯基受到的议论甚至远远超过德彪西。那位法国作曲家心生嫉妒，就用很恶毒的语言攻击斯特拉文斯基，其恶毒程度无人能比，直到斯特拉文斯基本人在其后半生也开始提笔“妄议”其他音乐家为止（与罗伯特·克拉夫特合写了好几本书）。德彪西和斯特拉文斯基见过面并有交往，后者把《春之祭》的钢琴四手联弹总谱拿给德彪西过目。他和德彪西把这谱子演奏了一遍（德彪西的视奏能力超强）。德彪西还去看了《春之祭》的所有排练。很显然他是尊敬斯特拉文斯基的。他也许在《春之祭》中注意到了他自己音乐的某些东西。这正如斯特拉文斯基在1962年写的书《呈示部与发展部》中指出的那样：“……除了我自己之外，《春之祭》还要归功于德彪西，其中最好的部分（前奏曲）和最弱的部分（介于那两支独奏小号的第一次进入和“被选中者的光荣”之间的第二部分音乐）都有他的功劳。”《春之祭》的开头——那段著名的大管独奏——与（德彪西的）《牧神午后前奏曲》的开头主题相距不远。不过，德彪西和斯特拉文斯基两人之间的关系还是紧张的，正如德彪西在1916年写给罗贝尔·戈代的信中说的那样，这是一封奇怪的信，里面有琐碎的事也有醋意的赞赏：

> 我最近见过斯特拉文斯基。他张口闭口“我的《火鸟》”“我的《春之祭》”，就像小孩子说“我的玩具”“我的铁环”那样。那正是他的形象——一个被宠坏的小孩，时时在音乐中翘翘尾巴。他也是个举止粗鲁的年轻人，系着漂亮的领带，却在亲吻女士的手时踩到她们的脚指头。等他变老后，他会让人忍受不了，就是说，他会容不下别人的音乐。不过眼下他还是有些让人难以置信的。他假装跟我称兄道弟，那是因为我帮助他登上了一把梯子，他站在上面大放鞭炮，虽然不是每个都炸响。不过我要再说一遍，他确实有些让人难以置信。您是真能理解他，能理解他那不屈不挠、冷酷无情的思维活动，您比我强多了。

可以肯定地说，当时在圣彼得堡，谁也没预料到斯特拉文斯基会发展成一个音乐上的“问题儿童”。他在孩提时代是露出了一些天赋，但显然不是惊世骇俗的那种。他的早期作品也没有预示一场音乐革命即将到来。打从出生起，他就被暴露在音乐轰炸中。他父亲死于 1902 年，生前是圣彼得堡歌剧院的男低音歌手，那时来自俄罗斯其他地方和国外的音乐家都来造访这所歌剧院。因此伊戈尔听了海量的音乐，还拜师上钢琴课。但是直到 23 岁他还是大学的法律系学生。大约 1900 年，他还在上大学期间，有人把他介绍给里姆斯基－科萨科夫，他把自己的作曲尝试拿给里姆斯基看，被后者在1903年收下做了关门弟子。他跟老师上课持续到1908年里姆斯基去世为止。他跟里姆斯基–科萨科夫学的成果之一是一首大型的《降E大调交响曲》，完成于1907年，这是一部配器丰富的传统作品，任何勤奋努力的作曲系学生都能写出这样的作品。这部作品中没有丝毫后来的斯特拉文斯基之声或斯特拉文斯基之风，总体来看不过是亚历山大·格拉祖诺夫统领下的学院派作曲领地上的一篇习作，荒芜而缺乏创意。

1908年，斯特拉文斯基创作了一部管弦乐作品名叫《焰火》，它引起了善于发现天才的谢尔盖·佳吉列夫的注意。20世纪头25年的音乐史若没有佳吉列夫的存在会贫乏得多。佳吉列夫是个知识分子，是个视野开阔、高瞻远瞩之人，一个敢下赌注的经纪人，一个所有艺术门类的鉴赏者。佳吉列夫当时在巴黎很活跃，曾在1906年策划了一个俄罗斯美术展，翌年又在巴黎歌剧院举办了五场俄罗斯音乐会。再翌年（1908年），他把歌剧《鲍里斯·戈杜诺夫》搬上舞台，由费奥多尔·夏里亚宾担纲主角。1909年，佳吉列夫把俄罗斯芭蕾舞引进了巴黎。由于演出获得巨大成功，他组建了俄罗斯芭蕾舞团，成为一个永久建制，一些20世纪的伟大芭蕾作品就是在这个芭蕾舞团诞生的。佳吉列夫还让俄罗斯芭蕾舞团成为先锋派艺术的一个中心。德彪西、德·法亚、斯特拉文斯基、普罗科菲耶夫、拉威尔……当时所有最伟大的和最先进的作曲家都为这个芭蕾舞团作曲。毕加索、巴克斯特等伟大艺术家也被召来为其做舞美设计、舞台道具背景服装设计等工作。该团的舞蹈家们由尼金斯基和卡萨维娜率领，成为业界传奇和一道亮丽的风景。这是一个兼具风格、魅力、品位和想象力的芭蕾舞团，而其

✤ 伊戈尔·斯特拉文斯基在1932年

新节奏，新音效，新作曲方法。

核心就是这位严谨、强大、有激情和贵族气派的谢尔盖·佳吉列夫。

在1910年的演出季，佳吉列夫想要上演一部有关火鸟传奇的俄罗斯芭蕾舞剧，由米歇尔·福金担任舞蹈设计。阿纳托尔·里亚多夫接受了作曲的任务，但他一再拖延。佳吉列夫在绝望中想起了斯特拉文斯基，他的《焰火》曾给佳吉列夫留下了很深的印象，于是佳吉列夫转而向这位年轻作曲家求助。斯特拉文斯基三下五除二很快完活儿，赶到巴黎出现在了排练现场。结果《火鸟》成了他迄今为止最受欢迎的作品，这可让斯特拉文斯基感到了永远的郁闷：尽管他接着创作了更伟大的作品，但管弦乐组曲《火鸟》——芭蕾舞剧《火鸟》的全剧今天已经很少上演了——在每年都演的斯特拉文斯基的全部作品榜单上依旧占据榜首。

斯特拉文斯基的头三部芭蕾舞剧堪称俄罗斯民族音乐的典范。在它们之后，斯特拉文斯基接着创造出一种全然不同的音乐，从超级管弦乐队演奏的超级总谱（里头有各种稀奇古怪的乐器）转而为小组乐器写一些针对性强、更为精准的作品。于是从中诞生了新古典主义音乐。介于斯特拉文斯基的民族主义与他的新古典主义之间的过渡性作品有 :《士兵的故事》(1918)、芭蕾舞剧《列那狐》(1922)、独幕歌剧《玛弗拉》(1922)、《管乐交响曲》(1921)，以及康塔塔《婚礼》(1923)。以上作品仍包含着民族主义音乐的元素，但所用的力量不那么大了，创作的技巧、手法也转向了一个新的方向。为了创作《士兵的故事》，斯特拉文斯基使用了一个很小的演奏团体，类似一个爵士乐队。为了创作《婚礼》，这部以俄罗斯婚礼为题的舞蹈康塔塔，他使用了一个打击乐小组和四架钢琴。《婚礼》有些回顾《春之祭》的意思，也是原始野蛮的，土得掉渣的，俄罗斯民族的，其节奏冲击力也类似《春之祭》。但是《士兵的故事》就指向全新的未来了。它是一部舞蹈哑剧，讲的是一个士兵和魔鬼的故事，它表现出对各种音乐体裁进行一种风格化的处理，节奏迥然不同，织体也是全新的。它的一切都被微缩了——微型的华尔兹和探戈，微型的众赞歌，微型的进行曲。爵士乐也来凑份子。“我的爵士乐知识，”斯特拉文斯基在 1962 年与罗伯特・克拉夫特合写的书中谈道，“完全来自复制的活页乐谱，由于我从没真正听过爵士乐队的演奏，我所借用的爵士节奏就不是听来的，而是看来的。幸好我喜欢思考，我能想象出爵士之声是什么样子。无论如何，爵士乐在我的音乐中都意味着一种全新的声音，而《士兵的故事》也就标志着我与养育我的俄罗斯管弦乐学派最终决裂了。”

那些抱怨《春之祭》过于复杂的人不可能找到很多理由反对《士兵的故事》,因为这部作品声音清晰洗练,创作手法很简朴。《士兵的故事》与《管乐交响曲》一道，导致斯特拉文斯基在1923年创作了那首《八重奏》，这是他自他的《降E大调交响曲》以来第一次用奏鸣曲式创作。斯特拉文斯基走上了新古典主义之路，即用历史手段表达现代语言，或用当代语言表现的历史风格。巴洛克时期和古典时期条理清晰的曲式结构对斯特拉文斯基富有逻辑性的头脑很有吸引力，接下来的数年里便诞生了一连串的斯特拉文斯基作品 :《钢琴协奏曲》(1924)、《俄狄浦斯王》(1927)、《为钢琴和管弦乐团而作的随想曲》(1929)、《赞美诗交响曲》(1930)、《小提琴协奏曲》(1931)、《二重协奏曲》(1932)、《C大调交响曲》(1940)、《三乐章交响曲》(1945)。在这些作品中，古老的曲式在斯特拉文斯基的实验室里经过炼金术般的冶炼锻造获得了新生。曲式还是古老的，对这些曲式的处理和改造却是超现代的。还有一些作品是斯特拉文斯基对其他作曲家的音乐的改编，比如改编自佩尔戈莱西音乐的芭蕾舞剧《普尔钦奈拉》(1919)，改编自柴科夫斯基音乐的另一部芭蕾舞剧《仙女之吻》(1928)。无论音乐的来源是哪儿，经过斯特拉文斯基改编后都呈现出简洁的音响、奇特的管弦乐配器、尖厉的不协和音程和不对称的节奏型，而这些都是伊戈尔·斯特拉文斯基音乐的典型特征。

早在1921年，斯特拉文斯基在创作《管乐交响曲》(这里所谓的交响曲仅仅用来指各种乐器发声的组合，与奏鸣曲式没有关系)时就预言，他写的这类音乐不会像他早期写的芭蕾舞曲那样

斯特拉文斯基，20 世纪 50 年代在录音棚

广受欢迎。在他 1935 年写的自传（实际由沃尔特·诺威尔代笔）中，他提到《管乐交响曲》时说："它缺乏所有那些吸引普通听众的元素，或是说他们听惯了的东西。他们若想从中找出热情的律动或力度的辉煌，肯定会徒劳……这部作品并不打算'取悦'普罗大众，也不要挑起他们的热情。尽管如此，我还是希望它会吸引一些小众，对这些人而言，感受纯粹的音乐重于满足情感的渴求。"

这些话很好地概括了斯特拉文斯基在写了《春之祭》之后所作音乐的特点。他正确地预感到听众很难认同他这些反浪漫、反情感的作品。他的许多崇拜者都对此惶恐不安。斯特拉文斯基的新古典主义被一些作曲家继承了下去，他的音乐语言也在一定程度上进入了所有作曲家的思维，但是他在 20 世纪 20 年代之后写的音乐不再引起像他的俄式芭蕾那样的轰动。他的新作被公认为世界性的和总体抽象的，恰如斯特拉文斯基本人是个世界主义者一样。这个移居国外的俄罗斯人从1914年到1920年主要居住在瑞士，从1920年到1939年住在法国（1934年他入籍法国），从1939年起他一直住在美国（1945年他入籍美国）。很显然公众并不是很在乎斯特拉文斯基的大多数新古典主义作品，这个事实他心里很明白。他在自传里写道：

> 我在作曲生涯之初被公众宠坏了……我也很清楚自己在过去15年里所写的作品已经让我疏远了我过去的广大听众……他们喜欢过《火鸟》《彼得鲁什卡》《春之祭》《婚礼》的音乐，已经习惯了这些作品的音乐语言，可现在却突然听到我用另一种语汇发声，不免大吃一惊。他们现在跟不上——也不愿跟随——我的音乐思维的进步了。让我感动和愉悦的东西他们听了无动于衷，而让他们继续兴趣浓厚的东西对我却不再有吸引力了。

斯特拉文斯基所代表的，除了许多其他方面，其实就是要和浪漫主义彻底决裂。此人及其音乐的一切都是反浪漫主义的。在20世纪30年代，斯特拉文斯基曾说过，“表现”什么并不是音乐要干的活儿。此话一出引起强烈的震动。多少年来，传统主义者一直拿他这句话说事儿。其实他这句话的意思是说，音乐就其本质来说，是不能表现除音乐之外的任何东西的。“作曲家所做的全部就是把音符组合起来。”这是一种新汉斯利克式的观点。汉斯利克在其论文《音乐之美》中写道，他的全部观点都基于一个理论：音乐绝对是一门抽象的艺术，既不能画画也不能传达除笼统情绪以外的任何东西。汉斯利克和斯特拉文斯基的观点很可能是准确的，尽管美学家们做了大量研究来挖掘音乐含义中的含义，并一直得不到令人满意的答案。斯特拉文斯基从来都大言不惭地表达自己的信念：音乐其实就是形式加逻辑。他把自己的反浪漫主义扩张到对误解他音乐的表演者和指挥家大加挞伐的地步。这种事情就像大多数浪漫乐派作品那样，让他气不打一处来。对音乐，他把主要兴趣继续放在结构、织体、平衡、节奏上。他的音乐简言之就是一位超级逻辑家的工作成果。

斯特拉文斯基所做的一切都指向理性与整洁，整洁到强迫症的程度。这也包括他的工作习惯。1916 年，瑞士作家 C. F. 拉穆茨正与斯特拉文斯基合作创作《士兵的故事》，有一天他看着斯特拉文斯基的工作台吃惊不已：

> 斯特拉文斯基的总谱摆放极其整齐。他首先是一名“书法家”（表现在所有的事情上，以及这个词的所有方面）……他的写字台就像是一名外科医生的器械箱和工作台。各种颜色的墨水瓶分层摆放得井然有序，每种颜色都在他的艺术创作中扮演不同的角色。近在手边的是各种类型不同形状的印度橡皮，以及各种亮闪闪的钢制文具：尺子、削笔刀，还有斯特拉文斯基自己发明的五线谱画图器什么的。这让我想起了圣托马斯下的定义：美就是光彩照人的秩序。他的总谱的每一大页上都写满了不同颜色的墨水符号，有蓝色的、绿色的、

红色的、两种黑色的（普通黑色和中国黛色），每种颜色自有其用途和含义，有其目标：一种颜色写音符，另一种颜色写歌词，第三种颜色写译文；还有一种写标题，还有一种写音乐指示、标记……小节线都是用尺子比着画定的，所有的错误都被细心地涂掉并改正。

（30 年过去了，这一切丝毫没有改变。尼古拉斯·纳博科夫在洛杉矶去拜访了斯特拉文斯基，并写道："我相信，斯特拉文斯基的书房里拥有一切专用文具，用来书写、复制、抄录、誊清、绘图、作画、涂抹、粘贴、切割、削笔、锉磨、胶合等，一应俱全，就像文具店和五金店的结合体。"当然，在斯特拉文斯基的"车间"里，生活继续围绕着钢琴转。"钢琴本身是我音乐发现发明的中心，"斯特拉文斯基写道，"我写下来的每个音符都在钢琴上试弹过，音符之间的每一种关系都被我拆解并拿到钢琴上反复试弹和聆听。"）

在巴黎初战告捷之后[1]，斯特拉文斯基就不停地移动、客居。"一战"爆发之前他就在俄罗斯、法国和瑞士居住过。大战期间他住在瑞士，在那儿一直待到 1920 年。1917 年由于俄罗斯爆发了十月革命，他就没有回到那里（直到 1962 年他才访问过一次俄罗斯）。从 1920 年到 1939 年他住在法国，其间他在欧洲各地和美国开音乐会。第二次世界大战把他永久地送到了美国，他在好莱坞定居下来。

在美国，斯特拉文斯基开始与俄罗斯出生的舞剧编导乔治·巴

[1] 指三部早期的芭蕾舞大获成功。

兰钦进行富有成果的合作，先前他就和他在欧洲合作过。两人合作的成果有：芭蕾舞剧《扑克游戏》（1936；最初由斯特拉文斯基本人舞蹈设计，M. 马拉耶夫协助他）、《协奏舞曲》（1942）、《奥尔菲斯》（1948）、《竞赛》（1957）、《乐章》（1958）等等。其中有几部总谱，包括《协奏舞曲》和《乐章》，原本不是为芭蕾舞剧创作的，但因为有了巴兰钦的舞蹈设计，这些被音乐厅冷落的作品在芭蕾舞台上大获成功。斯特拉文斯基和巴兰钦合作还产下了一个"怪胎"："巴纳姆和贝利马戏团在 1942 年创作了一部作品。在斯特拉文斯基的《马戏团波尔卡》中跳舞的竟然是几头大象，演出广告上写着"舞蹈设计的绝技"，这样的描述确实是恰如其分。斯特拉文斯基还和 W. H. 奥登与切斯特·卡尔曼合作，产生了一部大型歌剧《浪子的历程》。他与美国青年指挥家罗伯特·克拉夫特的友谊让他转而创作了一些序列音乐的作品，还写了一套尖酸刻薄的丛书发表，书中斯特拉文斯基侃侃而谈，讲了许多自己作品的缘起和创作经过，谈了他对其他作曲家的看法，以及他对人生的观察和感悟。斯特拉文斯基和克拉夫特合作写的书可谓直截了当，评论别人时笔下毫不留情，所以这些书出版后，音乐家们捧读时，就好像里面藏着手榴弹似的。某些著名的音乐评论家更是对它们感到胆战心惊。

直到"二战"结束，斯特拉文斯基都是音乐中激进的象征。尽管普罗科菲耶夫、巴托克、勋伯格和威伯恩那时都还在世，但在公众眼里代表现代主义音乐的就是斯特拉文斯基。总的来讲，音乐家们都乐于接受斯特拉文斯基为先锋音乐的领袖。然而，随着序列音乐运动的出现，以及一个结合着序列音乐与勋伯格的理念的音乐学派的崛起，斯特拉文斯基第一次遭遇到了年轻作曲家们和评论家们的攻击。他的整个后《婚礼》时期的创作都受到了质疑，特别是受到了巴黎音乐学派那些能言善辩者的质疑。安德烈·奥戴尔和皮埃尔·布列兹是领头者。他们认为，斯特拉文斯基的美学观是病态的，他的总谱是“加速至筋疲力尽，亢奋至衰竭”的典型案例；它们显示出“他得了全方位的硬化症，包括和声和旋律的硬化，人们从中看到的是伪学院主义，甚至在节奏方面也是如此，人们从中看到了痛苦的萎缩”。这些话都出自布列兹之口，他坚称斯特拉文斯基的新古典主义是一种退化，而不是前瞻。“除了调性音乐之外，他使用其他音乐语言都不能取得连贯性和前后一致，于是他放弃了不明智的抗争，开始使用他那些权宜之计，即用专横和不计代价的姿态去取悦那些已经变态了的耳朵。”布列兹攻击斯特拉文斯基——大名鼎鼎的斯特拉文斯基！——说他患上了“智者懒惰症，唯快乐是图”。

在遭到这些攻击后不久，斯特拉文斯基就开始试着蹚序列音乐这池浑水，并最终一个猛子扎了下去。在他的职业生涯中，从没有比他涉足序列音乐的创作并进入勋伯格和威伯恩的领域，而在音乐界招来更多的闲言碎语。斯特拉文斯基和勋伯格从没密切接触过，勋伯格也不太喜欢斯特拉文斯基的音乐。不过，勋伯格在1926年写过一首讽刺诗，嘲讽斯特拉文斯基和他的新古典主义，甚至还把它谱了曲，由《斯特拉文斯基传》的作者埃里克·沃尔特·怀特从德文翻译成英文：

哈，这个敲鼓的是谁？

是那个小摩登（现代）斯基！
他把头发理成老式的模样，
看起来十分漂亮，
像真的假发——
像一个假发套——
恰似巴赫爸爸！
（至少小摩登斯基这样以为。）

在欧洲时，斯特拉文斯基和勋伯格见过几面，但在1912年之后就没见过面了。斯特拉文斯基听过勋伯格的《月光下的彼埃罗》，并承认“它超越了我”，也“超越了我们这个时代所有的人”。有许多年斯特拉文斯基没听过勋伯格音乐的一个音符。他们两人都住在洛杉矶，却从没有彼此见过。此前，斯特拉文斯基对序列音乐就没说过一句好话。但在克拉夫特把十二音体系音乐，特别是把威伯恩的音乐介绍给他之后，他改变了自己的看法。在1952年的一次采访中，他说，虽然他本人对创作序列音乐不感兴趣，但“序列音乐作曲家们都是训练有素的人，是我唯一尊敬的人”。斯特拉文斯基对威伯恩的音乐进行了深入的研究。然后他在好几部作品中都尝试加入一些序列音乐的元素，比如在《圣歌》（1955）和《竞赛》（1957）中。他的最后一批作品《特雷尼》（1958）、《为钢琴和管弦乐队写的乐章》（1959）、《布道、朗诵和祈祷》（1961）、《为纪念奥尔德斯·赫胥黎而作的变奏曲》（1964）以及《安魂圣歌》（1966），皆属于序列音乐作品。

斯特拉文斯基走进了“敌人”的阵营，这自然引发了公众的一片哗然。人们指责他为赶时髦而跳上了序列音乐的花车，指责他放弃了自己的职能，指责他妄图保持自己作为先锋派领袖的野心。在这片聒噪声中人们忽略的是，无论是不是序列音乐，《特雷尼》等作品仍然发出曾经的斯特拉文斯基之声；他的序列音乐总谱内含威伯恩音乐的程度还不如他的《仙女之吻》内含柴科夫斯基音乐的程度高；他的《小提琴协奏曲》是巴赫式的。斯特拉文斯基用序列音乐做的事情，与他用其他任何途经他的音乐风格做的事情一样多，且都经过他斯特拉文斯基的筛子过滤。像斯特拉文斯基这样个性强大的作曲家，是不可能按照他人思路——而不是他自己的思路——来突然开始创作一种新音乐的。不管怎么说，序列音乐作品只是他全部创作中的很小一部分。它们没有获得保留曲目单上的位置，绝大多数都被忽略了。

从某种意义上讲，那么多年来，斯特拉文斯基在音乐史上的地位是错综复杂的。从 1911 年到“二战”结束，他是当时公认的先锋派音乐领袖，大家都同意他是在世的最伟大的作曲家。对公众而言，他始终是现代主义音乐的泰斗。对音乐同行而言，他是那时最精湛完善的技术大师。直到 1945 年为止，他一直对当时的音乐界施加着最强大的影响。仅这一点就足以确立他在音乐史上的地位了。那些二三流作曲家可以在世时风靡一时，获得极大的人气、流行度，但他们只是昙花一现，绝不会影响音乐的进程或发展趋势。可是斯特拉文斯基不同，他影响了。他总是处在绳子的一头，牵着一绳子的“蚂蚱”跟着他一块儿走。在这方面，他的职业经历与他的好友帕勃罗·毕加索的职业经历颇为相像。在这两个伟人之间可以画上很多条平行线：两人几乎是同时进入各种不同的风格流派时期，两人都用扭曲变形的方法达到表现的目的，两人都技艺精湛，两人都极大地影响了先锋派艺术。

但奇怪的是，斯特拉文斯基在《春之祭》以后写的作品只受到了音乐家同行和少数狂热追随者的极大赞赏和追捧，普罗大众却不怎么买他的账。斯特拉文斯基并不缺少公演。他的名气、地位极高的，大名如雷贯耳，无论写了什么作品立刻拿去排练上演，录音灌唱片等也都自动跟进。他的全部作品都被灌制成唱片，其中大多数都是他亲自监制的，这在当代作曲家中间可是极其罕见的。可是他的音乐就是让人亲近不起来，普通听众对它敬而远之。他在《春之祭》后写的大多数作品似乎都只踩着保留曲目单的一个边儿，而不是稳居核心。除了他的那三部俄罗斯芭蕾和其他两部最流行的作品——《俄狄浦斯王》和《诗篇交响曲》之外，他的音乐在美国交响乐团每年上演曲目的民意调查中突然跌至谷底。这个民意调查是由美国交响乐团联盟和美国音乐广播公司联合举办的。斯特拉文斯基最终只是个地地道道的音乐家，而不是个音乐大票房。他的音乐也许太过尖锐了，一针见血，同时又矜持而四平八稳，井井有条而理性（如果这是你所希望的），所以叫好不叫座。它不是人见人爱的那种音乐。阿隆·科普兰在 1943 年写道："我最终得出了结论：斯特拉文斯基是作曲家中的亨利·詹姆斯[1]。两人拥有相同的背井离乡背景，相同的'流放者'心态，相同的高雅、精致、完美的情趣，同样坚守着某种艺术秉性，同样缺乏与周围尘世的直接接触。"

---

[1] Henry James，美国小说家、评论家。

有些人说，在斯特拉文斯基的音乐中根本没有旋律。这样说是不对的。但是他的音乐确实没有那种能吸引广大听众的旋律。其实，他有些作品中的旋律是很突出的，就像圣洁女神那样显而易见，比如《俄狄浦斯王》中伊俄卡斯忒哀怨的咏叹调，比如三个乐章的交响曲中慢乐章开头的那段旋律，比如《奥尔菲斯》中同名主角在冥府唱小夜曲那一场，还有《帕尔塞福涅》中的“她在床上休息”。（它是不是有点像柴科夫斯基的《六月船歌》的回声？）斯特拉文斯基如果愿意的话，他也能做到很有旋律性。问题是他总是很不愿意。他从不是那种爱动感情的作曲家，眼泪说来就来。他甚至常常冷血到弃用显而易见的优美旋律而青睐其他的音乐元素。因此他的总谱才被人贬称为“理性的”。没有什么比这更能激起斯特拉文斯基的愤怒了。理性怎么了？理性有什么错吗？他想要弄明白。谴责斯特拉文斯基的音乐太理性，这无异于谴责它唯一的优点。他的音乐当然很理性，理性一词用在这里全是褒义。斯特拉文斯基的是这样一种音乐：形式的诸元素取得了巧妙的平衡；音型用精湛的技艺加以扭曲；音乐里有一个强大的意志故意不走“正道”，以避开 19 世纪的那些音乐观念，然后开始探索某些新音乐观：简洁，客观，不浪漫。倾听斯特拉文斯基音乐的主要乐趣就在于分享这位作曲家的心理历程，这是一颗组织严密、条理清晰的心灵（或大脑），里面肯定有很多的自信和精气神；它还是一颗很有魅力的心灵，机警、理性而睿智；最主要的是，它是很有条理的。在斯特拉文斯基的音乐里，没有多余的东西，没有膨胀或令人不安的“发展”。他的音乐很能交流，有强大的沟通力，但是它只和某种类型的心灵沟通——和斯特拉文斯基同类型的心灵沟通。这一种心灵对形式、技术、节奏、风格化很敏感、有回应。贝多芬、舒伯特甚至巴赫的音乐都老少咸宜、雅俗共赏，但斯特拉文斯基就没有那个福分了。他的音乐不具备人见人爱的品质。他的音乐只能迷住那些具有极高水准的“老油条级”音乐爱好者，但这些“老油条”毕竟只是音乐公众里的极小众。所以说,斯特拉文斯基尽管是“在世的最伟大的作曲家”，但他的结局只能是毕生为音乐本身而活着，而不是为了他的音乐取悦大多数听众而活着。

斯特拉文斯基在一生的最后几年里过得很平静。这位身体渐渐衰竭的老人作曲越来越少。他于 1971 年 4 月 6 日在纽约去世。他被安葬在威尼斯，在圣米歇尔岛公墓的俄罗斯人墓园中，挨着谢尔盖·佳吉列夫的墓。

他去世后不久，他与罗伯特·克拉夫特合写的那些书又引发了一场骚乱。起因是《纽约时报》在 1972 年 3 月 3 日刊登了一篇文章，斯特拉文斯基的私人代表莉莲·利普曼在文章里宣称，斯特拉文斯基与克拉夫特合著的大量内容都是纯粹的虚构。她已经写完了一本关于斯特拉文斯基的书，她在书中宣称，克拉夫特描绘的那个卓越、博学有文化、聪明睿智的斯特拉文斯基同那个疲惫衰老、很少说话、对克拉夫特唯命是从的老头儿没有任何关系。许多音乐家和学者也都一直觉得，这些书应该基本是克拉夫特——而非斯特拉文斯基所写。现在把这件事公之于世了，它可不是一件小事。在未来许多年里，学者们将试图把这些书中那个本质的斯特拉文斯基同那些花里胡哨的修饰性成分分离开来。利普曼坚称，这些成分纯粹是罗伯特·克拉夫特的杜撰。

英国音乐的复兴

——埃尔加，戴留斯和沃恩·威廉斯

ELGAR, DELIUS, VAUGHAN WILLIAMS

按理说，19 世纪的英国本该像德国、法国或俄罗斯那样发展出强大、独立而独具个性的作曲家流派。本来嘛，它深厚的历史、文化、传统根基在那儿摆着呢，而且也产生过亨利·珀塞尔（1659—1695）这样的大师级人物。此外，早在珀塞尔之前，英国就已经有过一些重要的作曲家，自打中世纪以来对音乐的发展做出过他们的贡献。一些技艺精深的对位法作曲家，比如约翰·邓斯泰布尔（约 1390—1453）、约翰·塔沃纳（1495—1545）和托马斯·塔里（约 1505—1585），创作出大量高品质的教会音乐。在女王伊丽莎白一世统治的后半期，出现了一群很优秀的作曲家，他们活跃在伦敦，有威廉·拜厄德、奥兰多·吉本斯、托马斯·莫利、约翰·道兰德、约翰·威尔柏、托马斯·威尔克斯等人，他们创作牧歌、埃尔曲（中世纪的一种英国歌曲）、琉特琴音乐和其他器乐曲，以及教会音乐。莎士比亚、马洛、琼森、邓恩、赫里克等伊丽莎白时代如群星璀璨的那些大作家也经常和这些作曲家密切合作。那是一个多么辉煌的时代啊！那个时代一定很激动人心！

英国音乐在珀塞尔生活的年代达到了鼎盛。在珀塞尔一生的36年里，他创作出了大量各种形式的音乐作品，有教会音乐、颂歌、戏剧配乐、第一部重要的英国歌剧《狄多与埃涅阿斯》（1689）、室内乐、主调合唱曲（其中有些优美而俏皮），以及古钢琴曲。珀塞尔的音乐具有非凡的个性，其中有些具有惊人的现代性。除了冲击力很强的旋律和时有预示着浪漫主义作曲家的半音音阶的和声之外，珀塞尔的音乐还直接面对现代听众，直接诉诸他们的心灵，这在他那个时代可是不同寻常的。伊丽莎白时代的牧歌虽然可以写得很优美，但因自身古老的模式，只有那些经过专门培训才逐渐喜欢上它的听众能够欣赏。珀塞尔的音乐则不然，它在很大程度上说的是普通百姓的语言，不过在他去世后不久也就大体被人遗忘了。珀塞尔唯一一部仍在曲目单上晃悠的作品是歌剧《狄多与埃涅阿斯》。它让人们在20世纪90年代中期重新发现了珀塞尔，这在很大程度上要归功于威廉·克里斯蒂和“繁荣昌盛艺术社”成员们的努力，是他们那些古乐专家复兴了一批被人遗忘的大师。他们通过上演和录制《亚瑟王》等大型音乐作品让人重新发现了一位被忽视已久的伟大作曲家。珀塞尔的继承人本应该把他的创作技法和音乐风格发扬光大，把英国音乐推向更高水准的。但不幸的是，珀塞尔没有继承人，因为乔治·弗里德里克·亨德尔来到了英国。

亨德尔对英国音乐的冲击是巨大的，甚至可以说是灾难性的。这位高大壮硕的（日耳曼）撒克逊人给他的（英国）继承者们施加了强大的压力，几乎窒息了他们的音乐创造性。英国人写合唱作品干不过亨德尔,亨德尔在这方面也确实比任何人都做得好（这并非出人预料），于是乎亨德尔的作品不断得到演出，而他的英国同行们就只好站在一边干瞪眼儿了。浪漫主义的春风也不是没有刮到英国，但那是亨德尔死后 40 年的事了。是华兹华斯在 1798 年以其《抒情歌谣》开启了英国的浪漫主义运动。倘若英国的浪漫主义音乐也像它的浪漫主义文学那样富于想象力和创造性的话，英国音乐也一定会在世界领头。但是可惜啊，大多数英国人追求的浪漫主义音乐走的是门德尔松的路子，而不是肖邦—李斯特—瓦格纳那条路子。

门德尔松与亨德尔以前做的完全一样，对 19 世纪的英国音乐思维也施加了强大的影响。维多利亚时代的英国人完全认同了出身资产阶级、音乐上很能胜任又很保守的门德尔松。门德尔松在英国甚至比在莱比锡更受人膜拜。英国是个很保守的国家，很富有，上流社会的势力很强大，他们因循守旧，害怕变革。门德尔松不可否认是个天才，但他是个非常得体的天才！不是那种乱七八糟的天才。他是位绅士，既富有又保守，还不生事制造麻烦。门德尔松和维多利亚女王成为好朋友实在是理所当然，因为他们的共同点太多了，都矜持审慎，思想保守，有良好的教养，外表看上去那么庄重、保守。两人彼此喜欢，他们之间的关系纯洁、美好，令人迷恋。维多利亚女王和艾伯特亲王都是音乐爱好者，他们与门德尔松通力合作举办的音乐会就像是中产阶级的欢乐家庭聚会。每当温文尔雅的门德尔松先生登门拜访，白金汉宫里面就处处洋溢着优雅祥和的气氛：

艾伯特亲王邀请我（门德尔松在1842年写道）在星期六下午两点钟去看他，这样我就能在离开英国前试奏一下他的管风琴。我见到他时他孤单一人。在我们交谈的时候，女王进来了，也孤单一人，穿着居家服。她说，她必须要在一小时后动身去克莱蒙特。当她见到风把一只打开的公文包里面的单页乐谱吹落一地，甚至落到了管风琴的踏板上时（顺便一提，这架管风琴可真是房间中的一景），她补充道："可是天哪！这里怎么乱成这样？"说着她跪下来捡拾乐谱。艾伯特亲王也跪下来帮忙，我也没闲着。他一边收拢乐谱一边接着给我讲解管风琴的音栓，女王则说由她自己来归置。

我请求亲王先给我弹点什么，我说这样我回德国就能吹嘘一番了。于是他就凭记忆给我弹了一首众赞歌，还不断使用踏板，让管风琴发出那么迷人、清晰、正确的乐音，让我觉得许多管风琴师都可以向他学到东西。女王整理完乐谱后，坐在她丈夫身旁愉快地听着。然后就该我弹了。我开始弹我的《圣保罗》中的一段合唱——《信使们多么可爱！》我第一段诗文还没弹完，女王夫妇俩就唱起了这首合唱曲，还唱得非常好，艾伯特亲王一边唱还一边为我非常娴熟地控制着音栓——首先是模仿长笛的音栓，接着是强音音栓，都是在D大调的音区之内，然后他用音栓做了一个完美的渐弱，一直到全曲结束。这些都是他凭记忆做的，我真为他感到高兴。

维多利亚女王恨不得让所有的音乐听上去都像是门德尔松的创作。她的臣民理应遵旨，全都写一些非常“得体”且不很具原创性的音乐。于是乎从1759年亨德尔去世到19世纪90年代爱德华·埃尔加崛起的这段时间里，英国没有出现一个音乐大师。其实在19世纪英国还是有一些优秀作曲家的，如威廉·斯顿戴尔·本内特、阿瑟·沙利文、亚历山大·麦肯齐、休伯特·帕里、查尔斯·维利尔斯·斯坦福德。这些人都是学院派出身，只是他们出色的音乐很少在英国以外的地方演奏。就连舒曼的“宠儿”斯顿戴尔·本内特也是这种情况。沙利文也只能靠写轻歌剧音乐来谋生。在美国，与这群英国作曲家相当的应该是波士顿的“波士顿古典音乐家协会”。同波士顿的同行一样，伦敦的作曲家们也写出了一些成熟甚至优美的音乐，而且两地作曲家的作品比其自身的名气要好很多，只是在当时的英国音乐界，占绝对优势的先是门德尔松，后是舒曼和勃拉姆斯。

1857年6月2日出生在布罗德希思的埃尔加打破了这一格局。他逐渐被公认为英国最伟大的作曲家。他生前的名气很大，然后迅速衰落，直到20世纪60年代才又重新声名鹊起。在1920年到1940年间的现代主义时期，是斯特拉文斯基、巴托克、普罗科菲耶夫和米约的黄金时代，当时的大多数音乐家都对埃尔加是个重要作曲家的提法嗤之以鼻。他被认为只是个爱吹牛的乡下人，之所以能在当下走红，是因为英国太急切需要扶持一名本国作曲家来加以追捧了。埃尔加生活在爱德华七世时代，他古板无趣，是保守的老军官式的人物，殖民时期大英帝国的遗老。对于这样一个沉溺于猎狐、打高尔夫球、钓鱼和放风筝的人，你还能指望什么呢？连埃尔加的长相看起来都没多大出息。他个头很高，身板僵直，蓄着厚厚的须髯，长着鹰钩鼻子和外翻的鼻孔。他总是挽着一把收拢的雨伞。他的整个仪态举止很像军人。他的着装十分得体。他是典型的爱德华七世时代的俱乐部成员的那种样子。他还是一位音乐要人，写一些通俗低下乃至沙文主义的音乐。（比如《威风堂堂进行曲》就是最真切的实例！）听他的音乐就跟读吉卜林的诗歌的感觉差不多。而且埃尔加还上过被禁演作曲家的黑名单。

新古典主义时代的美学观不仅被用来反对浪漫主义，也把埃尔加打入“冷宫”长达数十年之久。此外当时的英国音乐界也掀起了民族主义的浪潮，其代表为拉尔夫·沃恩·威廉斯和复兴了的伊丽莎白时代的音乐学派。民族主义当时正在席卷整个音乐世界，其代表人物在匈牙利有巴托克，在捷克斯洛伐克有雅纳切克，在丹麦有尼尔森，在芬兰有西贝柳斯，在美国有艾夫斯（尽管几乎没人知道艾夫斯的音乐）。民族乐派的作曲家们沉浸在自己民族的氛围之中乐此不疲，鼓吹他们各自民族的音乐特色。可是埃尔加不管这一套。他主张作曲家的职责是发明创造旋律曲调，而不是引用旧的旋律曲调,或以过去的古雅之声为基础。与理夏德·施特劳斯和马勒一样，埃尔加也是个喜欢宏大音效的作曲家。他说过：“假如一个作曲家为40架竖琴作曲，那就给他提供40架竖琴吧。”但是这种想法早在埃尔加于1934年2月23日在沃切斯特去世之前就已过时了。他所有的同时代人所见到的他的作品，都与瓦格纳、施特劳斯和勃拉姆斯有渊源关系。他的主要作品——两部交响曲,《小提琴协奏曲》和《大提琴协奏曲》，规模宏大的交响诗《法尔斯塔夫》全都很快走了下坡路。在他的严肃作品中，只有《谜语变奏曲》和《杰隆修斯之梦》还经常被演奏，后者很少在英国以外上演。年轻的音乐家们都把《杰隆修斯之梦》称为一个“噩梦”。

然而对19世纪90年代的音乐家们来说，埃尔加却是个富有个性的人，是在世的最伟大的管弦乐大师之一。他基本上是个自学成才的作曲家。他的父亲是个管风琴师、小提琴家和钢琴调音师，他鼓励儿子在童年时就尝试作曲。年轻的埃尔加学习了小提琴和钢琴，然后去一家律师事务所工作，然后决定完全投身音乐。他成为沃切斯特爱乐乐团的一名小提琴手，还以一名外省音乐家的身份教授音乐，同时创作了大量音乐，其中大部分都是沙龙音乐，全都无足轻重。此时的埃尔加与任何一个为稻粱谋的受雇作曲家没多大区别。如果说他这时有了一点名气，那也是因为他的一些抒情小曲，比如为钢琴写的《爱的致礼》，这首作品在维多利亚时代的英国客厅里占据的地位等同于戈特沙尔克的系列钢琴曲《最后的希望》在同期美国客厅里所占据的地位。

然后，在1889年，诞生了《傅华萨序曲》，这是埃尔加的第一首重要作品，它揭示出这位作曲家对后期浪漫主义时期的庞大管弦乐队的宏大音响有着极好的感觉。接踵而来的《黑骑士》(1893)、《奥拉夫国王》(1896)和《卡拉克塔克斯》(1898)都是为合唱团与管弦乐队而写的,它们引起了世人的进一步关注。到1900年，埃尔加已是英国最著名的作曲家了，尤其是《谜语变奏曲》在1899年取得巨大成功之后。这部管弦乐曲是作曲家为友人作的一幅音画。埃尔加说过,它的主部主题本身有一个用对位法写的“听不到的主题”。迄今没人听得出这个神秘的、听不到的主题，它是《谜语变奏曲》之谜。汉斯·李希特在伦敦指挥了它的首演，嗣后它就在欧洲大陆遍地开花。勃拉姆斯专家弗里茨·施泰因巴赫把埃尔加称作"一位让人意想不到的天才，一位在管弦乐配器领域的开拓者。……他用几乎独一无二的精湛技艺原创出全新的效果"。一个驰骋在理夏德·施特劳斯音乐领地里的指挥家给出这样的夸赞，实属不易啊！

埃尔加很显然受到了理夏德·施特劳斯的影响。他的有些旋律具有施特劳斯的典型轮廓，比如大跳的音程、宽阔的音域和出乎预料的和声解决等。埃尔加的管弦乐配器在一定程度上也应归功于那位写下了《英雄生涯》的作曲家。不过，施特劳斯的管弦乐配器虽然效果极佳，但常常是通过纯粹的庞大规模和音量取得的。埃尔加的音乐则取得了更加亮丽的音响。正如沃恩·威廉斯所说："我发现，在瓦格纳的音乐中，那些附加的乐器几乎可以完全省掉，这样虽然会损失一些音色，但不会伤及织体构造；也就是伤及皮毛但不会伤筋动骨。但到了埃尔加那里，情况就不一样了：即便是在合唱乐章的伴奏部分里，都几乎不能省掉任何东西，否则就会在织体上留下空洞。"

继《谜语变奏曲》之后，埃尔加创作了被许多人认为的他最伟大的作品——清唱剧《杰隆修斯之梦》(用的是纽曼红衣主教的剧词)。它首演于1900年的伯明翰音乐节，但差一点失败。首演的指挥家李希特准备不足，合唱团没有搞懂音乐的内涵，独奏者们达不到作品的要求。(从那以后，埃尔加就亲自执棒指挥自己作品的大多数首演。)《杰隆修斯之梦》后来的演出情况就好些了，拥有合唱传统的英国人喜欢上了这部作品。(萧伯纳在哪儿说过，英国人总是"对安魂曲喜欢得起鸡皮疙瘩"。)确实，《杰隆修斯之梦》尽显高贵和美好的气质，也具有宗教虔诚的矜持和拘谨。它是埃尔加最雄心勃勃的作品,但却不是他最好的作品（尽管他的支持者说它是）。它在埃尔加音乐中的地位就如《生之弥撒》在戴留斯音乐中的地位一样：大大的希望未必总能实现。

《安乐乡序曲》（副标题为"在伦敦城里"）在1901年问世。埃尔加从不假装自己是个民族主义作曲家。但是在《安乐乡序曲》中，如同在他后来写的《法尔斯塔夫》（1913）里那样，他却创作了一种能强烈唤起民族精神的音乐。这种音乐也许更多勾勒了那个"安乐的英格兰",而不是真实的英国,但是除了英国人之外,谁也不能心领神会地品咂出个中的英国味儿。他写的那五首《威风堂堂进行曲》也是如此，民族精神十足。其中的第一首，D大调，之于埃尔加就如同《忧伤圆舞曲》之于西贝柳斯和《升c小调前奏曲》之于拉赫玛尼诺夫那样，都是各自民族精神的浓浓体现。全世界的人都知道埃尔加是《威风堂堂进行曲》的曲作者。五首进行曲中的头两首在1901年的一场逍遥音乐会上首演。埃尔加在自传中写道："我永生难忘第一首（D大调的那首）刚奏完时的场面：全场的人蹦起来尖叫。我只好再奏一遍——结果还是一样。事实上，全场拒绝让我接着演奏后面的曲目……单纯为了恢复秩序，我把这支曲子又演奏了一遍。"不久以后，爱德华七世国王建议把这首曲子配上歌词，于是它就成了《希望与光荣的国土》。如果说埃尔加在此之前已经比较有名的话，那么现在他就名扬四海了。各种荣誉纷至沓来，包括美国一些大学授予他的荣誉学位，还有在1904年他被册封为爵士。那年在科文特花园还举办了为期三天的埃尔加音乐节。

⚜ 爱德华·埃尔加爵士

爱德华国王时代标准的俱乐部成员形象……最后变得与时代不合。

诚然,《威风堂堂进行曲》使埃尔加名利双收,但从音乐上看,它对埃尔加有害无益,甚至害处很大。这部作品给他涂抹上了吉卜林式的沙文主义色彩,使好多人拒绝把这个写了《威风堂堂进行曲》的作曲家的任何作品认真看待,也就是说拒绝重视他。音乐家们也因此不接受它,尽管它是一首响尾蛇般“嘎啦嘎啦”的优秀进行曲。这个时期,埃尔加还创作了一连串佳作:那首出色的《引子与快板》(1905,为弦乐队而作)、《第一交响曲》(1908)、《小提琴协奏曲》(1910)、《第二交响曲》(1910),以及《大提琴协奏曲》(1919)。埃尔加还写了他的大型合唱三部曲,其中的《使徒》完成于1903年,《王国》问世于1906年。这两部作品都没有登上国际保留曲目的榜单。三部曲中的第三部始终没有完成。

埃尔加的两部交响曲是宽广的后期浪漫主义作品,充满活力,走的是勃拉姆斯的路子，又加上些理夏德·施特劳斯的佐料。这两部交响曲都很优秀，雄壮，广阔，激烈，曲折；典型的埃尔加式旋律，起伏波动大，突降感强，转调出乎意料，半音化严重，分叉儿明显，给人柳暗花明、峰回路转之感。目前这两部交响曲又开始回到公众视野；他的《小提琴协奏曲》也是这样，哪怕里面下意识暗合了勃拉姆斯的《小提琴协奏曲》。埃尔加晚期最好的作品恐怕是他的《大提琴协奏曲》了，这是部挽歌式的作品，极端个人化，富含萦绕耳际挥之不去的优美主题。它开头主题的持续抒情性甚至在埃尔加音乐中也不寻常，尽管他喜欢写长线条的旋律。它进行下去，自我生发，时间长得令人难以置信。埃尔加大提琴协奏曲达到了德沃夏克大提琴协奏曲的那个级别，都是这种体裁中的扛鼎之作。[1] 1919 年之后，埃尔加的创作活动几乎停止了。在他余生的 15 年时间里，他还写了一点作品，但都没有得到演奏。像罗西尼和西贝柳斯那样，埃尔加也决定在职业生涯鼎盛时急流勇退。1920 年他丧妻，从此再没从这一打击中恢复过来。此时他也很不喜欢音乐的走向。他很可能认为自己此时已成了一个与时代格格不入的人。他这样想当然有其道理。在“一战”结束后的那个乱哄哄的年代，人们不需要他的音乐了，他被公众忽视了。在为他举行的 70 大寿祝寿音乐会上，女王大厅里有一半的座位都是空的。

他成了一个孤独的老人。他从一切音乐活动中撤身而去，不再去听任何一场音乐会，说他不喜欢音乐，说他更想谈论板球或

---

[1] 其他还有舒曼的、海顿的、圣－桑的等。

者赛马。他对刚创办了《留声机》杂志的康普顿·麦肯齐说,《留声机》的评论家们攻击他也是很自然的事情，因为“我对音乐已经不感兴趣了。所以对此我也并不介意”。他此时的信件充满坚定的——也许是过于坚定的——辩解之词，坚称自己的创作使命已经完成了。“我现在厌恶音乐。我确实曾经写出过一些音乐作品，但它们现在全都死了……我过去的生活结束了，过去的一切也似乎随之散掉了。”或者 :“我过去的一切都被抹掉了，我现在格外孤独。”或者 :“我不是没试过重操旧业，但没有用，这就说明过去确实过去了。”他还绝望、悲伤地说 :“现在我看破红尘了，也顺从天命了。”他的朋友们慢慢离他而去，他则听任自己说些刻薄的评语，他做得到说话很难听。在他生命的最后阶段，他把时间泡在赛马场上，或是驾车四处游荡，或是和他的狗狗们泡在一起。在他 1929 年写的一张圣诞贺卡上，他引用了惠特曼的话 :“我想我会转身离去，和动物们生活在一起。它们不会让我厌倦，讨论它们的职责——对上帝。”

但埃尔加并没有从人类生活中完全隐退。即使在那些恐怖而焦虑的年月里，他仍然恢复了一定的工作。他录制了一系列的唱片，包括一张与耶胡迪·梅纽因（“那个神奇的男孩儿”）合作灌制的他的《小提琴协奏曲》的唱片。在 1929 年和 1930 年，他创作了几首短小的作品。在 1932 年他 75 岁时，他做了不少客席指挥的工作，当然是指挥演奏他自己的音乐。他还考虑过用本·琼森的脚本创作一部歌剧。他还对写一部第三交响曲满怀热望。

也许是因为需要爱，也许是为了让世人了解他的才能还没有完全枯竭，但无论是出于什么原因，埃尔加决定要有所行动。在

1932年沃切斯特音乐节期间，他透露说他已经写了他的第三交响曲。但他又补充说，因为人们已不再需要他的音乐，所以无论将其完成还是将其配器都已不再值得一做。此事立刻引起了反响。报界抓住了这个敏感的事大做文章，呼吁埃尔加完成第三交响曲。英国杰出的指挥家兰顿·罗纳尔德爵士得到了英国广播公司（BBC）的委托来承担指挥这部新作品的工作。此举立刻把埃尔加摆在了尴尬的境地。没错儿，他是勾勒好了一部新交响曲的轮廓，打了一些草稿。但是它距离完成还远得很呢。事实上它甚至还没有走出酝酿阶段。埃尔加试图把工作继续做下去。可是他已经老去了，而且病得不轻，大大超出了他的认知。他得了癌症，而且在一年之内就发展为不治。因此，这部交响曲，还有那部歌剧，外加一部他一直想写的合唱作品，就没能写下去。于是1918年写的《a小调钢琴五重奏》和1919年写的《大提琴协奏曲》就成了埃尔加的最后两部重要的作品。这部哀婉如诉的大提琴协奏曲很难不让人想到，埃尔加这是在有意无意地做最后的交代：他要退隐到个人私密的空间里去了，从此他再也没有从里面出来。

20世纪30年代的人们之所以不能看清和参悟埃尔加耀眼的后期浪漫主义音乐，原因就在于他的音乐中有某种很特别的东西，可以说是别有洞天。与他的维多利亚时代的前辈不同，埃尔加是用个性化程度高得难以想象的音乐语言来表述自己的。他可以把乐队搭建在施特劳斯和瓦格纳的地基上，也可以把他的交响曲和协奏曲形式构建在勃拉姆斯的框架内，但是，他的旋律以及他对这些形式的处理手段却是他自己的。一支埃尔加的旋律怪怪地紧张，具有别扭的张力，音程宽广，跳跃大胆，具有笃定、浓烈的英国味儿（很难用文字讲清这种英国味儿，但它就在那儿），所以它立马就彰显出来，被人听出为埃尔加所独具，音乐史上没别人只有他埃尔加写得出来。仅这一点，就足以让他的音乐高于一个更好的技师或一个更前卫的实验者的音乐。这是因为，但凡没有个性的音乐，甭管它技巧上如何炉火纯青，都注定是没有生命力的。埃尔加的音乐也许是爱德华七世国王时代的，也许是资产阶级的，它也许歌颂了英帝国主义的殖民扩张（明确也好，含蓄也罢），它甚至也许包含了老掉牙的传统矫饰（《杰隆修斯之梦》肯定是一例），但是，它毕竟充满了活力和个性！无怪乎埃尔加音乐的复兴与吉卜林等那一时期的人物的重生会同时开始，这可不是巧合。20 世纪 50 年代对爱德华国王七世时期的大量研究表明，那些蓄着须髯的绅士和穿着撑裙的淑女可都是相当有趣的，个个都不是平庸之辈。

埃尔加音乐中的爱德华七世时代烙印（以华丽矫饰为特点）使得它有些难以指挥。埃尔加使用庞大的管弦乐队，指挥家也因此倾向于过于强调和夸张，这样一来音乐听上去真的会很普通甚至俗气。埃尔加本人意识到了问题的严重性，并对此特别担忧。他对评论家厄内斯特·纽曼说，他在音乐里写下了所有的表情符号，指挥家所要做的只是严格照谱指挥就行。他充满渴望地说：“要是人都能严格按照写在总谱上的标记来演奏音乐，那该多好啊！可事实上人们常常不满足于这样做。”如此一来，纽曼评论道，埃尔加式的情感在指挥家手下就被习惯于过度夸张地表达，到头来还得由埃尔加本人背黑锅。“很少有作曲家，”纽曼写道，“对诠释者误解自己的音乐感到那么痛苦的，埃尔加就是其中一个。他

⚜ 埃塞尔·史密斯夫人

她不顾一切阻挠，一门心思要当作曲家。

的精细敏感被人指挥成多愁善感，他的高尚情操被人指挥成低俗下作，他的高贵被人演绎成戏剧性的张扬——所有这些都是因为指挥家没搞懂作曲家的意图。”由此还可以补充一下：埃尔加在灌唱片（录制他的《小提琴协奏曲》和那两首交响曲等作品）时，亲自指挥了乐队，他的演奏速度和乐句划分都在那儿明摆着呢，可供所有人学习研究。

埃塞尔·史密斯夫人（1858—1944）几乎完全是埃尔加的同时代人，她是英国有史以来第一位重要的女性作曲家。她不顾一切反对决心当一名作曲家，就去了德国学习音乐，并受到当时许多主要音乐家的鼓励，比如格里格、勃拉姆斯、克拉拉·舒曼、约阿希姆。萧伯纳在1892年的一场伦敦音乐会上第一次听到她的音乐，他写道："当E. M. 史密斯夫人英雄般的、充满铜管乐的序曲《安东尼与克娄巴特拉》结束后，作曲家被请上了舞台，人们大吃一惊地注意到，这一石破天惊、排山倒海的音响竟然出自一位女士之手。"翌年，当她的《D大调弥撒曲》在伦敦公演时，萧伯纳很严肃认真地写了一篇长文评论它。他用典型的萧伯纳式风格写道："她不带偏见地作曲，既有孩童般的率真，又有淑女的正统性。因此她的弥撒曲属于教会音乐中的通俗轻快那一种，但又毫不轻浮和庸俗（很不幸大量的教会音乐就是这样浅薄和俗气）……正像我在开头经常预言的那样，这部作品是女性对通俗音乐的征服，这实属有趣。"

史密斯夫人接着还写了歌剧、管弦乐曲、室内乐曲和合唱曲。她的所有歌剧都是自己撰写脚本，并在各地上演，尤其是她最重要的那部，叫《劫船的人》（1904），于1906年在莱比锡首演。她还积极参加妇女参政运动。在照片中她看起来很严肃，帅气，穿着精心裁剪的男式服装，打着老式领带。她的自传可读性极强，充满她对所遇伟人们的清晰回忆。她霸气强悍，坚持自己的权利。她的大多数作品因为太过折中主义（中庸）而没能留在保留曲目中，但她的歌剧《劫船的人》在1994年被录制成唱片，受到了英国报界的一些非常肯定的好评。

埃尔加是英国作曲家三位一体中的一位，这三位在同一时期都很活跃，他们把英国音乐从后亨德尔和后门德尔松的低迷消沉

⚜ 弗雷德里克·戴留斯

"在我看来，音乐很简单，就是天性和自然的诗意表达。"

中提振起来。另两位是弗雷德里克·戴留斯和拉尔夫·沃恩·威廉斯。没有其他三位一体的作曲家比这三位一体更不一样的了。埃尔加诚挚热情，充满活力，满足于接受英国周围的一切，并用音乐来赞颂它。沃恩·威廉斯是个直言不讳的民族主义者，喜欢回到16世纪的都铎王朝的英国寻找灵感。戴留斯则离开了祖国，他的灵感只来自他自己。他不是很喜欢英国，他更多是个知识贵族而不是个中产或普通人。他写完全个性化的音乐，把音乐写得尽可能地接近泛神论。

在某些方面，戴留斯是个类似福雷的作曲家——高度个人化，有时很精致和典雅，传统而又不带学院气。他的作品数量不多，他只好等待很长时间才得到承认。到40岁时他已经写了一些很重要的作品，但除了几首歌曲之外都还没有出版。直到1905年他的音乐才开始在社会上站住脚，尤其是在德国。但即便这时他还是没有国际名声。他不停地写呀写，改呀改，在他位于卢万河畔的格雷兹的家中闭门造他的音乐，此地距离巴黎大约 40 英里。1924 年，瘫痪和失明相继降临在他身上。一个名叫埃里克·芬比的忠心耿耿的英国音乐家主动来照顾病中的戴留斯，两人合搞了一套装置，好让作曲家能够口述他的音乐。就这样戴留斯又写了几部作品，幸好那时候戴留斯已经完成了所有他赖以扬名的作品。

要描述戴留斯的音乐是有些困难的。有些人称之为英国的印象主义音乐，但这不是很贴切。许多影响共同构建了这个名叫弗雷德里克·戴留斯的经历复杂的人的复杂之灵。他 1862 年 1 月 29 日出生在曼彻斯特附近的布拉德福德。他的家庭是来自德国的一个羊毛商，家境很富裕。戴留斯从小表现出音乐天资，也很想投身音乐中去。他父亲硬性规定弗雷德里克要子承父业，做羊毛商人。戴留斯从命，结果成了自打钱发明以来最糟糕的商人。过了一阵子后，他父亲也只好随他去了。戴留斯和一个朋友遂于 1884 年远赴（美国）佛罗里达，在那儿种橘子撞大运。

他们在杰克逊维尔附近的索拉诺格罗夫定居。只有很少的橘子运到市场上出售。戴留斯还是把精力集中在音乐上。他和一名来自纽约的音乐家做了朋友，此人名叫托马斯·沃德。戴留斯说，他接受过的唯一真正有用的音乐知识就是沃德教给他的，此人被证明是个优秀的音乐理论家和和声学家。定居索拉诺格罗夫期间，他有了一个不好的收获——性病，最终导致了他的失明和瘫痪。

戴留斯在杰克逊维尔教了一阵子音乐，后来又去弗吉尼亚教音乐。他还在纽约住了一段。后来，在 1887 年，他去了莱比锡音乐学院，他父亲资助他在那儿求学。戴留斯从不操心钱的事。他的魅力之作《佛罗里达组曲》就是在莱比锡创作的。接着在1888年，他来到了巴黎。他和一个叔叔在那儿住了一阵后决定把法国当成自己的家。在法国他娶了画家耶尔卡·罗森为妻，还创作了两首出色的管弦乐作品——《翻越群山的远方》（1895）和《巴黎》（1899）。这两首作品标志着他的音乐风格的成熟。他的发展很缓慢，但一旦他找准了自己的方向和方法，就矢志不渝，终生不变。他说过："我想要做的事情是来得很慢，可它一旦来了，就突然一下子全来了。"一连串作品接踵而来，歌剧《伊尔美林》创作于1892年，但直到1953年他去世多年后才被搬上舞台；还有一系列其他歌剧，一些管弦乐曲，一部钢琴协奏曲。到41岁的时候，戴留斯已经写了五部歌剧、六首大型管弦乐作品、大约50首歌曲以及各种体裁的杂曲，但实际上这些几乎没有一部付梓出版。突然间德国狂演起他的作品来。他的歌剧《康加》1904年在埃尔伯菲尔德上演，另一部歌剧《乡村罗密欧与朱丽叶》1907年在柏林制作上演。德国指挥家们还纷纷指挥起了他的合唱作品《阿巴拉契亚》（1902）和《大海的漂流》（1903）。在英国，指挥家托马斯·比彻姆对戴留斯的音乐产生了兴趣，并利用自己的可观影响力大力推广他的音乐。渐渐地，戴留斯在英国也崭露头角。在德国，他被认为是在世的最重要的作曲家之一。比彻姆宣称，在"一战"前的那十年里，只有理夏德·施特劳斯比戴留斯更受欢迎。1914年"一战"爆发后，德国掀起强烈的反英情绪，戴留斯的音乐就从德国曲目单上被拿掉了。

有一部作品吸引了极大的关注，这就是被认为是戴留斯杰作的《生命的弥撒》(1905)。事实上，它还不是戴留斯的杰作，就如同《杰隆修斯之梦》还不是埃尔加的杰作一样；只有那些把杰作等同于长度和宽度的人才这样认为。不过，这部作品立意很高并有些充满想象力的段落是不争的事实。《生命的弥撒》的唱词来自尼采，戴留斯很崇拜这位哲学家、作家。他会从尼采的著作中撷取一章,细细品读有时长达数周之久,然后再精读另一章。“我把他尊为卓越的诗人和美好的大自然加以崇拜。”戴留斯如是说。

《生命的弥撒》直接源自尼采的《查拉图斯特拉的夜歌》。比彻姆在1905年指挥了它的首演。它不是一部宗教作品，戴留斯也不是一个宗教虔诚之人。他曾对埃里克·芬比说过，他不需要宗教或信念。他还说：“生活中只有一种实在的幸福，那就是创作的幸福。”(有相当多的伟大作曲家都是自由思想者，或彻底的无神论者。我能想起来的这样的作曲家有威尔第、圣-桑、德彪西、勃拉姆斯、瓦格纳，很可能还有舒伯特、柏辽兹和肖邦。)事实上，戴留斯是个唯我论者，他和他的音乐只为自己而存在，他和它相互滋养，把自己封闭在一个很小的圈子里。

戴留斯是个引人注目的人。比彻姆第一次见到他时，还以为他是位红衣主教呢，或起码是个身穿便服的主教。比彻姆这样写道：

……他的五官上刻着禁欲主义与狡黠精明的混合神色，让人联想到那些身居高位的神职人员。我还对他一丝不苟和冷漠优雅的总体气质印象深刻，这种气质在艺术家当中几乎见不到。他的说话风格是比较突兀、让人意想不到的那种，但并不讨人嫌。不过他的基础口音听得出来是外省的。我们主要的公共学校和传统大学里谆谆教诲的那种无可挑剔的缜密措辞和标准化语言不属于他。他仍忠实保留着对苏格兰方言的偏爱，那里是一片幅员广阔的北方高原乡野，带着怜悯蔑视着南方及其装腔作势的温柔口音。在他从英国自我放逐的24年当中，他接触到了多国语言，养成了多语混杂的表达习惯。他的语句中既有法国词，也有德国词，比如他总是说德语的orchester（管弦乐队），而不说英语的orchestra……在公共场合，他总是表现得高贵典雅，矜持，话不多，举止礼貌得体，不显出浪迹天涯的痕迹。

第一次世界大战爆发之后，戴留斯交替在法国和英国度过了他的余生。他大部分时间还是住在卢万河畔的格雷兹，和他妻子过着平静的日子。他对当时出现的各种音乐从不多加关注。的确，他很不喜欢当时的大多数音乐，除了他自己的。他的创作生涯在大约15年内——从1900年到1915年——全部过完。在1934年6月10日，戴留斯逝世于格雷兹。

戴留斯的音乐与别人的任何音乐都不搭界，与其他人没有什么沿袭传承关系。和德彪西一样，他彻底了断了与已有曲式的联系。他的音乐自由自在，有即兴性质，听起来就像是在钢琴上进行妖冶的、具有异国风情的半音和弦的试验。这是种狂想性质的音乐，曲式自由，完全摆脱了古典风格。它的和声可以丰富得流油，甚至时有不协和音，但这些和声却与任何其他作曲家的和声不同。“我不主张学习和声学或对位法，”戴留斯说，“学习会扼杀掉本能和直觉。永远也别相信有人说的，音乐只要听了很多遍就能听懂。这纯粹是胡说八道，是不能胜任者最后的托词……在我看来，音乐很简单。它不过是人类情感和自然界的诗意表达。”对戴留斯来说，“流动感”是唯一重要的事情。音乐要么有流动感，要么缺乏流动感。如果有就是好音乐，如果缺乏就是坏音乐。1920 年，他对当时的所谓先锋音乐做出了激烈反应，在写给《萨克布报》的长文中说：

> 世界足够大，容得下适合所有口味的各种音乐。凭什么献身达达主义的艺术家就不该享受他们小圈子里的那些白痴般的音乐产品呢？这和那些音乐喜剧的赞助人享受他们的特殊口味道理是一样的。可是，当我看到现在有些激进派的预言家极力误导、颠覆公众的口味，通过嘲讽过去的音乐大师把一套谬误的价值观灌输进新一代音乐爱好者的头脑时，我不能不发声了，我要对他们的做法公开表示抗议……他们这么做，不过是希望人们对他们这些当代的所谓“大师”更加关注罢了……
>
> 现在是一个艺术无政府主义的时代，没有政府管理，没有权威机构，没有衡量标准，没有分寸感。任何人可以做任何事，并标榜为“艺术”，以期吸引来一群白痴驻足围观，惊奇地张着嘴巴，流着口水，眼露赞叹的目光……
>
> 音乐不能把强调或夸大某物当作目标，这一条对那些发生在音乐以外的事情尤其适用。音乐表现只能开始于言辞和行为达到它们表达极限的地方，即音乐响起在语言和行为都

穷尽了其表达的时候，这时音乐表现的意义才彰显出来。音乐应该只和情绪情感有关，而不应和外部事件有关。让音乐模仿某些外部事物完全是徒劳之举，就像试图让它说“早上好”或“今天天气真好”一样徒劳。只有那些用其他手段都表达不好的东西，才值得用音乐来表达。

戴留斯一以贯之地遵循了他自己的音乐理念。基本上他是一位音乐画家，用狂喜沉醉的即兴方式表达他自己。他创作的音诗——《布里格集市：一首英国狂想曲》(1907)、微型的《河上夏夜》(1911)和《孟春初闻杜鹃啼》(1912)听起来都像是即兴作品。他那些更加扩展的作品听起来也只像是扩展了的即兴作品而已。戴留斯的音乐只“关乎情绪情感”，它表现“用其他手段都表达不好的东西”。戴留斯是个优秀的旋律家，几乎是个柴科夫斯基等级的旋律家。但他从不像那位俄罗斯伟人那样悲伤哀怨、肝肠寸断，他的旋律也没柴科夫斯基那种即刻哭倒一大片的悲情冲击力。戴留斯尽管对音乐追求即刻冲击、轰动效应的微词颇多，但他其实还是花了点时间去兼收并蓄的。一旦兼收并蓄了别人的长处，他的音乐似乎就永远立于不败之地。只要一个人喜欢一部戴留斯的作品，那么很可能他就会喜欢戴留斯的全部作品，因为戴留斯几乎是一以贯之地用同一种风格创作到底。他当然远不是一位全球性的作曲家，他的地位也许等同于其他艺术门类中的杰拉尔德·曼利·霍普金斯、玛丽·卡萨特或者詹姆斯·布兰奇·卡贝尔。(最后那个人对某些人来说也许是致命之吻，但是世上还有几个更为雅致的散文文体家呢？戴留斯魔幻般的音乐风景画与卡贝尔的《鲍克泰斯米》[1]一样,都拥有那同一个浪漫气息十足的故园。)

但凡戴留斯做的事，他总是把它做得那么完美。他把美好的事物写得很优美。首先，他的音乐都很精致优雅，经常暗含悲伤的潜流。它常常是妖娆的，有时也很强劲，但总是伤感与优雅并存。它从不是标题音乐，但它从来都是唤起人联想的音乐——联想到湖泊、日落、田园风光、巴黎的天空、美国海岸外的大西洋……连他的歌剧都是那么亲切温馨,《乡村罗密欧与朱丽叶》可不是为大型歌剧院写的作品。戴留斯一生大部分都过得很隐秘，这种隐秘性，这种不愿外露的矜持性，都在一定程度上表现在他写的所有作品中。戴留斯不是个走向人民的作曲家，人民只好走向他。而那些主动走近他的人，如比彻姆，发现走近戴留斯的音乐的过程是种很独特的体验。“(对他的)看法注定会不同，而且会很不同，”比彻姆在他写的《戴留斯传》中说，“在我看来，我只能把他视为我们浪漫时代的最后一位伟大的使徒，是用音乐表现美和情感的最后一人。”

拉尔夫·沃恩·威廉斯追随埃尔加长达 15 年，追随戴留斯也有 10 年。他是个高大壮硕、坚不可摧的人，也是历史上创作跨度最长的作曲家之一。他于 1872 年 10 月 12 日出生在格罗切斯特郡，1958 年 8 月 26 日在伦敦去世，享年 85 岁，之前刚完成他的《第九交响曲》不久。他 19 岁就开始发表作品,他的创作期长达 66 年。他家里不缺钱，沃恩·威廉斯因此能够从容不迫地确定今后要走

[1] Poictesme，卡贝尔笔下虚构的一个梦幻般浪漫的国度。

的人生路，以及他后来忠贞不渝追求的人生目标。孩童时他学过好几种乐器，没有一种是专业学的。“有人教过我钢琴，可我永远都弹不好；还有人教过我小提琴，它成了我的音乐救星。”在伦敦皇家音乐学院，他师从斯坦福德和帕里，他尤其要感谢帕里。“我们这些帕里的学生如果足够聪明的话，是从帕里身上继承了英国伟大的合唱传统，这传统由塔利斯传给拜厄德，拜厄德传给吉本斯，吉本斯传给珀塞尔，珀塞尔传给巴蒂希尔和格林，然后他们再通过韦斯利一家传给帕里。最后他把火炬传给了我们，我们的责任就是保证让它燃烧下去。”与埃尔加不同的是，沃恩·威廉斯摒弃了德国 19 世纪音乐传统，而接纳了英国的民歌与合唱传统。从性情上讲，他从来没办法认同德奥学派。“直到今天我都拒斥贝多芬的音乐语汇，它让我反感。”他年老后写道。但他补充道：“但是我希望自己最终认识到了这种我不喜欢的音乐语汇背后的伟大性，同时也看到了我所热爱的巴赫音乐语汇中偶见的薄弱之处。”

但是出于某种奇怪的原因，也是考虑到他对 19 世纪的德国音乐抱有的成见，他却去了柏林跟马克斯·布鲁赫上了几课。从这几课里他没有什么收获。1901 年他在剑桥拿到了音乐博士学位。嗣后没多久他加入了“英国民歌学会”。此举是他人生的转折点。和巴托克与柯达伊一样，沃恩·威廉斯与他的朋友古斯塔夫·霍尔斯特也跑到乡下去搜集尽可能原汁原味的英国乡村音乐及民歌什么的。霍尔斯特是当时著名的作曲家，现今他的音乐很少听到了。他被认为是个很有进取心的现代主义者，是埃尔加同时代与后埃尔加时代（英国）作曲家群体中的重要一员。这个群体还包括萨缪尔·柯勒律芝－泰勒、阿诺尔德·巴克斯、约翰·爱尔兰，澳大利亚出生的美国人珀西·格兰杰，以及稍后一点的阿瑟·布利斯。

沃恩·威廉斯让自己沉浸在民歌中。通过研究民间音乐，他使自己摆脱了外国影响，正如他在一次演讲中解释的那样：

> 在埃尔加形成自己风格的那个年代，英国民歌还没有“形成气候”，不过已经被有意识地复兴，并使之流行，但这也始于大约30年前。目前，这股复兴之潮对作曲家意味着什么呢？意味着我们中的几个人从中发现了最简朴的表达方式，意味着我们正无意识地借此培育我们自己的音乐语言。民间音乐给我们的想象力提供了素材……我们的民歌知识还不足以让我们发现其中的很多奥妙，但我们已经发现了其中一些长期以来被外国因素所遮蔽的东西。

沃恩·威廉斯对本国民族音乐的态度表明，他要有意摆脱外国音乐的影响和统治，摆脱任何涉及一个外国民族的音乐的作曲理念。沃恩·威廉斯看到了太多的英国作曲家最终沦陷为拴在德国音乐理论家战车后面一条绳子上的一串儿俘虏，于是他猛烈地抵抗被俘。“只要作曲家们还坚持要当其他民族音乐的传声筒，宁愿模仿他国，写二手的他国音乐，为他国音乐的主子效劳，那他们就一定不会吃惊地发现，听众宁可听真正的勃拉姆斯、正宗的瓦格纳、原汁原味的德彪西或原创的斯特拉文斯基，也不愿听他们的苍白模仿或鹦鹉学舌。”哪怕本国的音乐有局限性，但只要它真诚，就好过对外国音乐的模仿。“每个作曲家都不能指望拥有全

⚜ 拉尔夫·沃恩·威廉斯

“每个作曲家都……可以合理地期待自己拥有他本民族的独特视野。”

球性的视野，但他却可以合理地期待自己拥有他本民族的独特视野。”任何人都能按照瓦格纳或施特劳斯的风格来写，但这不应该对英国作曲家产生诱惑。“难道我们不该设想，那些分享我们的生活、习俗、气候、食物的人，他们不应该向我们传授一些我们自己民族的秘密吗？而这些秘密，那些外国作曲家有能力给我们吗，尽管他们也许更有想象力，更强大，技术更完备？”而这，沃恩·威廉斯总结道，才是一个民族作曲家的使命所在。他就像那些沉溺在自己嗜好中不能自拔的人那样抓住了问题的实质，即只有带着民族特色的音乐才能让他感兴趣。这就是斯特拉文斯基的大多数音乐都让他心烦，唯有像《婚礼》和《赞美诗交响曲》这样具有浓郁俄罗斯传统的斯特拉文斯基作品得到他喜爱的原因所在。若不是有这样的作品，沃恩·威廉斯说，斯特拉文斯基就不过是个摆弄一堆技巧、要小聪明的时尚作曲家。至于说勋伯格及其一派的无调性音乐，沃恩·威廉斯对它唯恐避之不及。“勋伯格对我毫无意义，但鉴于他对其他人显然意义重大，那就只能说全是我不对了。”

受到自己对英国民间音乐的强烈兴趣的提振，沃恩·威廉斯开始意气风发地创作他的音乐作品，他希望自己成为一场民族音乐运动的急先锋。他的两部作品——《三首诺福克狂想曲》和《在沼泽地带》分别在1906年和1907年引起了极大的关注。但是沃恩·威廉斯却觉得自己需要更多的学习和研究，遂决定去法国向莫里斯·拉威尔求教。“我在1908年得出结论：我的创作已陷入艰难而停滞的境地，进入了瓶颈期，我需要给自己的创作加上点法国佐料。”他去了巴黎。这个高大壮硕得像熊一样的男人，穿着超大号的邋遢服装（有人说过，沃恩·威廉斯总是穿得“像是要去乡下的民歌蜂巢里偷蜜”），要去面见那位身材矮小、穿着华丽倜傥的拉威尔啦，这让后者感到不知拿这个“侵略者”怎么办。他看了一些沃恩·威廉斯的音乐，然后让他写一首莫扎特风格的小步舞曲。这让沃恩·威廉斯感到像被当头浇了一瓢凉水。“您瞧啊，我可是牺牲了我的时间、工作、朋友和事业，专门儿来这儿向您求教的。您可倒好，让我按莫扎特的风格写一首小步舞曲。我不干！”拉威尔于是循循善诱，逐步引导沃恩·威廉斯远离了“沉重的条顿人（日耳曼人）的对位法”。经过拉威尔一番调教，沃恩·威廉斯感到自己的音乐教育终于完成了。

他回到英国，开始创作各种体裁的音乐作品。他的一系列交响曲诞生了 :《海洋交响曲》(1910)、《伦敦交响曲》(1914)、《田园交响曲》(1922)。他还写有一部歌剧《牲口贩子》(1914)，还有一些合唱作品，戏剧配乐，《塔利斯主题幻想曲》(1910，为双弦乐团而作，是他最受欢迎的作品之一)，以及优美的声乐套曲《在温洛克边界》(1909，为男高音、弦乐四重奏组和钢琴而作)。随着他的《第四交响曲》在 1935 年的问世，他的风格出现了重大突破。这首交响曲脱离了他以前交响曲中的那种英国民歌风，而采用了一种疙疙瘩瘩、不协和、近乎抽象的曲风。据称这首交响曲反映了沃恩·威廉斯对意大利入侵阿比西尼亚的愤怒。“我也不知道自己是否喜欢它，”沃恩·威廉斯谈到这部交响曲时说，“可它就是我当时想说的话。”

从那时起，沃恩·威廉斯的交响曲中就有越来越多的怪异和声了。其中有几首，比如《第六交响曲》，变得很抽象。另外几首，比如《第五交响曲》和《第九交响曲》，又回归了民间音乐的风格。但即便在那些抽象的交响曲中，仍暗含着英国味儿，其和声与旋律变化可以追溯到都铎王朝时代。这样的音乐可不是优雅精美的那种了，沃恩·威廉斯已不再对唤起人们对古今英国“妙曼”田园景色的回忆感兴趣了。到那时为止，还没有哪位英国作曲家像他那样尝试摆脱“老茶庄”式的英国音乐风格。沃恩·威廉斯的交响曲通常给人崎岖不平的感觉，不协和音很多，经常有一种“把奏鸣曲式颠倒过来”的构造。它是一种与当时的时尚风格绝不妥协的音乐，故而用一个褒义词来形容，它是独树一帜的。

1943 年问世的《第五交响曲》，以其重返民歌传统、田园风、抒情性而荣登沃恩·威廉斯的管弦乐佳作榜。抽象的《第六交响曲》有一个迷人的终曲乐章，标注着“始终极弱，没有一次渐强”。它是一个朦胧诡异、令人恐惧的乐章，它在奏鸣曲式史上的唯一对等物应该是肖邦的《降 b 小调奏鸣曲》的末乐章。1953 年创作的《第七交响曲》(《南极交响曲》) 改编自他为电影《南极的斯科特》所作的配乐。《第八交响曲》(1956) 是一部非比寻常的作品，被沃恩·威廉斯形容为“寻找一个主题的七个变奏”。在他去世前四个月，诞生了《第九交响曲》(1958)，这是部回顾性的作品，充满对往事的回忆，洋溢着他最佳音乐作品中的那种得到了升华的民族主义。

《第九交响曲》怎么看都是部大型作品，但是它现在很少被演奏。沃恩·威廉斯的音乐引起过反对的情绪，就像埃尔加的音乐也有人反对一样。但无论如何，埃尔加的音乐已被重新发现并得到了复兴，沃恩·威廉斯的音乐也将走同样的路。他有可能被视为本世纪 (20 世纪) 最重要的交响曲作曲家之一。他既非学院派，也非先锋派。他创作情感上中规中矩的音乐，以传统的结构为基础，但为了音乐表现的需要而对传统形式进行了显著的修改。他的民族主义很容易遭到夸大，被说成是大国沙文主义。这正如约翰逊博士说的那样，如果说爱国主义是无赖恶棍找的最后一个借口，那么音乐中的民族主义也能是沙文主义者找的借口——这在俄罗斯音乐的社会主义现实主义时期已经得到了非常令人信服的证明。世上最容易的事情莫过于写某种“民族主义音乐”，你只需找来一支民歌曲调，给它穿上色彩斑斓的管弦乐外衣即可。但是沃恩·威廉斯不这样运作。他的民族主义就像巴托克或德沃夏克的民族主义那样，表达个人内心的成分同表现各自民族文化的外像的成分一样多。且不论是什么内心冲动引发了沃恩·威廉斯的音乐，它都是以音乐为先、民族主义次之告终的。这是一个大师级人物写的音乐，他的精神境界高远，他还是个很有创意的音乐思想者。沃恩·威廉斯很喜欢引用古斯塔夫·施特莱斯曼说过的一句话，可以作为他努力追求一个目标的总结："一个人服务人类的最好方式，就是扎根于自己的国家民族，并将自己的精神和道德禀赋发挥到极致，如此这般，他就能在超越他本民族局限的同时，为全人类做出他的贡献。"

· 34 ·

神秘主义与忧郁感伤

——斯克里亚宾与拉赫玛尼诺夫

SCRIABIN AND RACHMANINOFF

在柴科夫斯基和“五人强力集团”之后又来了两位俄罗斯作曲家，他们的生活在一段时间里颇有交集：亚历山大·斯克里亚宾于 1872 年 1 月 6 日出生在莫斯科，谢尔盖·拉赫玛尼诺夫于 1873 年 4 月 1 日出生在诺夫哥罗德附近的奥涅格。这两人曾是同班同学、校友，又都是卓越的钢琴家，还都是“一战”前的 20 年里俄罗斯最重要的音乐家。斯克里亚宾于 1915 年 4 月 27 日逝世于莫斯科，拉赫玛尼诺夫则在 28 年后逝世于半个地球开外的美国加利福尼亚州的贝弗利山，具体时间是 1943 年 3 月 28 日。斯克里亚宾是个热烈如火、反复无常、最后还几乎全疯的人，他作为作曲家起步时写些迷人可爱的钢琴小曲，创作生涯结束时却已成了一个神秘主义者、不可知论者，写一些近乎无法理解的、似乎要把所有艺术和宗教揉捏在一起的音乐。拉赫玛尼诺夫则早在 1901 年就写下了他的《c 小调钢琴协奏曲》，然后从一而终，恪守同一个创作模式，毕生创作在本质上相同的音乐。公众喜欢拉赫玛尼诺夫的音乐，但在全球的许多专业人士眼里，他是个没有创造性的人，只会紧随柴科夫斯基抛洒他的俄罗斯之泪。到了 20 世纪 20 年代，当人们谈起俄罗斯音乐这个话题时，都不约而同把目光移向谢尔盖·普罗科菲耶夫——这颗来自东方的流星，这位钢铁时代的作曲家，这个音乐中的立体主义者。然后接踵而来的是普罗科菲耶夫的天然继承人，德米特里·肖斯塔科维奇。可是其间，拉赫玛尼诺夫在哪儿呢？

拉赫玛尼诺夫与斯克里亚宾的第一次相遇发生在尼古拉·茨维列夫的钢琴班上。那时拉赫玛尼诺夫 12 岁，斯克里亚宾 13 岁。两人都是了不得的音乐人才，拥有完美的固定音高，柔润灵活的双手，全面、超强的记忆力，以及渴望创作的志向。在尼古拉·茨维列夫的学校里生活可不轻松，他是个严厉的监工。他的学生们要在早上 6 点钟起床开始一天的活动。接下来他们要工作 16 个小时。他们统一着装，穿着校服去上语文课、外语课，接受成为绅士的各种训练。富有的茨维列夫教课不收学费，但他的学生必须来自上等家庭。后来斯克里亚宾和拉赫玛尼诺夫都进入莫斯科音乐学院学习，拉赫玛尼诺夫是在 1887 年，斯克里亚宾是在一年以后。这时两人都已在作曲了。斯克里亚宾更早熟一点，他正处于狂恋肖邦的时期，常常连睡觉都要在枕头下面垫着一本肖邦曲集，年仅 14 岁就已创作了他的《升 c 小调练习曲》（作品第二号）。此曲属于肖邦风格，但已是一首小杰作。

在莫斯科音乐学院，拉赫玛尼诺夫师从亚历山大·席洛蒂学习钢琴，斯克里亚宾的钢琴老师是瓦西里·萨福诺夫。两人还上塔涅耶夫的对位课和阿伦斯基的音乐理论与作曲课。在萨福诺夫的学生中有个能力超强的约瑟夫·列维纳，斯克里亚宾为了效仿他弹李斯特的《唐璜》的雷鸣般音响效果而差点弹坏了自己的右手，并由此给右手带来好几年的麻烦。拉赫玛尼诺夫和斯克里亚宾很轻松地横扫莫斯科音乐学院，所到之处各种奖项尽收囊中。1892年拉赫玛尼诺夫拿到大金质奖章，斯克里亚宾赢得小金质奖章。毕业以后，两人的道路分歧了几年。瘦弱、文雅、乐天爱交际、喜欢聚会并嗜酒的斯克里亚宾开始以钢琴家的身份巡游欧洲。拉赫玛尼诺夫则大多数时候待在莫斯科，以作曲家和指挥家而不是钢琴家的身份更为人所知。拉赫玛尼诺夫和斯克里亚宾是性情完全不同的人。他总是很严肃，沉默寡言，只向很少几个挚交敞开心怀。他还很轴，执拗，不受别人摆布，甚至做学生时就是这样。他是极少几个敢于顶撞茨维列夫的学生之一。在音乐学院里他还坚持自己的权利。他18岁时就创作了自己的《第一钢琴协奏曲》（后来经过修改），并在翌年用它参加了音乐学院的选拔赛。他的同学米哈伊尔·布吉尼克记录下了那次首演：

> 在排练中，18岁的拉赫玛尼诺夫表现出了同样固执而沉稳的性格，这是我们从我们哥儿几个聚会时就熟知了的性格。通常都是由萨福诺夫来指挥他的学生们的作品，他会很无情而随意地把学生作品的总谱改来改去，肆意增删，润色加工，好更方便演奏。这些学生作曲家为有机会让自己的辛劳创作得到演奏，感恩戴德还来不及呢，岂敢与萨福诺夫起冲突？都唯唯诺诺地同意老师的评价和修改。可是到了拉赫玛尼诺夫这儿，萨福诺夫行不通了。这个学生不仅断然拒绝接受老师的修改，还竟敢打断萨福诺夫的指挥，指出他在速度和处

理细节上的错误。他这样干显然让老师很不愉快，但好在萨福诺夫还算开明，理解作者捍卫自己作品的权利，哪怕这作者是个新手。于是他就试着从自己这方面减少冲突，减少尴尬局面的出现。当然，拉赫玛尼诺夫的作曲才华也是了得，他那安静沉稳的自信给所有人都留下了深刻印象，使得像萨福诺夫这样万能的人也不得不让步。

拉赫玛尼诺夫的毕业作品是独幕歌剧《阿列科》，它得到了柴科夫斯基的赞赏。此前经由茨维列夫的介绍，拉赫玛尼诺夫认识了柴科夫斯基。"他认真听了我这个初出茅庐者的弹奏，就像我和他是平等的人。"拉赫玛尼诺夫这样说过。后来柴科夫斯基安排了《阿列科》在帝国剧院的制作演出，他甚至做得更多。为此拉赫玛尼诺夫写道："他（柴科夫斯基）羞怯而谦虚地问我，就像害怕我会拒绝他似的，问我能否考虑把我这部作品同他的一部歌剧放在一起制作上演。能和柴科夫斯基出现在同一张海报上，这是一个作曲家所能得到的最大的荣耀了。"这两个作曲家的共同点实在太多了，柴科夫斯基很可能在拉赫玛尼诺夫身上看到了自己后继有人。两人都用德奥古典体裁表现俄罗斯的忧郁。拉赫玛尼诺夫毕其一生都满足于在一个完全传统的框架内创作。

拉赫玛尼诺夫的职业生涯发展缓慢。他又教学生又演奏，在1892年创作了著名的《升c小调前奏曲》；在1895年完成了一部《d小调交响曲》，并在1897年出席了它在圣彼得堡的首演。这部交响曲首演大败，还不是几乎没人喜欢它，而是根本没人喜欢它。拉赫玛尼诺夫失掉了自信并经历了一个可怕的心理期。几乎三年他没写一个音符。“我就像是得了中风，丧失了使用头脑和双手的功能。”不能作曲，他就转而演奏钢琴。1899 年他出现在伦敦时，他发现自己已经相当有名。他的《升 c 小调前奏曲》已经先于他来到这里。可他还是作不了曲。最后他去找了莫斯科的一位心理专家，尼古拉·达尔医生，达尔对他进行了一番精神治疗，包括催眠和自我暗示疗法。拉赫玛尼诺夫躺在一张病榻上，在催眠状态下接受心理暗示，达尔医生向他不断重复：“您将写出您的协奏曲……您将写出您的协奏曲……您将写出您的协奏曲……您写出它易如反掌、小菜一碟……这部协奏曲将有很高的质量。”如此治疗果然奏效了。拉赫玛尼诺夫开始写他的《c 小调钢琴协奏曲》，在 1901 年完成。这首协奏曲一直是他最有名的作品。拉赫玛尼诺夫拿着它在欧洲和美国巡演，在音乐会上他只演奏或指挥自己的作品。1909 年在纽约，他的《d 小调钢琴协奏曲》全球首演，他亲自钢琴独奏。到第一次世界大战爆发之前，他已经创作了三首协奏曲，两首交响曲（其中《e 小调第二交响曲》一直很受欢迎），交响诗《死之岛》，以及大量歌曲和钢琴曲。这些钢琴曲都写得很适于用他那双超大的手来演奏。它们都很难演奏，要求两手有很多大幅度的伸展，既要求极精湛的技巧，又不沉溺于李斯特式的花哨炫技。总的来讲，他的钢琴音乐富于独创性，这与 19 世纪的浪漫乐派关系不大，但仍是浪漫主义的一部分。他的钢琴音乐也有强烈的俄罗斯味儿，如果给它寻根溯源的话，那根源就是巴拉基列夫和阿道尔夫·亨赛尔特的钢琴音乐，其中后者是个巴伐利亚的钢琴家兼作曲家，在 1838 年定居俄罗斯。拉赫玛尼诺夫还从他的同窗斯克里亚宾那里获得了一些灵感。

与此同时，斯克里亚宾正在国内外制造另一种类型的轰动。获得了出版商米特罗凡·别拉耶夫的资助，他正在欧洲各地开钢琴音乐会，展示一种妖娆曼妙、色彩斑斓的钢琴演奏艺术，与拉赫玛尼诺夫的清晰、精确、感情强烈又富含逻辑的键盘功夫截然不同。斯克里亚宾 26 岁就成了莫斯科音乐学院的钢琴教授，在他不外出开音乐会时，那里就是他的活动基地和大本营（他在 1903 年辞职）。他还创作出一系列新肖邦风格的钢琴曲——肖邦湖面下涌动着的俄罗斯暗流。这些曲子都很优雅、抒情，充满个性，有贵族气，完全不是只对肖邦的单纯模仿。它们自有其魅力，自散其芳华。他还在 1897 年创作了一首《升 f 小调钢琴协奏曲》，此曲拉赫玛尼诺夫一定饶有兴趣地研究过。

1898 年，斯克里亚宾的创作风格变了。他的《第三钢琴奏鸣曲》显现出类似绘画的点彩派的倾向——把连贯的织体破碎成无数色点，是为印象主义绘画中的点彩派。外形轮廓变得界线不清、模糊含混了，内容听起来开始变得隐晦了。斯克里亚宾把这部作品称为《灵魂之境》。它显然是个具有决定性意义的突破，不仅对他的音乐而言，而且对所有人的音乐而言，都是如此。此前还没有人想到过这样一种钢琴曲写法。受到这种新方法的激励，斯克里亚宾开始沿用这条路子写大型作品，到 1901 年为止已写了两部交响曲。他还开始读尼采，从此滑入神秘主义，还从海伦娜·布拉瓦茨基的通神论著作中获得灵感。他开始从音响畸变和情绪狂喜的角度思考音乐，把音乐视为某种神秘的祭典仪式。这就好像是帕西法尔去了东方。通神论的那套语汇进入了他的音乐语言。“在这些古代的神秘当中，蕴含着真正的变形和真正的秘密与圣洁。”

那些象征主义的诗人也深深迷住了斯克里亚宾，他和那些俄罗斯象征主义者联系紧密。象征主义运动最初从法国来到俄罗斯，1905 年之后一股强大的社会改良思潮涌入了俄罗斯的象征主义运动。斯克里亚宾时代的象征主义要人有维亚切斯拉夫·伊万诺夫、安德烈依·贝雷和亚历山大·布罗克。布罗克是这三人中最伟大的，也许还是 20 世纪最伟大的俄罗斯诗人。他的诗可不是斯克里亚宾的那种通神论，而是弥漫着悲观主义，宇宙在其中那么空，灵魂也那么倦而虚。布罗克写道："世上所有人的生命都像在一片巨大的烂泥沼里打滚。"他看不到出路，直到 1917 年俄国十月革命爆发他才释然，把那次革命的过激行为视为净化器，通过这次净化，世界没准儿能得到重生。斯克里亚宾则面朝另一个方向——印度哲学，以及作为对未来生活之准备的末日降临。

这两个人的灵魂在一定的认知高度上相遇了。布罗克的诗作直接影响了斯克里亚宾写出《神秘物质》——这部作品是他所有作品的终结之作，由他自己撰写歌词，由他作曲，内有斑斓色彩，芬芳香气，舞蹈，宗教狂喜，香炉紫烟，还有一个庞大的合唱团演唱的赞美诗。布罗克敢写出这样的诗句：

这恐怖的世界将越变越黑，
群星的旋舞将愈加疯狂，
唉，舞了不知多少个世纪！
末日将比全部往日都更恐怖，
我们都将目睹它的降临，
包括你我，一个不少！

斯克里亚宾就敢在笔记本里这样应答：

我是围裹宇宙之火，
把它烧成混沌一片。
我是蛮力之强大释放，
我是休眠之造物主，
被熄灭的智慧！

所以俄罗斯的象征主义者们把斯克里亚宾视为他们中的一员不是没有道理的。他就是那个象征主义的作曲家。他们连篇累牍地论述他，他也和他们所有人都是朋友。此外，他也在巴黎度过很多时光，在那里他沐浴着象征主义的源泉。迄今还没人研究过作为象征主义者的斯克里亚宾。他的那些晚期作品常常在凶悍的织体结构之下隐藏着朦胧的暗示和淡淡的芳香，展现着世纪末的颓废情绪，它们充满了暗指性的隐晦颤音与神秘的和弦，以及异域的神性力量。这一切全都用一种新的调性语言表现出来，当时使用这种音乐语言的人少之又少——它是一种现在才开始被人理解的全新音乐体。

进入新世纪后不久，斯克里亚宾就开始试验这种新音乐风格，这种风格使斯克里亚宾的晚期作品充满了一种脱俗出世的神秘主义。他在 1903 年创作的《第三交响曲》和《第四奏鸣曲》开始挣脱所有的陈规旧俗。他尝试用四度和声——而不是以往的三度和声——来构筑他的和声体系。他的作品，尤其是钢琴作品，变得难以置信地艰深和复杂。他琢磨出他的“神秘和弦”——C，升 F，降 B、E、A、D——并创作出以它为基础的整部作品。他不用调号，还把不协和音程叠置在一起。他的音乐开始探索与神秘因素的和谐统一。他的《第三交响曲》被命名为《神圣之诗》，使用了庞大的管弦乐队，音乐也与“人神合一”、肉体快乐、神的嬉戏、灵魂、精神和创造意志密切相关。斯克里亚宾认为《神圣之诗》是他创作生涯的转折点。“这是我第一次在音乐中发现了光，我第一次知道了什么是陶醉、超凡脱俗和幸福得窒息。”他的总谱中开始遍布“光明地”“闪亮，而且越来越闪亮”等非音乐术语性的标记。斯克里亚宾还可能深受一种罕见遗传特性的折磨，叫作“联觉（通感）”，有此特性的人能直接把声音转换成颜色。这样的人在听到音乐时不可能不看到色彩。

随着斯克里亚宾的神秘主义愈演愈烈，他的私人生活也充满紧张。一些怪癖出现在他身上。他总是强迫性地不断洗手，接触钱币之前戴上手套。他像女演员那样把大量时间用在梳妆打扮上，寻找皱纹，担心脱发。除了强迫症，他还患上了严重的抑郁症。他的超道德性也接近了瓦格纳。像瓦格纳那样，他也善于把自己的缺德行为合理化和正当化。“正因为想到同时做到，比想到而不敢做难得多，所以想到并做到才更高尚。”他诱奸了他以前的一个学生,这事成了莫斯科的一大丑闻。他离开了他的妻子薇拉（她也是个钢琴家）和他们的四个孩子，投入了另一个女人的怀抱，还告诉薇拉他要去和塔吉亚娜·施洛埃泽同居，作为“向艺术献身”。他的朋友们不时收到他奇怪的来信：“我现在搞不懂怎样才能写出单纯的‘音乐’。写纯音乐,那是多么地无趣啊。肯定地讲，音乐，只有当它与一个整体世界观的框架内的某一单独计划相联

⚜ 亚历山大·斯克里亚宾在 1914 年

音乐与色彩、香气、舞蹈、宗教、味道、触觉、雕塑和幻象一同呈现。

系的时候，才会呈现出思想和意义……音乐是启示和揭示事物的途径。”他还不断地在笔记本里草草记下他的沉思冥想，以一种躁动不安的诗性散文体表露他已经不正常的心态：

> 有某物开始闪烁和悸动，而这个某物就是“一”。它颤抖着并且熠熠发光，但它始终是一。我无法区别出多样性了。这个一就是一切，没有任何东西与之对照、抗衡。它是一切。我也是一切。它有可能是任何东西，可它却还不是混沌（即跨入潜意识的门槛儿）。一切历史和一切未来都永恒地纳入其中了。所有的元素都搅拌其中，所能存在的一切都在里头了。它呈现出色彩、感觉和梦幻。我期冀。我创造。我甄别。可我辨别不清。没有东西是线条清晰的。我什么东西都不清楚，

可一切似乎都在向我逼近，发出凶兆，让我刻骨铭心。过去与未来的一些瞬间联手走来。预言与回忆搅在一起，惊恐与快乐一炉同冶。

斯克里亚宾开始认为自己已被吸入宇宙的律动中去了。他在这个问题上开始变得狂妄自大。他把自己与上帝视为一体：

我就是自由，我就是生命，我就是一个梦，我就是倦怠慵懒，我就是不停燃烧的欲望，

我就是狂喜，我就是疯狂的激情，我就是虚无，我就是战栗。

我是游戏，我是自由，我是生命，我是一个梦，我是无聊，我是感觉，

我是这个世界。我是疯狂的激情，我是狂野的飞翔，我是欲望，我是光，

我是上升中的创造力，我的创造力温柔地爱抚，它俘获，它迷住，它凋零，它毁灭，它重生。我是未知感觉的怒涛，我是分界线，我是分水岭，我是巅峰。我是虚无。

你，来自我的回忆之光，生于往昔的沟壑深处；你，未来的巅峰，我梦中的造物！你已不是你了。

我是上帝！

我是虚无，我是游戏，我是自由，我是生命。

我是那条界限，我是那座巅峰。

我是上帝！
我是花的绽放，我是极乐世界，
我是烧尽一切的激情，
吞噬一切，
我是围裹宇宙之火，
把它烧成混沌一片。
我是蛮力之强大释放，
我是休眠之造物主，
被熄灭的智慧！

从 1904 年起，斯克里亚宾与塔吉亚娜公开同居。他的妻子不同意和他离婚，他和塔吉亚娜就离开俄罗斯，从 1904 年至 1909 年住在国外。1906 年他应莫杰斯特·阿尔特舒勒之邀访问美国。阿尔特舒勒是斯克里亚宾的一个同学，他去纽约组建了俄罗斯交响乐团。阿尔特舒勒是当时二流的指挥家，但他把大量的俄罗斯音乐介绍给了美国人。斯克里亚宾在 12 月到达纽约后立刻就举行了一场独奏会。随即报界就称他为“哥萨克人的肖邦”。斯克里亚宾喜欢美国，但不能理解阿尔特舒勒向他解释的美国人的伦理道德。这就如同马克西姆·高尔基带着他的情妇来美国遇到了好多麻烦一样——他们甚至被好几家酒店赶走。斯克里亚宾向塔吉亚娜诉说了他的发现：“阿尔特舒勒说，假如高尔基每天都带来一个不同的妓女在旅馆房间过夜，而酒店方也了解这一切，那他们就不会把这当回事，也不会把他赶走或拒绝他入住什么的；酒店会认为这很自然。可是，如果你在婚姻之外和一个你爱的女人很忠诚地生活在一起，他们就认为你这是在犯罪。”尽管如此，在1907年初，塔吉亚娜还是来纽约与斯克里亚宾同居了。报界发现了这一情况。阿尔特舒勒大叫“你们会把我毁了的！”旋即把斯克里亚宾和塔吉亚娜请上了回欧洲的下一班轮船。斯克里亚宾只在美国住了大约四个月。从此他再没来过美国，虽然他对这个国家的印象还不错。“美国有很光明的未来，”他对朋友们说，“那里有非常强劲的神秘主义运动。”

斯克里亚宾和塔吉亚娜只好暂住巴黎，然后在1907年下半年在瑞士洛桑定居。在那里，他们听说阿尔特舒勒1908年12月10日在纽约指挥了《狂喜之诗》的全球首演。阿尔特舒勒告知斯克里亚宾这部作品还没有被评论过，但这不是事实。事实是，它获得了差评，但阿尔特舒勒不想让斯克里亚宾知道详情。那时候斯克里亚宾正囊中羞涩，与富有的指挥家谢尔盖·库塞维茨基的结识（通过婚姻），他便时来运转了。他们是在1908年夏结识的，此前库塞维茨基在柏林发起了俄罗斯音乐出版行动，编辑出版俄罗斯的优秀音乐作品，正忙着寻找重要的俄罗斯乐谱。他去洛桑拜访了斯克里亚宾，并邀请他以钢琴独奏者的身份与自己的乐团同台亮相。斯克里亚宾接受了邀请，他如弗比安·鲍尔斯在其《斯克里亚宾传》中所叙述的那样，“他脑子里全是计划、打算。他侃侃而谈他那些敏感的交响曲。他宣称熏香是连接天与地的一门艺术。他描述了他的《神秘物质》（这是部斯克里亚宾已经酝酿了多年的作品）。他解释道，这是一部伟大的、终极性的、灾变大洪水般的作品，综合了所有艺术门类，把全部感官和所有感觉统统装进一个极尽铺张奢侈的、多媒体的、处于谵妄状态的狂曲中去，涵盖声、光、景、视觉、嗅觉、触觉、舞蹈、舞台布景、管弦乐团、钢琴、歌唱、雕塑、色彩、幻象等。库塞维茨基当场就买下了它的版权。”这两人达成一致拟定了合同，约定每年向斯克里亚宾支付 5000 卢布稿酬，共支付五年，这是他完成《神秘物质》所需要的时间。库塞维茨基也同意在这五年里出版斯克里亚宾的所有其他作品，稿酬优厚。这些作品中有《第五交响曲》，斯克里亚宾把它命名为《普罗米修斯：火之诗》。此曲有一个详尽的标题，以创世之初开始，以原子的宇宙之舞结束。除了全配置的交响乐团之外，《普罗米修斯：火之诗》还启用一架钢琴、一个合唱团和一架色彩投射仪（用来把不同色彩投射到屏幕上）。这是斯克里亚宾头一次实际尝试把音乐与色彩综合起来，为此他还列出了一个表格：

音符	每秒振动次数	色彩
C	256	红色
升 C	277	紫色
D	298	黄色
升 D	319	闪烁的青灰色

续表

音符	每秒振动次数	色彩
E	341	珍珠白色 如朦胧的月光
F	362	深红色
升 F	383	亮蓝色
G	405	橙粉色
升 G	426	紫红色
A	447	绿色
升 A	469	闪烁的青灰色 （出于某种原因， 与升 D 相同）
B	490	珍珠蓝色

库塞维茨基于 1911 年 3 月 2 日在莫斯科指挥了《普罗米修斯：火之诗》的全球首演，但是没有使用色彩投影仪，因为这个仪器太不切合实际而被弃用了。斯克里亚宾回到俄罗斯出席了首演。他已在 1910 年抛离了在洛桑的家,永久地回到了自己的祖国。很自然地，他的路径与拉赫玛尼诺夫的路径再次交叉。俄罗斯由此分裂成两大音乐阵营。斯克里亚宾和拉赫玛尼诺夫，这两位作曲家谁更伟大？这两位钢琴家谁更伟大？斯克里亚宾受到的争议

大得多，只因为他那奇怪的音乐。除了四度和声外，他现在还使用二度音程和九度音程，他就是这样生活在他自己的怪异天地里。“我的《第十奏鸣曲》是一部昆虫奏鸣曲。这些昆虫因阳光而出生，它们是阳光亲吻的产物……当你用这种方式看待万物时，对世界的理解就能统一了。”他花费了大量时间构思、创作《神秘物质》——并没写音乐，而是思考它的演出场地和音乐以外的道具布景等。《神秘物质》包含世界末日和新人类的创造，在其高潮处宇宙之墙轰然塌陷。“我将不会死去，”斯克里亚宾说，“我将继《神秘物质》之后在狂喜中窒息。”他把自己想象成真正的弥赛亚，他想要他的《神秘物质》在印度的一座庙宇中演出，而且是一座半圆形的庙宇。为了准备印度之行，他还出去专门买了遮阳帽和一本梵文的文法书。他的传记作者鲍尔斯这样形容《神秘物质》：

> 从天空云彩里垂悬下来的大钟召唤来自全世界的观众。演出将在一个建在印度的半圆形庙宇内举行。一池净水映照出半圆形舞台的神圣。观众将坐在隔着水池的一排排座位上。那些坐在长廊上的观众应该是精神上低人一等的人。座位是严格地按照等级设置的，以舞台为中心向外辐射排列，越靠近中心等级越高。斯克里亚宾将会坐在舞台上的钢琴前，周围簇拥着器乐演奏者、歌唱者、舞蹈者。整个演出班子将随着运动持续扩散、缩拢，队形不断变换，身着袈裟的朗诵者们在队列游行中朗诵经文，组成演出的一道道亮丽风景。舞蹈动作将包括眼神的秋波暗送、回眸一笑、凝视等眼球动作，以及手指的妙曼动作。场上烟雾缭绕，既有清香的，也有浓

> 烈的，还有乳香和没药气味。一炷炷燃烧的香也是演出场面一景。灯光、烟火和不断变换的照明光影效果将会浸染、沐浴着演出队伍和观众，他们各有几千人的规模。这就是《神秘物质》终曲的开场，它把人们推向最终融化在狂喜中的高潮。

天晓得斯克里亚宾还要把这项工程推向多远。难道瓦格纳创造的拜罗伊特神话还不够怪异吗？可惜斯克里亚宾带着满脑子的《神秘物质》构想辞世了。他的死因很是荒唐。人们希望像他这样的人应该在熊熊火焰中升天，但他却是死于血液中毒，因为他嘴唇上长了一个疖子并感染了。拉赫玛尼诺夫很伤心。此前他在公开场合从来都只演奏自己的作品，现在却开了一连串斯克里亚宾作品的独奏会，来纪念他这位同窗。斯克里亚宾的乐迷们对拉赫玛尼诺夫此举表示敬意，但对他的诠释不敢恭维。拉赫玛尼诺夫的演奏不对他们的胃口。年轻的谢尔盖·普罗科菲耶夫去听了这些独奏会中的一场。拉赫玛尼诺夫演奏了斯克里亚宾的《第五钢琴奏鸣曲》等作品。当斯克里亚宾演奏它的时候，音乐中充满了诱惑和暗示，通曲是微妙的色彩变化和考究的指触。如普罗科菲耶夫所说，斯克里亚宾的演奏让它飘飘欲仙；“可是拉赫玛尼诺夫的演奏却把每个音符都弹得很实，颗颗当啷落地”。斯克里亚宾的朋友们都很气愤，男高音伊万·阿尔谢夫斯基差一点就冲上舞台同拉赫玛尼诺夫理论一番。普罗科菲耶夫尝试息事宁人，打圆场说对一部作品可以有不同解释。他去了演员休息室，以他典型的直率对拉赫玛尼诺夫说，您弹得很好。这年轻人只能说这么多了。“您可能以为我会弹得很糟吧？”拉赫玛尼诺夫冷冷地问他。

拉赫玛尼诺夫和普罗科菲耶夫的关系由此中断了很多年。

1917 年俄国十月革命爆发后没多久，拉赫玛尼诺夫永远离开了俄罗斯，定居在瑞士，开始了钢琴演奏大师的新生活。此时他已四十有五，并且除了他自己的音乐之外，没备有别人作品的曲目单。他作为指挥家的口碑良好，一直是帝国剧院和莫斯科爱乐乐团最重要的指挥。几个美国主要乐团也邀请他去任职，但他决定还是把精力主要集中在钢琴上。这应该是更好的选择，因为他是历史上的钢琴巨匠之一。1935 年他在美国永久定居。当然这些年来他也没闲着，除开音乐会外一直没停止作曲。这期间重要的作品有《第四钢琴协奏曲》(1926)，为独奏钢琴所作的《科雷利主题变奏曲》(1931)，为钢琴和乐队而作的《帕格尼尼主题狂想曲》(1934)、《第三交响曲》(1936)，以及《交响舞曲》(1940)。

拉赫玛尼诺夫的音乐总是被包括在常备曲目单上，这与斯克里亚宾的音乐形成了鲜明的对照，后者的音乐以前几乎没有在曲目单上出现过，尽管斯克里亚宾的早期钢琴曲获得过相当的流行度，他的《神圣之诗》和《狂喜之诗》也时不时地被演奏。直到 20 世纪 60 年代晚期才出现了一次对斯克里亚宾音乐的重新发现。人们突然开始认真研究起斯克里亚宾来。反观如此频繁被演奏的拉赫玛尼诺夫的音乐，倒几乎从没得到过评论界的任何评价。拉赫玛尼诺夫因毫不害臊地使用 19 世纪的模式来创作自己的音乐，而几乎一直被学者、史学家、专业人士和时尚创作者们所忽视。

对拉赫玛尼诺夫的这种忽视态度，很典型地见于《格罗夫音乐与音乐家大辞典》的第五版中，相关词条的作者用嘲笑、轻蔑的态度论及拉赫玛尼诺夫。这是令人愤慨和愚蠢的势利小人的做法，是最带成见的评述之一，尤其是对这样一部理应很客观地进行评论的权威工具书来说。在这部令人生畏的九卷本百科全书中，拉赫玛尼诺夫的词条只有五段话。在这里值得把最后两段完整摘录如下：

> 作为一名钢琴家，拉赫玛尼诺夫是他那个时代最优秀的钢琴家之一；作为一名作曲家，却很难说他是属于他那个时代。他仅仅代表他的国家的那些有成就但因循守旧的作曲家，如格拉祖诺夫和阿伦斯基。他既没有巴拉基列夫乐派的民族主义特点，也没有塔涅耶夫或梅特纳的鲜明个性。从技术上讲他极有天赋，但也因此大受局限。他的音乐构建很好，也很出效果，但是织体单调单薄，本质上主要由人工斧凿而喷涌的旋律组成，伴之以源于琶音的各种音型。
>
> 拉赫玛尼诺夫生前有几首作品大获成功，在当时获得了极大的流行度，但不大可能流芳百世。音乐家们从来没有很喜欢过它们。他的《第三钢琴协奏曲》之所以受到公众喜爱，基本上只是因为它和他的《第二钢琴协奏曲》很相像。而他的《第四钢琴协奏曲》想另辟蹊径走新路，结果从一开始就失败了。他的晚期作品只有一首吸引了音乐会的广大听众，就是那首为钢琴和乐队写的《帕格尼尼主题狂想曲》。

以上词条有很大一部分是胡说，但它代表了现今人们对拉赫玛尼诺夫及其音乐的一种普遍看法。它指责拉赫玛尼诺夫不是穆索尔斯基的民族乐派也就罢了，但说他没有塔涅耶夫或梅特纳的

⚜ 谢尔盖·拉赫玛尼诺夫在 1943 年

他的音乐在评论家眼里也许评价不高，但它执拗地拒绝退下。

鲜明个性就属于危言耸听了。谢尔盖·塔涅耶夫（1856—1915）是个俄罗斯的学院派作曲家，对位法专家，他的音乐，以他的优秀作品《第二交响曲》为例，很缺乏活力和特点，其个性就像是插在一个牙签盒里的一根牙签。尼古拉·梅特纳（1880—1951）是另一个俄罗斯折中主义的音乐家，他和拉赫玛尼诺夫一样兼钢琴家和作曲家于一身，他很崇拜拉赫玛尼诺夫并模仿其音乐风格。梅特纳的音乐已经差不多从保留曲目单上销声匿迹了，他是埃尔诺·多纳伊那个等级上的一名作曲家——作曲技术很好，但罕有独创性的乐思。说这两个人比拉赫玛尼诺夫更有个性，显示出词条撰写者的无知，以及对不合己意的历史结论做盲目而勉强的接受的态度。（新版的《格罗夫音乐与音乐家大辞典》已对1954年的旧版词典中对拉赫玛尼诺夫的愚蠢评价做了很好的修正。）

事实上，拉赫玛尼诺夫一直很受欢迎，他的音乐顽强而执拗地拒绝消失。所有的年轻钢琴家都远不像评论家们那样不看好拉赫玛尼诺夫的音乐，而是把他的《c小调协奏曲》和《d小调协奏曲》欣然收入自己的演奏曲目单中。《c小调协奏曲》已经高调曝光了将近一个世纪，《d小调协奏曲》也差不多，但两者都丝毫没有衰退的迹象。除了这两首协奏曲外，还别忘了他的《e小调交响曲》也风头正盛，一直有着很大的影响。此外拉赫玛尼诺夫的很多独奏钢琴曲也继续在世界各地的音乐会上放着异彩。他的许多歌曲也一如既往地被演唱。一位作曲家还需要更多来证明他自己吗？

有关拉赫玛尼诺夫的音乐，很重要的一点是：在它的局限之内，它以完美可信和鲜明个性感动着听众。同所有大作曲家一样，拉赫玛尼诺夫的作品只用几小节音乐就确立了它的身份，让人一下子就能识别，这是梅特纳和塔涅耶夫们做不到的。拉赫玛尼诺夫也许对20世纪的音乐形式或和声没做出什么贡献，但他像柴科夫斯基那样让老旧的形式充满他个性鲜明的乐思，这肯定是不争的事实。而且他还是当时鹤立鸡群的旋律大师之一。他的旋律不像《格罗夫音乐与音乐家大辞典》的相关作者想让我们相信的那样多愁善感。可以举出雄辩的例子证明，拉赫玛尼诺夫不像柴科夫斯基或马勒那样多愁善感。是他的追随者们把他搞成多愁善感的样子的，是那些中途溜号去写平庸音乐或电影配乐的小作曲家让拉赫玛尼诺夫的名声受到玷污的。

也有人说，拉赫玛尼诺夫的音乐是国际性抗衡民族性的音乐，这也是不对的。浓郁的俄罗斯气质是拉赫玛尼诺夫音乐的精髓所在，也是它的魅力的一部分。无论它是不是民族主义音乐，无论它是不是"属于它的时代",这些其实都是无关紧要的。有许多"属于其时代"的音乐却毫无价值可言，在历史上的任何时期，都有一些意义重大的音乐是属于回顾性而不是前瞻性的。无论对哪位作曲家来说，重要的都是他如何有个性，他如何很好地表达他自己，他有没有独属自己的乐思。以此来判断，拉赫玛尼诺夫比大多数作曲家都优秀。他的乐思在伟大作曲家当中没有普遍性。在情感表达上（在技法上也是如此），他倾向于重复自己的乐思，但他的乐思本身就具有合理性和力量——半个多世纪以来它们一直受到听众的喜爱就是很好的证明。拉赫玛尼诺夫的旋律具有真正感人的力量，它们真诚，肝肠寸断，如泣如诉，但又不矫饰矫情，总能激发听众的强烈反响。据说，作为作曲家，费鲁奇奥·布索尼的聪明才智是拉赫玛尼诺夫的十倍，也许还是个比拉赫玛尼诺夫更有才情的钢琴家。但是拉赫玛尼诺夫的音乐持续活到了今天，而布索尼的音乐却几乎完全销声匿迹了。原因就在于，拉赫玛尼诺夫表达了他自己独有的东西，而布索尼却倾向于表现从巴赫到李斯特的所有人的东西。（布索尼的作品也有其迷人之处，但另有原因。）拉赫玛尼诺夫的音乐已经获得了人们长久的认同，若它言之无物、没有自己的"绝活儿"的话，应该早就消失不见了。

关于拉赫玛尼诺夫作为钢琴家的那面，也该说两句。他是他那个顶级钢琴家云集的时代中最顶级的三四位中的一位。他频繁为公众演奏直到去世为止。他从一开始就做着几乎所有伟大钢琴家都做的事情。他是莫斯科音乐学院的骄傲，未来的演奏大师。他还不仅拥有他那双吓人的大手，他还好像在音乐上无所不能——作曲，指挥，卓越的识谱视奏转调能力。他的记忆力不仅是过目不忘，简直是吓死人了：他能在听了一首乐曲（比如一首交响曲）后，不仅次日能整个弹出来，而且翌年还能整个弹下来，甚至十年后仍能整个弹下来。他拥有那种能自动吸收声音印象或视觉印象的音乐头脑。从耳朵和眼睛到大脑和手指的反应与转换过程，在拉赫玛尼诺夫那里瞬间就能完成。

他在莫斯科音乐学院的老师，亚历山大·席洛蒂，有时会给他一首又长又难的曲子去练习，而拉赫玛尼诺夫会在一夜之间就把它完整背下来。他的同学，钢琴家兼教师亚历山大·戈登韦泽，讲述了一件真实的事：席洛蒂分配作业，把勃拉姆斯的《亨德尔主题变奏曲》交给拉赫玛尼诺夫去完成，结果两天后拉赫玛尼诺夫就把它弹得近乎“炉火纯青”，让戈登韦泽大惑不解。“无论你提到什么作品，钢琴的，乐队的，歌剧的，是古典作曲家写的还是现代作曲家写的，只要是让拉赫玛尼诺夫有空听到过的，尤其是让他喜欢的，他都会把它弹奏得就像是他早已把它研究透了似的。”

拉赫玛尼诺夫开独奏音乐会伊始就已鹤立鸡群了。只有约瑟夫·霍夫曼能与他比肩而立。（拉赫玛尼诺夫总说霍夫曼是当今最伟大的钢琴家，霍夫曼总说拉赫玛尼诺夫是当今最伟大的钢琴家。）拉赫玛尼诺夫会呆板而严肃地走上舞台，从来不笑，头发剪得很短，像个囚犯。他带着让人生畏的威严神情坐在琴凳上，等着听众安静下来。他的演奏似乎尽可能地省力，身体动作很少，靠前蜷伏在键盘上，好像母鸡孵蛋，也好像沉思默想。从他的指尖下流出难以形容的音乐：慎用踏板却很温暖，传遍大厅的每个角落，转调的空间无可限量。就连传奇般的约瑟夫·列文也弹不出这种超清晰的声音；就连霍夫曼也没有这种精确的控制能力。许多人认为拉赫玛尼诺夫的演奏有点过于清教徒似的严谨了，认为他是一个拘泥于字义的直译者。其实不然。他其实是个对待音乐很自由的演绎者，而且对自己的品位很自信。当拉赫玛尼诺夫演奏的时候，出来的音乐是个整体。一切都经过缜密的筹划，各部分的比例匀称平衡。旋律线的勾勒带着权威般的自信。那些抗衡外声部的内声部要以室内乐的风格演奏出来。而且他那些神奇的大长手指似乎永远不会弹错一个音符。在那个崇尚辉煌技艺的年代，拉赫玛尼诺夫打遍天下无敌手。那些复杂的音型——他自己的音乐里就充满了这样的音型——遇到拉赫玛尼诺夫，瞬间就被分化瓦解得如水晶般晶莹剔透而纯净。他的演奏在任何时候都那么优雅，但其必然性又多于自发性。拉赫玛尼诺夫从不像霍夫曼那样，给人留下做事靠一时冲动的印象，他对音乐的诠释听起来就像是他与上帝通力合作后的结果——一部作品的最终诠释、永恒演绎，都应该以这种方式进行，而不是其他的方式。

拉赫玛尼诺夫的音乐当然不构成任何疑问。可是斯克里亚宾的音乐就另当别论了。他的音乐几乎与勋伯格的一样，与传统的音乐思维来了个彻底决裂。确实，勋伯格的音乐同斯克里亚宾晚期的音乐有很多相似之处。这两人之间没有相互影响，但两人几乎同时开始与三度音程的和声决裂，并开始探索以四度音程——而不是三度音程——为基础的和声。在这一过程中，这两位作曲家的音乐变得越来越不和谐。勋伯格一头扎进了无调性，斯克里亚宾倒没有那么绝，但也差不多了。正统的调性关系被他废除了。斯克里亚宾的晚期音乐成了一大团黑压压的临时符号，遍布看起来吓人的和弦，钢琴演奏的音型难得要命。比如他的《第十钢琴奏鸣曲》，里面有些奇怪的颤音和四度和声，旋律线呈跳跃式行进，不协和音大量存在，完全无视演奏的合理性和舒适度，已经惊人地接近勋伯格了。在《第十钢琴奏鸣曲》接近尾声的地方，有一段音乐听起来简直就像威伯恩是它的曲作者。

斯克里亚宾的另一个与众不同之处是他利用多媒体来补充他的音乐。这在20世纪60年代后期让人们感到很有趣。1965年之后，作曲家们迷上了混合多元媒体这个概念，他们开始用灯光、录音带、语言和其他声音在自己的乐谱里做起了试验。斯克里亚宾当然早在1910年之前就已经做过类似的试验。20世纪60年代晚期有一个关键词叫作“能引起幻觉的”，结果人们发现斯克里亚宾是所有前辈作曲家里最能引起幻觉的那一位，他早已把音乐同视觉、幻象、色彩、嗅觉和味觉融合在一起了。在斯克里亚宾的音乐思维里甚至有了达达主义的元素。他说过要写一首基于牙疼的奏鸣曲，还说过要把一首旋律融解到一种香气中去。

然而，无论斯克里亚宾在其晚期音乐中多么狂放不羁，总还有些他早期音乐的东西。他的和声最后不管多么复杂，与传统调性关系怎样决裂，都还保持着一种妖娆性感的特质。斯克里亚宾的音乐可以被称作“性感的，受性爱影响的”。音乐本身应该是不可能引起性欲的，只有通过联想才能。但有些作曲家对丰富的和声组合比其他作曲家更有感觉，这样出来的结果就常常被称为

"erotic"（性感的，受性爱影响的）。斯克里亚宾的音乐在这方面就达到了很不一般的程度。斯克里亚宾的旋律也有特色，那些大如千钧之力横扫乾坤的作品如《狂喜之诗》和《普罗米修斯：火之诗》，其实不过是他几首早期作品如升 F 大调的《诗》的扩展而已。

在斯克里亚宾的早期作品中有时还是有民族主义特征的。但后来这种特征消失了。斯克里亚宾不是俄罗斯民族乐派作曲家中的一员，虽然他的确影响了他们中的几位。斯特拉文斯基曾把斯克里亚宾称为"音乐上的肺气肿"之一例，说他的音乐"狂轰滥炸"。可是当斯特拉文斯基创作他自己的《火鸟》时，他血液中不仅流淌着里姆斯基－科萨科夫之血，还谙熟斯克里亚宾的《狂喜之诗》。

不可否认，斯克里亚宾的音乐，尤其是他的交响音乐，充斥着自我放纵、自恋自大。也不能否认，他的神秘主义几乎达到了不可理喻、不能理解的地步。理查德·安东尼·伦纳德在其论述俄罗斯音乐的专著中，指出斯克里亚宾和威廉·布莱克有相似之处。两人都是神秘主义者，两人都受一种个人幻觉的驱策，两人都与上帝交谈，两人都创作只能用宗教狂喜来解释的艺术作品，两人都构建了各自的象征主义。因此，两人的作品都是不能轻易接近的。他们的作品必须细加研究。要想搞明白他们究竟想干什么，先要搞明白他们的宇宙观是什么，他们如何思考各自艺术以外的物质世界。布莱克在后世人眼中算是已经打赢了他的战争。斯克里亚宾尚有待打赢他的那场。但不管怎么说，斯克里亚宾都是世纪之交的那些最有独创、最具魅力、最神秘、最有革命性和最具价值的作曲家之一。

· 35 ·

苏联时期

——普罗科菲耶夫和肖斯塔科维奇

PROKOFIEV AND SHOSTAKOVICH

在第一次世界大战之前的那段岁月，当拉赫玛尼诺夫和斯克里亚宾在俄罗斯风头正健的时候，有一个名叫谢尔盖·普罗科菲耶夫的年轻人正在圣彼得堡音乐学院就读。他是个倔强固执、聪明并自负的小伙子，极富天资。有些人说他是天才。普罗科菲耶夫 1891 年 4 月 27 日出生在乌克兰的松佐夫卡，六岁时就是个驾轻就熟的小钢琴家了，九岁时就尝试写歌剧了。当他 13 岁进入圣彼得堡音乐学院时，他的方方面面都引起了注意，包括外表。他的脑袋长在细长的烟囱脖上，他的粉色皮肤在他暴怒时——他经常发怒——会变成酱猪肝色，他的蓝眼睛目光犀利，他的厚嘴唇向前噘着。他怀揣着四部歌剧、一阕交响曲、两首钢琴奏鸣曲和其他一些钢琴曲迈进了音乐学院大门。他的老师中有里姆斯基－科萨科夫、尼古拉·切列普宁和阿纳托尔·里亚多夫。“我没有把我的作品给里亚多夫看，”普罗科菲耶夫说过，“因为假如我给他看的话，他很可能会把我从班上赶出去。”他师从安娜·叶西波娃学习钢琴，她曾是著名钢琴教师泰奥多尔·莱切蒂茨基的众多前妻之一。许多著名钢琴家都出自莱切蒂茨基的门下，比如帕德莱夫斯基、施纳贝尔、加布里洛维奇、弗里德曼等。她本人也被认为是当时最优秀的钢琴家之一。

普罗科菲耶夫很让叶西波娃操心，他给所有人都带来烦恼。普罗科菲耶夫就像《艾达公主》中的伽马国王那样，总是准备好给你来一通压倒性的雄辩、一个惹人恼怒的坏笑或一个出了名的斜视。普罗科菲耶夫从不会见风使舵，也不肯耐心待人，也不说违心的话，也不假意逢迎。他会直截了当、畅所欲言，当学生时他就敢尖锐评价大人物的音乐或教学方法，结果大人物对他回以白眼，跟他疏远。他毕生都是这个脾气，因此别人接触他时都是小心翼翼的。如果他不喜欢某个人，他就会对这个人毫不客气。这方面典型的一件事是他对一个崇拜者的答复，此人冲过来握着他的手连连说："见到您让我觉得无限幸福！"普罗科菲耶夫立刻转身走开，大声说："我可一点也不觉得幸福。"

在这所以浪漫主义为导向的音乐学院里，普罗科菲耶夫是个反浪漫主义的新新人类，他创作的音乐吓坏了那些德高望重的前辈。他的《邪恶的暗示》（1909）和《降D大调第一钢琴协奏曲》（1911）都是他在圣彼得堡音乐学院就读时创作的，它们让学院里的人警觉地竖起了耳朵。他还被指责为"一名极端的左翼分子"。坐在钢琴前的普罗科菲耶夫像个冷若冰霜的魔鬼，连连抛出荒凉苍白的不协和音（或者说在当时被认为是不协和的音）以及充满动力感的节奏，但受控极严，丝毫不带感情色彩。他与那个产生出肖邦和李斯特的传统丝毫不沾边。他坚称，钢琴就是件打击乐器，因此就得按打击乐器来弹奏。对李斯特和肖邦的音乐，普罗科菲耶夫无论怎样也喜欢不起来，还老拿他们的音乐开玩笑。“他们不是说没有肖邦的作品就开不成独奏会吗？我就偏要证明没有肖邦我们也能开得很好。”怪不得叶西波娃在成绩单中说他“真有才啊，只是太糙了”。尽管如此，他还是在1914年赢得了鲁宾斯坦钢琴比赛的第一名。当时他坚持己见，愣是没有演奏规定好的古典协奏曲,而是演奏了他自己的《降D大调第一钢琴协奏曲》。虽然遭到了一些非议，但他还是想法打通了关节。有个作曲家名叫弗农·杜克，生动叙述了青年普罗科菲耶夫在行动的情景。弗农·杜克在那时名叫弗拉基米尔·杜克尔斯基，还是个下定决心要当作曲家的小伙子，他妈妈带他去听了一场音乐会，由圣彼得堡的鲁宾斯坦钢琴大赛的金奖获得者演奏他自己的协奏曲，由赖因霍尔德·格里埃尔指挥：

格里埃尔向观众鞠躬，退场后没多久又出场，带来了一个气度不凡的高个儿青年男子。他长着一头浅浅的金发，脑袋较小，大嘴，嘴唇很厚……（普罗科菲耶夫当时有个外号叫“白黑人”。）手臂很长，猩猩般耷拉着；一双手像拳击手那样有力。普罗科菲耶夫穿着雅致发亮的燕尾服，漂亮合体的马甲，光鲜的黑便鞋。他穿过舞台时奇特而笨拙的步态一点也不像是一位钢琴家。他在钢琴前坐下，猛地拉了一下琴凳作为调整，接着开始了一场无保留的肌肉力量秀，一种全新方式的钢琴演奏。那时候盛行斯克里亚宾的慵懒倦怠温吞水般的演奏方式，或是后德彪西时代印象主义音乐的好似竖琴和钢片琴丁零当啷发声的那种演奏方式。可是这小伙子的音乐和演奏方式，却让我想起了我那次倒霉的足球体验中的带球奔袭突入对方禁区——除了毫不松懈的力量展示和运动员似的生命欢愉之外没啥东西。无怪乎他那首协奏曲的头四个音符（后来一再重复）后来被人戏称为“头槌（破门）”，而这正好也是普罗科菲耶夫的意图所在……演出赢得了狂热的喝彩，普罗科菲耶夫接受了不少于六个马蹄莲花篮，人们惊异地笑着向他致敬。他笨手笨脚地鞠躬，脑袋都快要碰到膝盖了，然后猛地一下直起身来。

然后“十月革命”就到来了。普罗科菲耶夫转道日本远赴美国。他随身带着自己创作的一些主要作品。“十月革命”虽然使他离开了祖国，但1917年也是他创作丰产的一年。这一年见证了他的《瞬间幻象》（独奏钢琴）、《D大调小提琴协奏曲》和《古典交响曲》的诞生，它们至今都还是他最受欢迎的三部作品。《古典交响曲》还别有妙义。普罗科菲耶夫说：“我觉得，假如海顿活在本世纪的话，他一定会在保留自己创作风格的同时吸收新音乐中的某些东西。我想要的，就是创作这样一种风格的交响曲。”《古典交响曲》也是普罗科菲耶夫的第一部远离钢琴的作品。“我想要证明这样一个事实：主题素材脱离了钢琴的局限写出来才要更好一些。”

在美国，普罗科菲耶夫引起了很大的争议，有些人钦佩他，但一般人都不喜欢他。他那种尖锐、清脆、打击乐般、具有狂野律动感的钢琴演奏在美国人看来是全新的，他的音乐也是如此。他被人称为“那个布尔什维克钢琴家”。还有人说他“有着钢铁般的手指，钢铁般的大小臂——他整个儿是个音乐上的钢铁托拉斯联合企业”。对那些听惯了李斯特和莱切蒂茨基的弟子们弹出的浪漫、温婉、散漫、闲适之声的人来说，普罗科菲耶夫的演奏简直就是毒药——里面没有浪漫主义的风光情调，只有活塞运动、机械叮当、新时代的大机器生产。美国不喜欢他，他也不喜欢美国，尤其是在他的歌剧《三桔爱》在芝加哥歌剧院演出失败之后（1921年）。普罗科菲耶夫对美国甩了几句狠话：

> 我在纽约巨大的中央公园里散步，一边仰望着周围那些摩天大厦，一边愤懑地心想：那些一流的美国乐团都不在乎我的音乐；那些评论家一边重复唠叨着“贝多芬才是伟大作曲家”，一边冲着新音乐作品狂吠，阻碍其发展；还有那些经纪人，他们只为那些把同一套陈腐曲目演出50遍以上的音乐家安排长途巡演。

愤怒的普罗科菲耶夫去了巴黎，在那儿安身立命了。佳吉列夫对这个俄罗斯青年产生了兴趣，委托他写两部芭蕾舞剧。然后就有了《钢铁的步伐》（1925）和《浪子》（1929）。他还创作了歌剧《火天使》，完成了《第三钢琴协奏曲》，开了很多音乐会，成为当时最受争议的作曲家之一。在某些方面，他就是那位独领风骚的作曲家。他的音乐虽没像他希望的那样被经常演奏，但仍然在20世纪20年代引起了一阵轩然大波，让许许多多人听了很不舒服。这些不舒服的人很有道理，他们的直觉是对的。因为普罗科菲耶夫就是个钢铁时代的作曲家，他的音乐自然会反映那个反浪漫主义的新时代的风貌。在那样一个勋伯格的先进理论不被理解、受到冷遇的时代，在那样一个斯特拉文斯基经过《彼得鲁什卡》和《春之祭》的巨大爆炸后“退回”新古典主义的时代，普罗科菲耶夫在许多人眼里成了在“一战”和俄罗斯革命之后新时代的楷模。人们尽可以蔑视他的音乐，也可以讨厌它嘲笑它，但却不能无视它、消除它。

在今天看来，普罗科菲耶夫其实还是在一个传统的范畴或框架之内作曲的。他的作品大多数还是使用了 19 世纪的体裁；他的音乐尽管内含成堆成片的不协和音，但还是调性音乐。这是一种个性强烈的音乐，有许多特点让它与众不同。这些可以被形容为奇妙、机巧、敏锐、奔突、自信及强大的运动员气质。普罗科菲耶夫不算是个深沉、深刻的作曲家[1]，但他最佳作品中的那种清晰、条理性和鲜活灵动性具有很突出的提神醒脑作用。他只要愿意，就能创造出优美的旋律。不过旋律可不是普罗科菲耶夫音乐的工作重心或主攻方向。他的主攻方向是向浪漫主义的音乐传统发动锐利、严苛、猛烈的进攻。即使从长远看，他的音乐不能如许多人认为的那样被证明具有革命性，但它仍会保持强大和力量，比同期的大多数音乐都流传得久远。

普罗科菲耶夫客居巴黎期间，俄罗斯又崛起了一位新英雄——德米特里·肖斯塔科维奇。此人 1906 年 9 月 25 日出生在圣彼得堡，是俄罗斯革命的第一位重要的音乐之子。他和普罗科菲耶夫一样，在 13 岁时就被圣彼得堡音乐学院录取。他在那里师从马克

[1] 尽管他也有深沉、深情的时候，比如《第七交响曲》的第一乐章。

西米连·施泰因贝格，并受到格拉祖诺夫的鼓励。肖斯塔科维奇是个很瘦、严肃、戴眼镜、神经质、害羞的小伙子，一根接一根抽烟，他的才华给所有人留下深刻印象。1925年，他还在音乐学院上高年级时，就创作了他的《第一交响曲》，翌年就首次公演了，并实现了人们对他的所有美好的预言。对一个19岁的青年来说，《第一交响曲》真的已经是够可以的了——它规模宏大，睿智聪颖，带着遏制不住的生命欢乐，还有讥讽和故意拙劣模仿的意味，以及甘甜饱满的旋律和配器丰富的管弦乐音响。立刻，肖斯塔科维奇被誉为一位重要的作曲家。继《第一交响曲》之后，他又接二连三地写出重头作品，巩固了他留给人们的最初印象。这些作品有讽刺歌剧《鼻子》（1928），根据果戈理的小说创作，其中有一段间奏曲是由打击乐队演奏的，显示出肖斯塔科维奇能做到与他的西方同行一样现代。还有一部自作聪明的钢琴协奏曲，显示肖斯塔科维奇可能刻意模仿了法国“六人团”的风格。还有一部芭蕾舞剧名叫《黄金时代》（1930），其中的波尔卡舞一时间名声大噪。肖斯塔科维奇还创作了两部以近期俄罗斯历史为题材的交响曲，其中一部的副标题为《十月》（1927），另一部的副标题为《五一节》（1931）。1932年他完成了一部歌剧，题为《姆钦斯克县的麦克白夫人》，是一部涉及通奸和谋杀的俄罗斯真实主义歌剧，里面充斥着强烈的不协和音。

正是这部歌剧给肖斯塔科维奇带来了麻烦。当时的苏联领导层既不看好《姆钦斯克县的麦克白夫人》里的道德观念，也不喜欢它的音乐表现手法。在20世纪20年代初，苏维埃政府鼓励所有艺术门类的试验性创作。于是乎在戏剧创作方面，出现了以福斯弗洛·梅耶霍尔德、弗拉基米尔·马雅可夫斯基和尼古拉·奥科洛博科夫领头的创作力量，他们把一切可见的传统都砸个稀烂。谢尔盖·爱森斯坦给电影业带来了新视野和新气象。在绘画和雕塑领域，现代主义几乎成了官方风格，以瑙姆·佳博为首的构成主义者崛起为一支主要力量。当时经历过俄国“十月革命”的文艺创造者们都真诚地相信，他们的艺术与苏维埃俄罗斯的政治是并行不悖、奔向同一个目标的。正如艺术家卡西米尔·马列维奇说的那样，“立体主义和未来主义都是革命的艺术形式，它们预示了 1917 年的那场政治和经济革命的发生”。然而到了 20 世纪 30 年代，风云突变，整个价值观的天平向另一端倾斜。革命的俄罗斯开始生产平庸陈腐和表现单一的艺术作品，它们都走向了革命的反面，这可真是历史的讽刺。

这一 180 度的大转弯说明了斯大林的小资产阶级特性。但不限于此，这还表明了源自列宁思想的苏维埃政府的官方说教，而列宁的话在当时就是金科玉律。当时苏联的美学家们和官僚们都用列宁的话“艺术属于人民”来作为他们的出发点。艺术沦为了苏维埃政府的宣传工具，社会主义的现实主义由此诞生。在当时的环境中，艺术总是被倾向于单一化，表现方式大同小异，只是所用的专业术语不同。斯大林禁止先锋派艺术、音乐，理由是它们代表着腐朽没落的帝国主义资本主义的形式主义。因此任何一种前瞻探索性质的音乐在苏联都被禁止了。作曲家不能写这种音乐，公众也听不到这类音乐。所有十二音体系的音乐，任何巴托克和欣德米特的作品，全部斯特拉文斯基在《彼得鲁什卡》之后写的音乐（总共没有多少），任何稍有暗示抽象主义的作品，一律禁止。这个国家闭关锁国了。外国出版物不得进口，所有外国电台的广播受到干扰。苏联作曲家几乎没什么渠道了解世界上正在发生的事情，他们与世界隔绝了。评论家们大多是官方指派的政府说教的代言人，他们发展、练就了一套怪异的官话、套话、行话，他们评判音乐不是看它有无自身价值，而是看它是否符合官方意识形态和道德说教。尤里·凯尔迪什在其专著《俄罗斯音乐史》中谴责斯特拉文斯基的音乐，说它们“具有现代主义的反动本质，怀揣反人民的艺术目标，反映帝国主义资产阶级腐朽的意识形态”。所有的苏联评论家都是这个调子，写文章千篇一律。对一个作曲家最可怕的指责是说他“搞形式主义”。没人确切知道这个词的含义，只知道凡是作曲家被指控为搞形式主义的，他最好赶紧改邪归正。总括起来，音乐中的形式主义是指任何现代的或不协和音的成分，任何“悲观主义的”东西，任何不反映苏联劳动人民的英雄理想的东西。普罗科菲耶夫说：“所谓‘形式主义’，就是强加给任何第一次没听懂的音乐作品的一种说辞。”

普罗科菲耶夫就是在这一时期回到俄罗斯的。他曾在 1927 年回来过一次，受到了热烈欢迎。犹豫了好几年之后，他在 1936 年永久回到了祖国。斯特拉文斯基在其《回忆与评说》中直截了当地说，普罗科菲耶夫回到俄罗斯是“向那个母夜叉女神的一次献身，除此别无他物。因为一些原因，他在美国和欧洲没有取得成功，而他访问俄罗斯却大受欢迎。我最后一次见到他是 1937 年在纽约（届时普罗科菲耶夫正在做最后一次音乐会巡演），当时他很沮丧，抱怨自己在法国无论在物质上还是在艺术上都时运不济。然而，他在政治上是那么天真幼稚，没有从他的好友米亚斯科夫斯基的案例中学到任何教训。他回到了俄罗斯，等他有一天终于认识到自己在那儿的处境后，已经太晚了”。尼古拉·米亚斯科夫斯基（1881—1950）是一位多产的交响曲作曲家，共写了27部交响曲，还是位杰出的教师，他学会了跟着苏维埃的指挥棒亦步亦趋。

回国初期，普罗科菲耶夫生活得很幸福。他功成名就，荣誉加身，到处受到赞赏和尊重。他很忙，日程表排得满满的，直到1937年还被允许出国做音乐会巡演。他对他的朋友弗农·杜克说自己很满意。弗农·杜克回忆道：

> 我问了谢尔盖一个当时在我心中感觉最难以启齿的问题，我想知道他在苏维埃极权统治的环境下是怎么生活和工作的。谢尔盖沉默了一会儿后，平静而严肃地回答：“我的感觉是这样的：我一点也不关心政治，我自始至终都是一名作曲家。任何政府，只要它让我平静地作曲，出版所有我写的墨迹未干的作品，演出从我笔下流出的每一个音符，在我眼中就是好政府。在欧洲，我们全都必须自己寻找演出机会，巴结指挥家和剧院经理；而在俄罗斯，这些全都自己找上门来，让我应接不暇，我坐享其成就是了。另外，我在莫斯科还有舒适的公寓，在乡下还有漂亮的别墅，还有一辆簇新的汽车。我的儿子们上了莫斯科很好的英文学校。”

普罗科菲耶夫和肖斯塔科维奇当然很熟悉彼此，作为苏联音乐界的两位英雄，他们必然会在形形色色的委员会中积极共事，并有多种方式的合作。然而他们充其量只能保持一种非常谨慎的

⚜ 谢尔盖·普罗科菲耶夫在1936年

“那个布尔什维克钢琴家……那个音乐的钢铁托拉斯。”

关系，彼此也不是很喜欢。肖斯塔科维奇在其回忆录中对他这位杰出的同行说了一些恶言恶语。肖斯塔科维奇说普罗科菲耶夫是个装腔作势之人，说他不会管弦乐配器，得由别人替他配器。还说普罗科菲耶夫的音乐在今天听起来相当乏味，还说他“像公鹅那样好斗，不与别人争斗就浑身不舒服”；还说他为了华而不实的效果而牺牲掉本质的东西。

肖斯塔科维奇的回忆录是在他去世后的1979年10月在美国出版的，书名叫《见证》，是由一位名叫所罗门·伏尔科夫的苏联流亡者编辑的，伏尔科夫声称自己是作曲家的一个密友。关于《见证》疑问多多，苏联当局宣称这本书是伪造品。但如果这本回忆录确实准确代表了肖斯塔科维奇的思想，而我们有充分的理由相信确实是这样，那么这本书就是生动描述了一位极富创造性的音乐人物被毁灭的过程。

一直到 20 世纪 30 年代中期为止，苏联作曲家们还都不太受人管制。但是随着斯大林变得越来越偏执，意识形态的限制也开始闯进音乐领域，就像以前闯进戏剧和绘画领域那样。文艺创作受到了粗暴的干涉，没有一个艺术家能够幸免，肖斯塔科维奇也好，普罗科菲耶夫也罢。肖斯塔科维奇首当其冲，而他的对手就是斯大林本人。引起斯大林愤怒的是《姆钦斯克县的麦克白夫人》在 1936 年在莫斯科的一场演出。据说第一幕刚演完，斯大林就愤怒地走出剧院，他被这种"堕落的"音乐气得脸色发青。他立刻对苏联歌剧创作制定了三条准则：题材必须是社会主义主题；音乐语言必须是"现实主义的"，即没有粗粝刺耳的音调并以俄罗斯民歌为基础；剧情必须是"积极、正能量的"，即必须有歌颂国家的幸福大结局。《真理报》在颁布这些准则的同时对肖斯塔科维奇大加挞伐。这可不是闹着玩儿的，而是大是大非的原则问题。一位苏联音乐家受到官方批评可能要丢掉饭碗的，他的所有出版发表和演出渠道有可能被全部封杀。他还可能失去家庭，失去诸如汽车、别墅等等的额外补贴。在斯大林时代，他甚至可能会被关进监牢或者被处决。

肖斯塔科维奇读到《真理报》这篇文章时，刚好在去阿尔汉格尔斯克演出的路上。他的世界立刻崩溃了。此前他可一直是苏联音乐的金宝贝啊。而现在——他在回忆录里写道——他成了一个被挂了号的人，成了"一个人民的敌人"，他的所有对手现在都可以合法地攻击他了。"我简直想自杀了。这个危险令我备感恐怖，可是我看不到其他出路。”肖斯塔科维奇在1937年因写了《第五交响曲》而得到平反。但无论从哪方面来讲，作为一名作曲家他都被毁了。他再也写不出像他的《第一交响曲》、《鼻子》、《姆钦斯克县的麦克白夫人》和《钢琴协奏曲》那样的充满勇气、激情、闪光和现代性的作品了。相反他现在只写安全、保险的音乐了，重复老套，循规蹈矩，还效法一些普罗科菲耶夫的形式主义，应时应景。直到生命快走到尽头时，他才无视苏联的现状，去写那种他内心想要写的音乐。

在20世纪的三四十年代，随着肖斯塔科维奇完全隐退，普罗科菲耶夫成了苏联音乐的主力军。他的和声理念和旋律特征在当时每一位重要的苏联作曲家的音乐中都有所反映。这些作曲家包括肖斯塔科维奇、德米特里·卡巴列夫斯基、阿拉姆·哈恰图良、吉洪·赫连尼科夫。他们全都创作好似经过稀释了的普罗科菲耶夫式音乐。普罗科菲耶夫自己也创作这种掺了水分的普罗科菲耶夫音乐。他们也都扮演国家及其宣传的代言人的角色——全都，只有普罗科菲耶夫是例外，因为只有他足够“大”、足够倔强，只作曲而不干别的。他还真的作曲作出了名堂。他写了电影音乐，为电影《基日中尉》（1934）和《亚历山大·涅夫斯基》（1939）配上音乐，并把其中的精华挑出来改编成电影组曲在通俗音乐会上演出。他还完成了他的《第二小提琴协奏曲》（1935）、《彼得与狼》（1936），以及芭蕾音乐《罗密欧与朱丽叶》（1935）。以上这些全都碰巧成了在国际上很受欢迎的作品。可是他的歌剧《谢苗·科特科》（1939）就没那么走运了。他的另一部歌剧，根据谢里顿的《女家庭教师》改编的《修道院里的订婚礼》（1931），只上演了几场就偃旗息鼓。在战争期间，普罗科菲耶夫也创作了一连串重要作品：大型歌剧《战争与和平》、《第七钢琴奏鸣曲》、《第二弦乐四重奏》、《D大调长笛（小提琴）奏鸣曲》、芭蕾音乐《灰姑娘》，以及《第五交响曲》。这些显然都是大师级的作品，而且都与普罗科菲耶夫在法国和美国期间创作的音乐有所不同。它们都具有普罗科菲耶夫独特的节奏、旋律、和声特性，但听起来不那么现代了，不那么钢铁时代了。从情感角度来讲，它们也更温情一些了，很贴近社会主义的现实主义原则。

然而，即使像普罗科菲耶夫这样一位著名的、受到全世界敬仰的作曲家，也不能避免被批判的命运。1948年，普罗科菲耶夫的天空也塌陷了。他，以及当时几乎所有的苏联重要作曲家，都受到了攻击。事情的起因是瓦诺·穆拉德里的歌剧《伟大的友谊》在1947年11月7日的首演。有评论说，这部歌剧从历史和意识形态角度讲都是不正确的，从音乐角度讲也是“没有表现力的，贫乏的，和声单薄的，烂泥一摊的……混乱的和不和谐的，建筑在持续的不协和音与刺耳的声音组合的基础上”。三个月后，苏共中央委员会举行了一次会议，集体炮轰穆拉德里、普罗科菲耶夫、肖斯塔科维奇、哈恰图良、米亚斯科夫斯基、维沙翁·舍巴林等人。中央委员会发表了一项决议，指控所有这些作曲家犯了形式主义的错误，“具有反民主的倾向，疏远了苏联人民及其艺术品位”，创作了“为欧美资产阶级音乐的所谓现代性与时代精神强烈招魂的”音乐。连评论家们也遭到了攻击，“音乐评论已经不再表达苏联社会的共识了”。这份文件还公开威胁道，这样的音乐“再也不能被容忍了”，最后还提出了一个四点纲领：

（1）声讨苏联音乐界的形式主义倾向，斥之为反国家反民族，最终整肃音乐界。

（2）敦促中央委员会的宣传鼓动部和艺术委员会纠正苏联音乐界的不正之风，肃清中央委员会这份决议中指出的这些错误，确保苏联音乐沿着现实主义的正确方向发展。

（3）号召苏联作曲家们充分认识到苏联人民对音乐艺术提出的高尚要求，扫清他们前进道路上的一切削弱和阻碍我国音乐发展的障碍和不健康的东西，以确保那些能提高苏联音乐文化水平的有独创性的作品的增长，并最终在音乐领域里全方位地创作出无愧于苏联人民的高质量作品。

（4）批准党和苏联相关机构采取的旨在改进音乐现状的组织措施。

决议是在 1948 年 2 月 10 日发表的。从 2 月 17 日到 26 日，苏联音乐家们在莫斯科召开了一次大会，会上，政治局主管文化意识形态的发言人安德烈·A. 日丹诺夫对中央委员会的几点要求做了进一步阐述。赫连尼科夫在日丹诺夫讲话的基础上又增加了对他的同事们的攻击，指责他们搞形式主义。赫连尼科夫特别提到肖斯塔科维奇的《第八交响曲》、《第九交响曲》和《第二钢琴奏鸣曲》，普罗科菲耶夫的《战争与和平》和《第六钢琴奏鸣曲》等一批钢琴作品为形式主义的音乐。他说，苏联作曲家“必须摒弃音乐艺术中的一切资产阶级形式主义的陈芝麻烂谷子，将其视为无用和有害的垃圾”。（赫连尼科夫不久就成了苏联音乐官僚机构里的大员。）受到批判的作曲家们一个接一个地站起来做检讨。

穆拉德里说："我怎么就没想到把哪怕一首民歌写进我歌剧的总谱呢？……我现在面临着一个明确的任务，就是全面而真诚地认识到我在创作中所犯错误的严重性，并在我以后的工作中用意识形态的诚实来改正这些错误。"肖斯塔科维奇说："对决议中包含的所有批评……我深表感激……我将用更加坚定的决心，用音乐描述苏联人民的英雄形象。"哈恰图良说："我在我的音乐中，怎么会犯下形式主义的错误呢？……对于那些像我一样只想让他们的音乐被未来的人们——而不想被当下的人们——理解的同志，我要发出警告：我们都错啦。我们都犯了致命的错误。在我们国家，整个苏维埃的千百万人民才是当今音乐的裁判官。把音乐写给我们的人民，让他们都能听懂；通过我们的创造性劳动，把艺术的欢乐带给千百万人民——还有什么能比这个更高尚、更崇高的呢？"普罗科菲耶夫说："这个决议……把作曲家作品中的有害物质同其健康的部分分离开来……这个决议显得特别重要，因为它证明了形式主义运动与苏联人民格格不入……"全体作曲家联名写了一封信给斯大林，感谢他的公开鞭策："我们非常非常感激全苏共产党（布尔什维克）中央委员会，尤其特别感谢您亲爱的斯大林同志对我们的挽救，感激您对苏联音乐的现状提出了严厉但语重心长的正确批评……我们将竭尽全力地运用我们的知识和艺术才华，创作生动的现实主义音乐，反映苏联人民的生活和斗争……"

怪不得，在 1948 年的苏共中央那个决议之后，任何个人主义的残渣余孽都受到了涤荡、肃清。如果说连普罗科菲耶夫的《战争与和平》因其技巧不成熟都被斥责为形式主义的话，那么可想而知苏联作曲家还能搞什么了，除了为民歌配上管弦乐使之成为管弦乐曲之外，他们还敢有什么作为？之后的一段岁月里，一切都被整齐划一了。俄罗斯的音乐就像她的绘画一样，在那段日子里对世界没有做出什么贡献。连苏联最优秀的作曲家——普罗科菲耶夫和肖斯塔科维奇都被整得只能创作一些苍白、没有争议但在艺术上乏善可陈的作品，它们相当于画家们在那时批量生产的农业绘画的音乐翻版。肖斯塔科维奇开始创作室内乐，更多的交响曲，还有电影音乐。普罗科菲耶夫创作了一些老调新唱、故事新编式的音乐，比如芭蕾舞剧《宝石花》(1948)，《第二大提琴协奏曲》(1950，后来改编为为大提琴和乐队而写的《交响协奏曲》)，以及在他生命的最后一年创作的《第七交响曲》。普罗科菲耶夫在1953年3月5日逝世于莫斯科，同一天斯大林也去世了。

普罗科菲耶夫留下的一些作品至今没有式微的迹象，一直都很受欢迎。他是作品得到最多演奏的20世纪作曲家之一。他的五首钢琴协奏曲中的两首，他的两首小提琴协奏曲，他的第五交响曲，他的许多钢琴独奏曲（尤其是第三、第七、第八奏鸣曲），还有《罗密欧与朱丽叶》、《古典交响曲》、《三桔爱》组曲，以及常演常新的《彼得与狼》，这些都经常听到。他写的《亚历山大·涅夫斯基》是最伟大的电影音乐之一。但是，可能普罗科菲耶夫音乐中会有相当大的比例最终还是要消亡。在他的早期作品中，他经常在素材上制造特殊效果；而到了后期，他被迫创作一种乏味的、新瓶装旧酒似的音乐，这实际上有些玩世不恭。像《第七钢琴奏鸣曲》、《D大调小提琴奏鸣曲》和《g小调小提琴协奏曲》这样的作品都经不起时间的考验。普罗科菲耶夫的情感领域还是

⚜ 德米特里·肖斯塔科维奇在 1958 年

从丰饶的现代主义转向社会主义的现实主义。

有局限的，为此他经常有意制造一些轰动效应加以弥补，就像在《火天使》中那样。一旦这种轰动效应失灵，音乐的价值也就所剩无几了。不过，他最优秀的作品确实反映了 20 世纪初的时代风貌，拨动了时代暴露的神经。

斯大林死后，一种更为自由的艺术政策开始艰难地形成。1957 年召开了第二届全苏作曲家代表大会，实际上已经可以较为自由地发表言论了。尼基塔·赫鲁晓夫在1958年上台了，虽然他口头上支持社会主义的现实主义旧教条，但苏联的许多人还是感觉到这位新领导人不过是在向公众表个态而已。1958年，党颁布的一个法令让大家深受鼓舞，穆拉德里和其他在1948年受到批判的人被恢复了名誉。

在这些年里，肖斯塔科维奇仍保持着苏联音乐的英雄地位，他在自己的国家里被偶像化了。1957年他当选为苏联作曲家联合会秘书长，1966年更是收获了苏联最高荣誉勋章中的两枚——社会主义劳动英雄勋章和列宁勋章。1966年他的心脏病发作，导致这位害羞、隐退、神经质、连续抽烟的大作曲家几乎完全从公众视线中消失。但他继续作曲，创作一系列弦乐四重奏，其中的第八首具有自传性质，引用了较早期肖斯塔科维奇作品中的片段。他的《姆钦斯克县的麦克白夫人》复演了，经过少许修改并起了一个新剧名《卡特琳娜·伊斯梅洛娃》,甚至还用它拍了一部电影。1962年他完成了第十三交响曲。它是以叶甫根尼·叶甫图申科的五首诗为基础创作的，其中一首《巴比雅》讲的是“二战”期间在基辅对犹太人进行大屠杀的事件。有传闻说赫鲁晓夫不赞成这个题材，这部作品首演的规格也很低，政府官员们都没有出席，即便它是苏联两位文化巨星的作品。官方的不赞成是通过非官方的方式表达的，这部交响曲演了第二次后就偃旗息鼓了。过了一年它又公演了，叶甫图申科对它做了一些修改（音乐保持不变）。不过即使是第一版，这部作品也是社会主义的现实主义音乐，是标语海报式宣传音乐的一个典范。这部作品极少演出。

此时的肖斯塔科维奇是个悲伤痛苦的人，他很清楚若给他完全自由的话，他会做出什么成就。他在回忆录里解释了自己被迫这样做的原因，他把自己比作哈姆雷特："我对哈姆雷特同罗森克兰茨和吉尔顿斯特恩的对话感触很深，哈姆雷特当时说他不是一根管箫，不会让人把他当箫吹。这里是非常精彩的一段。他做到这点不难，毕竟他是个王子。假设他不是王子的话，他必定会被人任意宰割，到头来还蒙在鼓里不知怎么死的。"肖斯塔科维奇还很认同李尔王的处境："我认为李尔王很重要的一点是他幻想的破碎。不，还不是破碎。破碎是一下子的事情，来了一下子就结束了，还不足以构成一部悲剧。一下子破碎没有意思。但是眼看着他的幻想慢慢地、一点点地破灭，这就是另一码事了。这是一个痛苦的、煎熬的过程。"所以说，这个兼具哈姆雷特和李尔王特点的肖斯塔科维奇，是那种慢慢幻灭的人，是那种精神大厦逐渐崩塌、慢慢绝望的人，他经历过生活与工作中的种种运动，一个痛苦的日子延伸进又一个痛苦的日子，在可悲的日子里挨过了一天又一天。他能做的一切，就是在他的音乐中表达他的感受；而且（如果肖斯塔科维奇回忆录真实可信的话）他在自己音乐里表现的内容似乎与公认的诠释相当不同。比如说，《第七交响曲》（《列宁格勒交响曲》），普遍被认为是对列宁格勒战役和英雄的苏联保卫者们的赞歌。可是曲作者本人却不这么看。肖斯塔科维奇说，其实《第七交响曲》是在战前就筹划好的，"因此不能把它看作对希特勒进攻的反映……在我创作那个主题（"鬼子进村"的主题）时，我心里想的是人类的其他敌人"。这些"其他的敌人"当然就是指以斯大林为首的那些人。"战争带来了大量新的苦难和新的破坏，但我没有忘记战前的那些恐怖岁月。从第四交响曲开始的那些交响曲，包括第七和第八交响曲，都是有关那些恐怖岁月的……我的大多数交响曲都是墓碑。我们的人民死掉的太多了，他们被埋在没人——包括他们的亲人——知道的地方。你把梅耶霍尔德和图哈切夫斯基的墓碑往哪儿放呢？只有音乐能为他们竖立墓碑。我愿意为每个牺牲者写一首作品，可那是不可能的。所以我才把我的音乐敬献给他们所有人。”

1964 年，赫鲁晓夫被免除一切职务之后，苏联艺术界有了一个比较宽松的环境。说教不那么多了。对无线电广播的干扰停止了，学生们和年轻作曲家们不仅能收听外国播放的最新音乐，而且还可以把它们录在磁带上。一些作曲家甚至开始创作序列音乐，他们没有教科书，只能尽可能多地从到访的外国音乐家那里获取信息和知识。他们的工作没有得到官方批准，但当局对他们睁只眼闭只眼，也没有打压。他们又能听到斯特拉文斯基和巴托克的音乐了。新一代音乐家开始效仿《春之祭》和《为弦乐、打击乐和钢片琴而写的音乐》，而不再追随普罗科菲耶夫和肖斯塔科维奇了。

肖斯塔科维奇本人对这新的宽松环境没有太多印象，因为它没有持续多久。1968 年捷克斯洛伐克事件发生之后，苏联又进入了冰冻时期，艺术自由又受到压制。肖斯塔科维奇对后斯大林时期的音乐体制（以吉洪·赫连尼科夫为首）有一堆控诉的话要说，赫连尼科夫管控苏联作曲家联合会长达数十年之久。肖斯塔科维奇藐视赫连尼科夫到了这样的地步，会经常讲一些赫连尼科夫在斯大林面前丑态百出的故事（听起来会让人哭笑不得）。肖斯塔科维奇在生命走向尽头的时候，用他的回忆录揭示了一个音乐天才对自己失去自信及对所处时代感到幻灭的历程。回忆录的最后几页充满了陀思妥耶夫斯基式的抑郁和自怜："不行了，我无法再讲我这不幸福的一生了，我敢肯定现在不会再有人怀疑它的确是不幸福的一生了。我在一生中没有特别幸福的时刻，没有欢天喜地的时候。我的一生是灰暗和沉闷无聊的，它让我一想起来就很悲凉。"他的《见证》的最后一页就像他的《第十四交响曲》一样阴郁灰暗。肖斯塔科维奇谈到苏联的年轻一代，他们也许有机会过上体面尊严的生活。"也许他们的生活会摆脱掉令我一生暗淡的那些苦难。"

很显然他的最后两首交响曲都是色彩暗淡的。它们郁悒、不正统、高度个人化，包含某种象征性并引用前辈作曲家（罗西尼、瓦格纳）的某些曲调，可能当时在苏联只有他熟悉他们的音乐。《第十四交响曲》还配有女高音和男低音的歌唱，它基于四位诗人的11首诗——加西亚·洛尔卡、阿波利奈尔、里尔克、威尔海姆·卡尔洛维奇·居谢尔贝克（19世纪上半叶的一位俄德混血诗人）。所有这些诗都围绕着一个主题——死亡。这可是大大偏离了社会主义的现实主义，音乐裹挟着听众陷入一种神经极度紧张的死亡之兆。肖斯塔科维奇把这部作品题献给他的好友本杰明·布里顿，而布里顿已在他的《小夜曲》和《夜曲》等作品中预示过这部交响曲的诞生，所以这件事不是巧合。1971年完成的《第十五交响曲》十分独特，它神秘地引用了罗西尼的《威廉·退尔》和瓦格纳的《女武神》中的曲调。这里，再次弥漫着抑郁、不祥的气氛。

肖斯塔科维奇在1975年8月9日逝世于莫斯科。他未能活到看见自己的音乐被西方重新发现、挖掘的那一天，更不要说见证苏联的解体了。在 20 世纪 80 年代，评论家和听众们突然之间开始在他的音乐中——甚至在他的社会主义现实主义的作品中发现新的含义。顿时出现了一股风潮，他的音乐短期内几乎全被录了音。在音乐厅里，成套地演出他的 15 首弦乐四重奏和 24 首为钢琴独奏写的《前奏曲与赋格》在当今也并不鲜见。当然，他的交响曲也是音乐厅里的常客。他的《姆钦斯克县的麦克白夫人》还在 1994—1995 演出季第一次由纽约大都会歌剧院演出。今天的听众理解并认同了肖斯塔科维奇的困境——一位天才作曲家的困境，虽被一台意识形态的压路机压进地里，但仍在风烛残年做到了蔑视强权，最终还是用强大、有尊严、有非凡个性和无尽悲哀的音乐讲清了自己。

• *36* •

德国的新古典主义

——布索尼，魏尔，欣德米特

BUSONI, WEILL, HINDMITH

在20世纪的最初几年里，有几位作曲家故意回顾过去而不是展望未来。于是，音乐史上出现了斯特拉文斯基及其新古典主义，还有雷格尔及其“回归巴赫”运动。此外还出现了保罗·欣德米特及其回顾巴洛克音乐的运动。而费鲁奇奥·布索尼则信奉“年轻人的古典主义”（有时被称为“新兴古典主义”）。

布索尼是最伟大和最有独创性的钢琴家之一。作为一名知识型的作曲家，他的音乐在当时鲜为人知，在当今也是如此。他是过渡时期的重要人物之一，有着不安分的大脑，他在音乐理论上的贡献超过了他的音乐作品。像德彪西、斯特拉文斯基和勋伯格这样的先锋作曲家都满足于在传统八度音程的框架内进行创作，而布索尼却早在1906年就提出八度音程也能被分为36个小音程。同时他也在考虑发明新的乐器来演奏这样精细和层次丰富的微音程。（微音程音乐的理念可以追溯到古希腊时期，中世纪有些作曲家探讨过这一理念，但是他们的理论早就被人遗忘了。）布索尼在其探索扩充音乐语汇的过程中，也设计过一种通过升降标准音程来获得 113 个音阶的方法。举几个例子吧，比如 C，降 D，D，降 F，G，A，B，C；或者 C，D，降 E，降 F，G，升 A，B，C；或者 C，降 D，降 E，升 F，升 G，A，降 B，C。在他写的《音乐的新美感概论》（1911）中，他倡导通过把一个音调分成三部分的方式获得“一种更为丰富的和声与旋律的表达”。当时撒迪厄斯·卡希尔在美国发明了一种人称“电力机”的仪器，能把电流转换成用数学计算出来的、具有固定的精确振幅数所发出的声音。布索尼迷上了这种仪器，认为利用它就可能创作出微音程音乐。而且，这种电力机可以独立于任何乐器自行运作，即可以把它当成一种新乐器单独使用。由此，布索尼成了展望电子音乐可能性的第一人。布索尼的理念直接导致了捷克作曲家阿洛伊斯·哈巴的探索，后者在 20 世纪 20 年代前后开始试验四分之一音和六分之一音的应用。布索尼还预示了埃德加·瓦莱兹某些作品的产生。

可是布索尼自己的作品却既非微音程音乐，也非电子音乐。他只满足于理论创新，从没实际创作过他的理论论证过的那种大胆的音乐。布索尼 1866 年 4 月 1 日出生在恩波利，1924 年 7 月 27 日在柏林去世。他父亲是意大利人，母亲有一半德国血统、一半意大利血统。布索尼是那种让人疯掉的天才儿童，这种儿童不需要上课，无师自通，不知怎的好像就已经学会了音乐。八岁他就公演钢琴，十岁就是音乐会舞台上的“老手”了。他没有钢琴老师，他的妈妈就是他的钢琴老师。他在作曲方面受到的唯一指导是在 1886 年，那年已经 20 岁的他在莱比锡音乐学院待过几天。他是个英俊小伙儿，男子气十足，作为一名键盘英雄本该征服世界的。但他却有所保留，他的过于理性（以那时的品位来看）

⚜ 费鲁奇奥·布索尼

新兴古典主义的传道士。

阻碍了他的钢琴演奏在更广阔的天地里取得成功。他教过很长时间的书，在赫尔辛基，在莫斯科，在波士顿，教课间歇他就做很长的音乐会之旅。但是柏林是他真正的家，从 1894 年到 1914 年他都在那儿积极地生活，作曲，开音乐会，举办大师班。作为一位钢琴家，布索尼是位大气磅礴的演奏者。他拥有强大的技术，喜好、擅长演奏大型作品，弹起协奏曲等大作品来展现新李斯特式的华丽耀目炫技，并与 20 世纪的理性知性相结合。他一点不觉得在一场独奏会上演奏贝多芬的《"槌子琴键"奏鸣曲》后接肖邦的四首叙事曲有什么困难，这对他来讲就是小菜一碟。第一次世界大战终结了他在柏林的活动，他跑到苏黎世定居下来。1920 年后他回到柏林，在那儿他教起了作曲，而不是钢琴。

布索尼当作曲家的目的，是要把意大利人的热情与德国人的曲式结合起来。虽说他的理论挺前卫的，骨子里他却很传统，甚至是一个保守主义者。当他在 1919 年杜撰出“新兴古典主义”（或“青年古典主义”一类）这个词的时候，他写道，这个术语的意思是“要精通、剖析和利用前人试验过的一切成果，并将其概括在强大和优美的形式结构中”。新兴古典主义的组成部分还包括“无限远离音乐的主题性（标题性），回归其旋律性……要摒弃音乐的‘煽情性’，抛弃其主观性，并回归其宁静性”。新兴古典主义还有以下特点：“它根本不认未来，而是只反映它起源时的当下。……它通过体验传统，并在传统的支持下成熟起来。”相较于未来派、第二维也纳乐派和野兽派们的激烈宣言，新兴古典主义的战斗号召要温和多了，怪不得没有多少人把新兴古典主义太当回事儿。

这些很前卫的理论散布在布索尼的文章和书信中，致使有些音乐家从中误读出在布索尼的音乐中不存在的东西。事实上，他的音乐尽管经常极其有趣，但却表现出对音乐形态新问题的折中处理，这些新问题把 20 世纪上半叶的音乐界搅得不得安宁。斯特拉文斯基和勋伯格这样的音乐创造者提出了独特的解决办法。布索尼和雷格尔一样，提出了逃避的办法，布索尼用其新兴古典主义逃避，雷格尔用其“回归巴赫”运动逃避；但本质上他们都没提出让当时的激进派们感兴趣的办法。布索尼早期的音乐作品（大多数后来都被他否定了）很直白地就是后期浪漫主义的风格，显然颇具勃拉姆斯特色。他的一部过渡性作品是 1904 年写的那首大部头的《钢琴协奏曲》，有一个带合唱的终曲乐章。让布索尼最上心的三位作曲家是巴赫、贝多芬和李斯特。他有一句著名格言是："巴赫是钢琴演奏的基石，李斯特是其巅峰。这两人使贝多芬成为可能。"在这阕钢琴协奏曲中，布索尼的三个偶像，巴赫、贝多芬、李斯特，都反映在里头了。里头甚至还有点柴科夫斯基的影子。如果说柴科夫斯基写下了一首带着摧枯拉朽的开头和弦的通俗钢琴协奏曲的话，那么布索尼就胜他一筹，写了一长串宏大的开头和弦，其长度十倍于柴科夫斯基的那段著名的开头炫技。布索尼应该是有个像记事本般的大脑，他好像从不会忘掉听过的一个音符，也不能完全摆脱其他作曲家写的主题和乐思。他的这部钢琴协奏曲不像有些评论家说的那样神奇，只不过是一部大型的、雄心勃勃的后期浪漫主义的作品，布索尼决心用它超过李斯特、鲁宾斯坦、柴科夫斯基等所有其他写炫技钢琴协奏曲的作曲家。有男声合唱的终曲乐章只不过是个附加成分，虽然它本身很有趣，但它在这部协奏曲中没有地位，反而给这部协奏曲添加了虚假崇高的味道。

后来布索尼的大多数作品能够摆脱明显的后期浪漫主义风格了。他开始创作一系列矜持含蓄的、谜一般的、充满新颖技法的作品。这是一种非常个人化的音乐，直接与当时所有的潮流倾向相抵触。就在斯特拉文斯基用《春之祭》的原始野蛮节奏惊吓世人、勋伯格抽身闯入无调性主义和表现主义、德彪西创造一个唯情色反学院的音乐新世界的同时，布索尼却在写一种理性多于情色的音乐：这种音乐把传统形式拿来译成现代术语。只是，布索尼的音乐是那种羞答答的新古典主义音乐，它不像斯特拉文斯基的音乐那样革命，竟敢把古典和巴洛克的元素过滤成不协和音与复合节奏的音乐语言。布索尼的和声与节奏都是传统的，绝不从 19 世纪走得太远。

尽管如此，布索尼的音乐仍有其个性和正气。他对巴赫的崇拜反映在他为独奏钢琴写的那首出色的《对位幻想曲》中，此曲后来改编为双钢琴曲。在 25 分钟的演奏时长里，布索尼把巴赫从 18 世纪 40 年代带到 20 世纪初。那时雷格尔也在创作源自巴赫音乐的作品，但是雷格尔写的几乎全是弗朗克风格的巴赫，充满鲜活的半音和声与欢愉的自我放纵和陶醉。而布索尼对巴赫的理解则是严肃而不苟言笑的、强有力的和知性的。《对位幻想曲》分为 12 个部分，包括基于巴赫的 *Ehre sei Gott in der Höhe* 的一系列变奏，后接四首赋格，以及穿插其间的一首间奏曲和几首变奏曲，结束时有众赞歌和密接和应。第一首赋格试图完成巴赫的《赋格的艺术》中的那首未完成的赋格。《对位幻想曲》的这一部分还是具有严格的巴赫风格的，但接下来的音乐便发生了惊人的变化。随着音乐的行进，人们能听到对这个赋格题材所做的一段贝多芬式的发展，即人们透过贝多芬的《大赋格曲》听到了巴赫的《赋格的艺术》，里面充满了谜一般的不协和颤音和一些尖厉的和声行进。但此曲的作者终究是布索尼，他绕来绕去最后还是要回到自己。《对位幻想曲》的尾声还是极具布索尼个性的，和声在这里变得干涩并有些不协和，给人的整个感觉就是从巴洛克的巴赫来到了似乎经过了洗心革面的巴赫。李斯特也在这部作品的一些段落里露面了，比如能见到李斯特在其《哭诉变奏曲》中的身影，这在双钢琴改编版中尤甚。但是我们在布索尼的《对位幻想曲》中听到的李斯特是一个现代版的李斯特——光有李斯特音乐的织体构造，没有李斯特音乐的炫技和炫耀。《对位幻想曲》

虽然很难很有技巧，但却不仅仅是一首炫技曲。在这部作品中还有一位作曲家的身影——夏尔·阿尔康（1813—1888），那个几乎被遗忘的法国钢琴家兼作曲家，但李斯特和布索尼都很崇拜他。阿尔康被称为“钢琴上的柏辽兹”，他创作了一些怪异奇特、冗长而又复杂的作品，布索尼不时地公演这些作品。布索尼把李斯特和阿尔康的音乐特色混合在自己的钢琴作品中，形成了一种庞大的、流畅的、管弦乐式的钢琴音乐创作风格。布索尼的有些挽歌音乐，其渊源也能追溯到阿尔康较短的同类作品那里去。

除了写下大量钢琴作品外，布索尼还创作了几部歌剧：《新娘的选择》（1912）、《丑角》和《图兰朵》（1917），以及《浮士德博士》（1925，在他去世时还没有完成）。他的最后这部歌剧可以与普契尼的《图兰朵》、博伊托的《尼禄》、贝尔格的《露露》相提并论。布索尼的学生菲利普·雅纳赫根据他老师的草稿完成了这部歌剧的最后一场。布索尼在1914年亲自写了这部歌剧的脚本，不过他同时又忙着到处开演奏会，且教学任务也很繁重，所以只能利用边边角角的时间创作这部雄心勃勃的歌剧。想当年，罗西尼或唐尼采蒂等三周内就能写出一部完整的大歌剧，那样的时代早就一去不复返了。

《浮士德博士》是一部拥有十分现代的理念的优秀歌剧。布索尼本人的性格气质中就有许多像浮士德的地方，还有点像哈姆雷特：“一个意志薄弱的男人，但外表却像个健壮的摔跤手，被疑虑驱赶着到处乱走；一个思想的大师，直觉、本能的奴隶，穷尽全部冥思苦索，却找不到答案。”这就是布索尼对自己本质的写照。《浮士德博士》很符合以上总结：一部心灵折磨、扭曲的复杂作品，回顾过去，但也有预言未来的成分。关于这部歌剧，布索尼留下了一些评语。他说他害怕触碰歌德，但他被浮士德这个人物深深迷住，欲罢不能。他的解决办法是把中世纪木偶剧的特点吸收进来，并注满象征主义的元素。在这部歌剧的结尾，浮士德通过帕尔马公爵夫人把自己的灵魂植入他死去孩子的身体。布索尼对此的解释是："浮士德在最后一次与上帝接触之后也抛弃了信仰，他随后做了一些神秘的行为，以期更新他精疲力竭的生命。"

布索尼本该和那些只写描述性音乐的歌剧作曲家毫无干系的，比如古诺也以"浮士德"为题材写了歌剧。但布索尼在其歌剧《浮士德博士》中寻求的是庞大的构造，力求创造出"独立的音乐形态，让音乐既符合剧词和剧情，又脱离剧词和剧中情境而可感知地单独存在"。于是乎他的《浮士德博士》的魔鬼一场是变奏曲式的，这场中的间奏曲则是一首回旋曲，等等。这样的安排正是贝尔格将要在其《沃采克》中做的事情，是《浮士德博士》的创新之一。《浮士德博士》的音乐本身也是变化多端的，有一些明显的出处，柏辽兹、李斯特、瓦格纳和理夏德·施特劳斯都在其中扮演了角色。这些出处都很容易找出来。但即便是这些借鉴，也都借鉴得很有创意、不同凡响。人们对这部歌剧的总体感觉是很新颖，无论是对那些出处还是对 19 世纪的和声的处理，都很有创意。它是没有瓦格纳的后瓦格纳主义，是没有施特劳斯的后施特劳斯风格。它的旋律线不时有与早期勋伯格的音乐相像的地方。举个让人吃惊的例子吧，在《浮士德博士》的第二首前奏曲中（始于布赖特科普夫版声乐总谱的第二部分），竟然出现了对贝尔格的《露露》中舍恩博士的那段爱情动机的一段预示。

和马勒一样，布索尼认为自己的音乐是写给未来人听的，这正像他在《浮士德博士》的收场白中指出的那样：

> 仍未枯竭，一切象征都在等待；
> 它们仍隐匿在这部作品之中。
> 它们的萌芽将成就一个未来的学派
> 其结果将向新生一代揭示。
> 就让每个人各得其所吧：
> 种子已经播下，大家各取所需收获吧。

不过布索尼和马勒不同，他从没有过自己的兴盛时期，尽管20世纪60年代后期人们曾对他的音乐产生过一点兴趣。他的《浮士德博士》在欧洲仅演出过很少几场，在美国到1995年为止也仅仅演出过三场。20世纪20年代在德国引起过轰动的歌剧作曲家不是布索尼，而是他的学生库特·魏尔，其歌剧《三分钱歌剧》在国际上都大获成功过，而且有待取得更大成功。

库特·魏尔1900年3月2日出生在德绍，1950年4月3日逝世于纽约。起初他创作令人尊敬的现代音乐作品，总能在国际现代音乐协会组织的各个音乐节上公演。这些作品受到了热烈欢迎，然后就销声匿迹。（魏尔去世后有人曾试图复兴这些作品，但无奈它们太弱了，怎么也站不住脚。）后来魏尔与贝托尔特·布莱希特（德国大剧作家）合作，这才找到了自己的真正价值。1928年，布莱希特改编了（实际上是重写了）约翰·盖伊在1728年写的叙事民谣歌剧，并配上魏尔创作的新音乐，其中加进了少量

⚜ 库特·魏尔

一种美化了的餐厅歌舞乐风格。

爵士乐元素。《三分钱歌剧》有一个前身，就是恩斯特·克雷内克在 1927 年创作的爵士歌剧《容尼奏乐》，不过那部作品在大红大紫了大约十年就永远消失了，也由于它太过时而无法复演。反观魏尔的《三分钱歌剧》，却以鲜活辛辣的讽刺性、幽默感而保持着生命力。在一定程度上，《三分钱歌剧》可以说是“六人团”同时在巴黎所做的事情的德国翻版。不同的是，“六人团”的音乐源自斯特拉文斯基，并且常常是新古典主义的、轻松娱乐性质的；而魏尔的这部小巧的歌剧则是辛辣、犀利的，它反斯特拉文斯基，反瓦格纳，反歌剧所认同的一切。它还是一份具有同样强的社会性的音乐文献，反映了战后德国可怕的时期。它还是爵士乐和餐厅歌舞音乐相结合的产物，对当时德国音乐的价值等同于格奥尔格·格罗茨的素描对当时德国艺术的价值。

魏尔再也没有写出比《三分钱歌剧》更成功的作品，尽管他还创作了另外几部同样风格的歌剧，包括更长的、更雄心勃勃的《马哈哥尼》。这些歌剧实质上都是想复制他的《三分钱歌剧》取得的巨大成功。1933 年魏尔离开了德国，先是去了法国，然后定居在纽约，成了那里非常受欢迎的作曲家，为百老汇的舞台写作品。他也尝试写"美国歌剧"，《街景》和《在谷底》就是这方面的尝试，但结果都不理想。这位写了杰作《三分钱歌剧》的作曲家逐渐堕落到低级的陈词滥调之中。但最起码魏尔还是给抒情戏剧舞台增添了一部杰出的歌剧《三分钱歌剧》，说它是杰作也并不为过。

20 世纪 20 年代最重要的德国作曲家既不是布索尼，也不是魏尔，而是那个小个子、秃顶、白白胖胖却极富天才的保罗·欣德米特。那时的德国并不缺乏作曲家，但其中罕有人的音乐流传下去。尤根·达尔伯特、弗朗茨·施密特、保罗·格赖纳、瓦尔特·伯劳恩菲尔斯、马克斯·冯·席林斯、曼弗雷德·古尔利特、阿图尔·施纳贝尔、海因里希·卡明斯基，他们的音乐今天何在？那一时期实际上只有两个人的音乐流传了下来，就是欣德米特和魏尔的音乐。

如果有"音乐家中的音乐家"一说的话，那么这个音乐家就是保罗·欣德米特。他拥有完美的固定音高，是专业的小提琴家和中提琴家，很好的钢琴家，能演奏乐队中几乎所有的乐器（如果他不熟悉哪样乐器的话，他就花一个星期左右的时间学习，然后就能驾驭它了）。他还是很好的音乐学家，能够驾轻就熟地作曲，并在他秃顶的脑袋里存储了海量的音乐知识。在20世纪20年代，他之于德国音乐就如同普罗科菲耶夫之于俄罗斯音乐那样，是一个年轻的革命者，对后期浪漫主义的传统很没耐心，创作的音乐被认为是不协和音与无调性的最后的话。其实他从没写过无调性音乐，但他的音乐在他的同时代人听来就是无调性的。他那尖锐刺耳甚至野蛮原始的总谱使他成为那十年的"问题儿童"。理夏德·施特劳斯向欣德米特抱怨时说过的那句话现在变得很有名了："你为什么非要这样作曲？你明明很有天资嘛。"高傲的欣德米特的回答就没那么有名了："教授先生，您尽管按您的路子写，我按我的路子写。咱俩井水不犯河水。"

如果说布索尼代表的是一种经过淡化的新古典主义形式，那么欣德米特代表的就是一种新巴洛克风格。他采纳了一些古典曲式——赋格、奏鸣曲、组曲并创作了海量的音乐，就像那些巴洛克时期的作曲家那样。欣德米特于1895年11月16日出生在哈瑙，1963年12月28日逝世于法兰克福。他的整个创作生涯都贯穿着巴洛克的音乐风格。像巴洛克时期的作曲家那样，他也采纳了一种功利性、实用性的音乐创作观。他的哲学观是反浪漫主义的，他的音乐便也反浪漫主义，深深扎根于从巴赫到贝多芬的德国伟大传统之中。他年轻的时候是个先锋派激进分子，他写的严酷、不协和音乐从来没有真正贴近过大众的心，尽管他的极高天赋立刻就得到了承认。接着他就写了一堆登上保留曲目单的作品：交响曲《画家马蒂斯》(1934)、木管五重奏《小室内乐》(1922)、声乐套曲《玛丽的一生》(1924)、《小提琴协奏曲》(1939)、《四种气质》(1944)、根据威伯主题写的《交响变奏曲》(1943)、《第

⚜ 保罗·欣德米特

新巴洛克风格音乐的精髓。

三弦乐四重奏》(1922)、为钢琴写的《音的游戏》(1943),以及芭蕾舞剧《最尊贵的显圣》(1938)。总的来讲,专业人士比公众更欣赏欣德米特,因为专业人士都在意技术技法,而欣德米特是20世纪最伟大的技法大师之一,也是最博学的音乐家之一。

欣德米特的音乐堪称巴洛克时期和古典时期德国音乐主流中的技巧楷模。欣德米特最接近的作曲家可能就是巴赫了。从一开始欣德米特就回避标题音乐,就像他嘲笑勋伯格和斯特拉文斯基的理论一样。他是个学院派,并且以此为豪。他以学院的那一套从事创作,给20世纪的音乐留下了他自己的印记。他向世人表明，德国的音乐传统还没有枯竭，只要处理得当，它就会焕发出强大的生命力。总的来讲，那些传统体裁就是他的表达手段或表现手法。然而那些古老曲式经由欣德米特处理之后，无论怎么听都不古老。与同样对传统体裁感兴趣的折中主义者布索尼不一样，欣德米特发展了一套很不寻常的和声与旋律语言，他写的任何一个乐句能立刻让人听出来非他莫属，别人不可能写出来。他发展了一套调性体系，以声音的自然音律为基础，以基音及其泛音序列为基础。这个体系就像斯克里亚宾的四度音程与神秘和弦或斯特拉文斯基的花式（戏法）节奏一样独具特色。总之，欣德米特的创作中有纯粹的玩技法，在他那个时代的音乐大师中，他可能是最音乐的音乐家。

作为一位理论家，欣德米特还写了好几本很有价值的、具有挑战性的书。他也并不仅仅是象牙塔里的理论家。1933 年之后，纳粹斥责他的音乐为堕落的艺术，他就几乎不在德国工作了，而是跑到土耳其工作了好几年，忙于重组那里的音乐教育。1939 年，他在美国定居，1942 年成为耶鲁大学音乐学院的院长，1946 年加入美国籍。1953 年他返回欧洲。

在他整个艺术生涯中，欣德米特都极其渴望写出不仅专业人士能演奏、业余爱好者也能演奏的音乐。这就是他大力倡导的“实用音乐”，也就是实用主义的音乐。早在 20 世纪 20 年代，欣德米特就开始关注作曲家与公众之间的关系这个日益突出的问题，因为他们之间的距离越来越远。于是他便在创作音乐会作品之余，还写了很多旨在让业余音乐家演奏的作品。他为他们写了各种乐器的乐曲，有独奏的也有合奏的。这种实用性的音乐伟大不伟大其实并不重要，它的意义在于一位大作曲家对业余爱好者音乐生活的极大关注；即使是大作曲家为民众写的最短小的作品，也比一个唯利是图的艺术家写的最娴熟的作品具有更多的音乐价值。

有意思的是，欣德米特写的大部分“实用音乐”的作品都比它们听上去的要好，这与他写的其他类型的音乐的情形一样。欣德米特的很多音乐第一遍听的时候都不怎么样：声音刺耳，形态严峻，旋律晦涩尖酸，无法让人感到可亲可爱。确实，它给人留下很难听的印象，一点都不可爱。可是不知何故，暴露在欣德米特的音乐下却又总能给你带来很好的回报。初听之下让你反感的音乐很快就变得强大、微妙、莫名其妙地迷人且高度刺激，体现在它严密的逻辑性、完善的组织性和结构的完整性上面。只有到了欣德米特生命的晚期，他才开始写出一些机械、生硬、老套的乐谱，就像米约的那样——胜任但是干巴巴，就好像飞轮与发动机脱节了似的。

欣德米特在音乐史上的最终地位很难评估。也许他会像 1920 年到 1940 年的马克斯·雷格尔那样终结。也许未来的年代会比 1960 年到 1990 年更强调欣德米特的优点：坚实性，完美无瑕的做工技巧，再现巴洛克的风格，矜持含蓄但又明朗突出的旋律。1945 年之后，欣德米特的音乐就基本不为新一代人奉献什么了。那时候，但凡源自巴洛克或古典时期的音乐都让人皱眉头，甚至连斯特拉文斯基的音乐也不例外。但是不管时尚风气如何变，技巧——真正的技巧永远都会得到欣赏。纯粹从技法来讲，欣德米特是处在一个鹤立鸡群的高度上的。当然也必须承认，仅凭技巧而无天才乐思的支持是远远不够的。欣德米特在其生命的最后几年就常因仅把音符机械地串成一体而受到诟病。但是在他处在最佳状态时，他是位极富创造性的人物，总有积极能量的作品献给人类。他的《室内乐》系列中的几首充满了急迫性和律动感，他的浓缩自歌剧《画家马蒂斯》的同名交响曲构思宏大、立意高远，他的诸如《翻飞天鹅》等作品中含有些许中世纪的气息和味道，他的《音的游戏》充满了精湛灵巧的对位写法的魅力——所有这些都反映出欣德米特的艺术与灵魂的不朽性，而他周围的大部分同代人的音乐却早已灰飞烟灭了。

· 37 ·

美国传统音乐的兴起

——从戈特沙尔克到科普兰

FROM GOTTSCHALK TO COPLAND

在欧洲的伟大作曲家大量涌现的同时，美国也在19世纪的大部分时间里开放了它的门户。美国人积聚起来的力量十分强大，他们完成了许多令人惊异的事业。但是这个国家的国魂（美国精神）主要体现在了物质进步方面，而不是严肃音乐文化的发展方面。这并不是说美国缺少音乐。美国有很大体量的民间音乐，源于英国、非洲奴隶和加勒比地区等。至少有两位美国作曲家利用过这些丰富的民歌素材，他们是路易斯·莫罗·戈特沙尔克和斯蒂芬·福斯特。福斯特（1826—1864）在历史上被称为"美国的游吟诗人"，他是极少数在音乐中强调个性和美国性的作曲家之一。他也极受大众欢迎。当时举国上下都在唱福斯特写的《故乡的亲人》《老黑奴》《坎普顿赛马》《来到我的爱人静卧梦幻的地方》等流行歌曲。福斯特是位真正的抒情音乐家，他的歌曲从没失去过真情实感和温柔优美的特质。

然而在19世纪的美国，严肃音乐基本上还是外国艺术，由那些来自外国的专家学者来搞。主要的交响乐团成员大多是出生在国外的音乐家。独唱独奏家和教师都是移民，其中许多都来自德国，他们代表了德奥古典音乐的传统。当时的美国作曲家都以外国人为范式作曲。比如威廉·梅森（1829—1908）写的钢琴曲都是舒曼和肖邦的综合。当威廉·亨利·弗莱在1845年创作第一部美国正歌剧《列奥诺拉》的时候，他去贝里尼那里找灵感。直到19世纪晚期查尔斯·艾夫斯出现后，才有了一个美国作曲家开始用富于个性的强大声音发声。不过艾夫斯也有一个前辈，那就是迷人的路易斯·莫罗·戈特沙尔克，一位站在突破创新的边缘哆哆嗦嗦但却最终没能完全发挥出自己潜力的作曲家。

戈特沙尔克本可以当美国的格林卡的，但是不利的因素阻止了他。其中一个因素是他英年早逝，年仅40岁就撒手人寰。他逝世的那年是1869年，当时他在里约热内卢正着手创作几部大型作品。假如他多活几年的话，可以想见他定会给保留曲目单增光添彩的。他一向是个很有趣的人物，他的音乐在第二次世界大战后的美国开始得到重新挖掘。

戈特沙尔克在1829年5月8日出生在新奥尔良，他父亲是英国人，母亲是欧洲人和非洲人的混血。小时候他早早就把当地老师所能教给他的东西全部学会。13岁时他被送往巴黎，却因为国籍问题被巴黎音乐学院拒绝录取。钢琴系主任皮埃尔·齐默尔曼拒绝听这个男孩儿演奏，说："美国不就是那个只有蒸汽机的国家嘛。"戈特沙尔克只好跟着私人老师上课，先跟夏尔·阿雷（又译哈雷）上了几节，然后师从卡米耶·斯塔玛蒂。在斯塔玛蒂班上的学生中还有个名叫卡米耶·圣-桑的七岁男孩儿，您可以想象小伙子戈特沙尔克在第一次听这个音乐神童弹琴时惊得下巴快要掉下来的样子。好在戈特沙尔克也不是吃素的，他的键盘天赋也是了得，绝对超一流。他不久岂止是成为优秀的钢琴家，而且还是著名的伟大钢琴家。崇拜他琴技的有柏辽兹和肖邦两位，一时间他竟然红遍了整个欧洲。他身材修长，相貌英俊，有贵族气质，才华横溢。他是早期浪漫主义钢琴演奏技法的创造者之一。许多很出色的音乐评论家称他是李斯特和塔尔伯格的齐肩对手。这位帅气的美国小伙儿是美国第一位蜚声国际的钢琴家，也是当时的大明星。

在 19 世纪 40 年代晚期，戈特沙尔克开始作曲。他是在种植园里长大的，从小就在种植园的民歌旋律中耳濡目染，另外在新奥尔良他也听过大量活泼的古巴和加勒比地区音乐节奏。深得肖邦玛祖卡中的民族性格之灵感启发，戈特沙尔克也写起了类似的音乐，只不过内容反映的是他自己的民族背景和生活环境的音乐风格。本地的曲调和节奏被他糅进源自肖邦和李斯特的那种精致复杂的钢琴曲布局结构之中。戈特沙尔克还往里头加进了一种他自己发明的技巧，后来被称为“自动钢琴风格”（ style pianola ）。之所以这么叫，是因为这种风格的发声与自动钢琴发出的叮当声相似。戈特沙尔克非常喜欢钢琴键盘上的最高两个八度发出的声音，不断用它们弹奏出如瀑布般坠落的清脆乐音。他最初的钢琴系列曲是他 16 岁时在巴黎创作的，它们大多以黑人民歌和种植园曲调为基础，标题也都是《手鼓》《香蕉树》《大草原》之类。后来，戈特沙尔克去西印度群岛和南美洲度过了很多时光，在那里另一种民间风格、民族风情进入了他的音乐。即使在今天，他的一些富含民族特色的音乐听起来仍是那么成熟精美；这些作品一

⚜ 路易斯·莫罗·戈特沙尔克

19世纪50年代的古巴、加勒比地区和黑人音乐的旋律。

点也不显得过时陈旧，其鲜明的节奏律动和强烈的切分音表现出令人惊异的现代性。诸如《回忆波多黎各》等作品都是在19世纪50年代中期创作的,它们与米约在大约70年后创作的《忆巴西》中的许多曲子没有什么大不同。

当戈特沙尔克的音乐开始出现在欧洲的时候，公众听它简直没够，著名钢琴家们争先恐后地跑来演奏这些来自新世界的异彩纷呈、充满异域风情的曲子。这些作品风靡了好几十年。戈特沙尔克是第一位以丰富的想象力去利用美洲与加勒比民间音乐素材的作曲家，他用娴熟的技巧，将其加以润色改进，而又不失其基本特性。

1853年戈特沙尔克返回美国。他忙得四脚朝天，定期举行音乐会，创作大量音乐作品，在全国和西印度群岛旅行，不断搞些风流韵事（其中之一，和女演员阿达·克莱尔的恋爱，让纽约社会大为震惊）。他非常喜欢西印度群岛，尤其是哈瓦那，并不断吸收他在当地听到的大量民间音乐。他还写日记，死后以《一个钢琴家的手记》为题出版，贯穿其中的优美文字表现了他魅力十足的性格。戈特沙尔克还是个优秀的记录者，他这本书还是记录内战时期的美国的第一手资料。作为一名作曲家，他深受国民喜爱。他还创作了很多沙龙音乐，其中两曲——《最后的希望》和《垂死的诗人》——让美国每户上流家庭的钢琴大放异彩。他还不断地东游西走，仿佛逃避什么似的。在美国内战之前与期间，他走遍了东部与中部各州（总是和支持他的音乐家们一起行动，那时候没有举行独奏会这回事儿）。1865年，他去了美国西部，在旧金山和各个采矿城镇演出。在旧金山他遇到了麻烦。当那儿的市民听报道说戈特沙尔克侵犯了本市的一位高贵的年轻淑女时，他们炸窝了，群情激愤。他没有侵犯她，至少他声称没有侵犯她，但与其面对一大帮业余警察有嘴说不清，他更愿面对南美洲——他逃上了一条轮船去了那里。他悄没声息地穿越了南美大陆，最终到达了里约热内卢。他在那儿安排了一些大型音乐会（它们被称为“怪兽节”），规模之大足以让他的法国朋友柏辽兹汗颜。戈特沙尔克可以说是浪漫到底，他富有传奇性的一生最后结束在钢琴前：他在公演一首自己的曲子时晕倒在了琴凳上，而这首曲子的标题就叫《死亡》！之后不久他就去世了。有人说他死于黄热病，有人说他被一个醋意大发的丈夫暗杀。他的真正死因应该是腹膜炎。

戈特沙尔克的相当一大部分音乐都是昙花一现。他那些过时的沙龙作品除了极大愉悦过我们先父的怀旧情怀之外，几乎没有什么价值可言。他那些大型的炫技作品更有趣一些，它们都属于浪漫乐派钢琴演奏艺术的主流，其中有些值得复兴。他的作品中最重要的是那些具有民族民间特色的钢琴曲、管弦乐曲和声乐曲。这些乐曲都具有预示性。戈特沙尔克写它们纯粹是为了娱乐，很可能不对它们的价值如何抱有多大奢望。可是它们偏就一代代传了下来，不仅是一种已经消失了的美国风格的正宗体现，而且成了具有自身价值的艺术创作。当时世上很可能没有一位作曲家具有戈特沙尔克那样的节奏创新性，甚至连柏辽兹和李斯特也不例外。他的节奏型独具特色，因为他的工作环境是一个非洲—古巴特色音乐节奏的天地，那是个到那时为止还没被任何严肃作曲家探索过的天地。只可惜，戈特沙尔克缺乏独立的头脑和心智，未能把他的探索一做到底并最后得出合乎逻辑的总结。况且他还太不安定，太大大咧咧乃至桀骜不驯，因而没能充分利用自己的天赋。他的有才使他有时能写出完全无视娱乐性和舒适性的作品，比如四手联弹版的《母鸡》，其结尾达到了近乎疯狂的不协和状态，从而几乎是预示了艾夫斯的出现。他也能尝试创作大型作品，他的那首两个乐章的交响曲（他称它为一首交响曲）《热带一夜》有着一个宽广、布局良好且音响丰富的第一乐章，连柏辽兹都说它与菲利西安·大卫的《荒漠》一样出色。第二乐章则是一首古巴舞曲，散发出活泼、逍遥、难以抗拒的魅力。

很自然，这样的音乐在戈特沙尔克去世后的几十年里受到了藐视，并且湮灭无闻了。它被认为是垃圾，严肃作曲家们都耻于谈到它。难道这种轻浮、商业性的作品就是美国音乐的代表吗？那时的主流可是按传统的德奥方式写重量级的作品的。在 19 世纪的最后 25 年里，崛起了一群作曲家，史称“波士顿古典主义者团队”。他们几乎都在德国完成了他们的音乐教育，然后回到美国，急于把他们从莱比锡、柏林、慕尼黑的教授们那里学到的令人振奋的理念传授给他们的学生。其中的约翰·诺尔斯·佩因（1839—1906）在柏林师从卡尔·奥古斯特·豪普特，并在 1862 年成为哈佛大学音乐学院的院长。乔治·查德威克（1854—1931）在莱比锡师从所罗门·雅达松，在慕尼黑师从约瑟夫·赖因贝尔格。阿瑟·怀廷（1861—1936）也是赖因贝尔格的学生，霍雷肖·帕克（1863—1919）也是。这个团队里还有阿瑟·富特（1853—1937），他没有在欧洲学习过；还有查尔斯·马丁·略夫勒（1861—1935），是位在阿尔萨斯出生的小提琴家，在 20 岁时

⚜ 阿米·玛茜·切尼·比奇

“技艺精深、旋律优美的总谱。”

来到波士顿。所有这些作曲家都活跃在新英格兰地区，全都是保守主义者，除了略夫勒之外全都受勃拉姆斯影响，并且全都创作很学院派的作品，它们与欧洲优秀的学院派音乐至少不相上下。还可以加上一个人到这些作曲家当中，她就是阿米·玛茜·切尼·比奇（1867—1944），总是自称 H. H. A. 比奇夫人。她是位美国本土培养的钢琴家，在 19 世纪 80 年代开始作曲。她的《高卢交响曲》是第一部由美国女性创作的交响曲。她是一位传统主义者，深受舒曼和勃拉姆斯的影响，创作有大约 150 首编了号的音乐作品，还写了一部歌剧，并且用她的《钢琴协奏曲》“打遍”了欧洲。她写的技艺精深、旋律优美的乐谱赢得了世人的普遍尊敬，这些作品在今天看来仍和“波士顿古典主义者团队”作曲家们的作品一样优秀。

⚜ 爱德华・麦克道威尔

他反对把自己定位为“一位美国作曲家”。

但是爱德华・亚历山大・麦克道威尔的光焰把他们所有人都遮蔽了下去。麦克道威尔 1860 年 12 月 18 日出生在纽约，1908 年 1 月 23 日逝世于纽约。很少有作曲家在生前就被人民当偶像崇拜的，麦克道威尔就是其中之一。麦克道威尔在美国的地位就如埃尔加在英国的地位那样。他不仅被称为美国最伟大的作曲家，而且被坚定地认为不比任何地方的任何作曲家差。这还是在他活着的时候大家就这样认为。但同样也很少有作曲家像他那样如此早早地就被人遗忘了，升得高也落得快、跌得惨。在麦克道威尔的大量作品中，如今还有几首留在保留曲目单中呢？《D 小调钢琴协奏曲》(1890) 算是一首，还有《林地素描》(1896) 中的几首，还有《印第安组曲》（1897）。就这些了。极偶然地，会有复演一次他那些大型交响诗中的一首，如《拉弥亚》（1908）。《哈姆雷特与奥菲莉亚》（1895）也可能会露一小手。它们听起来像是陈旧褪色、被人遗忘的古玩。甚至连那四首钢琴奏鸣曲，过去还偶然被演奏一下，如今也好像不知去向了。

关于麦克道威尔，最有讽刺意味的是，虽然他被接纳为美国最伟大的作曲家，但实际上他的音乐中却没有什么美国特色。他和任何人一样意识到了这一点，于是就不难理解他为什么一听到有人称他为民族主义者，他就强烈抗议（用演说，用文章）。他一再坚称，他的音乐只能以其自身的优点被接受，别无其他。每当他的作品上了美国音乐曲目单时，他就大吵大闹。麦克道威尔甚至根本摒弃音乐中的民族主义这一概念。他说："所谓的俄罗斯、波希米亚或其他任何的民族音乐，在艺术上都是没有地位的。因为这些民族音乐的特点都是可以让任何人复制的，只要他喜欢都不难。而从另一方面来讲，音乐最根本的要素不是民族性而是个性，唯有个性才能在艺术上立住脚。"麦克道威尔不想让人把自己判作美国作曲家，他只想人家把他当成作曲家，不带任何特别限定或沙文主义偏好的作曲家。他那么强烈反对民族主义还有一个原因，就是他渴望证明自己正在使用德国传统的作曲技法。麦克道威尔的音乐里很少有地方色彩，像《新英格兰田园曲》（1902）或《来自瑞姆斯大叔》（1898）这样的作品，任何一位当时的德国作曲家也能写出来。

只要你了解了麦克道威尔的经历就不会感到奇怪了，因为他真就是在德国接受的音乐教育，除了在巴黎音乐学院待了一年之外（1876），他在斯图加特、威斯巴登和法兰克福都求过学，在魏玛甚至还和李斯特短期相处过。他的一大灵感来源是当时一位深受喜爱的德国作曲家约阿希姆·拉夫。麦克道威尔在法兰克福跟拉夫学习，后者也对这个英俊高大、红头发的美国人产生了极大的兴趣。1881 年麦克道威尔当上了达姆施塔特音乐学院的钢琴系主任，并且创作了大量让李斯特很感兴趣的音乐。李斯特也很享受麦克道威尔聪明灵巧的钢琴演奏。直到 1888 年麦克道威尔才永久地回到美国。此前他在欧洲待了整整 12 年。现在他在波士顿安了家了，作曲并私人授课。1896 年他去了纽约，成了哥伦比亚大学新近成立的音乐系的主任。七年后他和哥伦比亚大学校长尼古拉斯·莫雷·巴特勒产生了矛盾，并在 1904 年辞职——痛斥巴特勒和哥伦比亚大学搞“实利主义（唯物主义）”。经历这次事件之后，麦克道威尔心碎了，情绪崩溃了，感到自己的人生很失败，然后在 1908 年与世长辞。

麦克道威尔是个彻头彻尾的音乐浪漫主义者，他十分满足于创作与舒曼、李斯特、格里格、拉夫、鲁宾斯坦很有渊源的音乐。尤其与鲁宾斯坦的音乐貌离神合。人们经常把麦克道威尔的两首钢琴协奏曲与格里格的《A 小调钢琴协奏曲》做比较，但其实它们更接近鲁宾斯坦写的那种传统的炫技协奏曲。麦克道威尔和鲁宾斯坦写的钢琴协奏曲其实都是他们那种协奏曲中的优秀之作，虽然麦克道威尔的 D 小调比其姊妹篇 A 小调更加自然、自发、酣畅淋漓得多。《D 小调协奏曲》的末乐章里有个暗示着美国场景的活泼快速踢踏舞的节奏，这在麦克道威尔的音乐中很罕见、实属难得。

用恪守传统、循规蹈矩来形容麦克道威尔的音乐是恰如其分的，虽然这挺不幸的。他有的是才，但胆子却不够大，胆不配位。他的和声总是引经据典，是传统和声的衍生物，不敢创新。幸亏他的旋律优美异常且真诚自然，这才挽救了他的音乐，使之免于彻底消亡。他强大的旋律天赋在他的沙龙作品里得到最好的运用，比如《林地素描》。当然，在 19 世纪和 20 世纪之交，那些制造时尚的人倾向于对《林地素描》加以嘲弄，其中包含的《致野玫瑰》和《致荷花》等作品被他们认为是无足轻重的零碎，是抒发多愁善感的小情调而已。但是麦克道威尔还可以靠两首佳作活下去 :《悲剧奏鸣曲》(1893) 和《英雄奏鸣曲》(1895)。不难看出这两首作品当年为什么得到了人们的尊敬。原来麦克道威尔在此做起了雄心勃勃的梦，并尝试了同样大的格局，他要展开一块大画布。评论家们在谈论他的四首钢琴奏鸣曲时——另两首是《挪威人》(1900) 和《凯尔特人》(1901) ——使用了专门用于形容李斯特的 B 小调奏鸣曲的语言。他们痴迷于这些曲子中展现的精湛技艺、华美的钢琴布局及其音乐的深度和激情。但是，由于他们凑得太近（“当局者迷，旁观者清”）而看不到这精湛的技巧其实在吱嘎作响摇摇晃晃，这激情其实颇为虚假，且那些有难度的乐段得不到有说服力的乐思的支撑。

但是，可爱的《林地素描》和其他一些钢琴曲就没有上述的虚情假意。他的有些歌曲也是真美而非绣花枕头，可以很好地回报演唱者的关注。原来，一心想要写大作品、当“大”作曲家的麦克道威尔，实质上是个工笔画家啊。而且，很奇妙的是，在这样的作品里，他身上的那点民族特征反倒全出来了。他的《林地素描》远非时代作品或应时应景作品，而是超越了时代，就像门德尔松的《无词歌》和格里格的《抒情曲》超越了他们的时代那样。它们之所以不局限于某个时代，是因为它们是个性之作，是各自体裁的完美之作，具有完全发自内心、诚心诚意的旋律风味。《林地素描》中的《致野玫瑰》的价值等于把他四首钢琴奏鸣曲加在一起的价值，因为货真价实的一角钱比 100 元的假币更有价值。

因此，虽说麦克道威尔的管弦乐作品大多让人感到为难，他的大型作品大多为没有殷实内容支撑的花架子（他的《D 小调钢琴协奏曲》除外），但他的短小钢琴曲和歌曲却可以在保留曲目单中占据一席之地。麦克道威尔死后过了 14 年，才出现了美国第一位伟大的民族作曲家查尔斯・艾夫斯；不过麦克道威尔先前做的工作已经向全世界证明了美国并不缺乏创造性的音乐人才，也向美国证明了一个作曲家的艺术生涯是能够赢得社会尊重并具有较高社会地位的。麦克道威尔作为一位享誉世界的作曲家，以及作为钢琴家和音乐教师，通过他的音乐活动凝聚了美国人日益上升的民族自豪感。他是恰逢美国正拓展到其最后的疆域并第一次开始超越物质利益考虑问题时登上舞台的。那时候，美国的工业巨头们也开始分享欧洲的艺术宝藏；一些富人联合起来，自己筹划在纽约建造一座大歌剧院；人们也高调谈论成立一座民族音乐的教学研究机构；西奥多・托马斯也正把交响乐佳作介绍给美国大众。

查尔斯・艾夫斯的早期音乐生涯与麦克道威尔的最后时期重合。艾夫斯是不能用任何常理来判断的一位作曲家。他的音乐如此超前其时代，乃至与其说它是作曲的结果，不如说它是变异的结果。麦克道威尔没做到的事情，艾夫斯都做到了。他实现了预言家与务实派、神秘主义者与民主人士、多愁善感者与冷血商人的结合，让人备感迷惑不解。他的音乐总是反映他年轻时的新英格兰的生活，充满了对一个更为简朴的时代生活的回忆。他向往长者的美德，回忆市政厅开会，乡村乐队奏乐，超验主义者的爱默生式的美国。他的音乐用最激进、非传统、刺耳暴躁的方式表达了这些渴念向往，这种音乐在那时的任何地方都有人在创作。

就是这位作曲家，与他的伙伴朱利安·麦瑞克合作经营着当时美国最成功的保险公司中的一家（1929 年他退休时，光公司的新业务就价值 4800 万美元）。就是这位作曲家，还曾是丹伯里中学棒球队和足球队的队长，率领棒球队赢过耶鲁大学新生队，后来还组建了耶鲁大学足球队。就是这位作曲家，避免与大多数职业音乐家接触，很少去听音乐会，自费出版自己的作品，却谢绝了版税和著作权；还在勋伯格之前就钻研无调性音乐，并写出了让大多数当代音乐听起来像是维多利亚女王时代音乐的不协和音程；还早在亨利·考威尔之前就研究了音簇，早在斯特拉文斯基和米约之前研究过多调性，还开辟了复合节奏的研究道路供后来的后序列音乐音乐家们进一步探索。四分之一音，不对称节奏，跳跃性旋律，爵士乐和拉格泰姆舞曲元素，偶然预期——在所有这些事物的命名和研究尝试方面，艾夫斯基本都远远走在了别人的前头。

艾夫斯的创作方法如此激进，他的音乐如此不协和与复杂，充斥着那么不寻常的织体结构和布局设计，以至于几乎没有人能领会其含义。斯特拉文斯基对艾夫斯音乐的反应就很典型。他是在1942年第一次听到艾夫斯的音乐的。"看来我必须得说，我被我所听到的音乐吸引住了，因为我尊重艾夫斯，他是个充满创新和独创的人，而我也愿意喜欢上他的音乐。不过，它在我看来未免也太不均衡了，太比例失调了。"在进一步研究了艾夫斯的音乐之后，斯特拉文斯基确定，尽管他最初的异议没有改变，但——

> 我觉得我现在看出了（他的音乐）个中的奥秘，这些奥秘使得我的异议变得不重要了。目前的危险是只把艾夫斯看成一个历史现象而别无其他，似乎他只是一位"伟大的预言家"。他肯定不只这些的，不过仅就他的预言而言，就持续让我吃惊不已了。想想吧，比如那首《独白，或一首用七度音及其他技法写的习作》，这支小歌曲的声乐旋律看起来很像威伯恩的《三首民歌》，但是艾夫斯的比威伯恩的早创作了十多年。回顾贝尔格的时候，总会提到他的《室内乐》和《葡萄酒》，殊不知艾夫斯的这首《独白》竟比贝尔格的这两曲也早创作了十多年。一般认为，诸如"四分之五拍子"这样的节奏设计是所谓后威伯恩时代的发明，但其实艾夫斯早在之前40年就预言过这个时代。艾夫斯的音程理念本身，他的格言式陈述的理念，以及他的钢琴演奏风格，无一不是指向了后来出现的那些更为人所接受的作曲家，可以说为他们指明了方向。而且艾夫斯还比勋伯格早了十多年就已经跨越了"调性音乐的界限"。他还在我写《彼得鲁什卡》20年前就已经在探索多调性的音乐作品了。他还先于施托克豪森半个世纪就在试验多重管弦乐组合了。

⚜ 查尔斯·艾夫斯

乡村乐队，爱默生式的美国——这些全用当时最前卫的音乐来表现。

难怪艾夫斯已被赞誉为美国音乐的圣徒。极少有作曲家以他的风格创作，但这不妨碍他成为所有在美国积极活动的作曲家的精神教父之一。对他们来说，艾夫斯就是勇敢和独立的象征，是超前他那个时代数十年的毫不妥协的音乐天才，是完全突破了学院派那一套的探索开拓者。此外，顺带说一句，他还创作了大量最终自成一体的音乐作品，他的音乐在音乐文献史上前无古人后无来者，时有瑕疵但永远重要。艾夫斯的音乐在某种程度上反映了美国人的潜意识，他把自比灵斯开始的赞美诗创作、美国黑人及其音乐、斯蒂芬·福斯特、美国民间音乐乃至“波士顿古典主义者团队”的学院传统等诸多美国元素统统团结在一起。艾夫斯的音乐就是一部美国音乐史。

艾夫斯出生在康涅狄格州的丹伯里，时间是1874年10月20日。他在1954年5月19日逝世于纽约。那时候所有美国优秀的作曲家都去莱比锡和慕尼黑，忠诚地跟着赖因贝尔格等伟大教授研习赋格曲和奏鸣曲的秘密，唯有艾夫斯不随大流，而是组织两支小乐队让其互相对峙，各用一个不同的调式演奏不同的美国曲调。20岁那年，他为声乐、短号、长号和管风琴踏板而创作了《收获季节之歌》，其每个声部都在一个不同的调上：这是出现在1894年的完全多调性作品。当时的美国首要作曲家麦克道威尔和佩因都是开口闭口"快板,持续的稍快的行板"等意大利音乐术语，说着与艾夫斯不同的音乐语言；而艾夫斯却用英语在乐谱上标记音乐指示，如"粗略地，用半口语的方式"，或者"这个'轻奏'要奏得尽可能朦胧一些"，或者"用逐渐激动的方式"，等等。他有一首歌曲名叫《一个投机商的儿子》（*A Son of A Gambolier*），在接近尾声时，艾夫斯插入一句话："卡祖笛与长笛、小提琴和竖笛的合奏。"几小节之后，他又指示："加上短笛、奥卡利那笛和横笛。"全部用英语。

他的意思不是要歌手跑出去找卡祖笛演奏者。他写下这个指示是因为他想要不同的音色（当然，假如那歌手果真带来卡祖笛和奥卡利那笛演奏高手走上舞台的话，他会很高兴的）。指挥家列奥波德·斯托科夫斯基在20世纪50年代想把艾夫斯的一首曲子列入一场音乐会的曲目单，但为了满足艾夫斯要求的某种音乐效果，他可是费了老鼻子劲去寻找一个单簧口琴的演奏者。当时美国音乐家联合会在本地有几千名会员，却没有一位是单簧口琴演奏者。斯托科夫斯基只好在报上登广告才找到了一位。

艾夫斯的大部分音乐在 1896 年至 1916 年间不再受宠。他的作品实在是太不合常规、太怪异了，而且还非常非常地难以演奏，以至于他有一首管弦乐作品一直得不到公开排练的机会，直到 1927 年才排练上演。约翰·柯克帕特里克用了大约十年工夫才学会了艾夫斯的《第二钢琴奏鸣曲》(《康科德奏鸣曲》)。1947 年，艾夫斯因其《第三交响曲》荣获了普利策大奖——这部作品可是他在 43 年前写的。获奖时他已经 73 岁高龄了，他的风格也早在 19 世纪 90 年代中期就基本形成了。他曾经解释道："我早就发现自己不能连续使用熟悉的和弦，因为我总是听到别的声音。" 1898 年，他曾在耶鲁大学跟霍雷肖·帕克学过一段时间作曲。帕克瞧着这个特立独行的年轻人上交的作业总是唉声叹气："我说艾夫斯，你非得使用所有的调吗？"

艾夫斯的音乐只有很少一点得到了出版。他的手稿简直就是地狱，上面布满了很难辨认的音符和文字（他的书法比贝多芬还要差），以及旁注、涂擦的痕迹和潦草的字符。因为没有经过整理，这些手稿几乎不可能解读。里面有已经完成的作品，也有粗略的草稿，也有刚开始就弃用的作品，既有天才乐思，也有平庸的音乐动机。在一份手稿上他潦草地写道："也许不是很好的音乐，但在我看来，发自真心的就是美。" 他在《音之路》中的一首的结尾处写道："你要知道，除了瓦伯什河之外，还有许多路可走。" 他最感人的曲子之一叫作《未作回答的问题》。其中的弦乐，艾夫斯写道："代表的是德鲁里特教僧侣们的沉默——他们知道什么都不看不听的道理。" 其中的小号吟咏出 "永恒的生存之问"，同时 "那些飞翔的解疑答惑者（长笛与他者）" 四处游荡，徒劳地试图发现那无形的答案以应对小号的提问。是胡思乱想吗？太深奥了吗？神秘主义吗？是开玩笑吗？也许是四面讨好、八面玲珑；但是所有人都会同意，这种怪异的音乐语言的确出自艾夫斯与麦瑞克的人寿保险公司。

在看了一场耶鲁大学与普林斯顿大学的橄榄球赛之后，艾夫斯萌生了写一部音乐作品的念头。“喇叭声随着中卫的奔跑而持续不断。”他提示道。另一部作品没写完，名叫《巨人队对抗幼兽队，1907 年 8 月，马球场》。在胡乱涂写的手稿中有一部分能读出来：“A——先是迈克一脚远射到中场。轮到乔尼击球了。击球越过了迈克的头顶。投球手投球。击球，击球，击球。”这是经典的 3∶2 球局。“乔尼安全地滑进了本垒。曲调：《乔尼凯旋回到本垒》。”我们做了一次饶有趣味的查证，通过当天的报纸可以确认，艾夫斯很可能在 1907 年 8 月 17 日星期六那天亲临马球场观看了比赛。那年 8 月在马球场举行的一系列比赛中，幼兽队与巨人队的比赛只有一场。8 月 18 日是星期天，全美棒球联盟不安排比赛，因此极有可能艾夫斯这个工作狂只能去看星期六的系列比赛。最后的比分是 3∶2，幼兽队获胜；他们趁着伟大的克里斯蒂·马修森在第 12 局受伤一举拿下了比赛。其实，艾夫斯对那场比赛的描述好像有点不对头：那场比赛中唯一滑进本垒成功的队员是巨人队的左边接球手“长钉”威廉·香农。他也是 8 月 17 日至 8 月 21 日赛过的四场比赛中唯一成功滑进本垒的球员。

艾夫斯对人们指控他的音乐没法儿演奏不是很在意。他坚称“今天的不可能就是明天的可能”。他自己就是个人主义者，所以他能理解别人的个人主义，只要音乐家们能理解作曲家的意图和他想要的总体效果，哪怕他们演奏得有些错音，他也不介意。他的作品不经常公演，在1931年的一次公演中，管弦乐队使足了吃奶的力气也没能驾驭他那过于冒险的作曲法，结果最后一团糟。“就像议会辩论的场面，每个议员各自表述，激烈交锋。那场面真够壮观的！”他大度地说。就像他非常崇拜的贝多芬那样，艾夫斯也追求一个柏拉图式的理想。不过他不是那种钻进象牙塔尖里的作曲家，与世隔绝。他认为艺术是人类的一种自然功能，是人类的自然活动，本质上与吃喝拉撒睡无异。他期待那一天的到来：“每个人都能一边挖着土豆，一边哼着自己喜欢的史诗、交响曲、歌剧（如果他想要的话）。晚上他坐在自家的后院里，挽着衬衫袖子，抽着他的烟袋，看着他的孩子们一边玩着他们的游戏，一边构建着他们生活的奏鸣曲的主题，他眺望着远山，似透过孩子们的嬉戏看到了他的愿景。”总而言之，他看不起被城市的小资中产所欣赏的那种标准的“美好音乐”。那种典型的音乐爱好者，坐在音乐厅里欣赏“妙曼天籁”的人，被他戏称为“罗洛”，此名撷自一套童书，由雅克布·哈洛威尔·阿伯特牧师在1834年至1858年间写成。罗洛是书中一个妈妈的乖宝贝，是个漂亮、有点傻的男孩儿。艾夫斯把这样的孩子，罗洛们，统称为瓢虫。“飞呀，战斗下去——说你呢！硬气些，别放弃，因为这不是瓢虫的风格。”艾夫斯嘲笑“里奇（理夏德）·瓦格纳”是伪崇高。德彪西在他艾夫斯看来就是“一城市的主儿，周末想起该到乡下采风了”。肖邦吗？一个“穿裙子的……娘炮”。拉威尔吗？是个“疲软、乖戾、单调无趣”之人。斯特拉文斯基的《火鸟》老是“翻来覆去周而复始，令人厌倦”。莫扎特乃又一伪娘，把音乐的风气带坏了。

艾夫斯主张坚强的音乐一体性和独特的音乐民族性。他是在爱默生的影响下长大的，他崇拜爱默生及其哲学，并尝试在自己的音乐中表现一种爱默生式的超验主义。艾夫斯的几乎每部作品都包含他自己的新英格兰背景，那里有他小时候常听的民间曲调、赞美诗、爱国歌曲、舞曲和进行曲。他给自己的《第四小提琴奏鸣曲》写了几行文字，可以说是总结了他的创作理念："此曲的主题材料表现了一种对我童年的回忆、感怀和思考，那时的孩子们在丹伯里周边参加童子军的户外夏令营活动；还反映了康涅狄格州的许多乡镇在19世纪70、80、90年代的风貌……""追思，回忆，反映，表现"，这些都是艾夫斯的关键词，无论是他的《第二交响曲》《第二弦乐四重奏》《新英格兰的三个地方》，还是《康科德奏鸣曲》，皆体现了这些关键词。《第二交响曲》尝试表达"19世纪90年代康涅狄格乡村的音乐情感……它充满着那时乡民歌唱和演奏的曲调……这一部分暗示出一首斯蒂芬·福斯特式的歌调，老农民们用提琴奏出一首谷仓舞曲给它伴奏，这首快速旋转、飞速驰骋的谷仓舞曲也是1889年在丹伯里古老的伍斯特庄园的户外舞台上经常演奏的曲目"。他的《假日交响曲》有个乐章题为"华盛顿的生日"，描写了"在核心区跳的谷仓舞蹈，由提琴、横笛和圆号手组成乡村乐队持续不断地演奏着一首'断顿、分解'的集成曲……"另一首《夜色中的中央公园》则是"一幅自然界之声的音画，也是对人们在30多年前常听到的声音的描绘（那时候内燃机和收音机还没有垄断地面和空中）"。这些声音包括街上的熙攘喧嚣，来自希利的猫头鹰叫声，火车驶过的声音，报童"号外！"

的叫卖声，自动钢琴的演奏声，救火车的声音，一匹惊跑的马嘶鸣，水塘上空的回声——“然后我们就步行回家了”。

艾夫斯儿时听过的一切声音似乎都给他留下了永恒的记忆。有一次，在丹伯里举行的一场棒球赛上，他听到了两支奏进行曲的乐队演奏不同的曲子，边奏边还时进时退。当它们彼此靠近时音调的冲突就很恐怖。可艾夫斯却觉得这冲突的声音很好玩儿，后来他就在自己的音乐中一再复制这种声音。他还时常参加一些忆旧聚会，与会者跑调儿地激情喊歌儿。艾夫斯真切悟到，这才是生活。那么，既然人们日常生活就是这样发声的，他的音乐怎么就不能这样发声呢？他在自己的《第四小提琴奏鸣曲》的前言里解释道：“……第二乐章比较安静和严肃，只有在石匠会长贝尔和农民约翰站起来引起孩子们一阵激动的时候除外。但是这个乐章的大部分都平稳安静地行进，围绕着那首孩子们喜爱的古老赞美诗——《耶稣爱我，圣经这样告诉我》展开。与此同时，伴奏部分主要是尝试反映夏日户外的自然之声。”所有这一切在他的音乐里都有。可它压根儿就不是标题音乐。艾夫斯音乐有的是民间生活的那种味道、情趣和色彩，而不是具体的故事内容情节。

反映，回忆，表现，这些听起来很简单，像是“说的比唱的还好听”。可是边听边理解就没那么简单了。艾夫斯天生不是那种为“罗洛”们写被他称为“娘娘腔音乐”的人。诚然，他也经常使用大家耳熟能详的曲调，比如《美利坚》《哥伦比亚，海洋的珍宝》《今夜在老营地安营扎寨》《统治吧，大不列颠》《晚安，女士们》等；还有一些人们喜爱的赞美诗和拉格泰姆的旋律。但是，使用归使用，借鉴就是另一码事了。艾夫斯对这些曲调进行了自己的加工处理。比如《第二交响曲》的结尾就有一些《哥伦比亚，海洋的珍宝》以及某首提琴演奏的谷仓舞曲和《坎普敦赛马》的片段，但同时奏出，且用不同的调性。熟悉艾夫斯音乐语言的听众能够区分开这种多调性音乐的复合旋律。艾夫斯这种对多愁善感的古老旋律进行的下意识但坦然的处理——从不全文引用，但总是暗指地提及——好似通过一张不协和音的滤网，筛去了他与其他美国作曲家雷同的地方，而使艾夫斯的美国民间音乐语言与他们的不同。与他相比较，罗伊·哈里斯是个张扬的大国沙文主义者；弗吉尔·汤姆森是个巴黎味道的审美家，一边喝着茶一边梦想着美国的中西部；而科普兰成了一个来自布鲁克林的牛仔。艾夫斯拥有真正的美国声音，说话操着纯正的美国口音，表达着整个美国民族的信仰和尊严。

艾夫斯最有权操着美国口音。他的祖先是在 1653 年来到新英格兰的。艾夫斯的父亲乔治是个不一般的人，在美国内战期间当过一支流行乐队的队长，后来又在丹伯里当乐队队长兼教师。艾夫斯后来说过："我父亲教会了我所知的一切。"父亲教儿子的部分内容正统得不能更正统，他硬要小艾夫斯先学会规则后再打破规则。幸好乔治·艾夫斯教子的更多内容在当时是闻所未闻。当父亲的对新型调性关系很感兴趣，对音乐的标新立异秉持完全开放的态度。他说过："除了傻瓜和税收，没有一样东西是绝对的。"他曾尝试设计一套微分音体系，在一个八度内分出 24 个音符。像儿子一样，老子也对听传统古典、思维循规蹈矩的人很不耐烦。艾夫斯十岁的时候，父亲就让他用降 E 调唱《斯旺尼河》这首歌，自己则用 C 大调给他伴奏。艾夫斯多年以后说，这是为了"扩展我们的听觉范围……为了让我们不那么依赖传统习俗”。

有这么一个背景，无怪乎艾夫斯发展得无边无际了。他的传记作家亨利·考威尔说，艾夫斯实际上是在替父亲写父亲自己的音乐。不过艾夫斯很快就放弃了当个全职专业作曲家的念头。“父亲觉得，一个人只有不靠音乐吃饭，才能把对音乐的兴趣保持得更浓厚、更干净、更大、更自由。”艾夫斯从没后悔过自己干上了保险业，并逐渐坚信在商界比在音乐界更能开拓视野，更能思想开放。“我的音乐创作有助于我的商业进步，反之亦然。”他在1908年结了婚，还抱养了一个女儿，工作日去公司上班，周末或节假日勤奋作曲（他在丹伯里附近的西雷丁有座农场），并对自己的作品在很少几场公演中引来的哄笑耸耸肩表示不在意。他太太哈莫妮·推彻尔是哈特福德一位牧师的女儿，“她从不劝我做个乖乖男,只写取悦于公众的乖乖作品。”他心怀感激地说过。1951年，当伦纳德·伯恩斯坦指挥纽约爱乐乐团演奏艾夫斯的《第二交响曲》时，曾有过糟糕经历的艾夫斯夫人——她丈夫的音乐引起过观众的讽刺、嘲笑、嘘声、喝倒彩——怯生生地溜进了一个包厢。没想到这部交响曲获得了巨大成功，艾夫斯夫人起初不敢相信自己丈夫的作品正受到观众的狂热欢呼喝彩。艾夫斯本人没有出席这场音乐会。他在东第74街自家的厨房里听了星期日实况转播（听那台摆在女仆桌子上的收音机，也是他家唯一的一台收音机）。据亨利·考威尔记载,《第二交响曲》演奏结束后，艾夫斯“因为自己的作品得到了肯定而高兴得笨拙起舞”。

《第二交响曲》是艾夫斯所作四部交响曲中第一部受到欢迎的交响曲。他的《第一交响曲》是首毕业作品，旋律足够好听，充满人们对贝多芬、勃拉姆斯和德沃夏克音乐的联想。《第二交响曲》创作于 1902 年，但直到 1951 年伯恩斯坦“发现”它时才得到公演，艾夫斯写它时就胸有成竹得多了。它是艾夫斯最温和的作品之一，但它美国味儿十足，甘美而流畅。《第三交响曲》创作于 1904 年，直到 1945 年才公演，是首赞美诗旋律的交响曲，它也甘甜而流畅，但具有尖刻难弄的和声独立性。它应该会让 1904 年的听众尖叫着跑出音乐厅。艾夫斯的《第四交响曲》比较狂野，是他最大型、最恢宏、最复杂的作品，完成于 1916 年，但直到 1965 年才由列奥波德·斯托科夫斯基指挥美国交响乐团做了第一次完整的公演。抄谱员们不得不花费大量时间把它的总谱整明白，满篇的符号常常无法辨识，而且几乎没有各声部的划分。这部交响曲还仅仅是艾夫斯想要尝试做的宏图大略的一个纲要性的草稿，与大规模的不协和音和复合节奏群交替出现的是周日去教堂似的庄严肃穆（在首演式上，斯托科夫斯基不得不使用两个助理指挥协助他）。《第四交响曲》真是一部令人惊奇的作品，它是迄今为止美国人创作的最伟大的交响曲，远超过其他美国人写的交响曲。

在艾夫斯创作活跃的年代，他只听到了自己写的很小一部分作品的公演。等他的作品开始大量得到公演时，他已经是个老人了，患有心脏病，视力也因白内障而衰退。他无力离家去听音乐会了。在公众眼里他是个无名老人。他的照片非常之少，而且他深居简出，尽量不惹人注意。在他长长的一生中，他只有一次接受了一家报纸的采访，是在 1949 年。由于没人想听他的音乐，他只好自费出版了一些作品：“私自印刷出版，也不投放市场。任何人想要都送他一本，只要还有可送的。”在他为数很少的支持者中有诗人兼小说家亨利·贝拉曼、钢琴家E.罗伯特·施密茨、作曲家亨利·考威尔、作曲家兼指挥家尼古拉斯·斯洛尼姆斯基。斯洛尼姆斯基在1931年1月10日安排了艾夫斯的《新英格兰的三个地方》上演，地点是市政厅。这首作品引起了听众的奚落、喝倒彩。在同一张曲目单上还有卡尔·拉戈尔斯的《人与山》，它引起了听众更大声的哄笑。艾夫斯淡然隐忍了自己作品的失败，但当观众对拉戈尔斯的作品起哄喝倒彩时艾夫斯坐不住了，站起身来愤然大叫："你们别他妈的用这副娘娘腔瞎吵吵！在这样强大而美好的音乐面前，你们为啥咋就不能站起来，像个男人那样用你们的耳朵好好听听呢？！"（这还真就是艾夫斯的讲话风格。）斯洛尼姆斯基后来还去欧洲指挥演奏了艾夫斯的一些作品，虽然引起了一番嘲弄讥讽，但也引起了一些有责任心的音乐家和评论家的注意。有位重要的美国评论家后来扛起了宣传介绍艾夫斯音乐事业的重任，他就是纽约《先驱论坛报》的劳伦斯·吉尔曼。在艾夫斯生命的最后十年，承认和各项荣耀终于来了，但他似乎对它们姗姗来迟颇有不满。他接受了1947年的普利策大奖（因其《第三交响曲》），但对评审委员会说："获奖是孩子们的事。我已经是个老人了。"他还对一个记者说："奖项是平庸的标志。"他把获得的500美元奖金捐了出去。他还说，许多作曲家（其中不乏天才）因为试图争赢一项奖金、为一万美元的歌剧奖而从此走了下坡路。这里指的是霍雷肖·帕克，他的歌剧《莫娜》在1911年赢得了由大都会歌剧院颁发的一项有一万美元奖金的大奖。

这就是艾夫斯的基本态度。当然有人可能会指出，他这是站着说话不腰疼，艾夫斯是个富有的商人，他有资本藐视这种艺术的商业化做法。（莫扎特或贝多芬可能是世上最不会拒绝一万美金委托费的作曲家。）但是，艾夫斯的此番言论是不能被那么轻易地置之不理的。他的意思是说，那些为全世界的“罗洛”们而写的俗浅音乐是在金钱庇护下大行其道的，出钱的人有权对艺术创作指手画脚，有天赋的作曲家也可能经不住金钱诱惑而出卖自己，牺牲自己的艺术良知。具体到艾夫斯而言，是不可能有业余或兼职娼妓的：要么你全纯，要么你全不纯，不可能你一半干净一半脏。为钱写俗浅音乐就意味着妥协、折中、让步。艾夫斯认为，自己作为一个美国清教徒的责任就在于不做听众听觉的“慰安妇”。他还主张，早已被惯坏了的公众就应该有责任努力去听这些新的调性关系。他在音乐上做的事情——那些惊人的创新——他做起来是从不考虑他个人得失的。其实他的作曲技术不是很好，在某些方面他的技术其实很糟糕。他靠的是自己的天才和听音的一种新法。假设艾夫斯的作品经常公演，他必须经常与管弦乐队和音乐家们一起合作的话，他又会如何作曲呢？这个问题想起来会很有意思。那样的话,他是否会更顾及别人而写出一些更为“普适”的音乐？他的记谱是否会更清楚易懂一些？这个问题真的很难说，但很可能他仍会我行我素。艾夫斯真的是个很固执己见的人，更何况他出身于这样一个背景——如他在他的《音之路第一号》的手稿上写的那样，那里的人们“起床后就说出他们想要的，而不管这样做的后果”。

艾夫斯的音乐直到 20 世纪 50 年代才被人发现挖掘，此前他在美国音乐界几乎是个未知因素。那个最能代表美国音乐的公众形象和专业眼光的作曲家是阿隆・科普兰。科普兰 1900 年 11 月

14 日出生在布鲁克林。他取得的突破是带领美国音乐走出了麦克道威尔的那种褪色发黄的地方主义，并步入了世界音乐之林，从中发出一种强大、现代、个性十足的美国声音。他还助力打破了德国传统音乐对美国乐坛统治的枷锁。作为一名青年钢琴家和有抱负的作曲家，科普兰最初师从鲁宾・戈德马克（写了《示巴女王》的作曲家卡尔・戈德马克的侄子），然后突然做出改变，在 1921 年去了巴黎。在巴黎近郊枫丹白露新成立的美国人音乐学校里，他师从纳迪娅・布朗热。科普兰后来说过，师从布朗热是他一生中最重要的音乐经历。从 1920 年到 1940 年，实际上每个重要的美国作曲家的老师都是纳迪娅・布朗热。在那 20 年，布朗热之于美国作曲家就像先前的赖因贝尔格和雅达松之于美国作曲家一样。她的美国学生如此之多，乃至于有了一种说法：每个美国城镇都有两样东西——便利店和布朗热的学生。

布朗热率领她的弟子脱离 19 世纪的音乐模式。她对穆索尔斯基和斯特拉文斯基的兴趣不亚于她对勃拉姆斯和贝多芬的兴趣。对于全世界风起云涌的新思潮、新风格流派、新试验，她抱有完全的同情。科普兰在巴黎赶上了大好时光，在知性心智上大受启迪。斯特拉文斯基、拉威尔、普罗科菲耶夫、"六人团"、俄罗斯芭蕾舞团……全都在巴黎安营扎寨。毕加索、海明威、格楚德・斯泰因和她的圈子、乔伊斯以及"左岸"的其他人物，所有这些人把 20 世纪 20 年代的巴黎整得风生水起，成了世上最激动人心的城市。科普兰性子急、活跃而自信，对音乐很有自己的想法，对美国爵士乐很有兴趣，也开始攒出独具自己风格的一种音乐。这是一种反映当时新时代风貌的音乐。科普兰并不是唯一前卫或先锋的美国作曲家。亨利・考威尔之前已经试验过音簇和为音响而音响。列奥・奥恩斯坦是个耀眼的青年钢琴家，他的猛砸键盘很吸引公众眼球，他的节奏强烈和不协和音乐也很造势。不过奥恩斯坦很快就靠边站了，考威尔也似乎只是小才而已。而科普兰凭借自己的智慧、决心和能力一路走下去，达到了自己的目标。

科普兰最初受到了斯特拉文斯基和法国“六人团”的影响，写些带有爵士乐元素的复合节奏音乐。他的芭蕾舞剧《格罗格》——后来改编成《舞蹈交响曲》（1925）就属于这个时期的作品，同属的还有《戏剧用音乐》（1925）和《钢琴协奏曲》（1926）。这些作品表明，一个天才问世了。1927 年之后，科普兰弃用了爵士乐。“写完那首协奏曲后，我自觉已经写够了爵士乐，考虑到它的情感范围有限。不错，从音乐角度讲，爵士乐确实是通向美国音乐的捷径，但是整个美国音乐是不可能只用两种占垄断地位的爵士乐范式就能局限得了的，即‘布鲁斯’（蓝调）的爵士和活泼的爵士。”同期的许多其他作曲家也得出了同样的结论。20 世纪 20 年代的一些国际音乐巨星，包括斯特拉文斯基，也都有过短暂迷恋爵士乐的时候，但大多无果而终。

写了那首钢琴协奏曲后，科普兰转向了一种迥然不同的表现形式，这种形式刺激了每个年轻的美国作曲家。随着《钢琴变奏曲》（1930）、《短小交响曲》（1933，后来缩编成一首六重奏）和《管弦乐声明》（1935）的问世，科普兰成了新美国乐派的领袖。

这些出自科普兰笔端的新作品都是朴素无装饰的乐谱，它们不协和，打击乐性质强，强有力，抽象。音型和节奏型是他主要关注的对象，远超对旋律的关注。那时的苏联人恐怕会把它们称

⚜ 阿隆·科普兰

美国音乐的一个博学而备受尊敬的代表人物。

为“形式主义”吧。人们意识到一位音乐强人正在工作，他把诸多音乐元素把玩于股掌之间，攒成纯粹逻辑性的形式。连大名鼎鼎的斯特拉文斯基也没有这么出格过。科普兰在谈到自己这种音乐时说：“这些作品很难演奏，也很难让听众听得懂。”公众面对它没有反应，他们面对抽象音乐还无所适从。在这种“抽象（或理性）音乐”中，一个乐思（动机）的严谨发展比传统意义上的旋律本身占据更重要的位置。对许多听众来说，这种音乐听起来太“智力”了，太理性了，抽象深奥，令人不愉快。可科普兰的这种新音乐风格的某些元素偏就溜进了许多美国作曲家的思维和笔端。那些年月可是大家伙儿都玩儿了命想当“现代人”的年月，而科普兰就是全体美国人中最现代的那个。

可就在这时，科普兰突然再次改变了他的音乐风格。他从抽象主义切换到更为通俗易懂的一种音乐语言。科普兰感到他以前的新音乐可能存在彻底疏远大众的危险。在《新音乐》中，他指出，在 20 世纪 30 年代初期，

> 我开始觉察到，在爱好音乐的公众与在世的作曲家之间的关系方面，出现了彼此越来越不满意的倾向。出席现代音乐会的那些铁杆儿“特定”人群开始纷纷离去，而来听传统音乐会的那些公众继续只对举世公认的经典曲目感兴趣，除此外对什么都不感兴趣。我开始觉得我们作曲的正面临在真空中创作的危险。此外，全新一代的音乐爱好者都是围着收音机和电唱机长大的一代人。忽略他们的存在而继续创作不靠谱、不着调的音乐已经没有意义了。我觉得，努力用尽可能简洁的音乐语言来表达我必须说的东西是很值得下一番功夫的。

于是，就诞生了使科普兰最为人知和最受爱戴的新型音乐。随着《第二波飓风》(1935)、《墨西哥沙龙》(1936)，尤其是他的三部“美国”芭蕾舞剧——《小伙子比利》(1938，为尤金 · 罗林而作)、《牧区竞技》(1940，为艾格妮丝 · 德 · 米勒而作)以及《阿帕拉契亚之春》(1944，为玛莎 · 格雷厄姆而作) 的一一问世，他

走出了小众圈子而走进了大众，不仅成了最受尊敬的美国作曲家，还成了最受大众欢迎的那位，远超其他美国作曲家。科普兰榜上有名的其他作品还有《林肯肖像》(1942)、歌剧《温柔乡》(1954年制作上演时并不成功)、《静静的城市》(1940)，以及《艾米莉·狄金森的十二首诗》(1950)。这些作品全都是成熟之作，曲调优美，很有大众气氛，通俗易懂，广受欢迎又受评论家好评。它们全有科普兰特色，具有他典型的和声与节奏突破。换言之，科普兰不是跟在素材屁股后面跑，而是把素材抓过来让它屈从于他的意志。于是美国年轻一代作曲家再次争相模仿大师。

在20世纪30年代，有一群杰出的美国作曲家和科普兰一样受到关注。但极少有人像科普兰那样“经久耐用”。在当时，人们期待科普兰、罗伊·哈里斯、沃尔特·辟斯顿、威廉·舒曼、萨缪尔·巴伯和维吉尔·汤姆森能够引领新崛起的美国乐派。可是情况的发展并非如人们所愿，历史将把这帮人（科普兰除外）放在等同于“波士顿古典主义者团队”的位置上——他们都是有价值、技艺娴熟的音乐家，唯独缺一样：创造恒久音乐体的个性和独创性。哈里斯一部接一部地写，但是只有他的《第三交响曲》取得过相当的成功，如今也只能在演奏曲目单上偶露一面了。辟斯顿倒是少而精，他的音乐精致工整，很古典，但没有个性，缺乏亮点或让人为之一振的东西。威廉·舒曼的音乐精实强健，组织严密、配器灵动，引起不少讨论，但从没太招人喜欢过，也许它的旋律发展太有限是其原因。汤姆森以格楚德·斯泰因的作品为脚本至少写过两部歌剧，《三幕剧中的四圣徒》(1934)和《我们大家的母亲》(1947)，其中都有真挚优美的部分。这两部歌剧颇有价值，虽然不是适合每个人的口味，但以其萨蒂式的“白键”和声而显得极其成熟和引人入胜。巴伯是这些人里最传统的一个，结果他不但那时享受很大的声望，而且至今仍经常出现在保留曲目单上。他最有雄心壮志的作品，歌剧《安东尼与克娄巴特拉》，在 1966 年林肯中心新建的大都会歌剧院的启用仪式上公演。但是它的演出失败了。此后，巴伯就很少作曲了。

时过境迁，风水轮流转，音乐风格早已发生了变化。科普兰和其他 1920 年至 1940 年间的美国大作曲家发现自己非但不是美国音乐运动的急先锋，反而成了落伍者。年轻一代的作曲家们纷纷转向了序列音乐及其衍生物，原本的美国风格突然被一种国际风格取而代之。从来就不是很高产的科普兰也尝试了几次序列音乐的创作,写出了《钢琴幻想曲》以及《管弦乐队的内涵》(1962，为纽约林肯中心的爱乐大厅即后来的阿弗里·费舍尔大厅的揭幕音乐会而作)。这两部作品都没公演过几场，从此科普兰的作曲就越来越少。他开始忙于其他事情。他既是美国音乐和音乐家最能言善辩的代言人，也是作家、评论家、作品分析家、指挥家、教育家以及管理者。在他写的书和文章中，他一直在讲解新音乐，讲了多年。作为教育家，他在坦格尔伍德的伯克夏音乐中心指导青年学生们，该中心自 1940 年成立以来他就担任主任一职，直到 1969 年。作为音乐顾问和资深业界元老，阿隆·科普兰是美国音乐长达半个世纪的象征，博学而深受爱戴。阿隆·科普兰逝世于 1990 年 12 月 2 日。

• 38 •

不屈不挠的匈牙利人

——贝拉·巴托克

BÉLA BARTÓK

一般认为，在后德彪西时代的20世纪上半叶，最伟大的三位作曲家分别是伊戈尔·斯特拉文斯基、阿诺尔德·勋伯格和贝拉·巴托克。他们每位都是内心强大的个人主义者和意义重大的改革创新者。如果说斯特拉文斯基代表了音乐中的逻辑与严密精确性，勋伯格代表了音乐创作中的突破调性樊笼进入全新创作体系的话，那么巴托克就代表了民族主义与19世纪音乐思维的融合，并形成一种具有痉挛般强力的新表达方式。

巴托克是个矮小瘦弱的人，但拥有爆发性的心理能量或精神力量。即便他的音乐永远没有演出的可能，他也要坚定不移、毫不妥协地走自己的路。执拗而不分裂的性格以及包罗万象的人道精神使这个人充满了活力。他不会动摇自己的理想信念，哪怕它涉及反抗纳粹、被迫背井离乡去别处安家也在所不惜。他随时准备好挺身而出，直面体制，捍卫自己的音乐和自己的自由。在坚定捍卫自己的个人良知和艺术自由方面，他很像勋伯格，甚至他的有些信件读起来也像是勋伯格写的。1915年，在巴托克的作品很难有机会上演的情况下，他的《第一组曲》得到了演出，但做了一些删节。巴托克立刻给布达佩斯爱乐协会的领导们写了一封抗议信，指出：这部作品中“每个乐章的主题都是相互依存、紧密相连的。如果没有前面乐章的铺陈，后面乐章的某些乐段就根本无法理解了”。巴托克在信的末尾还加了一段话。原本布达佩斯爱乐协会的领导们可能还真心以为，他们上演了巴托克组曲中的几个乐章是为他做了一件好事，孰料这位作曲家不知趣。读着这最后一段话，他们一定会非常诧异：

> 既然情况已经至此，我只好声明，如果你们永远不再演出我的任何作品，我将会对你们特别感激。之所以我提出这个要求，是因为在布达佩斯发生的令人遗憾的音乐事件已经迫使我完全撤出了公共音乐活动。过去四年来我作为一名作曲家一直参与着这些活动，而现在我只好尽量不把我在过去四年里写的任何作品制作上演。

巴托克是一位民族乐派的作曲家，他与穆索尔斯基一道，很可能是史上最伟大的民族乐派作曲家。巴托克成熟的音乐作品几乎没有一个音符不浸透着匈牙利的民族感情。这并不是说他爱发明或引用民间曲调，虽然这种事也偶有发生。巴托克音乐的民族性远比引用几支民间曲调深刻得多。作为世界上最博学的民族音乐学家之一，巴托克在专业研究民族音乐方面享有国际盛誉。他的祖国匈牙利的音乐之声、节奏和音阶早已成了他生命的一部分，乃至他会下意识地用民族音乐语汇来思考音乐创作。巴托克音乐所表达的都是些真切、纯粹的东西。他之前的民族乐派作曲家大多是使用西方传统的作曲技法对本民族音乐元素进行打造。但巴托克有所不同，他深入到民族之根，直面原始素材之魂，一直挖掘到最原生态的音乐。他常常把这些素材放进源自西方音乐主流的形式中去。他说 :“柯达伊和我想要创作一种融合东西方的综合音乐。”佐尔坦·柯达伊也在其音乐创作中使用民间因素，但他的作品与巴托克的作品进行比较，听起来像是经过驯化似的，比较温顺而平淡。柯达伊更彬彬有礼一些，思想更传统保守一些，他是个优秀作曲家没错，但他不能完全突破 19 世纪的音乐范式。巴托克做到了，他把传统的奏鸣曲式和其他曲式改造得适合己用，并以一种大胆的新方式利用民间元素。

从生下来他就浸淫在民间音乐中。巴托克 1881 年 3 月 25 日出生在匈牙利（今罗马尼亚）托伦塔尔区的瑙吉申特米克洛什。他从小就是个严肃认真的孩子，长大后成了个严肃认真的男人。虽然他身材瘦小、五官细腻，但给人坚毅、不屈不挠的印象。他七岁那年父亲就去世了，他母亲是个钢琴老师，带着他在国内到处找工作。巴托克因此在童年就有机会听到各种各样的民间音乐。五岁时母亲开始教他钢琴，很快就发现他拥有绝对音高和惊人的音乐天赋。11 岁时他就公演钢琴。1899 年他进入了布达佩斯音乐学院。那时候匈牙利的音乐大拿是厄尔诺·多南依（1877—1960）。多南依是个杰出的钢琴家，还是个娴熟的作曲家，走的是勃拉姆斯传统的路子。后来他就成了匈牙利的音乐沙皇。他和巴托克是友好的竞争关系，他们各自走的路在后来的岁月里交汇过很多次。巴托克在 1901 年毕业时即举行了他的公开音乐会，评论家们找不到更好的词来夸他，说他是布达佩斯音乐学院里唯一走多南依路子的钢琴学生。（多南依已在 1897 年从布达佩斯音乐学院毕业，赢得了一堆奖项。）

巴托克早在孩提时代就开始作曲了。后来他停了一段儿，好集中精力学习钢琴。1902 年他听了理夏德·施特劳斯的《查拉图斯特拉如是说》，顿时狂喜。“立马我就一头钻进施特劳斯的总谱研究起来，并且恢复了作曲。”那阵子他写的作品，如有十个部分的交响诗《科树特》，总体反映了德国传统，尤其是理夏德·施特劳斯的风格。嗣后是更多的钢琴演奏，还跟多南依上了几节钢琴课。此时他的健康出了问题，导致他一生大部分时间都病病恹恹；巴托克不是这儿病就是那儿病。1904 年他创作了作品第一号，一首为钢琴和乐队写的《狂想曲》。这又是一部德国传统味道的作品，虽然 19 世纪的匈牙利民间音乐的味道也很浓。李斯特若是多活 20 年也可能写出这部作品，因为它颇有点李斯特的《匈牙利狂想曲》的味道。但巴托克写它其实是为了给自己表达情感找一个宣泄媒介。像任何自莫扎特以来的钢琴家兼作曲家一样，他也需要加工素材来展示自己的实力。果不其然，他在 1905 年带着这部作品（还有其他作品）去了巴黎，去和别人竞争鲁宾斯坦大奖。在作曲比赛中他获得了第二名，输给了一个意大利人阿蒂利奥·布里格诺利；在钢琴比赛中他输给了威廉·巴克豪斯，这已经是很不错的成绩了。

巴托克职业发展中的重大突破出现在 1905 年，那年他和佐尔坦·柯达伊去乡下采集民间音乐。他们带上了爱迪生发明的卷筒录音机，录制了几百筒音乐，还记录了海量的笔记。搜集、研究、整理、归类民间音乐占据了巴托克一生的很大一块时间和精力。他和柯达伊合著的第一本书就题为《二十首匈牙利民歌》，1906年出版。巴托克和柯达伊发现，匈牙利民歌分为好几类——古老风格的，旋律大体上是五声音阶；新式风格的，是多种调式与七声音阶的混合体；还有一种是前两种元素的结合体。巴托克在写给他的小提琴家朋友斯蒂菲·盖耶的信中，以有趣的对话形式讲述了把古老的民歌从农民口中“套”出来的困难。巴托克是信中的“T”（旅行者）：

T：我听邻居的太太说，你熟悉那些很老的老歌，说你是在年轻时从老人们那里学到的。

P（农民）：啥？俺吗？老歌？先生甭跟我开玩笑了。嘻嘻嘻嘻！

T：你瞧，这可不是开玩笑！我在认真和你说话呢。我们打从大老远的布达佩斯来，就是为了寻找这些很古老的老歌，只有这一带才有人知道它们。

P：那好，你们用这些老歌干啥？把它们登报吗？

T：才不呢！我们的工作是保护这些歌曲，把它们采集、记录、保存下来。如果我们不把它们记录下来的话，以后的人们就不知道，在咱们这个时代咱们国家都唱什么歌。因为，你也知道，现在的年轻人只唱和咱们那会儿完全不一样的歌曲；他们甚至一点也不接触老歌儿，更别说学唱它们了，尽管老歌儿比现在创作的新歌儿可爱得多。你说是不是这个理儿？照这样下去，50年以后，就没有人知道曾经有过老歌儿啦，如果我们现在不把它们记录下来的话！

P：真的？（想了一下，扑哧笑出声来）哈哈哈——嘻嘻嘻——嘿嘿嘿！你言重了，俺还是不信！

T：(近乎绝望)老大娘，给你瞅瞅这个本子——看到了吗，这些都是我记录的。(他吹出一支曲调)这支是安德拉斯·盖格太太唱的。(他吹出另一支曲调)这支是巴林特·科扎太太唱的。这些人你都认识吧？

P：唉，俺的老日子已经过去了，如今哪儿还有老太太唱这样的歌儿打发日子的？现在我只会唱点儿圣歌啦。

巴托克从这老妇身上一无所获：他不需要圣歌；他也不需要那些掺了假“嫁接”了的民歌。他要的是原生态、本真古老的民间音乐。他只好沮丧地走开了。不过他还是从老太太那里得到了一条线索，可以去找古尔卡·桑多夫人；她住在不远的街拐角，会唱许许多多老歌，能从日升唱到日落不带重样儿的。

在他所称的“农民音乐”里，巴托克找到了一种能“返老还童”的力量。他 1920 年在德国的《旋律》杂志上刊登了一篇长文，他在文中写道，在 20 世纪之初音乐中出现了一个转折点：“对许多人来说，浪漫乐派人士的过度煽情开始让人难以忍受。”可是往哪儿转折呢？“一种迄今不为人知的原始农民音乐给这一转折提供了非常宝贵的助力（我们姑且称它为一种返老还童力）。”巴托克说，这种音乐的最佳之处在于其形式变化多端但又式式完善。此外，它的表现力“惊人而又迷人”，但与此同时它又不“多愁善感和虚饰浮夸”。巴托克宣称，这才是“朝向音乐复兴的一个

⚜ 贝拉·巴托克在20世纪初期

他是世界上最杰出的匈牙利民间音乐专家。这是他在演奏一部摇琴——手摇风琴家族中的一种多由农民演奏的乐器。

理想的起点，那些寻觅新法的作曲家得到了一个好得不能再好的大师的引导”。为此作曲家需要“融汇吸收农民音乐的语汇，把它彻底融会贯通到自己的潜意识里，像说母语那样使用它”。英国的拉尔夫·沃恩·威廉斯等人在大致同一时期也在做着同样的事情。在这些“英国人”当中也包括出生在澳大利亚的杰出钢琴家珀西·格兰杰（1882—1961）。他也像巴托克一样，背着滚筒式录音机四处游走，把收集到的民歌编辑成册，取名《英国民间音乐集》出版。他的创作也以民间音乐为基础，其作品比沃恩·威廉斯、古斯塔夫·霍尔斯特及其他“英国民歌协会”的成员尝试写的任何作品都激进得多。格兰杰在许多方面都大大超前了他那个时代。讽刺的是，他最著名的曲子是一首钢琴独奏曲，叫《乡村花园》，却是一首欢快的、迎合大众口味的商业化作品，被他本人称为“庸俗垃圾”。

融合吸收本民族音乐的观念是巴托克的思维方式中不可分割的一部分。当时的沃恩·威廉斯和其他民族乐派音乐家也都这样主张，这其中也包括在音乐中运用捷克语言模式的雅纳切克。这些人全都认为，农民音乐必须去实地加以搜集整理研究，因为它在民间实际存在着，作曲家应该与农民分享当地的音乐生活。巴托克写道：“仅仅把民间音乐当成博物馆中的藏品加以研究，还远远不够。”以肤浅的方式采用一下民间音乐，只能给音乐添加一点民族特色——加一点花里胡哨的新装饰和小摆设而已。巴托克坚持的是，必须发展出一种全新的民间音乐研究方法。举例说，19世纪有一种奇谈怪论，认为只有简单的和声才适合民歌旋律。不对，全错了！“虽然听起来可能有些奇怪，但我仍毫不犹豫地坚称，民间旋律越是简单，与之相配的和声与伴奏可能反倒越是复杂和奇特。”

但对那些想用民间语汇创作的作曲家来说，使用调性音乐的方式是必需的。这也就是巴托克与那些维也纳无调性作曲家的分歧所在。巴托克在对待民间音乐的“本真性”上立场坚定，他认为民间音乐是调性音乐，不能与勋伯格的无调性音乐和解。勋伯格及其追随者一再坚称只有“一种创作方法”，“仅此一种”，这让巴托克听了很不舒服。巴托克在 1931 年写道：“我并不认为，对我们时代的作曲家而言，拯救他们的唯一道路就是以民间音乐为基础进行创作。但同时我也希望，我们的对手对民间音乐的重要性也持有同样包容的胸怀。”巴托克试图阐明自己的几个观点。无调性音乐作曲家总是攻击民族主义作曲家使用借来的素材。但是使用借来的素材与一首音乐的艺术成就没丝毫关系。巴托克指出，照此深究下去，可以说莎士比亚、莫里哀、巴赫、亨德尔等等都使用借来的素材。他们每个人的艺术之根都扎在他们之前时代的艺术土壤里。巴托克的情况也是这样，“正是农民音乐的土壤围裹了我的根”。如果一个作曲家以民间音乐为基础，而不是以舒曼或勃拉姆斯为榜样创作的话，他是不会无所作为的。另一方面，如果作曲家只是借用民间音乐来装点传统、套路化音乐模式的话，那么结果会一样糟。这两种情形中，基本观念都出了问题，因为“它片面强调了音乐主题的万能性而忽略了一点：形式的艺术性也能单独从这些主题中脱颖而出自成气候”。当然了，任何音乐作品的最终价值都是与作曲家的天赋成正比的。“在不称职的作曲家手中，无论是民歌素材还是任何其他音乐素材，都将无法实现其价值……其结果都将是一事无成。"

巴托克的理论是为他的创作服务的。那些维也纳无调性作曲家对此毫无兴趣。他们当然仍是自行其是，而且结果也证明，历史更站在他们一边。"二战"和巴托克去世以后，巴托克的音乐虽然很受欢迎，但对年轻音乐家的思维已经不产生什么影响了。序列音乐的演绎者们只对巴托克音乐中那些与勋伯格及其学派有联系的部分感兴趣。因此皮埃尔·布列兹才对巴托克的音乐不屑一顾，称之为"一种晚期的贝多芬与成熟的德彪西的综合体"。他也只夸赞巴托克音乐中"达到了与贝尔格和勋伯格的那些极特殊的半音试验比较接近的阶段的"那个部分。除此之外，布列兹认为，巴托克的音乐就没什么了，"缺乏内在的连贯性"；至于那些深受观众欢迎的巴托克作品，比如《第三钢琴协奏曲》和《乐队协奏曲》，布列兹认为它们展示了"可疑的品位"。巴托克的民族主义被布列兹嘲讽地形容为"只是19世纪民族主义势力的残渣余孽而已"。

如此脱离实际地看待巴托克的美学思想，使有些人忽视了这样一个事实，即早在1906年巴托克就开始创作相当体量的旨在把民族因素融入世界潮流（"民族的就是世界的"）的音乐。他的风格不是一下子就定型的，需要一个巩固加强的时期。随着对理夏德·施特劳斯音乐的兴趣逐渐淡化，他对李斯特和德彪西音乐的兴趣日益浓厚，对写出《婚礼》之前的斯特拉文斯基的俄式音乐也产生兴趣。此时他在布达佩斯音乐学院当了钢琴教师（他从没教过作曲）并开始作曲，写了《肖像》（1908）、《小品曲》（1907）、《第一弦乐四重奏》（1908）以及大量钢琴曲（多发出尖厉、打击乐般的声音）。他还写了一部独幕歌剧《蓝胡子城堡》（1911）、芭蕾哑剧《木刻王子》(1917)和一部芭蕾舞剧《神奇的官员》(1919),皆属他的大型作品,但在当时都没有受到普遍欢迎。那部芭蕾舞剧因类似《春之祭》的节奏、极度的不协和音和充满性爱的剧情而饱受指责。这一时期(从1907年到20世纪20年代初)巴托克写的其他作品还包括两首小提琴奏鸣曲(1921—1922)和《第二弦乐四重奏》(1917)。

虽然巴托克的作品很少公演,但至少他的音乐对欧洲的音乐专业人士产生了强烈的冲击。它在国外引起的争论比在他的祖国匈牙利多得多,在匈牙利他被看成一位无冕先知。他的音乐被视为无调性音乐,但其实它不是,即便听起来像。直到1923年巴托克才写出一部受到一定欢迎的作品《舞蹈组曲》。20世纪20年代后半期见证了巴托克风格的完全成熟。他的主要作品接踵而来:《世俗康塔塔》(1930),头两部钢琴协奏曲(1926年和1931年),最后四首弦乐四重奏(1927,1928,1934,1939),《双钢琴和打击乐奏鸣曲》(1937),《为弦乐、打击乐和钢片琴而作的音乐》(1936,许多人认为这是他的杰作),《第二小提琴协奏曲》(1936),还有《为弦乐队而作的嬉游曲》(1939)。这一时期的巴托克音乐具有强大的动力感、鲜明的个性和雄浑之气,全部包含在一种原始野蛮的民族主义形态之中,其音响比斯特拉文斯基、普罗科菲耶夫或法国乐派所写的任何作品都更加粗粝尖锐,让人立刻听出是巴托克的风格。只有维也纳的无调性作曲家和美国的查尔斯·艾夫斯才能写出这样毫不妥协的音乐。

巴托克的音乐由于缺乏旋律,自然会受到攻击。巴托克喜欢使用短小的主题动机来构建作品,有些动机只有几个音符长。他还从李斯特那里发展了一种套曲曲式，能把全部诸种元素整合成一体。这正如巴托克的传记作者哈尔西·史蒂文斯所言："他的音乐动机常常只有两三个音符，但却处在持续再生的状态。它们有组织地繁衍，发展，增殖，壮大，其演进过程充满活力。毋庸置疑，许多音乐动机的处理都是经过仔细算计、审慎考量的，但产生的效果却很直觉或直观：在巴托克这里，理性和直觉的分界线永远都不会非常清晰，但其主题逻辑的严密性却无论如何都无法否认。"

巴托克是个很有政治敏感性的人，纳粹势力的不断扩张使他感到震惊和恐惧。在 1938 年 3 月 11 日至 13 日纳粹德国吞并奥地利之后，巴托克知道自己被迫离开祖国的日子不远了，因为跟着奥地利而来的就是匈牙利。他给一个住在瑞士的朋友写信说："危险一步步逼近，匈牙利也会屈从于（纳粹德国）那个掠夺成性、谋杀屠戮的政权。难以想象那时我怎能继续生活和工作在这样一个国家里。"可是此时巴托克已经 58 岁了，除了养活妻儿一家，还要赡养他的母亲。他狠狠嘲笑了一番纳粹政权及其净化人种的理念。他的出版商是位于维也纳的环球出版社，当纳粹吞并奥地利后，所有在环球出版社挂名的作曲家都收到了一张调查表。"一份臭名昭著的调查表。"巴托克怒不可遏。表上居然问道，"你是日耳曼血统吗？还是日耳曼血统的近亲？还是非雅利安人血统？"巴托克和柯达伊拒绝填写这份表格，因为这样的提问是非法的，是违宪的。巴托克写道，在某种意义上，他们做出这个决定是令人遗憾的，因为他们本可以拿它开个不温不火的玩笑：

> 比如说，填上我们是非雅利安人种，因为毕竟我的字典

告诉我，“雅利安”的意思是“印欧语系和种族”。而我们匈牙利人属于“芬兰－乌戈尔语系和种族”，甚至有可能属于北突厥。总之在种族上我们绝不属于印欧，因而也就不是雅利安人。还有一个问题问：“你曾在何时何地受过伤？”回答：“3月11、12和13日在维也纳。”

巴托克终止了与环球出版社的合作，转而投向了英国的布西与霍克斯出版社。1939年，他母亲去世了，他这才决定离开匈牙利，并在翌年去了美国，在那儿度过他一生中的最后几年。离开之前，他写了一份遗嘱，其中有一段充分展示了巴托克对自由意志的热爱和对专制独裁制度的憎恨：

如果在我死后他们想用我的名字来命名街道，或在公共场所为我竖立纪念碑的话，那么我的愿望是：只要布达佩斯还有以那些人（希特勒和墨索里尼）的名字命名的大街和建筑，进一步说，只要在匈牙利还有任何广场或街道什么的以这两个人的名字命名，那么全匈牙利的任何广场、街道、公共建筑就都不要以我的名字命名，也不要在任何公共场所给我竖立纪念碑。

在美国，他被授予了一份教职，在哥伦比亚大学从事民歌的整理研究工作。他的薪酬很少，但是那些关于他的绝对贫穷的故事都是浪漫的虚构。实际上他从没真正贫穷过。他暂住在森林山的一套公寓里。在1940年的圣诞前夜，他给在布达佩斯的儿子们写了一封有趣的信，描述了他的新家和他在美国的经历：

> 我们在12月7日搬进了上述地址，是一套家具齐备的公寓住房。它距离纽约市中心有16公里，不过地铁站就在我们家门前，花五分钱坐地铁20分钟就能到达市内，任何时间乘车都是这样。列车一会儿一辆很有规律，24小时不间断……附近店铺等公共服务设施很多、很齐全。暖气供应过于充足，我们不得不把散热器关掉四分之三。我们能把卧室窗子中的一扇四敞大开地睡觉，如果不刮风的话。我们已经开始美国化了，比如说在饮食方面。早饭我们吃葡萄柚，蓬松的奶油面点（！），黑面包和黄油，鸡蛋或熏肉或鱼……我的脑袋里也装满了各种各样的新词：地铁站名、街道名、地铁线路图。换车时有一大堆的选择——要在这里生活，这些都是绝对必要的……我们在学习使用各种电器、煤气，开瓶器、开罐器等生活小物件方面已经受够了麻烦，吃够了苦头。还有搬运东西也是够麻烦的，好在现在我们已经可以对付了。只是偶然还遇到不方便，比如最近有一次我们想乘地铁去纽约最南端，我搞不清在哪儿换乘什么车（地铁里标志不明显，方向也搞不清；事实上标志很少也很混乱），结果我们在地铁里转了三个小时也没找到，最后时间全都浪费了，我们只好满脸羞臊地偷偷溜回家，当然还是坐地铁，没有找到目的地。

除了在哥伦比亚大学的工作外，巴托克还继续作曲并开些音乐会。但是他的健康出了大问题。他最后一次公开露面是1943年

1月21日在纽约。当时他和他妻子迪塔演奏了他的《双钢琴协奏曲》(起初是那首《为双钢琴和打击乐而作的奏鸣曲》),合作的乐队是弗里茨·莱纳指挥的纽约爱乐乐团。医生们诊断不出他的病因,至少他们是这样告诉巴托克的。他实际上得了白血病,在那时是不治之症。巴托克的体重急剧下降,降至87磅,他还持续高烧不退。"美国作曲家、作家和出版家联合会"(ASCAP)出钱帮助他度过了最困难的时期。谢尔盖·库塞维茨基来看望他,给他带来了1000美元的酬金(他写的一部管弦乐曲的稿费)。(这部乐曲是莱纳和小提琴家约瑟夫·席盖蒂共同促成的结果。)《乐队协奏曲》应运而生,结果证明它是巴托克最受欢迎的管弦乐曲。他还为耶胡迪·梅纽因创作了一首《无伴奏小提琴奏鸣曲》;还为他妻子创作了《第三钢琴协奏曲》。在1944年底,他病情有所好转。他出版作品的版税和演出的酬金纷至沓来。他和布西与霍克斯出版社签了新合同,出版更多作品,稿酬也很丰厚。他为威廉·普利姆罗斯写了一部中提琴协奏曲。他开始考虑为巴特莱特和罗伯森写一部双钢琴协奏曲。可是,在他前景一片光明的同时,他的身体也越来越虚弱。他开始拼命了,竭尽全力试图同时完成两部大型作品——《中提琴协奏曲》(最后仍不完善)和《第三钢琴协奏曲》(只差几小节配器就基本完成了)。1945年9月26日,巴托克病逝于纽约。在弥留之际,他像舒伯特那样悲叹道:"可悲的是,我还有很多话没说完就不得不走了。"

在巴托克去世后的几年间,他成为作品上演次数最多的现代作曲家之一。就连对大多数巴托克作品都持轻蔑态度的布列兹也回心转意了,成为巴托克音乐最令人信服的指挥家之一。《乐队协奏曲》不仅进入了保留曲目单，而且几乎挤掉了斯特拉文斯基的《彼得鲁什卡》和《古典交响曲》。初学钢琴的人开始练习巴托克的六卷本《小宇宙》，其总共153曲从易到难，全部旨在把年轻习琴者领进现代键盘之声的大门，它们成为钢琴学习者的标准学琴教材。青年钢琴才俊们也开始演奏巴托克的最后两首钢琴协奏曲，尤其是《第三钢琴协奏曲》。一时间大家争相演奏这部作品，使之与普罗科菲耶夫的《C大调协奏曲》和拉赫玛尼诺夫的几首钢琴协奏曲并驾齐驱，成为20世纪最受欢迎的钢琴协奏曲之一。此外特别受欢迎的还有那六首弦乐四重奏。巴托克去世后，这六部作品被完整演奏的次数越来越多，它们被许多人认为是继贝多芬的最后几首四重奏之后世上最伟大的室内乐作品。

巴托克的这些四重奏的头两首分别在1908年和1917年完成，相对而言比较传统，尽管其和声使用了一种半音阶的不协和音程。1927年创作的第三四重奏以及其后的三首进入了一个全新、粗犷、狂野、巨变的世界，充满了室内乐团的那种宏大音响，以及一连串令当时的听众和演奏者惊恐的效果。巴托克在这里要求所有的乐器都使用滑奏，琴弓靠近琴马（ponticello），要使用泛音和col legno（使用琴弓的木头部分，即弓杆），使用复杂的双弦、三弦，还有四分之一音，以及多种多样的好似打击乐之声（包括著名的“巴托克拨弦”）。所谓巴托克拨弦，是指拨弦时利用琴弦回弹，撞击指板发出的声音。对于那些听惯了勃拉姆斯甚或晚期贝多芬弦乐四重奏的听众来说，毫无心理准备地接触巴托克四重奏，可能会是一种很不舒服的体验。这些四重奏光听一次恐怕是听不懂的，就像是头一次听贝多芬的晚期四重奏那样。巴托克的

《为弦乐、打击乐和钢片琴而作的音乐》和《双钢琴及打击乐奏鸣曲》也是如此。前者的开头乐章是加弱音器的复调音乐，流畅、纯净而严峻，一直被人同贝多芬的《升C小调四重奏》的开头乐章相媲美。你得熟悉这些作品的表现语言才能理解、欣赏它们，而这需要反复多次的聆听才能做到。一旦这点做到了，这些音乐立马清晰、明澈起来。尽管它那么含量丰富、错综复杂，但它其实没有一处像初听之下让人感到的那么头疼、难办。无处不在的匈牙利马扎尔民乐节奏和斑驳的民歌旋律扑面而来，不协和音群开始发出尖厉但不令人恐惧的声音。那些二度和七度音程的刺耳乐音，那些相关和弦的大跨度连接，那些源自农民音乐的和声形态，那些五拍子和七拍子的野蛮而怪异的节奏型，这些全被整合成一种直截了当的情感宣泄。

正如巴托克本人慎重指出的那样，他其实本质上并不是一个民族主义者，他只是一个碰巧相信民间音乐只有经过正本清源、去除伪饰、还其原貌才具有巨大能量的作曲家。因此他希望自己被人评估为一位作曲家，而非一位民俗学家。他创作不乞求别人谅解的粗粝崎岖之乐，他最好的作品反映了20世纪最强大、最不妥协让步的音乐思想之一。

• 39 •

第二维也纳乐派

——勋伯格，贝尔格，威伯恩

SCHOENBERG, BERG, WEBERN

20世纪的头十年见证了人类思想的一连串巨变。这些巨变如此剧烈、激进，使得那时的人们都还来不及认清它们强烈冲击力背后的意义，经过多年后其影响才显现出来。1900年，西格蒙德·弗洛伊德出版了他的《梦的解析》一书，之后人类找到了一条探索自身大脑和心灵的新路。同年，马克斯·普朗克发表了他的量子理论，从根本上改变了欧几里得的几何学和牛顿的物理学理论。阿尔伯特·爱因斯坦用普朗克的方程式进行运算，在1905年发表了他那独特的相对论，改变了人类对控制宇宙的基本法则、规律的认识和理解。1903年，莱特兄弟把人类第一架飞机送上了天，给人类数千年对动力飞行器的探索画上了一个圆满的句号。1910年，瓦西里·康定斯基画完了他的第一幅完全非具象的作品，从此绘画再也不可能是千篇一律的了。开天辟地头一遭，一幅绘画也能仅仅被视为一堆形状和色彩的纯形态组合，而并不牵扯自然界中的任何实物。1908年，阿诺尔德·勋伯格创作了他的《空中花园之篇》，摧毁了古老的调性音乐观，其意义等同于爱因斯坦颠覆了牛顿的宏观宇宙观。上述一切都发生在那十年里，那也许是有记载的历史中最具革命性的十年。

阿诺尔德·勋伯格1874年9月13日出生在维也纳。虽然他毕生坚称自己是一名传统主义者，但其实他始终是个革命者。尽管他也不得不承认自己抛弃了传统的音乐美学，但他还是辩称自己的所有作品都“完全出自德国音乐的传统……我的老师首先是巴赫和莫扎特，其次是贝多芬、勃拉姆斯和瓦格纳”。还说：“我是个被迫成为激进分子的保守主义者！”勋伯格五短身材，秃头，面部表情有些狂妄；脸上线条深刻鲜明，神情坚定不移，一副不妥协的样子，像个救世主；他紧闭嘴唇使嘴部线条扭曲，显出永远质疑不轻信的神情；他的眼睛大而明亮，目光凝聚有磁性。“他的眼睛凸出，充满愤怒，此人的全部力量都体现在其中了。”（斯特拉文斯基语）

勋伯格使命感很强，觉得自己是个干大事的人。“在军队时，有一次一个人问我是不是作曲家阿诺尔德·勋伯格？我回答：‘总得有人是勋伯格。由于没有别人想成为他，我就只好当他了。’”他把音乐设想为这样一种艺术，它“传达一种预言性的讯息，该讯息揭示一种更高级的生命形态，而人类正朝着这种形态进化”。他勋伯格自然就是承载着这一讯息的预言家喽。一种更高级的力量正在指引着他。当他完成了他的《室内乐交响曲第一号》时，他就曾对他的朋友们说过,他现在已经形成了自己的风格。“不过，我的下一部作品展示出了对这一风格的极大背离；它是我朝着我目前风格的形成迈出的第一步……那位最高指挥官站在一条更高的路上已经对我下达了更上一层楼的命令。”他写的信中充斥着一种执着，一种对自己音乐的正确性毫不动摇的执念。勋伯格的极端自我中心和瓦格纳的很接近。“我坚信自己的所为，我只为自己的所信。我为那些用脏手玷污我的信仰的人感到悲哀。我视这样的人为我的敌人，对其绝不宽恕！如果你也和我的对手站在一起，那你就不可能做我的朋友。”他还写道：“观点和我不同，这我绝不会憎恨的，就像我不会憎恨任何人有残疾一样。一条腿比另一条短点儿，一只手比另一只笨点儿，等等，我对这样的人只能表示同情，而不能生他的气。”1942 年，一个以他为题写硕士论文的学生请求他提供一些有关他个人和他的音乐的资料。他的答复妙极了：“这位写下了《月光下的彼埃罗》等作品并由此改变了音乐史走向的作曲家感谢你盛情邀请他参加一篇硕士论文的制作。不过他认为，他写的那些作品永远不被硕士学位的申请人所知，这才是更重要的。因为一旦这些人了解了它们，就再也不会有距离感了，而正是这种距离感，才一直阻止他们用这样的请求来打扰他。”很少有——如果还有的话——在他那个时代创作的音乐作品能让他满意的。他嘲笑斯特拉文斯基的新古典主义音乐，还直接讽刺斯特拉文斯基本人。对那些“像贪食者一样（希望被人当成‘现代派’）喜欢把不协和音层层积累叠加，但又没勇气疏导化解它们的作曲家”，他除了藐视还是藐视。他还揶揄那些“伪调性作曲家”，讽刺如布索尼和欣德米特这样的新巴洛克风格作曲家,说“他们就知道宣称‘返回这个那个古典时期’”（令人颇感矛盾的是，他却把重返巴赫运动的领袖雷格尔视作天才）。他不喜欢的还有以巴托克为首的民俗乐派，认为这些人“试图实施民间音乐的理念，而它本质上是很原始的，仅仅是一种寻求与更为进化的思维方式相适用的技法而已”。最后，仿佛要确认他勋伯格并没有漏掉任何人似的，他包罗万象地攻击了“所有的这个那个‘主义者’，他们所有人我只能统统看作某种怪癖者”。

起初勋伯格还多少写一些较为传统的音乐，带有丰富的半音特征，源于瓦格纳和马勒。然而从他最早写的总谱里就能看出他是一个颠覆者。早在1900年，他的一组歌曲就在一场音乐会上引起了听众的激愤。“从那以后，”勋伯格多年后说道，“那次丑闻就没有消停过。”甚至连《升华之夜》在1903年的首演音乐会上都引发了骚乱。今天，像《升华之夜》这样的总谱被认为是后期浪漫主义的精髓之作，但是19、20世纪之交的听众不这么认为，音乐中稳定调性的缺乏让他们听着心里发慌。

勋伯格作为一名完全自学成才的作曲家登上音乐舞台了。虽然他八岁就拉起了小提琴，他却几乎没受过音乐教育。当十几岁的勋伯格尝试作曲时，他只是模仿他所听到的音乐的风格而已。长大后他在一家银行工作了一阵子，同时他成了维也纳知识生活的一分子，和画家、作家、音乐家们混在一起。他遇到了作曲家兼指挥家亚历山大·冯·策姆林斯基，跟他上了几节对位课。大家都知道，勋伯格从没上过其他课。他是历史上很少几位基本上自学成才的重要作曲家之一。勋伯格在1901年和策姆林斯基的妹妹结婚。（她在1923年去世,勋伯格后来又和小提琴家鲁道夫·柯利施的妹妹结婚。）

勋伯格的早期作品包括一首弦乐四重奏和一组歌曲。1899年，他创作了妖冶的弦乐六重奏《升华之夜》,这是一首冗长而郁闷的、后《特里斯坦与伊索尔德》式的悲叹之作。（勋伯格在1917年将它改编成为弦乐队而作；在1943年又对它做了大幅修改。)《升华之夜》的一个奇特之处是,它是一首带有标题的室内乐作品（这方面我能想到的另一个实例，只有斯美塔那的e小调四重奏——《来自我的生活》)。《升华之夜》的创作灵感来自理夏德·戴默尔（Richard Dehmel）的一首诗。勋伯格后来写的音乐就完全突破了所有的“规则”,最终他创建了一套新的组织体系——所谓的“十二音体系”，它将对“二战”后的一代音乐家的音乐思维产生最重要的影响。不过讽刺的是，勋伯格至今最受欢迎的作品却仍是颇为传统的《升华之夜》，这就如同《火鸟》在全部斯特拉文斯基的作品中最受公众青睐一样。

婚后，勋伯格在柏林工作了一段时间，担任音乐厅和轻歌剧演出的指挥，并开始创作交响诗《佩雷阿斯与梅丽桑德》，1900年还创作了大型的《古雷之歌》，但该作品多年后才完成配器。1903年他返回维也纳,并开始授课。他的头一批学生里有安东·威伯恩和阿尔班·贝尔格。威伯恩出生于1883年12月3日。他是个安安静静、很有学问的人，1906年获得了音乐学博士学位。多年来他以指挥“维也纳工人交响乐系列音乐会”为生。贝尔格出生于1885年2月9日，他是个高个子、英俊、充满贵族气质的小伙子，家里很有钱。他在师从勋伯格之前只是个半吊子的音乐家。“他刚来时的水平,”勋伯格在1910年写道，“……惨不忍睹，想象力低得只够写歌曲，除此什么都写不出来。连给歌曲写的钢琴伴奏也像歌曲本身。他完全没有能力写一个器乐乐章，或创作出一个器乐主题。您想象不出我为了去除他天赋中的这个缺陷，花费了多少心血。”勋伯格也有其他很有才华的学生，但他们的水平都不如贝尔格和威伯恩。弟子们都很崇拜老师，老师也乐见这样，因为勋伯格需要受人崇拜。勋伯格的教学严格又严厉，但并不教条主义。他坚持要学生运用他们自己的想象力，哪怕初学（乐器、音乐）也罢。学生们做练习都不要生搬硬套，哪怕是最简单形式的练习，也要做得有声有色，富于表现。威伯恩后来写道："经他这么一调教，学生必须实打实地去创作，哪怕是最初级、最原始的那种音乐构建，学生也必须得搞出点儿自己的东西。勋伯格给学生做讲解时井井有条，手上拿着作品举例。他从不主观武断，挥动教条的大棒。由此看出，勋伯格实际上是通过创造来实施教育的。他根据学生的个性特点因材施教，试图挖掘学生的能量极限，并帮助他们突破极限……"勋伯格终其一生都是贝尔格和威伯恩的精神导师。他像个神父讲道，他们虔诚地洗耳恭听。

勋伯格的音乐创作很快就开始脱离《佩雷阿斯与梅丽桑德》和《古雷之歌》等作品所追求的宏大管弦乐效果的理念，而变得更加简洁紧凑、格言化与不协和起来。1906年创作的《室内交响曲第一号》做起了四度音程的试验，很像斯克里亚宾同期在俄罗斯做的事情。1908年，勋伯格更是走到了废除调性的地步。他意识到《空中花园之篇》(作品15号)中的歌曲已经通向了新的境地：

> 随着作品15号歌曲的问世，我已第一次成功接近了一种音乐形式与表现的新理想，这个理想萦绕我脑际已经多年了……我意识到自己已经清除了一种传统审美观的所有痕迹。如果说我正在朝着一个我胸有成竹的目标前进的话，那么接着我要克服前进中的障碍了，我已感觉到阻碍正在生成……

我觉得，连那些一贯对我坚信不疑的人都将意识不到我这种突破的必要性。

在这些歌曲之后，勋伯格接着创作了短小的独幕歌剧《期待》、五首管弦乐曲（均在1909年创作）、六首钢琴小品（1911），尤其是《月光下的彼埃罗》（1912）。勋伯格现在写表现主义而不是后期浪漫主义的音乐了。这可不是偶然现象。他和“桥社”的德国画家们过从甚密。这是一群用表现主义风格进行创作的画家。勋伯格甚至自己操刀，画了一些炽烈而业余的油画，包括一幅自画像。康定斯基给表现主义绘画下的定义包含这样一个陈述：“……把内心活动具象于外在的可视形式表现出来。”勋伯格很有意识地尝试用音乐来做表现主义画家们正在用绘画做的事情。他说：“我所写的一切都和我自己有某种内在的相似性。”表现主义就是强化、凝聚了的浪漫主义，是对人内心深处的探索。所有表现主义的艺术和音乐都是十分严肃的。表现主义回避表面肤浅的美而尝试超越自然界的表象。表现主义经常涉及社会评论、心理评判、灵魂、精神和潜意识等领域。柯柯什卡有一次画了一幅肖像，他对模特儿说：“那些熟悉你的人将不会认出画中的你，而那些不熟悉你的人将从画中很好地认出你。”印象主义画家尝试通过透明性感的纹理织体唤起一种理想的美境，他们避免使用黑色的颜料（“黑色在自然界里不存在”）；而表现主义画家很严酷，常常很残忍、很粗鲁，有意扭曲线条和织体结构，让画面充满神经质的紧张。音乐也类似，印象主义的音乐是比较柔顺温软的，从不会完全与调性（=自然界）决裂；而表现主义音乐则很不协和，无调性，旋律线呈锯齿状跳跃发展，内容也多涉及紧张不安的现实主义，而不是理想主义。

勋伯格稳步地朝着彻底无调性的音乐前进，如他所说的那样，“让不协和音翻身解放”。他在作品 11 号的钢琴小品和《月光下的彼埃罗》中实现了这种翻身解放。他的歌剧《期待》(*Erwartung*，翻译成英文是 *Expectation*，或者就是 *Awaiting*，都不很确切）在音乐美学上迈出了重大一步，最终导致了贝尔格的《沃采克》的诞生。勋伯格在狂热状态下仅用 17 天就完成了《期待》的作曲，从 1909 年 8 月 17 日到 9 月 12 日。(然后他不得不等了 15 年才等来了这部 30 分钟长的作品的舞台首演。) 剧本作者是玛丽·巴本海姆。一个女子在森林中寻找她的爱人。她发现他死了，死在那个把他从她身边偷走的女人的房子附近。整个故事就是这样。勋伯格写的音乐反映了这个女子的心理活动，其声乐线条基本上是朗诵调的，和声基本上是四度音程和变化的四度音程，以及七度音程和复杂的音符组合。整部作品都没有主题旋律，即没有任何主题的重复再现，另外被人普遍接受的那种旋律也消失殆尽。但是，只要你沉浸其中听惯了这种音乐语言，你就会发现，它的前瞻性和它的回顾性同样多。确实，它有浓重的瓦格纳味道。它的乐队的规模性，它的织体结构的丰满性，以及它的脚本的许多方面，无一不闪现瓦格纳的影子。《特里斯坦与伊索尔德》充满了夜以继日的象征性，《期待》也是如此。《特里斯坦与伊索尔德》结束于爱之死，《期待》亦如此：当那个女子发现她死去的爱人时，她唱出一段长长的乐段，完全就是瓦格纳《爱之死》的翻版。我们通过勋伯格新颖不守旧的音乐语言，能体验到某种非常传统的东西。

《期待》一方面回顾瓦格纳，一方面前瞻《月光下的彼埃罗》，许多人认为后者是勋伯格最重要的作品。《月光下的彼埃罗》为如下声部而作：朗诵者（担当此任的更像个女演员而不是女歌手）、长笛（加上短笛）、单簧管（加上低音单簧管）、小提琴（加上中提琴）、大提琴，以及钢琴。《月光下的彼埃罗》中有 21 首歌曲，为此勋伯格使用了阿尔贝尔·吉罗的一组诗（由奥托·埃里希·哈特雷本翻译成德文）。这组诗与 T. S. 艾略特后来写的《荒原》相似，也是关于现代人颓废堕落的一个系列。勋伯格对这组诗的谱曲堪称史无前例地大胆和新颖，他所用的“朗诵唱”（sprechstimme 和 sprechgesang）也第一次进入了音乐语汇[1]。《月光下的彼埃罗》的声乐线条要求使用一种跌宕起伏的朗诵式的歌唱形式，即“朗诵唱”，其中的语言说得时高时低，像歌唱。它既非歌唱，也非朗诵，而是介于两者之间，让人声在其近似相应的音高范围内忽而升高，忽而滑落（时不时还要升高到怪异的假声高音上）。《月光下的彼埃罗》中的某些音乐还是基于传统形式的，比如帕萨卡里亚舞曲、卡农曲等。但是，尽管其曲式可能古典得不能再古典，其和声与旋律手法却把所有已知的规则打得七零八落。音乐家们立刻意识到他们来到了一个声音的新世界。而且还不只是这个。《月光下的彼埃罗》简直就是一部魔幻的、令人思绪驰骋的乐谱，里面是一个充斥魑魅魍魉、浓缩意象且极富血性的象征主义的天地。如今，这部作品被公认为一部开创性的作品，

[1] 这两个德语词都被翻译成“朗诵唱”，其中第一个直译是“说诵”（speech voice），第二个直译是“说唱”（speech song）。

与斯特拉文斯基的《春之祭》、乔伊斯的《尤利西斯》和毕加索的《阿维农少女》等量齐观。尤为重要的是,《月光下的彼埃罗》的声乐表现风格对"二战"后一个时期的许多作曲家产生了压倒性的影响。

勋伯格在其著作《风格与思想》中,追溯了自己从《升华之夜》到《月光下的彼埃罗》到十二音体系的发展历程。其中一个重要的段落讲了他创作《月光下的彼埃罗》前的所思所想：

> 在过去一百年里,和声观由于半音体系的发展而发生了巨大的变化。一直以来,基础音——根音的理念垄断着和弦的构建,并支配着和弦的续接,这就是所谓调性音乐[1]的理念。但这个理念现在不得不发展了,首先发展成"扩展的调性"观。但很快它也受到了质疑：难道根音还要保持中心地位,让每一个和声与和声接续继续以它为基准吗?进而这种质疑深化到：一个主音(也就是根音),无论它出现在哪里——开头,结尾,或中间的任一地方,难道都真的具有挑大梁的意义吗?理夏德·瓦格纳的和声已经促进和声在其逻辑性和构建力方面发生了变化。其后果之一便是导致了印象主义作曲家尤其是德彪西对和声加以所谓"印象主义的"运用。德彪西的和声并不具有提纲挈领的作用,它常常只服务于表现气氛和描写景物的润色目的。气氛与视觉印象这些音乐的身外之物,由此也成了音乐织体的栋梁元素,被纳入音乐的功能；

[1] 也叫主调音乐。

它们即使在理论上没有建树，起码也在实践中产生了某种情境上的可理解性。当然，仅凭这一变化可能还不足以引发作曲技术的根本变革。但这个变化对于我称为“不协和音的翻身解放”来说，却是必不可少的。它成了目前发生的一种发展进程的助推剂，而其最终要达到的目标即是“不协和音的翻身解放”。

勋伯格解释说，所谓“不协和音的翻身解放”，其实说的就是不协和音的可理解性，对不协和音的理解“应该等同于对协和音的理解。基于这一设想的音乐风格对待不协和音就像对待协和音那样一视同仁，所以自然也就抛弃了调性（主调）中心论。由于避免建立调性，转调也就谈不上了，因为转调意味着离开一个已建立的调式并建立另一个调式”。勋伯格说，他是在 1908 年用这种风格创作了第一批作品的。之后不久，威伯恩和贝尔格也创作了同样风格的作品。

无须多言，这种音乐遭遇了强烈的敌意，至今仍是如此。即便在 20 世纪 60 年代，勋伯格和威伯恩的音乐在作曲家当中引发狂热的时候，他们的音乐也罕有上演。在 20 世纪的头数十年，几乎每一首勋伯格作品的首演都伴随着“一场丑闻”。当然，这样的首演本来就很少。勋伯格的音乐怪怪的，很难演奏，观众都不喜欢，因此大多数音乐家和指挥家都避之不及。勋伯格很自信他的音乐将会成为正常的音乐语言。他在 1910 年写道：“十年后，每个有才华的作曲家都将用这种方法创作，无论他是直接向我学的还是间接从我的作品中学的这种方法，都不例外。”后来他就不那

⚜ 阿诺尔德·勋伯格在 1940 年

他摧毁了传统悠久的调性音乐观。

么自信了。他在 1924 年写道："现在，我意识到自己不能被人理解，我只好满足于人们尊敬我就行。"在他去世前几年，总算顺乎自己的命运、听天由命了。在 1947 年写的一封信里，他说："我很清楚地认识到这个事实，即在未来数十年里，都别指望我的作品能被人完全理解了。音乐家们以及听众的心智一定要成熟起来，才能理解我的音乐。我清楚这一点，我个人已经放弃了早早取得成功的想法——不管那是不是成功。我只知道我的历史责任就是，去写我的命运命令我写的音乐。"

同任何作曲家一样，勋伯格也渴求自己的作品上演。但与大多数作曲家不同的是，他坚持这些演出一定要忠实于音乐原作——也就是一定要准备充分，否则不许上演。"任何人都休想欺负我，”1913年，在作曲家兼指挥家弗朗茨·施莱克尔威胁要取消一部勋伯格作品的演出后，勋伯格给他的出版商写道，“我现在不那么渴望成功了，尤其是在我感兴趣的不是一场随随便便的演出、而是一场精彩演出的情况下。……不要犹豫，请取消这场演出吧。请便。”他不会允许自己的歌剧《期待》和《幸运之手》只演出一场就被撤下；“我不会让任何一家剧院上演它们，除非该剧院把它们并入保留剧目”。由于维也纳爱乐乐团从没演奏过他的音乐而使他感到愤怒和屈辱，他就告知它的指挥威尔海姆·富特文格勒：“我不会让我的一部新作品在维也纳举行首演。事实是，我是唯一一个作品还没被维也纳爱乐乐团演奏过的著名作曲家。就这样下去吧，如果你们还好意思的话！”在美国时，他听说指挥家奥托·克伦佩勒表示过不喜欢他的音乐，克伦佩勒说勋伯格的音乐与他“格格不入”。后来，当克伦佩勒联系勋伯格，商洽指挥他的一部作品时，他收到了勋伯格的一封信，严厉指责他说的那句话（“格格不入”）。“然后我考虑让你停止指挥演奏我的作品。因为当你指挥的作品与你‘格格不入’时，可想而知那会是怎样的一场演奏。”1922年，埃德加·瓦莱兹决定演出《月光下的彼埃罗》，然后他就收到了勋伯格的一封态度十分强硬的信。信中有一段是这样的：

> 同样让我感到不快的是，您竟然没问过我您“可不可以、有没有能力”指挥演奏我的作品，就贸然定下了演出我的《月光下的彼埃罗》的具体日期。您是否已经找到了一个合适的朗诵者？胜任的小提琴演奏者、钢琴演奏者、指挥者等，

您找到了吗？您计划进行多少次排练呢？诸如此类的问题还有许多。告诉您吧，我曾在维也纳和一群饥寒交迫的音乐家合作排练了一百多次，才达到了无懈可击的完美合奏。您可倒好，让您的人简简单单定下个日子就认为万事大吉了！对演奏的所有困难，风格的演绎，对朗诵唱的把控，对速度、力度等等的拿捏，所有这些，你们有一点概念吗？然后您还指望我加入你们的轻率无知，呃？不，我不会“聪明”到这样去做。如果您真想要我参与其中，那您就必须改弦更张、认真对待。对此我想了解的是：1. 排练多少次？ 2. 谁负责这些排练？ 3. 谁是朗诵唱的演员？ 4. 演奏者们都是何许人也？如果这些问题的回答都让我满意的话，我就会开恩。当然，余下的一切我就无能为力了，您可以按自己的喜好来。然后就请您尽量少打搅我好了。抱歉我无法把话说得更和蔼一些。但是我必须拒斥这种独断专行的商业行为。我真诚希望以后还有机会跟您更亲切友好一些。

在第一次世界大战期间，勋伯格曾有过两次服役的经历，那是在 1915 年至 1917 年间。那时他作曲极少，并直到 1923 年才恢复发表作品。他的那两位著名的学生，贝尔格在军队待了三年，威伯恩在军队只待了一小阵子。贝尔格高大英俊，看上去很健康，其实不然，后因哮喘而退伍。威伯恩因为视力太差被除名。贝尔格、威伯恩在战时都和老师保持联系，战后勋伯格搬到柏林后，也一直通信联络，互相描述、分析对方新近的作品。贝尔格是这三人中最浪漫主义的一个，他的音乐最能让人想起瓦格纳、马勒和后期浪漫主义。和勋伯格一样，贝尔格也扎根于德奥古典传统，并持续用传统的曲式创作。他的作品不多。1912 年他的《阿尔滕贝格歌曲》问世，1914 年他的《管弦乐曲三首》发表。1914 年他还开始创作歌剧《沃采克》,改编格奥尔格·毕希纳的戏剧为己用。他在 1917 年完成了脚本，在 1922 年完成了总谱。具有贝尔格典型特色的是，他把这部歌剧建立在古典甚至古典之前的曲式基础上，却使用了无调性的表现主义的手法。这部无调性的表现主义歌剧被作曲家形容为一首奏鸣曲，其中第一幕是呈示部，第二幕是发展部，第三幕是再现部。第一幕有五场，含有一个组曲、狂想曲、军队进行曲、摇篮曲、帕萨卡里亚舞曲，以及回旋曲。第二幕的五场实际上是一首交响曲的五个乐章：奏鸣曲乐章、幻想曲与赋格、广板、谐谑曲、回旋曲（带一个引子）。第三幕也有五场，是一系列的创意曲，分别建立在一个主题、一种音调、一个节奏、一个和弦和一个调式之上。

当人们聆听《沃采克》的时候，几乎没人能意识到这样一个构建。该歌剧 1925 年在柏林国家歌剧院首演，埃里希·克莱伯指挥——经过了前所未有的一连串排练之后。不能说它受到了人们的喜爱，但它掀起的巨大狂潮让欧洲其他歌剧院连忙制作、上演它。评论家们攻击它为堕落艺术和混乱音乐，但是《沃采克》也有其崇拜者和捍卫者。如此强大而新颖的一部歌剧自然会有一些慧眼识珠者站在它一边。那些更为敏感的听众确定，贝尔格是表面疯狂内有条理。《时报》的评论家马克斯·马沙尔克就指出，不协和音在《沃采克》里面被提升到一种真正的创作原理，即“曲式被分解为持续不断的音色组合，从中产生出某种新的东西，这种

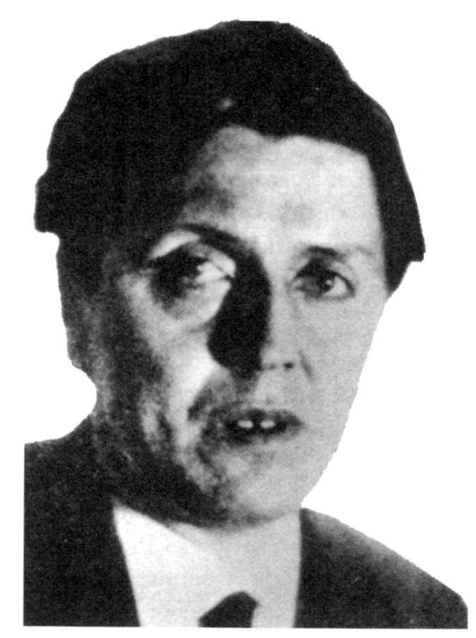

⚜ 阿尔班·贝尔格

表现主义的歌剧，虽然带有强烈的后期浪漫主义癖好。

东西通过其本身摇摆不定和模糊不清的氛围，很可能就生成了使《沃采克》从话剧转变为歌剧所需要的音乐”。《音乐》的阿道夫·魏斯曼也撰文论述了这部歌剧的精神价值及其“本能的感知过程”。

其他评论家则感到不安。埃里希·施泰因哈特在《开端》杂志上撰文写道：“听众进入了一种被催眠的状态，恍惚觉得剧院的墙壁就要坍塌下来埋住他们似的。”自然，那些老派的评论家又要气得口沫横飞了。《德意志报》的保罗·乔尔里希是其中一位：“当我离开国家歌剧院的时候，我的感觉是我没在公共剧院里待着，而是在一座疯人院里待着。无论在舞台上，还是在乐池里，还是在观众席中，满眼都是疯子……从音乐角度讲，可说是我们在这里受到了顶级冒犯。”怪不得苏联的评论家们从《沃采克》

里看到了西方的腐朽没落，并用得到批准的意识形态语言表达了他们的观点："贝尔格的这部歌剧……暴露了西欧小资产阶级知识阶层面对愈演愈烈的法西斯化的无助感和无能为力，它还展示出这位西欧资产阶级作曲家的个人精神危机，并反映出西欧音乐文化的整体危机。"（鲍里斯·阿萨菲耶夫刊登在《苏联音乐》上的文章。）

贝尔格在 1928 年对自己正尝试做的事情做了一番解释，用的是格鲁克和瓦格纳习惯使用的语言风格：

> 我从来不抱有用《沃采克》改造歌剧的艺术结构这种想法……我只想创作好的音乐，我只想用音乐挖掘毕希纳不朽剧作的深刻内容，把他的诗性语言翻译成音乐。但还不仅如此，当我决定写一部歌剧时，我唯一的意图就是（还包括作曲技法），把本属于剧院的东西交还给剧院。换言之，就是尽可能有意识地把音乐组织起来去履行其随时随地服务于剧情的职责。不仅如此，我的歌剧音乐还应随时准备好向剧情提供它所需的一切，助力它转换成舞台上的现实……
>
> 要实现上述目的，就得多多少少使用古老的音乐形式，这其实是一个很自然的结果。（而评论家们却认为这是我对歌剧公然进行改革的最重要成果之一。）对这部歌剧的脚本来说，有必要从毕希纳的 26 个结构松散、有时甚至散为碎片的场景中做一个挑选。为此必须避免那些不适合音乐变奏的重复。最后还要把这些场景捏合在一起，将其改编和整合为几幕。因此，这里遇到的难题就更属于音乐的范畴而不是文学的范

畴了，这就完全脱离了我的意愿；它需要用音乐构建的法则，而不是戏剧构建的法则来加以解决……

无论哪个特定的个人怎样地认清了包含在这部歌剧框架中的音乐形式，认清了其中的一切得以有条不紊地进行所依赖的那种精确性与逻辑性，认清了展现在每一个细节中的那种精巧的技艺，我都敢断定观众中没有一个人，从大幕拉起直到它最后一次落下，会注意到其中竟还有各种各样的赋格曲、创意曲、组曲、奏鸣曲乐章、变奏曲以及帕萨卡里亚舞曲——也就是说，除了这部歌剧的创作思想之外，没有人会留意其他的东西，而正是这种创作思想才是远远超越了《沃采克》中个人命运的东西。这种创作思想，我相信，就是我取得的成就。

与此同时，威伯恩也在探索一个完全不同的世界。这个世界是微观的而不是宏观的，这个世界里充满着精微的、转瞬即逝的、像点彩派绘画那样的音响，以及寂静、新型音高关系、持续呈现的警句式精华与发出闪烁微光的管弦乐配器。威伯恩在其《为乐队而作的帕萨卡里亚舞曲》、《施泰凡·格奥尔格》组歌、《为弦乐四重奏而作的五个乐章》和《管弦乐六曲》（皆创作于1908年至1909年间）中，皆使用了微小的动机（而不是主题）、格言警句般的简练乐句和细胞式的音响单元。他整出了一套谱曲新法，把一个乐句中的几乎每个音符都交给一件不同的乐器处理，因此弄出变化的不同音色。威伯恩是从勋伯格那儿获得这个灵感的，后者谈论过“多音色旋律”。威伯恩的音乐变得越来越紧凑和简洁。

⚜ 安东・威伯恩

微观的音乐世界，声音与静默的辩证法。

在他于1914年至1917年间写的声乐套曲中，他几乎（据皮埃尔・布列兹评估）预示了序列音乐，用其“把僵化刻板的对位归并到基础序列形式”的方法。在布列兹看来，威伯恩在此创建了一个新的维度：声音空间。“威伯恩的天才显得史无前例，无论从他观点的激进程度来看，还是从他感受力的新颖程度来看，都是如此。”

1923年，勋伯格又开始了作曲，并奉献给世界一套组织音乐的新法。“我把这套程序称为‘用只有其内部相互关联的十二个音作曲的方法’。”一个叫约瑟夫・马蒂亚斯・豪尔的作曲家也已发展了一个类似的方法，但还是勋伯格的方法站住了脚。简单地说，勋伯格的十二音体系作曲法就是，把一部作品建立在由半音音阶的那十二个音符组成的一个“序列”（音列）的基础之上。在这个基本音列[the basic set 或 tone-row（音列）或 series（序列，由此产生了“序列作曲”这个术语）]的范围之内，任何音符都不重复。如此一来便没有哪个音符比任何其他音符更重要。这一基本音列以主题或动机的方式发挥着作用，它可以在初始陈述之后以三种方式被加以处理，即倒影、逆行和倒影逆行。这三种方式都是镜像方式，但都不是新鲜玩意儿。巴赫早就在其《赋格的艺术》等作品中玩儿过这些东西。勋伯格在此想寻求的东西其实和巴赫想寻求的东西完全一样，都是找出个办法取得一首音乐作品内的完全统一。勋伯格觉得自己的新法“与‘对音乐空间进行绝对与一元的感知’的原则完全相符”。不过，无论音乐如何创作，使用了哪种体系，勋伯格都要求听众和音乐家们忘掉体系方法这些东西，而专注于音乐本身来做出判断：“我这样说怎么都不够：我的作品是十二音体系的作品，但不是十二个音的音乐。”

这种新音乐本质上是水平的，或横向发展的（对位的），而不像浪漫乐派的作品那样是竖直的，或纵向发展的（和声的）。它的旋律线是断裂脱节的，中间时有宽距大跳。这种音列的设定让人全然没有了传统和声中的三和音感。（贝尔格也将打破这个规则。）乐器和人声也都使用了非同寻常的音域。这种音乐让人听不出可识别的主题，取而代之的是源自音列的音的细胞。勋伯格的《作品 23 号钢琴小品集》的末乐章和《小夜曲》的几个段落（两曲都发表于 1923 年）都含有十二音体系音乐的元素；而也发表于 1923 年的《钢琴组曲》（作品 25 号）就已然是部完全的十二音体系作品了。（英国作者喜欢用 twelve-note 而不是 twelve-tone 来指十二音体系音乐。勋伯格本人在用英语写的信札和文章中，以及在谈话中，都使用了 twelve-tone 这个术语。此处的难点源于德文词 ton，因为它既可翻译成 tone，也可翻译成 note。）

勋伯格的两个门徒都热情采纳了这种作曲新技法。其中的贝尔格从来就没有完全脱离过后期浪漫主义的音乐风格，怪不得后来的序列音乐作曲家们都把他的工作称为“混血儿”。这是因为，即便是在他使用的序列作曲技法中，也常常听起来像是调性音乐。贝尔格开始把序列音乐的原则吸收进自己的《抒情组曲》（为弦乐四重奏组而作）和《室内乐协奏曲》的创作中去。之后他开始写一部序列音乐的歌剧《露露》。他的最后一部作品《小提琴协奏曲》也是序列音乐的。为了创作《露露》，贝尔格把弗兰克·韦德金德的两部戏剧——《地神》和《潘多拉的盒子》合二为一。剧中的露露是夜妖的化身，这个无德的妖女毁掉一切她触碰过的东西；可她又有一种好奇的天真，因为她意识不到她的邪恶。她是生活动物园中的毒蛇。贝尔格使用源自十二音体系的基本音列开始了整部歌剧的创作，但他也是习惯使然，不经意间就把一对一的音符关系整出了接近调性音乐的感觉。

围绕歌剧《露露》发生的事情是音乐史上较为离奇的插曲之一。1934 年，贝尔格给威伯恩写了一封信，说他已经完成了这部歌剧，正准备进行润色修改。但贝尔格在 1935 年 12 月 24 日逝世时，还留下最后一幕没有改完。他倒是留下了一个“缩编谱”——一部带有一些管弦乐配器标记、提示的短总谱。第三幕的每一个音符（除了一首四重唱的几小节音乐之外）都包含在这个缩编谱里面了。贝尔格还留下了一些草稿和资料，包括第三幕剧本的打印稿。埃尔温·施泰因先前已经编出了《露露》头两幕音乐的钢琴谱（已经出版），现在也准备把第三幕编成钢琴谱，以求作品的完整。贝尔格的出版商，环球出版社，也已开始为施泰因编的钢琴声乐谱刻版印刷。但这时就发生了纳粹德国对奥地利的吞并，希特勒统治了奥地利。贝尔格是反纳粹黑名单上的作曲家之一。有关《露露》的一切工作立刻被叫停。这部歌剧的头两幕版于1937年在苏黎世进行了首演。直到“二战”结束后，这部歌剧更多的制作演出才得以进行。

那么，在1945年之后，环球出版社为什么还不赶紧出版施泰因编好的第三幕的钢琴谱呢？原因出在贝尔格的遗孀海伦娜身上。她的精神似乎出了问题，变得很古怪。她宣称她正和她丈夫进行沟通。他俩每天都互相通话。他一直告诉她《露露》还没有全部完成。不仅如此，连贝尔格最亲密的朋友和同事勋伯格、威伯恩和策姆林斯基都告诉她《露露》不可能完成了——反正贝尔格太太是这么说的。

施泰因在1958年也去世了。环球出版社遵照贝尔格夫人的愿望（她也是遗产的执行人），坚决封存了有关《露露》的所有材料，不允许任何人接近它们。美国作曲家和贝尔格研究专家乔治·珀尔竭力想要查阅《露露》的原始资料，也遭到了拒绝。环球出版社还告知他，没有出版施泰因所编《露露》第三幕声乐谱的计划。

就这样此事一直拖到1963年。在那年，珀尔才获准去维也纳环球出版社的总部查阅《露露》的档案。上述缩编谱和脚本才第一次摆在了他面前。珀尔激动万分。他看到《露露》完全有可能被完成。他说，这的确不是一件很难的事。他把自己的发现写成一封长信寄给环球出版社的阿尔弗雷德·A. 卡尔慕斯。“除了第三幕第二场不超过 20 小节的音乐，”珀尔写道，“其实这也差不多写完了，《露露》的第三幕可以说已经完成了，无论音乐上、戏剧上都已完整，包括第二场五分之三的完整配器和第一场几乎相同比例的配器。”至于那几小节没写完的音乐，珀尔也发现了贝尔格写的许多标注和指示，表明这几小节根本不是“没完成”。这下没问题了，珀尔说：“在贝尔格本人提示的帮助下，我看只需要几小时的工作就能令人满意地解决这个问题了。”关于贝尔格对《露露》第三幕的计划，珀尔还指出了一点，即里面的新人物其实只是以前旧人物的翻版，其音乐也只是复制了前两幕的音乐而已。既然前两幕的音乐是被贝尔格完全谱完曲的，那么相同或相似的管弦乐配器也能实施到第三幕的相关段落中去，从而让《露露》的最终完成容易得多，因为可以“照葫芦画瓢”嘛。

珀尔当时所不知道的是，环球出版社已在 1962 年允许一位专家来完成第三幕的音乐。此人叫弗里德里希·赛尔哈，是一位奥地利作曲家、指挥家和音乐学者。当珀尔在 1963 年查阅《露露》的档案时，赛尔哈已在从事这项工作了。此事一直秘密进行，因为没人想让麻烦不断的贝尔格夫人知道此事。她在 1976 年去世了，完成《露露》的招标工作旋即开始。各地的歌剧院都想第一个上演《露露》的完整版，把它视为殊荣。巴黎歌剧院在 1979 年 2 月 24 日举行了《露露》的“全球首演”。大多数评论家和音乐家都严厉指责帕特里斯·谢罗的舞台制作，但赛尔哈完成的总谱得到了一致的好评。大家一致同意，最后一幕（第三幕）对这部歌剧的轮回实质来说是非常有必要的，是它使得《露露》完满。在此之前，《露露》还只是个胴体。随着人们在第三幕中看到露露的堕落和沉沦，尤其是在露露的最后三个顾客——教授、黑人和肢解者杰克出现之后，先前出现的那些音乐动机和相互关系才最后定型，“尘埃落定”。他们都是露露以前拉下水的那些男人的镜像反映，贝尔格使用了相同几位歌手来巩固这一点。《露露》在补完第三幕之后，变得比结构紧凑的《沃采克》更丰满、散漫了，但其整体的精彩毫不逊于《沃采克》，其中序列音乐元素的运用也特别富有表现力。

20 世纪 20 年代的威伯恩则忙着把自己的音乐风格打造成布列兹所称的“音乐的一种新的存在方式”。布列兹说，威伯恩“是探索声音与静默的辩证关系的各种可能性的第一人”，静默也是节奏细胞的组成部分。威伯恩还发展了一种新型的音高结构，再思考“把复调音乐建立在序列作曲原则基础之上这个问题”（布列兹语）。在勋伯格和贝尔格绝不会抛弃浪漫主义音乐的同时，威伯恩却彻底摒弃了浪漫主义音乐的华丽辞藻，而用单纯的调性组织作曲。可以说，威伯恩的音乐里根本就没有辞藻渲染一说。他的作曲是那么凝聚而浓缩，一曲可能只有短短几分钟，寥寥几小节。不时会有不到一分钟的作品问世。曲式也是高度集中到没法儿进行任何发展的地步。威伯恩最能言善辩的代言人布列兹指出，威伯恩采用的序列音乐作曲技术有助于他把他的音乐语汇统一起来，但没有从根本上改变他的音乐思维：他的风格早在十二音体系确立之前就已经很有革命性了，在十二音体系之后也一直保持继续革命。布列兹宣称，在威伯恩的成熟作品（创作于 1927 年至 1934 年间）中，应该包括那首《弦乐三重奏》，那部交响曲，和那首《为九件乐器而作的协奏曲》——“每件乐器都不同凡响，件件都你我互见……威伯恩在乐器的时空定位上和在乐器的互补上炉火纯青”。配器本身就呈现出一种结构上的功能。布列兹把威伯恩的贡献概括为，他的音乐是一种对音乐素材进行前所未有的精练与浓缩的艺术，在这一过程中各种关系被组织、处理得如此严密，乃至于旋律、和声甚至节奏都变得相互不能拆解、无法分离。至此，威伯恩的音乐距离奥利维耶·梅西安、弥尔顿·巴比特和布列兹本人的所谓整体音乐有机体只有一步之遥，他们的那种音乐是在“二战”结束之后不久形成的。在完全有组织的音乐中，甚至连力度、音色和休止都是用序列音乐的技法来处理的。

若不是受到纳粹和七年大战的干预，从十二音体系音乐到完全序列音乐的过渡、转变本来可能会来得更早一些的。随着希特勒的上台，第二维也纳乐派的音乐（人称勋伯格—贝尔格—威伯恩小组的音乐为第二维也纳乐派的音乐）被指控为文化布尔什维克主义而遭到禁止。贝尔格去世于 1935 年，赶在纳粹的全面恐怖形成泰山压顶之势之前。威伯恩则被迫夹着尾巴做人，为环球出版社做些编辑工作。他在 1945 年 9 月 14 日夜里被一个美国大兵意外开枪射杀，地点是米特西尔。当时这个美国兵正在执行处理一桩黑市案件的任务，而威伯恩的女婿被牵扯其中。勋伯格身为犹太人，在 1933 年被迫逃离柏林。从 1926 年起他就一直住在柏林，在那儿的普鲁士国家艺术学院任教。逃离柏林后他先去了法国，后又去到美国，在 1933 年定居波士顿，做了莫尔金（Malkin）音乐学院的教师。由于健康不佳，他一年后去了洛杉矶，在加州大学洛杉矶分校任教，并且教私人学生。1941 年他成为美国公民，把他的名字由 Schönberg 改成 Schoenberg。"我的名字将被拼写为 oe。我来到美国后把它改了，因为很少有排字工人有 o 上加两点这个字型，所以我想避免使用 Schönberg 这种拼法。"1944 年，在 70 岁的高龄，他不得不从加州大学退休，但他的养老金—— 38 美元一个月——很少，因为他才当了八年的教师。他被生活所迫必须继续教私人学生。他在加利福尼亚州生活了 17 年，其间因为当教师太忙而很少有时间作曲。尽管如此,他还是抽空写完了《小提琴协奏曲》《弦乐四重奏第四号》《第二室内乐交响曲》，为管乐队写的《主题与变奏》，钢琴协奏曲，为朗诵者、男声合唱团和乐队写的《一位华沙幸存者》等作品。他还从 1927 年起开始创作歌剧《摩西与亚伦》，到 1932 年已经完成了两幕。勋伯格很渴望早日完成《摩西与亚伦》的创作，但他最终也没能如愿。1951 年 7 月 13 日，他在洛杉矶与世长辞。

在《摩西与亚伦》中有很多勋伯格自己的影子。在他生命走向尽头之时，他很痛苦，感慨万千，强烈意识到自己的历史地位，并为自己不受重视感到愤愤不平；自己明明是个志向高远、胸怀最高理想之人,满门心思想献给世界一个新的启示（无调性音乐），却不被绝大多数人理解和接受。怪不得他要把自己的境遇和摩西联系起来。勋伯格先前已经脱离了他的宗教（犹太教），但是随着反犹太人的浪潮在德国一浪高过一浪，他又开始信仰犹太教，自豪地公示了自己的犹太人身份。1923 年，他给康定斯基写了两封有趣又说明问题的信。康定斯基是一个先锋派艺术家团体"蓝骑士"的创始人之一（其中的弗朗茨 · 马尔克总是画蓝色的马，该团体因而得名"蓝骑士"），和勋伯格有交往，两人可说是亲密朋友。第一次世界大战后，康定斯基加入了包豪斯团体[1]，据报有些包豪斯成员是反犹太主义者。但好在这些人都还很理性，他们最好的朋友里也有犹太人。1923年4月20日，勋伯格给康定斯基写了一封忧心痛楚的信："这些年来我一直被迫上着一些课，现在我终于从中汲取到一个教训，我将永远记住这个教训，即我不是一个德国人，不是一个欧洲人，也很可能连一个人也不是（欧洲人最起码是宁要他们最坏的种族也不要我），我只是一个犹太人。……我听说连康定斯基这样的人也只在犹太人的行为中看到了邪恶，而且在邪恶行为中也只有犹太人的身影。基于此，我只有放弃达成任何谅解的希望……我只希望，我所熟悉的过去的那个康定斯基与今天的这个我感到陌生的康定斯基，能够公平地分享我向他致以的亲切而充满敬意的问候。"康定斯基回了信，解释说勋伯格并不代表大多数犹太人。勋伯格一下子就火了：

> 亲爱的康定斯基：
>
> 我给您写信，是因为您说您被我的上封信深深感动了。这才是我所希望的康定斯基，尽管我还没说到第一百遍，如果他还是我的康定斯基的话，他的想象力在他的良知之眼面前应该想象出什么。因为我还没有说到，当我沿着大街行走时，每个人都瞧着我，看我到底是个犹太人还是个基督徒。这时候，我可不好告诉他们每一个人，我是一个康定斯基等人所说的犹太人中的例外。当然了，希特勒那个人是肯定不会同意他

[1]德国功能主义建筑学派。

们的说法的。

此事发生在1923年，那时候《摩西与亚伦》还没有开始创作呢。1932年勋伯格在完成了第二幕之后，就再也想象不出如何结束整部歌剧了。他陷入了一大难题，就是不知道怎样才能调和他所称的"《圣经》中某些几乎不可理喻的矛盾"。不管怎么说，勋伯格都不想尝试按照《参孙与达丽拉》的样式去创作一部《圣经》题材的歌剧。因为写那样的歌剧，就意味着你可以拿剧本任意改着玩。而在一部像《摩西与亚伦》这样的寻求某个哲学真理的歌剧中，是一定要有某种强有力的证据来支持最后结论的。"一战"结束后，勋伯格在变得非常宗教虔诚的同时（他说过："在那些年里，宗教一直是我唯一的精神支柱——这在我还是第一次坦白这一点。"），他的宗教信仰却是以伦理说教而不是外表顺从为基础的。勋伯格之所以好像对摩西特别有兴趣，是因为在《圣经》里摩西对上帝说的这样一小段话："我不是个能说会道之人，过去不是，现在也不是，即使在您已对您的仆人讲话之后，我仍是那么笨嘴拙舌。"勋伯格在他的歌剧脚本中对摩西与其兄弟亚伦做了二元性的对比。摩西看到并领会了犹太人的上帝，但却无法传达他的所见所悟。而亚伦没有多少思想、见识、洞察力，但他是个政客和煽动家，摇唇鼓舌，能言善辩，他有能力做摩西的喉舌，帮他鼓动、影响他的民众。但他只有与摩西站在一起并在摩西的鼓励下才能发挥作用。

于是出现了这样的矛盾：上帝与摩西站在一边，亚伦与民众（一群乌合之众？）站在另一边。冲突随之发生了。摩西理解上帝的唯一性，但这样的理解只有极少的人做得到。也许大众永远也理解不到这样的高度。就连和摩西如此亲密的亚伦也做好了这样的准备：万一这位精神领袖（摩西）不和他站在一边了，他就不仅要妥协,而且要退回到偶像崇拜时代。亚伦意识到,他的民众“除了感情用事一无所有”。对摩西而言，这是要受到诅咒并被革出教门的。“我的爱是给信念的，我只为信念而活着。”亚伦指出，那些刻有十诫的石碑也是偶像，“不过是整个信念的一部分”。可摩西说：“我要把这两块石碑砸碎，我还要请求上帝撤回赋予我的使命。”在第二幕的结尾，摩西绝望地倒在地上。这倒不是他怀疑唯一上帝的存在，而是他对自己不能把那个理想信念向人民解释清楚而感到绝望。“唉，语言，我缺的就是你的语言啊。”这个暗喻再清楚不过了，摩西—勋伯格最终将会找到那种“语言”吗？

勋伯格曾尝试过完成这部歌剧，他四次重写最后一幕。他曾给一位《圣经》专家写信说：“迄今我已在这里遭遇到极大的困难，由于《圣经》里的一些几乎不可理喻的矛盾。即便是这样的矛盾之处相对而言极少，使我能严格地恪守《圣经》原意，但是我仍然在此很难克服一些困难……您已在这方面做了多年的研究，您能指教我从何入手、找到解决这个问题的答案吗？迄今为止我都是自己在苦苦寻找解决办法……这个难题总是纠缠着我。”

但是勋伯格至死都没找到解决办法，《摩西与亚伦》也就始终是未完成之作。至今仍是如此。然而，它也始终是古往今来最有个性的歌剧之一；同时不幸的是，它也是那么乏味，那么一本正经，非歌剧的因素那么多，致使它可能永远调动不起广大观众的情绪。虽然从剧中可以看出，摩西—勋伯格这个人物在无声地恳求民众追随他走，绝不要怀疑上帝赋予他肩负的使命，但又暗自思忖这个使命能否被民众理解和接受。精神原则难道真能战胜物质和金钱吗？勋伯格本人倒是绝不怀疑精神原则最终能取胜。就在他开始见到黎明曙光、自己的愿景有望实现、自己的使命开始主宰世上每一个先锋派作曲家的思维的时候，他与世长辞了。如果说从 1830 年到 1860 年这个时期是早期浪漫主义时期的话，如果说 19 世纪的后半叶是瓦格纳时代的话，如果说从 1910 年到 1945 年是斯特拉文斯基时代的话，那么，从 1950 年开始的其后数十年就是勋伯格及其学派（第二维也纳乐派）的时代了。最终的回归至今还没有到来。

· 40 ·

国际性的序列主义音乐运动

——从瓦莱兹到梅西安

FROM VARÈSE TO MESSIAEN

1945年之后，勋伯格虽然仍是新音乐的守护神，但在整个西方世界俘获了作曲家们想象力的那个人已经不再是阿诺尔德·勋伯格，而是他的学生安东·威伯恩了。威伯恩音乐的那种令人难以置信的紧凑结构与他那种逻辑与音乐上的纯洁性，汇成了一股浩荡的潮流，涤荡着各国先锋派音乐家们的灵魂。突然间，音乐的发展进程就好像来了一个90度的急转弯。新的音乐大神受到了崇拜——首先就是威伯恩，接着受崇拜的是以前很神秘的人物埃德加·瓦莱兹和奥利维耶·梅西安。

音乐中的这种有序性加纯洁性的理想在那时的“时代精神”中得到了充分的展现。这就如同原子弹的爆炸、量子力学和海森堡的不确定性原理以及对外太空征服的开端把人类带入了一个新世界那样。这一新世界的音乐家们似乎渴求一种得到科学原理支撑的严密控制。突然间一种新音乐就开始应运而生。这是一种抽象的音乐，被构建得像是一台精密仪器，常常以数学理论为基础。这种音乐彻底抛弃了浪漫主义及其装饰性，它把自身构建在音响

⚜ 埃德加・瓦莱兹

作为一个天生的革命者，他寻求一种全新的音乐。

与结构的全新概念之中。

但是，任何事物，哪怕是突变体，都不可能是无源之水、无本之木。在这个新乐派音乐家的眼中，最富推动力、创造力的作曲家之一是埃德加・瓦莱兹（1883—1965）。瓦莱兹出生在法国，1915年后住在美国，他从不是一个序列音乐作曲家，但却是现代音乐运动的急先锋。他是个音乐革命家，一锤子砸烂了传统音乐的几乎所有家底，并且寻求一种全新的音乐。他曾说过："我有个挥之不去的顽固想法：应该发明一种新乐器，把音乐从平均律体系中解放出来。"他到处寻找能产生新声音的新乐器。从某种意义上说，他在电子音乐还没存在前就在创作电子音乐了。他对节奏和音色非常敏感，这方面比对传统和声的兴趣大得多，他的目标是写出“鲜活存在的纯净声音”。为了找到他的梦中乐器，他曾和俄罗斯发明家列昂·泰雷明合作过一段时间，此人发明了一种电子乐器叫“泰雷明”。瓦莱兹还和贝尔电话实验室合作过。

起初，瓦莱兹创作受《春之祭》影响的音乐。但自打1931年他写了《电离》起，他就彻底跟一切过去的音乐说“拜拜”了。《电离》是一部乐队曲，但其成员只有汽笛、打击乐器和各种电子乐器，比如当时很红火的泰雷明电子琴。瓦莱兹对《电离》的描述是：“它是我对内在节奏与音乐动机相互关系的一种研究。我也对打击乐作为这部作品构建大梁的粗门大嗓和抑扬顿挫很感兴趣。”这种音乐史无前例，其复杂的打击乐节奏、其哀鸣与嘶叫、其大大超前于当时时代的现代性，刚一问世就遭到世人嘲笑，说它是一团噪音。三年后瓦莱兹写了首长笛独奏曲，名叫《密度21.5》。它是为乔治·巴莱尔及其铂金长笛而写的，铂金的密度比重是21.5。嗣后瓦莱兹便长年沉默。

直到1954年瓦莱兹才又恢复作曲。此时磁带录音机和电子音乐正被着迷的音乐家们玩儿得不亦乐乎。瓦莱兹马上对这些新媒体加以利用，攒曲一首名叫《沙漠》，这是一首管弦乐曲，内有电子音乐的间奏。1958年，他的《电子音诗》问世，为布鲁塞尔世界博览会而作，在勒·柯布西耶新建的菲利普馆中用11个音轨和425个扬声器播出。今天，绝大多数瓦莱兹音乐作品都不演了，只有《电离》还在保留曲目单的边儿上晃悠。它作为一个历史概念有其价值，向世人展示写音乐不带旋律、和声或对位也不是不可以。这是为声音而声音的音乐，被抽风似的节奏推着走，这就是它存在的唯一理由。这一概念对序列音乐作曲家来说可是捡了个大宝贝，瓦莱兹在他们眼里就是大英雄。

还有其他冒险家。亨利·考威尔和列奥·奥恩斯坦早在“一战”期间就用音簇和极不协和音乐做过试验了。奥恩斯坦后来从公众视野中完全消失，尽管在20世纪60年代末曾有人对他的音乐重新产生过兴趣。考威尔活到高寿，成为美国音乐界的元老之一。他对民乐素材（其中许多源自亚洲）进行电子合成，把复合节奏与不协和音同主属关系的协和音一炉同冶。

但是音乐的未来不属于他们。第二次世界大战后，像法国的奥利维耶·梅西安及其弟子皮埃尔·布列兹和卡尔海因茨·施托克豪森这样的作曲家都在走不同的音乐道路。纽约的弥尔顿·巴比特也是如此。

他们在威伯恩停下的地方又出发了。对大多数年轻一代、特别是法国乐派年轻一代的作曲家来说，是威伯恩而不是勋伯格才是把音乐艺术发展到合乎逻辑的极致的那个人。没错，勋伯格是一直领路来着，但对那些20世纪50年代容易激动的年轻革命者来说，勋伯格只是个未能将潜力完全发挥的创造者。那时，年轻的比埃尔·布列兹写了一篇关于勋伯格的研究论文，并用大写字母在文中庄严宣布：勋伯格已死。用法国学派的代言人安德烈·奥戴尔的话说，勋伯格没有意识到这种新的音乐语言“是要对音乐形式进行脱胎换骨的重新评价。勋伯格是开了一条新路，但他对这条路通向何方心里没数”。至于说阿尔班·贝尔格，他只是“使用了这套新系统，而没有领会其真正的含义”。

但是威伯恩就另当别论了！法国先锋派让·巴拉凯写道，正是威伯恩“给‘复调音乐’一词赋予了更为广阔、更加深刻的内涵；他把传统的音乐组件进行了破拆和重组，使其相互联系更加紧密，建立起它们之间的平等互敬关系，以及整体的密不可分性”。序列音乐学派的诠释者们确定，威伯恩是史上第一个对无主题音乐有着清晰认识的作曲家。（无主题音乐完全没有主题，它对听惯传统音乐的人来说，就是没有旋律。）是的！少壮派作曲家们激动地宣称，威伯恩是探索以前没人涉足过的音乐新世界的第一人。

“二战”前威伯恩勤奋工作的时候，即使那些天赋极高、悟性极强的作曲家领会起他的音乐来也有困难。后来成为意大利十二音体系音乐主要代表人物的路易吉·达拉皮科拉，就经历过一次很典型的反向体验。面对威伯恩的音乐，他意识到自己正面临某种新生事物，但他就是整不明白这种音乐哪儿是头哪儿是尾。1935 年，他在布拉格国际当代音乐协会举办的音乐会上，听到了威伯恩的《协奏曲》（作品 24 号），嗣后在日记中写道：“……这是首短得难以置信的作品，只有六分钟，而且真正是高度浓缩。一切装饰元素统统去掉……我无法形成对这曲子的精准看法，这对我来说太难做到了。但有一点我好像毫不怀疑：它自成一体、独树一帜，创造了一个音乐新世界。”

威伯恩的音乐简洁短暂，但用计算机术语来说却又塞满了“信息”。它还包含某种复调音乐，让某些人想起文艺复兴时期的尼德兰乐派。这也许和威伯恩的博士论文写的是尼德兰作曲家海因里希·伊萨克不无关系。卡农式的布局设计在威伯恩的音乐中起着突出作用。他自己就说过，他的《第二康塔塔》（作品 31 号）本质上就是一首简短的弥撒曲，其末乐章的“结构恐怕是任何一个尼德兰作曲家都无法想象的。单从这一点来说，它可能就是我不得不完成的最艰巨的任务，因为它是以一个最复杂的四声部卡农为基础的”。

但是，只有具备非常老到的音乐思维的人，才能意识到这是一首卡农曲，更遑论欣赏它了。问题是任何专业人士，无论多么精通这种风格，即使反复听过，他们能接受这种音乐吗？其中许多人的回答是不能。于是一个新词“视觉音乐”便应运而生并大行其道了：这是“视觉音乐”，是一种一定要用眼睛看并在纸面乐谱上进行分析的音乐，是一种视觉感染力大于听觉感染力的音乐。

如果说许多老一辈的作曲家，比如达拉皮科拉，起初在理解威伯恩的音乐时遇到了很大的麻烦，那么在“二战”后成长起来的一代作曲新人却在他的音乐里找到了美味佳肴。这些人迅速吸收了威伯恩的新理念。但是他们具体又做了什么呢？没过多久成果就出来了。威伯恩的理论被扩展成一系列的作曲技术，风靡了整个西方世界。

1948 年，弥尔顿·巴比特在普林斯顿大学创作了他的《为钢琴而作的三首作品》和《为四件乐器而作的作品》，第一次将音乐诸元素在同一首作品里纳入序列主义音乐的轨道。这些元素有音高（排列成音列，更确切说是音组）、时值、速度、力度、音域，还有音色。换言之，其他作曲家仅在组织音符上序列化，而巴比特却不仅在音符上，也在力度、休止等所有音乐元素上统统序列化。也许只有像巴比特这样的经过数学训练和高度聪明专注的大脑才可能实施这样的特技。一旦他把具体方法展示出来了，大家立刻一拥而上群起效仿。巴比特立马成了美国序列主义音乐的领袖。

年长的作曲家里也有好事者决心把威伯恩的音乐推向顶峰。梅西安就是其中之一。梅西安是个颇为另类的作曲家，他传承了一些德彪西的东西，对自然界怀有神秘主义者的兴趣，笃信天主教，热爱各类鸟鸣和亚洲音乐。然而就是这个梅西安，在战后的巴黎却朝着序列主义音乐高歌猛进。1949 年，他写了一首钢琴曲，取名《时值与力度的模式》。这首作品的第三部分题为《四首练习曲》，它使用了四个基本元素：一个 36 个不同音高的基本模式；一个 24 个时值的模式，或称不同节奏时值的模式；一个七种不同力度的模式；一个 12 种不同键盘触键的模式。梅西安多少沿用了巴比特在其 1948 年的作品中创建的创作模式。这是一次把更多音乐元素——而不仅仅是音符音高本身序列化的尝试。

《时值与力度的模式》是首短小的作品，只有四分钟多一点，但它承载的分量却是它的时长远远比不了的。它在梅西安的优秀学生皮埃尔·布列兹的聪明大脑中点燃了序列音乐的火花，并在后来受到全世界的序列音乐家们的研究。

布列兹出生在 1925 年 3 月 26 日，他聪明，能言善辩，雄心勃勃，教条、专断。他还是个重要的指挥家和行政管理者。和巴比特一样，他也受过数学训练。但内心里音乐在召唤他，于是他去上了巴黎音乐学院。从一开始他就是个无调性主义者。他还跟勋伯格的弟子勒内·莱博维茨私下学习，这使他迈进了序列音乐的大门。他还在一个芭蕾舞团里当上了指挥。在写了他的《钢琴奏鸣曲第二号》（1948）和《无主之锤》（1954）后，他成了先锋派音乐家的领军人物之一。他的作品成了某种教科书，世界各地的先锋派作曲家都会学习研究。他还建立了序列音乐的管弦乐配器标准。在现代音乐的任何一场音乐会或艺术节上，你都能期待听到这样的合奏，内有长笛、电颤琴、宰洛林巴琴[1]、各种打击乐器，可能还有一两件弦乐器。人们注意到，在这些场合演出的音乐常常是无法听懂的，每一曲听上去都差不多，但那些音响本身还是很精美的。人们还注意到，由于大多数序列音乐作品都很短，结果在舞台上装配好打击乐器所花的时间比演奏作品所花的时间要长很多。

布列兹是个慢工出细活儿的作曲家，作品数量不多。指挥占用了他很多时间。他始终喜欢独断专行，喜欢掌控全部事务和材料。他创建了巴黎的先锋音乐“区域系列音乐会”。他在达姆施塔特——战后的先进音乐思想的中心教书。作为一名指挥家他事业辉煌，尤其擅长诠释第二维也纳乐派和其他重要的现代音乐作曲家的作品，当然也包括他自己的作品。从 1971 年到 1978 年他担任纽约爱乐乐团的首席指挥，还应邀在 1976 年的拜罗伊特音乐节百年庆典上指挥了瓦格纳的《尼伯龙根的指环》系列。他在 1964 年离开了巴黎，发誓再也不回来，但在 1976 年还是回来了，担任了现代电子音乐协调与研究所的所长。该机构得到法国政府的大力资助，至今仍是一处音乐实验中心，包括试验各种电子和计算机音乐。但是这个机构虽然对现当代音乐理论贡献颇多，却没有培养出一个让公众想象力驰骋的大牌作曲家。虽然布列兹本人已经够传奇的了，但他的音乐仍没有在保留曲目单上立住脚。像太多的序列音乐作品那样，它也是叫好不叫座，夸它的比听它的

[1] 木琴与马林巴琴的结合。

多。通常只能在专场音乐会上听到它，或在由布列兹本人指挥乐团的音乐会上听到它。

在布列兹和巴比特的领头下，20 世纪 60 年代的作曲家们也纷纷拥护整体序列音乐。他们不仅把音符音高序列化，还把时值、音色、力度、速度、强度各方面统统序列化。当然，有些著名作曲家继续用比较传统的技法创作，比如本杰明·布里顿和德米特里·肖斯塔科维奇等人。这些人的作品被演奏的次数大大多于那些新音乐的代表。但是占据报纸头条并制造轰动的却是这些先锋派，尽管公众、体制和许多音乐家都坚决地抵制这种音乐。评论家们也纷纷指出，序列音乐虽然是迄今组织最严密、最井然有序的一种音乐，其中的每个元素都经过了作曲家精心严格的组装搭配，但毕竟它听起来还是太混乱无序了。那些个聪明脑袋瓜儿付出了那么多脑力，却创造了一种不仅让公众、也让许多专业人士丈二和尚摸不着头脑的音乐。

但是从世界多地还是钻出来了一些序列音乐作曲家。在法国挑大梁的除了布列兹外，还有让·巴拉凯、莫里斯·勒鲁和吉尔贝尔·阿米。这几个人的作品没有达到家喻户晓的地步。匈牙利序列音乐的代表人物是焦尔吉·李盖蒂。德国的是汉斯·韦尔纳·亨策、吉塞黑尔·克雷贝和卡尔海因茨·施托克豪森。意大利的是席尔瓦诺·布索蒂、卢恰诺·贝里奥、路易吉·诺诺和布鲁诺·马德尔纳。在瑞士，资深作曲家弗朗克·马丁也开始试验序列音乐的织体。比利时则有昂利·布瑟尔一马当先。希腊出现了雅尼斯·克赛纳基斯。瑞典出现了波·尼尔森。波兰冒出个塔德乌什·拜厄德。英国出了个亚历山大·戈尔和汉弗雷·瑟尔。

日本有武满彻和黛敏郎。阿隆·科普兰和伊戈尔·斯特拉文斯基也用序列音乐创作技法小试一手。还有另一些作曲家并非正宗的序列音乐作曲家，但也使用过序列音乐的某些元素，比如波兰的克里斯托弗·潘德列夫斯基以及英国的彼得·麦克斯维尔·戴维斯和哈里森·伯特威斯尔。连苏联也有一帮地下的序列音乐家，包括莫斯科的艾迪森·戴尼索夫和阿尔弗雷德·施尼特克，他们克服阻挠，顶着极大的压力坚持工作。他们知道西方音乐界正发生着大事，但是收听西方广播受到极大干扰，他们没办法收听新音乐的广播，也没法搞到关于序列音乐的教科书和文集。

在这一大帮子序列音乐作曲家当中，施托克豪森被证明是最高产、最富创意的作曲家之一。他最早引起注意的作品有《作品第二号》（1953），其中所有的音乐元素都被他序列化了。接着他写了一连串引起广泛讨论的作品：《对位》（1952）、《少年之歌》（1956）、为三支管弦乐队而写的《群》（1957）、《循环》（1959）、《时段》（1964）等。在《少年之歌》中，施托克豪森是最早使用电声音乐创作的作曲家之一，还使用了失真的人声。（后来，贝里奥在这方面做得更好。）施托克豪森像布列兹一样能言善辩，他要让全世界都知道，他的音乐“没有再现部，没有变奏，没有发展部”。他说，他已经放弃了老旧的形式结构，并发展出一种新型的音乐组织。施托克豪森持续做着各种试验，包括开放形式、闭合形式、空间音乐（作品《群》里的三支管弦乐队需要三个指挥，三支乐队被安排在音乐厅里三个不同的地方）、电子音乐，以及“音响建筑”。作曲家们力图理解他的所作所为，并尝试效仿他，他的强大影响持续了很多年。

⚜ 卡尔海因茨·施托克豪森

他的晚期作品揭示出他对把形式与素材统一起来的痴迷。

20 世纪 60 年代的序列音乐所导致的“整体序列音乐”，其结果就是整体的不协和音乐，旋律在其中被完全废除，民族特色也荡然无存。一首序列音乐作品倾向于听起来与其他任何序列音乐作品一个样子，无论它出自何处。英国作曲家伊恩·哈密尔顿兴奋地说：“我们已经逃脱了主题音乐的独裁统治。”但他无论如何都不会为自己创作了令人难忘的音乐主题而感到负罪的。作曲家们不但逃脱了主题，他们也逃脱了和声。这种新音乐索性不要了和弦及其转位与变化，而用基于原始音列的线性体系取而代之。从某种意义上讲，几乎可以说音乐好像一下子跳回到了几个世纪之前，再次变成了完全的复调。

并且，事实证明了这种音乐特别难以演奏。用古典传统训练出来的音乐家没几个能从一开始就得心应手的。连专家们也得花好多时间去破解这种新的记谱法，制定出新的演奏指法、弓法，并在身体反应上做出调整。

跟随序列音乐一道出现的还有一套新的音乐术语，以及同样新奇的音乐思想的表述。作曲家们不再谈论和弦了，他们现在讨论“密度”。这种新音乐的分析家们谈论事件、场合、功能、行为姿态、音程阶层、音组、装置、周期、不确定性、集合、变量、三全音、四度和弦、六度和弦、偶然性等序列音乐的术语。在美国，专门介绍新音乐思想的官方刊物是《新音乐观察》，在里头你能读到如下这样的有趣文章，是迈克尔·卡斯勒在1963年春季号上发表的：

> R具有从D到E的单一值的作用，对D的每一个元素W来说，假如仅仅是以一对一的E的Z元素的形式存在着的话，那么它（W，Z）就成为R的一种元素。R是作为从E到D的R'关系的相应倒置。假如，仅仅是假如，R是所有元素（W，Z）的集合的话，那么，它（W，Z）也是R'的一种元素。R就具有了从D到E的一对一的作用；假如，也仅仅是假如，R具有了从D到E的单一值的作用的话，那么，R相应的倒置也就具有了从E到D的单一值的作用（在这最后一种情形里，D和E中的每一个都彼此拥有一对一的联系）。

这样的分析足以证明，要理解它就像理解那些音乐一样困难重重。就连像恩斯特·克雷耐克这样的先锋派资深成员也不得不承认，他们面对这样的音乐一头雾水、一筹莫展。克雷耐克也感到奇怪，怎么在这种新音乐中，像“灵感”这样的传统概念完全派不上用场了。他指出，序列音乐已经罢黜了灵感，因为“从某种意义上讲，预先的编排已经对音乐进程中的所有细节实行了全覆盖，因而也就排除了进一步的‘灵感性’深入挖掘……音乐的这种进化的确远离了绝大多数基本概念，而正是这些基本概念自打音乐在西方文明中崛起以来就一直左右着传统音乐的创作与鉴赏”。

但是克雷耐克的观点只代表了少数人。多数序列音乐创作技术的践行者毫不怀疑这种音乐的历史必然性。这些人为打破传统而感到自豪，其中一个名叫卢恰诺·贝里奥的是这场新音乐运动的干将之一，他以挑战的口吻说：“那些绝对性的屁话，什么对与错，美与丑，代表着调性音乐美学观的典型理性思维的那些东西，现在在理解作曲家为什么以及如何要这样想的问题上，已经完全派不上用场了。”

作曲家与公众之间开始出现鸿沟，且越来越大。20 世纪 60 年代的国际先锋派艺术界已经发展出五花八门的风格，但其实每一位序列音乐的作曲家都还是有些共同点的。比如旋律的缺位；强调音乐诸方面的横向（复调）的线性发展，而不注重音乐的纵向（和声）联系；完全的不协和性；客观性而非主观性；抽象性而非具象性。公众对这些一概不认账。但它毕竟是音乐史上的新生事物。纵观之前几百年，即使最疯狂的试验者也拥有一帮坚定的支持者，这样的新音乐在经过大约一代人的时间之后，人们看到它还算是说了什么，于是它就进入了演奏曲目单。序列音乐作曲家们经常谈论所谓文化的落后。他们说他们是在为未来而写音乐。但是问题来了：要持续多久才算是一次“文化的落后”？君不见，1950 年过去了，1960 年过去了，1970 年过去了，连 1980 年也过去了，可是勋伯格在 1912 年写的《月光下的彼埃罗》这样一部创新之作仍不能说是一部音乐会保留曲目。布列兹的《无主之锤》就更不要说了。是否也许——仅仅是也许——可以这么说：出现这样的局面，错不在公众而在作曲家身上呢？

“二战”后，序列思维垄断了先锋艺术界，但是 20 世纪五六十年代仍可见证许多其他形式的音乐创作。1945 年过后不久，巴黎的皮埃尔·谢弗尔和皮埃尔·昂利就开始了电子音乐的试验，使用的是磁带录音机和在德国发明的相关仪器。起初，他们记录并处理来自自然界的声音，包括人声。这种电子音乐的最古老形式被称为“具体音乐”。许多城市都建立了电子音乐工作室，尤以米兰、乌特莱希特和科隆等城市的工作室为甚。在位于纽约的哥伦比亚—普林斯顿的工作室里，巴比特、奥托·吕宁和弗拉基米尔·乌萨切夫斯基都在忙活着电子音乐。不久之后，序列音乐家们也开始利用电子仪器，决定利用电子合成器和计算机的以毫秒计算的程序来创造一种更为密集的音乐组织。然而对作曲家们来说很不幸的是，公众把这种最新形式的电子作曲技术视为各种电子声和纯粹噪音的混乱组合。此外还有把电子合成音乐与人声结合起来的试验，既有现场的演唱，也有经过电子处理的人声；巴比特的《夜莺》是这方面的开山之作。马里奥·达维多夫斯基是个出生在阿根廷、生活在纽约的作曲家，他利用哥伦比亚—普林斯顿大学的设备创造了一种把现场的钢琴演奏与电子声结合起来的音乐体。卢恰诺·贝里奥也利用人声和乐队与电子音乐抗衡。后来有些作曲家，如拉蒙特·扬和史蒂夫·莱希，还尝试了用音波环境来创造音乐。勒亚伦·希勒是最早用计算机作曲的人之一。查尔斯·道奇还把人声的录音带进行了计算机处理。施托克豪森也创作了一些大型的电子音乐作品。一时间，特别是在穆格电子琴发明之后，有迹象表明电子音乐可能大行其道，但是最初的兴奋不久就如昙花一现消失殆尽。今天，当作曲家们使用电子音乐时，他们多使用即兴发挥的形式，把电子设备仅当成手边的另一样乐器那样来使用。

新音乐风格的层出不穷简直让人眼花缭乱。以序列技术为基础，作曲家们又开始试验拼贴音乐，他们把过去的音乐（比如在贝里奥的《小交响曲》中有马勒的一部交响曲的片段）用现代技术加以处理，所谓“旧瓶装新酒”。还有一种“偶然音乐”，要求演奏者在作曲家设定的“素材”的框架内，加入自己的即兴发挥，这种形式曾经风靡一时。当时冒出了一些即兴演奏团体，其中美国的卢卡斯·福斯是这种风格的开拓者之一。此外还有所谓“第三流派音乐”，以冈瑟·舒勒为代表，把爵士乐与序列音乐和偶然音乐的技法糅合在一起。还有所谓“活报剧音乐”（“偶发事件音乐”），演出时小提琴被当场烧掉，或大提琴家赤身裸体演奏，或歌手胡言乱语些毫无意义的话。1956 年，雅尼斯·克赛纳基斯发明了他所谓的“随机音乐”，也就是不确定音乐，又尝试打破序列音乐的严格性。

不过，那个与不确定音乐最有缘的作曲家是约翰·凯奇（1912—1992）。

没有哪个作曲家像约翰·凯奇那样，其作品虽极少被建制内团体演奏，但其理论却产生了巨大的国际影响。凯奇曾在洛杉矶师从勋伯格学习音乐，后来成了一名音乐的达达主义者。起初他写十二音体系音乐。然后从1938年开始，他为“特调钢琴”写曲子。所谓特调钢琴，就是用金属块、橡胶或其他材料插在钢琴琴弦下面，从而改变钢琴的音色。这就是一种音乐的新声音了。伴随特调钢琴而来的，是类似瓦莱兹那种为打击乐队而写的曲子。凯奇开始与莫斯·坎宁汉舞蹈团合作，这对作曲家和舞蹈编导来说都是成果丰硕的一段经历。

凯奇的《臆想风景第三号》（1942）开辟了一个新的发展方向。该作品用音频振荡器、变速唱盘和扩音设备来演奏，生生创造出一种新型的混乱喧嚣。之后凯奇对佛教禅宗和其他东方哲学进行了一番研究，并开始把那些理念运用到自己的音乐中。从20世纪50年代初开始，他创作了一些“机遇性”占统治地位的作品。他使用根据中国的《易经》绘制的图表，并用掷硬币的方法，发展出一首名为《变之音乐》的作品。它导致了一种音乐的产生，这种音乐在史上破天荒第一次完全“无组织无纪律”。过去，所有的音乐都是有组织的音响；现在，在凯奇的《臆想风景第四号》里面，乐器们不过是12台收音机，同时播放着12个不同的广播电台的不同节目，每台收音机前有两名“演奏员”调整旋钮以改变电台和音量。当然喽，每次演奏一定要不同。凯奇还用上了录音磁带。他写了一套钢琴曲，其中的音符都是偶然机遇运作的产物，既能

⚜ 约翰·凯奇

他是不确定性音乐的传道士，反对序列音乐的数学复杂性。

当作分别的曲子演奏，也能持续地作为一首曲子来演奏。这曲子既能持续十分钟，也能持续一小时以上。他的钢琴协奏曲赋予任意不特定的一帮演奏者这样的权力：可以随便按什么顺序进行独奏、整体或者部分演奏。在凯奇最臭名昭著的作品《4 分 33 秒》里，钢琴“家”（或者任何其他演奏者们）坐在键盘前，不触键地静默 4 分 33 秒，或任何时长，悉听尊便。就这“作品”还分成三个乐章，以钢琴“家”抬起和放下琴盖为示。《4 分 33 秒》背后的创意是：观众发出的声音，周围环境的噪音，来自街上的噪音，或者不管哪儿来的声音，统统都是这部作品的内容。没人否认得了，凯奇的想象力实在太丰富了——如果不用“疯疯癫癫”这个词。

截至 20 世纪 50 年代晚期，凯奇给了他的演奏者们几乎完全自由的选择权。他写的总谱需要人数不限的演奏者和甭管什么乐器，或任何发出噪音的仪器，或无论什么电声，或随便什么动静，全都算数。他用符号来标示音乐，作品中的音符印在乐谱上都是不完整的。凯奇的音乐会上会发生一些奇异的事情，比如在一场音乐会上，凯奇调制好并喝下了一杯混合饮料，这一过程中发出的所有声音都被重重地放大，包括他吞咽的声音。这就是他的音乐了，也是纯粹的达达主义风格了。

整个西方世界的作曲家们开始拿不确定性做试验，他们不仅被这种新鲜而“自由化”的音乐处理法所吸引，也被凯奇本人迷得颠三倒四。凯奇的理念如此之放浪不羁，他写的散论那么独树一帜，他的头脑把那些构成传统音乐的陈规旧习破除得如此之干净，以至于他很快就成了一名传奇人物。他带着钢琴家大卫·都铎周游美国和欧洲，到处秀，到处指导，改变人们的观念。布列兹和施托克豪森也把不确定性音乐的元素引入自己的音乐创作。一时间，源自凯奇的不确定性音乐的偶然音乐风靡各地。偶然音乐作品都有让演奏者随心所欲自由发挥的段落，虽然需在某种结构与时间变量的框架之内。这个过程过于复杂而不便在此深究。有兴趣对此一探究竟的读者可以参阅同类书中的最佳读本——罗伯特·P. 摩根撰写的《二十世纪音乐》。

凯奇有本事让自己不费多大劲儿就引起报界的关注。无论他做什么事都成了新闻，连他搜寻蘑菇的远足都能上报纸，因为他还是个著名的真菌学家。报纸的音乐编辑们对他宠爱有加，谁知道他接下来会做出什么新的惊人之举呢？

偶然他的音乐也会被某支交响乐团演奏，但每逢此时，演奏者们都备受折磨，观众也纷纷退场。可是在先锋派的小圈子里，凯奇却是个大英雄。在当时美国的大专院校里，凯奇也是个革命青年的象征。只要他造访他们的校园，学生们就倾巢而出热烈欢迎。一个学生对评论家说，他们倒未必特别喜欢他的音乐，而是喜欢他代表了对任何已建体制的反叛精神，他们把凯奇同叛逆精神联系了起来。甚至在禁演凯奇音乐的苏联，作曲家们也会向来访的西方音乐家打探凯奇的情况。他们专心听取对方的介绍，流露出惊叹、疑惑和不敢相信的神情，同时充满向往和痴迷。

随着不确定音乐、序列音乐、偶然音乐、电子音乐等五花八门新作曲技术和风格的出现，音乐变得越来越复杂和难奏、难听了。乐器和人声遭到了史无前例的“蹂躏”。技巧的扩展使得像长笛或双簧管这样的单音乐器也能吹出和弦。作曲家们痴迷于扩展乐器和人声的极限音域。歌唱家们被要求发出远超出五线谱上限的怪声。大提琴家们被要求用指关节敲击琴板。钢琴家们被要求站起身来去拨弄里面的琴弦。新技术在打击乐演奏方面也突飞猛进。为此还得发明新的记谱法。凯奇写的总谱那么别出心裁、书写得那么优美，以至于被拿到博物馆中展览。

事情发展到这个地步，连专家们都感到绝望。如果音乐写出来没人能演奏或演唱得了，那写它还有什么用？ 1960 年，身兼指挥家、前圆号演奏家和作曲家的冈瑟·舒勒恳求人们作曲时注意作品的现实性和实用性。他说：“我想在此提出一个恳求，也许你们中间有些人会对此感到惊讶。我想恳求序列音乐作曲家们考虑一下他们为之作曲的那些乐器的内在性能和固有特点……如果你们觉得人类的声音和人类创造的乐器正在限制你们的话，那么好吧，你们为其他媒介作曲就是了，比如说电子合成器等媒介。可是请你们不要把演奏者逼上左右为难的境地，强迫他们去做他们做不到的事情。”舒勒接着举出几个由诺诺和贝里奥作曲的音乐实例，指出它们根本就不能演奏。

作曲家和公众之间的裂痕大到已经无法弥合了。弥尔顿·巴比特在 1958 年写的一篇文章中，甚至提出了这样的倡议：作曲家统统退出公众领域，然后作为一群自视清高的精英，只写彼此能懂或孤芳自赏的东西就好。刊登这篇文章的杂志编辑弃用了巴比特原先的标题《作为专家的作曲家》，换上了一个颇具煽动性的标题《谁在乎听你的音乐？》，这句话可是让那帮先锋派作曲家听着老大不舒服，可又挥之不去。

在美国，先锋派们主要都撤退到大学里去，大学向他们提供庇护场所，就像多少年前教会和贵族做的那样。在第二次世界大战期间，美国各大学向世界上一些主要音乐人物敞开了胸怀，比如勋伯格（加州大学洛杉矶分校），欣德米特（耶鲁大学），米约（米尔斯学院），纳迪娅·布朗热（拉德克里夫和威尔斯利大学），等等。接踵而来的美国重要作曲家几乎没有一个不是同某某大学或音乐学院有关的：沃尔特·辟斯顿（哈佛大学），罗杰·塞申斯（普林斯顿大学），迈尔·鲍威尔和莫顿·萨博尼克（加州艺术学院），莱昂·基尔希纳（哈佛大学），阿瑟·伯杰（布兰戴斯大学），弥尔顿·巴比特（普林斯顿大学），奥托·吕宁和马里奥·达维多夫斯基（哥伦比亚大学），罗丝·李·芬妮（密歇根大学安阿波尔分校），威廉·舒曼和彼得·门宁（茱莉亚音乐学院），拉尔夫·谢皮（芝加哥大学），萨尔瓦多·马提拉诺（伊利诺伊大学），乔治·克兰姆（宾夕法尼亚大学），威廉·博尔科姆（密歇根大学），波林·奥利维罗斯（加州大学圣迭戈分校），胡戈·魏斯加尔（纽约城市大学皇后学院），唐纳德·马蒂诺（普林斯顿大学、耶鲁大学、新英格兰音乐学院、哈佛大学），安德鲁·英布里（旧金山音乐学院），雅各布·德鲁克曼（茱莉亚大学和耶鲁大学）……这份名单很容易加倍。

序列音乐经过30多年“狂飙突进运动”似的迅猛发展，最后总算在呜咽声中偃旗息鼓了。经过大约25年的创作、宣传、推广、激辩以及公关，产生了大量现当代音乐作品的录音产品。那么在其中，又有多少十二音体系或序列音乐的作品进入了现今国际的保留曲目单呢？反正让我一下子就能想起来的只有三部：贝尔格的《抒情组曲》、《露露》和《小提琴协奏曲》（《沃采克》只有部分是序列音乐）。仅此而已。

有一个身为序列音乐开拓者的作曲家，梅西安，似乎有很好的机会冲上保留曲目榜单。他可以说是以序列音乐起家，但不久就放弃了序列作曲技术，转而去搞一种集现代主义、仿古风格、异教信仰、天主教和泛神论于一身的混合音乐。此外还有鸟类学。

梅西安于1908年12月10日出生在阿维尼翁，于1992年4月27日逝世于巴黎。他在十二音体系的风格中加入了极强的个性。尽管他写的《时值与力度的模式》很有助于把萌芽的序列主义音乐高高兴兴地送上路，但他却基本抛弃了序列主义，去搞一些神秘兮兮、经常是宗教色彩很浓的曲子，最后搞成不属于任何音乐

⚜ 奥利维耶·梅西安

作曲家在自家花园里，为创作一部作品把鸟儿的鸣唱转换成音符。

流派。他写的一些作品却进入了保留曲目单。

梅西安大约七岁的时候就开始作曲了，他曾在南特学习，11岁时就进入了巴黎音乐学院。后来他成了巴黎三一教堂的管风琴师，在那儿一待就是40多年。他还在巴黎高等师范学校和圣乐学校教书。他在第二次世界大战期间被俘，在西里西亚的一所战俘营里创作了他的《时间终结四重奏》（为单簧管、小提琴、大提琴和钢琴而作）。该曲成为他较受欢迎的作品之一。从战俘营里出来后，他当上了巴黎音乐学院的和声学教授，后来被聘为该院作曲教授。他与钢琴家伊冯娜·洛里奥结婚，妻子成为丈夫音乐的权威演绎者。那些年他还到处奔波记录鸟儿叫声，鸟叫声成为他的音乐的基础部分。他在1956年创作的《异域鸟儿》也许是他的鸟鸣乐曲中最有名的一首。其实，鸟鸣在他几乎所有的曲子中都占据重要地位。

1949年，梅西安在美国第一次得到了公众的认可，这是因为他写了巨作《图伦加利拉交响曲》(演奏大约用了一个半小时)。该曲是由谢尔盖·库塞维茨基和波士顿交响乐团委托他写的，首演的指挥是年轻的伦纳德·伯恩斯坦。梅西安成为当时最受公众关注的作曲家之一。他到处旅行，而且长寿到看见自己的作品在世界各地演出。

梅西安的音乐以色彩，尤其以节奏鲜明而著称。他的学生布列兹认为，梅西安的真正发现是在节奏领域。布列兹说："我们应该感谢梅西安创造了一种有意识的时值技巧，这种技巧以他对单声部圣咏、印度音乐节奏和斯特拉文斯基的音乐的透彻研究为基础。"他还说，梅西安"应该被视为西方音乐的第一位伟大的节奏理论家"。

梅西安应该会同意这一说法。他也说自己是一个"作曲家和节奏专家"。他曾研究过古希腊和印度的音乐节奏，一直到斯特拉文斯基和复合节奏为止。他甚至写了本书专谈节奏：《我的音乐语言之技巧》。一家报纸采访时他说，他不是按照小节线写音乐的，"我彻底藐视均匀的节拍，也就是匀速。所以我不仅讨厌军乐，我还鄙视爵士乐，就因为它依赖均匀的节拍。我的音乐依赖的是不均匀、不对称的节拍，就像自然界里的情形一样。自然界的潺潺流水是不均匀的，树枝的摇摆是不均匀的，云彩的飘移也是不匀称的"。

梅西安也好像具有通感能力，至少他宣称在作曲时他总能看到不同色彩。（但他没像斯克里亚宾那样，搞出一套不同色彩与不同调性之间关系的色彩图。）他有一首管弦乐曲名叫《时间颜色》（1960），就以色彩作为构建这部作品的基础。梅西安的宗教性则反映在像《阿门幻景》（为双钢琴而作）和《二十首凝视圣婴》（钢琴独奏）这样的作品里。梅西安对《纽约时报》说："我想让我的作曲成为表达信仰的行为，我想让我的音乐无论关于什么，里面都有上帝。"许多音乐家都厌恶他这种音乐，斯特拉文斯基称之为"一堆艺术渣滓"，艾略特·卡特认为它"被评价过高，乏味而粗鄙"。可是听众偏就接受了梅西安的音乐。

在梅西安的音乐中，时间常常是停滞的。他的歌剧《阿西西的圣方济各》1986 年在巴黎上演，竟然持续了六个小时，也并没有很受欢迎。《纽约时报》的约翰·洛克威尔说它"过于豪华奢侈，不切合实际，最终对大多数歌剧院来说，它太过放任自己了"。梅西安为管弦乐队写的《我主耶稣之变形》和《图伦加利拉交响曲》一样长，也是一个半小时。当它 1972 年在纽约上演时（由安塔尔·多拉蒂指挥美国国家交响乐团），《时代》杂志的评论员指出："任何包含（仅部分举例）阿尔卑斯山鸦、黄鹂、斑纹猫头鹰、岩石画眉、阿尔卑斯鸣鸟、蓝色模仿鸟、石板色独居鸟、热带模仿鸟、黑顶鹰、橄榄树鹰、蜡嘴鸟、红翅雀、红尾鸟、伯奈里鹰等鸟鸣的音乐作品，从鸟类学的角度讲都绝对是超一流的作品。"该评论员喜欢这部作品，把它描述成"一部具有非凡多样性和独创性的、激动人心的音乐作品。从某种意义上讲，梅西安把过去 20 年的许多相互冲突的音乐流派融合到一起，并从中开创出充满个性的新作品。《我主耶稣之变形》的新意不在于其中的鸟鸣和其他备受宣传的梅西安秘籍。不，重点不在那儿，而在于他具有真正的创造脉动，它把乐谱搞得生机勃勃、意趣盎然，并让它作为纯音乐歌唱起来”。

无论你怎样评价梅西安的音乐，无论他最终在音乐史上占什么位置，梅西安的创作都是极富个性的。是否可说他是他那个时代的柏辽兹呢？无论怎样，他都是当时第一位主要的回归以调性音乐为基础的先锋派作曲家（虽然他的部分音乐可能是不协和的），并在回归过程中吸引了大批普通听众。对新一代开始成熟的人们来说，有一课也许还是应该学学，那就是在 20 世纪 70 年代，开始出现了全球范围的逃离序列主义的运动。

新的折中主义风格

——从卡特到简约主义

FROM CARTER TO THE MINIMALISTS

就好像平地突然刮起一阵旋风似的，那些受过序列音乐作曲技术训练的年轻作曲家突然就开始捶胸顿足地哀号说自己错了。当科普兰放弃抽象音乐改作民族芭蕾音乐的时候，他们看到了势态的改变。从一个作品上演多少有些勉强的作曲家，科普兰一个华丽转身成了作品演奏最多的美国作曲家，他的音乐不再仅仅是被人尊重，也被人爱了。（科普兰也许是美国乐派的领袖，但他早期创作的作品从没吸引过大众。）现在年轻一代作曲家们也看到了梅西安的作品开始进入国际曲目单，被世界上那些主要的乐团和室内乐团上演，也许这是他们该学的一课？

于是乎大家又开始回归主调音乐了。作曲家们终于明白了，在真空中创作是没有出路的。他们现在想为人民而不是互相服务了。大卫·戴尔·特雷迪齐在《纽约时报》的一次采访中对约翰·洛克威尔说："《最后的爱丽丝》的成功使我明确了谁才是我真正的朋友。我知道许多作曲家都把成功视为一种（对个性和创造性的）威胁。他们觉得，如果没人成功，大家都在一条船上同

⚜ 艾略特·卡特

一位很受尊重乃至敬仰的作曲家，写了一些极其复杂的作品。

舟共济，这多好呀……在我这一代作曲家当中，大家都认为拥有听众是庸俗的事情，作品第一次就让人听懂未免太俗。但是，我们为什么要写音乐？难道不就是为了感动人民和表达自我吗？把感动我们的再去感动别人吗？不为了这个，写音乐干吗？……观众才是沉睡的巨人。”

当然也有坚守阵地死不悔改的。布列兹和巴比特坚持与序列音乐为伍，固执地走老路。在美国，罗杰·塞申斯、艾略特·卡特和斯特凡·沃尔普继续攒那些费解的不协和乐谱。这三位在专业圈儿里最终成了经典。他们成了受尊重甚至受崇拜的人物。他们中最受欢迎的是卡特，他那毫不妥协、组装华丽、配置精致、节奏复杂的音乐结构和强大洪亮的音响赢得了人们的佩服——如果不是喜爱的话。

艾略特·卡特1908年12月11日出生在纽约。他先在巴黎高等师范学校就学，并和大多数美国作曲家一样师从纳迪娅·布朗热。后来他在美国一些院校教过课。1953年他的《弦乐四重奏第一号》在列日国际比赛中获得头奖，他因此出了名。作曲委托和其他奖项也来找他了，包括一项普利策奖（因其《弦乐四重奏第二号》)。他开始创作密度异常的复合节奏音乐，各种乐器在其中好像自行其是、各行其道，只有具备睿智头脑的最老练的专业人士才能明白其中的各种主题和节奏关系。

他的《弦乐四重奏第三号》创作于1973年，我们就以它为例。这个曲子以两组二重奏的形式来演奏，小提琴和中提琴为一组，相对于小提琴和大提琴的另一组。这两组互相抗衡，各行其是，偶尔走到一起，然后分道扬镳。如此分合往复。曲子一开始，二重奏第一组和二重奏第二组各有不同的速度标记，以及两套完全不同的节奏设计。第一组二重奏的那把小提琴演奏一连串的三连音，同时同组的那把中提琴演奏五连音群与之对比。在另一组二重奏里，小提琴和大提琴用12/8拍与第一组齐头并进。力度是"极强"，所有乐器都充满双音和三个音同时发出的鸣响，音乐织体是彻底的无调性。克劳斯·亚当当时是茱莉亚四重奏组的大提琴家，他参加了这首作品的首演，他在一次公开排练中告诉观众，尽管他们这个四重奏组已经首演过不知多少现代作品，但卡特的这首作品是他们最难对付的一首。亚当说："25年来我们一直在训练自己相互倾听的能力，可现在我们却不得不训练自己不相互听的能力。"

这是单纯的为难而难吗？这难道就是为未来的演奏者和听众

写的音乐吗？还是彻底的死路一条？卡特的欣赏者们坚称，他是个拥有无与伦比的技术和心智完整性的作曲家，是这一代作曲家中伟大的音乐思想者之一。其他人则对这个“伟大”作曲家嗤之以鼻：他的音乐没有激起现场听众的哪怕一丁点儿的兴趣。

无论如何，许多新一代作曲家的感觉都是：卡特的序列音乐和复合节奏的不协和音乐看来是失败了。约翰·凯奇及其虚无主义的音乐解构运动走进了死胡同。以后怎么办？音乐朝哪儿走？20世纪70年代的作曲家们几乎就剩下发表宣言，说他们在以往糟糕的音乐创作的基础上已经无事可做了。他们说，必须重建作曲家与听众之间的沟通渠道。两者的交流必须恢复。许多观察家也觉出了这一点，但积重难返，用约翰·弥尔顿的话反过来说，就是新教士只是旧长老的换汤不换药。许多旧长老陷入旧习的泥沼太深，不可能完全脱离出来成为新教士。但是也有一批新生力量强烈感受到了局势危在旦夕，便奋起尝试做出改变。

一道折中主义的新曙光伴随着新浪漫主义的彩霞，出现在天边。本杰明·布里顿（1913—1976）以其《安魂交响曲》《灵光篇》和为米开朗基罗的诗歌谱的曲，早在“二战”前就已经出名了，并且此后风格就基本没有改变过。后来他又创作了《圣诞颂歌仪式》《小夜曲》，尤其是歌剧《彼得·格莱姆斯》（1945），使他成为世界上最有名和最重要的作曲家之一。他又写了一些更成功的歌剧——《阿尔贝·埃林》《卢克莱修受辱记》《仲夏夜之梦》《比利·巴德》《命终威尼斯》；还写了如《年轻人的管弦乐队指南》和《简单交响曲》等管弦乐曲；还有大型合唱作品《战争安魂曲》，以及歌曲、室内乐、芭蕾音乐和为孩子写的音乐。布里顿的音乐

⚜ 彼得·马克斯威尔·戴维斯

他是折中主义大师，成功地把序列主义与新浪漫主义不同凡响地融合了起来。

可说是折中加保守，因为它大多都有牢固的调性音乐基础，加上一些前卫的技巧。不过由于他的个性十足，他创造了一种高度个性化的作曲风格，写下的许多作品也似乎牢牢占据了保留曲目单。

布里顿的继承人是彼得·马克斯威尔·戴维斯（1934 年出生在英格兰），他证明了作曲家不一定非要降低标准或者屈膝迎合才能创作既高度先锋又能被公众接受的音乐。从表面看，戴维斯好像是彻头彻尾的折中主义者。在他写的《武士歌》（1968）或《疯王之歌八首》（1969）里，他把不协和音乐与单声部圣咏、爵士乐、拉格曲调（raga，一种印度的曲调型，约 5 世纪出现）、百老汇歌舞音乐、序列音乐以及文艺复兴时期的复调音乐全都掺和起来。这可是很刺激的掺和，古怪、奇特但很抓人，充满独特性。他还为独舞和小管弦乐队写了剧场作品《维塞利的肖像》，堪称一首有关十字架苦路各站和反基督者出现的舞蹈练习曲。在这部作品中，梅西安的音乐也来凑份子，爵士乐和滑稽模仿的成分以及调式与电子音乐的元素也一样不少。它是部怪怪的、让人不安的作品。他在 1976 年写的交响曲雄心勃勃，好像退回到完全不协和与抽象的作曲风格。但总的来说,戴维斯的音乐个性强烈,乐如其人,非常“做自己”。

1970 年之后的那段岁月里，有一个所有风格的集大成者，此人就是俄罗斯人阿尔弗雷德·施尼特克。他 1934 年出生在伏尔加河畔的恩格尔斯，走上音乐之路的时间不算早。那是他 12 岁时在维也纳，那时他父亲作为俄罗斯军队的翻译官驻扎在那里。小施尼特克在那儿开始学钢琴，很快发现音乐要成为自己一生的追求。回到莫斯科后，施尼特克进了莫斯科音乐学院，1961 年后也在那里教书。那时他对序列音乐和电子音乐很感兴趣，但不久就一头钻进了一种他称为“多重风格”的作曲方法（难道这不是“折中主义”一词的一个多音节的代名词吗？）中。这意味着他把路遇的一切尽收囊中，然后把这些素材整成一种充满个性的音乐。他使用了爵士乐、偶然乐、序列乐、教堂乐……音乐的同音异名、逆行发展、抽象拼贴、滑稽模仿……各种手段。同期的其他作曲家也可以一样折中，譬如彼得·马克斯威尔·戴维斯。但他们都倾向于发出疲软衰竭或矫揉造作的声音，相形之下，施尼特克的音乐充满俄罗斯人的丰沛情感和外向的博大视野。

施尼特克的才华未免也太大了，连奉行社会主义的现实主义的苏联也不敢忽视。不过即使演出施尼特克的音乐，十有八九也是在较小的地方演出。苏联作曲家联合会的意识形态理论家们是不会让如此严重偏离社会主义现实主义原则的音乐被敏感的莫斯科人的耳朵和政治异见人士听到的。直到 1980 年，施尼特克的一

⚜ 阿尔弗雷德·施尼特克

他把路遇的一切尽收囊中，然后把它们整理成一种充满个性的音乐。

部主要作品才在莫斯科的一座主要音乐厅里上演。这就是他的《安魂弥撒》。到那时，施尼特克已经是苏联毫无争议的最有名的非主流作曲家。他的音乐开始在各地巡演。比如在 1982 年，他的作品在纽约的爱丽丝·塔里大厅占据了整个一晚上。

随着社会主义阵营的解体，施尼特克移居汉堡。他是个极其高产的作曲家，什么体裁的音乐都写，包括歌剧。两次中风居然没有影响他的生产力。截至 1995 年，他已经写了八部交响曲，大量室内乐，大量钢琴曲，为各种乐器都写了协奏曲，许多康塔塔，还有电影音乐，等等。

他的和声语言从协和音乐发展到序列音乐，再到他的多重风格音乐，着实让一些评论家头疼不已。他们都想知道，施尼特克到底想要代表什么。对于美国音乐学家和评论家理夏德·塔鲁斯金来说，“施尼特克的巴别塔并不指望得到普世的认可和接受，而是几乎正相反，它表示了一种文化上的疏离态度，好像在宣布：‘我对谁都不效忠。’”

的确，正如塔鲁斯金指出的那样，在施尼特克的音乐中确有很多“顽劣的”成分。其中有些似乎是为了“敲断资产阶级的腿”而写的，它们像是在说：“瞧瞧我有多淘气！”但是这顽劣无礼的坏笑也能转变成思想的深度和情感的深沉，让听众意识到在施尼特克的血液中也流淌着的陀思妥耶夫斯基和穆索尔斯基的血液。他还是有东西要传达的。正所谓，没有任何真正的成功像成功（所有成功都是不像成功的）。在笔者写到这里的时候（1996 年），施尼特克已成了用先锋手法写音乐的在世作曲家当中，得到最多演奏和录音的一位。

在美国，乔治·克伦姆（1929 年出生）在 20 世纪 60 年代也吸引了广泛的关注，他的《时光与河流的回声》《儿童古声》等作品颇有听众。它们使用简朴的旋律，经常源自异国他乡（尤其是印度），再用十分丰富细腻的器乐色彩加以调制（该作曲家对音乐色彩的感觉那是了得）。还有个乔治·罗赫伯格（1918 年出生），他抛弃了序列主义，转而在其弦乐四重奏和其他作品中回归晚期贝多芬和马勒的技术风格。大卫·戴尔·特雷迪齐（1937 年出生）以前也是个序列主义者，后来开始写像《爱丽丝漫游仙境》那样的音乐，使用大型管弦乐队和源自马勒的晚期浪漫主义音乐语言。这些作品还展示滑稽模仿的元素，喷吐串串不协和音。听众倒也爱上了它们。当特雷迪齐的《最后的爱丽丝》在美国各大音乐厅巡演的时候，人们注意到观众边哼着爱丽丝主题边走出音乐厅。这样的景象以前从没发生在“现代音乐”身上。

女性作曲家也开始引起关注。在英国有资深的女作曲家伊丽莎白·马康奇（1907 年出生）和西雅·马斯格雷夫（1928 年出生），前者擅长写受到巴托克影响的室内乐作品，后者写歌剧。在俄罗斯，索菲娅·古拜杜丽娜（1931 年出生）以严肃认真的态度创作一种非常前卫的无调性音乐（但又融合了协和音乐和神秘主义的元素），因而引起了国际上的注意。她宣称自己“为服务上帝”而作曲。她最初也是序列主义者，后来转向更具个人风格的创作，利用了混合媒体、电子乐、一架色彩管风琴和强烈的不协和音。她的音乐对苏联体制来说太过现代了，因此几乎没被演出过，她的名声也主要是靠口口相传而为人所知的。1989 年巨变后她的作品才在她祖国和西方演出。它们给观众留下强烈印象。她最著名的作品之一是给吉顿·克莱默写的小提琴协奏曲，后者把它演遍了世界。这首曲子回顾了巴赫，主题来自巴赫的《音乐的奉献》，在全曲中占据突出位置；但是音乐语言和创作手法却是锋芒毕露地现代。大提琴家兼指挥家姆斯季斯拉夫·罗斯特罗波维奇认为，古拜杜丽娜是普罗科菲耶夫和肖斯塔科维奇之后最重要的俄罗斯作曲家。

在美国，女性作曲家也独当一面，与男性同行比翼齐飞，计有波琳·奥利维罗斯（1932 年出生）、埃莲·塔弗·茨威利希（1939 年出生）、麦瑞迪丝·蒙克（1943 年出生）等。奥利维罗斯为舞蹈和其他戏剧舞台活动写混合媒体音乐。茨威利希曾师从卡特与塞申斯，她是茱莉亚音乐学院第一个取得作曲博士学位的女性，

⚜ 埃莲·塔弗·茨威利希

她的音乐总是那么殷实和可靠。

也是第一个在音乐上荣获普利策奖的人（1983年因其《第一交响曲》获奖）。她代表的是一种经过折中的现代主义音乐风格，也就是在从巴托克到序列音乐的一种改良型之间做出调和。她的音乐总是坚实可信赖的，听众听着感觉很舒服。蒙克出生在秘鲁，但学音乐在美国，她擅长为剧院作曲，经常与编舞者和电影制片人合作。她还组建了自己的合唱团，所用素材从流行乐到少数族群音乐到简约主义风格，包罗万象。她的歌剧《地图册》可谓别出心裁，根本没有歌词，只有声乐的哼鸣，却能始终抓住观众的注意力。

在使用简约主义风格方面，蒙克可说是代表了20世纪70年代及以后的一股国际大潮。如同第二次世界大战后序列主义音乐的意外出现一样，简约主义也是不期而至的一种音乐风格。序列音乐是人脑所能构思出来的最为复杂、不协和、高度缜密构筑且完全智能化的一种音乐；而简约主义风格的音乐则最为简单，仅以普通的自然三和弦为基础，经过一点点的缓慢扭曲变形而最终形成。

简约主义风格的音乐起源于对序列主义音乐的复杂性的反抗，它的早期践行者有拉蒙特·扬、特里·莱利和史蒂夫·赖克。莱利的《C调》曾在20世纪60年代的一次现代音乐节上由莱纳德·伯恩斯坦指挥演出过。这个作品只以一个单音C为基础，用各种不同的乐器演奏同样的音型，演奏时间却长达45分钟。当时纽约爱乐乐团的音乐家们一头雾水，不知道它想要表达什么。听众也不知道怎样接受它。演奏开始不一会儿，观众便发出阵阵神经质的咯咯笑，接着他们就拥向大厅的各个出口。

史蒂夫·赖克发明了一种叫作移位（phase shifting）的技术，也就是一个音符或和弦，或者一个不断重复的音型，被几台磁带录音机用不同的慢速度来播放，这样它们最终会有一点不同步不协调，然后又同步起来。和声与旋律被废除了。一些感到好笑或沮丧的评论家写文章，把这种厌世的新音乐理念当作一种审美观来加以探讨。

最成功的简约主义作曲家是菲利普·格拉斯和约翰·亚当斯。这两人都创作歌剧，里面几乎没有任何乐章。这是一种音型音乐，由强迫性的重复来标注。亚当斯似乎偏爱时事性的剧本，在他写的歌剧《尼克松在中国》（1987）中，亚当斯尝试演绎那位美国总统的远见卓识，而亨利·基辛格则被写成一个坏人、滑稽的小丑。他的另一部歌剧《克林霍弗之死》（1991）讲述了在豪华游轮“阿基利·劳罗”号上恐怖分子谋杀一位犹太旅客的事件。格拉斯比亚当斯还要成功，他的三部戏剧作品《爱因斯坦在海滩上》（1975）、《不合作主义》（1980）和《阿克纳登》（1983）曾在世界上的许多歌剧院上演。

简约音乐尤其受到年轻人的青睐，被认为是一种时尚。对那些不喜欢现代音乐的人来说它就是现代音乐。人们可以听着这种持续音型的流动而根本没有理性的（心智的）曲调在里面。确实，这种音乐是反理性的。它还是一种催眠性质的精神抚慰剂，让人感到就像在声音的羊水里漂浮。正像波普艺术和光效应艺术在几年前被人接受那样，简约主义音乐也在某些评论圈子里受到了高度认可，它的听众舒舒服服地听着它，享受置身在最时髦、最前卫艺术中的乐趣，分享着这种得到了承认和赞赏的、可靠的审美现象。从许多方面来说，简约主义其实是可以被定义为新巴洛克风格的。相当一大部分的巴洛克音乐（巴赫和亨德尔总是例外的）就像简约音乐一样，也是音型的音乐。典型的维瓦尔第、科莱利、洛卡泰里或盖米尼亚尼的大协奏曲大多是缺乏个性或想象力的。它们只是沿着纯粹连续性的、可预见的旋律音型行进，其和声大都局限在主、属和下属和弦里面。听者可以在任何段落开始听，并猜得出后面的音型走向。

这样的音乐其实就是背景音乐。在20世纪50年代初这样的音乐也许是绝对时尚的音乐。巴洛克音乐的部分魅力就在于你可以轻松听着它而无须动脑子去想。它存在的理由在于把你裹入纯净无害的乐音当中，音乐中忙碌的音型行进起伏波动，并不真想表达什么意思，只是叮叮咚咚地行进下去。对那些普通的音乐爱好者来说，这就是置身在“古典音乐”的环境中啦，它让你随意产生些幻想，让你喜欢上它。在这个巨大、虚无缥缈的温柔音乐之乡里，说到底还有什么不让人喜欢的呢？

简约主义的音乐也是如此，而且在和声上，它比三个和弦的巴洛克音乐更不冒险，比巴洛克音乐更少发展。尽管如此，简约音乐还是赢得了一些听众，这点可不像序列音乐或不确定音乐。1995 年，简约音乐成了先进或倒退的——取决于你怎么看它——音乐思想的最受欢迎的代表。这让我想起了亨里克·格雷茨基的《第三交响曲》，它只是极简单音乐元素的不断重复，却演奏时长将近一个小时，完了听众还对它报以歇斯底里的疯狂反应。它还荣登当时的现代音乐作品排行榜的榜首。它的成功促使格雷茨基写出其他作品，但经过尝试都没让听众满意，乏善可陈。有人想到了流行艺术，难道简约音乐与它有着同样的保质期？不管怎么说，许多作曲家都对这个现象大惑不解。其中有些人最后索性不再困惑，干脆倒向胜利者一边便是。

与简约音乐的现象有些相似，也是在突然之间，人们开始热捧死了几百年的作曲家，出现了欣赏格里高利圣咏的时尚风潮。世界各地的年轻人发现了早期基督教会僧侣们演唱的这种和谐悦耳的应答轮唱赞美诗。与简约音乐相似，这种音乐也拥有平稳行进的音型，没什么旋律和变奏，谈不上有什么节奏，只使用最简单的方法和资源。当时登上 CD 唱片最畅销排行榜榜首的就有由西班牙僧侣演唱的《圣咏》。还有一张唱片由唱片公司命名为《狂喜的圣歌》，演唱的是宾根的希尔德加德写的作品，其低吟的应答

⚜ 宾根的希尔德加德

宗教、神秘主义和某种催眠性的精神世界。

轮唱齐唱十分悦耳迷人。（试想一下，若不是有个优秀的广告公司给它起了个好名，它还能卖得那么好吗？）希尔德加德出生于1098年，卒于1179年。他死后过了那么多年，现在终于得到了传世盛名。且不论这些现代演出是否本真，反正它们让敏感、怀旧的听众领略到了远逝的过去的古典美。这样的音乐同宗教、神秘主义和某种催眠性的精神性有深刻渊源。听这种音乐也没必要专注，因为在这种几乎没有轮廓的音乐里，实在没有什么动机可以抓住。难道说是近千年前的教会发明了简约音乐不成？（20世纪90年代，如威廉·克里斯蒂领导的“昌盛艺术团”这样的一些团体，曾经成功复兴过由吕利和马克－安托万·夏庞蒂埃写的歌剧，不过这是另一码事。他们的音乐都是用法国的巴洛克风格写成，所有的音乐爱好者都会接受这种音乐语言。大约在同期，亨德尔的歌剧也得到了“出土”、演出、录音和欢呼。）

罗伯特·P. 摩根在其包罗万象的著作《二十世纪音乐》的最后一章里，探讨了20世纪70年代后大量现代音乐中的多元性。那一时期的特点是，“出现了西方音乐史上前所未有的作曲技法与审美观念的多元化现象。甚至连什么是音乐、什么不是音乐这样的基本区分标准也快要不复存在了。不同种类音乐之间的界线也经常被淡化到模糊不清的地步”。林林总总的音乐风格不仅同时并存，而且还“互相侵蚀、渗透、冲击，或直接或间接；还经常完全重叠、交织在一起……当代音乐的这种极端多元化似乎还暗示，当下时期实际上不存在自身的音乐文化”。

摩根继而总结道：“当下音乐生活的开放性和折中性的取得，是以损害共有的信仰和价值体系以及共同的艺术关注为代价的。当代音乐已经隔绝于社会大局，它同抗击它的极端战略一样，都是当下社会一些病症的反映……无论你对你听到的是喜欢还是不喜欢，当代音乐都忠实而尖锐反映了我们这个时代的杂乱无章和无所用心的现状……至少，在当代人的思想意识发生深刻变化之前，音乐似乎都将保持它多元化和无核心的现状。因为要想音乐变，世界也将不得不变。”

这实际上也就多少补遗了我的这部《伟大作曲家的生活》的第一版和第二版，是为其结语：“这是一段为期35年的、有趣、疯狂而极度多产的历史时期——只是它已经走进了死胡同。无论原因有多么复杂，‘二战’后的那个时期以及随后的几十年都见证了伟大作曲家序列的一个断层。历史曾有过从蒙特威尔第经由伊戈尔·斯特拉文斯基再到阿诺尔德·勋伯格的这样一支强大而个性十足的作曲家队伍，而这个队伍到此处就断掉了。”

鸣呼哀哉，这段话至今仍是事实。

参考书目

Baker's Biographical Dictionary of Music and Musicians, ed. Nicolas Slonimsky. 7th ed., New York, 1990.

Burney, Charles. *Dr. Burney's Musical Tours through Europe*. 2 vols., ed. Percy Scholes. Reprint ed., London, 1959.

———. *A General History of Music*. 2 vols., ed. Frank Mercer. Reprint ed., New York, 1967.

Dwight's Journal of Music, 1852–1881. 41 vols. Reprint ed., New York, 1968.

Grout, Donald J. *A Short History of Opera*. 2nd ed., New York, 1965.

Lang, Paul Henry. *Music in Western Civilization*. New York, 1941.

Morgenstern, Sam, ed. *Composers on Music*. New York, 1956.

Nettl, Paul. *The Book of Musical Documents*. New York, 1948.

———. *Forgotten Musicians*. New York, 1951.

The New Grove Dictionary of Music and Musicians. ed. Stanley Sadie in 20 vols. London, 1980.

Slonimsky, Nicolas. *Music Since 1900*. 4th ed., New York, 1971.

Strunk, Oliver. *Source Readings in Music History*. New York, 1950.

Tovey, Donald Francis. *The Main Stream of Music and Other Essays*. Reprint of 1949 ed., New York, 1977.

Weiss, Piero, ed. *Letters of Composers through Six Centuries*. Philadelphia, 1967.

Zoff, Otto, ed. *Great Composers through the Eyes of Their Contemporaries*. New York, 1951.

1. 歌剧的先驱——克劳迪奥·蒙特威尔第

Arnold, Denis. *Monteverdi*. London, 1963.

———, and Nigel Fortune. *The Monteverdi Companion*. New York, 1968.

Einstein, Alfred. *The Italian Madrigal*. 3 vols. Princeton, New Jersey, 1949.

Prunières, Henry. *Monteverdi: His Life and Work*. Reprint ed., Magnolia, Massachusetts, 1973.

Redlich, Hans F. *Claudio Monteverdi: Life and Works*. London, 1952.

Schrade, Leo. *Monteverdi, Creator of Modern Music*. New York, 1960.

2. 巴洛克时代的理想化身——约翰·塞巴斯蒂安·巴赫

Bodky, Erwin. *The Interpretation of Bach's Keyboard Works.* Cambridge, Massachusetts, 1960; reprint ed., Westport, Connecticut, 1976.
Bukofzer, Manfred. *Music in the Baroque Era*. New York, 1947.
Dart, Thurston. *The Interpretation of Music.* New York, 1969.
David, Hans T., and Arthur Mendel. *The Bach Reader.* New York, 1966.
Donington, Robert. *The Interpretation of Early Music.* New York, 1963.
Geiringer, Karl. *The Bach Family.* New York, 1954.
———. *Johann Sebastian Bach.* New York, 1966.
Hutchings, Arthur J. B. *The Baroque Concerto.* New York, 1961.
Keller, Hermann. *The Well-Tempered Clavier by Johann Sebastian Bach,* trans. Leigh Gerdine. New York, 1977.
Kirkpatrick, Ralph. *Domenico Scarlatti*. New York, 1968.
Neumann, Frederick. *Ornamentation in Baroque and Post-Baroque Music, With Special Emphasis on J. S. Bach*. Princeton, New Jersey, 1978.
Schweitzer, Albert. *J. S. Bach*. 2 vols. New York, 1966.
Spitta, Philip. *Johann Sebastian Bach*. London, 1884–1885.
Terry, Charles S. *Bach: A Biography.* Reprint ed., New York, 1962.
———. *Johann Christian Bach*. London, 1933.

3. 作曲家与剧团经理——乔治·弗里德里克·亨德尔

Abraham, Gerald, ed. *Handel: A Symposium*. London, 1954.
Dean, Winton. *Handel's Dramatic Oratorios and Masques.* London, 1959.
Dent, Edward. *Handel*. London, 1934.
Deutsch, Otto Erich. *Handel: A Documentary Biography.* New York, 1974.
Lang, Paul Henry. *George Frideric Handel*. New York, 1966.
Myers, Robert Manson. *Handel's Messiah*. New York, 1948.
Pleasants, Henry. *The Great Singers.* New York, 1966.

4. 歌剧的革新者——克里斯托弗·威利巴尔德·格鲁克

Asow, Hedwig and E. H. Mueller von, eds. *The Collected Correspondence and Papers of Christoph Willibald Gluck*. New York, 1962.
Burney, Charles. *The Present State of Music in France and Italy* (ed. Percy Scholes as *Dr. Burney's Musical Tours*). London, 1959.
Cooper, Martin. *Gluck*. London, 1935.
Einstein, Alfred. *Gluck*. London, 1936; rev. ed., 1964.
Howard, Patricia. *Gluck and the Birth of Modern Opera*. New York, 1963.
Landon, H. C. Robbins. *Essays on the Viennese Classical Style: Gluck, Haydn, Mozart, Beethoven*. London, 1970.

5. 古典主义的典范——约瑟夫·海顿

Geiringer, Karl. *Haydn: A Creative Life in Music.* New York, 1968.
Landon, H. C. Robbins. *The Collected Correspondence and London Notebooks of Joseph Haydn*. New Jersey, 1959.
———. *Haydn: Chronicle and Works, 3: Haydn in England, 1791–1795.* Bloomington, Indiana, 1976.

———. *Haydn: Chronicle and Works, 4: Haydn, the Years of "The Creation," 1796–1800.* Bloomington, Indiana, 1977.

———. *Haydn: Chronicle and Works, 5: Haydn: The Late Years, 1801–1809.* Bloomington, Indiana, 1977.

———. *The Symphonies of Joseph Haydn.* New York, 1956.

Newman, William. *The Sonata in the Classic Era.* Chapel Hill, North Carolina, 1963.

Rosen, Charles. *The Classical Style.* New York, 1971; expanded ed., 1997.

Somfai, László. *Joseph Haydn: His Life in Contemporary Pictures.* New York. 1969.

6. 来自萨尔茨堡的神童——沃尔夫冈·阿马德乌斯·莫扎特

Anderson, Emily, trans. and ed. *The Letters of Mozart and His Family.* 2nd ed.,2 vols. New York, 1966.

Badura-Skoda, Paul and Eva. *Interpreting Mozart on the Keyboard.* London, 1962.

Brion, Marcel. *Daily Life in the City of Mozart and Schubert.* New York, 1962.

Burk, John N. *Mozart and His Music.* New York, 1959.

Dent, Edward J. *Mozart's Operas.* London, 1947.

Deutsch, Otto Erich. *Mozart: A Documentary Biography.* Stanford, California, 1965.

Einstein, Alfred. *Mozart: His Character, His Work.* New York, 1945.

Girdlestone, Cuthbert. *Mozart and His Piano Concertos.* New York, 1964.

Hildesheimer, Wolfgang. *Mozart.* New York, 1982.

Hutchings, Arthur. *Mozart: The Man, The Music.* New York, 1950.

Kelly, Michael. *Reminiscences.* 2 vols. London, 1826; reprint ed., New York, 1975.

King, A. Hyatt. *Mozart in Retrospect.* London, 1955; 3rd ed. rev., 1970.

Landon, H. C. Robbins.*1791: Mozart's Last Year.* London, 1988.

———, and Donald Mitchell, eds. *The Mozart Companion.* London, 1956.

Medici, Nerina, and Rosemary Hughes, eds. *A Mozart Pilgrimage: Being the Travel Diaries of Vincent and Mary Novello in the Year 1829.* London, 1955.

Nettl, Paul. *Mozart and Masonry.* New York, 1957.

Ponte, Lorenzo da. *Memoirs.* New York, 1929.

Rosen, Charles. *The Classical Style.* New York, 1971.

Schenk, Erich. *Mozart and His Times.* New York, 1959.

Solomon, Maynard: *Mozart: A Life.* New York, 1995.

Turner, W. J. *Mozart: The Man and His Works.* New York, 1954.

7. 来自波恩的革命者——路德维希·凡·贝多芬

Anderson, Emily, trans. and ed. *The Letters of Beethoven.* 3 vols. New York, 1961.

Chorley, Henry F. *Modern German Music.* Reprint ed., New York, 1973.

Cooper, Martin. *Beethoven: The Last Decade.* New York, 1970.

Landon, H. C. Robbins. *Beethoven: A Documentary Study.* New York, 1970.

———. ed. *Beethoven. His Life, Work and World.* London, 1992.

Marek, George. *Beethoven: Biography of a Genius.* New York, 1969.

Moscheles, Ignaz. *Recent Music and Musicians.* New York, 1873; reprint ed., 1970.

Newman, William S. *Performance Practices in Beethoven's Piano Sonatas.* New York, 1971.

Pleasants, Henry, trans. and ed. *The Musical Journeys of Louis Spohr.* Norman, Oklahoma, 1961.

Scherman, Thomas, and Louis Biancolli. *The Beethoven Companion.* Garden City, New York, 1972.

Schindler, Anton Felix. *Beethoven as I Knew Him,* ed. Donald W. MacArdle. New York, 1966.

Solomon, Maynard. *Beethoven.* New York, 1977.

Sonneck, Oscar G. *Beethoven: Impressions by His Contemporaries*. New York, 1926.
Spohr, Louis. *Autobiography*. London, 1878; reprint ed., New York, 1969.
Sterba, Richard and Edith. *Beethoven and His Nephew*. New York, 1954.
Sullivan, J. W. N. *Beethoven: His Spiritual Development*. New York, 1927.
Thayer, Alexander Wheelock. *The Life of Beethoven,* rev. and ed. by Elliott Forbes. Princeton, New Jersey, 1970.
Tovey, Donald Francis. *Beethoven*. London, 1945; reprint ed., New York, 1965.
Winter, Robert, and Robert Martin, eds. *The Beethoven Quartet Companion*. Berkeley, 1994.

8. 音乐的诗人——弗朗茨·舒伯特

Abraham, Gerald, ed. *The Music of Schubert*. New York, 1947.
Brown, Maurice J. E. *Essays on Schubert*. New York, 1977.
———. *Schubert: A Critical Biography*. New York, 1977.
Capell, Richard. *Schubert's Songs*. London, 1928; reprint ed., New York, 1973.
Deutsch, Otto Erich. *Schubert: Memoirs by His Friends*. New York, 1958.
———. *The Schubert Reader*. New York, 1947.
Einstein, Alfred. *Schubert: A Musical Portrait*. New York, 1951.
Fischer-Dieskau, Dietrich. *Schubert's Songs: A Biographical Study*. New York, 1977.
Reed, John. *Schubert: The Final Years*. London, 1972.
Schubert, Franz. *Letters and Other Writings,* ed. Otto Erich Deutsch. London, 1928; reprint ed., New York, 1974.

9. 自由与一种新的音乐语言——威伯和早期的浪漫主义者

Blume, Friedrich. *Classic and Romantic Music,* trans. M.D. Herter Norton. New York, 1970.
Carse, Adam. *The Orchestra from Beethoven to Berlioz*. New York, 1949.
Courcy, G. I. C. de. *Paganini*. 2 vols. Norman, Oklahoma, 1957; reprint ed., New York, 1977.
Dahlhaus, Carl. *Between Romanticism and Modernism*. Berkeley and Los Angeles, 1980.
Einstein, Alfred. *Music in the Romantic Era*. New York, 1947.
Hallé, Charles. *Life and Letters*. London, 1896.
Lenz, Wilhelm von. *The Great Piano Virtuosos of Our Time*. New York, 1899; reprint ed., 1973.
Newman, William S. *The Sonata Since Beethoven*. Chapel Hill, North Carolina, 1969.
Plantinga, Leon. *Clementi: His Life and Times*. New York, 1977.
Rosen, Charles. *The Romantic Generation*. Cambridge, Massachusetts, 1995.
Schonberg, Harold C. *The Great Pianists*. New York, 1966.
Stevens, Denis, ed. *A History of Song*. New York, 1961; rev. ed., 1970.
Warrack, John. *Carl Maria von Weber*. New York, 1976.

10. 浪漫主义的张扬与古典主义的约束——埃克托尔·柏辽兹

Barzun, Jacques. *Berlioz and the Romantic Century*. 2 vols. New York, 1969.
Berlioz, Hector. *Evenings with the Orchestra,* trans. Jacques Barzun. New York, 1956.
———. *The Memoirs of Hector Berlioz,* trans. David Cairns. New York, 1956.
Dickinson, A. E. F. *The Music of Berlioz*. New York, 1973.

11. 弗洛莱斯坦与尤瑟比乌斯——罗伯特·舒曼

Abraham, Gerald, ed. *Schumann: A Symposium*. London, 1952; reprint ed., New York, 1973.
Brion, Marcel. *Schumann and the Romantic Age*. New York, 1956.

Chissel, Joan. *Schumann*. London, 1948.
Chissell, Joan. *Clara Schumann: A Dedicated Spirit*. New York, 1983.
May, Florence. *The Girlhood of Clara Schumann*. London, 1912; reprint ed., Boston, 1978.
Pleasants, Henry. *The Musical World of Robert Schumann*. New York, 1965.
Plantinga, Leon. *Schumann as Critic*. New Haven, 1967.
Sams, Eric. *The Songs of Robert Schumann*. New York, 1969.
Schumann, Robert. *On Music and Musicians,* trans. Paul Rosenfeld, ed. Konrad Wolff. New York, 1964.
Walker, Alan, ed. *Robert Schumann, the Man and His Music*. London, 1976.

12. 钢琴的巅峰—— 弗雷德里克·肖邦

Abraham, Gerald. *Chopin's Musical Style*. London, 1939.
Boucourechliev, A. *Chopin: A Pictorial Biography*. New York, 1963.
Cortot, Alfred. *In Search of Chopin,* trans. Cyril and Rena Clarke. New York, 1952.
Delacroix, Eugene. *The Journal of Eugene Delacroix,* trans. Walter Pach. New York, 1937.
Gavoty, Bernard. *Chopin*. New York, 1977.
Hedley, Arthur. *Chopin*. New York, 1962.
Holcman, Jan. *The Legacy of Chopin*. New York, 1954.
Huneker, James. *Chopin: The Man and His Music*. London, 1901; reprint ed., New York, 1966.
Liszt, Franz. *Frédéric Chopin,* trans. Edward N. Waters. New York, 1963.
Opienski, Henryk, ed. *Chopin's Letters,* trans. E. L. Voynich. New York, 1973.
Walker, Alan, ed. *Frédéric Chopin*. New York, 1967.
Wierzynski, Casimir. *The Life and Death of Chopin*. New York, 1949.

13. 炫技大师、江湖郎中和预言家—— 弗朗茨·李斯特

Beckett, Walter. *Liszt*. London, 1956.
Fay, Amy. *Music Study in Germany*. New York, 1903; reprint ed., 1978.
Friedheim, Arthur. *Life and Liszt*. New York, 1961.
Huneker, James. *Franz Liszt*. New York, 1911; reprint ed., 1971.
Lachmund, Carl. *Living with Liszt*. Stuyvesant, New York, 1994.
Legany, Dezső. *Liszt and His Country 1874–1886*. Budapest, 1992.
Liszt, Franz. *Letters to Marie zu Sayn-Wittgenstein,* trans. Howard E. Hugo. Cambridge, Massachusetts, 1953.
Mason, William. *Memories of a Musical Life*. New York, 1901.
Newman, Ernest. *The Man Liszt*. New York, 1934; reprint ed., 1970.
Perényi, Eleanor. *Liszt: The Artist as Romantic Hero*. New York, 1974.
Searle, Humphrey. *The Music of Liszt*. New York, 1966.
Sitwell, Sacheverell. *Liszt*. New York, 1956.
Walker, Alan. *Franz Liszt: The Virtuoso Years 1811–1847*. New York, 1983. *The Weimar Years 1848–1861*. New York, 1989. *The Final Pears 1861–1886*. New York, 1996.
Walker, Bettina. *My Musical Experiences*. New York, 1893.

14. 有产者天才——费利克斯·门德尔松

Chorley, H. F.. *Autobiography*. London, 1873.
Hiller, Ferdinand. *Mendelssohn: Letters and Recollections,* trans. M. E. von Glehn. London, 1974; reprint ed., New York, 1972.

Jacob, Heinrich Eduard. *Felix Mendelssohn and His Times*. Englewood Cliffs, New Jersey, 1963; reprint ed., Westport, Connecticut, 1973.
Marek, George. *Gentle Genius: The Story of Felix Mendelssohn*. New York, 1972.
Mason, Lowell. *Musical Letters from Abroad*. New York, 1854; reprint ed., 1967.
Mendelssohn, Felix. *Letters of Felix Mendelssohn Bartholdy from Italy and Switzerland*, trans. Grace Wallace. Reprint of 1869 ed., Boston, 1978.
Moscheles, Ignaz. *Recent Music and Musicians*, New York, 1873.
Radcliffe, Philip. *Mendelssohn*. London, 1954; rev. ed., Totowa, New Jersey, 1976.
Tillard, Françoise: *Fanny Mendelssohn*. Portland, 1996.
Werner, Eric. *Mendelssohn*. New York, 1963; reprint ed., Westport, Connecticut, 1978.

15. 人声，人声，更多的人声——罗西尼，唐尼采蒂，贝里尼

Cone, John Frederick. *Adelina Patti: Queen of Hearts*. Portland, 1993.
Fitzlyon, April. *Maria Malibran: Diva of the Romantic Age*. London, 1987.
———. *The Price of Genius: A Life of Pauline Viardot*. New York, 1964.
Moscheles, Felix. *Fragments of an Autobiography*. New York, 1899.
Pleasants, Henry. *The Great Singers*. New York, 1966.
Russell, Frank. *Queen of Song: The Life of Henrietta Sontag*. New York, 1964.
Schultz, Gladys Denny. *Jenny Lind, the Swedish Nightingale*. New York, 1962.
Stendhal. *Life of Rossini*. Reprint ed., Seattle, 1972.
Toye, Francis. *Rossini*. New York, 1954.
Weinstein, Herbert. *Donizetti*. New York, 1963.
———. *Rossini*. New York, 1968.

16. 场景，场景，更壮观的场景——梅耶贝尔，凯鲁比尼，奥柏

Barbier, Patrick. *Opera in Paris 1800–1850*. Portland, 1995.
Crosten, William L. *French Grand Opera: An Art and a Business*. New York, 1948; reprint ed., 1972.
Van Dieren, Bernard. *Down among the Dead Men*, pp. 142–174.London, 1935.

17. 意大利的歌剧巨匠——朱塞佩·威尔第

Budden, Julian. *The Operas of Verdi*, 2 vols. New York, 1973 and 1979.
Busch, Hans. *Verdi's Aida*. Minneapolis, 1978.
Gatti, Carlo. *Verdi: The Man and His Music*. New York, 1955.
Godefroy, Vincent. *The Dramatic Genius of Verdi*. 2 vols. New York, 1978.
Hume, Paul. *Verdi: The Man and His Music*. New York, 1977.
Hussey, Dyneley. *Verdi*. New York, 1962.
Martin, George. *Verdi: His Music, Life, and Times*. New York, 1963.
Matz, Mary Jane Phillips. *Verdi: A Biography*. Oxford, 1993.
Osborne, Charles. *The Complete Operas of Verdi*. New York, 1970.
Shaw, George Bernard. *London Music in 1888-1889*. London, 1937; reprint ed., New York, 1973.
———. *Music in London, 1890–1894*. 3 vols. Reprint ed., New York, 1973.
Toye, Francis. *Giuseppe Verdi: His Life and Works*. New York, 1946; reprint ed., 1972.
Verdi, Giuseppe. *Letters*. Selected, translated and edited by Charles Osborne. New York, 1971.
Walker, Frank. *The Man Verdi*. New York, 1962.

Weaver, William, ed. *Verdi: A Documentary Study.* New York, 1977.
———, and Martin Chusid, eds. *The Verdi Companion.* New York, 1979.
Werfel, Franz, and Paul Stefan, eds. *Verdi: The Man in His Letters.* New York, 1942.

18. 德意志的巨人——理夏德 · 瓦格纳

Barth, Herbert, Dietrich Mack, and Egon Voss, eds. *Wagner: A Documentary Study,* trans. P. R. J. Ford and Mary Whittall. New York, 1975.
Bülow, Hans von. *Early Correspondence.* London, 1896.
Burbridge, Peter, and Richard Sutton. *The Wagner Companion.* New York, 1979.
Burk, John, ed. *Letters of Richard Wagner.* New York, 1950.
Culshaw, John. *Wagner, the Man and His Music.* New York, 1978.
Donington, Robert. *Wagner's Ring and Its Symbols.* Rev. ed. New York, 1974.
Goldman, Albert, and Evert Sprinchorn, eds. *Wagner on Music and Drama.* New York, 1964.
Gutman, Robert W. *Richard Wagner: The Man, His Mind, and His Music.* New York, 1968.
Hanslick, Eduard. *Vienna's Golden Years of Music,* trans. and ed. by Henry Pleasants. New York, 1950.
Jacobs, Robert. *Wagner.* New York, 1962.
Newman, Ernest. *The Life of Richard Wagner.* 4 vols. London, 1933–1946; reprint ed., New York, 1976.
———. *Wagner As Man and Artist.* New York, 1963.
Shaw, George Bernard. *The Perfect Wagnerite.* London, 1898; reprint ed., 1966.
Wagner, Cosima. *Diaries, 1869–1877,* trans. Geoffrey Skelton. New York, 1978.
Wagner, Richard. *My Life.* 2 vols. New ed., New York, 1936.
Westernhagen, Curt von. *Wagner: A Biography,* trans. Mary Whittall. 2 vols. Cambridge, 1978.
Zuckerman, Elliott. *The First Hundred Years of Wagner's Tristan.* New York, 1964.

19. 古典火炬的传承者——约翰内斯 · 勃拉姆斯

Barkan, Hans, trans. and ed. *Johannes Brahms and Theodor Billroth: Letters from a Musical Friendship.* Norman, Oklahoma, 1956; reprint ed., Westport, Connecticut, 1977.
Gál, Hans. *Johannes Brahms: His Work and Personality.* New York, 1963.
Geiringer, Karl. *Brahms.* 2nd ed., rev. New York, 1947.
Hill, Ralph. *Brahms.* New York, 1948.
Jacobson, Bernard. *The Music of Johannes Brahms.* Cranbury, New Jersey, 1977.
Latham, Peter. *Brahms.* New York, 1949.
Litzmann, Berthold, ed. *Letters of Clara Schumann and Johannes Brahms.* 2 vols. Reprint of 1927 ed., New York, 1973.
Mason, Daniel Gregory. *The Chamber Music of Brahms.* New York, 1933.
May, Florence. *The Life of Johannes Brahms.* 2 vols. London, 1905; reprint ed., New York, 1976.
The New Grove Late Romantic Masters. London, 1985.
Schauffler, Robert Haven. *The Unknown Brahms.* New York, 1933; reprint ed., Westport, Connecticut, 1972.
Specht, Richard. *Johannes Brahms,* trans. Eric Blom. Reprint of 1930 ed.

20. 德国艺术歌曲大师——雨果 · 沃尔夫

Newman, Ernest. *Hugo Wolf.* London, 1907.
Rolland, Romain, *Essays on Music,* pp. 341–361. New York, 1948.

Sams, Eric. *The Songs of Hugo Wolf.* New York, 1962.
Walker, Frank. *Hugo Wolf.* New York, 1968.
Wolf, Hugo. *The Music Criticism of Hugo Wolf.* Translated, edited and annotated by Henry Pleasants. New York, 1978.

21. 华尔兹，康康，以及讽刺剧——施特劳斯，奥芬巴赫，沙利文

Ayre, Leslie. *The Gilbert and Sullivan Companion.* New York, 1972.
Darlington, W. A. *The World of Gilbert and Sullivan.* New York, 1950.
Fantel, Hans. *The Waltz Kings.* New York, 1972.
Fitz-Gerald, S. J. Adair. *The Story of the Savoy Opera.* New York, 1925.
Gilbert, W. S., and A. Sullivan. *Complete Plays.* New York, n.d.
Hibbert, Christopher. *Gilbert and Sullivan and Their Victorian World.* New York, 1976.
Hughes, Gervaise. *The Music of Arthur Sullivan.* New York, 1960; reprint ed., Westport, Connecticut, 1973.
Kracauer, Siegfried. *Orpheus in Paris: Offenbach and the Paris of His Time.* New York, 1972.
Pastene, Jerome. *Three-Quarter Time: The Life and Music of the Strauss Family of Vienna.* New York, 1951; reprint ed., Westport, Connecticut, 1971.
Sitwell, Sacheverell. *La Vie Parisienne: A Tribute to Offenbach.* London, 1937.

22.《浮士德》和法国歌剧——从古诺到圣 - 桑

Bovet, M. A. de. *Charles Gounod.* London, 1891.
Brown, David. *Mikhail Glinka: A Biographical and Critical Study.* London, 1974.
Cooper, Martin. *French Music.* New York, 1951; reprint ed., Westport, Connecticut, 1971.
Curtiss, Mina. *Bizet and His World.* New York, 1974.
Finck, Henry T. *Massenet and His Operas.* Reprint ed., New York, 1976.
Glinka, Mikhail. *Memoirs,* trans. R. B. Mudge. Norman, Oklahoma, 1963.
Gounod, Charles. *Autobiographical Reminiscences with Family Letters and Notes on Music.* Reprint of 1896 ed., New York, 1970.
Harding, James. *Massenet.* New York, 1971.
———. *Saint-Saëns and His Circle.* London, 1965.
Saint-Saëns, Camille. *Musical Memories,* trans. E.G. Rich. London, 1921.
———. *Outspoken Essays on Music,* trans. Fred Rothwell. New York, 1922.

23. 俄罗斯民族主义和“五人强力集团”——从格林卡到里姆斯基 - 科萨科夫

Abraham, Gerald. *Borodin: The Composer and His Music.* Reprint of 1927 ed., New York, 1976.
Calvocoressi, M. D. *Modest Mussorgsky: His Life and Works.* London, 1956.
———, and Gerald Abraham. *Masters of Russian Music.* New York, 1936.
Diehl, A. M. *Musical Memories.* London, 1897.
Garden, Edward. *Balakirev.* New York, 1967.
Leyda, Jay, and Sergei Bertensson. *The Mussorgsky Reader.* New York, 1947; reprint ed., 1970.
Rimsky-Korsakov, Nikolai. *My Musical Life,* trans. Judah A. Joffe. New York, 1923; reprint ed., 1972.
Rubinstein, Anton. *Autobiography,* trans. Aline Delano. London, 1890; reprint ed., 1970.
Seroff, Victor. *The Mighty Five.* New York, 1948.

24. 饱满欲爆的情感主义——彼得·伊里奇·柴科夫斯基

Abraham, Gerald, ed. *The Music of Tchaikovsky.* New York, 1946; reprint ed., 1974.
———. *Tchaikovsky.* Westport, Connecticut, 1978.
Bowen, Catherine Drinker, and Barbara von Meck. *Beloved Friend: The Story of Tchaikovsky and Nadejda von Meck.* New York, 1946; reprint ed., Westport, Connecticut, 1976.
Brown, David. *Tchaikovsky: A Biographical and Critical Study.* London, 1978– 1991.
Lakond, Wladimir, trans, and ed. *The Diaries of Tchaikovsky.* New York, 1945; reprint ed., Westport, Connecticut, 1973.
Tchaikovsky, Modest, and Rosa Newmarch, eds. *The Life and Letters of Peter Ilich Tchaikovsky.* London, 1906; reprint ed., Westport, Connecticut, 1973.
Volkoff, Vladimir. *Tchaikovsky, a Self-Portrait.* Boston, 1975.
Warrack, John. *Tchaikovsky.* New York, 1973.

25. 从波希米亚到西班牙——欧洲的民族乐派

Abraham, Gerald, ed. *Grieg: A Symposium.* London, 1948; reprint ed., Westport, Connecticut, 1972.
———. *The Music of Sibelius.* Reprint ed., New York, 1975.
Clapham, John. *Antonín Dvořák.* New York, 1966.
Finck, Henry T. *Grieg and His Music.* New York, 1929.
Fischl, Viktor, ed. *Antonín Dvořák: His Achievement.* London, 1942; reprint ed., Westport, Connecticut, 1978.
Gray, Cecil. *Sibelius.* London, 1931.
Johnson, Harold E. *Jean Sibelius.* New York, 1959.
Ringbom, Nils-Eric. *Jean Sibelius: A Master and His Work,* trans. G. I. C. de Courcy. Reprint of 1954 ed., Westport, Connecticut, 1977.
Robertson, Alec. *Dvořák.* London, 1945.
Simpson, Robert. *Carl Nielsen: Symphonist.* London, 1952; reprint ed., Westport, Connecticut, 1978.
Šourek, Otakar. *The Orchestral Works of Antonín Dvořák,* trans. Roberta F. Samsour. Reprint ed., Westport, Connecticut, 1978.
Stefan, Paul. *Anton Dvořák.* New York, 1941.
Trend, J. B. *Manuel de Falla and Spanish Music.* New York, 1934.
Vogel, Jaroslav. *Leoš Janáček.* London, 1962.

26. 半音体系与感性——从弗朗克到福雷

Barricelli, Jean-Pierre, and Leo Weinstein. *Ernest Chausson.* Norman, Oklahoma, 1955; reprint ed., Westport, Connecticut, 1973.
Davies, Laurence. *César Franck and His Circle.* Boston, 1970.
Demuth, Norman. *César Franck.* New York, 1949.
Indy, Vincent d'. *César Franck.* London, 1910.
Koechlin, Charles. *Gabriel Fauré.* Reprint ed., New York, 1976.
Myers, Rollo. *Emmanuel Chabrier and His Circle.* London, 1969.
Northcote, Sydney. *The Songs of Henri Duparc.* New York, 1950.
Suckling, Norman. *Fauré.* New York, 1951.
Vallas, Léon. *César Franck.* New York, 1951; reprint ed., Westport, Connecticut, 1973.

27. 为歌剧而生——贾科莫·普契尼

Adami, Giuseppi, ed. *Letters of Giacomo Puccini*. New York, 1973.
Ashbrook, William. *The Operas of Puccini*. Ithaca, 1985.
Carner, Mosco. *Puccini: A Critical Biography*. 2nd ed., New York, 1977.
Jackson, Stanley. *Monsieur Butterfly: The Life of Giacomo Puccini*. New York, 1974.
Marek, George R. *Puccini*. New York, 1951.
Weaver, William, and Paul Hume. *Puccini: The Man and His Music*. New York, 1977.

28. 浪漫主义长长的尾声——理夏德·施特劳斯

Del Mar, Norman. *Richard Strauss*. 2 vols. New York, 1962 and 1969.
Hammelmann, Hans, and Ewald Osers, trans. *A Working Friendship: The Correspondence between Richard Strauss and Hugo von Hofmannsthal*. Reprint ed., New York, 1974.
Krause, Ernst. *Richard Strauss: The Man and His Work*. Boston, 1969.
Mann, William S. *Richard Strauss: A Critical Study of the Operas*. New York, 1966.
Marek, George. *Richard Strauss: The Life of a Non-Hero*. New York, 1967.
Strauss, Richard. *Recollections and Reflections*, trans. L. J. Lawrence. London, 1953; reprint ed., Westport, Connecticut, 1974.
———, and Stefan Zweig. *A Confidential Matter: The Letters of Richard Strauss and Stefan Zweig, 1931–1935*, trans. Max Knight. Berkeley, 1977.

29. 宗教，神秘主义与回顾——布鲁克纳，马勒，雷格尔

Blaukopf, Kurt, ed. *Mahler: A Documentary Study*. New York, 1976.
Engel, Gabriel. *The Life of Anton Bruckner*. New York, 1931.
———. *The Symphonies of Anton Bruckner*. Iowa City, 1955.
Graf, Max. *Legend of a Musical City*. New York, 1945.
La Grange, Henry Louis de. *Mahler*, Vol. I. Garden City, New York, 1973.
Mahler, Alma. *Gustav Mahler: Memories and Letters*. Rev. and ed. by Donald Mitchell. New York, 1969.
Mitchell, Donald. *Gustav Mahler: The Early Years*. London, 1958. *The Wunderhorn Years*. Los Angeles, 1975. *Songs and Symphonies of Life and Death*. Los Angeles, 1985.
Newlin, Dika. *Bruckner, Mahler, Schoenberg*. Rev. ed., New York, 1978.
Reik, Theodor. *The Haunting Melody*. New York, 1953.
Schoenberg, Arnold. *Style and Idea*, ed. Leonard Stein. New York, 1975.
Simpson, Robert. *Essence of Bruckner*. Reprint ed., New York, 1978.
Walter, Bruno. *Gustav Mahler*. New York, 1958.

30. 象征主义与印象主义——克洛德·德彪西

Cortot, Alfred. *The Piano Music of Debussy*, trans. Violet Edgell. London, 1922.
Debussy, Claude. *Monsieur Croche*. Reprint ed., Freeport, New York, 1972.
———. *Debussy on Music. The Critical Writings of the Great French Composer, collected and introduced by François Lesure, translated and edited by Richard L. Smith*. New York, 1977.
Harding, James. *The Ox on the Roof: Scenes from Musical Life in Paris in the Twenties*. New York, 1972.
Lockspeiser, Edward. *Debussy*. 4th ed. New York, 1972.
———. *Debussy: His Life and Mind*, 2 vols. Cambridge, 1978.

Myers, Rollo H. *Erik Satte*. London, 1948; reprint ed., New York, 1968.
Palmer, Christopher. *Impressionism in Music*. New York, 1973.
Seroff, Victor. *Debussy: Musician of France*. New York, 1956.
Vallas, Léon. *Claude Debussy: His Life and Works*. New York, 1973.

31. 高卢人的雅致与新人类——莫里斯·拉威尔与“六人团”

Demuth, Norman. *Ravel*. New York, 1962; reprint ed., Westport, Connecticut, 1978.
Hell, Henri. *Francis Poulenc*. New York, 1959.
Honegger, Arthur. *I Am a Composer*. New York, 1966.
Milhaud, Darius. *Notes without Music*, trans. Donald Evans. New York, 1953.
Myers, Rollo. *Modern French Music*. New York, 1989.
———. *Ravel: His Life and Works*. London, 1960; reprint ed., Westport, Connecticut, 1973.
Nichols, Roger, ed. *Ravel Remembered*. New York, 1988.
Orenstein, Arbie. *Ravel, Man and Musician*. New York, 1975.
Seroff, Victor. *Maurice Ravel*. New York, 1953.

32. 善变者——伊戈尔·斯特拉文斯基

Buckle, Richard. *Diaghilev*. New York, 1979.
Craft, Robert. *Stravinsky: The Chronicle of a Friendship*. New York, 1972.
Duke, Vernon. *Listen Here!*, pp. 149–189. New York, 1963.
Lambert, Constant. *Music Ho!* London, 1934; reprint ed., Stonington, Connecticut, 1967.
Lang, Paul Henry, ed. *Stravinsky: A New Appraisal of His Work*. New York, 1963.
Lederman, Minna, ed. *Stravinsky in the Theatre*. New York, 1949.
Lifar, Serge. *Serge Diaghilev: His Life, His Work, His Legend*. Reprint of 1940 ed., New York, 1977.
Stravinsky, Igor. *Autobiography*. Reprint ed., Stonington, Connecticut, 1966.
———, and Robert Craft. *Conversations with Igor Stravinsky*. New York, 1959.
———. *Dialogues and a Diary*. New York, 1963.
———. *Expositions and Developments*. New York, 1962.
———. *Memories and Commentaries*. New York, 1960.
———. *Retrospectives and Conclusions*. New York, 1969.
———. *Themes and Episodes*. New York, 1966.
Stravinsky, Vera. *Stravinsky: In Pictures and Documents*. New York, 1978.
White, Eric Walter. *Stravinsky: The Composer and His Works*. Los Angeles, 1966.

33. 英国音乐的复兴——埃尔加，戴留斯和沃恩·威廉斯

Beecham, Sir Thomas. *Frederick Delius*. New York, 1960; reprint ed., 1973.
Burden, Michael, ed. *The Purcell Companion*. London, 1995.
Colles, H. C. *Essays and Lectures*. London, 1945.
Fenby, Eric. *Delius As I Knew Him*. London, 1936; reprint ed., Westport, Connecticut, 1976.
Foss, Hubert, *Ralph Vaughan Williams*. New York, 1950; reprint ed., Westport, Connecticut, 1974.
Holst, Imogen. *Holst*. London, 1974.
———. *The Music of Gustav Holst*. London, 1951.
Howes, Frank. *The Music of Ralph Vaughan Williams*. London, 1954.
———. *The Music of William Walton*. London, 1974.

Kendall, Alan. *Benjamin Britten*. London, 1973.
Kennedy, Michael. *Portrait of Elgar.* New York, 1968.
———. *The Works of Ralph Vaughan Williams.* New York, 1964.
Moore, Jerold N. *Edward Elgar.* Oxford, 1984.
Schwartz, Elliott. *The Symphonies of Ralph Vaughan Williams.* Amherst, Massachusetts, 1964.
Vaughan Williams, Ralph. *National Music.* New York, 1964.
Vaughan Williams, Ursula. *R. V.W.* New York, 1964.
Walker, Ernest. *A History of Music in England*. London, 1952.

34. 神秘主义与忧郁感伤——斯克里亚宾与拉赫玛尼诺夫

Abraham, Gerald, and M. D. Calvocoressi. *Masters of Russian Music.* New York, 1936.
Baker, James. *The Music of Alexander Scriabin.* New Haven, 1986.
Bertensson, Sergei, and Jay Leyda. *Sergei Rachmaninoff: A Lifetime in Music.* New York, 1956.
Bowers, Faubion. *The New Scriabin: Enigma and Answers.* New York, 1973.
———. *Scriabin: A Biography of the Russian Composer.* 2 vols. Palo Alto, California, 1969.
Culshaw, John. *Rachmaninov: The Man and His Music.* New York, 1950.
Seroff, Victor. *Rachmaninoff.* New York, 1950.

35. 苏联时期——普罗科菲耶夫和肖斯塔科维奇

Duke, Vernon. *Passport to Paris.* Boston, 1955.
Hanson, Lawrence and Elizabeth. *Prokofiev: A Biography in Three Movements.* New York, 1964.
Martynov, Ivan. *Dmitri Shostakovich: The Man and His Music,* trans. T. Guralsky. New York, 1947.
Nabokov, Nicolas. *Old Friends and New Music.* Boston, 1951; reprint ed. Westport, Connecticut, 1974.
Nestyev, Israel V. *Prokofiev.* Palo Alto, California, 1960.
Norris, Christopher, ed. *Shostakovich: The Man and His Music.* London, 1982.
Samuel, Claude. *Prokofiev,* trans. Miriam John. New York, 1971.
Schwarz, Boris. *Music and Musical Life in Soviet Russia, 1917–1983.* Revised ed., Bloomington, Indiana, 1983.
Shostakovich, Dmitri. *Testimony: The Memoirs of Dmitri Shostakovich.* As related to and edited by Solomon Volkov. Translated by Antonina W. Bovis. New York, 1979.

36. 德国的新古典主义——布索尼，魏尔，欣德米特

Busoni, Ferruccio. *The Essence of Music,* trans. Rosamund Ley. New York, 1957.
———. *A Sketch of a New Esthetic of Music,* in *Three Classics in the Aesthetic of Music,* trans. Dr. T. Baker. New York, n.d.
———. *Letters to His Wife,* trans. Rosamund Ley. London, 1938; reprint ed., New York, 1975.
Dent, Edward J. *Ferruccio Busoni: A Biography.* London, 1933.
Hindemith, Paul. *A Composer's World.* New York, 1961.
Stuckenschmidt, H. H. *Ferruccio Busoni,* trans. Sandra Morris. New York, 1970.

37. 美国传统音乐的兴起——从戈特沙尔克到科普兰

Berger, Arthur. *Aaron Copland.* Reprint ed., Westport, Connecticut, 1971.
Broder, Nathan. *Samuel Barber.* New York, 1954.

Chase, Gilbert. *America's Music*. New York, 1966.
Copland, Aaron. *Copland on Music*. New York, 1963.
———. *The New Music*. New York, 1968.
Cowell, Henry, ed. *American Composers on American Music*. Stanford, California, 1933.
———, and Sidney Cowell. *Charles Ives and His Music*. New York, 1969.
Gilman, Lawrence. *Edward MacDowell: A Study*. New York, 1909.
Gottschalk, Louis Moreau. *Notes of a Pianist*. New York, 1964.
Hamm, Charles. *Music in the New World*. New York, 1983.
Hitchcock, H. Wiley. *Music in the United States*. 3rd ed. Englewood Cliffs, 1988.
Hoffman, Richard. *Some Musical Recollections of Fifty Years*. London, 1910.
Ives, Charles. *Essays Before a Sonata and Other Writings*. New York, 1962.
Kirkpatrick, John, ed. *Charles E. Ives Memos*. New York, 1972.
Lang, Paul Henry, ed. *One Hundred Years of Music in America*. New York, 1961.
Lawrence, Vera Brodsky, ed. *Strong on Music: The New York Music Scene in the Days of George Templeton Strong, 1836–1875*. Vol. I: *Resonances*, New York 1988; Vol. II: *Reverberations*, Chicago, 1995.
Loggins, Vernon. *Where the World Ends: The Life of Louis Moreau Gottschalk*. Baton Rouge, Louisiana, 1958.
Lowens, Irving. *Music and Musicians in Early America*. New York, 1964.
MacDowell, Edward. *Critical and Historical Essays*. Boston, 1912; reprint ed., New York, 1969.
Mathews, W. S. B. *A hundred Years of Music in America*. Chicago, 1889; reprint ed., New York, 1969.
Mellers, Wilfrid. *Music in a New-Found Land*. Oxford, 1987.
Perlis, Vivian. *Charles Ives Remembered: An Oral History*. New York, 1976.
Reis, Claire R. *Composers, Conductors and Critics*. New York, 1955.
Rockwell, John. *All American Music: Composition in the Late Twentieth Century*. New York, 1983.
Rossiter, Frank. *Charles Ives and His America*. New York, 1975.
Smith, Julia. *Aaron Copland*. New York, 1955.
Swafford, Jan. *Charles Ives: A Life with Music*. New York, 1996.
Thomson, Virgil. *Virgil Thomson*. New York, 1966.
Wooldridge, David. *From the Steeples and Mountains: A Study of Charles Ives*. New York, 1974.

38. 不屈不挠的匈牙利人——贝拉·巴托克

Bónis, Ferenc. *Béla Bartók: His Life in Pictures and Documents*, trans. Lili Halapy. New York, 1972.
Fassett, Agatha. *The Naked Face of Genius: Béla Bartók's American Years*. Boston, 1958.
Griffiths, Paul. *Bartók*. London, 1984.
Moreux, Serge. *Béla Bartók*, trans. Erik Mauny. New York, 1974.
Stevens, Halsey. *The Life and Music of Béla Bartók*. New York, 1964.

39. 第二维也纳乐派——勋伯格，贝尔格，威伯恩

Brand, Juliane, ed. The Berg-Schoenberg Correspondence. New York, 1986.
Carner, Mosco. *Alban Berg*. London, 1983.
———. *Alban Berg: The Man and His Work*. New York, 1977.
Jarman, Douglas. *The Music of Alban Berg*. Berkeley, 1978.
Leibowitz, René. *Schoenberg and His School*, trans. Dika Newlin. Reprint of 1949 ed., New York, 1970.

Moldenhauer, Hans. *The Death of Anton Webern*. New York, 1961.
———, and Rosaleen Moldenhauer. *Anton von Webern: A Chronicle of His Life and Work*. New York, 1978.
Monson, Karen. *Alban Berg*. Boston, 1979.
Newlin, Dika. *Bruckner, Mahler, Schoenberg*. Rev. ed. New York, 1978.
Perle, George. *Serial Composition and Atonality*. Los Angeles, 1982.
Redlich, Hans F. *Alban Berg: The Man and His Music*. New York, 1957.
Reich, Willi. *Alban Berg*. New York, 1965.
———. *Schoenberg: A Critical Biography*, trans. Leo Black. London, 1971.
Rosen, Charles. *Arnold Schoenberg*. New York, 1975.
Rufer, Josef. *The Works of Arnold Schoenberg*. New York, 1963.
Schoenberg, Arnold. *Style and Idea*, ed. Leonard Stein. New York, 1975.
Smith, Joan A. *Schoenberg and His Circle: A Viennese Portrait*. New York, 1986.
Stein, Erwin. *Arnold Schoenberg Letters*. New York, 1965.
Stuckenschmidt, Hans H. *Arnold Schoenberg*. New York, 1959.

40. 国际性的序列主义音乐运动——从瓦莱兹到梅西安

Boulez, Pierre. *Boulez on Music Today*. Cambridge, Massachusetts, 1971.
———. *Notes of an Apprenticeship*. New York, 1968.
Brindle, Reginald Smith. *The New Music: The Avante-Garde Since 1945*. New York, 1975.
Cage, John. *Empty Words*. Middletown, Connecticut, 1975.
———. *Silence*. Middletown, Connecticut, 1961.
Cott, Jonathan. *Stockhausen: Conversations with the Composer*. New York, 1973.
Gena, Peter, ed. *A John Cage Reader*. New York, 1982.
Glock, William, ed. *Pierre Boulez: A Symposium*. London, 1986.
Griffiths, Paul. *Cage*. London, 1981.
Harvey, Jonathan. *The Music of Stockhausen: An Introduction*. Berkeley, 1975.
Hodeir, André. *Since Debussy*. New York, 1961; reprint ed., 1975.
Johnson, Robert Sherlaw. *Messiaen*. Berkeley, 1975.
Kostelanetz, Richard. *John Cage*. New York, 1978.
Lang, Paul Henry, ed. *Problems of Modern Music*. New York, 1962.
Maconie, R. *The Works of Karlheinz Stockhausen*. New York, 1976.
Messiaen, Olivier. *Conversations with Claude Samuel*. Portland, 1994.
Mitchell, Donald. *The Language of Modern Music*. New York, 1970.
Nichols, Roger. *Messiaen*. London, 1975.
Nyman, Michael. *Experimental Music: Cage and Beyond*. New York, 1974.
Ouellette, Fernand. *Edgard Varèse*. London, 1973.
Peyser, Joan. *Boulez: Composer, Conductor, Enigma*. New York, 1976.
———. *The New Music*. New York, 1971.
Pleasants, Henry. *The Agony of Modern Music*. New York, 1962.
Reich, Steve. *Writings about Music*. New York, 1974.
Salzman, Eric. *Twentieth Century Music: An Introduction*. Englewood Cliffs, New Jersey, 1967.
Stone, Kurt and Else, eds. *The Writings of Elliott Carter*. Bloomington, Indiana, 1977.
Stuckenschmidt, H. H. *Twentieth Century Composers*, Vol. I. New York, 1970.
Thomson, Virgil. *Twentieth Century Composers*, Vol. II. New York, 1970.
Varèse, Louise. *Varèse: A Looking-Glass Diary, Vol. I, 1883–1928*. New York, 1972.
Vermeil, Jean. *Conversations with Boulez: Thoughts on Conducting*. Portland, Oregon, 1996.
Wörner, Karl H. *Stockhausen: Life and Works*, trans. Bill Hopkins. Berkeley, 1973.
Yates, Peter. *Twentieth Century Music*. New York, 1967.

41. 新的折中主义风格——从卡特到简约主义

Edwards, Allen. *Flawed Words and Stubborn Sounds: A Conversation with Elliott Carter.* New York, 1971.

Griffiths, Paul. *Peter Maxwell Davies.* London, 1982.

Kennedy, Michael. *Britten*. London, 1981.

Morgan, Robert P. *Twentieth-Century Music.* New York, 1991.

Palmer, Christopher, ed. *The Britten Companion*. London, 1984.

White, Eric Walter. *Benjamin Britten: His Life and Operas.* London, 1983.